제3판

POLICE ETHICS

경찰윤리학

철학적 윤리

조 철 옥

도서출판 대영문화사

제3판 머리말

경찰윤리학 개정판을 저술한 지 11년이 흘렀다. 10년 이상의 세월이 흐르면서 경찰윤리학도 사회의 흐름에 맞게 그 내용이 보강될 필요성을 느낀 지 오래 되었지만 여러 가지 제약으로 인해 선뜻 제3판을 쓸 생각을 실천에 옮길 수 없었다. 그러나 개정판을 낸 지 10년 이상이 흐른 지금 책의 내용을 보강하지 않으면 시대에 뒤떨어진 책이 될 수밖에 없다는 절박한 마음에서 책을 보강하기로 결심을 하게 되었다. 책을 보강하기 위해 책의 전반적인 내용을 확인해 보니 시대의 흐름에 뒤쳐진 부분도 있었고 내용이 부실하거나 난해한 부분을 여러 곳에서 발견할 수 있었다.

그래서 제3판은 경찰윤리학 책 전반에 관한 내용을 확인하고 어려운 내용은 쉽게 풀이하고 부족한 부분은 자세하게 보충하는 형식으로 진행되었다. 특히 디지털과 인공지능시대의 도래로 인한 시대적 특징과 윤리에 대해서 새로이 내용을 보강하였다. 또한 경찰윤리강령과 관련 법령에 대한 내용을 구체화하였다.

한편, 서양윤리사상과 동양윤리사상을 보강하고 내용을 쉽게 전달하려고 노력하였다. 원래 철학이나 윤리학은 사용되는 용어 자체가 난해하고 이론을 이해하기 어렵다는 것이 일반적인 평가이다. 그래서 용어를 쉽게 부연 설명하고 이론을 이해하기 쉽게 내용을 보강하는데 주력하였다.

공공의 안녕질서 유지와 국민의 생명·신체·재산을 보호하는 임무를 수행하는 경찰공무원의 책임은 막중하다고 볼 수 있다. 경찰의 흐트러진 임무수행 자세와 경찰윤리에 어긋나는 행동은 국민들을 불안하게 하고 실망스럽게 한다. 그래도 경찰이라는 믿음이 국민들 사이에는 필존한다. 이 책이 경찰공무원의 윤리의식의 고양과 임무수행에 조금이나마 도움이 되었으면 한다.

이 책을 쓰는데 동기부여가 된 신선희 권사, 그리고 이 책을 쓰는데 많은 도움을 준 가족들에게도 고맙다는 말을 전하고 싶다.

끝으로 어려운 여건 속에서도 이 책의 출판을 흔쾌히 맡아주신 대영문화사 임직원 여러분들에게도 감사의 말씀을 드린다.

2024년 2월

저자 씀

개정판 머리말

경찰윤리학을 저술한지 6년이 흘렀다. 그 동안 책을 좀 더 현대사회의 윤리현상에 맞추고 정교화하는 노력을 기울여야 하는데도 그렇지 못하였다. 윤리학이란 철학을 바탕으로 한 학문이기 때문에 이해하기 어려운 분야이기도 한 것이 그 이유 중의 하나이다. 그러나 공직자들의 윤리의식의 함양에 좋은 책이 도움이 될 것이라는 신념아래 개정판을 내기로 하였다.

개정판은 초판의 난해한 부분을 쉽게 정리함으로써 공무원들이나 학생들이 이해를 하는데 어려움이 없도록 세심한 주의를 기울였다. 특히 공직자들의 윤리관 정립에 도움을 줄 수 있는 내용들을 중심으로 체계화 하였으며, 서양 철학과 동양 철학의 조화를 기하였다. 아울러 경찰공무원들의 공사생활에 있어서 필요한 윤리지침이 되는 부분을 심층적으로 다루었다.

현대사회는 무규범 사회라고 할 정도로 혼란스럽다. 특히 사이버 공간의 일상화는 이러한 사회분위를 더욱 심화시키고 있다. 경찰공무원을 비롯한 공직자들은 이러한 사회분위기에 동화되어 과거에는 생각할 수도 없는 부도덕한 행동들이 여러 곳에서 발견된다. 특히 경찰 수사권 현실화라는 개혁적 패러다임은 경찰 공무원들의 윤리의식의 탁월함을 요구한다. 아무쪼록 이 책이 경찰공무원들의 윤리의식의 확립에 도움이 되길 기대한다.

끝으로 어려운 여건 속에서도 학문의 발전을 위한 깊은 애정으로 이 책의 출판을 흔쾌히 맡아주신 대영문화사 임춘환 사장님께도 감사를 드린다.

2012년 2월

저자 씀

초판 머리말

인간의 일생은 끝없는 욕망과 현실의 갈등의 연속인지도 모른다. 욕망은 무한하지만 현실에서의 좌절은 인간의 삶에 대한 회의와 더불어 인간을 방황하게 만들기도 한다. 인간은 욕망과 권태 사이에서 갈팡질팡하고, 영원한 만족을 얻기 위해 불행하게도 헛되이 노력하기도 하며, 혹은 이와는 달리 그의 욕구를 충족시키게 되면 완전히 권태에 빠지기도 한다. 그래서 인생은 걱정의 연속이고 불안과 분노가 반복되는 것이라고 말하기도 한다. 인간이 갈망하는 그러한 욕망의 충족만이 행복한 삶이라고 말할 수는 없다. 물론 우리는 행복한 삶이란 무엇인지도 잘 모른다. 권력을 가진 자와 부를 축적한 자는 행복할 것이라고 생각되지만, 정복자였던 알렉산더 대왕은 죽으면서 자신의 빈 손을 사람들이 잘 볼 수 있는 창문 밖으로 두게 하라는 말로 인생의 허망함을 일깨워 주었고, 억만장자들이 자신의 일생이 행복한 삶이었다고 말한 기록은 좀처럼 찾아보기 어렵다.

우리가 행복한 삶에 대해 말할 수 있는 것은 개인의 윤리관에 따라서 달라질 수 있다는 사실이다. 조직인의 경우에 승진이 인생의 전부이고 행복한 삶의 지표라고 생각할 수도 있겠지만, 그러나 반드시 그렇지 만은 않을 것이다. 그것 때문에 잃어버린 삶에 대한 회한이 생길 수도 있기 때문이다. 우리는 삶에 있어서 무엇이 선악인지, 옳고 그른 것이 무엇인지, 무엇이 정의인지 잘 모른다. 가치의 혼돈속에서 우리는 앞만 보고 달리는 것이 전부인지도 모른다. 산다는 것이 가만히 뒤돌아보면 별 것 아닌 것도 같은데 서로 다투면서 달리기만 한다. 무엇이 행복이고 무엇이 세상을 아름답게 하는 것인가를 모르고 달리기만 한다.

그러나 모든 것을 받아들이면 마음이 편하고 현재의 삶에 행복감을 느낄 수 있을지도 모른다. 인간은 사회적 동물이기에 서로 협동하고 아우르면서 살아가지만 서로간의 욕망이나 이기심이 다르기 때문에 경쟁하면서 승자와 패자가 생긴다는 사실을 받아들이라는 것이다. 여기에서 공정한 게임의 논쟁이 생기고 윤리의 문제가 생기기 마련이다.

사람도 흘러가고 세월도 흘러가는 무위 속에서 지나간 결과를 놓고 분노하고 괴로워하는 것은 별로 유용성이 없는 일이다. 조직이 협동의 시스템이면서도 경쟁시스템이라는 것을 인정한다면, 그 과정 속에서 정의롭고 올바르게 살아가는 자세나 정신이 최선의 선택이다. 사람은 떠나지만 조직은 영원하다. 그러므로 자신이 할 바를 현재의 위치에서 되돌아보고 사회와 조직의 최고선을 극대화시키는 것이 현명한 선택이다. 그 최고선이 도덕성을 내포하고 있다면 세상을 더욱 아름답게 할 것이다. 인간의 행동윤리는 이성에 따른 것일 수도 있고 신의 명령에 따른 것일 수도 있다. 때로는 본능이나 감정에 따른 것일 수도 있다. 실제로 본능이나 감정에 따른 행동이 더 직접적이고 많을 수도 있으나 그것이 이성이나 신앙심에 의해 통제된 것이라면 자연적이고 도덕적일 수도 있다. 우리는 인간의 이러한 모든 행동윤리를 열어 놓고 겸허하게 그래도 윤리적인 인간이 되는 사상에 대한 탐구를 해야 한다.

이 책은 공직자들이 공·사생활에 있어서 지켜야 할 행위규범에 대한 철학적인 논거를 제시하는데 있다. 비록 경찰윤리학이라고 하였지만, 이 책에서 다룬 내용들은 극히 일부분을 빼고는 모든 공직자들에게 해당되는 공직윤리를 다루었다. 철학이나 윤리학은 그 용어의 애매모호성과 논리의 관념성으로 말미암아 어려운 분야로 인식되어 왔다. 그러므로 다양한 동서양의 철학적 사상이나 윤리사상을 이해하기 쉽게 쓰는데도 힘을 기울였다. 대부분의 철학이나 윤리학이 서양사상을 중심으로 이루어져 때로는 문화적인 편집현상을 초래한다는 견해도 있어 본서는 이러한 견해를 존중하여 동서양의 주요 윤리사상을 균형있게 소개하는데에도 주의를 기울였다. 일부의 사람들은 서양사상이 지적이고 논리적이라는 의미에서 서양사상을 선호하는 오해도 갖고 있는지도 모른다. 그러나 실제로는 동양사상의 오묘함이나 지적인 향기는 탐구하면 할수록 깊이가 있다는 것을 발견하게 된다. 공맹의 도덕철학은 물론이고 노자의 무위자연사상과 정 다산의 목민사상은 우리에게 많은 지혜와 교훈을 던져 준다.

경찰윤리학이 하나의 학문으로 성립할 수 있을 것인가에 대해서는 많은 논란이 있을 수 있지만, 경찰조직의 사회적 위상이나 그 중요성으로 보아 학문적 성취를 위한 연구가 지속적으로 이루어져야 한다고 믿는다. 학문은 이론의 보편성이나 검증가능성, 또는 반증가능성이 있어야 한다는 과학철학의 패러다임에서 본다면, 윤리학의 학문성은 달성하기 어려운 과제인지도 모른다. 그러나 학문은 다양한 지적인 고뇌의 산물이며, 철학이나 윤리학의 영역이 분명히 존재하고 있으므로 경찰윤리학도 분과학문으로 얼마든지 성립할 수 있을 것이다. 그러므로 경찰인에게 요구되는 다양한 철학적 이론이나 윤리사상을 소개하면서 지적인 향기가 물씬 풍기도록 노력하였다. 아울러 난해한 윤리용어의 의미를 명확히 하기 위해 메타윤리학 분야의 이론도 소개하였다.

철학이나 윤리학은 이론적으로 심오한 내용이 깔려 있고 그 출발점이 고대 희랍의 고전철학에서부터 시작되는 것이므로 때로는 내용의 전달에 있어서 오류도 있을 수 있다. 그러나 선각자들의 사상을 제대로 전달하기 위해 심혈을 기울이면서 내용의 난해함이 생기지 않도록 주의를 기울였다. 필자는 조직관리론이 전공이지만 학위이수 중에 행정철학과 사회정의론을 한 학기씩 수강을 한 것이 이 책을 집필하는데 크게 도움이 되었다.

끝으로 본서가 경찰인이 공·사생활에 있어서 국민의 신뢰를 더 높이고 행복한 삶을 가꾸어 나가는데 조금이라도 도움이 되었으면 한다. 특히 최근 출판계의 사정이 매우 어려움에도 불구하고 학문에 대한 깊은 애정으로 이 책의 출판을 흔쾌히 맡아주신 대영문화사 임춘환 사장님에게 충심으로 감사를 드린다.

2005년 4월

저자 씀

제3판 차례

제 1 편

이론 윤리학

제 1 장 POLICE ETHICS

경찰윤리에 대한 개관

제 1 절 경찰윤리에 대한 일반적 고찰

1. 디지털 시대의 경찰윤리 탐구

1) 디지털과 인공지능시대의 도래

과거 2~3천년 동안 인류가 이룩한 성취는 다가오는 미래에도 계속될 것이라고 확신할 정도로 낙관적이었다. 과학기술의 발전과 함께 거침없는 경제성장은 인간으로 하여금 머지않아 인간세계는 부의 광범위한 배분과 사회복지의 향상으로 투쟁과 고통이 없는 낙원이 될 것으로 착각하게 만들었다. 사실 그동안 삶의 질은 놀라울 정도로 향상되었고, 수명은 크게 늘어났으며, 생활은 기계화와 자동화의 혜택을 받으면서 삶의 즐거움과 인간의 위대함에 도취돼 있었는지도 모른다.

이러한 발전 과정에서 인간에게 잠재적인 위험요소들이 싹트고 있었다. 물신주의(物神主義)[1] 속에서의 인간의 소외, 자원의 고갈, 환경오염, 가치관의 갈등과 변화, 디지털 시대로 인한 피드백의 즉시성, 국가 간의 이념적 장벽의 붕괴, 그리고 사회적 편견 등은 21세기에도 계속 인간을 고통 속에 몰아넣을 위험요소들이 되고 있다. 이와 같은 위험요소들은 치안질서를 혼란스럽게 하는 사회현상이나 사건을 발생케 할 개연성을 안고 있으며, 심지어 전쟁 다음으로 인류에게 위협이 되는 요소라고 할 수 있는 범죄발생의

1) 물신주의란 인간이 제도의 노예가 되거나 물질에 의해 지배되는 현상을 의미한다.

가능성을 증대시키고 있다.[2)]

대부분의 사람들은 범죄를 하나의 독립된 현상이라고 착각하는 경향이 있다. 그러나 범죄는 많은 다른 사회적 요인들의 영향을 받아 발생하는 경우가 대부분이다. 공직자와 기업의 부정부패, 가격조작, 횡령과 탈세, 그리고 사회에 만연한 마약범죄의 폭증, 길거리의 사이코패스적인 인명살상행위, 심지어 교사에 대한 학생의 폭력행위의 증폭 등 많은 범법 및 탈법행위가 우리 사회에 만연하고 있다. 정치인과 대기업의 간부, 그리고 부유층이 범하는 위선적인 범죄는 길거리 범죄자의 냉소와 사회에 대한 적대감을 증폭시킨다. 이들에 의해 자행되는 범죄에 기인된 손실은 강도, 강간, 그리고 소매치기 등에 의한 것보다 훨씬 커서 사회정의와 도덕성의 상실을 초래하는 파괴력을 지니고 있다. 따라서 범죄문제에 대한 해결책은 범죄 그 자체에 대한 정의의 재평가와 아울러, 가난하고 폭력적인 범법자들에 의해 자행되는 범죄에만 국한시킬 것이 아니라 가진 자들에 의해 자행되는 모든 종류의 범죄까지 포함시켜야 한다는 주장이 힘을 얻고 있다.

이제 세상은 디지털과 인공지능시대로 변모해 가고 있다. 디지털 시대는 아날로그 시대와 비교하여 대체로 속도감과 찰나성, 광범위성 등의 특징을 갖고 있다고 볼 수 있다. 디지털 기술의 발전이 우리 삶을 윤택하게 한다는 것은 부정할 수 없는 사실임이 분명하다. 하지만 반대로 디지털기술의 발전은 사회 속 수많은 폐해나 갈등의 원인이 되기도 한다. 정보통신기술(ICT)의 발전과 스마트폰의 보급으로 일상생활이 디지털화되면서 개인 간의 디지털 격차가 심화되기도 하고, 디지털 환경 속에서 발생하는 각종 사회윤리적 문제도 드러나고 있다. 디지털 격차로 인한 60대 이상의 노년층의 경제적 소외가 심화되고 있고, 방송통신위원회와 한국지능정보사회진흥원이 발표한 2022년 사이버폭력 실태조사에서도 10명 중 4명의 학생들이 사이버폭력을 경험한 적이 있는 것으로 나타났다. 사이버폭력은 우울증과 불안, 행동장애의 원인이 되며 사회적으로 큰 피해를 가져올 수 있다.

2) 가짜뉴스의 범람

인터넷은 개인이 익명으로 또는 가명으로 참여할 수 있도록 함으로써 개인의 사생활과 개인정보의 보호를 보장한다. 익명성과 가명성은 사람들이 그들 자신을 더 자유롭게 표현할 수 있게 해 준다. 하지만, 익명성과 가명성은 사이버 괴롭힘이나 온라인 괴롭힘과 같은 부정적인 행동으로 이어질 수 있게 하고, 오늘날 사회적 문제로 대두되고 있는

2) O.W. Wilson, Police administration, 4th ed., Mcgraw-Hill Book Co., 1977, pp.20-25.

가짜뉴스(Fake News)의 유포를 촉진하기도 한다. SNS의 경우 정보공유에 최적화된 매체로 빠른 속도로 정보를 전파하는 대신 구조상 뉴스의 사실 여부를 구분하기 어려워 검증되지 않은 가짜뉴스가 빠른 속도로 전파될 수 있다.

좁은 의미에서의 가짜뉴스는 정치적인 목적으로 사실이 아닌 내용을 퍼뜨리기 위해 뉴스가 아닌데도 뉴스의 형식으로 퍼뜨리는 정보 또는 그 매개체 등을 의미하나 넓은 의미에서는 오보나 날조, 거짓정보, 루머, 유언비어, 패러디, 풍자 등을 포함하는 포괄적 용어로, 사실이 아닌 것을 사실이라고 주장하는 뉴스 전부를 의미하기도 한다. 과거에는 찌라시라는 속어로 사용되었고, 현재는 통상적으로 가짜뉴스로 불리지만, 일부 언론학자들은 이것이 오역이라고 주장하면서 사기성 뉴스, 기만성 뉴스, 허위날조뉴스 등의 용어를 써야 한다고 주장한다.[3] 일부 커뮤니티에서 속보를 다루면서 나오는 미검증 게시물도 가짜뉴스일 가능성이 상당하고, 또한 자기 마음에 안 든다는 이유로 가짜뉴스를 만드는 것은 물론 멀쩡히 살아 있는 사람을 죽은 사람으로 만드는 경우도 있다.

가짜뉴스의 원조는 황색언론이라고 볼 수 있다. 황색언론이란 언론사가 제 기능을 상실하여 판매 부수 경쟁에만 열을 올려서 과도하게 공격적 · 선정적 · 자극적인 소재들을 마구잡이로 사용하고, 흔히 말하는 소설을 쓰는 등 관리가 되지 않은 상태를 뜻한다.[4] 이러한 와중에 2010년대 이후 SNS가 급속도로 확산되면서 이를 이용하여 완전히 조작된 거짓정보를 유포하고 이를 언론으로 위장하는 형태가 발생함으로써 이것들을 가짜뉴스라 부르기 시작했다. 현재는 진실이 무엇인지 확인하지 않고 그냥 맹목적으로 믿는 것과 자신이 믿고 싶은 것만 진실로 받아들이는 탈 진실 시대의 산물이 되었다. 가짜뉴스와 황색언론의 차이점이라면 황색언론은 취재기자나 편집부 등 언론사로서의 형식적인 조직 및 성격을 갖추고 있는 반면, 가짜뉴스는 처음부터 언론과 무관한 개인이나 단체가 사실을 조작하며 기사의 형식만을 기존 언론의 성격으로 위장한 채 유포하고 있다는 점이다.

가짜뉴스의 폐해 외에도 온라인 공간에서 사기를 당하거나 불쾌한 경험을 하는 등 역기능의 종류는 다양하다. 디지털은 사람 간의 관계뿐만 아니라 재산상의 손실 그리고 심지어 우리 신체에 물리적인 위험도 가져올 수 있을 것으로 예측된다. 디지털 역기능은 취약계층뿐만 아니라 일반 성인들에게도 큰 영향을 미치는 것으로 알려져 있다. 그 중 하나는 사이버스토킹, 사이버 성폭력, 사이버 명예훼손, 사이버 언어폭력, 개인신상

3) 가짜뉴스, 나무위키, 2024.1.17.
4) 황색언론, 나무위키, 2024.1.6.

정보 유출 등 사이버폭력을 경험한 성인이 전체 성인의 15.7%를 차지했다. 또한 전체 청소년의 약 30%가 사이버 폭력을 경험한 것으로 나타나 심각한 사회문제로 대두되고 있다.

3) 언택트 시대의 디지털 중독

디지털과 인공지능시대는 우리에게 여러 가지 윤리적 갈등을 불러일으키고 있다. 컴퓨터는 이제 더 이상 계산기가 아니라 생활 그 자체가 되었다. 디지털 세상은 우리가 일하는 방식, 공부하는 방식, 노는 방식 그리고 친구나 아이들과 의사소통하는 삶의 방식을 완전히 바꿔 놓고 있다. 휴대폰 서비스가 일상적인 생활에 많은 영향을 끼치고 있으며, 비대면 서비스 제공의 증가를 표현하는 언택트 시대(uncontact)에 숨 가쁜 일상을 보내고 있다.

디지털 시대는 디지털 중독 시대로 가고 있다는 주장까지 설득력 있게 다가오기 시작했다. 디지털 중독이라는 용어는 총체적 개념으로 인터넷이나 스마트폰 또는 SNS 중독 등과 같은 개념 모두를 포괄한다. 보통 디지털 중독이라 하면 일상생활을 수행하는 데 곤란할 정도로 컴퓨터, 인터넷, 스마트폰 등을 과도하게 사용하는 장애를 가리키는 것으로 좀 더 정확한 용어는 디지털 중독 장애(digital addiction disorder)라고 할 수 있다. 디지털 중독은 디지털 기기의 지나친 남용이나 금단을 포함하는 과도한 의존, 지나친 사용으로 자신에게 어떤 불이익이 발생할지도 모른다는 사실을 알면서도 반복적으로 사용하게 되는 통제력 상실 및 강박적 증세를 포함하는 데 엄밀히 말해서 아직은 디지털 중독이라는 개념에 대한 논란으로 인하여 임의적인 개념에 해당한다.[5]

스마트폰을 집에 두고 왔거나 배터리가 별로 남지 않았을 때 불안감이나 초조함에 휩싸이는 경우가 종종 있다. 이런 경향은 신조어로 휴대전화가 없는 상태를 두려워하는 증상을 가리키는 노모포비아(nomo phobia)라는 말을 반영한다. 또한 인터넷이 되지 않을 때 짜증이 나거나 답답함을 느끼며, 몇 분마다 문자메시지를 확인하지 않으면 신경이 쓰이는 것도 디지털 중독증세의 하나로 볼 수 있다. 지하철이나 버스에서 계속 스마트폰을 보는 사람이나 길거리에서 스마트폰을 보면서 걷는 사람의 증가는 보편적인 현상이 되었다. 그러한 사람들은 무엇을 그렇게 계속 보고 있을까. 노모포비아의 증상을 가진 사람들은, 별로 중요한 것이 없어도 스마트폰을 봐야 마음이 편안하다고 대답한다.

이처럼 디지털 기술이 우리 삶의 모든 측면에 스며들어 삶의 자유와 평화를 옭죄는

5) NAVER 지식백과 과학기술, 첨단의 10대리스크, 디지털 중독, 2016.4.1.

세상에서 디지털 윤리의 개념은 점점 더 중요해지고 있다. 2000년대는 최근 20여 년 간에 비교하여 경제성장의 감소와 자원의 빈곤에 직면하는 상황이 발생하고 있다.[6] 정부는 이러한 어려움을 극복하기 위해서 절약과 능률, 그리고 효과성이라는 소위 양적 가치(Hard values)를 다시 강조할 수밖에 없지만, 국민은 자유와 평등, 인간의 존엄과 가치, 사회적 형평과 정의 등과 같은 질적 가치(Soft values)를 더욱 중요시하며, 정부에게 이러한 가치의 실현을 요구함으로써 디지털 시대의 윤리확립이 더욱 중요하게 되었다.

4) 디지털시대와 인공지능에 대한 대응

미래의 사회는 '작은 것이 아름답다'는 탈규제, 정보와 통신혁명의 결과인 행정에 대한 피드백의 즉시성에 반응해야 하는 디지털시대에 살게 될 것이 분명하다. 즉 컴퓨터, 인터넷, 스마트폰, SNS 등이 사회와 개인을 지배하는 디지털시대는 인터넷과 개인통신의 일상화, 범람하는 인쇄물과 다양한 민원창구 등으로 인해 행정은 마치 유리 어항 같이 투명한 환경 속에서 모든 행동이 통제되는 환경으로 변모할 것이다. 결과적으로 시민들은 분화와 자유의 극대화 상태 속에서 행정을 견제하고 때로는 하나의 사회세력을 형성하여 행정에 압력을 가하기도 할 것이다. 디지털시대의 행정권력은 더욱 약화되고 권력이 시민과 다양한 세력에게 이동하는 권력의 딜레마 현상이 나타날 것으로 예측된다. 권력이동 현상 속에서 행정의 부패와 부조리는 사회적으로 용납되지 않을 것이다.

디지털시대는 소외된 지역사회가 그들의 권리에 대한 인식을 높이고 옹호할 수 있는 플랫폼(기반)을 제공함으로써 행동주의를 변화시킬 것이다. 디지털 플랫폼은 전 세계인이 스마트폰, 앱스토어 등을 활용해 새로운 아이디어를 제공하고 경제활동에 나설 수 있는 디지털 공간을 의미한다. 따라서 온라인 공간은 집단 정체성 형성에 중요해졌고, 개인이 전 세계적으로 같은 생각을 가진 사람들을 동원하고 연결할 수 있게 되었다. 또한 디지털 행동주의는 소외된 목소리를 증폭시키고, 기존권력 구조에 도전하고, 사회변화를 촉진할 수 있는 힘을 가지고 있다. 이러한 디지털시대의 환경 속에서 경찰이 적응하면서 이 시대를 헤쳐 나가기 위해서는 디지털시대의 특징을 이해하고 과거보다 더욱 윤리적인 경찰로 변모해야 할 것이다.

디지털시대가 우리에게 던지는 또 하나의 윤리적 화두는 인공지능이다. 디지털시대의 고도화로 인공지능은 최근 몇 년간 놀라운 발전을 거듭하고 있다. 기존의 인공지능

6) Dwight Waldo, "Public Administration Toward Year 2000: The Farming Phenomena", in F.S. Lane (ed.), Current Issues in Public Administration(New York: St. Martin's Press, 1982), pp.499-512.

기술은 단순히 데이터를 분석하고 패턴을 파악하는 것이었지만, 이제는 딥러닝(deep learning)기술, 즉 인공신경망을 사용하여 컴퓨터가 복잡한 데이터를 스스로 학습하고 패턴을 인식하도록 하는 공학적인 설계방식을 통하여 인공지능이 자체적으로 데이터를 학습하고 문제를 해결할 수 있게 되었다.[7)]

인공지능시스템은 의료에서 교통에 이르기까지 우리 삶의 다양한 측면에 혁명을 일으킬 수 있는 잠재력을 가지고 있다. 하지만 이러한 발전은 동시에 인공지능이 인간 사회에 미칠 수 있는 영향에 대한 우려도 불러일으킨다. 인공지능 기술의 발전은 우리가 살아가는 모든 분야에 큰 영향을 미치고 있다. 예컨대, 언어처리 기술을 이용한 번역 서비스, 인공지능 기반의 음성 인식 기술을 이용한 가상 비서 서비스, 또한 자율 주행 자동차, 인공지능기반 의료진단 시스템, 로봇을 이용한 자동화 제조공정 등에도 인공지능 기술이 적용되고 있다. 특히 2차원 컴퓨터 그래픽 프로그램의 개발에 의해 가능해진 포토샵(또는 포샵)은 최근에 잔인한 살인범의 사진을 포토샵에 의해 변형하여 조롱 섞인 전파를 함으로써 사회의 이목이 집중된 일이 있었다. 포토샵은 이미 배우나 탤런트 등의 광고물에 다양하게 출연인물의 동영상 등을 변형함으로써 보는 사람들에게 거부감을 주는 경우가 많았다.

그런데 텍스트, 오디오, 이미지 등 기존 콘텐츠를 활용해 유사한 콘텐츠를 새롭게 만들어내는 인공지능 기술인 생성형 인공지능의 등장과 발전으로 누구나 포토샵으로 사진을 편집할 수 있게 되었다. 생성형 AI는 콘텐츠들의 패턴을 학습해 추론 결과로 새로운 콘텐츠를 만들어내는 것이다. 기존 AI가 데이터와 패턴을 학습해 대상을 이해했다면, 생성형 AI는 기존 데이터와 비교학습을 통해 새로운 창작물을 탄생시킬 수 있다.[8)] 이미지 분야에서는 특정 작가의 화풍을 모사한 그림으로 사진을 재생성하거나 가짜 인간 얼굴을 무제한 생성할 수 있다. 음성 분야에서는 특정 장르의 음악을 작곡하거나 특정 노래를 원하는 가수의 음색으로 재생성할 수 있다. 텍스트 분야에서는 특정 소재로 시를 짓거나 소설을 창작할 수 있다.

이러한 생성형 AI를 활용한 포토샵 도구 덕분에 소프트웨어를 다룰 줄 몰라도 사진을 재밌게 변형할 수 있지만 반대로 위조 범죄나 사이버범죄 등이 발생할 위험도가 커질 수밖에 없는 심각한 부작용이 초래될 수 있다. 생성형 인공지능은 다른 AI와는 달리 기존 이미지의 일부를 수정하는 방식이다. 사용자는 대체하고 싶은 부분을 선택하고 그

7) 두산백과, doopedia, http://www.doopedia.kr
8) 매경닷컴, http://www.mk.co.kr

안에 들어갈 내용을 입력하기만 하면 된다. 이 기능은 실제 사진과 더 비슷한 이미지를 생성하며 기존 AI 도구 등으로 잡티를 보정하고 사진을 꾸미는 수준을 넘어선다는 평가를 받는다. 포토샵의 생성형 채우기는 사진 내 배경에서 필요 없는 물체나 사람을 제거하거나 구름・나무・도시풍경 등을 원본 사진에 추가하는 작업을 가능하게 한다. 또 원본 사진에는 없는 물체를 추가하는 것도 자연스럽게 할 수도 있고, 물에 반사되는 모습까지도 재현해 낸다. 이 같은 사진 조작 기술의 발전으로 인해 우리가 보는 이미지에 대한 신뢰성의 문제를 제기할 수 있다. 실제로 미국 워싱턴 DC 국방부 청사 근처에서 폭발이 발생했다고 주장하는 가짜사진이 트위터에 돌자 금융시장에 잠시 영향을 주는 일이 발생하기도 했다. 이 사진은 펜타곤과 닮은 건물 주변에서 검은 연기 기둥이 치솟은 모습을 담은 것으로 AI로 만든 가짜 사진이었다.

이러한 부작용과 함께 특히 인공지능이 인간의 결정을 대신 내릴 때 인간의 가치와 윤리적 문제에 대한 고민이 필요해진다. 인공지능과 관련된 가장 대표적인 윤리적 문제는 인공지능의 결정이 인간의 결정과 일치하지 않을 때, 누구의 결정을 따라가야 하느냐이다. 이미 바둑 같은 게임에서 인공지능이 사람을 이긴다는 사실이 증명되었고, 다양한 오락 게임에서 인공지능은 놀라운 성적을 자랑하고 있다. 이 문제는 인공지능이 인간과 상호작용할 때, 발생할 수 있는 문제 중 하나이다. 예컨대, 인공지능이 운전자를 대신하여 차량을 운전하면서 사고를 방지하기 위해 갑자기 차를 멈추어야 하는 경우, 그 결정은 누구의 결정이냐의 문제가 생긴다.

인공지능 시스템은 구직자 선별부터 의료진단에 이르기 까지 우리 세상을 더 나은 곳으로 바꿀 잠재력을 가지고 있다. 그러나 이러한 이점과 함께 편견과 불공정성과 같은 잠재적 위험이 존재하며, ① 알고리즘(인공지능 시스템이 작동하는데 사용되는 수학적인 절차와 규칙, 명령의 집합)편향: 알고리즘의 의사결정 과정에서 편향된 결과를 도출하는 현상으로서 의도하지 않은 차별, ② 개인정보 보호와 데이터 윤리: 혁신과 개인정보보호의 균형, ③ 인공설계의 산물인 인공지능의 자율성과 책임성, ④ 고용에 미치는 영향: 자동화 시대의 윤리적 고려사항 등의 문제점을 안고 있다. 인공지능 시스템의 이러한 부정적인 측면을 해결하는 것이 윤리적 인공지능시스템을 육성하기 위한 중요한 단계에 해당된다.

인공지능은 무한정으로 발전할 수 있는 기술이다. 이러한 발전은 인간의 가치와 윤리에 위협이 될 수 있다. 인공지능이 사람을 대신하여 의사결정을 하게 된다면, 이에 대한 책임과 권한을 누가 가지는지, 그리고 인공지능이 가지는 정보와 데이터를 누가 관리하는지 등에 대한 대응방안을 수립해야 할 시점이 도래하였다. 경찰윤리강령이나 경찰윤리관련 법규에 인공지능 사회에 대한 대응방안이 도입될 때가 머지 않아 보인다.

인공지능 기술이 발달한 미래에 인공지능이 꼭 지켜야 할 원칙을 1942년에 런어라운드(Runaround)라는 공상과학소설에 아시모프(Issac Asimov)라는 작가가 쓴 로봇3원칙을 생각해 본다.9)

제1원칙: 로봇은 인간에게 해를 끼쳐서는 안 된다.

제2원칙: 제1원칙에 위배되지 않는 한 로봇은 인간의 명령에 복종해야 한다.

제3원칙: 제1원칙과 제2원칙에 위배되지 않는 한 로봇은 로봇 자신을 지켜야 한다.

5) 디지털 혐오의 병리현상

컴퓨터, 스마트폰, 텔레비전 등 미디어 기기는 디지털 혐오의 온상이 되고 있다. 아울러 인터넷이나 SNS의 익명성은 디지털 혐오의 병리현상을 더욱 부채질한다. 익명성 영역에서 얼굴 없는 실체가 될 수 있게 하여 즉각적인 결과에 대한 두려움 없이 독설을 내뱉을 수 있게 한다.

디지털 혐오는 주로 소셜 미디어 플랫폼을 통해 온라인에서 증오, 욕설, 또는 폭력적인 언어나 콘텐츠를 퍼뜨리는 현상을 말한다. 예컨대, 인종, 종교, 성별 또는 성적 지향성, 개인적 위협, 온라인 괴롭힘 또는 모든 형태의 사이버 괴롭힘에 기반한 공격적인 댓글이 포함된다.

디지털 혐오의 결과는 개인에게 심각한 심리적 피폐 현상을 초래한다. 다양한 악플, 즉 무고, 평판훼손, 증오심 표현, 인신공격, 사생활 침해 등은 개인의 명예를 훼손하거나 개인에게 심대한 정신적 충격으로 남게 된다. 디지털 혐오는 지속적인 정신적 손상을 일으킬 수 있는 트라우마로 작용한다. 수면장애, 불안, 우울증, 심지어 극단적인 경우에는 자살 생각에 빠지게 만든다. 돌멩이 하나로 방해된 고요한 호수에 광범하게 퍼진 물결의 잔상은 디지털 혐오의 심리적 흔적과 같다고 볼 수 있다.

디지털 혐오의 사회적 결과는 공동체를 분열시키고 공포와 불신의 문화를 조장할 수 있다. 같은 생각을 가진 사람들을 위한 안전한 공간인 온라인 커뮤니티는 빠르게 전쟁터로 변할 수 있다. 경제적으로도 디지털 혐오는 피해자가 없는 범죄가 아니다. 기업의 경우 혐오 발언이 난무하면 기업의 평판을 손상시키고 잠재적인 고객을 차단하며 정서적 스트레스로 인해 전반적인 생산성을 저하시킬 수 있다. 기업에 대한 디지털 혐오는

9) IT용어사전, 한국정보통신기술협회, ITA 한국정보통신기술협회.

마치 흰개미가 건물의 기초를 갉아 먹는 것과 같은 영향을 미친다.

이와 같은 디지털 혐오 같은 디지털의 역기능을 극복하고 모두가 상생하기 위해서는 디지털 환경에 맞는 디지털 시민성이 필요하다. 디지털 시민성이란 디지털 환경에서 살아가기 위해 요구되는 지식, 기술, 태도로서 디지털 기술을 이해하고 윤리적으로 올바르게 활용해 새로운 가치를 창출할 수 있는 역량을 의미한다. 우리 모두가 디지털 시민성을 함양함으로써 디지털 시대에 보장되는 자유와 기회를 누리는 한편, 그에 뒤따르는 책임과 의무를 다할 때 비로소 진정한 디지털 사회를 향유할 수 있다.[10] 이러한 디지털 시민성의 확립에 공직자의 역할이 크게 요구된다 할 것이다.

디지털 혐오와 싸우려면 디지털 시민성의 확립과 함께 개인, 소셜 미디어 플랫폼 및 정부의 공동노력이 필요하다. 개인은 온라인에서 예의를 갖추어야 하며, 소셜 미디어는 더 엄격한 지침과 절제를 시행해야 하고, 정부는 디지털 혐오에 대한 법률을 제정하고 집행해야 한다.

6) 디지털 윤리의 필요성

디지털 윤리는 "정보의 생성, 조직, 보급 및 사용과 윤리 간의 관계에 초점을 맞춘 윤리의 한 분야"라고 볼 수 있다. 디지털 시대의 문제는 가짜뉴스의 범람, 디지털 중독, 고도화된 인공지능에 대한 감시, 디지털 혐오, 개인정보 보호, 정보 과부하, 정보 격차, 디지털 성폭력, 디지털 민주주의 등 새로운 주제들이 더해지고 있는 추세에 있다. 따라서 디지털 시대의 모든 사람들이 디지털 윤리에 관심을 가져야 한다.

디지털 윤리는 "정보의 생성, 조직, 보급 및 사용과 윤리 간의 관계에 초점을 맞춘 윤리학의 한 분야"라고 볼 수 있다. 디지털 윤리는 온라인 및 디지털 매체를 활용하는 네티즌, 시민이 건전한 방식으로 자신을 관리하도록 하는 개인윤리적 차원과 관련 법, 제도, 정책 등 사회윤리적 차원에서 접근되어야 한다. 따라서 디지털 윤리의 기준도 크게 보면 기존의 윤리와 적용방식이 다르지 않다. 디지털 시대에 있어서도 윤리적 행동은 대부분의 사회적 규범과 윤리규범을 준수하는 데 있기 때문이다.

디지털 시대에 윤리를 알고 있어야 하는 이유는 사이버 공간에서 벌어지는 다양한 선택상황에서 봉착하는 불확실성에 대해 대처하는 능력을 길러 주기 때문이다. 사이버 공간의 윤리적 쟁점을 이해하기 위해서는 윤리학에 대한 이해와 윤리적 딜레마에 대처하는 훈련이 필요하다. 윤리가 해결하지 못하는 것을 법이 해결해 줄 것이라는 법 만능

10) 금희조 외 11인, 디지털 혐오와 시민성-이론과 사례, 성균관대학교출판부, 2023, pp.216-217.

주의 사고가 있다. 그러나 법은 언제나 제한적이다. 어떻게 해야 하는가 하는 갈등 사태는 법이 알려주지 못하는 곳에서 주로 생긴다. 새로운 입법의 필요성을 제기하지만, 현행의 법들은 어떤 대답도 주지 못하고 너무 모호한 경우가 많다. 이러한 현상은 윤리이론과 도덕규범에 의존하게 되는 이유가 된다. 윤리이론과 도덕규범들은 어려운 문제해결 방법을 준비해 놓고 있는 것은 아니지만, 법 규범과 다양한 규칙의 제약에서 자유롭게 문제 상황을 탐구할 수 있는 여지를 제공한다.[11]

윤리학은 규범, 법, 규칙들과 일치하지 않는 결론에 대한 논쟁을 허용한다. 윤리학은 논쟁이 끝이 날 수 없는 사안이라 하더라도 의무론이나 공리주의, 칸트의 도덕법칙론, 아리스토텔레스의 덕론과 중용이론, 선과 옳음에 대한 윤리, 양심이론, 존 롤스의 정의론, 사랑의 원리와 황금률의 원리와 같은 보편적인 도덕원리 등 다양한 윤리학 이론이나 윤리사상에 의한 유용한 지침들을 제공할 수 있다.

7) 비권력적 활동범위의 증가

경찰은 사회의 현대화가 진행될수록 전통적인 의미에서의 경찰역할인 공공의 안녕질서와 국민의 생명과 신체, 그리고 재산을 보호하기 위한 권력작용이라는 것에 추가하여 다양한 비권력적 활동과 봉사 활동을 중요한 역할로 받아들이게 되고, 이러한 추세는 탈규제와 사회의 가치갈등의 증폭 등으로 인해 21세기에는 더욱 심화될 것이다.

경찰업무의 상당부분이 범죄단속과는 무관하다. 경찰은 일정하게 교통혼잡을 처리하며, 환자의 후송, 분실물 처리, 미아・가출인 찾아주기, 가족갈등, 층간소음갈등, 자기 집에 갇힌 사람, 짖는 개, 겁에 질린 사람, 의심스러운 소음, 기타 시민이 해결해 줄 것이라고 기대하는 많은 다른 비권력적 업무를 처리한다.

경찰업무의 폭증을 가장 실감 나게 설명해 줄 수 있는 사례는 가정폭력에 대한 사회의 인식변화이다. 과거에 가정폭력은 가족 사이의 문제이므로 경찰이 관여하지 않는 것이 우리 사회의 관행 또는 심지어 하나의 미덕으로 간주되어 온 것이 사실이다. 그러나 사회는 가정폭력에 대한 경찰의 적극적인 권력발동 또는 사법조치를 요구하고 있다. 경찰은 가정폭력 신고가 있으면 재빨리 달려가지 않을 수 없고 법적인 조치를 취하지 않을 수 없다.

인권보호 문제도 과거에는 주로 범법자에 대한 경찰의 비인격적인, 또는 가혹행위를 예방하기 위한 것이었으나 최근에는 범죄로부터 피해를 입은 피해자에 대한 인권보호와

11) 김대군, 디지털 시대의 인터넷 윤리, 경상대학교출판부, 2023, pp.21-22.

피해회복이 인권보호 차원에서 중요시 되고 있다. 미아 · 가출인에 관련된 사건 · 사고의 증가는 신고와 수배로 끝나지 않고, 수사전담반의 편성과 관련 기능의 합동심의, 그리고 산악수색 등 적극적인 경찰활동을 불가피하게 한다.

특히 근래에 사회문제가 되고 있는 층간소음갈등은 경찰로서는 심각하게 받아들일 사안이 되었다. 층간소음문제로 아래 위층의 당사자들이 흉기를 들고 공격한다든지 폭력을 행사하는 일이 빈번하게 발생함으로써 현장에 출동하는 경찰관들을 긴장하게 만들고 있다. 출동 경찰관들도 과거의 이웃사촌이라는 개념이 전혀 없는 현실을 깊이 인식하고 출동하기 전에 다양한 상황에 대비한 대응방안을 준비하고 경찰서, 지구대, 파출소에서는 층간소음갈등에 대비한 표준운영절차(매뉴얼)를 세밀하게 만들어서 출동하는 경찰관이 효과적으로 대응함으로써 주민들의 신뢰를 얻을 수 있도록 해야 할 것으로 보인다.

경찰의 비권력적 역할 증가는 1998년에 채택된 경찰서비스 헌장에서도 찾아볼 수 있다. 그 내용 중 국민이 필요로 하면 어디든지 바로 달려가 도와드린다든지, 국민의 안전과 편의를 제일 먼저 생각한다는 내용 등은 경찰의 비권력적 역할의 중요성을 천명한 것으로 해석된다. 왈도(D. Waldo)가 지적하였듯이, 21세기에 국민들은 탈규제를 주장하면서도 무슨 문제가 생기면 행정이 해결해 줄 것으로 기대하기 때문에, 규제가 감소된 사회에서 행정의 문제해결은 사회봉사와 서비스의 차원에서 이루어질 수밖에 없을 것으로 예측된다.[12] 따라서 탈규제가 가속화될 21세기에 경찰조직의 비권력적 역할과 사회봉사활동은 크게 증가될 것으로 예상된다.

8) 조직관리의 새로운 패러다임 출현

탈규제의 사회로 지칭되는 21세기는 치안서비스에 대한 평가는 국민만족도에 의해 결정되고 따라서 고객에 대한 적응, 고객이 원하는 제품과 서비스 제공, 고객의 신뢰확보는 업무수행의 중요 가치로 부각될 것이다. 심지어 조직에 대한 충성을 고객에 대한 충성과 동일시하라는 마이클 해머(Michael Hammer)의 충성에 대한 새로운 방향 제시는 조직관리의 패러다임의 변화를 예고하고 있다.[13]

전통적으로 경찰의 역할은 범법자의 검거와 처벌이라는 법집행자로 인식되어 왔다.

---

12) D. Waldo, op. cit.

13) Peter Drucker, *The organization of the future*, 이재규 · 서재현 역, 서울경제신문사, 1998, pp.43-48.

경찰에 대한 이러한 역할 개념은 앞으로도 중요시될 것이다. 그러나 미래의 사회로 나아갈수록 경찰의 주된 역할은 고객 위주의 역할에 초점이 맞추어짐으로써 경찰이 범죄투사(crime fighter)가 아닌 문제해결사(problem solver)로 인식되게 될 것이다.

최근에 지역사회 경찰활동이 중요시되는 것도 이러한 맥락에서 이해해야 될 것이다. 지역사회 경찰활동은 경찰과 지역주민이 공동으로 범죄나 무질서 등의 문제를 발견하고 그 해결책을 찾는 협동생산 또는 협력치안을 의미한다. 지역사회 경찰활동의 중요성은 거버넌스 시스템(Governance System)의 출현과 일반행정에의 도입 필요성에서도 나타난다. 거버넌스는 공동체 운영의 새로운 체제, 제도, 메커니즘 및 운영양식을 다루는 것으로 기존의 통치나 관리패턴을 대체하는 것을 말한다.

거버넌스에서 말하는 사회란 더 이상 계층적 지배와 공식조직만으로 설명될 수 없으며, 정부나 국가 자체의 본질과 통치 양식의 변화에 의해서만 가능하다는 것이다. 변화의 핵심은 과거의 정부 또는 관 주도의 행정에서 벗어나 정부 이외의 시장과 시민단체, 그리고 다양한 고객과 네트워크를 형성함으로써 정부가 독점적이고 배타적으로 수행해 온 공동체의 공익활동이나 공공재의 생산이 정부 외에 시장 및 시민사회의 역할 분담과 협력을 통해 수행하도록 하자는 것이다. 거버넌스 체제는 본질적으로 국민과 경찰, 아울러 시민단체 등 사회 각 분야의 행동주체의 네트워크 형성이 필연적이라는 패러다임의 전환을 요구한다.

패러다임(Paradigm)은 과학이나 세상을 지배하는 이론이나 세계관을 말한다. 지동설이 받아들여지기 전까지 천동설은 세상을 지배하는 하나의 패러다임이었다. 지동설이 과학적으로 검증받지 못했다면 뉴턴의 법칙은 확립되지 못했거나 사람들의 웃음거리가 되었을지도 모른다.

경찰의 역할변화는 거창한 세계관의 변화에 견줄만한 대변혁은 아니지만, 경찰의 역할에 대한 인식의 전환을 의미한다는 측면에서 세계관의 변화라고 할 수 있을 것이다. 경찰의 역할과 관련하여 범죄투사에서 문제해결사로의 역할변화는 권력적이고 범죄제압이라는 한정된 역할 개념에서, 권력적인 영역은 물론이고 비권력적인 영역까지 포함하는 세계관의 변화를 의미한다. 이처럼 경찰역할에 관한 세계관의 변화는 경찰의 역할수행과 관련하여 직업윤리와 행동윤리의 변화와 강화를 불가피하게 한다.

9) 철학적 · 사회윤리적 접근

우리나라의 경우 각종 교육기관에서 개설하고 있는 경찰윤리 관련 교과목은 『경찰윤리』, 『경찰정신』, 『경찰정신독본』 등의 이름으로 상당히 오래 전부터 개설되어 있었으나 그 내용은 전부 경찰정신위주로 구성되어 있다.[14] 이는 경찰행동기준으로서의 제도나 규칙에 대한 윤리적 평가나 철학적 성찰이 없이 개인의 양심과 사명감 등에 의한 정직성, 공정성, 청렴성을 요구하는 것으로 되어 있다.

대부분의 경찰정신은 경찰관이기 때문에 무엇은 되고 무엇은 안 된다는 식의 당위적인 언명이 전부이다. 왜 그렇게 해야 하는지에 대한 철학이 없다. 철학이 없는 당위적인 언명은 개인의 감정이나 정서에 감명을 주기 위한 일회성 사건에 지나지 않는다. 설명이나 이해가 없는 주장이나 논리는 개인의 행위에 영향을 주지 못한다. 그러므로 경찰윤리도 철학이 뒷받침된 학문성을 갖추어야 한다.

경찰윤리는 개인의 양심과 도덕규범을 강조하는 미시적 접근방법으로서의 개인윤리와 개인의 행동을 제약하는 사회의 제도와 구조를 강조하는 거시적 접근방법으로서의 사회윤리로 구성된다. 개인윤리는 인간의 행위기준으로 중요하다. 그러나 우리는 개인윤리의 주관성을 간과해서는 안 된다.

다시 말해, 개인윤리는 종교, 인종, 사회적 신분 등에 따라 서로 달라 그 객관성을 확보하기 어렵다는 문제가 있다. 또한 개인의 양심과 도덕규범은 잘못된 제도 앞에서는 무력해지기 쉽다는 것도 개인윤리의 한계이다. 더욱이 다양한 현상에 대한 가치 갈등이 심화되고 경찰활동의 범위가 어디까지인지 불명확한 현실 속에서 제도적으로 확립된 행동규범이 없을 경우에 개인윤리는 확실한 행동기준이 되기 어렵다. 따라서 경찰윤리는 제도와 구조의 개선에 초점을 맞춘 사회윤리적 접근이 요구된다.

10) 지혜에 대한 사랑

경찰은 이제 범죄를 예방하고 제압하는 범죄투사로서 보다는 공공질서와 안전에 관련된 다양한 문제해결을 하는 문제해결사로서의 역할을 수행하고 있다. 일반적으로 문제해결은 정보와 지식에 의한 분석, 각종 논리에 의한 종합적인 지적 활동에 의해 이루어진다. 그러나 경찰이 직면하는 문제는 그러한 일반적인 문제해결 기법만으로는 해결되기 어려운 성격을 내포하고 있다. 경찰이 해결해야 하는 문제는 개인의 인권과 이해관계가 걸린 문제이다. 그러므로 경찰은 문제 해결 시에 지식과 정보뿐만 아니라 윤리와 가치에 대한 반성이 포함된 지혜가 요구된다.

윤리와 가치에 대한 성찰과 지혜는 철학적인 성찰을 의미한다. 철학은 어원적으로

14) 경찰윤리론, 경찰대학, 1998, p.2.

philos(사랑)와 sophia(지혜)의 두 단어의 합성어로서 곧 "지혜의 사랑"이란 의미이다.15) 먼저 지혜는 정보나 지식보다 상위개념이다. 지식은 어떤 한정된 분야에 대해 아는 것을 의미한다면, 지혜는 전체적이고 종합적인 측면에서 무엇이 올바른 것인가를 아는 것을 의미한다. 지혜는 단편적인 지식의 테두리를 벗어나 언제나 넓고 전체적인 안목을 가지고 인간의 행복과 복리증진을 위해 어떻게 올바르게 활용할 수 있는가에 관심을 둔다. 지혜는 이를 위해 통찰력과 건전한 관점, 또는 가치판단의 균형과 같은 철학적 사고를 필요로 한다.

헤라클레이토스는 많은 지식이 우리에게 이해력을 증진시켜주지는 못한다고 주장함으로써 지혜는 이해력을 증진시킨다는 사실을 강조한다. 지식은 단편적이며 객관적인데 반해, 지혜는 종합적이며 가치판단적이고 윤리적이다. 그러므로 지식은 지혜의 구성요소이며, 지혜는 지식을 올바른 방향으로 이끄는 인간의식이다.

2. 경찰윤리 교육의 의미

1) 서언

경찰윤리 교육의 의미는 경찰윤리가 일반 시민들의 개인윤리나 사회윤리, 심지어 일반 공직윤리와는 다른 규범과 제도에 바탕을 두고 있다는 점에서 다르다. 인간의 양심과 규범에 따른 도덕적인 행위를 강조하는 개인윤리나 사회의 제도나 규범을 준수하라는 사회윤리 또는 일반 공직자가 지켜야 할 규범이나 규칙으로는 경찰인의 윤리적 행위를 보장하지 못하기 때문이다.

이러한 주장은 공공의 안녕·질서유지 및 시민의 생명과 신체, 그리고 재산을 보호하는 그 과정에서 각종 범법행위에 대한 규제와 단속을 담당하는 경찰업무의 특수성 등으로 인해 경찰인이 준수해야 할 더 높은 윤리수준이 요구된다는 사실에 바탕을 두고 있다. 도덕이란 선과 악의 자유로운 선택을 전제로 논의되어야 한다는 아리스토텔레스의 주장에 의하면,16) 경찰인은 선과 악의 선택에 있어서 그 자유의 범위가 보다 한정적이라는 것을 의미한다. 그러면 경찰윤리 교육의 의미를 구체적으로 살펴보기로 하자.

15) 김항규, 행정철학, 대영문화사, 2001, p.26.
16) 한스라이너 저, 이석호 역, 철학적 윤리학, 철학과 윤리사, 1999, p.51.

2) 바람직한 경찰윤리의 정립

경찰윤리교육은 사회적으로 주어진 바람직하고 옳은 경찰윤리적 준거가 무엇인가를 밝히는 작업이다. 또는 경찰활동의 선악에 대한 윤리적 준거를 탐구하고 고뇌하는 작업이다. 그러나 20세기 초반에 사실에 의한 검증 가능성과 반증 가능성이 학문성립의 하나의 패러다임이 되면서 사실(is)로부터 당위(ought)를 추론하려는 자연주의적 접근방법이 연구의 주류를 이루게 되었다. 그러나 윤리학에서 과학주의적 접근방법에 의해 학문을 정립하려는 노력도 필요하고, 규범주의적 접근방법도 필요하다. 이러한 현상은 윤리적 회의주의 현상을 초래하기도 하였다.

그러나 인간행위의 당위와 관련된 윤리학은 신학이나 형이상학, 그리고 직관적으로 자명한 원리 등도 분명히 연구와 관심의 대상이다. 이러한 분야는 경험적으로 검증이 불가능하거나 필요성이 없다고 볼 수 있다. 인간의 도덕적 행위에 있어서 가치판단의 근거가 되는 규범은 시대와 사회에 따라서 다르고, 그 규범의 근거는 반드시 경험적 사실에 의해서 검증받는 것이 아니라 초경험적인 도덕원리나 종교에 의한 것임을 부인할 수 없다. 특히 20세기 후반에 응용윤리학이 각광을 받으면서 사회의 각 분야, 예컨대 직업별로 독립적인 윤리규범을 제시하는 현상이 전개되고 있다. 아울러 과학 기술이 윤리규범을 앞질러나가는 현상으로 인해 윤리규범의 난맥상을 초래하고 있다. 따라서 바람직한 경찰윤리규범의 정립을 위해서 윤리교육의 필요성이 요구된다. 더욱이 디지털시대의 특이한 사회현상에 대응하기 위한 경찰윤리규범의 정립과 윤리교육의 필요성이 심화된다 하겠다.

3) 응용윤리학으로서의 경찰윤리학

경찰윤리학은 전형적인 응용윤리학이다. 철학사를 빛낸 수많은 철학자들이 목적론 또는 법칙론을 전개하여 절대적 윤리를 제시했으나 논리적으로 만족스러운 것은 하나도 없었다. 2000년 이상의 오랜 세월을 두고 제시된 윤리학설 중 "어떻게 사는 것이 가장 바람직한 삶의 길이냐" 하는 문제에 대해서 아직도 반론의 여지가 없는 정론을 얻지 못하고 있다.[17)]

그러므로 경찰윤리학은 고전적인 형이상학적 윤리학설은 물론이고 분석주의적인 메타윤리학(Meta Ethics)도 연구의 대상으로 삼아야 한다. 메타윤리학은 철학자에 의해 일반적으로 연구되는 윤리학의 세 가지 분야 중 하나이다. 다른 것들은 규범윤리학, 응용

17) 김태길, 윤리학, 박영사, 2002, pp.445-446.

윤리학이다. 규범윤리학은 구체적인 실천과 행동원리를 평가하면서 "어떻게 하면 좋을까?"와 같은 질문을 다룬다. 규범윤리학은 도덕적으로 옳은 것과 그릇된 것의 기준을 다루는 도덕철학이다. 그 중심문제는 기본적인 도덕기준을 어떻게 찾아내고 정당화할 지를 결정하는 일이다. 메타윤리학은 "선한 것이란 무엇인가?"와 "어떻게 우리가 나쁜 것과 좋은 것을 구별할 수 있는가?"와 같은 질문을 다루며, 윤리적 특성과 평가의 본질을 이해하려고 노력한다. 따라서 메타윤리학은 윤리어의 의미, 윤리적 명제의 참과 거짓여부, 윤리적 판단의 근거에 관한 연구를 하는 학문이다.

응용윤리학은 윤리학의 이론을 실용적인 문제에 적용하여 연구하는 학문을 말한다. 응용윤리학은 도덕적 고려사항을 실제로 현실에 적용하는 것을 내용으로 한다. 사생활 및 공적 생활, 직업, 건강, 기술, 법률 및 리더십 영역에서 실제행동과 도덕적 고려에 관한 윤리를 다룬다. 직업윤리는 의료윤리, 환경윤리, 생명윤리, 공학윤리 등과 함께 대표적인 응용윤리학의 분야에 속한다.

경찰윤리는 대표적인 직업윤리에 속한다. 경찰관의 소명의식과 책임의식, 국가에 대한 충성심, 시민에 대한 봉사정신 등을 중요시하는 경찰윤리는 직업윤리로서의 응용윤리학의 한 분야이다. 경찰윤리는 메타윤리학이나 규범윤리학에서 강조하는 도덕관념을 적용하여 확립할 수도 있고, 인간행동에 대한 직관적으로 자명한 도덕규범에 따라서 확립될 수도 있다. 또한 경찰업무의 수행에 필요한 각종 법규나 윤리강령에 따른 행동의 결과 터득한 지혜에서 찾아 볼 수도 있다.

한편, 경찰윤리는 학문적 정립을 위한 작업이라는 측면에서 인간행위의 선악과 옳고 그름에 대한 정확한 의미를 학문적으로 접근하는 노력도 필요하다. 선악이나 옳음에 대한 가치개념은 모든 인류에게 적용되는 보편적인 것이기 때문이다. 그러므로 경찰윤리학은 경험적인 접근도 중요하고 규범적인 접근도 중요하다.

4) 경찰윤리적 가치의 체화(體化)

인간의 행동은 다양한 요인에 의해 영향을 받는다. 그것은 다양한 법규범이나 제도와 같은 외부적인 요인에 의해 통제되고, 양심이나 도덕감 같은 내부적인 요인에 의해 영향을 받는다. 여기에서 분명한 것은 법규범이든 도덕감이든 모두가 그 사회에서 바람직한 것으로 인정되는 가치를 반영하고 있다는 사실이다. 특히 양심이나 도덕감과 같은 내부적인 요인은 인간의 가치판단에 의해 상당히 좌우된다. 그런데 인간의 내부에서 비롯되는 주관적인 가치판단은 사람에 따라서 평가가 달라지고 인간 내부적으로 갈등을 초래할 수 있다.

경찰수사에 있어서 실체적 진실 규명과 피의자의 인권존중이라는 두 가지 가치는 항상 충돌되고, 폭력시위 진압을 위한 체류탄 사용 여부도 상호 충돌되는 가치 논쟁의 대상이 된다. 경찰관이 골프를 치는 것은 나쁜 것이라고 한다든지, 비싼 선물을 받아서는 안 된다든지 하는 경우는 언제든지 그 반대의 입장에서 가치논쟁의 대상이 된다. 경찰관이 관내에서 커피 한 잔이나 과일 한쪽도 받아서는 안 된다든지 하는 경우도 주민과의 친밀한 유대관계 유지를 위해 필요하다는 반론에 직면할 수 있다. 경찰관이 시위군중이나 주취자로부터 폭행을 당하는 것은 관용하고, 경찰이 적법한 공권력을 행사하는 과정에서 상대방에게 피해가 발생하면 인권침해나 권한남용이라고 비난하는 것 또한 가치논쟁의 대상이다.

범죄의 예방과 검거의 우선성에 관한 논쟁에 있어서 예방이 우선이라고 하면서 포상은 검거에 집중하는 것은 가치논쟁의 대상이다. 엽기적인 연쇄살인 사건이 발생하면 왜 그러한 사건이 발생했느냐라는 범죄예방의 허점을 따지기보다는 범인만 검거되면 높은 평가를 받는다. 상대적으로 강력사건이 적고 치안상태가 평온한 지역은 관심의 대상에서 제외되거나 별로 높은 평가를 받지 못한다. 그러므로 치안은 예방보다는 검거가 우선이고 특진이나 포상도 검거실적에 집중된다.

윤리학의 핵심적인 주제가 되어온 선악과 옳고 그름에 관련된 논쟁은 모두 가치판단과 관련되어 있다. 개인이 좋다고, 또는 나쁘다고 생각하는 것은 상당히 주관적인 가치판단의 결과인 경우가 많다. 그러므로 우리는 공・사적으로 선악과 옳고 그름에 대한 보편성있는 사상을 탐구하고 내재화할 필요가 있다.

5) 경찰업무의 특수성과 경찰윤리

경찰윤리는 경찰인이 공・사 생활에 있어서 그 도덕적 행위규범을 정립하는 데 있다. 그 규범은 경찰인이 수행하고 있는 업무의 특수성에 관련된 행동기준 또는 의무를 제시하는 기능을 한다. 경찰인이 수행하고 있는 업무의 특수성은 범죄로부터 사회 안녕질서를 지키는 범죄투사적 역할과 사회질서유지 및 시민의 안전과 관련된 문제해결사적 역할로 대별할 수 있다.

민주화와 개방화의 흐름에 의해 경찰의 역할이 범죄투사에서 문제해결사로 이행하고 있다 해도, 범죄를 예방하고 범인을 검거하는 활동은 경찰의 주된 직분이다. 경찰의 문제해결사적 역할이 점점 부각되는 것은 어느 행정기관보다도 경찰이 가장 대민접촉적이고 또한 규제하고 단속하면서도 시민의 안전을 확보하기 위해 보호하고 구원하는 활동이 증가하고 있기 때문이다. 또한 디지털과 인공지능시대로 접어든 오늘날 경찰의 문제해결사적 역할이 더욱 부각되고 있다. 속도감과 찰나성, 그리고 광범위성을 특징으로 하는 디지털시대는 디지털 혐오를 일으키는 개인정보 유출이나 가짜뉴스, 온라인에서의 증오, 욕설, 폭력적인 언어 등 경찰의 문제해결사적 역할을 요구하는 현상이 빈발할 개연성이 높다.

범죄투사적 역할은 대체로 권력적 강제작용이므로 그 작용에 있어서 시민의 생명·신체의 안전과 인권보호라는 덕목이 존중되어야 하고, 각종 유관업소와 범법자들을 규제하고 단속할 때 법규적용의 일관성과 공정성, 그리고 다양한 유혹에 넘어가지 않고 제대로 업무를 처리하는 청렴성 등이 요구된다. 물론 디지털시대에 빈발하고 있는 사이버 스토킹, 사이버 성폭력, 사이버 명예훼손, 사이버 언어폭력, 사이버 괴롭힘 등에 대해서는 신속하고 엄격한 법적용으로 사건을 해결하는 기민함을 보여주어야 한다.

또한 경찰은 흔히 다양한 재난과 재해 또는 핼러윈 축제와 같은 대규모 인파운집으로 인한 위기상황에 처한 사람을 구해야 하고, 어려운 형편에 처한 사람을 돕고 봉사해야 하는 문제해결사적 역할을 수행할 때에도 용기와 관용, 정의감, 봉사정신과 같은 덕목이 요구된다. 또한 대민접촉이 가장 많은 경찰이 준수해야 할 덕목들, 특히 친절에 대한 철학적 가치를 탐구하는 것도 중요하다. 경찰은 왜 친절하고 봉사해야 되는지 그 가치와 본질을 탐구하고 이해하는 것이 무엇보다 중요하다.

모든 조직에 있어서 권한과 책임은 조직관리와 업무수행을 지배하는 제약요인이다. 일반적으로 모든 사람들은 권한과 책임의 일치를 당연시한다. 그러나 일반적으로 사람들은 권한을 행사하기는 좋아하면서도 그에 따른 책임에는 소극적이다. 다시 말해, 사람들은 공·사적 행동을 하면서 행동결과에 대한 책임여부를 먼저 따져보고 자신에게 책임이 돌아올 만한 일은 회피하려 한다. 책임은 공직자의 행동을 통제하는 중요한 요소이다. 그러므로 우리는 과연 책임이란 무엇이며, 책임에 관련된 행위규범은 어떤 내용으로 되어야 하는지, 공직자에게 물을 수 있는 책임의 한계는 무엇인지 논의해볼 필요가 있다.

조직생활에 있어서 구성원들의 행동에 영향을 미치는 또 하나의 가치는 충성이라는 관념적인 용어이다. 우리는 실제로 충성이란 무엇을 의미하고 무엇에 대한, 또는 누구에 대한 충성인지 잘 모르면서도 흔히 사용하고, 어렵고 중요한 일이 있을수록 충성이란 말을 강조한다. 충성은 조직의 결속과 발전을 위해 중요한 의미를 담고 있으면서도 때로는 냉소적인 의미로 사용되기도 한다. 그러므로 우리는 충성에 대한 도덕적이고 윤리적인 탐구를 해볼 필요가 있다.

아울러 경찰은 왜 사생활에 있어서도 그 직분의 특수성으로 인해 더 엄격한 도덕적 규범을 준수해야 하는가에 대해서도 경찰윤리에서 철학적으로 규명해야 할 과제이다. 사회가 민주화·개방화되면서 디지털화된 사회 분위기는 공직자 사회에도 영향을 미쳐 개인적인 자유로운 삶의 영역을 넓히려는 경향이 강해지고 있다. 하지만, 공직자에게 요구되는 봉사의 질과 강도, 그리고 공·사생활에 걸친 보다 모범적이고 윤리적인 행동 요구 또한 강해지고 있다. 그러므로 경찰윤리교육은 경찰의 이러한 특수성을 고려하여 학문적으로 체계화하고 정립하는 노력이 선행되어야 할 것이다.

3. 경찰윤리의 학문적 특성

1) 서언

경찰윤리학은 경찰관이 공·사적으로 행동하는 과정에서 직면하는 가치판단의 문제들에 대해 객관적이고 합리적인 정당성을 부여할 수 있는 판단기준 및 그 근거를 제시하기 위해 유용한 지식을 제공한다. 다시 말해, 윤리학은 행위기준에 대한 합리적 분석과 관련하여 부딪치게 되는 제반 가치판단의 문제에 대해 객관적이고 합리적인 정당성을 부여할 수 있는 판단기준에는 무엇이 있으며, 그러한 판단기준을 제시할 수 있는 근거가 무엇인가를 구체적으로 밝히는 가치에 관한 학문이라고 할 수 있다.

이처럼 가치판단 기준과 관련된 윤리학의 한 연구분야를 규범윤리학이라 한다. 규범윤리학은 무엇이 옳은지, 좋은지, 의무인지, 또는 정의로운지에 대한 주장을 하고, 그에 대한 근거를 제시하는 형식을 취한다. 따라서 규범윤리학은 행위에 대한 도덕적 평가의 기준을 제시하는 학문이며, 우리 인생의 기본 지침이나 실제 행위의 표준이 되는 규범들을 제시하는데 있다.

규범윤리학에 대립되는 연구정향은 메타윤리학(Meta Ethics)이다. 메타윤리학(분석윤리학)은 선악이나 옳고 그름에 대한 가치판단에 관한 연구를 하는 것이 아니라 옳음과 좋음의 의미는 무엇이고, 가치란 인식이 가능한 대상인가, 가능하다면 어떠한 방법으로 그것이 가능한 것인가 등의 문제에 관심을 가진다.[18] 다시 말해, 메타윤리학은 인간 행위의 당위에 관한 규범이나 기준을 찾는 것이 아니라 윤리어에 대한 논리적인 분석과 관

18) 김항규, 위의 책, p.153.

찰을 통하여 윤리적 현상을 명백히 하는데 그 목적이 있다. 즉, 옳음, 좋음 그리고 선악과 같은 윤리어의 의미가 무엇이며, 어떻게 사용되어야 하는가, 윤리적 가치판단이 어떻게 입증되고 정당화될 수 있는가, 도덕적인 것과 도덕적으로 무관한 것 사이의 차이는 무엇인가, 자유와 책임의 의미는 무엇인가 등과 같이 윤리어의 의미를 정확하게 파악하고, 도덕적 가치판단의 논리와 정당성을 찾는 것이 메타윤리학의 본질이다.

윤리학이 학문으로서 정의가 가능하냐 하는 문제는 행위의 옳고 그름을 평가하는 발언의 옳고 그름을 밝힐 방법이 있느냐 없느냐 하는 문제이기도 하다. 따라서 메타윤리학은 윤리학의 학문으로서의 성립가능성 여부를 묻는 탐구를 지향한다. 메타윤리학은 윤리를 사실의 영역에서 분석적으로 접근하고, 규범윤리학은 당위 내지 가치의 탐구에 몰두한다. 20세기에 윤리학 연구의 주류를 이룬 메타윤리학에 종사하는 학자들은 분석학자라고 불리어졌고, 규범윤리학자들은 모럴리스트(도덕주의자)라고 지칭되었다. 메타윤리학은 윤리학을 이론적으로 정립하려고 노력하였다.

경찰윤리학은 실제생활에서 일어나는 윤리적 상황의 해결에 도움을 주기 위한 규범윤리학으로서 응용윤리학이다. 그러나 우리는 메타윤리학의 입장을 무시할 수 없다. 우리가 가치판단을 정확하게 하기 위해서는 선악이나 옳음과 그름과 같은 윤리어의 의미를 정확하게 알아야 하고, 도덕적 가치판단을 위한 논리와 정당성에 대한 지식을 가지고 있어야 한다.

또한 윤리어의 의미 분석과정에는 규범적인 요소가 포함되기 때문에 윤리학의 연구에 있어서 규범윤리학과 메타윤리학을 완전히 분리하여 논의를 전개할 수 없다. 현실적으로 우리는 윤리적 행위와 관련한 규범을 논하면서 선악이나 옳음과 그름, 도덕감이나 동정심 같은 윤리어의 애매성에 직면함으로써 가치판단이나 의사소통의 어려움을 겪게 된다. 따라서 윤리어의 의미 분석에 관한 메타윤리학의 견해도 깊이 있게 살펴 볼 필요가 있다.[19]

2) 가치론적 · 규범적 성격

인간이 사회를 이루어 살아가는 곳에는 어느 곳에나 그 사회를 규율하는 규범, 즉 마땅히 따라야 하거나 따를만한 확립된 행동기준이 존재한다. 그러한 규범은 그 적용대상

19) 고전적 윤리학자들이 모두 언제나 당위의 문제만을 다루고 순전히 이론적인 문제에 관한 분석적 고찰은 전혀 돌보지 않은 것은 아니다. 스피노자, 흄, 프라이스 등에게서 찾아볼 수 있듯이 가치개념에 대한 분석이 상당히 이루어지기도 하였다.

에 따라서 약간의 차이가 있지만, 대체로 '~하여야 한다'와 같이 당위적인 언명들로 되어 있다. 이를테면 경찰은 '청렴해야 한다', '권한을 남용해서는 안 된다', '공정하고 친절해야 한다', '정직해야 한다', '성실해야 한다', '피의자의 인권을 존중해야 한다'와 같이 당위적인 언명들이 행동규범이며, 하나의 도덕률이다. 사회에는 여러 가지 도덕률이 있거니와, 이러한 도덕률을 하나로 묶어서 그 전체를 지칭할 때 윤리 혹은 도덕이라는 말을 사용한다.

경찰윤리라고 하는 경우 이는 경찰공무원이 업무수행과 관련하여 지켜야 할 도덕률이라고 할 수 있다. 규범과 윤리는 가치라는 개념과 밀접한 관련이 있다. 가치는 모든 규범의 실질적 기반이 되는가 하면, 또한 바람직한 가치의 내용이 규범이나 윤리, 도덕에 의해 제약된다고 말할 수 있다. 규범이란 사회적 · 개인적으로 받아들일 수 있는 특정 기준 또는 공유된 집단가치를 의미하며, 명시적 · 묵시적 성격을 아우르고 있으나, 가치는 좀 더 일반적 성격을 띠고 있다. 즉, 규범은 특정의 상황에서 적용될 수 있는 행동에 관한 특정 규칙이지만, 가치는 다양한 상황 맥락에서 적용될 수 있는 기준이며, 따라서 동일한 가치가 여러 가지 규범에 대한 준거기준이 될 수 있다. 또한 가치는 규범을 정당화시키는 근거를 제시하지만 규범이 좀 더 일반적인 성격을 띠게 되면 가치와의 구별이 어려워진다.

가치는 개념적인 면에서나 경험적인 면에서 규범과 밀접하게 관련되어 있다. 개념적인 면에서 가치는 규범의 타당성을 평가하는데 이상적 기준을 제시해 준다. 즉, 가치는 규범을 정당화하는 데 그 기반을 제공해 준다. 가치는 우리 자신의 개인적 행위와 다른 사람들의 행위를 평가하는 판단기준 역할을 하기도 한다.

또한 가치는 문화, 규범, 행위, 관습, 신념 등 다양한 개념의 출발점이다. 가치는 사회내에서 개인의 행동을 좌우하는 신념이고, 규범은 사회의 행동규정 역할을 한다. 또한 가치는 보다 개인적이고 규범은 보다 사회적이며, 가치는 내가 어떻게 해야 하는 지 알려주는 원리이고, 규범은 사회내의 불문율을 의미한다. 가치는 보다 내면적으로 만들어지고 규범은 보다 외부적으로 적용된다. 가치는 간접적인 가이드이고, 규범은 구체적인 가이드이다. 경험적인 면에서 규범은 좀 더 실제적이고 상황 지향적인 구체성을 띠고 가치와 행동을 연결시킨다. 따라서 규범은 가치보다 구체적이고 명령적이다. 경찰윤리학은 경찰관의 가치있는 행위의 표준이나 준거를 제시하는 규범적 학문이다.

3) 수단의 정당성과 윤리성

인간의 행동은 목적과 수단의 측면에서 접근될 수 있다. 사실 목적이 없는 행동은 존재하지 않는다고도 볼 수 있다. 여기에서 항상 논쟁을 불러일으키는 것은 목적이 좋다고 해서 그 목적을 달성하기 위한 모든 수단이 합리화될 수 있느냐 하는 것이다. 윤리적인 측면에서 목적달성을 위한 수단의 비윤리성은 용인되지 않는다. 결과가 좋으면 그 수단은 별로 문제삼지 않는 것이 일반적인 사회현상인지도 모른다. 그러나 공직자의 경우에 수단의 윤리성은 대단히 중요하다. 공직자의 행동의 결과는 공공에 미치는 영향이 크고, 공공으로부터 기대되는 신뢰의 수준이 높기 때문이다. 함정수사나 고문수사 등이 도덕적으로 용인되지 않는 이유가 바로 여기에 있다.

경찰윤리학은 사회와 조직이 규범적으로 요구하는 행동을 경찰인이 수행하도록 하는 준거를 제시하는 학문이다. 경찰관의 공·사적으로 바람직한 행동이 무엇이며, 왜 그렇게 행동해야 하는 지에 대한 근거나 기준을 제시하는 것이 바로 경찰윤리학의 학문적 영역이다. 경찰관이 각종 범법행위를 규제하고 단속할 때 그 수단으로서의 행동의 윤리성이 강조되는 것이다. 그가 아무리 시민의 윤리적으로 옳지 못한 행위를 발견했을 경우에도, 그 수단의 비윤리성은 용납되지 않는다.

한편, 경찰관이 범죄자를 검거할 때 그 행위가 단순히 다양한 법규나 지시명령에 따른 결과가 아니라 윤리적으로 옳지 못한 행위를 사회로부터 제거해야 한다는 가치에 따라 움직여야 한다는 측면을 강조할 수도 있다. 그러나 이러한 가치에 따른 행동 이라 하여도 그 행동의 비윤리성은 용납되지 않는다. 그러므로 경찰관의 규범적 가치에 따른 행위는 시민의 비윤리성에 대한 가치판단이 중요한 것이 아니고 경찰관의 대응행동의 윤리성이 중요한 것이다.

4) 존재론적 · 경험적 성격

우리는 어떤 현상이나 대상에 대한 철학적 탐구를 하면서 어떤 사상이나 이론에 따라서 접근을 해야 할 것인가에 대한 고뇌에 빠지는 경우가 많다. 탐구의 기초가 되는 사상이나 이론에 따라서 대상에 대한 이해나 설명이 아주 달라지기 때문이다.

이러한 맥락에서 실존주의 철학은 경찰윤리의 정립에 이론적 지원이 될 수 있다. 실존주의 철학은 대상의 본질을 찾기보다는 대상이 어떻게 존재하고 있는가에 초점을 맞추고 그 대상의 동태적·상황적 변화까지 고려하는 윤리사상이다. 인간은 무엇인가, 인생은 무엇인가와 같은 질문은 인간의 본질에 관한 질문이다. 그러나 이러한 본질을 찾는 질문에 대한 답을 찾기는 거의 불가능하다. 사람마다 개성이 다르고 같은 사람이라도 부단히 변화하는 것이어서 대답하기 어렵기 때문이다. 따라서 본질에 관한 물음보다는 인간은 자기를 어떻게 이해하고 있는가라는 인간의 실존에 관한 질문형태로 바뀌면 대답은 훨씬 구체적이고 이해가 쉽다.[20)]

이러한 맥락에서 우리는 경찰이란 무엇인가, 경찰은 어떻게 되어야 한다라는 형태로 접근하기 보다는 경찰은 자신을 어떻게 이해하고 있고, 경찰의 현실은 어떠한가라는 질문에서부터 윤리적 접근을 해야 할 필요성이 제기된다. 어떤 규범이 현실적으로 적용되는 이유는 당위성의 명제로 구성된 정언명법(定言名法)의 형태를 갖추었기 때문이 아니라 상황과 시기에 적합한 구체성을 띠고 있기 때문이다.

5) 학제적 성격

경찰윤리는 개인윤리와 사회윤리를 포함하면서도 직업윤리에 해당한다. 또한 직업윤리 속에서도 공직윤리에 해당하며, 공직윤리 속에서도 국민의 생명과 신체, 그리고 재산을 보호하는 규범윤리이며 응용윤리이다. 경찰인은 개인윤리를 구성하는 도덕규범을 행동기준으로 하고, 또한 공직윤리의 규범을 준수해야 한다. 아울러 경찰인에게만 요구되는 규범과 행동기준을 준수해야 한다.

따라서 경찰윤리학은 규범적인 성격과 응용윤리적 성격을 모두 포함하고 있다. 경찰윤리학은 고전적 철학과 윤리학, 그리고 법학, 행정학, 사회학, 심리학, 정치학, 인류학과 같은 인접 학문들과 연계된 학제적 성격을 갖는다. 다시 말해, 경찰업무는 법, 제도, 윤리, 문화, 개인의 성격 등이 서로 결합해서 수행되므로, 이러한 업무에 대한 정당화 근거와 규범성을 제공하는 경찰 윤리학은 종합학문을 지향할 수밖에 없다.

또한 디지털과 인공지능 시대의 발전과 함께 경찰은 새로운 윤리적 도전 과제를 마주하게 되었다. 개인정보 보호, 사이버 범죄, 인공지능의 활용, 환경문제 등 다양한 측면에서 윤리적 고려사항이 필요한 현실이 되었다. 개인정보 보호와 데이터 윤리는 디지털 시대에서 가장 중요한 주제 중의 하나가 되었으며, 사이버 범죄 예방과 보안윤리는 절대로 무시할 수 없는 문제이기도 하다. 아울러 인공지능 윤리와 자동화의 윤리적 측면은 디지털시대의 또 다른 주요한 쟁점이 되고 있다. 인공지능은 우리의 일상에 점점 더 많이 개입하고 있으며, 이에 따라 윤리적인 사용과 적절한 결정 과정이 필요하다. 인공지능의 편향성과 공정성, 의사결정 과정의 투명성, 개인정보 보호 등에 대한 고려가 중

20) 강재륜, 윤리학의 역사, 대왕사, 1996, pp.299-302.

요한 이슈이다. 환경보호와 지속 가능한 기술윤리는 디지털 시대에서 더욱 중요해진 주제가 되었다. IT 기술의 발전은 환경에 지대한 영향을 미치며, 전자폐기물 처리, 재활용, 친환경 제품개발 등에 따른 윤리적 고려와 책임이 중요한 이슈가 될 수 있다. 따라서 경찰은 디지털 시대의 윤리에 대한 연구와 고민을 하지 않을 수 없게 되었다.

6) 사례연구에 의한 접근

과학은 설명을 목적으로 하고, 경험적이어야 하며, 체계적이고 논리적이어야 한다. 또한 과학적인 방법에 의해 체계화된 이론은 유사한 다른 대상이나 현상에도 적용가능한 일반화를 추구해야 한다. 여기에서 모든 학문이 하나의 분과 학문으로서의 위치를 확보하기 위해서는 그 학문을 구성하고 있는 이론이 과학적으로 검증가능하고 현실에 대한 설명력이 있어야 한다는 것이 과학의 핵심임을 알 수가 있다. 물론 학문의 과학성을 더욱 엄격하게 요구하는 사람들은 그 학문의 중심이 되고 있는 이론의 반증 가능성까지 요구한다.

윤리학은 그 중심을 이루고 있는 명제들이 대체로 당위적인 개념들로 구성되어 있어 과학적인 검증 가능성과 반증 가능성의 차원에서는 과학성을 인정받기 어렵다. "인간은 이성에 따라서 행동해야 한다, 올바르게 살아야 한다, 선을 추구하고 악을 멀리해야 한다, 깨끗하게 살아야 한다, 정의롭게 행동해야 한다" 등과 같은 명제들은 아주 당위적인 언명들이어서 과학적으로 검증할 가치나 필요성이 없다. 또한 이러한 명제들이 거짓이 될 반증 가능성도 전혀 없다.

따라서 대부분의 윤리학 이론은 형이상학적이거나 관념적인 논리로 일관한다. 그러한 논리는 대체로 인간의 직관이나 경험에 의해 확립된 것이어서 현실에 대한 그 설명력을 부인하기는 어려운 경우가 많다. 그러나 학문이 현실을 제대로 설명해 주기 위해서는 과학적인 연구방법에 의해 이론을 정립하는 것이 학문적 정통성을 확립하기 위한 패러다임이라고 생각된다.

경찰윤리처럼 특수한 직업윤리에 관련된 분야는 현실적인 사례를 분석함으로써 바람직한 윤리기준을 제시할 수 있다는 측면에서 볼 때, 실증주의적 접근이 의미가 있는 것 같다. 경찰윤리는 사회속에 존재하는 많은 직업군 속에서 경찰이라는 직업에 적용될 윤리기준을 찾는다는 점에서 사례분석은 전형적인 실증주의에 입각한 것이다. 경찰관이 각종 단속이나 범법행위를 진압하면서 어떤 행위기준에 따라 행동해야 하고, 또한 사생활의 행위규범은 어떤 기준에 따라야 할 것인지 등은 각종 사례에서 그 기준을 쉽게 찾아갈 수 있을 것으로 보인다.

4. 경찰윤리의 필요성

경찰윤리는 경찰이라는 직종에서 일하는 사람들에게 적용되는 행위규범이라는 측면에서 직업윤리에 해당한다. 직업윤리는 모든 직업에 공통되는 직업일반 윤리와 특정 직업에만 적용되는 특수직업의 윤리로 나누어 볼 수 있는데, 경찰윤리는 특수직업 윤리에 해당한다.

경찰윤리는 이처럼 특수직업 윤리에 해당하지만, 일반 공직윤리는 물론이고 직업 일반 윤리도 경찰인의 행위규범에 포함된다고 봐야 할 것이다. 사회의 구성요소들은 고도(孤島)의 로빈손 크루소(Robinson Crusoe)처럼 도덕과 윤리가 필요없는 서로 단절된 상태로 존재하는 것이 아니라 상호의존적인 관계속에서 존재하기 때문에 사회의 구성요소로서 경찰은 사회·직업 일반적으로 확립된 윤리와 공직윤리를 행위규범으로 받아들이지 않을 수 없으며, 아울러 경찰인에게만 요구되는 행위규범을 따라야 한다.

특수직업윤리로서 경찰윤리는 행정윤리 내지는 공직윤리를 포함하는 동시에 경찰업무의 특수성으로 인해 독자적인 영역을 구성한다고 볼 수 있다. 다시 말해, 경찰관은 일반 행정윤리도 준수해야하지만, 더 나아가 경찰관에게만 적용되는 행동기준을 지켜야한다. 따라서 일반행정윤리는 좀 더 포괄적인 가치체계로 구성되고 경찰윤리는 보다 구체적이고 엄격하며 외적인 규칙의 형태를 띤다. 이러한 맥락에서 우리는 먼저 경찰윤리의 필요성을 행정윤리의 필요성에서부터 살펴보고, 다음으로 경찰업무의 특수성에 관련된 경찰윤리를 검토해 보기로 한다.

1) 개인윤리와 사회윤리의 한계

개인윤리의 핵심은 대체로 행위의 주체인 개인의 도덕성이나 양심에 두고 있다. 개인윤리 학자들은 개인이 도덕적이면 그 개인들로 구성된 사회도 반드시 도덕적인 사회가 될 것이라고 믿었다. 따라서 개인윤리를 중시하는 전통적인 윤리관에서는 개인의 어떤 품성을 계발하는 것이 그 핵심이거나 본질이었다. 소크라테스는 무지의 극복이 사람들을 도덕적으로 만드는 길이라 하였고, 아리스토텔레스는 무지의 극복과 의지의 필요성도 함께 역설하였다.[21] 이러한 언명은 지적 덕 또는 이론적 덕으로서 이성을 강조한 것

21) 강재륜, 앞의 책, pp.64-67.

이다.

따라서 개인윤리에서 우리가 관심을 가져야 할 부분은 인간의 행동에 대해 이성의 법칙에 따라서 행동하라는 언명과 인간내부에 내재하는 절대적인 도덕적 법칙에 따라서 행동하라는 명제이다. 소크라테스나 아리스토텔레스 이래 이성은 인간의 가장 고귀한 본성으로 지적 덕, 또는 이론적 덕으로 일컬어지면서 인간을 철학적이게 만드는 중요한 기능을 한다고 보았다.[22] 도덕의 법칙은 밖으로부터 주어지는 것이 아니라 인간 자신의 내부에 선천적으로 본래 존재하는 것으로 인간에게 필연적인 명령을 내리고, 복종하게 만든다는 주장이다.

양심의 보편성을 주장한 버틀러(Joseph Butler)[23]나 실천이성의 절대적인 법칙에 도덕의 원리를 구한 칸트는 양심 또는 실천이성이 선천적이고 자율적인 도덕의 원리라고 하였고, 많은 학자들의 지지를 받아왔다. 아울러 칸트는 인간이 자연의 법칙에 따르는 것은 하나의 경향성이지만, 이성에 따르는 것은 하나의 의무라고 규정하였다.[24] 이처럼 개인윤리는 이성이나 양심과 같은 인간 본유의 자명한 원리에 따르는 것을 의미한다.

흄(David Hume)의 도덕감이나 동정심 같은 선천적이고 본유적인 인간의 덕목도 개인윤리를 강조한 것이다. 흄에 의하면, 모럴 센스는 인간본성에 자리잡은 보다 근본적인 감정에서 나오고 행위의 동기가 되고 평가의 근거가 된다고 한다. 또한 인간의 본성에는 동정심이라는 것이 존재하며, 그것은 인간성에 있어서 매우 강력한 원리로 작용한다는 것이다. 또한 미에 대한 우리의 판단을 크게 좌우하며, 모든 종류의 인위적 덕에 있어서 우리들에게 도덕적 시인의 감정을 일으킨다고 주장했다.

사회윤리는 사회의 기본 구조, 질서, 사회제도의 틀의 정당성과 윤리성을 강조한다. 사회윤리에서는 사회문제의 원인과 처방을 개인의 양심과 의식에서 찾는 것이 아니라 사회구조, 제도, 정책의 도덕성에서 찾는다. 이는 개인으로서는 어찌할 수 없으며, 책임질 수도 없는 제도, 체제, 상황, 풍조가 존재한다는 사실을 인정하는 것이다. 사회라는 것은 개인들의 단순한 집합으로만 볼 수 없으며, 그 자체의 독자적인 논리에 따라 움직일 뿐만 아니라 개인의 선택을 넘어선다는 논리이다. 이는 오히려 사회구성원들 개인의 행위와 선택을 좌우한다는 자각이 사회윤리의 필요성을 절감하게 만들었다. 이제는 단지 개인의 양심이나 행위만이 도덕적 판단의 대상이 되는 것이 아니라 사회구조나 체제

22) 위의 책, pp.72-73.
23) 위의 책, pp.200-202.
24) 김태길, 윤리학, 박영사, 2002, pp.130-131.

역시 가치판단의 대상이 됨으로써 우리가 일상적으로 흔히 듣게 되는 구조적 부조리라는 말도 그런 맥락에서 생겨난 용어라고 할 수 있다.

특히 자연과학이 눈부신 발전을 이룩하게 되면서 과학적 방법이 인간연구에도 적용되어 양심이나 도덕적 법칙과 같은 절대적 개인윤리에 대한 회의가 일어나게 되었다는 점도 사회윤리의 필요성을 절실하게 만들었다. 고전철학자들은 인간의 본성을 오로지 이성적 존재로서 이해하고, 이성을 선천적이며 만인에게 있어서 동일한 것으로 보았다. 따라서 인간은 이성이나 양심이라는 절대적 행동규범에 따라서 행동한다고 보았다.

그러나 자연과학의 방법을 적용한 경험과학은 인간을 진화의 산물로 보는 동시에 이성 또는 양심까지도 경험을 따라서 발달하는 것이라고 보고, 인간성 전체를 가변적인 것으로 보기 시작했다. 따라서 고정 불변적인 선천적 인간성 내지 인간의 본질은 인정될 수 없다는 것이다. 선천적이며 보편적인 윤리의 원리를 뒷받침하는 강력한 근거로서 만인이 공유하는 선천적 도덕감 또는 양심을 내세운 샤츠베리(A. Shaftsbury), 허치슨(F. Hutchson) 등의 주장은 경험과학에 의해서 부정되었다.[25] 선천적 도덕감이나 양심은 본래 존재하지 않고, 특히 문화적 배경을 달리하는 여러 민족 또는 부족에 대한 민속학적 연구는 인종과 전통이 다르면 도덕감 내지 양심도 다르다는 사실이 개인윤리에 대한 신뢰를 저하시켰다.

개인윤리의 한계를 지적하고 사회윤리의 필요성을 역설한 사람은 니부어이다. 미국의 유명한 사회학자이면서 신학자인 니부어(Reinhold Niebuhr)는 『도덕적 인간과 비도덕적 사회』라는 저서에서 개인의 도덕과 국가나 민족 같은 사회적 집단의 도덕은 당연히 구별되어야 한다고 주장한다.[26] 인간의 도덕성은 개인 대 개인의 관계에 있어서는 비교적 잘 드러날 수 있지만, 집단 대 집단의 관계에 있어서는 드러나기가 매우 어렵기 때문이다. 물론 인간관계의 개선이 개인의 양심이나 선의지에 크게 의존한다는 것은 분명하다. 그러나 개인이 도덕적이라고 해서 사회 전체가 자동적으로 도덕적이 될 수 있다고 믿는 것은 순진하고 소박한 생각이다. 도덕적 인간들에 의해 구성된 사회라 할지라도, 비도덕적인 사회가 될 가능성을 배제할 수 없다.

아무리 도덕적인 사람도 그가 살고 있는 사회의 도덕성이나 구조가 잘못되어 있다면, 개인은 도덕적으로 살기 어렵고, 개인에게 도덕적으로 살아가라고 요구하기 전에 우선

25) 김태길, 윤리학, 박영사, 2003, pp.406-407.

26) Reinold Niebuhr(1892~1971)는 미국의 신학자이다. 예일대학 신학부에서 공부하고 목사로 활동하다 신학교 종교철학 조교수를 거쳐 기독교 윤리학 교수가 되었다. 미국의 낙관적 자유주의와 마르크스주의 모두를 비판하였다. 문명은 종교를 필요로 하는가? 인간과 비도덕적 사회, 신앙과 역사 등의 저서가 있다.

잘못된 관행과 제도를 고쳐야 한다. 따라서 집단의 전체성과 집단이기주의, 개인의 익명성 등으로 사회윤리의 필요성이 인정되지만, 사회윤리는 사회의 구조, 제도, 정책의 도덕성에서만 해결책을 찾는 것이 아니고 개인의 도덕성 회복과 노력도 아울러 강조한다.

이러한 관점에서 사회의 주된 문제들은 개개인의 선택이나 양심에 의해서가 아니라 그 개인들이 속해 있는 사회의 구조나 제도 자체의 개혁에 의해서 비로소 해결될 수 있다는 사회윤리의 중요성이 자각되기에 이른 것이다. 그러나 이러한 사회윤리도 공직사회에서는 한계에 직면한다. 공직사회에서는 조직간의 권력다툼, 부서간의 할거주의와 같은 조직이기주의가 만연하고, 무사안일, 형식주의, 권위주의, 부정부패, 인권침해 같은 사회윤리로는 통제할 수 없는 부정적인 현상이 존재하므로 사회윤리보다는 더 구체적인 공직윤리가 요구되는 것이다.

2) 행정권의 강화

인간은 선천적으로 권력을 추구하는 속성을 가지고 태어났다. 사회계약설의 기본전제가 되는 자기보존의 원리나 진화론에서 주장하는 자연도태나 적자생존의 원리는 힘의 논리에 의해 세상이 돌아가고, 사람들은 그 힘을 얻기 위하여 서로 경쟁을 하고 있다는 논리를 제공한다. 그러므로 경쟁을 통해 권력을 얻은 사람들은 그 권력을 과시하려는 행동을 보이려는 속성을 가지고 있다.

공직자는 국민에게 봉사하고 섬기는 공복이라고 하지만, 실은 국민의 복지와 생업에 관련된 다양한 인·허가권과 단속권을 행사하고 각종 정책결정과 집행을 한다는 측면에서 분명히 권력적인 위치에 있다. 더욱이 현대는 행정국가이다. 행정국가는 국민의 생명과 재산의 보호에만 국한되던 야경국가와는 달리 국민의 복지향상을 위해 국가가 적극적으로 관여하는 것을 의미한다. 관료는 오랜 행정과정 속에서 합법화된 다양한 매뉴얼에 의해 행정의 영역을 고수하고, 많은 예산이 소요되는 거대 사업의 결정도 행정에 의해 이루어진다. 민주화되고 개방된 사회로 나아갈수록 이러한 현상은 더욱 심화될 가능성이 크다.

행정을 주도하는 관료사회는 직업관료에 의해 일관작업열처럼 작동하고 행정매뉴얼에 벗어나는 정치적 관여는 행정 내·외부로부터 용인되지 않는다. 다시 말해, 정치권이 권력적으로 행정에 압력을 과하고 싶어도 행정 매뉴얼을 무시하지는 못한다는 것이다. 현실적으로 정치권의 행정에 대한 통제는 '행정이 매뉴얼대로 행정행위를 했느냐'의 여부에 머무르는 경우가 대부분이다. 또한 사회의 복잡성 속에서 행정의 전문화 경향은 행정의 권력화 현상을 더욱 강화하는 요인으로 작용하고 있다.

이러한 행정의 역할 변화는 공직윤리의 필요성을 절감하게 되었다. 공직윤리의 중요성은 내·외부 통제메커니즘 보다는 공직자 자신의 내적인 윤리의식과 도덕성의 확립이 그 본질이라는 사실을 인식할 필요가 있다. 공직자의 내적인 윤리의식의 함양은 가장 경제적이고 효과적인 공직자 윤리확립 방안이다.

3) 행정의 관료제화

우리는 행정의 관료제화라고 하면 일반적으로 부정적으로 평가하는 경향이 강하다. 그러나 막스 웨버가 제시한 조직관리와 구조에 관한 하나의 이념형으로서의 관료제는 대규모 자본주의 기업의 발전과 성공을 위해 필연적으로 나타나는 조직형태라고 주장된다. 관료제의 이념형에서 내세우는 기능의 전문화, 법규에 의한 행정, 감정과 사인주의의 배제, 능력위주의 행정 등은 대규모 조직의 합리성과 객관성을 보장한다는 측면에서 다른 어떤 조직 유형보다 기술적인 우위성을 가지고 있기 때문이다.

그러므로 행정의 관료제화는 역사발전의 필연적인 과정으로서 반드시 나쁜 것은 아니다. 보다 엄격하게 표현한다면 관료제화에 따른 윤리가 필요한 것이 아니라 관료제의 역기능의 심화 현상에 따른 윤리의 필요성을 찾는 것이라고 하는 것이 더 정확한 표현이다. 관료제의 역기능은 관료제의 특징으로 대별되는 계층제 및 문서주의와 깊은 연관이 있다. 계층제와 문서주의는 거대조직의 질서와 능률성의 확보를 위해 불가피하다. 조직이 거대화되면 될수록 조직의 능률성을 향상시키기 위해 분업이 불가피하고, 그 분업의 형태는 수직적·수평적 분화로 짜여지는데서 나타나는 현상이다.

수직적 분화는 상하계층을 의미하는 계층제의 전형이며, 수평적 분화는 각 계층적 단위 속에 존재하는 하위단위로서 전문화의 구조적 형태이다. 한편, 문서주의는 수직적·수평적으로 복잡하게 분화된 관료제 구조 속에서 업무와 책임의 명확화를 위해 존재하는 제도이다. 복잡한 구조 속에서 문서에 의하지 않고는 누가 무슨 일을 하는지 확인하기 어렵고, 업무수행의 결과에 대한 책임을 따지기 어렵기 때문이다.

이러한 특징을 가진 관료제는 필연적으로 권위주의와 형식주의, 번문욕례(繁文縟禮), 동조과잉, 할거주의 등과 같은 역기능이 나타날 수밖에 없다. 계서제의 상층에 있는 사람은 하위단위에 있는 사람에 대해서 권위주의적으로 행동하게 되고, 상명하복이나 면종복배 문화가 형성되어 그에 따른 갖가지 병폐가 곳곳에서 나타나게 된다. 문서주의와 형식주의는 조직의 능률성을 저해하고 국민들에게 불친절과 불편을 초래한다. 문서없는 행정은 행정이 아니라는 인식으로 문서는 양산되고, 문서에 따라서 책임을 다른 부서에 떠넘기는가 하면, 많은 서류처리로 인해 민원인들을 오래 기다리게 하는 것은 행정의 보편화된 현상인지도 모른다. 따라서 관료제의 역기능을 억제하고 조직의 병폐를 제거하기 위해 행정윤리의 확립이 필요하다.

4) 부정적인 사회윤리의 영향

사회는 하나의 체제(system)이다. 공직사회는 이 사회체제 속의 하나의 하위체제에 해당한다. 체제란 상호 유기적으로 관련된 부분들의 집합을 말한다.[27]따라서 상호유기적으로 관련된 하위체제들은 그들의 행동을 지배하는 가치체계와 윤리규범의 공유 내지는 상호 영향을 미치는 관계에 있는 것이다. 시스템 사회의 상호의존을 불가피하게 하는 메카니즘이 바로 피드백(feedback)이다. 피드백은, 세상은 체제이고 그 구성요소의 행위결과는 인과순환에 의해 결국 자기 자신에게 되돌아온다는 의미와 아울러 다른 사람들의 행위도 그 관련된 사람들에게 영향을 미친다는 것을 의미한다. 종종 피드백은 평가의 관점에서 이해되기도 하고, 다른 사람이 자신의 행동을 어떻게 생각하는지를 말해주는 것으로 사용되기도 한다. 인터넷 사이트의 하단에 표시된 피드백이라는 아이콘은 이러한 의견을 전달하는 수단을 의미한다.

평가로서의 피드백은 통제를 의미하고, 그것에 따라서 상이나 벌을 주는데, 이는 상벌을 가지고 사람의 행태를 변화시키고자 하기 때문이다. 시스템 사회에서 말하는 피드백 관계는 명시적으로 이루어질 수도 있으나 암묵적으로 이루어질 수도 있다. 어떤 정책이나 행동에 대하여 직설적인 평가는 명시적인 피드백이지만, 어떤 조직이나 기관에 대한 지지 또는 여론이 좋지 않은 것은 상당히 암묵적인 피드백이다. 현대의 디지털 사회는 명시적·암묵적 피드백이 강력하고 즉시적이다.

사회가 복잡하고 다원화된다는 것은 인간의 욕구분출과 관련된 하위체제가 출현하고 있다는 증거이다. 아울러 사회의 가치체계도 무엇이 선이고 악인지 분간하기 어려울 정도의 혼란을 초래한다. 이러한 가치체계의 혼란은 사회를 점점 이른바 저급한 쾌락을 추구하는 문화에 빠져들게 한다. 부와 명예, 권력, 육체적 쾌락 등 인간의 욕망충족이 하나의 선이 되고, 결과가 좋으면 그것이 선이라는 쾌락주의적 윤리관이 세상을 지배하

27) 체제 또는 체계(System)는 상호 유기적으로 관련된 부분들의 집합으로 개념정의 된다. 다시 말해, 체제는 하나의 전체를 상정하고 그 전체가 상호 유기적으로 관련된 부분들의 집합으로 구성되어 있다는 것을 의미한다. Ludwig von Bertalanffy, General System Theory: functions, development, applications, New York: George Braziller, 1968, pp.28-29.

게 된다. 더욱이 경쟁사회에서의 승리를 위해 앞만 보고 내닫는 사람은 쾌락주의적 문화에 집착한다. 그는 어느 날 인간의 유한성과 자신의 삶에 대한 회의에 빠질지라도 승자가 되기 위해서는 수단과 방법을 가리지 않는다. 그러한 부정적인 사회윤리는 이기주의, 물신주의, 불신풍조, 금전만능사상, 쾌락주의 등의 사회현상으로 나타난다.

시스템 사회에서 피드백은 반드시 윤리적인 측면에서 긍정적으로 작용하는 것은 아니다. 윤리적으로 좋지 못한 가치나 문화를 그대로 따라하는 것도 피드백의 하나의 결과이다. 좋지 않거나 옳지 못한 것을 그대로 반복적으로 따라하는 것이 바로 악순환(vicious circle)이다. 악순환은 궁극적으로 시스템의 파괴를 초래한다.

공직은 사회의 중요한 하나의 하위체제이다. 다시 말해, 공직은 사회를 구성하는 모든 하위체제와 상호작용하면서 존립하고 있는 것이다. 그러므로 사회의 도덕적인 일탈문화가 범람할수록 공직자가 그러한 문화에 빠져들 개연성은 높아진다. 그러나 인간의 욕망이 무한하고 쾌락주의적 인간 본성이 존재하는 한, 사회의 한 부분을 차지하는 일탈문화를 완전히 제거하기는 어려운 것이 현실이다. 그러므로 경찰은 경찰관이 부정적인 사회현상에 빠져들지 못하도록 공직윤리의 확립과 끊임없는 교육이 요구된다.

5. 경찰업무의 특수성에서 접근한 경찰윤리

1) 의의

경찰인은 한 사람의 시민이면서도 공직자이다. 그러므로 일반 시민들에게 요구되는 개인윤리와 사회윤리를 준수해야 하는 의무를 지고 있음은 물론이고 일반 공직자들에게 요구되는 공직윤리를 준수해야 한다. 그러나 경찰인은 불법행위를 단속하고 처벌하는 법집행업무를 수행하는 업무의 특성상 일반 공직자들보다는 보다 도덕적이기를 요구받는다. 실제로 경찰관의 음주운전이나 각종 부정부패를 비롯한 범법행위는 다른 직종의 공직자들보다 더 많은 비난과 중한 처벌을 감수해야 한다. 아울러 경찰관은 그 사생활에 있어서도 다른 공직자들보다는 많은 제약을 받는다.

법을 집행하는 경찰인이 법을 위반한다는 것은 있을 수 없다는 것이 일반 사회의 정서이다. 경찰인의 비윤리적 행위는 선악의 차원에서는 가장 나쁜 극단에, 옳고 그름의 차원에서는 자신의 의무와 책임을 다하지 못하는 그른 행동으로 비난받는다. 그러므로 경찰인에게는 고유한 행위규범이 요구된다.

2) 재량권의 강화

경찰작용은 비권력적 작용도 많지만, 대부분이 권력적 작용이다. 규제하고 단속하고 수사하고 진압하는 과정에서 각종 물리력의 사용이 적법하게 인정되는 등으로 상당히 큰 권한을 행사하고, 그 사용에 있어서 상당한 재량이 주어져 있다. 이러한 경찰의 권력작용과 재량권 행사시에 국민의 자유와 권리를 침해하거나 구속하는 것이 불가피한 경우도 있다. 특히 재량권 행사는 사전적 통제가 사실상 불가능하고 경찰관 개인의 판단에 의존하기 때문에 경찰윤리의 영향을 크게 받는다.

경찰조직은 법 집행기능을 그 본질로 한다. 그런데 법집행의 경우에도 기속행위와 재량행위가 구별되고, 또한 개별법에 규정이 없는 업무도 처리한다. 그러한 경우에 바로 재량권이 행사된다는 것을 의미한다. 라이스(A.J. Reiss)는 경찰의 재량권의 의미를 다음과 같이 부여한다. 그 하나는 재량권이란 경찰관이 여러 대안들 중에서 선택할 권한을 가지고 있다는 것이며, 두 번째는 재량권은 법적으로 허용된 것이어야 한다. 세 번째는 경찰관은 재량권의 행사에 있어서 필연적으로 개인적인 판단이 개입된다.[28]

골드스타인(Joseph Goldstein)에 의하면, 경찰관들은 범법 혐의자에 대한 검거, 조사 등을 할 때 모든 법적 절차를 준수해야 하지만, 법규정의 모호성, 시간적인 압박, 요구사항 사이의 갈등, 인력과 조사 기술의 제한 등으로 인해서 법집행은 선별적이거나 재량권이 행사될 수밖에 없다는 것이다.[29]개인을 체포할 것인가 그리고 무력을 사용할 것인가 말 것인가에 대한 재량권은 경찰관을 우리 사회의 아주 중요한 위치에 서게 한다. 마이클 브라운(Michal Brown)은 '경찰의 재량권은 경찰의 역할이 합법적인 강제력 사용에 토대를 두고 있기 때문에 정치적인 의사결정과 동등하다'고 까지 주장한다.[30]

경찰 재량권은 때때로 남용된다. 각종 법규와 경찰의 내부지침 모두는 경찰관으로 하여금 범죄에 연관된 모든 위반자들을 체포하라고 하고 있지만, 동일한 행위에 대하여 중산층의 아이는 훈방하고, 빈민가 출신의 아이는 체포하는 것과 같이 체포는 선별적일 수 있다. 교통 위반자에 대하여 일반적으로 범칙금통지서를 발부하지만, 때로는 훈방할 수도 있다. 그러나 훈방의 기준은 애매모호하기 때문에 재량권은 남용될 수 있다.

28) A.J. Reiss, Consequences of compliance and deterrence models of law enforcement for the exercise of police discretion, Law and Contemporary Problem 47(Autumn): pp.89-90.

29) J. Goldstein, Police discretion not to invoke the criminal process: Low-visibility decisions in the administration of justice, Yale Jounal 69: pp.543-561.

30) M.K. Brown, Working the streets: Police discretion and the dilemmas of reform, New York: Russell Sage Foundation, 1988, pp.5-6.

경찰은 경찰의 권위에 도전하는 행위에 대해서는 주저없이 처벌한다. 로스앤젤레스 경찰관에 의한 로드니 킹(Rodney King) 구타사건은 거리에서의 정의수호의 한 사례이다. 로드니 킹은 아프리카계 미국인 건설인으로 1991년 3월 3일 음주 후 고속도로 상에서 과속운전을 하던 중 경찰차에 발견되어 경찰차가 조명을 비추고 사이렌을 울리며 정차할 것을 요구했으나 이에 불응 계속 도주하다 추격전 끝에 붙잡힌 킹은 경찰관들에 의해 구타를 당한 것이 전국에 방송된 후 재판에서 그 경찰관들이 무죄를 선고받자 이로 인해 흑인사회를 중심으로 폭동을 일으킨 사건이다. 50명 이상의 사람이 사망하고, 2천명 이상이 부상을 당하고, 9,500명이 폭동, 약탈과 방화로 체포되었으며 10억 달러의 재산피해를 낸 대규모 사건이 되었다.

많은 경찰관들은 거리에서의 정의수호 차원에서 이루어지는 자신들의 행동이 하나의 권리이며, 개인에게 교훈을 주는 의무의 일부로 생각한다. 그러한 행동은 분명히 불법행위이다. 일반 시민은 물론이고 경찰관들이라고 할지라도, 위법행위에 대한 형사상 처벌이 면제될 수가 없다. 따라서 경찰의 재량권의 남용은 경찰윤리의 필요성을 절감케 한다.

3) 비권력적 작용과 사회봉사의 증가

경찰의 역할은 사회의 현대화와 민주화가 진행될수록 전통적인 의미에서의 경찰역할인 공공의 안녕・질서와 국민의 생명과 신체, 그리고 재산을 보호하기 위한 권력작용이라는 것에 추가하여 다양한 비권력적 활동과 봉사 활동을 중요한 역할로 받아들이고 있으며, 이러한 추세는 탈 규제와 가치갈등, 그리고 앞에서 언급된 미래사회의 특징 등으로 인해 21세기에는 더욱 심화될 것이 분명하다.

우리는 이미 앞에서 경찰의 비권력적 활동 내용들을 구체적으로 살펴보았다. 경찰이 범법자들을 규제하는 활동을 제외한 거의 모든 대민활동들은 비권력적 활동이다. 경찰의 사회질서와 안녕유지가 반드시 권력적 법집행활동에 의해서만 성취되는 것은 아니다. 개인의 의사에 의해서든, 의사에 관계없든, 사람들은 많은 어려운 상황에 봉착한다. 예컨대, 자살을 위해 한강에 뛰어들거나 수영을 하다 생명이 위태롭게 된 사람들이나 기타 유사한 성격의 위난에 처한 사람들과 응급처치를 요하는 위중한 환자들, 그리고 많은 사회적 약자들은 타인의 원조를 필요로 하는 위험한 상황 내지는 어려운 상황에 처해있다. 이러한 상황에서 가장 적합한 역할수행자는 바로 경찰이다.

4) 위험한 업무의 증가

인간에게 자기보존은 그 무엇보다 중요한 가치임에 틀림없다. 아리스토텔레스와 스토아 학파의 윤리관의 근본적인 가치는 바로 자기보존이었다.31) 자기보존의 개념은 모든 인간의 노력과 행위의 근본적인 목적으로 인식되었다. 르네상스 시대에 덕의 본질은 인간의 보편적인 유능함 속에 존재하는 것으로 파악되었고, 여기에서 자기보존은 인간의 유능함을 나타내는 근본적인 기능으로 간주되었다.

홉스(Hobbes)와 스피노자(Spinoza)는 모든 도덕적 요구들이 자기보존에 기여할 때, 그 자체의 근본적인 의미를 가진다고 보았다.32) 홉스는 각 개인이 묵시적 · 명시적으로 서로의 자기보존을 위하여 그에 상응하는 공동생활의 올바른 도덕적 질서를 지킨다고 보았으며, 스피노자는 사람들 간의 조화와 우애는 각 개인의 자기보존을 확실하게 하는데 있어서 최선의 수단이라고 보았다. 특히 스피노자는 개인의 자기보존이 확실하게 보장되어야 행복도 찾을 수 있다는 행복주의에 대한 견해를 피력하였다.

이처럼 각 개인의 자기보존은 도덕적인 행동의 외적이면서도 주관적인 행동원리가 되고 있다. 자기보존을 불확실하게 하고 위협하는 가장 대표적인 것이 바로 인간의 생명 · 신체에 대한 위협일 것이다. 경찰관은 사회의 평화와 치안질서를 유지하기 위한 활동과정에서 범법자와 조우한 상황, 특히 흉기를 든 강력범이나 납치 · 유괴 및 인질범과의 대치의 상황에서 신체상의 위험에 직면하게 된다. 경찰관이 자신의 생명 · 신체에 위협을 느끼는 상황에서 전자충격기나 총기를 사용할 것인가, 말 것인가 하는 판단도 자기보존의 차원에서 접근해야 될 사안이다.

또한 경찰관의 자기보존과 관련되는 직업윤리의 중요성은 범법자에 대한 권력적 강제력에 의한 제압활동보다는 비권력적 구조 · 구원활동에서 요구된다. 경찰관의 권력적 법집행 활동은 법적으로 그 활동 기준과 한계가 비교적 명백하고, 경찰관의 자기보존을 위한 무기사용 등은 상대방의 자기보존을 침해할 가능성이 상존하는 반면에, 비권력적 활동은 상대방의 자기보존을 위하여 나 자신의 위험을 감수해야 하는지 등에 대한 그 행동기준이 법적으로 분명하게 규정되어 있지 않은 경우가 대부분이기 때문이다.

화재로 뒤덮인 건물 속에 갇힌 사람의 구조, 깊은 물속에 빠져 허우적거리는 사람의 구조, 길가에 쓰러져 있는 사람의 구호, 홍수로 고립된 사람의 구조, 험준한 산에서 조난 당한 사람의 구조 등은 경찰관으로서 당연히 구조 · 구원활동을 해야 할 위난에 처한

31) 한스라이너 저, 이석호 역, 앞의 책, pp.295-296.

32) 위의 책, 같은 페이지.

사람들이지만, 위난에 처한 사람들을 구원할 능력을 경찰관이 가지고 있느냐, 구원할 수 있는 가능성이 있는 상황이었느냐 라는 것이 논란으로 남기 때문에, 이 경우에 직업윤리 의식의 작용이 중요하다는 주장이 가능해진다. 비록 위에서 거론한 경찰관 개인의 능력과 구원가능성에 대한 의문이 있을지라도, 경찰관 개인이 자신의 위험을 무릅쓰고 구원활동을 했을 경우에 그 결과에 관계없이 그를 윤리적으로 높이 평가하기 때문이다. 그러한 대처는 비록 무모하다 할지라도 탁월한 도덕적 능력이 갖추어졌을 때 가능하다는 평가를 받기 마련이다. 특히 자신의 생명의 위험을 무릅쓰고 위기에 처한 사람을 구하는 결단은 일반적인 사회윤리나 행정윤리의 차원을 뛰어넘는 고품격 윤리적 의식을 가진 사람에게서만 가능하다고 보는 것이 일반적인 사회정서이다.

5) 외부의 유혹 극복

인간의 선악에 관한 본질을 찾아보고자 했던 목적론(teleology)과 공리주의(utilitarian-ism)사상은 아직도 우리 인간의 삶의 많은 부분에 영향을 미치고 있다. 인간의 삶에 있어서 무엇이 선이고 악인지에 대한 명백하고 결정적인 해답을 주지는 못하였지만, 이성과 욕망을 동시에 가지고 있는 인간에게 선악에 관해 던지는 윤리적 고뇌는 인간의 본질을 있는 그대로 끄집어내려는 진솔한 노력이었다.

인간의 삶에 있어서 쾌락은 선이고, 고통은 악이라는 소박한 접근은 인간의 가장 원초적인 내면을 제대로 표현한 것이다. 인간의 쾌락은 대체로 욕망충족의 결과이다. 육체적 욕망이나 물리적 욕망, 출세와 명예욕, 이기려는 욕망과 자기과시욕 등이 충족되었을 경우에 인간은 쾌락을 느낀다. 그 쾌락이 행복이라고 할 수 있을지는 모르지만, 그러한 쾌락은 분명히 선에 해당한다. 잘 먹고 잘 살면서 남부럽지 않은 사회적 위치와 명예를 누리는 것은 당사자에게는 극히 좋은 일이고 즐거운 일임에는 분명하다.

그러나 쾌락은 그것을 느끼는 개인의 입장에서는 선에 해당하지만, 그것이 타인에게도 선이라고 할 수 있기 위해서는 그 과정상의 윤리적 정당성이나 타당성이 있어야 한다. 결과적 쾌락이 과정상의 도덕적·윤리적 정당성이 결여되어 있을 경우에 그 쾌락은 개인의 주관적인 만족이나 기쁨에 해당될 뿐 결코 선이라고 할 수는 없다. 불륜으로 얻는 육체적 쾌락이 선이라 할 수 없고, 타인의 잘못이나 약점을 눈감아주는 대가로 부를 축적하는 것이 선이라고 할 수는 없다. 타인의 궁박함을 이용하고 타인을 모함하고 음해한 결과로 출세하는 것이 선이라고 할 수 없고, 힘없는 사람을 모멸하고 무시하는 것이 선이라고 할 수는 없다.

그럼에도 불구하고 인간은 자신의 욕망충족을 위해 과정상의 정당성보다는 결과를 중요시하는 경향이 강하다. 결과주의적 속성을 가진 인간은 자신의 욕망충족이라는 결과를 성취하기 위해 교묘한 술수나 조건을 찾게 된다. 그러므로 자신의 욕망충족과 관련된 다양한 외부적 조건이나 유혹에 취약하다. 별다른 노력이나 고통 없이 쾌락의 결과를 성취한다는 것은 상당히 매력적이고 경제적인 방법이기 때문이다.

이러한 맥락에서 본다면, 경찰은 욕망의 충족과 관련하여 상당히 외부의 유혹에 취약한 위치에 있다. 경찰은 본질적으로 규제하고 통제하는, 즉 '국민에게 하라는 것 보다는 하지 말라고 하는' 일, 이른바 부작위 의무의 부과를 대상 업무로 한다. 범법자를 수사하고 단속하며, 범인성 유해업소를 단속하고 규제한다. 가정폭력이나 층간소음충돌 신고에도 달려가고 성매매 신고에도 달려간다. 마약을 소지하고 있거나 흡입한 범법자들을 단속하고 검거해야 하며, 청소년들에게 술과 담배를 판매하는 업소도 단속하고 미성년자들을 고용하거나 출입시키는 유흥업소도 단속한다. 경찰의 단속은 그 대상에게는 경제적으로 손실이며 하나의 고통이다. 그러므로 그들은 경찰에게 봐달라는, 눈감아달라는 유혹의 손길을 뻗칠 수 있다.

경찰에 대한 외부의 유혹은 다양한 방법으로 이루어질 수 있지만, 주로 경찰과 잘 아는 사람을 찾게 될 것이다. 한국적인 사회에서 그러한 길을 제공하고 있는 것이 바로 한국 특유의 연고주의 문화이다. 공직자들은 물론이고 일반 시민들도 한국 특유의 연고주의 문화에 편승하여 개인의 목적을 달성하는데 익숙해 있다. 일반 시민들은 지연, 학연, 혈연, 또는 각종 인맥을 동원하여 결재권자나 실무담당자에게 직접 접근하거나 중개자나 각종 파벌을 동원하여 접근을 시도한다. 조직폭력배나 유흥업소의 업주들이 경찰서장이나 간부들에게 향응을 베풀고 무슨 특혜를 받았다는 이야기는 믿기 어려운 애기이지만, 그런 일들은 그들이 쉽게 뿌리칠 수 없는 연고, 즉 고향 후배, 친구, 학교동창 또는 동문, 소파벌, 유력한 고향인사의 영향 때문일 것이다.

연고를 이용한 개인적 연계는 한국사회에 있어서 공·사적 목적 달성을 하기 위한 중요한 전략이 되고 있다. 청탁인은 실권자와 연계적 강도가 높은 중개자를 많이 동원하여 자신이 원하는 결과를 획득하려고 노력한다. 청탁자는 파벌에 의해서 접근하기도 하고, 금전적인 방법으로 개인적 연계를 형성하기도 하며, 때에 따라서는 인척 관계를 추적하여 개인적 연계를 늘리기도 한다.[33] 개인적 연계는 한국과 같은 청탁문화에서는 부정적으로 작용하지만, 순기능적인 분야도 존재한다. 이것은 대체로 공적 업무의 수행

33) 이종범, 국민과 정부관료제, 고대출판부, 1986, pp.151-152.

과 관련이 있다. 그 첫째는 부처 간의 협력 또는 협조 등에 의해 처리되어야 할 정책문제, 둘째, 부처단위 내의 상・하, 수평 관계에 있어서도 개인적 연계의 활용이 공식적 상호작용에 가미된다면 그것은 활력소로서의 역할을 할 수 있다.

한편, 단속대상자인 시민의 손익계산이 경찰관을 유혹하는 요인이 된다. 교통단속이나 음주 단속, 불법영업 단속 대상이 된 시민이나 업주는 그들이 단속될 경우 돌아오는 신분상의 불이익은 물론이고 금전상의 불이익을 너무나도 잘 알고 있다. 손익계산에 정확한 그들은 다양한 방법으로 단속 경찰관에게 접근하려고 시도하며, 뇌물제공 등의 부정한 수단을 동원하여 그들의 단속을 피하고 이익을 챙기려 한다. 그들은 경찰관에게 단속이나 처벌을 눈감아 주는 대가로 물질적인 사례를 하는 것이 이익이라는 계산 아래 의도적으로 접근할 수 있다. 경찰도 복잡한 사회구조 속에서 상호작용하면서 살아가는 한 사람의 인간이기에 이러한 유혹에 넘어갈 가능성을 배제할 수 없다. 그러나 인간의 쾌락은 결과 그 자체로서 선이 되는 것이 아니라 과정상의 윤리적 정당성이 담보되었을 경우에만 선이라는 사실을 음미할 필요가 있다.

6) 조직의 하위문화의 극복

어떤 조직이든 그 조직에 특유한 집단규범으로서의 하위문화가 존재하기 마련이다. 그러한 하위문화는 대부분 윤리적으로 부정적인 성격을 가지고 있는 것으로서 모든 구성원들에게 동조하라는 압력으로 작용한다. 조직의 하위문화라고 하지만, 대체로 이러한 하위문화는 그 사회 일반적인 하위문화로 성장하여 행정기관에도 영향을 미치게 된다.

우리 사회의 가장 비판받는 하위문화인 권위주의와 연고주의만 해도 그렇다. 임금이나 아버지에 대한 절대적인 복종을 강조하는 유교문화에서 이미 상명하복과 지배복종의 사상이 사회 전반에 보편화되어 있었고, 고향 까마귀나 고향 선후배 같은 말에서 볼 수 있듯이 지연, 혈연, 학연에서 연이 닿는 사람들은 서로 신뢰하고 무엇인가 이익을 나누어 갖고 싶다는 의식이 사회 전반에 흐르고 있기 때문에 공직에도 권위주의와 연고주의의 보편화가 가능한 것이다.

우리 사회의 하위문화는 권위주의, 연고주의, 형식주의, 정적 인간주의, 일반주의, 관직이권주의, 냉소주의 등 다양하다. 권위주의와 형식주의 등은 관료제의 구조적 병폐로서 어느 나라든 대부분의 조직에서 나타나는 공통적인 현상이며, 연고주의와 정적 인간주의는 한국의 역사와 사회적 환경 속에서 형성된 특별한 문화현상이다. 냉소주의는 디오게네스의 견유주의(犬儒主義)에서 비롯되는 철학적인 의미를 가지고 있다. 디오게네스

(Diogenes)는 BC 5세기 경 희랍의 철학자로 퀴닉학파, 즉 견유학파의 대표적인 인물이며, 이른바 「통 속의 디오게네스」로 알려져 있다. 그는 온갖 물질적 허식을 배제하고 최소한의 생활필수품만으로 사는 자연상태야 말로 인간에게 최고의 행복이라고 주장했다. 옷도 걸치지 않고 신발도 신지 않으며 들개처럼 길거리에서 잠자고 통 속을 집 삼아 사는 등 그 자신도 빈곤·무치(無恥)를 바탕으로 한 자족의 생활을 보냈다. "개처럼 자유롭게 그리고 욕심 없이 살고 싶다."라는 주장을 바탕으로 개라는 별명이 생겨, 그 일파는 견유학파라고 불리게 되었다. 그가 통 속에서 일광욕을 하고 있을 때 알렉산더 대왕이 찾아와 곁에 서서 「소원이 있으면 말해 보시오」하고 말하자 「내게 그늘이 지지 않도록 비켜주시오」라고 한 이야기는 매우 유명하다. 디오게네스는 부끄러움을 느끼지 않고 온갖 인습과 권위로부터 해방되는 것, 이것이 영혼의 자족을 지향하는 그의 철학적 실천이었다.

경찰의 사회에 대한 냉소주의는 일반 시민들의 이중적인 태도, 즉 법을 준수하지 않으면서도 경찰의 법집행을 비난하는 것과 같은 태도에 대한 냉소일 경우, 시민의 인권에 대한 무시 등의 나쁜 방향으로 영향을 미칠 수 있다. 이러한 하위문화가 조직을 지배할 경우에 조직은 갈등과 도덕적인 해이 현상을 불러일으킬 수 있다.

권위주의는 상명하복과 면종복배와 같은 비민주적이고 비인간적인 조직풍토를 조성하고, 연고주의는 능력보다는 연고위주의 조직관리, 또는 연고별로 나누어먹기 행정이 조직을 지배하게 한다. 부정적인 하위문화가 지배하는 사회에서는 조직 구성원들은 서로 음해하고 비방하며, 불신하고 냉소한다. 공직자들은 고객에게 불친절하고, 일보다는 다른 곳에서 욕구를 충족하려 한다. 공직자의 비윤리적 일탈행위는 사회의 하위문화의 영향이 크게 작용한다는 사실을 우리는 부정하기 어려울 것이다.

제 2 절 경찰윤리에 대한 개념적 논의

인간의 삶은 행위의 연속이다. 그러나 이러한 행위는 인간의 욕망이나 감정적 충동에 따라서 아무렇게나 행위해도 괜찮다는 것은 아니며, 적어도 집단생활을 하는 곳에서는 행위의 기준이 되는 다양한 규범의 통제를 받는다. 아무리 자유와 개인의 인격이 존중되는 사회라 하더라도 욕망에 따라 하고 싶은 행위가 있어도 해서는 안 되는 것이 있고,

하기 싫어도 해야 하는 행위가 있다. 그러한 개인의 행위에 제약이 되는 규범과 관습, 도덕률이 바로 윤리이다.

경찰윤리는 경찰인의 행위에 제약이 되는 행동규범을 의미한다. 그것은 개인의 양심이나 도덕규범을 강조하는 개인윤리, 사회의 제도나 규칙의 준수를 강조하는 사회윤리, 그리고 일반 공직자에게 요구되는 공직윤리를 그 근저로 형성된다. 경찰인은 일반 시민이기도 하며, 공직자로서 경찰조직인이기 때문이다.

따라서 경찰윤리에 대한 논의는 일반윤리에서 정립되어온 윤리, 도덕, 철학의 개념, 그리고 각 개념들 간의 상호관련성에 대한 탐구에서 시작되어야 한다. 경찰윤리는 물론이고 모든 윤리는 도덕적 규범과 떼어놓을 수 없는 관계에 있고, 철학은 윤리의 행위규범이 근거하고 있는 가치에 대한 기준을 제시하고 있기 때문이다.

윤리와 도덕은 엄밀하게 같은 뜻을 가진 말은 아니다. 그러나 우리들은 일상생활에서 이 두 말을 거의 같은 뜻으로 사용하는 경우가 많으며, 근래에는 전문적 학자들도 그 구별에 구태여 신경을 쓰지 않는 경향이 있다. 다만, 일반적으로 말해서 인간사회의 행동규범을 의미할 때는 윤리라는 말을 많이 사용하고, 윤리를 존중하는 사람들의 심성 또는 덕행을 가리킬 때는 도덕이라는 말을 많이 사용한다. 그러면 윤리와 도덕, 그리고 철학의 관계에 대한 개념적 파악을 해보기로 한다.

1. 윤리학의 개념

1) 당위의 학

윤리학은 우리가 마땅히 해야 할 바를 탐구하는 학문, 즉 당위의 학이라고 지칭된다. 고전적 윤리학에서는 주로 우리가 무엇을 해야 할 것인가? 라는 바람직한 목적을 결정하는 것과 관련된 탐구에 집중하였다. 그러나 당위의 학으로서 윤리학은 우리가 어떻게 행동해야 할 것인가를 찾는 행위에 관한 규범의 학이 그 본질이다. 다시 말해, 윤리학은 스스로 행위의 규범을 발견 내지 창조함을 그 사명으로 한다. 물론 광의적 측면에서 보면 도덕적 평가를 위해 필요한 의미를 밝히려고 하는 메타윤리학도 윤리학의 범주에 포함되지만, 인간의 바람직한 행위규범을 탐구하는 측면에서 보면 윤리학은 규범윤리학이라는 성질이 강하다. 메타윤리학은 좋음, 나쁨, 옳음, 그리고 도덕적 평가에 관련된 다른 용어들의 의미를 설명하려고 시도한다.

아울러 윤리학이 추구하는 규범이 기존의 도덕사상을 수용하지 않는 것은 아니지만,

반드시 그것에 매몰되는 것은 아니다. 기존의 도덕사상은 윤리학의 탐구과정에서 사용할 재료로서 비판적 고찰의 대상이기는 하나 무조건 받아들일 진리의 본체는 아니다. 비록 도덕이 일상생활에서의 선·악을 구별하는 문제, 또는 이와 관련하여 인간에게 도덕적 행동을 하게끔 요구하는 행위의 일반적 규범과 관련된 것이라 할지라도 그것이 윤리학의 전반적인 탐구의 핵심은 아니다.

2) 에티케 테오리아

에티케 테오리아(ethike theoria)라는 윤리학의 명칭은 기질(성향, 마음씨),성격을 뜻하는 고대 그리스어의 '토 에토스(to ethos)'에서 유래하였다.[34] 이 같은 명칭 속에는 윤리학이라는 학문이 도덕과 관계가 있다는 것을 내포하고 있는 것이다. 그런데 고대 그리스의 윤리학 전체가 일반적으로 공통의 연구대상으로 삼았던 근본적인 문제는 단순히 덕을 뜻하는 좁은 의미의 도덕에 관한 탐구가 아니라 이른바 최고선 자체에 대한 탐구였다.

최고선은 인간이 이성적인 모든 행동과 노력에 의해 인생에서 성취해야 할 궁극적인 목적을 말하는 것이다. 따라서 그것은 인간의 탁월성을 의미하기도 한다. 그리스인들은 최고선에 대한 물음의 범위 내에서만 비로소 도덕에 관한 물음을 제기하였다. 다시 말해, 최고선에 해당되는 가치가 아니라면, 도덕에 관한 논의는 별로 중요하지 않았다.

윤리학의 대상에 대한 그리스적 관점은 기독교적 계명이 요구하는 도덕적 당위성이 학문에 영향을 끼침으로써 윤리학도 도덕적 행위를 직접적인 탐구대상으로 삼게 되었다. 그러나 고대 윤리학의 지적 유산에 대한 의존성으로 말미암아 형식적으로 여전히 최고선과 인생의 궁극적인 목적에 대한 탐구가 윤리학의 주된 대상이 되어 오다 칸트(I. Kant)에 이르러 비로소 이러한 전통에 물들지 않은 순수한 도덕의 관념이 나타난다.[35] 그는 도덕적 선이란 행위의 목적이나 목표에 의하여 결정되는 것이 아니라 행위의 동기에 의하여 결정된다고 주장하면서, 어느 시대 어느 지역에서나 타당한 절대적인 도덕법칙이 있다는 절대법칙론을 제시하였다. 따라서 최고선이나 인간의 궁극적 목표의 범위 안에서만 도덕적 논의가 중요한 것이 아니라 모든 행위에 있어서 도덕의 관념이 중요하다는 견해를 개진하였다. 칸트 이후 윤리학은 도덕에 관한 학문이라는 견해가 일반화되었으나 고대 그리스적인 최고선과 인생의 궁극적인 목표인 행복에 이르는 최선의

34) 한스라이너 저, 이석호 역, 같은 책, p.26.
35) 한스라이너, 위의 책, pp.25-28.

길을 탐구하는 학자들도 여전히 존재하고 있다.

그러나 현대사회에 있어서 윤리학은 특정단체나 직업과 관련된 응용윤리학적 탐구로 발전하면서 고전윤리학에서 추구하던 최고선이나 절대법칙에 대한 탐구보다는 특정 상황에서 행해야 하거나 행하지 말아야 할 행동을 구체적으로 탐구하는데 그 초점이 모아지고 있다. 그런데 특정조직이나 단체를 위한 행동규범을 정립하는 것을 목적으로 하는 응용윤리학은 그 내용이 당위적인 언명만을 나열하는 단편성에 머무는 한계에 직면할 수 있다.

탐구의 방향은 그럴 듯하지만, 상황에 적합한 행동규범에 대한 철학적인 논거를 제시하고 그 구체적인 행동방향을 제시한다는 것 자체가 어렵다는 것이 문제이다. 상황이란 개념 자체가 모호하고 그 내용 자체가 다양하기 때문이다. 그러나 윤리학은 그 명제들이 형이상학적인 관념에 의해 이루어지든 자연과학적인 사실적 검증과정에 의해 정립되든 철학적인 논거를 바탕으로 인간의 바람직한 행동규범을 제시하는 당위의 학임에 분명하다.

2. 윤리의 개념

1) 공동선으로의 길

윤리라는 한자어는 사람으로서 마땅히 지켜야 할 도리를 의미한다. 윤리는 특정 직업이나 분야에서 행동을 지배하는 일련의 행동원칙이나 규칙을 의미한다. 따라서 윤리는 옳고 그름 그리고 선악에 대한 인간행동의 규범이나 행동강령이라고도 한다. 도덕은 옳고 그름에 대한 인간 내부의 신념 및 가치집합을 의미하고, 윤리는 옳고 바른 인간의 행동을 지배하는 공식화된 외적인 규범이나 규칙의 집합을 의미하는 차이가 있다.

또는 윤리는 인간사회의 결 또는 길을 의미한다고 보는 견해도 있다. 나무에는 나무의 결이 있고, 돌에는 돌의 결이 있다. 나무를 깎는 목수는 나무의 결에 따라 대패질도 하고 톱질도 해야 한다. 돌을 다듬는 석수가 돌의 결을 무시하면 좋은 석조물을 만들기 어렵다.

이와 마찬가지로 인간사회에 있어서 개인이 인간사회의 결 또는 길에 따라서 행위할 때, 그 사회의 구성원들은 인간다운 만족스러운 삶을 누릴 수가 있을 것이다. 그러므로 인간사회의 결 또는 길에 해당하는 것, 인간이 마땅히 지켜야 할 도리 그것이 바로 윤리이다. 다시 말해, 인간이 가야 할 올바른 길, 공동의 선에 해당하는 길이 바로 윤리이고,

그 길에 따라서 가는 것이 인간의 도리이다.

2) 도덕률

윤리는 여러 개의 도덕률로 구성되어 있다. '거짓말을 말아라', '훔치지 말아라', '약속을 지켜라', '간음하지 말라', '모함하지 말라', '도적질하지 말라', '남을 괴롭히지 말라' 등등 여러 가지 도덕률이 집합하여 윤리라는 사회규범을 형성한다.

그런데 도덕률로서 구성된 윤리는 그 도덕률이 어떻게 형성되었는가에 대해서는 견해가 다양하다. 어떤 사람들은 신의 계율이 바로 윤리가 되었다는 것이고, 어떤 사람들은 관습에 의해 윤리가 형성되었다고 주장하기도 한다.

특히 고대 철학자들은 윤리를 관습의 개념에서 파악한다. 또한 그들은 윤리를 도덕적인 덕목과 연결시켜 그러한 덕목에 따른 행위규범을 윤리라고 본다. 특히 아리스토텔레스는 중용을 윤리적 덕으로서, 이론과 지식을 지적 덕으로 구분하여 두 가지 덕을 중요시 했다. 그러므로 고대 철학자들의 견해를 중심으로 윤리의 개념에 대해서 살펴보기로 한다.

(1) 관습으로서 윤리

윤리(ethics, ethik, ethique)라는 말은 아리스토텔레스가 사용한 그리스어 에토스(ethos)라는 말에서 유래한다.36) 이 에토스는 일반적으로 관습 또는 품성을 의미하는 것으로 알려져 있으나 그 본래 의미는 체류지, 거주의 장소를 뜻하는 것이었다.37) 이러한 고대적 의미의 변화는 인간이란 어떤 특정한 장소에서 오래 머물게 되면, 그 특유의 관습이나 품성이 형성되게 된다는 사실을 주목한 결과이다. 하나의 지역에서 형성된 관습이나 품성에 따른 행동은 그 지역에서의 생활을 편리하게 하고 어긋남이 없게 한다는 측면에서 윤리적이라는 것이다.

관습은 사회생활의 진행 과정에서 자연발생적으로 생긴 규범 가운데 가장 소박하고 원천적인 것이다. 그러나 관습은 이성적 반성의 산물이기보다는 단순히 오랜 생활과정 속에서 형성된 사회규범이기 때문에 보편성을 결여한 경우도 흔히 발견된다. 다시 말해, 관습은 오랜 역사적 전통 위에 성립되었다는 측면에서 사회규범의 지위를 차지하기도

36) 하이데거(Heidegger)는 윤리학의 어원으로서 에토스의 보다 더 오래된 고대적 의미는 체류지, 거주의 장소를 뜻하는 것이라고 밝혔다. 이 견해에 따르면, 에토스에는 도덕의 특징을 나타내는 의미가 없다는 주장이 제기되었다. 앞의 책, 같은 쪽.

37) 심의보, 앞의 책, p.60.

하나 지역적 · 역사적 특수성으로 인해 때로는 합리성을 결여한 경우도 있다.

우리나라의 경우에 이른 아침에 여자가 남의 집을 방문하는 것은 도리가 아니라는 관습이 있다. 어른들이 어린아이들을 귀엽다는 표시로 신체의 특정부분을 쓰다듬는 것을 관습적인 미덕으로 용납하기도 했으나 오늘날에는 성추행이라는 측면에서 비난의 대상이 된다. 사촌 사이의 결혼을 금지하거나 허용하는 것을 하나의 관습으로 하고 있는 나라도 있다.

이러한 관습들은 다른 나라에서는 관습으로 받아들이지 않거나 아무런 규범적이고 합리적인 근거가 없기 때문에 윤리규범으로서 보편성과 합리성을 결여한다. 그러므로 관습은 어느 특정 사회나 지역에서 가장 기본적이고 핵심적인 사회규범으로서 작용하거나 사회규범 형성의 기초가 되기는 하나 합리적인 근거를 가진 윤리규범 그 자체라고 규정하기는 어려울 것 같다.

(2) 덕으로서의 윤리

플라톤은 덕을 탁월성이라고 정의하고, 아리스토텔레스는 덕이란 습관화된 중용이라고 규정한다. 그것은 단순한 심성의 능력이나 정서도 아니고, 성품 또는 관습(hexis)이라고 규정한다.

아리스토텔레스는 덕을 지적 덕과 윤리적 덕으로 나누고, 지적 덕으로 사려(pronesis)와 지혜(sophia)를 든다. 지혜는 도덕가치에 대한 정확한 인식(마음속의 생각)을 말하며, 사려는 그 인식을 실천에 옮기는 실천적 지혜를 말한다. 이러한 지적 덕은 교육에 의해 부여되고 계발되는 것이다.

반면, 윤리적 덕은 관습(ethos)의 산물이다. 다시 말해, 윤리적 덕은 되풀이되는 실천으로 습관화되고 단련이 되어야 한다는 점을 강조한 것이다. 지적 덕이나 윤리적 덕 모두 후천적인 것임에 주목할 필요가 있다. 그러면 아리스토텔레스가 말하는 실천의 덕(윤리적 덕)과 지적 덕(이론의 덕)에 관하여 살펴보기로 한다.

① 지적 덕(이론의 덕)

지적 덕은 참된 선을 인식하고 사려 깊게 이를 실천에 옮기는 덕이다. 그러나 아는 것만으로는 실천이 보장되지 않는다. 아는 것을 거듭 실천에 옮겨 습관화해야 유덕한 사람이 될 수 있다.

이성이나 사유로 개념화되는 지적 덕은 실천의 덕보다 우선시 된다. 지적인 덕은 실천의 덕의 방향을 제시하는 역할을 한다. 지적인 덕이 높을수록 윤리적 덕이 높아지게 된다. 무엇이 도덕적으로 옳고 그른 것인지, 무엇이 선이고 악인지 모르는 사람이 윤리적으로 옳고 선하게 행동하기를 기대하기는 어렵다.

소크라테스는 덕이란 곧 지식이며 덕과 지식은 동일한 것이라 하였고, 아리스토텔레스는 지적 덕을 추리력, 예능, 실천적 지혜, 직관적 지혜, 이론적 지혜 등 다섯 가지 단계로 나눈다. 그러므로 지적인 덕은 인생의 과학적인, 혹은 철학적인 영역에 관계되는 것이다. 인간의 본성 중 가장 고귀한 것은 이성적 기능이며, 이성적 행위 중에서도 가장 고귀한 것은 이론적 · 지적 지식으로서 철학적 진리의 파악 그 자체이다. 그러므로 인간은 이러한 지적 덕을 갖추는 것이 중요하다는 것이다.

인간의 선악과 옳고 그름에 대한 판단은 이론적인 지식에 의존한다. 인간의 이성적인 능력은 상당히 선험적이지만, 다양한 경험과 교육에 의해 터득되는 지적인 능력은 후천적이다. 무엇이 옳은 것인지를 아는 사람은 그에 따라 행동하고, 무지한 사람은 그렇지 못할 것이다. 덕과 지식은 동일한 것으로 규정되지만, 사실상 덕은 지식의 결과이며, 지식에 의존하는 것이다. 그러므로 가장 좋은 지식은 도덕적 통찰력을 의미한다.

지적인 능력은 모든 이론적인 지식을 포함하지만, 그 중에서도 철학적인 진리 파악에 관련된 지식을 중요시 한다. 그것은 단순히 이론적인 지식을 말하기 보다는 올바른 가치판단을 가능하게 하는 철학적이고 도덕적인 지적능력을 의미한다. 덕, 즉 도덕적 탁월성은 지식과 동일한 것이며, 그렇기 때문에 일반적으로 서로 다른 덕목들도 결국 지식으로 통합된다. 악덕, 즉 나쁜 도덕적 행위는 모두 무지의 산물이며, 지적인 과오인 것이다.

지식이란 옳은 행위를 가져올 뿐만 아니라 지식 그 자체가 좋은 행위인 것이다. 아무도 그 자신의 자유의지에 어긋나는 행위를 하지 않는다는 말은 누구나 선하고 옳은 것을 추구한다는 것을 의미하지만, 각자가 가지고 있는 지식수준의 차이 때문에 서로 간에 도덕적인 불화가 생긴다. 사실 우리는 무엇이 도덕적으로 옳고 그른 것인지, 무엇이 선이고 악인지 잘 모른다. 사람들은 살면서 옳음과 선이라는 가치를 놓고 고민하고, 때로는 다른 사람들과 논쟁하고 갈등한다. 사람들은 살면서 남을 해코지도 하고, 비겁하고 치사하게 살기도 하며, 남을 교묘하게 이용하기도 하고 약자를 괴롭히는 행위를 하기도 한다. 이를 두고 행위자에게 똑 바로 살아라, 올바르게 살아라 등의 말을 한다. 이는 사람들 사이에 옳고 그름에 대한 가치판단이 다르다는 것을 의미한다. 덕은 지식이다. 덕은 가르칠 수 있는 지식이다. 그러므로 세상을 똑 바로, 올바르게 사는 덕으로 채우기 위해서는 교육을 통해서 사람들에게 지식을 전달해야 된다.

② 실천의 덕(윤리적 덕)

실천의 덕은 인간의 삶의 현실 속에서 체험에 의해 습관화된 실천적 지혜를 의미한다. 실천적 지혜의 방향을 제시하는 것은 지적 덕이다. 그러므로 지적 덕이 실천적 덕에 우선한다. 그러나 지적 덕이 인간의 행위에 있어서 실천적 지혜를 제시하지는 못한다. 인간의 실천적 지혜는 다양한 실천 과정 속에서 형성된 관습에 의해 형성된다는 사실을 부인할 수는 없다. 그러므로 아리스토텔레스는 실천의 덕은 어떻게 생기느냐는 문제를 풀고자 하였다. 이에 대해서 아리스토텔레스는 실천을 통하여, 즉 습관에 의하여 라고 대답한다. 인간은 정직한 행위를 거듭함으로써 정직한 사람이 되고, 용감한 행위를 거듭함으로써 용감한 사람이 된다는 것이다.

그러면 유덕하지 않은 사람이 어떻게 유덕한 행위를 할 수 있을까? 이러한 질문에 대하여 아리스토텔레스는 로스(W.D. Ross)가 시사한 바와 같이 다음과 같은 견해를 제시한다. 유덕한 사람이란 첫째, 자기가 하는 일이 무엇인가를 알고, 둘째, 영속적인 품성의 결과로서, 셋째, 이성적 행위 그 자체를 위하여 이성적으로 행위하는 사람이다. 예컨대, 정직해야 한다는 신념없이 정직한 사람은 사실상 정직의 덕을 가진 사람이 아니며, 어른의 간섭에 못이겨 부지런한 사람은 아직 근면이라는 덕의 소유자가 아니다. 그러나 정직이라는 신념 없이도 거듭 정직하게 행위하는 동안에 차차 그 신념이 생겨 정말 정직의 덕을 갖게 되며, 타율적인 간섭에 의해서라도 거듭 부지런히 일하는 동안에 정말 부지런한 성격이 생겨난다.

그러면 행동에 관한 어떠한 습성이 실천의 덕이 되는 것일까? 아리스텔레스는 실천의 덕, 즉 윤리적 덕은 중용의 덕이라고 해서 중요시하였다. 중용이란 정서나 행동이 과부족이 없는 상태, 즉 과도와 부족의 중간을 의미한다. 덕도 과도하거나 부족하면 악덕이 된다. 그래서 덕이라는 것은 중용을 선택하는 그 자체이다. 그것은 어떤 가치를 선택하기 위한 수단이 아니라 그 가치 자체를 선택하는 것으로 이해되어야 한다.[38]

용기는 만용과 비겁의 중용이며, 절제는 방종과 무감각의 중용이고, 관후는 방탕과 인색의 중용이다. 또한 긍지는 오만과 비굴의 중용이다. 이 모두는 가치 그 자체에 대한 선택을 의미한다. 예컨대, 위험한 상황에 처한 경찰관이 지나치게 공포에 사로잡히거나 그렇지 않으면 공포심이 너무 부족하여 적절한 경계를 게을리 하거나 하여 비겁과 만용의 결과를 초래하여 비난의 대상이 될 수 있다. 이때 이 두 극단, 즉 비겁과 만용을 지양하여 중용을 얻으면 그것이 곧 용기라는 덕이다. 중용은 양적 개념이 아니라 정서가

38) 앞의 책, 같은 쪽.

표출되는 조건의 적절성을 말한다. 중용은 산술적 중간을 의미하는 것이 아니다. 즉 정서가 바른 때, 바른 대상이나 바른 사람에 대하여 또는 바른 이유로 그리고 바른 방법으로 표출될 때 그것이 중용이다. 이처럼 아리스토텔레스는 중용을 상대적인 것으로 보았다. 인간사에서 중(中)이란 상대적인 것이지 결코 절대적인 것이 아니라는 얘기다. 중용이란 원칙도 때와 장소, 상대에 따라 융통성 있게 적용되어야 한다는 것이다.

또한 중용이라는 이성적 행동이나 생활은 전 생애에 걸쳐 지속적으로 실천에 옮겨질 때 비로소 덕이 된다. 한 마리의 제비가 왔다고 봄이 온 것이 아니고 하루아침에 여름이 되는 것이 아닌 것처럼 되풀이 실천하여 버릇이 되고, 바람직한 행동양식이 몸에 배어 들어야 비로소 덕을 지녔다 할 수 있다. 따라서 중용에 따른 행동도 반복적으로 지속적으로 이루어져야 실천의 덕에 따른 행동이 된다.

실천의 덕에 관한 아리스토텔레스의 세 번째 문제는 사람은 어떠한 경우에 자기의 행위에 대하여 책임을 지는 가라는 물음에 답하는 것이다. 그에 의하면, 중용에 의하여 외부에 나타난 행위의 결과도 중요하지만, 그 동기도 중요하므로 책임의 문제가 생기는 것이라고 본다. 책임이 있는 행위는 인격에서 유래한 행위, 즉 고의적인 행위이며, 인격에서 유래한 행위가 아닌 행위, 즉 고의적이 아닌 행위에는 책임이 없다.

그러나 후천적으로 습득되는 지적 덕과 윤리적 덕은 인간행동에 있어서 동시에 작용한다. 지적 덕은 참된 선을 아는 것이고, 이를 실천에 옮겨 습관화하는 것이 윤리적 덕이므로 이 두 가지 덕은 별개의 것이 아니다. 인간은 아는 것만으로는 실천이 보장되지 않는다는 점에서 두 가지 덕의 결합이 중요하다. 결국 윤리는 관습의 산물이든 이성과 지식에 의해 터득한 덕목에 의한 것이든 인간의 삶에 있어서 올바르고 선이 되는 행위규범을 의미한다.

3) 윤리와 철학

(1) 윤리

윤리는 대체로 "거짓말을 말아라, 정직하라, 나쁜 짓을 말아라, 약속을 지켜라, 훔치지 말아라, 남을 욕하지 말아라, 옳은 일을 하라, 정의의 편에 서라" 등과 같은 도덕률을 기초로 하여 만들어진 행위규범을 의미한다. 윤리가 이러한 도덕률을 기초로 한 행위규범에 지나지 않는다면, 그것은 공허한 하나의 언명에 지나지 않는다. 우리가 직관적으로 볼 때, 위에서 언급한 도덕률은 인간이 마땅히 해야 할 바를 지시하는 당위의 언명이다. 정직, 정의, 옳음, 선, 약속, 착함이 인간의 당위적인 행위규범이 되어야 한다는 점에 반대할 사람은 거의 없을 것이다. 그런데 우리는 '왜' 그렇게 해야 하는지에 대한 논리를 제시하지 못하면, 그러한 당위의 언명은 공허한 표어에 지나지 않는다. 위에서 언급한 도덕률이 상당히 가치판단적인 성격을 내포하고 있기 때문이다.

도덕률의 핵심이 되고 있는 선(good)과 옳음(right)은 윤리학의 끝없는 가치논쟁의 대상이 되어 왔으며, 정의라는 가치도 무엇이 정의이며, 그것을 어떻게 구현해 가야 할 것인지에 대해 많은 가치논쟁이 있어왔다. 그러므로 윤리학은 그 논리적 타당성 또는 학문성을 인간의 삶에 대한 진리와 가치의 판단을 그 본질로 하는 철학을 기초로 하지 않을 수 없다. 다시 말해, 철학은 윤리학의 기초학문이며 철학적 배경이 없는 윤리학의 존재는 불가능하다고 생각된다.

(2) 철학

철학은 인간의 삶과 사물의 운행에 대한 근본적인 질문들을 탐구하고, 사상적인 문제들을 연구하는 학문분야이다. 그리스어로 "philosophia"라는 단어는 "지혜(sophia)를 사랑(philos)하는 사람"이라는 의미이다. 철학은 이 세상의 다양한 주제와 관심사를 대상으로 하며, 존재의 의미, 진리, 인간의 본성, 지식의 획득방법, 도덕적 규범, 정치체제, 인간관계, 자유의지 등에 대한 탐구를 한다.

철학은 흔히 세 가지 주요 분야로 구성된다. 첫 번째, 온톨로지(ontology)는 실재에 대한 연구와 그 본질적인 특성에 대해 다루는 학문이다. 그리스어의 실재라는 의미의 'onto'와 논문 또는 강연이라는 의미인 'logia'의 합성어로 현실세계의 개념과 속성을 의미한다. 온톨로지는 존재하는 모든 것에 대한 근본적인 질문들을 탐구하고, 이는 실재의 성질, 그것들의 기원, 특성, 상호작용 및 관계에 대한 이해를 포함한다. 온톨로지는 존재론이라고도 불리며, 실재에 대한 탐구와 실재에 대한 이해에 초점을 맞춘다. 존재론은 현실의 본질과 실재의 특성에 관심을 갖고, 실재의 종류, 구조 등에 대한 고찰을 핵심으로 한다. 이는 실재의 세계에 대한 체계적인 분석과 기본적인 원리 원칙에 대한 탐구를 포함한다.

두 번째로 '에피스테몰로기'(epistemologie)는 철학의 분야 중 하나로 지식의 본질과 한계, 그리고 지식의 획득과정에 대해 다루는 학문을 말한다. 인간이 어떻게 지식을 획득하는지, 지식이 어떻게 정당화 되는지, 지식의 신뢰성과 정확성에 대한 문제를 다룬다. 이 분야는 사고, 인식, 인지, 믿음, 근거, 진리 등과 관련된 다양한 주제를 다루며, 지식의 원리와 방법에 대한 탐구를 한다. 지식을 탐구하는 학문으로서 인간의 삶에 대해 인식론적, 또는 존재론적, 가치론적으로 진리를 탐구하는 학문이다.

다시 말해, 철학은 인간의 삶에 관련하여 중요하다고 생각되는 대상에 대한 진리를 탐구하는 학문이다. 이러한 진리에 대한 탐구는 기존의 지식체계에 대한 끊임없는 문제제기의 과정으로서 철학은 기존의 지식에 대한 반성에서 출발한다. 그러므로 철학의 연구대상은 인간의 삶에 중요한 것이라면 자연과 인간, 신, 역사, 인식 등 모든 것이 해당된다. 철학은 이러한 대상에 대해 인식론적으로, 존재론적으로 또는 가치론적으로 접근할 수 있다. 인식론은 인간의 삶에 있어서 중요한 대상에 대한 인간의 올바른 인식을 위한 진리를 탐구하고, 존재론은 대상이 존재하는 이유와 존재방식을 탐구한다. 특히 인식론은 인간이란 무엇인가, 신이란 무엇인가, 과학이란 무엇인가, 역사란 무엇인가 등과 같이 개별 대상에 대한 진리를 탐구한다는 측면에서 다양한 분과철학을 형성하게 된다.

마지막으로 '도덕철학'은 윤리와 도덕에 관한 철학적인 탐구를 다루는 학문 분야이며, 인간의 행동과 행동의 가치에 대한 질문을 중요시 하고, 올바른 행동의 기준과 도덕적 가치에 관한 이해를 목표로 한다. 윤리학으로도 알려진 도덕철학은 옳고 그름, 선과 악에 대한 질문을 탐구대상으로 한다. 도덕철학은 가치에 근거한 도덕적 선택을 위한 틀을 제공하고, 사회적 · 문화적 · 개인적인 관점에서 도덕적인 판단을 내리는 데에 도움을 준다. 도덕철학은 개인적인 도덕적 가치와 의식의 발전, 윤리적인 의사결정, 공공도덕과 사회적 규범, 도덕적 책임 등 다양한 영역에서 적용될 수 있으며, 윤리학, 정치철학, 신학과도 밀접한 관련이 있을 뿐만 아니라 사회적인 논의와 정책결정에도 영향을 미칠 수 있다.

또한 철학은 인생관이나 세계관에 관한 학문이라고 하는 주장도 있듯이 가치에 관해 탐구하는 학문이라는 사실을 중요시하지 않을 수 없다. 인간이 그 삶에 있어서 다른 선택을 하고 서로 갈등관계를 형성하는 것은 그들 사이의 가치관이 서로 다르기 때문이다. 그러므로 비록 가치에 관한 연구가 학문이 될 수 있는가에 대해 비판적인 철학자도 있으나, 올바른 가치판단이 인간의 삶에 있어서 무엇보다 중요한 기능을 한다는 측면에서 철학의 중요 부문임에 틀림없다.

4) 윤리와 도덕

윤리학은 인간의 행위에 관한 여러 가지 문제와 규범을 연구하는 학문으로서 사회에서 사람과 사람의 관계를 규정하는 규범 · 원리 · 규칙에 대한 학문이다. 전통적으로 윤리학은 "우리는 어떻게 행위해야 하는가? 어떤 것이 좋은 삶 또는 행위인가?"에 대한 답을 찾는 학문이다. 따라서 윤리학은 도덕과 도덕적인 문제에 관하여 연구한다는 뜻을 내포하고 있다. 윤리학은 대체로 사람이 정직하게, 깨끗하게, 정의롭게, 착하게, 사람답게 사는 길에 관한 이론을 연구하는 학문 분야라는 사실에는 거의 누구나 동의할 것이다.

윤리라는 말과 도덕이라는 말은 비슷한 어원에서 유래한다. 전자는 인격에 관한 학을 의미하는 그리스어 '에티케(ethike)'에서 유래한 말이며, 후자는 습관과 예의를 의미하는 라틴어 '모레스(mores)'에서 유래한 말이다, 윤리학은 인격에 관한 학을 의미한다고 주장한 아리스토텔레스는 도덕적인 덕은 습관의 결과로 나타나는 것이며, 에티케(ethike)라는 말은 습관을 의미하는 에토스(ethos)의 변형된 단어라고 주장한다.

그러면 윤리와 도덕은 어떤 차이가 있으며, 어떤 관계가 있는가? 개념적으로 도덕은 개인이나 집단의 사회적·문화적·종교적 신념이나 가치관으로서 옳고 그른 것을 결정하는 규칙이나 기준을 의미한다. 도덕이라는 말은 각 개인이 자신의 행동을 살펴보는 기준을 의미한다. 다시 말해, 도덕은 개인이 옳고 그름을 판단하는데 작용하는 기준이나 표준을 의미하고, 인간행동의 기준이 될 수 있는 다양한 덕목을 의미한다. 한편, 윤리는 선과 악을 결정하는 지침이나 원리, 개인이나 집단의 행동원칙이나 규범을 의미한다. 다시 말해, 윤리는 사회적 맥락에서 행동할 때 적용가능한 규범과 원칙을 의미한다.

윤리와 도덕의 차이를 좀 더 구체화해보면 다음과 같은 차이를 보인다.

1. 도덕은 옳음과 그름을 다루고, 윤리는 선악을 다룬다.
2. 도덕은 사회가 구성하는 일반적인 지침에 해당하고, 윤리는 특정상황에서 선악을 따지는 대응행동에 해당한다.
3. 도덕은 옳고 그름의 원칙에 관심을 집중하고, 윤리는 옳고 그른 행동을 강조한다.
4. 도덕은 사회와 문화, 종교에 따라 다를 수 있지만, 윤리는 사회와 문화 종교와 관계없이 동일하게 유지된다.

윤리학은 일반적으로 도덕관념을 중심으로 이루어지지만, 학문적으로는 그보다 광범위한 '인간행위 일반의 원리에 관한 학문'으로 이해되기도 한다. 이러한 인식은 상당히 역사적인 배경을 가지고 있다. 고대 그리스의 윤리학은 공통의 연구 대상으로 단순히 덕을 뜻하는 좁은 의미의 도덕에 관한 탐구가 아니라 이른바 최고선 자체에 관한 탐구였다. 최고선이란 인간이 이성에 의해 그의 모든 행동과 노력을 다해 성취해야 할 궁극적인 목적을 의미한다. 이처럼 고대 그리스인들은 최고선에 대한 물음의 범위 내에서만 비로소 도덕에 관한 물음을 제기하였다. 이 같은 최고선을 단순히 덕으로 하든 탁월성이라고 하든 또는 그 어떤 것이라고 하든 그것이 윤리학 연구의 중심이 되었다. 따라서 그리스 윤리학에서는 도덕적 요구나 도덕적 책임의 문제가 윤리학의 핵심적인 연구 대상이 되지 못하였다.

윤리학의 대상에 관한 이 같은 그리스적 관점도 역사의 변천과정에 따라 점차적으로 변하였다. 기독교에서 하느님의 계명이 요구하는 도덕의 당위적 성격이 학문의 전면에 부각되자 철학적 윤리학도 한층 더 도덕적 행위를 직접적인 탐구대상으로 삼게 되었지만, 이때까지도 고대 윤리학의 지적 유산으로 여전히 최고선과 인생의 궁극 목적에 대한 탐구가 윤리학의 중요한 근본문제였다. 그래서 일반적으로 윤리학이 최고선이나 인생의 궁극목적을 탐구하는 학문이라고 규정하는 것과 윤리학이 도덕에 관한 학문이라고 규정하는 것을 사실상 동일한 것으로 간주했다.

5) 칸트의 도덕과 윤리

윤리학이 도덕에 관한 학문이라는 견해는 칸트에 이르러 일반화된다. 그는 행위의 목표와 동기를 구분하고 이를 토대로 도덕적 선이란 행위의 목표에 의해 결정되는 것이 아니라 행위의 동기가 중요하다고 주장함으로써 윤리학이 도덕에 관한 학문이라는 사상을 널리 받아들이게 하였다. 칸트는 윤리학에 관한 최초의 저술인 『도덕적 형이상학의 기초』에서 가령 지능, 권력, 부귀영화 또는 건강 등은 모두 선이라 할 수 있다. 그러나 아무리 좋은 것이라도 선한 의지가 없으면 얼마든지 악용될 수 있다. 이러한 주장은 선이 결과에 의해 가려지는 것이 아니라 동기에 의해 가려진다는 동기론을 시사하는 것이 된다. 칸트에 의하면, 윤리학은 행위를 최초에 유발하는 동기, 즉 선의지에서 시작하여야 한다는 주장이다.

칸트의 철학은 다음과 같은 세 가지 물음에 대한 고뇌에서 시작된다. "나는 무엇을 인식할 수 있는가? 나는 무엇을 행해야만 하는가? 나는 무엇을 바랄 수 있는가?" 이 세 가지 물음에 대한 대답이 바로 『순수이성비판』, 『실천이성비판』, 『판단력 비판』이다. 순수이성비판에서 이성이란 무엇을 하는 것이 올바른지 알 수 있는 힘이다. 이성은 선함과 악함을 구분할 수 있고 선함을 선택하고 실천할 수 있는 힘이다. 실천이성은 도덕적 존재로서 인간이 도덕적 의무를 따르도록 명령한다. 우리는 직관적으로 무엇이 올바른지를 인식할 수 있고, 무엇이 선한 것인지를 알려주는 것이 실천이성이고 그에 따라 행동하는 것이 바로 선의지(善意意志)이다. 이것을 정언명령이라 한다. 칸트에게 도덕은 의무와 책임을 다하는 것이다. 마땅히 해야 할 일을 조건 없이 하는 것이 이성의 명령을 수행하는 것이며, 자유 의지의 실천이다.

칸트의 판단력 비판에서 판단력은 이성과 경험 사이에 연결고리를 제공하는 기능을 한다. 판단력은 인간의 인식과 행동 사이에서 중재적 역할을 하는 인식능력으로서, 이를 통해 소재된 세계에 대한 개념을 형성하고 이해할 수 있다. 칸트는 판단력을 이성과 감각 사이에 간극을 메우는 다리 역할로 설명한다. 따라서 판단력은 개별적 경험을 일반적 원칙, 즉 이성의 원리와 연관시켜 인식하도록 도움을 준다. 이를 통해 인간은 현실세계를 이해하고 철학적 문제를 해결하며 도덕적 행위를 실현할 수 있게 된다.

칸트는 그의 저서 『실천이성 비판』의 결론 첫머리에 이렇게 쓰고 있다. "자주 그리고 오래 생각할수록 놀라움과 경외의 마음을 언제나 새롭게 하고 부풀게 하는 것이 두 가지가 있다. 하나는 나의 위에 있는 별이 빛나는 하늘이요, 다른 하나는 나의 마음 속에 있는 도덕이다." 별이 빛나는 하늘의 천체들이 일정한 자연법칙에 따라 움직이듯이 나의 마음 속에는 도덕법칙이 있어서 나의 행동의 원리가 되고 있다는 사실이다. 그러나 자연은 필연의 세계이며 도덕은 자유의 세계이다. 필연과 자유는 칸트에게 있어서는 그 영역을 달리하면서 서로 배제하거나 교란함이 없이 양립한다. 그 둘은 차원과 질서를 달리하는 두 세계의 존재양식이다. 이처럼 칸트는 인간행동의 윤리는 인간의 도덕법칙이나 도덕인식에서 비롯된다는 점을 강조한다.

그렇지만 아직도 일부의 학자들은 최고선과 궁극적인 목적이나 행복을 윤리학의 연구 주제로 삼고 있다. 따라서 도덕이 윤리학의 독자적이고 고유한 연구대상으로 자리잡고 있든, 부분적으로 윤리학의 연구 문제가 되든, 윤리학의 연구대상으로 자리잡고 있으며, 윤리와 도덕은 동전의 양면과 같은 불가분의 관계에 있다.

3. 경찰윤리의 개념

윤리는 인간이 마땅히 지켜야 할 행위규범이며 행위기준이다. 그것은 그 사회의 철학적·도덕적·종교적 전통 위에서 형성된 당위적인 행위규범을 의미한다. 그것은 인간이 행해야 할 바와 행하지 말아야 할 바를 구체적으로 제시한다. 그러므로 경찰윤리는 경찰인이 마땅히 지켜야할 행위규범을 의미한다.

경찰윤리의 행위규범으로는 법과 관습, 다양한 도덕률, 윤리강령 등이 해당한다. 그러나 법 가운데서도 정당한 것과 부당한 것을 구별할 필요에 부딪히는 경우가 발생하고, 관습도 타파해야 할 것과 존중해야할 것을 구별해야 할 필요가 생기는 경우가 있다. 이러한 상황은 대체로 법과 관습이 도덕률이나 정의의 원리에 위배했을 경우에 발생한다.

법과 관습이 도덕률의 변화를 반영하지 못하거나 특히 공정성이나 형평성을 그 핵심 가치로 하는 정의의 원리를 제대로 반영하지 못할 경우에 행위규범으로서의 위치를 상실하게 된다. 그러므로 윤리의 개념 속에는 적어도 어떤 행위가 묵시적으로 어떤 집단의 구성원들에 의해 규칙적이고 관습적으로 행해지고 있다는 것 외에 어떤 면으로는 그것이 선으로서 또는 옳음, 정의의 가치를 내포해야 한다.

경찰윤리는 경찰의 목표 및 역할에 관련된 모든 행동이 준거해야 할 당위적인 행위규범으로서 경찰인이 행하여야 할 바를 적극적으로 규정하거나, 행하지 말아야 할 바를 규정한 행위규범이다. 이러한 행위규범은 법이나 규정과 같은 제도화된 규범은 물론이고, 각종 도덕관습도 포함되는 넓은 개념으로서 철학적인 지원을 받아야 한다. 경찰윤리는 경찰인으로서 공·사생활에 있어서 선과 옳음, 정의의 차원에서 마땅히 준수하여야 할 행위규범을 의미한다.

제 2 장 POLICE ETHICS

경찰윤리의 철학적 기초

제 1 절 인간에 대한 이해

경찰윤리는 경찰관을 대상으로 하지만, 보다 본질적으로는 경찰관이 다른 사람들과의 관계에서 준수해야할 행위규범을 의미한다. 경찰관은 하나의 사회 속에서 실존하는 존재로서 개인이나 다른 행동단위들과 공존한다는 그 자체에서 존재의 의미를 가진다. 따라서 경찰윤리는 사회를 구성하는 인간의 본질에 대한 이해, 인간의 존엄성에 대한 이해가 요구된다. 특히 규제하고 단속하며 봉사하는 것을 그 직무의 본질로 하고 있는 경찰관에게는 인간의 본질과 존엄성에 대한 성찰이 지혜로운 업무수행의 기초가 될 것이다.

또한 법 집행을 상징하는 경찰관에게 법은 가장 중요한 행위규범이다. 다시 말해, 법은 경찰윤리의 가장 중요한 행위기준이다. 문제는 법 자체가 윤리성을 결여하여 악법이라는 평가를 받을 때, 행위기준으로서의 가치가 있는 것인가 하는 점이다. 다시 말해, 악법도 법이라는 차원에서 그에 따를 것인가, 아니면 끝없는 가치갈등과 직무수행에 대한 회의에 빠질 것인가의 문제에 대해서도 성찰해볼 필요가 있다.

1. 플라톤의 이성적 인간

1) 동굴의 비유

플라톤(Platon)은 인간이 이성을 가지고 있다는 점에서 탁월성의 덕을 가지고 있다고 한다. 다시 말해, 인간은 동물과는 달리 무엇이 선인지 사유하고 반성하는 이성을 가지고 있다는 점에서 탁월하다는 것이다.

> "사람들이 어떤 동굴에 살고 있다고 생각해 보자. 그들은 그 동굴 속에서 다리와 목이 쇠사슬로 묶여 꼼짝도 못하고 오직 전면에 있는 벽만을 바라보며 어린 시절부터 살아 왔다. 그들 뒤에는 횃불이 있고 불과 그들 사이에는 길이 있어서 이를 따라 여러 가지 사물들이 지나다닌다. 사슬에 묶인 사람들은 그 사물들이 전면의 벽에 투영하는 그림자를 보며 살아 왔다. 이처럼 사람들은 참된 존재를 보지 못한 채 그 존재의 그림자만을 보며 이것이 참된 존재인 줄 알고 있다. 그러나 포승이 풀려 불이 있는 곳으로 가게 되면 지금까지 참된 것으로 보았던 것이 그림자에 불과하고 그림자의 참된 존재도 직접 보게 될 것이다. 더 나아가서 동굴을 빠져 나와 밖으로 나가게 되면 처음에는 눈이 부셔 아무 것도 보이지 않겠지만 빛에 눈이 익숙해지면 사물들의 참모습을 보게 되고 마침내 태양도 보게 될 것이다."[1)]

플라톤의 인간관은 동굴의 비유에서 잘 나타난다. 우리의 육체는 우리를 어두운 동굴에 묶어 놓는 사슬에 비유된다. 육체를 가지고 살아가는 우리는 그림자의 세계에 살고 있다. 등 뒤에는 살아서 움직이는 자연계와 인간계의 사물들이 있다. 그 사물들이 벽면에 투영하는 그림자들, 허깨비들을 보고 얻은 우리의 지식은 그릇된 지식이다. 사람들은 대개의 경우 이 동굴에서 탈출하지 못하며, 다른 세계도 알지 못한다. 그러나 일부 사람들이 사슬을 끊고 자유롭게 동굴 밖으로 나오면 태양이 빛나는 진리의 세계가 펼쳐진다. 동굴 밖으로 나오는 것은 자신의 능력으로 보고 들으며 밝은 지식의 세계로 나아가는 것이다. 그 발자국에는 고통이 따르며 그 진실 앞에 현기증도 느낄 것이다. 광명천지로 비유되는 동굴 밖의 세계는 진리의 세계, 이데아(개념, 이상)의 세계이다.

그 이데아 중에서도 최상의 이데아, 태양에 비유되는 이데아는 선의 이데아이다. 다시 말해, 이상 중에서도 최고의 이상, 모든 존재가 갈망하고 동경하는 이상은 선의 이상인 것이다. 한마디로 동굴의 비유는 플라톤의 이성주의 또는 이상주의를 표방하는 의미

1) 강재륜, 윤리학의 역사, 대왕사, 1996, pp.42-43.

가 있다.

2) 영혼 3분설

플라톤은 정신과 육체를 이성의 관점에서 파악한다. 인간의 정신기능에 대한 '영혼 3분설'이 그것이다. 정신기능은 이성의 작용이라는 점을 강조한다. 이성은 인간에게 참된 지식을 주는 정신기능이며, 실천에 있어서 참된 선의 이데아(개념, 이상)를 인식케 한다. 이를 실천하는 정신기능으로는 이성의 밑에 기개(thumos)가 있으며, 이는 감정과 의지를 통칭하고 구체적으로는 야심, 분격, 그리고 노여움과 같은 심리적인 요소들을 포함한다.

최하위에는 욕망(ephithymia)이 있다. 이것은 육체적 욕망으로서 쾌락, 부유, 맛있는 음식과 그 밖의 육체적 만족을 주는 것에 대한 욕망이다. 가령 정신적 활동에서 느껴지는 즐거움이나 명예 또는 사회적 성공을 이룬데 대한 정신적 즐거움은 여기에서 말하는 육체적 쾌락과는 구별된다.[2)]

이처럼 플라톤은 정신기능을 세 기능으로 나눈다. 그 중에서도 이성과 욕망은 실천생활에 있어서 서로 반대방향으로 영혼을 끌어당긴다. 이성과 욕망이 상반된 방향으로 지향하는 경우 중간에 있는 기개가 이성의 편에 서서 욕망을 이성 쪽으로 끌어당긴다. 모든 정신기능이 이성을 따를 때 그 영혼은 탁월성을 발휘하게 된다.

그는 세 기능을 마부와 두 필의 말에 비유한다. 마부는 이성이고 두 필의 말은 기개와 욕망이다. 기개는 좋은 말에, 그리고 욕망은 나쁜 말에 비유된다. 좋은 말은 마부가 가려는 방향으로 잘 따르기 때문에 마부가 다루기 용이하지만, 나쁜 말은 성질이 반항적이고 거칠어서 채찍으로 다루어야 한다. 기개는 이성의 편에 서고 욕망은 이성에 반항한다.[3)] 이 경우에도 플라톤의 주된 관점은 인간이 이성의 통제하에 있게 됨을 말하려는 데 있다.

3) 4주덕론(4主德論)

플라톤은 '덕은 지식이다'라고 하는 주지주의적 입장을 계승한다. 이 말에는 알(知識)면 실천에 옮기지 않을 수 없다는 지식과 실천의 일치를 말하는 의미도 있다. 가령 절제의 덕은 그 당사자에게 좋고 유익한 덕이 되며, 무절제는 반대의 결과를 가져온다. 이런 사실을 아는 지혜로운 사람은 자기에게 선하고 유익한 일을 할 것이며, 이런 일을 모르

2) 강재륜, 앞의 책, pp.43-44.
3) 앞의 책, 같은 쪽.

는 지혜롭지 못한 사람은 해로운 일을 할 것이다.

그러므로 영혼 3분설에 따라 먼저 개인들은 각기 지혜 · 용기 · 절제 · 정의의 덕을 갖추어야 하는데 이를 4주덕(4主德)이라 한다. 이는 개인이 지녀야 할 보편적인 덕이라 할 수 있다. 지혜는 세 부분 뿐 아니라 전체를 위해 무엇이 유익한지 아는 덕이며, 용기는 이성이 지시하는 대로 두려워할 것과 두려워하지 않을 것을 끝가지 보전하는 덕을 말한다. 절제는 지배하는 부분과 지배받는 부분들 사이에 반목하지 않는 덕이며, 정의는 지혜 · 용기 · 절제의 3가지 덕이 조화를 이룬 상태를 의미한다.

이성은 지혜의 덕을 지녀야 하며, 기개는 용기의 덕을 지녀야 한다. 특히 기개는 본능적으로 타인들과의 경쟁에서 승리하여 명예를 쟁취하려는 심성이다. 따라서 이성의 통제를 벗어나면 호전성으로 변질되기 쉽다. 그리고 욕망은 절제의 덕을 지녀야 한다. 욕망은 당연히 물질적 부를 목적으로 하겠지만, 그것이 이성의 통제를 벗어나 지나치면 방탕과 사치의 악덕이 되고 만다.

플라톤에 있어서 이성은 다른 두 요소들, 즉 기개와 욕망을 통제하는 반면, 그 자체는 아무런 통제를 받지 않는다. 이성은 다른 영혼의 요소들과는 달리 무제한적으로 진리를 추구하는 것이 미덕이 되기 때문이다. 그러나 기개를 가진 사람들이 모두 용기의 미덕을 지니는 것이 아닌 것처럼 진리에 대한 열정만 가졌다고 해서 지혜로운 사람이 되는 것은 아니다. 여기에는 자질이 필요한 것이다.

정의는 영혼의 건전성을 말하는 것이기도 하다. 영혼이 조화를 잃게 되면 병들게 된다. 육체가 병들면 의술에 의해 치료되어야 하는 것처럼 정신의 병은 처벌에 의해 치료되어야 한다. 몸에 가해지는 고통이 영혼의 교정을 가져오며, 이런 의미에서 심신은 상호작용한다고 보았다. 건전한 신체에 건전한 정신이라는 명구를 만들어낸 플라톤에게는 이런 전제가 있었다.

4) 행복주의

플라톤에 있어서 인생의 궁극적 목적은 선의 실현이라고 보았다. 선은 그에게 최고의 가치였다. 선은 궁극적 가치이기 때문에 완전하고 자기충족적이다. 즉 선에는 아무런 부족도 없으며 매우 만족스러운 것이다. 흔히 쾌락을 선이라고 생각하기 쉬우나 그것은 자기충족적인 만족을 주지 못한다. 쾌락에는 서로 모순되는 것들이 있고, 그래서 조화를 이루기 어렵다. 쾌락 중에서도 육체적 쾌락은 일시적인 것이어서 그 자체가 목적이 될 수 없다.

플라톤에 의하면, 정신활동과 쾌락은 선을 구성하는 불가결의 요소이다. 인간의 정신기능 중에서 가장 높은 기능은 이성으로, 기능이 충분히 발휘된 생활은 행복한 생활이다. 그런 생활에는 지적 쾌락이 있기 때문이다. 지적 쾌락은 육체적 쾌락보다 더 순수하고 고통이 수반되지 않는 쾌락이다. 그러나 육체적 쾌락을 완전히 배제할 수는 없다. 다만, 육체적 쾌락은 정신적 쾌락에 의해 보충되어야 하고 뒷받침되어야 한다. 그것은 한 개인에 있어서 욕망이 이성의 통제하에 있어야 하는 것과 같다. 결국 행복은 선의 요소들, 즉 쾌락과 정신적 활동이 적절히 섞여서 조화를 이루는 생활에서만 추구될 수 있다.

2. 아리스토텔레스의 윤리설

1) 목적론적 세계관

아리스토텔레스의 윤리설은 목적론적 세계관에 기초하고 있다. 그의 나코마코스 윤리학은 "모든 행동과 선택은 어떤 선을 목표로 삼는다"는 명제에서 출발한다. 그는 영혼을 이성적 부분과 비이성적 부분으로 나누고 비이성적 부분은 다시 식물적 부분과 동물적 부분으로 나눈다. 식물적 부분은 영양섭취, 배설 등 무의식적 기능을 말하며, 동물적 부분은 지각, 쾌락과 고통, 욕망과 혐오 등 의식적 기능을 말한다. 이런 기능들이 조화를 이룰 때 그것은 선이 된다. 그러나 그것은 최고선이 아니다.

이성적 기능이라는 것은 의식성과 신중성을 가지는 점에서 비이성적 기능과 다르다. 즉 이성적 기능은 의식성을 가지는 점에서 식물적 기능과 다르고 신중성을 가지는 점에서 동물적 기능과 다르다. 비이성적 기능은 자연발생적으로 성장 발전하지만, 이성적 기능은 교육에 의해서 발전해 나간다.

그러면 인간은 어떤 점에서 다른 존재들과 다른가? 식물적 기능은 동식물이 모두 가지고 있으며, 동물적 기능은 모든 동물이 가지는 것이다. 인간은 이 두 기능을 모두 가지는 것 외에도 이성적 기능을 가지고 있다. 이성적 기능이 바로 인간의 탁월성, 즉 덕이 되는 것이다. 이 최고의 탁월성을 발휘할 때 우리는 최고선에 이르며 행복을 누리게 된다. 즉, 인간다운 성품으로 행동하게 하는 이성적 기능으로, 인간은 매사에 의식성과 신중성을 가지고 행동함으로써 탁월성을 발휘하게 된다.4)

---

4) 앞의 책, pp.61-62.

2) 최고선으로서 행복

아리스토텔레스의 목적론적 윤리설은 인간행동이 어떤 목적을 지향한다는 것에 초점을 맞춘다. 인간행동의 궁극적 목적은 무엇일까? 아르스토텔레스는 최고선이 목적이라고 보았고, 인간의 최고선은 행복이라고 답했다.

인간이 자기의 탁월성을 잘 발휘하면 행복에 이르게 된다. 행복이란 식물적 기능이나 동물적 기능의 충족에서 찾을 수 있는 것이 아니라 이성적 기능의 발휘에서 찾을 수 있다. 저급한 심성에서 나오는 욕구를 만족시키는 축재나 향락 또는 정치에는 행복이 없다. 그런 저급한 욕구들은 인간의 본성적 욕구가 아니기 때문에 충족되어도 흡족할 수 없고, 더 이상 바랄 것이 없는 자기충족적 행복이 될 수 없다. 이성적 동물인 인간은 그런 물질적 부나 쾌락 또는 명예 등을 목적으로 하여 살아가는 것도 아니다. 이처럼 행복은 궁극적인 것이고 자기충족적이다. 그러나 부, 자손의 번영, 좋은 가문, 미 등은 행복에 영향을 미치는 요소들임에는 틀림없다.

아리스토텔레스는 행복은 "생활 전체에 걸친 유덕한 영혼의 활동"이라고 정의한다. 이 활동은 지속적, 의식적이고 이성적 활동이어야 한다. 가령 무의식적 소화작용이나 의식적이더라도 비이성적인 정서나 욕망을 위한 활동은 해당되지 않는다. 다만, 정서나 욕망이 이성의 통제하에 들어가게 되면 그것은 행복의 요소가 될 수 있다.

그러나 우리는 단 한 번 이성에 따라 행동하고 생활하였다 하여 행복하다고 할 수는 없다. 계속 이성에 따라 행동하고 생활할 때 자기충족적인 행복과 덕을 누릴 수 있다. 이성적 행동이나 생활이 전 생애에 걸쳐 지속적으로 실천에 옮겨질 때 비로소 덕이 된다. 단 하루 행복한 생활을 했다고 하여 인격적으로 유덕하고 행복한 사람이 되었다고 할 수 없다. 반복적으로 실천하여 버릇이 되고, 바람직한 행위양식이 몸에 배어야 비로소 덕을 지녔다 할 수 있다.

3) 이성적 인간관

플라톤의 이성적 인간관은 아리스토텔레스에 의해서도 계승된다. 인간은 이성을 통해서 다른 동물과 구별되며, 이성을 통해서 진리를 발견하고, 이성을 통해서 가치판단을 하고 행동을 결정한다는 것이다. 인간의 가장 숭고한 행복은 인간의 본성인 이성과의 관계에서 파악되어야 한다. 행복이란 완전한 덕과 일치하는 영혼의 활동이다. 완전한 덕은 바로 인간의 이성을 말한다. 저급한 동물은 그들의 육체적인 욕망을 충족시킴으로써 감각적인 쾌락을 얻을 때 행복을 달성한다.[5)]

그러나 인간은 그의 탁월한 본성을 발휘함으로써 가장 높은 수준의 행복을 얻는다. 인간의 이성은 과학적인 재능과 음악, 미술 등 예술적 재능 그리고 창조적인 능력을 발휘함으로써 행복을 얻는다. 행복이란 사색하는 생활에서 얻어지고 사색은 이성 그 자체이다. 이러한 이성적인 인간관은 서양문화의 토대가 되었다.

3. 이기심과 이타심

1) 이기심과 자애

인간에 대한 이해에 있어서 주요한 과제는 이기심과 이타심이다. 이기심과 이타심은 인간의 쾌락추구와 인간애, 또는 자비와 자애라는 윤리적 가치 논쟁과 깊은 연관이 있다. 인간의 쾌락추구는 이기심이 드러난 결과이며, 자애(慈愛)는 타인의 이익을 위해 행동하게 한다는 측면에서 이타심의 표현이다.

이기심은 자신의 개인적인 이익과 야망에만 관심이 있는 사람의 특성으로 정의할 수 있다. 이기심은 다른 사람의 필요, 관심사, 우려를 무시하거나 소홀히 하는 것을 포함한다. 이기심은 탐욕, 개인주의, 사회적 책임감 부족과 관련된 부정적인 특성으로 간주되는 경우가 많다.

하지만 어떤 상황에서는 이기심이 긍정적인 속성으로 여겨질 수도 있다. 특히 윤리적 이기주의라는 개념은 개인이 자신의 이익을 위해 행동할 도덕적 의무가 있다고 주장하는 윤리철학의 영역에서 이기심의 긍정적인 속성이 긍정된다.

또한 이기심을 인간의 본성으로 보는 사람과 그렇지 않다고 보는 사람 사이의 윤리관은 서로 다르다. 플라톤과 아리스토텔레스는, 인간은 사회적 동물이기 때문에 반드시 자기의 이익만을 위해 행동하지는 않는다는 인간의 이타심을 강조한 반면, 홉스를 비롯한 많은 학자들은 인간의 이기심을 그 본성으로 보고 윤리사상을 전개하였다.

2) 철학자들의 견해

(1) 토마스 홉스(Thomas Hobbes)

인간의 행동은 그 이기심에 따라서 이루어지고 이것이 인간의 본성이라고 강조하면서 사상을 전개한 대표적인 학자는 홉스이다. 홉스는 1651년 출간한 『리바이어던』에서 인간이란 본질적으로 이기적인 존재라고 규정하였다. 그는 인간이란 자기보존과 자기만

5) 리처드 노만 저, 안상현 역, 윤리학 강의, 문원, 1995, pp.56-58.

족을 덕으로 추구하기 때문에 타인의 선을 위해 자애로울 수 없는 이기적인 속성을 가진 존재로 규정하였다. 따라서 인간이 자연상태에 놓이면 만인에 대한 만인의 투쟁상태가 전개될 수밖에 없다는 것이다.6)

이를 극복하기 위해 홉스는 네가 너를 위하여 바라지 않는 일을 타인에게도 행하지 말라고 주장하였다. 그리고 모든 사람은 서로에게 해를 끼치지 않기로 약속을 맺고 또 지켜야 하지만 이는 불가능한 일이다. 따라서 개인들은 자신들의 안전과 질서를 확보하기 위해 상호계약을 맺어 국가를 구성하고 만인의 안전과 질서확보를 위한 국가의 합법적인 통치에 복종할 수밖에 없다. 이처럼 인간의 이기심은 개인이나 사회의 도덕률보다는 국가의 통치윤리에 의해 극복될 수밖에 없다고 보았다.

(2) 이기심과 공리주의

공리주의는 19세기 중반 영국에서 나타난 사상으로 도덕적 가치를 결정하기 위한 행동의 결과나 결과에 초점을 맞춘 결과주의 이론으로, 공리주의의 중심 원칙은 가장 많은 사람들에게 전반적인 행복이나 복지를 극대화하는 것으로 최대 다수의 최대 행복이다. 이러한 공리주의는 인간행동과 관련하여 이기심의 역할을 인정하지만, 궁극적으로는 개인이 더 큰 선을 고려하고 자신의 행동에 영향을 받는 모든 사람의 행복을 극대화하기 위해 노력해야 한다고 주장한다. 모든 행복은 질적으로 같고 행복을 계산할 수 있으며, 행복의 양이 전부라고 주장하는 양적 공리주의를 주장한 철학자 제레미 벤담(Jeremy Bentham)과 행복의 질적인 차이가 있다고 인정하며 행복의 질적 차이도 고려해야 한다는 질적 공리주의를 주장한 존 스튜어트 밀(John Stuart Mill)은 공리주의를 전반적인 행복 또는 쾌락의 극대화에 초점을 맞춘 윤리적 원칙으로 발전시켰다.

공리주의는 인간행동에서 이기심의 역할을 인정하지만, 궁극적으로 개인이 더 큰 선을 고려하고 자신의 행동에 영향을 받는 모든 사람의 행복을 극대화하기 위해 노력해야 한다고 주장한다. 이 패러다임에서 이기심은 장기적으로 더 큰 행복에 기여한다면 정당화될 수 있지만, 전체적인 쾌락이나 복지의 순 감소로 이어진다면 악으로 간주될 수 있다.

한편, 임마누엘 칸트(Immanuel Kant)는 행위의 결과보다 그 행위의 본질적인 도덕적 가치를 강조하는 공리주의 윤리를 발전시켰다. 칸트에 따르면, 개인은 다른 사람을 자신의 욕망을 충족시키기 위한 단순한 도구가 아니라 그 자체로 목적이 되는 존재로 대해

6) 강재륜, 앞의 책, pp.177-178.

야 한다고 주장한다. 이러한 관점에서 본다면, 이기심은 개인의 이익을 위해 타인을 착취하는 것으로서 존중과 지율성의 원칙에 위배되기 때문에 도덕적으로 잘못된 것으로 간주된다.

(3) 트라시마스쿠스와 글라우콘

인간의 이기주의적 본성은 소크라테스의 친구이자 급진적인 소피스트인 트라시마스쿠스(Thrasymachus)와 글라우콘(Glauchon)의 정의에 대한 개념 논쟁에서 찾아볼 수 있다.

트라시마스쿠스는 관습적 정의에 대한 반대입장을 분명히 한다. 그는 관습적 정의나 도덕이란 그 사회의 지배집단이 다른 사람들을 통제함으로써 자신의 이익을 증진하기 위한 통치자의 제정규범 그 자체라고 주장하면서, 인간의 이성적이고 본성적인 유일한 행위방식은 자기이익을 추구하는 것이며, 관습적 정의를 무시할 수 있다면 언제든지 무시하고, 자신의 이익을 추구하고 다른 사람들의 이익을 돌보지 말라는 정의관을 가지고 있다.

그러나 플라톤의 형제인 글라우콘(Glaucon)은 인간의 본성과 관습적 정의관의 조화를 주장한다. 그는 만약 사람들이 인간의 본성과 관습적 정의관의 조화를 이뤄낼 수 있다면, 트라시마스쿠스가 주장하는 삶의 방식이 최선이라고 주장한다.[7] 그러나 만약 개인이 자신에게 유리할 경우에는 언제나 다른 사람에게 상처나 손해를 입히면서 자신의 이익만을 추구하고, 타인의 이익을 철저하게 무시한다면, 결국 당신도 손해를 입게 될 것이다. 사람들이 이것을 깨닫게 된다면, 서로를 이해하게 될 것이고, 다른 사람들도 그렇게 하리라는 전제하에 다른 사람에게 손해를 끼치는 행위를 가능한 한 삼가게 될 것이다. 그러므로 정의는 관습이기도 하고, 모든 본성이 자연스럽게 선으로서 추구하는 자기이익에 가장 적절한 근사값이 된다.

(4) 아리스토텔레스의 도덕적 이기주의

글라우콘의 도구적 이기주의, 즉 타인의 이익을 고려하는 행위는 결과적으로 나의 이익을 위한 행위라는 주장은 아리스토텔레스의 도덕적 이기주의에 의해 비판에 직면한다. 아리스토텔레스에 의하면, 도구적 이기주의는 다른 사람에 대한 진정한 배려가 아니라 타인을 단지 자기 자신의 결과적인 이익을 위한 수단으로 삼는다는 것이다.

다른 사람을 돕는다는 것은 그 사람을 도움으로써 그는 당신에게 신세를 지며, 언젠가 그 사람이 당신을 도울 여지가 많아질 것이다. 또한 당신은 사회적 평판이 좋아질 것

7) 리처드 노만 저, 안상현 역, 윤리학 강의, 문원, 1995, pp.29-34.

이고, 그만큼 사회는 당신에게 호의적으로 대하게 될 것이다. 반면, 도덕적 이기주의는 이타적인 행위란 그 자체가 가장 보람있는 완전한 삶의 유형이기 때문에, 그렇게 하는 것이라는 주장을 편다. 이타적인 행위 자체가 목적이라는 것이다. 그러나 도덕적 이기주의자는 모든 사람에게 누구에게나 관대함을 베풀지는 않는다. 그는 가장 적절한 사람에게, 적절한 때에, 적절한 상황에 관대함을 베풀 수 있을 것이다.

> "숭고한 영혼을 지닌 사람은 사소한 위험에 뛰어들거나 위험을 자초하지는 않는다. 왜냐하면, 이러한 일에는 높이 평가할 것이 아무것도 존재하지 않기 때문이다. 그러나 그는 커다란 위험에는 자신의 목숨까지도 아끼지 않는다. 왜냐하면, 그에게는 목숨을 아끼지 말아야 할 상황도 존재하기 때문이다. 이러한 사람은 타인에게 은혜를 베푸는 경향이 있으며, 혜택을 받는 것을 수치스럽게 생각한다. 왜냐하면, 전자가 우월한 자의 행위인데 반해 후자는 열등한 자의 행위이기 때문이다. 그는 은혜를 갚을 때에는 성의를 다한다. 왜냐하면, 그렇게 함으로써 본래의 베푼 자가 그에게는 빚진 자가 되는 것이기 때문이다."[8]

도덕적 이기주의자는 외재적인 요인이 아니라 내재적인 요인의 작용으로 이타적인 행위를 한다. 그는 혜택을 주고받는 행위나 빚을 갚는 행위를 덕의 진정한 경쟁적 행위로 간주한다. 덕스러운 개인은 이타적 덕목을 자신의 이익을 위한 수단으로 생각하는 것이 아니라 덕목 그 자체로서 유익하다고 믿는다. 그의 이타적인 행위는 그 자체가 목적이며, 행복감의 원천이다.

아리스토텔레스의 도덕적 이기주의는 다른 말로 표현한다면, 이타주의라고 할 수 있다. 이처럼 인간의 이타심이 인간 본성 그 자체에 내재적으로 존재하고 행위의 목적 그 자체라고 하지만, 아무래도 그 원천은 인간의 이기심을 전제로 한다고 봐야 할 것 같다. 트라시마스쿠스의 인간의 본성적 이기주의나 글라우콘의 도구적 이기주의에 대한 아리스토텔레스의 반론이 인간의 본성을 숭고하게 하고 고결하게 끌어올린다는 것은 분명하다.

그러나 우리는 남을 동정하고 도와주고 이익을 베푸는 행위가 현실적으로 자신의 더 큰 이익이나 평판을 좋게 하기 위한 수단으로 사용된다는 사실을 부인할 수가 없다. 인간의 도덕적 이기주의는 아주 특이한 상황, 즉 위험에 처한 사람을 자신의 생명이나 재산을 돌보지 않고 구원하는 것과 같은 상황에서 나타난다고 하는 것이 맞다. 인간이 일

8) 위의 책, p.86.

상적으로 이타적이라면 범죄나 배신, 배반, 음해, 투쟁이나 갈등은 없을 것이다. 인간이 그래도 도구적 이기주의자이기 때문에 서로 조화롭게 살아가고 인간다운 삶을 영위하고 있다고 볼 수 있다.

내가 선을 베풀면 상대방도 나에게 선을 베풀고, 내가 남이 싫어하는 일을 하지 않으면 상대방도 마찬가지로 행동할 것이라는 '황금률의 원리'도 따지고 보면 인간의 도구적 이기주의의 다른 표현이다. 물론 인간 내부에 존재하는 순수하고 숭고한 이타심도 부인하고 싶지는 않다. 그러나 그러한 이타심은 특수한 상황에서 나타나는 것이므로 상황적 이타심이라고 할 수 있다.

(5) 흄의 공감과 이타심

인간의 이타심은 주로 인간의 공감(sympathy)에서 찾아진다. 데이비드 흄(David Hume)은 인간이 남에게 이익이 되는 유용한 행위를 하고, 그러한 행위 자체에 쾌감을 느끼는 것은 인간의 마음속에 원천적으로 자리잡고 있는 공감능력 때문이라고 주장한다. 공감은 인간의 행동을 결정하는 중요한 동기가 된다.

인간의 본성에는 공감의 경향이 있다. 어떤 사람의 즐거운 표정은 자기만족과 내적 평온을 전하는 것이며, 화낸 표정이나 슬픈 표정은 보는 이를 침울하게 한다. 다른 사람의 행복은 기쁨을 느끼게 되고 다른 사람의 불행은 슬픔을 느끼게 된다. 다른 사람의 눈물과 비명과 신음 소리는 항상 공감을 불러일으켜 우리의 마음을 불편하게 한다. 인간은 타인의 행복과 불행을 함께 느낄 수 있고, 다른 사람의 곤궁함에 대해 함께 고통을 느낀다. 다른 사람의 곤궁함을 무시하는 것은 나에게 혐오감과 부인의 정서를 불러일으킨다.

곤궁한 처지에 빠진 다른 사람을 돕지 않는 것은 도덕적으로 선하지 못하다. 도덕의 토대는 인간의 공감능력이다. 도덕적 가치, 즉 선악은 사회적 시인과 부인의 산물이다. 덕이 있는 행동은 우리에게 좋은 느낌을 주지만, 부덕한 행동은 혐오감을 준다. 우리가 자비심, 친절함, 관대함 등을 칭찬하고 시인하는 것은 이러한 것들이 우리의 행복을 실현하는데 긍정적인 결과를 가져다주기 때문이다.

가령 쾌·불쾌의 감정의 경우 그 감정이 공감과 결합하면 그 감정이 얼굴표정이나 대화에 나타나서 이것이 인상이 되며 그 인상은 인상을 받은 사람에게 강렬하고 활력 있는 정념을 일으켜 원감정과 같은 정서를 유발하게 된다. 그 감정의 전달은 모럴 센스 등에 의해서가 아니라 심리적 메커니즘에 의해 이루어진다고 본다. 공감은 개인적으로

가지는 도덕적 구별일 뿐 아니라 공동의 구별을 가능케 하는 바탕이 된다.9)

그러나 흄의 주장도 도구적 이기주의에서 크게 벗어나지는 않는다. 인간의 공감에 의한 이타주의적 행위는 사회적 평판이나 칭찬을 염두에 둔 결과라는 점에서 그렇다.

(6) 쇼펜하우어와 콩트

이타심은 사랑을 도덕적 원리로 보는 쇼펜하우어(Arthur Schopenhaur)의 주장에서 찾아볼 수 있다. 그에 의하면, 모든 사랑은 인간의 동정심, 즉 연민의 정에서 비롯된다고 본다. 연민의 정은 단순한 감정으로 머물러 있는 것이 아니라 모든 행위의 동기가 된다는 것이다.10) 실증주의자인 콩트(Auguste Comte)도 사랑을 도덕의 원리로 주장하면서 그 본질을 타인을 위한 삶으로 설명한다. 그는 이와 같은 태도를 이타주의적이라고 표현한다. 이러한 개념은 이기주의에 대한 반대개념으로 이해되었다.

그러나 쇼펜하우어와 콩트의 이타주의적인 사랑의 원리는 인간의 이기주의적 본성과 동정심의 관계를 제대로 설명해 주지 못하고, 많은 의미로 통하는 사랑의 개념을 구체적으로 제시하지 못하고 있다. 그들의 주장은 타인에 해를 끼치지 않고 도와줄 수 있는 대로 도와주는 것이 도덕적인 의무이고, 도덕적인 행위라는 당위성을 강조하는데 그치고 있다.

네 이웃을 네 몸과 같이 사랑하라는 기독교적인 가르침이 사랑의 원리의 핵심이라면, 사랑은 개인 자신에 대한 것이 우선이고, 타인에 대한 사랑은 나중이라는 말이 된다. 이렇게 본다면, 서로 나누어 가질 수 없는 재화를 놓고 경쟁적일 때 인간은 본성적으로 이기적이기 때문에 자기 자신의 이익을 먼저 챙기고 그 다음에 상대방을 생각하게 된다는 결론이 나온다. 그렇다면 인간의 동정심에 의한 이타적인 행위는 이기주의적인 본성에 의해 제약을 받게 되는 것이다.

우리는 인간의 이기주의적 행위를 무조건 비난할 수는 없다. 인간이 부와 권력, 명예를 얻기 위해 서로 경쟁한다는 것은 자신의 이익을 위한 것임을 부인할 수 없기 때문이다. 단지 그 행위가 얼마나 정의롭고 도덕적인 고결함을 갖추고 있으며, 남을 배려하는 이타심도 작용하고 있는지가 중요하다. 우리는 어떻게 행위하여야 할 것인가 보다 어떤 삶을 지향해야 할 것인가를 행위의 기준으로 삼는다면, 자신만을 생각하고 이익을 추구하는 이기주의적 행위가 얼마나 초라하고 옹졸한 삶인가를 깨닫게 될 것이다. 그 때 우리는 의식적으로 다른 사람의 이익을 생각하게 되고 더 많은 관심을 가지게 되어 삶은

9) 강재륜, 위의 책, pp.208-209.

10) 한스 라이너, 이석호 역, 철학적 윤리학, 철학과 윤리사, 1999, pp.329-334.

더욱 풍요로워 질 것이다.

우리는 타인의 도움을 받을 목적으로 타인을 돕는 것과 같은 유형 이상의 사람이 될 수 있을 것이다. 인간의 이기심과 동정심은 모두 인간의 본성에 해당한다. 이러한 상충적인 본성이 인간 사회를 도덕적으로 풍요롭게 하기 위해서는 두 가지 모두를 고려하는 윤리관이 요구된다.

4. 미적 인간과 윤리적 인간

1) 흄의 입장

인간은 이성적인 존재이면서도 감성적인 존재이기도 하다. 고전적 윤리학설에서는 인간의 행동은 이성에 의하여 지배된다고 강조하지만, 허치슨(F. Hutcheson)과 흄(D. Hume) 등은 인간의 감정이나 정념(情念)이 인간행동에 더 직접적으로 영향을 미친다고 주장한다. 정념이란 감정에 따라 일어나는 억누르기 어려운 생각, 또는 강하게 집착하여 감정에서 생겨나는 생각을 의미한다. 따라서 정념은 열정이나 강렬한 정서상태와 같은 의미라고 볼 수 있다. 허치슨과 흄 등에 의하면, 이성은 사실인식의 면에서는 도덕에 보조적 역할을 할 수는 있으나 인간을 행동에 이르게 하지는 못한다. 정념과 감정만이 인간을 행동에 이르게 자극한다는 것이다.

이성은 정념의 노예이며, 정념에 복종하는 것 이외의 어떤 다른 기능을 바랄 수 없다. 도덕은 단순한 논리의 문제가 아니다. 그러므로 이성은 어떤 행동이 목적에 부합되는지를 판단할 수는 있어도 도덕적 목적을 설정할 수는 없다.

도덕적 목적을 설정하고 행위를 유발하는 것은 정념이다. 의욕을 자극하고 행위를 유발하는 기능을 가지지 않는 이성만으로는 어떤 행위도 유발될 수 없다. 그러나 그렇다고 해서 의사결정에 있어 이성은 언제나 배제되는 것은 아니다. 우리가 어떤 그릇된 상황 하에 부적절한 수단을 선택하는 경우에는 이성이 이를 바로 잡는다. 다시 말해, 상황판단과 수단의 채택에 있어서는 이성이 주도적 작용을 하고 행위의 동기나 목적과 관련해서는 정념이 주도적 역할을 한다.[11)]

도덕적 가치는 인식보다는 느껴지는 것으로서 그 느낌에 따라 행위가 발생한다. 이성은 참·거짓을 가리는 것이며, 참·거짓은 관념들 간의 일치 또는 불일치, 아니면 관념

11) D. Hume(ed.), A Treatise of Human Nature, L.A. Selby-Bigge, Oxford, 1965, p.415, BKⅡ, pt Ⅲ, §3.

들과 사실들과의 일치 또는 불일치와 관계된다. 도덕은 이런 일치, 불일치와는 직접적으로 무관하며, 그런 의미에서 이성의 대상일 수 없다. 도덕은 관념과 사실과의 일치 여부를 결정하는 로크(J. Locke)가 말하는 사물의 제1성질이 아니라 그것은 주관적 성질, 즉 제2성질이다.[12)]

2) 하이데거의 입장

하이데거(Martin Heidegger)는 이성을 존중하는 전통적 진리관을 부정하고 오히려 이성보다 기분(stimmung)을 매우 중시한다. 기분은 인간의 유 · 불쾌와 관련된 순수한 감정이나 심리적 상태를 의미한다. 어떤 일에 대해서 생기는 쾌 · 불쾌의 마음의 상태를 기분이라고 한다. 타인에 대한 감정은 그 사람의 언동이나 행동과 관련하여 생긴 미워하거나 좋지 않은 마음의 상태이지만, 기분은 타인의 언동이나 행동과도 관련이 있을 수도 있다. 또한 전혀 관계없이 주위에서 발생하거나 목격한 사상에 기인한 마음의 쾌 · 불쾌의 상태를 의미한다. 그러므로 기분이라면 어떤 혼란된 관념, 또는 신뢰할 수 없는 비이성적이고 정서적인 것으로 이해되어 왔다. 그러나 하이데거는 무드 또는 기분이 대상을 이해하는 데 핵심적 작용을 한다고 본다.[13)]

우리가 무엇을 이해했다는 것은 대상을 격리된 상태에서 그것만을 부분적으로 명확하게 파악하는 것이 아니라 전체적 맥락에서 파악하는 것을 말한다. 기분은 세상의 존재를 언제나 전체로서 드러내는 것을 말한다. 낙관적 세계관이나 비관적 세계관은 어떤 독립된 경험들의 결과로서 귀납적 또는 합리적으로 얻어지는 것이 아니라 전체적 무드에서 나오는 이해이다.

무드는 일상적으로 인간의 행동에 매우 중요한 영향을 미친다. 창을 통하여 불어오는 훈훈한 봄기운은 도서관에서 나와 산책을 하게하고, 남녀 간의 만남을 재촉한다. 기분이 좋은 상사는 부하에게 결재를 쉽게 해주고, 기분이 나쁜 날은 괜히 부하에게 심술을 부린다. 그러나 그의 이성은 반드시 그렇게 명령하지는 않지만 기분이 그렇게 행동하게 한다. 기분이 좋은 날은 직장에서도 웃음이 많아지고 일하는 것이 즐겁다. 부하와 동료의 행동에도 관대해지고 칭찬을 아끼지 않는다. 좋은 기분은 가정에서도 모든 가족을 즐겁게 하고 행복한 시간을 갖게 한다. 기분 좋은 날은 가족과 외식하는 것도 즐거워지

12) 로크는 사물의 크기, 형태, 운동상태와 같은 것과 관련된 성질을 객관적 성질, 즉 제1성질이라 하고, 빛깔, 냄새, 차가움과 같은 감각적 성질, 즉 주관적 성질을 제2성질이라 한다.

13) 강재륜, 앞의 책, pp.317-318.

고, 아내와 자녀에게도 자상하고 더욱 친절해지며 말이 많아지고 웃음이 가정에 흘러넘치게 된다. 이처럼 이성보다는 기분에 따른 행동이 많은 것이 이 세상에 존재하는 가장 상식적이고 일반적인 현상이라고 볼 수 있다.

3) 키에르케고르의 실존주의

(1) 미적 실존

감정이 인간행동을 지배한다는 주장은 실존주의 철학자들의 주장에서도 찾아 볼 수 있다. 키에르케고르(S.A. Kierkegaard)는 진리란 전통적으로 생각해온 것처럼 공정하고 냉정하며 이성적이어야 하는 것이 아니라 우리의 관심과 정열을 내포하는 것이라고 주장하였다.

키에르케고르는 덴마크 출신의 실존주의 철학자이다. 그는 날카로운 시대 감각으로 당대의 철학과 신학사상을 재음미하며, 독자적 사상체계를 엮어냈다. 그는 평생 독신으로 저술에만 전념하여 서양사상에서 한 시대를 대표하는 사상가가 되었으나 그의 사상은 제1차 세계대전이후에 각광을 받기 시작했다. 그의 저서 『이것이냐 저것이냐』는 인간의 미적 실존과 윤리적 실존 사이의 결단을 의미한다.

그는 인간이 미적 실존과 윤리적 실존의 존재로서 그 선택의 종류에 따라서 인생의 태도가 달라진다고 말한다. 미적 선택은 감성에 의한 찰나적 선택이고, 윤리적 선택은 의지의 선택이라는 측면에서 절대적 선택이며 참된 선택이다. 미적이라는 말의 어원인 그리스어 아이스테시스(aisthesis)는 감성을 의미한다.

키에르케고르의 미적 인간은 감성적 충동으로 움직이는 사람이다.[14] 그 상징적 인물은 모차르트의 오페라에 나오는 돈환(Don Juan)이다. 돈환은 여성을 나이나 미와 관계없이 탐내어 1,003명을 섭렵한다.

미적인 인간은 쾌락을 추구하는 쾌락주의자이기도 하다. 쾌락을 최대화하기 위하여 대상을 번갈아 가며 즐겨야 한다. 쾌락을 위해서는 많은 사람들을 충분히 이용하되 우정에 사로잡히지 말아야 하고, 사랑을 즐기되 결혼은 하지 말아야 하며, 예술을 하되 이를 직업화해서는 안 된다. 어떤 것에 집착하게 되면 이미 그는 그 대상에서 쾌락을 취할 수 없게 된다는 것이다.

미적인 인간은 이처럼 무한을 추구한다. 그는 모든 제약을 거부하고 감성적 충동에 빠지게 되며, 결국 그는 감성적 충동의 포로가 되어 거기에서 탈출할 수 없게 된다. 미

14) 강재륜, 앞의 책, pp.302-311.

적 인생은 딜레마로 가득한 인생, 무엇을 못다 이룬 후회 많은 인생이다.

키에르케고르에 의하면, 우리의 인생은 후회일 수밖에 없다. 결혼을 해도, 하지 않아도 후회할 것이다. 한 여인을 믿어도, 믿지 않아도 후회할 것이다. 무엇을 하든 하지 않든 간에 우리는 후회하기 마련이다. 나태하면서도 즐거운 생활을 한다는 것은 쉬운 일이 아니다. 아무 것도 하지 않는다는 것은 무엇을 하는 것 만큼이나 고통스럽고 힘든 일이기 때문이다.

그래서 우리는 무엇을 할 수도 없고 아니할 수도 없다. 이런 사실로 인해 미적 실존은 인간을 절망에 빠지게 한다. 절망은 그에게 양자택일을 요구한다. 그것은 미적인 절망상태에 빠져 있을 것이냐 아니면 보다 높은 실존으로 비약할 것이냐의 양자택일이다. 그것은 그저 생각만으로 되는 것이 아니라 이것이냐 저것이냐에 대한 선택의 문제이며 결단의 문제이다.

윤리적 선택은 선악의 상대적 선택이 아니라 보다 근본적으로 의지를 선택하는 절대적 선택이다. 다시 말해, 선택하는 의지가 먼저 있고 이에 따라 선악의 선택문제가 뒤따른다는 이야기이다. 절망상태에 빠진 미적 인간이 더 높은 차원의 인간이 되기 위해서 자신의 행위에 대한 후회와 의무를 지는 윤리적 인간이 되는 것이다.

여기에서의 후회는 지적 단계에서의 순간적 후회가 아니라 미래에는 후회가 없도록 하려는 노력을 의미한다. 윤리적 인간의 사명은 선택된 자기에 대해 책임을 지는 것이다. 여기에서의 책임은 의무를 인정하는 것이다. 또한 의무는 "너는 너 자신이 되라"를 의미한다. 그것은 어떤 도덕규칙에 따르느냐 하는 문제가 아니라 어떤 종류의 인간이 되느냐 하는 문제이다. 키에르케고르에 있어서 윤리는 가치의 문제가 아니라 존재의 문제이다.

(2) 윤리적 실존

윤리적 단계는 미적 단계가 연애의 단계에 비유되는 것과 대조적으로 결혼의 단계라 할 수 있다. 나비가 꽃을 따라 날아다니듯이 연애의 단계에서는 사랑은 대상을 찾아 부단한 부동상태에 들어간다. 이에 반하여 윤리적 단계에서는 감성적 충동이 제약을 받아 동일한 대상에 대하여 사랑을 반복하게 되며, 그리고 책임이 따르는 결혼상태로 들어간다.

따라서 미적인 것은 개별적인 것인데 반하여 윤리적인 것은 보편적인 것이라는 사실을 알 수가 있다. 윤리적인 것은 윤리적인 것인 한 보편적인 것이며, 보편적인 한 모든 사람들에게 타당한 것이다. 다시 말해, 윤리적으로 옳고 선한 행위는 모든 사람에게 옳고 선한 행위로서 누구에게나 타당한 행위이다. 경찰관이 개인으로서의 사회적 의무를 다하고, 아울러 조직인으로서의 책무를 다할 경우에, 그러한 경찰관의 행위는 바람직하고 옳은 보편적인 것이며, 누구에게나 타당한 행위이다.

인간은 개별적인 존재이면서도 윤리적으로는 개별성을 지양하고 보편성을 지향해야 한다. 자신의 쾌락에 매몰되는 미적 인간은 윤리적 보편성을 얻기 위해 끊임없는 자기 반성과 고뇌를 해야 한다.

(3) 종교적 실존

키에르케고르는 윤리적 실존에 이어 마지막으로 종교적 실존을 제시한다. 윤리적 인간은 개별자로서는 보편적인 도덕법칙을 완전무결하게 준수할 수 없다는 것을 알게 되고 완전무결한 덕을 지닐 수 없다는 것도 알게 된다. 다시 말해, 양심을 가지고 살아가는 윤리적 인간에게는 보편성을 실현하는 것이 불가능하기에 좌절과 죄의식에 고통을 받게 된다. 욕망은 무한하나 그 능력의 부족과 유한성으로 인해 인간은 곳곳에서 윤리적 좌절과 일탈을 경험한다. 이는 인간의 한계인지도 모른다.

종교적 의미에 있어서 죄의식은 신에 대한 부채가 있다는 것을 알게 된 것이다. 종교적 인간은 자기의 모든 존재를 신에게로 돌린다. 그는 신의 도움으로 자신의 생명을 받았으며, 신의 도움으로 그 생명을 부지해 나아가려는 것이다. 겉으로는 미적 인간들처럼 생을 즐기고, 윤리적 인간들처럼 자신의 행동에 대한 책임을 진다. 그러나 종교적 인간들은 내면적으로 모든 것을 신에게 돌리고 그에 의지하여 살아간다. 겉으로 보아서는 평상인과 종교인은 다르지 않다. 평상인은 아침에 일어나 세수하고 식사를 하며 옷을 입고 출근한다. 종교인도 마찬가지다. 그 차이는 거의 발견하기 어렵다. 평상인에게는 이런 것들이 생활의 전부이지만, 종교인에게는 생활의 뜻이 신에게 있다. 신은 절대적 실재, 절대적 권능이다. 그러나 어떤 말로도 신을 규정할 수는 없다.

신은 절대자이며 인간의 모든 것을 초월한다. 신을 증명하거나 규정하려는 것은 신을 유한한 이성의 영역으로 끌어들이는 것이 되며, 그래서 신의 절대성을 모독하는 것이 된다. 인간의 죄의식과 좌절이 있는 곳에는 신이 나타나고, 인간의 새로운 실존적 단계가 펼쳐지는 것이다. 인간의 윤리적 좌절과 죄의식은 신앙으로만 극복가능하다.

5. 불안과 양심

1) 불안의 근원

인생의 의미는 무엇인가? 그 의미는 살아가면서 느껴질 것이지만, 때로 무의미와 공허감을 느끼는 것도 사실이다. 인생의 모든 노력과 선행이 물거품으로 돌아가는 일도 흔히 있다. 인생 자체가 무의 바다로 둘러싸인 섬 같기도 하다. 하이데거는 키에르케고르에게서 불안의 개념을 이어받아 존재의 핵심부에서 무를 드러내는 기분을 불안이라 했다. 권력과 부를 목표로 권좌에 올라 자신의 성공에 행복해하는 사람도 무(無)의 바다에서 허우적거릴 때도 있고, 그렇지 못한 사람도 의미있는 삶이라고 행복해 할 수 있다.

인생이 자신의 마음속에 무를 드러내는 기분이 바로 불안이다. 사람이 일상사에 골몰하고 있을 때에는 느껴지지 못했던 불안이 때로 느껴지는 것은 우리가 무에 둘러싸여 있기 때문이다. 인간은 생의 확고한 터전이라고 생각한 것이 의심스러워지고, 모든 일상적 세계가 무의미하게 여겨지며, 잠시 세상사를 물리치고 외로이 있게 되면, 무가 자신을 감싸고 있다는 공허감에 빠지게 되는데 이 기분이 바로 불안이다.

그러면 인간은 왜 불안해하는가? 우리를 불안하게 하는 것은 '없다'. 불안은 일정한 대상을 가지지 않는다. 인간은 자기의 존재에 침투되고 있는 무, 탈출할 수 없는 무를 불안해 하는 것이다. 인간은 인간의 불완전성, 가지고 있지 않고 알 수 없는 것으로 인한 무에 대해 불안해하는 것이다. 인간은 자신의 현존재에 대해서 불안해하고 미래에 대해서도 불안해한다. 불안은 인간의 유한성이 자신의 일임을 깨닫게 되는 그 순간부터 심화된다. 그것은 바로 죽음에 대한 것이다.

죽음이라는 것은 일상적으로 부단히 발생한다. 그러나 인간은 '사람은 죽는다'라는 이 말이 어느 시기까지는 자신에게는 해당하지 않는다고 생각한다. 사람은 '언젠가는 꼭 죽지만 당분간은 내 차례가 아니다'라고 생각한다. '사람은 죽는다'라는 말은 하나의 진리를 말하는 명제인 것 같으면서도 죽음을 막연한 세상 사람의 일로 돌려버리려는 두려움을 내포하고 있는 것이다.

세상 사람들의 말은 애매하고 무책임한 경우가 많지만, 죽음에 대한 화법은 그 중에서도 가장 애매하고 무책임하다. 죽음이란 그 누구도 대리할 수 없는, 나의 최후의 가능성임에도 불구하고, 그 화법은 그 사실을 호도하고 나아닌 세상 사람이 만나는 사건으로 돌려버린다.

인간, 즉 현존재에 침투된 무는 인간으로 하여금 타락된 존재양식에서 안주할 수 없게 하기도 한다. 인간은 그 평균적 일상성에서 안전감을 누리는 것 같지만, 그러나 일상적 존재양식에서 안주할 수 없는 허무감을 느끼는 것이다. 인간은 일상적 존재양식의 허위성을 벗기는 '기분'을 불안에서 느끼는 것이다. 그런 존재양식에서 벗어나려는 불안이 인간의 본래성인 것이다.

인간이 그 평균적 일상성에 안주하려는 허위의 장막을 하이데거는 죽음의 문제를 가지고 묘사한다. 죽음이라는 것은 일상적으로 부단히 발생하는 재난이다. 사망의 예를 보면, 가까운 사람과 먼 사람들, 그리고 아는 사람과 모르는 사람들을 가릴 것 없이 사람들은 모두 매일 매 시간 죽어간다. 그러나 죽음 자체가 인간의 궁극적 가능성이라는 것이 드러나면 죽음을 불안이라는 기분으로 받아들일 것이 아니라 자유롭게 각오하고 임할 수 있는 것으로 전환된다. 이를 하이데거는 '선구적 결단성'(vorlaufende Entschlossen-heit)이라 한다.

2) 양심

인간은 그 종말을 호도할 수도 회피할 수도 없는 것, 오히려 자기의 최후의 가능성을 앞질러 각오할 것을 양심은 호소한다. 하이데거(Martin Heideggar)는 양심이란 어떤 것을 알리는 것, 또는 드러내는 것으로 규정한다.[15] 양심은 본래적 자기에 대한 소리 없는 소리이다. 인간은 세상에서 일어나는 온갖 세속적 일에 사로잡혀 본래적 자기의 소리를 듣지 못하고 있으나 자기상실의 상태에서 본래적 자기를 되찾게 하는 것이 양심이다. 인간은 죽음이 자신의 궁극적 가능성이라는 것을 받아들이면, 그것은 불안이 아니라 인간에게 불안으로부터의 자유를 부여하는 것이다. 이것이 바로 '선구적 결단성'이다.

선구적 결단성은 죽음에 대한 불안이 아니라 죽음에 대한 자유를 가져온다. 이런 전환적 계기를 마련하는 선구적 결단성이 현존재(인간)의 의미이며, 진리가 된다.

인간의 불안은 본질적으로 보면 죽음이라는 종말에서 비롯되고, 이 종말을 피하고 싶고 인정하기 싫고 종말이 오기 전에 인간의 욕망을 최대한으로 충족해야 한다는 절박감에서 비롯된다. 그러나 인간의 마음속에 존재하는 양심은 항상 인간의 욕망충족적 행위에 대해 자기의 소리를 내려한다. 그러므로 인간은 선구적 결단에 의해 양심에 따른 자기의 소리를 찾을 수 있는 덕목을 가진 존재이다.

불안과 양심 그것은 인간을 인간답게 하는 인간 본유의 특혜이다. 불안과 양심이 있기에 인간은 좀 더 똑바로 살기위해 노력하는지도 모른다. 불안과 양심이 없다면, 인간

15) 위의 책, pp.320-321.

은 더 야비하고 비겁하고 잔인하게 행동할지도 모른다.

제 2 절 인간의 존엄성

1. 인간중심 사상

1) 아리스토텔레스의 인간중심 사상

고대 윤리학은 인간 중심의 사상으로 출발하고 발전하였다. 아리스토텔레스는 우주에는 많은 사물이 존재하고 그 모든 것들은 끊임없이 진화·발전한다고 보았다. 그 중에서도 가장 진화한 것이 바로 인간이라는 것이다. 여기에서 말하는 진화는 인간의 정신적 개화, 즉 사람의 지혜가 열리고 사상과 풍속의 진보함과 목적의식에 따른 행동을 의미한다. 인간은 목적에 따른 행동을 하기 때문에 진화하고 인간 외의 자연물들은 그렇지 못하기 때문에 진화하지 못한다는 것이다.

아리스토텔레스의 윤리설이 목적론적 세계관에 기초하고, 목표는 바로 인간이 추구하는 선이라는 측면에서 인간이 세계의 중심에 있다는 사상을 읽을 수 있다. 더욱이 선이 무엇이냐에 답하기 위하여 인간의 영혼을 분석하고, 영혼을 이성적 부분과 비이성적 부분으로 나누었다는 측면에서 그의 사상은 분명히 인간중심적이다. 이성적 부분은 인간의 의식성과 신중성이 작동하는 부분이고, 비이성적 부분은 바로 인간의 감성부분이다.

인간은 이 감성적 기능에 의해 어느 정도 선에 도달할 수 있으나 인간이 최고선에 도달하는 것은 이성적 기능에 의해서만 가능하다. 인간의 이성적 기능은 바로 인간이 다른 자연물과는 다른 탁월성이며, 이 탁월성이 발휘될 때 인간은 최고선에 도달할 수 있다. 이처럼 고대 윤리설에서는 인간의 성품과 행동은 인간의 이성에 의해 결정되고 그 인간에 의해 세상이 변화해가고 있다는 명제를 견지했다.

2) 신 중심 사상

고대의 인간중심 사상은 5세기 이후에 로마를 중심으로 한 신 중심의 사상으로 옮겨간다. 이 시기에 인간은 신에 의해 지배되고 세상은 신의 의지에 따라서 결정되는 것으로 인식되었다. 신 중심의 세계에서는 인간은 신의 피조물에 불과하고 옳고 그름이라는 것도 인간의 이성적 판단에 기준이 있는 것이 아니라 신의 의지에 달려 있다고 보았다. 왕과 모든 통치기관들은 신이 수여한 신성한 권력을 내세워 개인들에게 절대적 복종을 요구하고, 학자들에게도 신앙은 활동의 시작이며 마지막이고, 부분이 아니라 전체였다. 신앙과 이성이 충돌하면 신앙이 우선이었다.

그러나 인류 과학사의 3대 발명이라고 하는 나침반, 인쇄술, 그리고 화약은 과학혁명을 가져와 신 중심의 윤리사상은 다시 인간중심으로 변화하기 시작하였다. 과학 중심의 시대가 도래하면서 사람들은 윤리학의 원리들이 신의 명령에서 도출되지 않고 인간의 본성에서 도출되는 것으로 보기 시작하였다. 17세기에 이르러 비로소 인간은 신의 피조물이기보다는 자연적인 존재로 인식되기 시작하였다.

3) 시대별 인간유형

시대별로 분류된 인간유형을 보면, 인간에 대한 개념과 윤리개념이 어느 정도 윤곽을 드러낸다. 고대인들은 이성적 인간관에 의해 '사유인(homo sapiens)'으로 지칭되었다. 이성이 인간행위를 지배하는 윤리관이 그 사회를 지배했다. 그러나 중세인들은 이성적 사유에 의해서가 아니라 교회의 계율에 따르는 것이 미덕이었다. 그들은 '종교인(homo religious)'으로 분류되고, 그들의 행복은 신앙에 있었다. 반면에 근대적 인간관은 레오나르도 다빈치처럼 부지런히 일하여 무엇이든지 잘 해낼 수 있는 능력을 가진 '제작인(homofaber)'으로 분류되었다.[16] 제작인은 사유인이나 종교인과는 다르다. 피코의 말은 제작인을 잘 표현해주고 있다.

> "오! 하나님 아버지의 지극한 관용이여, 인간 최고의 그리고 가장 놀라운 축복이여! 그에게는 무엇이든지 선택한 것을 가지게 하고 무엇이든지 하려고 하면 할 수 있는 능력을 주셨습니다. 그가 태어날 때 아버지는 인간에게 모든 종류의 씨앗과 모든 생활방식의 싹을 주셨습니다. 그 씨앗은 각자가 가꾸게 되면 성숙해지고 열매를 맺을 것입니다. 그 씨앗이 식물적인 것이었다면, 그 사람은 식물처럼 될 것이며, 감각적인 것이었다면 짐승처럼 될 것이며, 이성적인 것이었다면 천상의 존재가 될 것이며, 예지적인 것이었다면 천사가 될 것이며 신의 아들이 될 것입니다."[17]

인간은 되고자 하면 동식물에서 천사에 이르기까지 무엇이든지 될 수 있다는 것이

16) 강재륜, 앞의 책, pp.142-145.

17) Ernst Cassirer, *The Renaissance of Man*(Chicaco, 1948), p.235.

제작인의 특징이다. 창조주 신에 의하여 예정된 어떤 것도 인간의 운명을 좌우할 수 없다. 인간은 자기의 결단과 의지에 의해 무엇이든지 될 수 있고, 어떤 위치에도 도달할 수 있다. 근대인이 노동에서 보람을 찾는 것은 사유인이나 종교인에게서 찾아볼 수 없는 새로운 근대적인 가치관이다.

제작인은 인간을 '소우주(microcosm)'라고 부르는 견해와 개념을 같이 한다.18) 온갖 것을 다 함유하는 우주를 축소한 것 같은 인간, 이런 인간이 중세 1,000년이 지난 뒤 오랜만에 되찾은 인간의 자화상이었다. 이처럼 근세인의 모습은 하늘을 우러러 사죄를 하는 중세인의 인간상과는 날카로운 대조를 이룬다. 르네상스의 조형미술에서 하늘을 지향하는 중세의 고딕식 조형미술을 찾아볼 수 없고, 자연의 원근법을 사용하여 있는 그대로를 표현하는 미술이 나타나고, 인간은 이성뿐만 아니라 욕망과 정념을 가진 인간 그대로의 모습이 투영되기 시작한다.

제작인은 자유인이었다. 중세인은 개인의 자유를 보장받지는 못했으나 길드 같은 제도 속에서 확고한 사회보장을 받을 수 있었다. 반면에 자유인들은 경제적으로 대성한지 하루아침에 빈 털털이가 되는 것이 다반사였지만, 이를 구제하는 제도는 없었다. 자유인은 올바른 판단력과 식견을 가지고 살아가지 않으면 어디에서나 도움을 구할 수 없게 되었다. 다시 말해, 자신에 대해서는 자신이 책임지는 개성있고 유능한 인간이 바로 '자유인'이다.

에라스무스(D. Erasmus)는 이런 인간형의 육성을 위해 인간이 각자 지니고 있는 상이한 소질과 개성을 계발하는 교육의 중요성을 강조했다. 그에 의하면, 인간의 본성이란 통상 인간 자체의 공통성, 즉 이성에 의해 지도되는 인간의 특성으로 보다 좁은 의미에서는 개성이라고 할 수 있는 각자의 인격의 특징을 의미한다.19) 르네상스 시대에 대두된 제작인, 그리고 자유인의 개념은 인간을 자연의 논리 속에서 파악함으로써 인간 이성과 인격을 존중하는 인간중심 사상의 표상이다. 자유는 바로 인간됨을 의미한다. 인간은 본래 자유롭게 태어났다. 그리고 자유롭게 살아가는데 그 본질이 있다.

18) 인간을 소우주로 표현한 사람은 N. Cusanus, G. Bruno 등을 들 수 있다. 이것은 보편적 인간이라고도 하며, 레오나르도 다 빈치가 그런 인간으로 숭배를 받았다.

19) W.H. Woodward, *Desiderius Erasmus*(Cambridge, 1940), pp.195-196.

2. 계몽주의 사상과 도덕명령의 제2정식

1) 인간의 존엄성과 계몽주의 사상

유럽에서 과학적 사고가 확고하게 뿌리내리게 된 17세기의 자연주의는 세상을 신의 권위 등 초자연적인 요소에서 탈피하여 연역법과 귀납법 등 과학적인 방법에 의해 설명하려고 하였다. 이처럼 자연주의는 인간을 자연의 일부로 보고 신과는 분리하여 행동윤리를 찾으려고 하였다는 측면에서 인간중심의 천부인권 사상이 출현하게 된 사상적 기초가 되었다는 평가를 받기도 한다. 모든 사람은 태어나면서부터 남에게 물려줄 수 없는 고유한 권리를 지니고 있다는 사상이 천부인권사상이다. 국가는 그와 같은 인권을 옹호하기 위해 생긴 것이기 때문에 그들의 인권을 침해할 수는 없다. 그러므로 인권은 국가에 선행하는 것이다. 미국이나 프랑스의 인권선언은 모두가 이러한 인권을 보장하기 위한 것이었다.

인권은 처음에는 전적으로 자유권을 뜻하였다. 혁명과 개혁을 거치면서 인권은 헌법에 명문화되어 어떤 개인이나 권력기관이 함부로 침해할 수 없는 신성불가침의 권리가 되었다. 사실 공직윤리, 특히 규제하고 단속하는 권한을 가진 국가기관의 공직윤리는 천부인권 또는 최소한 헌법에 보장된 기본권의 보장과 깊은 관련이 있다.

범법자를 조사하면서 육체적 가혹행위를 하거나 심지어 상대방의 인격을 모독하거나 굴욕감을 주는 말을 해서는 안 된다든지 권한남용이나 일탈행위를 해서는 안 된다는 것은 개인의 인권보장을 위한 윤리규범이다. 비록 살인이나 납치・유괴와 같은 흉악범일지라도, 언론 등 외부에 그의 얼굴이나 사생활정보를 공개하는 것은 초상권이나 개인정보보호 또는 사생활을 침해한다는 측면에서 세심한 주의가 요구되기도 한다.

인간의 존엄성에 관해서 역사적으로 하나의 획을 그은 사상은 근세 초의 계몽주의이다. 계몽이란 아직 미 자각상태에서 잠들어 있는 인간에게 이성의 빛을 던져주고, 편견이나 미망(迷妄)에서 빠져나오게 한다는 뜻을 내포하고 있다. 계몽주의는 신 중심의 세상을 인간 중심의 세상으로 바꾸는 사상을 주장하였고, 그들의 기본 정신은 합리주의와 자유였다. 그들의 사고는 과학적이고 합리주의였으며, 신의 존재를 믿지 않았고, 인간의 불완전성과 유한성이 신의 존재를 요구하게 되었다는 것이다. 그들은 종교에서 계시나 구원과 같은 신비적 요소들을 배격하여 종교까지도 합리화하려고 하였다.

계몽사상은 몽테스키외, 볼테르, 루소가 그 중심에 있었으나 특히 볼테르(Voltaire)의 사상을 음미해 볼만하다. 그는 18세기 유럽의 전제정치와 종교적 맹신에 저항하고 진보의 이상을 고취한 인물로서, 바보와 악당이 존재하는 한 종교가 존재하지만, 여러 종교 중에서도 기독교가 가장 불합리하고 유혈적이라고 주장한다. 그는 기독교를 불관용과 광기라고 비판하고, 성경은 미신이라고 주장하였다. 그러나 그는 무신론자가 아니다. 그는 신의 세상창조를 인정하지만, 일단 신에 의해 창조된 세상은 신에 의해 주관되기 보다는 자동적으로 운동을 계속한다고 봄으로써 이신론(理神論, Deism)의 신봉자이다. 신의 인간 생활에 직접 관계하는 섭리나 은총, 기적, 계시도 인정하지 않는다.

따라서 육체가 탄생하기 전에 정신이 있었다든지 육체가 파괴된 뒤에도 정신이 남는다는 영혼불멸설과 같은 것은 거부되었다. 그래서 사람이 죽으면 인생이라는 희극은 끝난다고 보았고, 개인에게 중요한 것은 자기보존이며, 그것을 위해서는 무엇이든지 할 수 있는 권리라고 주장했다. 개인의 자유와 독립은 18세기 프랑스의 시민정신의 표상이었다.

2) 인간의 존엄성과 도덕명령 제1정식

인간의 존엄성에 대한 사상의 본질은 근대적 윤리학의 창시자라고 할 수 있는 칸트의 윤리학에서 찾는 것이 보다 적절성이 있을 것으로 보인다. 그는 인격적 가치와 자율이라는 논제아래에서 인간의 존엄성에 대한 논리를 전개하였다. 인간은 그 자체가 목적이며, 그렇지 않을 수 있는 상황이 야기될 때에도, 우리는 그들을 그렇게 대해야 한다는 칸트의 견해는 윤리에 있어서 인간존엄성의 중요성을 분명하게 한다.

인격은 모든 가치의 원천이므로 그것은 목적 그 자체이며, 수단으로 사용될 수는 없다. 칸트는 도덕 명령의 제1정식이란 행위의 주관적 원리(준칙)를 객관적인 원리(도덕법칙)에 일치시키는 보편법칙의 정식이라 하고, 제2정식을 타인과 나의 인격을 동일시하는 인간성의 정식이라고 규정하면서 인간과 인간의 관계에 있어서 나의 인격이 타인의 수단이 되기를 거부하는 것처럼 타인의 인격도 동일한 대우를 하여야 한다고 주장했다. 이성적 인간들은 일정한 원리에 따라 움직인다. 그 하나의 원리는 우리가 일상적 행위를 하는데 있어서 흔히 의존하는 주관적 원리인 준칙(Maxime)이다.

준칙은 행위자 개인의 행동원칙을 말하고 도덕법칙은 모든 사람에게 적용되는 보편적인 행동법칙을 말한다. 도덕법칙의 제2정식은 황금률의 원리, 충서(忠恕), 감정이입, 추기급인(推己及人), 즉 내가 싫어하는 일을 타인에게 하지말라, 타인의 입장에서 생각하라 등의 의미와 같다.

칸트는 가치를 지닌 것은 무엇이든 그와 동등한 다른 무엇으로 대치할 수 있다고 하면서, 인간의 존엄성은 본래적인 가치이므로 다른 것으로 대치가 불가능하다고 주장했다. 열 사람의 생명을 빼앗고 그 대신에 열 배나 많은 사람들에게 생존을 보장하더라도 생명박탈에 대한 보상이나 정당화가 이루어지는 것은 아니다. 인간의 존엄성은 그것 때문에 인간이 존중되는 고유한 본래적 가치이다.[20]

아울러 칸트는 인간의 권리개념을 매우 강조했다. 권리는 인간의 기본적 자유와 동일한 것으로 보았기 때문이다.

> "드넓은 세상에서 다른 사람의 권리보다 더 신성한 것은 아무 것도 없다. 이것은 침범할 수 없는 것이다. 다른 사람의 권리를 침해하고 깔아뭉개는 사람에게는 화가 있을 지어다. 그의 권리는 그의 방어수단이어야 하고, 이것은 어떠한 갑옷이나 성곽보다도 더욱 강한 것이어야 한다. 우리는 성스러운 통치자를 가지고 있으며 그가 우리에게 베푼 선물 중에서 가장 신성한 것은 인권이다."[21]

이처럼 칸트의 윤리학은 자신이나 남을 위해서 바람직한 목적을 증진시킨다는 이유만으로는 인권이 침해되어서는 안 된다는 점을 강조하고 있는 것이다.

3. 인간의 자존심과 수치심

1) 자존심

인간은 누구나 자신이 쓸모가 있는 비교적 잘난 사람이라고 생각한다. 누구나 인격적으로 존중받을 권리를 갖고 태어났다고 생각하며, 평등하게 태어났다고 생각한다. 물론 살아가면서 개인적인 성장과정에서 신분상의 차이가 생기고 사회제도의 영향으로 개인의 자유권이나 천부의 인권 일부가 제약되는 것을 수용할 수밖에 없으나 그 인용에는 한계점이 있다.

그 한계는 개인의 가치를 무참하게 짓밟는 인격적인 모독이다. 자식에게 부모를 비하하는 발언을 하거나 하급자 앞에서 그 하급자의 상사를 질책하는 것은 참을 수 없는 인격적인 모욕이다. 범죄 피해자에게 사건의 원인을 제공하지 않았느냐고 추궁하는 것도 상대방의 자존심을 침해하는 것이다.

인간은 누구나 자신이 가치있는 존재로 인정받고 싶어하고, 타인으로부터 무시당하

20) 리처드 노만 지음, 안상현 역, 윤리학 강의, 도서출판 문원, 1995, pp.157-163.

21) Immanuel Kant, Letures of Ethics, Louis Infield 역(New York, 1963), pp.193-194.

는 것을 싫어한다. 인간은 극히 가까운 사람, 심지어 부부, 부모와 자식, 친구와의 관계에 있어서도 인격적으로 무시당하는 것을 싫어하고 존중받기를 기대한다. 그러므로 자존심을 살리기 위해서 상대방으로부터 무시당하거나 조롱받을 수 있는 일을 하기를 꺼려한다.

존 롤스(Jhon Rawls)는 그의 『정의론』에서 자존심이 인간의 가장 중요한 기본 선이라고 주장한다. 자존심은 자신에 대한 가치감, 인생계획에 대한 가치부여와 자신감, 자신의 능력에 대한 자신감을 포함하기 때문에 기본 선이라는 것이다. 자존심은 개인의 삶에 있어서 하나의 동력이다. 그것이 없으면, 모든 욕구와 활동은 공허하게 되고 무감각과 냉소에 빠지게 된다.22)

롤스는 자존심이 아리스토텔레스적 원칙을 만족시키는 인생계획과 관련이 있다는 측면에서 중요한 가치라고 주장한다. 아리스토텔레스적 원칙이란 다른 조건이 같다면, 인간은 그들의 능력(그들의 생득적, 혹은 습득적 능력)이 현실화되어 발휘되는 것을 즐거워하며, 이러한 즐거움은 그러한 능력이 실현됨에 따라 그리고 보다 복잡하고 정교한 분야에서 능력을 인정받을 경우에 더욱 증가된다.23) 여기에서의 즐거움은 자기인생에 대한 만족과 같은 의미이다. 그러므로 자존심은 개인의 인격과 행위가 타인들에 의해 인정받는 것과 깊은 연관이 있다.

2) 수치심

자존심은 인간의 수치심과 깊은 연관이 있다. 자존심이 상하거나 타격을 받았을 경우에 나타나는 감정이 수치심이다. 수치심은 개인이 어떤 상황에서 당당하지 못하고 비굴하게 행동하였거나 타인의 자신에 대한 인격적 모욕이나 타격이 있었을 때 주로 발생한다. 더럽고 치사해서 못 살겠다거나 못 해먹겠다는 말은 자존심에 상처를 입은 결과 수치심을 느끼고 있다는 극단의 표현이다. 수치심과 후회감은 다르다. 수치심은 자존심이라는 가치의 상처에서 비롯되는 것이지만, 후회는 사려없이 부주의하게 어떤 일을 한 결과로 나타난 피해에 대한 감정으로서 어떤 종류의 선이든 상실함으로써 생기게 되는 감정이다. 물론 자존심에 관련된 인생계획을 수행하지 못했거나 수치심을 갖게 하는 어떤 일을 한데 대한 후회도 포함된다. 개인이 당당하게 행동하지 못하고 비굴하게 행동하였을 경우, 또는 자신을 속이는 정직하지 못한 행위를 하였을 경우에 수치심과 더불

22) 존 롤스 지음, 황경식 옮김, 정의론, 서광사, 1985, pp.457-463.
23) 앞의 책, 같은 쪽.

어 후회의 감정이 생겨난다.

후회의 감정은 경우에 따라서는 죄책감까지 포함할 수 있다. 그러나 후회는 자신이 선이라고 생각하는 가치의 상실이나 부재에 대한 일반적인 감정이고, 수치심은 자존심이라는 특수한 선의 타격으로 야기되는 감정이다. 후회는 주로 놓친 기회나 잘못 사용된 수단에 대한 아쉬움의 감정이다. 수치심은 인간을 고통스럽게 하고 부끄럽게 한다. 자존심에 대한 상처로 인해 도덕적 수치심이 발생한다면, 인생 계획의 수정이나 능력의 증진을 위한 노력이 이루어질 수 있다.

그러나 자존심의 상처가 수치심의 범위를 벗어나 분노와 증오의 감정으로 발전될 수 있다는데 문제가 있다. 분노와 증오는 도덕적인 감정이 아니라 자연적인 감정이지만, 자존심의 상처로 인해 흔히 일어나는 결과라는데 유의할 필요가 있다. 인간이 무시되고 인생계획이 무시될 경우에, 인간은 그 상대방에 대한 분노와 증오의 감정을 가지게 되고, 나아가 분노와 증오는 돌발적인, 심지어 계획적인 보복행위가 뒤따르게 한다. 그러므로 상대방의 자존심에 대한 배려는 세상을 아름답고 평화스럽게 만들어 가는 인간의 지혜이다.

자존심의 타격에 의해 수치심은 주로 행위자 자신의 수치스러운 행위의 결과에서 비롯되고, 분노와 증오는 타인에 의한 자존심의 상처의 결과이다. 물론 타인이 자신의 행위에 대한 도덕적·윤리적 반성을 촉구했을 경우에 수치심을 불러일으키기도 한다. 우리는 업무를 처리하다 쓰러지는 사람을 종종 목격한다. 그 원인은 대부분 격무라고 한다. 그러나 더 깊이 분석해 보면, 격무가 그 원인이기보다는 상사로부터 상처받은 자존심으로 인해 발생하는 스트레스와 인간적 고뇌, 더 이상 상사로부터 무시당하는 고통을 겪어서는 안되겠다는 부담감, 자신의 자존심을 지키지 못하는 수치심 등이 복합적으로 작용한 결과인지도 모른다.

우리는 주변에서 명시적·묵시적 보복행위를 느끼거나 목격한다. 그러한 보복행위는 보상과 은원의 결과일 수도 있으나 대체로 자신의 자존심에 상처를 준데 대한 반작용의 결과이다. 대부분의 부부싸움이 아주 사소한 것에서부터 시작하여 나중에는 서로 양보 없는 큰 싸움으로 바뀌는 것 또한 서로간의 자존심 때문이다.

힘이 없고 못 살면서도 상대방의 알량한 동정을 거부하는 것은 인간의 자존심 때문이다. 못 살고 힘없는 나라가 잘살고 힘 있는 나라의 요구에 고분고분하지 못하고, 경제적 지원을 거부하는 것 또한 민족자존이라는 자존심 때문이다. 자존심은 인간의 가장 소중한 지고지순의 가치이다. 자존심에 대한 배려 없는 삶은 인간의 삶이 아니다. 목숨을 걸고 싸우는 저 동물들은 자존심 때문에 싸우지는 않는다. 오직 인간만이 자존심 때문에 생사를 거는 투쟁을 한다.

제 3 장 POLICE ETHICS

윤리어의 의미분석

제 1 절 견해의 다양성

1. 윤리어의 개념적 모호성

1903년 영국의 윤리학자 무어(G.E. Moore)는 「윤리학 원리」라는 책에서 윤리학에서 제일 먼저 밝혀져야 할 문제는 '선(good)이란 무엇을 의미하는가?'이어야 한다고 주장함으로써 20세기 내내 윤리어 전반에 걸친 의미분석이 학문적 관심을 끌게 되었다. 이것은 윤리학이란 선에 대한 연구이며, 따라서 윤리학이란 선(good)의 의미를 정확하게 밝히는 것이 무엇보다 중요하다는 견해에서 출발한 것이다.[1]

사실 우리는 선악이나 옳음과 그름, 당위, 착함, 책무 등과 같은 말을 많이 사용하지만, 그 뜻을 정확하게 이해하고 사용한다고 볼 수는 없다. 윤리에 관한 용어들의 의미는 정말 애매모호하다.

선, 옳음, 당위, 책무 등과 같은 용어는 구체적으로 정의되지 못하고, 특히 선이란 개념은 "선은 선이다"로 통용되어 온 것이 사실이다.[2] 선이란 개념은 옳음이라는 또 하나의 윤리어와 인간의 행동기준이 되는 가치선택에 있어서 서로 통합되지 못하는 다른 차원의 개념으로 사용되어 왔다. 선은 최고의 윤리어로 인식되면서도 이처럼 옳음이라는

1) G.E. Moore, *Principia Ethica*, Cambridge University Press, 1956, p.37.

2) Moore, Ibid., p.7.

가치와 충돌된다는 것은 선이란 개념 자체가 명백하지 못하기 때문이다.

'선'은 황색이 단순개념인 것처럼 단순개념이다. 당신이 황색이 무엇인지를 모르는 사람에게 어떤 방법으로도 설명할 수 없는 것처럼 선이 무엇인지 설명할 수 없을 것이다. 내가 찾고 있는 정의(定義: definition)는 말이 지시하는 대상, 또는 관념의 참된 성질을 서술하는 정의이고, 그 말이 어떤 의미로 사용되는지를 알려주는 정의이며, 그런 정의는 문제되는 대상 또는 관념이 복합적일 때에만 가능하다. 다시 말해, 복합적인 요소를 단순요소들로 환원 분속하는 것이 정의이다. 따라서 그리스 신화에 나오는 괴물 '키메라(chimera)'도 정의 가능하다. 키메라는 머리와 몸은 사자, 등에는 염소머리, 그리고 꼬리는 뱀 등 그 복합적 성질(요소)들을 열거하면 정의가 된다. 정의가 되면 그 괴물에 대해 아무것도 모르는 사람도 키메라를 알게 된다. 개념이 가공적인 것이라도 복합적이면 정의가 가능해진다.

'선'은 '황색'에 비유된다. 황색이 단순한 성질을 나타내는 것처럼 선은 단순한 성질을 나타낸다. '선'이 지시하는 성질은 단순하여 하나밖에 없기 때문에 열거할 성질들을 가지지 않으며, 따라서 정의가 불가능하다는 것이다. 이는 '선'이라는 것이 근본 개념이어서 다른 개념에서 도출된 것이 아님을 말하는 것이기도 하다. 따라서 선이란 무엇인가에 대한 대답은 '선은 선이다'로 귀결된다. 또한 '선은 어떻게 정의되어야 하는가' 라는 질문에 대한 대답은 '정의할 수 없다'에 그친다.

이처럼 선은 정의가 불가능하다. 그러나 선이라는 말은 분명히 어떤 객관적 성질을 지시하는 '의미'를 가진다는 것이 무어의 견해이다. '선'은 유의미하지만 정의가 불가능하다. 이런 점에서 무어의 직관주의는 인지주의로 분류된다. 즉, 무어의 입장에서 윤리적 술어들은 인지적 의미를 가진다는 것이다.

2. 지시적 의미론과 의사전달적 의미론

윤리어의 의미에 관해서 학자들의 견해는 다양하지만, 대체로 두 가지로 나누어진다. 그 하나는 지시적 의미론이다. 여기에서의 언어의 의미는 대체로 그 언어가 지시하는 대상이 된다. 다시 말해, 언어를 어떤 대상을 대리하는 기호로 보는 것이다. 따라서 언어가 지시하는 대상이 있으면, 그 언어는 유의미하고 없으면 무의미한 것이 된다. 지시적 의미론에 의하면, 인어나 용, 그리고 천사는 다른 대상을 가리키는 말이 아니기 때문에 무의미하다.

다른 하나는 언어의 의미란 의사전달에 있다고 보는 의사전달적 의미론이다. 언어표현이란 인간이 상대방에게 의사를 전달하는 수단으로 사용되며, 그 뜻은 상대에게 전달하려는 의사에 있다고 보는 것이다.[3] 의사전달이 성공하려면 언어표현은 대상을 지시하기보다는 언어규칙을 따라야 한다. 언어의 사용이 언어규칙을 어기면 의사소통이 될 수 없기 때문이다. 가령 '경찰은 민중의 지팡이다'라는 말에서 보듯이 이 문장이 지시하는 사실 그 자체로는 의사전달이 불가능하다. 지팡이라는 말 그 자체는 지시대상을 가지지 않기 때문이다. 그러나 용법에 따르면 지팡이라는 말의 의미는 '봉사자'이다. 따라서 경찰은 사회에서 일반시민의 봉사자라는 의미로 받아들여지게 된다.

지시적 의미론은 언어의 의미를 진리성에서 찾는다는 점에서 그 의미는 사실의 세계에서 찾아야 하며, 의사전달적 의미론은 언어의 용법에서 의미를 발견한다는 점에서 사실의 세계뿐만 아니라 가치의 세계에서도 의미의 존재를 인정한다. 그러나 윤리어의 의미분석은 지시적 의미론에 따른다.

언어의 의미를 언어 탐구의 중심으로 하는 이러한 접근방식의 차이는 한마디로 언어의 의미를 언어의 진리성에서 찾느냐, 아니면 의사전달 기능에서 찾느냐의 기본적 언어관의 차이에서 나온 것이라 할 수 있다. 언어의 의미를 진리성에서 찾는 입장에서는 그 의미는 사실의 세계에서 찾아야 한다. 그러나 인간의 의사전달에 의미가 있다고 보게 되면, 언어의 용법에서 의미가 발견되어야 한다. 다시 말해, 의미는 사실의 세계 뿐 아니라 이를 초월하여 가치의 세계에도 있을 수 있다는 이야기가 된다. 이처럼 의미론적 가정은 윤리어의 의미에도 결정적 영향을 끼칠 수 있다.

3. 인지주의와 자연주의 그리고 직관주의

지시적 의미론에 따라 일반적으로 언어의 의미라는 것이 지시대상이라고 한다면 그 언어 중에서도 윤리어는 지시대상이 있느냐, 없느냐의 문제가 된다. 이 문제에 대해서는 의견이 두 갈래로 나누어진다.

첫째, 윤리어도 지시대상을 가진다는 입장이 있다. 다시 말해, 윤리어는 일정한 속성을 지시대상으로 가진다는 주장이다. 이 말을 바꾸어 말하면, 윤리어는 대상의 속성을 서술하는 의미, 즉 인지적 의미를 가진다는 것이다. 이런 입장을 인지주의(認知主義, cognitivism)라 한다. 인지주의는 그 대상의 성질이 어떤 성질이냐에 따라 자연주의와 비

3) 강재륜, 앞의 책 pp.353-355.

자연주의(또는 직관주의)로 나누어진다.

자연주의는 윤리어가 지시하는 성질이 자연적 성질이라고 본다. 만약 "그는 깨끗하다"라는 진술의 "깨끗하다"라는 윤리어는 그것이 가지고 있는 객관적이고 자연적인 속성이라고 보는 것이다. 여기에서 '깨끗하다'라는 말은 '물이 깨끗하다'와 같이 자연적이고 객관적인 상태를 말한다. 그러므로 자연주의에서는 윤리어 그 자체가 사실의 세계에서 검증이 가능한 개념이다.

이처럼 윤리어가 어떤 성질을 지시하며, 그 성질은 자연적 성질과 다름없다고 보는 입장이 윤리적 자연주의의 입장이다. 윤리적 자연주의는 대부분의 윤리학설이 취하는 입장이다. 반면, 비자연주의(직관주의)에 의하면, 윤리어가 지시하는 성질은 자연주의가 주장하는 것처럼 자연적 성질이 아니고 비자연적(도덕적) 성질이라는 주장이다. 다시 말해, 비자연주의는 윤리어가 자연적 성질을 서술하지는 않으나 비자연적 성질을 서술하는 서술적 의미를 가지는 점을 인정한다.[4)]

그러므로 비자연주의는 경험의 세계에서 검증이 불가능하나 동어반복적으로라도 서술이 가능하다. 바꾸어 말한다면, 동어반복(tautology)은 말 그대로 어떤 개념이 그 개념과 같은 의미의 말로 정의되는 것을 말한다. "양친은 어버이를 말한다, 용기는 과감성을 의미한다"에서 양친과 어버이, 용기와 과감성은 동일한 의미를 가진 용어이다. 동어반복은 참인 명제를 구성하기 때문에 경험세계에서 검증은 불가능하지만, 논리적 서술은 가능하다는 차원에서 의미를 갖는다.

둘째, 윤리어는 지시대상을 가지지 않는다는 비 인지주의(非 認知主義)가 있다. 여기에서 윤리어는 서술적 의미가 아니라 정서적 의미를 가진다고 보는 것이 그 하나의 입장으로 이를 비 인지주의, 즉 정서주의(emotivism)라 한다. 도덕판단은 검증가능성이 없다는 것이 정서주의로서, 도덕적인 언명은 경험세계의 현상을 서술하는 내용이 전혀 없다고 본다. 예컨대, "경찰은 친절해야 한다, 청렴해야 한다, 정직해야 한다, 약속은 지켜야 한다" 등은 우리에게 어떤 사실을 알려주는 서술적인 의미가 없고, 이는 어떤 당위적 언명에 대한 감정의 표명 또는 감정 유발을 하는 구실을 할 뿐이다. 이는 "기분 나쁘다, 행복하다, 슬프다"와 같은 인간의 감정표현에 지나지 않고, 어떤 사실을 말해주는 것은 아무것도 없다. 이와 같이 윤리어는 검증가능성이 없고 동어반복적으로도 서술적 의미가 없기 때문에 논리실증주의에서는 윤리설이란 정서주의에 불과하다고 주장한다.

이처럼 윤리어에 대한 견해는 다양하다. 그러나 윤리학에 있어서 중요한 위치를 차지

4) 앞의 책, pp.354-355.

하고 있는 두 개의 가치기준이라고 할 수 있는 선과 옳음, 그리고 이것들과 관련된 중요한 가치개념에 대해 구체적으로 고찰할 필요가 있다. 이러한 가치개념이 바로 윤리학에 관련된 다양한 학설과 이론발전의 핵심이 되어 왔기 때문이다.

제2절 자연주의의 견해

1. 선악에 대한 견해

자연주의는 대부분의 학설에서 취하고 있는 입장으로 윤리적 문장이 과학적 문장과 같이 인지적 의미를 가진다고 보는 입장이다. 다시 말해, 윤리적 진술은 경험적 서술의 의미를 가지는 것이며, 따라서 과학적으로 그 참과 거짓을 검증할 수 있다고 본다.

이 주장에 따르면 윤리적 진술은 그 의미를 바꾸지 않고 윤리어를 포함하지 않는 진술로 바꿀 수 있다. 자연주의는 자연적 사실에서 도덕적 가치를 도출한다는 측면에서, 직관주의로부터 자연주의적 오류를 범하고 있다는 비판을 받기도 한다.

1) 스피노자의 견해

17세기 네덜란드의 합리주의 철학자인 스피노자(B. Spinoza)의 윤리개념은 전형적으로 자연주의적이다. 그는 인간의 자기보존의 충동에서 출발함으로써 자연적 사실에서 도덕적 가치를 도출하려 한다. 그에 의하면, 자기보존의 충동에서 도덕적 정서들이 나올 뿐 아니라 그것은 우리의 가치평가의 기초가 된다. "우리가 선이라고 판단하기 때문에 그것을 위해 노력하고 의욕하고 갈망하고 탐욕하는 것이 아니라 오히려 역으로 우리가 그것을 위해 노력하고 의욕하고 갈망하고 탐욕하기 때문에 선이라고 판단하는 것이다." 이처럼 스피노자는 자연적 정서에서 모든 가치를 도출할 수 있다고 본다. 이러한 주장은 그의 선악에 대한 생각을 살펴보면 더욱 분명해진다.

> "선이나 악에 관해서 말하자면 이 표현을 우리가 사물을 바로 그 자체에서 살펴보는 한, 어떤 적극적인 것도 나타내지 않는다. 그 선악은 말하자면 우리가 사물들을 서로 비교함으로써 구성한 사유의 양태나 개념에 불과하다. 왜냐하면, 동일한 것이 동시에 선이면서 악일 수도 있고 또 선도 악도 아닌 중립적인 것일 수도 있다. 어떤 음악은 우울한

사람에게는 좋아도 상심한 사람에게는 나쁘고 어떤 사람에게는 좋지도 나쁘지도 않을 것이다. 앞으로는 선이라면 인간의 본성(자기보존의 충동)의 전형에 접근하기 위한 수단임이 확실히 알려진 것을 말하는 것으로 생각하고 싶다. 반면, 악이라면 우리가 그 전형에 접근하는 데 방해가 됨이 확실히 알려진 것으로 생각하고 싶다."[5)]

다시 말해, 선이라는 것은 우리에게 유용함이 확실히 알려진 것을 말한다. 그리고 반대로 악이라는 것은 선을 소유하는 데 방해가 되는 것을 말한다. 우리에게 유용한 것은 자기보존에 도움이 되는 것을 말하며, 따라서 정서적으로는 선은 바로 즐거움과 직결되며, 악은 괴로움에 직결된다.

욕망과 즐거움 그리고 괴로움은 가장 기본적 도덕정서이며, 여기에서 모든 다른 도덕적 정서들이 도출된다. 스피노자는 쾌락을 선으로 보지만, 그에게 있어서 쾌락이라는 것은 자기보존의 충동이 충족됨으로써 비로소 가지게 되는 파생적 감정이라는 점에서 공리주의에 속하는 쾌락주의의 주장과는 다르다.

2) 홉스의 견해

17세기 영국의 철학자인 토마스 홉스(Thomas Hobbes)의 윤리학도 스피노자와 마찬가지로 자기보존의 노력에서 출발한다. 노력은 욕망과 혐오로 구분된다. 우리가 행동하려면 욕망과 혐오 외에도 희망, 절망, 그리고 공포 등의 정서들에 사로잡혀 어떻게 행동할 것인지를 곰곰이 생각하게 된다. 그래서 신중한 숙고 끝에 행동을 하려는 의지가 생긴다. 이처럼 의지는 자기보존의 노력에서 필연적이다. 홉스는 스피노자처럼 의지의 자유를 부정한다. 의지는 언제나 자기보존을 위하여 바람직한 것을 필연적으로 지향하기 마련이다. 그리고 그는 아리스토텔레스 이래 인간을 사회적 동물로 보는 전통적 인간관을 수정하여 이기적이고 반사회적 동물로 규정한다. 그는 자기보존의 노력의 기초가 되는 정서로서의 욕망과 혐오에서 모든 도덕적 가치를 도출한다. 그가 말하는 인간의 욕망과 혐오는 도덕적 선악과 결합한다.

"선악은 우리의 욕망과 혐오를 나타내는 이름이며, 그것은 사람들의 기질, 관습, 신조에 따라 다르다. 사람에 따라 미각, 후각, 청각, 촉각, 시각에 의존하는 쾌·불쾌의 판단이 다를 뿐 아니라 행위에 대해서도 무엇이 이성에 맞고 맞지 않는 지의 판단이 다르다.

---

5) 강재륜, 앞의 책, p.172에서 재인용.

때문에 개인의 욕망이 선악의 기준인 한 사람은 전적인 자연상태, 전쟁상태에 있는 것이다."[6]

그는 선악이란 사람에 따라 다르다고 본다. 욕망과 혐오가 사람에 따라 다르기 때문이다. 욕망의 대상은 선이며 혐오의 대상은 악이다. 홉스에게는 욕망이 없는 상태에서 행복을 누릴 수 있다는 금욕주의는 통하지 않는다. 무욕의 상태라는 것은 있을 수 없다고 보기 때문이다. 사람들은 순간의 욕망을 만족시킬 뿐 아니라 미래의 모든 욕망들도 만족시킬 수단을 찾는다. 인간은 더 없는 행복을 추구하기 때문이다. 그래서 그에게는 항구적이고 끊임없는 권력욕이 발생한다. 권력욕은 자기보존과 자기만족에 그 바탕을 둔다. 나의 권력욕은 다른 사람의 권력욕과 갈등하기 마련이다. 그래서 타인의 행동을 견제해 보려는 욕망도 생긴다.

3) 로크의 견해

17세기 영국의 경험론의 창시자인 존 로크(John Locke)의 선악에 대한 인식도 스피노자나 홉스와 유사하다. 선은 쾌락을 가져오는 성향을 말하며, 악은 반대로 고통을 가져오는 성향을 말한다. 자연은 인간에게 행복을 추구하는 욕구와 불행을 회피하려는 불행에 대한 혐오를 주었기 때문에 쾌락을 추구하고 고통을 회피하려는 성향을 가지게 된다.[7]

그러나 그의 덕론에는 덕이란 자기자신의 타성을 극복하여 욕망을 부정하고, 욕망이 다른 길로 기울더라도 이성이 최선이라고 지시하는 데 따르는 것이라고 규정한다. 덕은 무엇보다 제욕(制慾)에 있고, 제욕은 이성에 의하여야 한다고 주장한다.[8]

덕에 이어 지혜와 예의범절을 강조한다. 따라서 그는 선악을 쾌락추구와 고통의 회피라는 측면에서 파악하였지만, 일반적으로 인간의 욕망의 충족은 바로 쾌락을 의미하는 것으로 생각하는 것과는 달리 욕망충족과 쾌락을 동일시하지 않았다. 그는 욕망의 억제와 이성에 따른 행동을 도덕적이라고 보았다. 그렇지만 로크 역시 선악은 다른 말로 정의할 수 있는 개념이라고 보았다는 점은 분명하다.

6) 강재륜, 위의 책, p.176에서 재인용.
7) J. Locke, An Essay concerning Human Understanding, BK.2, ch.1, §2.
8) J. Locke, 교육에 관한 약간의 고찰(Some Thought concerning Education), 1962, §33.

2. 옳음에 대한 견해

옳음과 그름은 다른 말로 정의하는 것이 가능한 개념이다. 자연주의에서는 'X는 옳다'라고 말하는 것은 '나는 X를 찬성한다'라고 말하는 것과 같은 의미로 본다.[9] 가령 '경찰이 폭력시위에 대해 최루탄을 사용하는 것은 옳다'라고 말하는 경우, 나는 그 행동에 대하여 말하는 것이 아니라 그 행동에 대한 나의 태도, 즉 찬성의 태도를 말하는 것에 불과한 것이다.

따라서 이러한 정의는 행위 그 자체에 대한 옳음과 그름에 대한 정확한 표현은 아니다. 그저 행위에 대한 찬성과 불찬성의 태도가 있을 뿐이라는 문제가 있다. 내가 어떤 행동이 옳은지, 그른지를 알려고 하면, 나는 그저 나의 내면을 살펴 내가 좋아하는지, 싫어하는지를 알면 된다는 이야기가 된다. 오늘 찬성하는 행동이 내일 싫어질 수 있다면, 동일한 행동이 옳기도 하고 그르기도 하다는 이야기가 된다.

또한 경찰의 최루탄 사용에 찬성하는 사람도 있고 반대하는 사람도 있다. 그렇다면 동일한 사안에 대해 옳고 그름에 대한 의견이 사람마다 달라진다는 문제가 있고, 나는 X가 옳기 때문에 X를 찬성한다고 말하지, 나는 X를 찬성하기 때문에 X가 옳다고 말하지는 않는다. 따라서 두 문장은 서로 같은 의미가 아니다. 이처럼 자연주의 윤리학자들은 옳음 그 자체에 대한 정의를 하는 것이 아니라 개인의 의견이나 대상에 대한 자연적인 성격 그 자체를 연결시켜 옳음을 정의하려는 오류를 범하고 있는 것이다.

제 3 절 직관주의의 견해

1. 무어의 견해

1) 선악에 대한 견해

1903년 영국의 윤리학자 무어(G.E. Moore)는 그의 저서 『윤리학 원리』에서 윤리학이란 의심할 여지없이 선이란 무엇인가를 밝히는데 있다고 주장한다. 선과 행위가 무엇인가에 대한 정의없이 윤리학에 대한 논의를 시작하는 것은 윤리학에 대한 근본적 접근

9) John Hospers, *An Introduction to Philosophical Analysis*, Revised ed.(1967), p.568.

태도가 아니다. 이처럼 그는 선에 대한 정의가 윤리학의 단초이며, 근본 문제라고 강조한다.[10)]

무어는 종래의 학자들이 선, 즉 좋음(good)에 대하여 내린 정의가 하나도 타당치 않다고 비판한다. '쾌락이 선이다, 생명의 증가 혹은 진화가 선이다, 자아의 실현이 선이다, 순수의지를 따름이 선이다'라는 정의는 잘못된 것이라고 주장한다. 이러한 정의는 선이 무엇을 의미하느냐와 어떠한 것들이 선을 가졌느냐는 두 물음의 구별을 충분히 깨닫지 못한 까닭이라고 비판한다.[11)]

또 어떤 학자들은 '좋다'와 '즐거움을 주다'를 같은 뜻이라고 주장하고, 어떤 자연론자들은 '좋다'는 '욕구되다'의 의미라고 주장하기도 하나 이와 같은 정의는 하나도 옳지 않다는 것이다. 그 이유는 어떤 사물이 즐거움을 주며 또 욕구되고 있음을 엄연한 사실로서 믿으면서도, 그러나 그것이 좋은 것은 못된다고 믿을 수도 있다는 사실을 든다. 즉 'X는 좋다'와 'X는 즐거움을 준다'가 같은 뜻의 말이라면, X는 즐거움을 주기는 하지만, 좋은 것은 못된다는 현상이 존재한다는 점에서, 그러한 말은 자기 모순이다. '따돌림과 같이 남을 괴롭히고 즐거워하는 것은 좋은 일은 아니다. 남을 음해하고 비방하면서 즐거워하는 것도 좋은 일은 아니다. 경쟁 대상자의 약점을 이용하여 곤경에 몰아넣고 즐거워하는 것도 좋은 일이 아니다.' 모든 즐거운 일이 도덕적인 결함이 있다면, 좋은 일이 되지 못한다.

또 어떤 학자들은 좋다함이란 도덕적 시인같은 특수한 감정을 일으킨다는 뜻이라고 정의하기도 한다. 하지만, 어떤 사태는 비록 그 사태에 대하여 특수한 감정을 느끼는 사람이 전혀 없었다 하더라도, 그 사태는 여전히 그 자체로서 좋으리라는 것은 의심없이 명백하기 때문에 특수한 감정과는 무관하다.[12)] 그래서 무어는 선이란 단순 개념이어서 다른 말로 정의하기가 불가능하다고 주장한다. 예컨대, 황색은 황색일 뿐 다른 말로 대체할 수 없는 단순 개념이듯이 선이란 말도 마찬가지이다.[13)] 그러나 그는 좋음을 좋은 사물의 자연적 특성의 하나라고 생각하는 것은 아니다. 좋음은 좋은 사물의 특징의 일부 또는 그 자연적 특성의 하나가 아니라 그 사물의 모든 다른 특성들의 필연적인 결과로서 그 사물에게 따르는 것이다. 그는 선을 비자연적 성질, 즉 형이상학의 세계에 속하

10) Principia Ethica(London, 1959), p.2

11) 선에 대한 정의는 선의 개념을 정의하는 것이지 무엇은 선이다라고 하는 경우, 이 무엇에 해당하는 많은 것들은 선을 가지고 있는 것에 해당할 뿐이고 선 그 자체는 아니다.

12) G.E. Moore, Ethics, Oxford Press, 1955, p.102.

13) Moore, Principia Ethica, p.7.

는 실재로 본다.

좋은 것(good-things)은 자연현상으로서 시간과 공간 안에 존재하나, 좋음(goodness) 그 자체는 시간과 공간 안에 있을 수 없으며, 지각의 대상이 될 수 없다.[14)] 선을 경험의 세계 안에서 생겼다 없어졌다 하는 자연적인 현상이라고 믿는 사람들은 좋음과 좋은 것들을 혼동한 사람들이다. 좋은 것은 좋음을 가지고 있으나 그 자체가 좋음은 아니다. 좋은 것은 때와 장소에 따라서 좋을 수도 있고, 그렇지 않을 때도 있다. 남을 동정한다는 것은 좋은 일이지만, 동정할 필요도 없는 위치에 있는 사람을 동정하는 것은 좋은 일이 아니다.

좋음과 좋은 것의 구별에 이어서 또 한 가지 혼동해서는 안 될 것이 있다. 그것은 좋은 것들이 가지고 있는 어떤 자연적 특성과 좋음의 구별이다. 권력은 남의 행동을 좌우할 수 있는 힘이라고 해서 좋은 것이지만, 정당성이 없는 권력은 좋은 것도 아니고, 비록 정당성이 인정된 권력이라 할지라도 좋음 그 자체는 아니다. 승진이나 선행이 좋은 것이지만, 좋음 그 자체는 아니다. 우정・건강・명예・자유・평화・부・사랑・자애 등은 모두 좋은 것들이다. 이 좋은 것들이 좋음을 가지고 있는 한편 또한 즐거움을 준다는 성질도 아울러 가지고 있다는 측면에서 "선이란 쾌락이다"라고 정의하는 것은 논리적 오류이다.

2) 선과 옳음(결과적인 선) 그리고 의무

무어는 우리가 세상에 존재하는 것들을 가능한 최선의 것으로 만들기 위하여 어떻게 행위해야 할 것인가?라는 질문을 던지면서, 이는 우리가 해야 할 옳은 행위가 무엇인가를 묻는 실천적 문제에 대한 답을 찾으려는 것으로 풀이된다. 그에 따르면, 선의 실현과 행위와의 관계를 묻는 이 제3의 문제 속에는 무엇이 옳으냐, 무엇이 우리의 의무냐, 우리는 무엇을 해야 하느냐는 물음이 포함된다는 것이다.

무어는 이러한 문제를 다루면서 먼저 해야 할 일은 옳다, 해야 한다 및 의무라는 가치어의 뜻을 규명하는 일이라고 주장한다. 그리고 여기에서 제기된 질문에 대한 견해는 그가 선의 정의에 관하여 주장한 바와는 상당히 다르다는 사실이다.

무어는 선이란 단순하고 궁극적인 관념인 까닭에 정의할 수 없다고 단정하였다. 그러나 옳음과 의무의 개념들은 선과 마찬가지의 단순한 관념으로 보지 않고 선이라는 말을 통하여 정의할 수 있다고 믿는다. 무어는 옳다는 말에 관하여 "이 행동이 옳다는 말은

14) Principia Ethica, pp.110-111.

현재 가능한 범위 안에서는 이 행동의 결과가 가장 좋은 것이다" 라는 말과 같은 뜻이라고 본다. 따라서 어떤 행동이 옳은가 그른가를 밝히기 위한 정당한 방법은 그 행동에서 일어나는 결과를 인과율로 관찰하는 길이다.15) 이는 그가 선에 관하여서 직관론적 견지를 취했음에도 불구하고 행위의 시비의 문제에 관해서는 도리어 경험론적 견해를 택했음을 의미한다.

이른바 도덕률이란 옳음 내지 의무의 문제를 밝히기 위한 법칙이라고 믿는 까닭에 옳음이 행위와 그 결과와의 인과관계에 달렸다고 보는 무어는 어떠한 도덕률도 자명할 수 없다는 또 하나의 추론을 가능하게 한다. 행위의 시비에 관한 도덕 판단은 행위와 결과와의 인과관계를 관찰함으로써 내려져야 할 것인 까닭에 여기에 직관적인 방법을 적용할 수 없다는 것이다. 우리는 어떤 행위의 모든 결과를 정확하게 산출할 수 있는 기술이나 능력을 가지고 있지 않다는 것이 명백한 진리이기 때문이다. 따라서 윤리학이 할 수 있는 일은 절대적 의무를 결정함이 아니라 일정한 사정 안에서 선택이 허락되는 몇 가지 행위 가운데 어느 것이 가장 좋은 결과를 초래할 것인가에 관하여 확률적인 판단을 제시하는 것이라는 결론이 나온다.

무어의 직관주의와 전통적인 직관주의는 엄연히 다르다. 전통적 직관주의자들은 거의 모두가 법칙론자들로서 그들이 직관적으로 파악할 수 있다고 주장한 것은 도덕률 또는 옳음과 그름의 판별이었다. 그들에 따르면, 도덕률은 초경험적이며 자명한 것으로서 그것을 인식하기 위하여 인과율적 고찰이나 그 밖의 어떠한 경험도 필요가 없었다.

그러나 무어는 목적론자이다. 그가 직관적으로 인식할 수 있다고 믿은 것은 추구해야 할 목적, 즉 선의 가치이다. 따라서 종래의 직관주의자들은 어떤 행위가 옳은지 그른지는 그 행위 자체가 어떠한 것이냐에 따라서 결정되어야 한다고 주장한 반면에 무어의 직관주의는 행위의 결과가 그 시비를 결정한다는 입장이다.16) 행위의 결과가 좋으면 옳은 행동이라는 것이다.

무어는 공리주의와의 관계에 있어서 가능한 최대의 선을 가져오는 행위가 옳은 행위라고 주장하는 점에 있어서 견해를 같이 하지만, 선과 쾌락을 동일시하는 쾌락주의에 동의하지 않는 점에서 공리주의와 견해를 달리한다. 공리주의는 선과 쾌락을 같은 것으

15) Principia Ethica, p.25. 옳음(right)이나 당위(ought) 등의 개념을 좋음(good)을 통하여 정의할 수 있다고 믿은 것은 Principia Ethica에 있어서다. Moore가 8년 뒤에 Ethics를 저술했을 때에는 이 점에 관하여 견해가 많이 달라진 것 같다. 즉 엄밀하게는 right나 ought도 고유한 관념으로서 정의할 수 없는 것으로 보았다.

16) 김태길, 앞의 책, p.162.

로 본 까닭에 최대다수의 최대 선을 최대다수의 최대 행복과 동일시한다. 그러나 무어는 선을 쾌락 뿐 아니라 다른 어떤 것과도 동일시 할 수 없는 고유개념이라고 함으로써 최대다수의 최대 선이 최대다수의 최대행복이 아니라는 견해를 고수한다.

한편 무어는 옳고 그름에 대하여 다음과 같이 정의한다.

> "행위자가 대신할 수 있는 어떤 행동의 총체적 결과라도 보다 많은 내재적 가치를 가질 수 없을 경우에만, 행위자의 본래 행동은 옳은 것이다. 행위자가 대신할 수 있는 어떤 다른 행동의 총체적 결과라도 보다 많은 내재적 가치를 가질 수 있을 경우에만 행위자의 본래 행동은 그릇된 것이다."17)

그는 어떤 행동이 다른 대체적 행동에 못지않은 선한 결과를 가져올 때, 그리고 그 때문에 그 행동은 옳은 것이다. 이처럼 옳음은 선에 의해 정의된다. 다시 말해, 옳고 그름은 선을 위한 수단으로서의 가치에 대한 평가어이다. 그 판단기준은 첫째, 어떤 행동의 총체적 결과가 얼마나 선(악)인가? 둘째, 그 행동 대신에 다른 행동을 했을 때 총체적 결과가 얼마나 선(악)인가? 양자를 비교하여 옳은(그른) 행동은 결과적으로 산출되는 선(악)의 양이 대체적 행동에 못지않을 때 옳은(그른) 것이다.

그러나 문제는 행위의 총체적 결과에 대해 정확하게 알 수 있는 방법이 없다는 것이다. 따라서 우리는 규칙에 따라서 행동하는 것을 선호한다. 왜냐하면, 일반적으로는 규칙은 보다 좋은 결과를 보장하기 때문이다. 무어는 결과론을 펴면서도 도덕규칙의 준수를 다음과 같이 주장한다.

> "모든 도덕법칙은 어떤 종류의 행동이 좋은 결과를 가져올 것이다라는 진술에 불과하다. 내가 먼저 지적하고자 하는 것은 옳음이란 좋은 결과의 원인을 의미하며, 그 외의 다른 것을 의미하지 않는다는 것이다. 그리고 이것은 유용하다라는 말과 동일하다. 따라서 목적은 수단을 언제나 정당화한다는 이야기가 되며, 어떠한 행동도 결과에 의해 정당화되지 않는 행동은 옳다고 할 수 없다는 이야기가 된다."18)

선의 문제는 각자 직관적으로 해결해야 할 문제로 다루어지나 옳고 그름의 문제는 각자의 사회적 관례에 의해 시인되어야 한다. 즉 옳고 그름은 사회성을 지니는 점에서

17) Ethics, (London, 1912), pp.162-163.

18) Policia Ethica, pp.146-147.

선과 다르다.

무어는 당위(ought)와 의무(duty)를 같은 의미로 파악한다. 당위와 옳음은 거의 같은 뜻이나 엄밀하게는 약간의 차이가 있다. 두 가지의 행위가 다 같이 최대량의 선을 가져올 때, 그 두 가지 행위는 어느 것이든 옳다. 따라서 두 가지 가운데서는 어느 쪽을 택해도 무방하며, 그 중의 어느 지정된 쪽을 반드시 해야 할 의무는 없다. 이런 특수한 경우에는 옳은 행위임에도 불구하고 해야 할 의무에 해당되지 않는 행위가 있을 수 있는 셈이다.

옳음은 의무와는 다르다. 어떤 특정한 행동이 옳다고 할 때에 그 특정한 행동이 바로 의무라고 할 수는 없다. 왜냐하면, 그 특정한 행동과 같은 정당성을 가지는 다른 행동들이 있을 수 있기 때문이다. 따라서 옳은 행동이 반드시 의무가 되는 것이 아니지만, 의무는 행하지 않으면 옳지 못하다. 의무가 되는 행동은 다른 방책의 행동보다 많은 선을 가져올 행동이기 때문에 행해야 하는 것이다. 무어는 의무에 대하여 다음과 같이 말한다. 우리의 의무는 어떤 가능한 행동 방책보다 많은 선을 우주에 존재하게 할 행동으로 정의할 수 있다. 옳음은 적어도 대체적 행동(대안적 행동)만큼의 선을 생산하는 행동에 대한 평가어이다. 그러나 의무는 어떤 대체적 행동보다 많은 선을 생산할 최선의 행동이다. 따라서 의무는 반드시 행동화하여야 하는 것이다.

무어의 직관주의는 가치진술을 검증 불가능하게 만든다는 비판을 받는다. 어떤 사람이 직관적으로 참이라고 여기는 것이 다른 사람에게는 거짓으로 생각될 경우에, 어느 것이 참인지를 가려줄 기준이 없다. 경험적 판단의 경우에는 사실확인이나 실험 등에 의해 검증할 수 있으나 도덕판단의 경우에는 그런 검증수단이 없기 때문에 각자 주장이 옳다고 주장하는 데 그치고 만다. 한마디로 직관주의는 주관적 확실성을 줄 뿐 일반적 타당성을 가지는 객관적 진술을 밑받침하지 못하는 문제점을 가지게 된다.

3) 자연주의적 오류

자연주의적 오류는 정의할 수 없는 선을 정의하려는 오류, 선이라는 비자연적 성질의 윤리어를 자연적 성질과 동일시하는 오류, 그리고 존재에서 당위를 도출하는 오류를 말한다.[19]

사람이 어떤 성질을 가지고 있다는 자체만으로 그것이 선이라고 주장하는 것은 오류이다. "사람은 그 본질적으로 쾌락을 추구하고 고통을 피하는 성질을 가지고 있다고 해

19) Principal Ethica(London, 1959), p.113.

서 쾌락은 선이고 고통은 악이다"라고 주장하는 것은 오류이다. 또한 "인간이 행복하고 싶어 하고, 쾌락을 추구한다고 해서 행복과 쾌락이 선이다"라고 주장하는 것은 인간의 의욕이라는 사실에서 선이라는 당위적인 가치를 도출하는 오류이다.

인간의 행복과 쾌락에 대한 욕망 자체가 선일 수는 없다. 행복과 쾌락은 그 내용에 따라서 선이 될 수도 있고, 악이 될 수도 있다. 남을 괴롭히고 행복해 한다는 것은 선일 수가 없고, 도덕적으로 용납되지 않는 방법에 의해 쾌락을 추구하는 것은 선일 수가 없다.

어떤 용어의 정의는 그 용어의 복합적 성질이 존재해야 하는데, 선은 단순개념이어서 더 이상 정의가 불가능하다. 따라서 선은 선이다. 무어는 선에 대한 정의는 불가능하다고 주장하면서, 선을 전혀 성질이 다른 말로 정의하는 것은 자연주의적 오류라고 지적한다.[20] 이를 무어는 다음과 같이 말한다.

> "너무도 많은 철학자들이 다른 성질을 가진 말을 사용하여 선을 정의했다고 생각했고, 이런 성질은 전혀 다른 성질이 아니라 절대적 · 전면적으로 선과 동일한 것으로 생각한 것이다. 나는 이런 견해를 자연주의적 오류라고 본다."[21]

여기에서 말하고 있는 '자연주의적 오류'의 의미는 ㉠ 정의할 수 없는 '선'을 정의하려는 오류, ㉡ 선이라는 비자연적 성질을 자연적 성질과 동일시 하는 오류, ㉢ 존재에서 당위를 도출하는 오류, 즉 무엇이 의욕되고 있다는 '사실'에서 '무엇이 바람직하다'라는 '가치판단'이 도출될 수 없다는 것이다.[22]

2. 로스의 견해

로스는 20세기 영국의 저명한 철학자로서 윤리학의 기본 개념을 정의할 수 없는 단순관념으로 보는 점에 있어서 무어와 견해를 같이 한다. 그러나 무어는 목적론자이지만, 로스는 법칙론자라는 점에서 대조적이다. 아리스토텔레스의 연구가로서도 유명한 옥스퍼드의 철학자 로스는 옳음을 윤리학의 기본개념으로 보았고 선의 궁극성과 고유성을 강조하였다.

---

20) Ibid., p.10, pp.13-14.
21) Ibid., p.9.
22) 강재륜, 앞의 책, p.162.

1) 옳음

로스(W.D. Ross)는 윤리적 용어 가운데서 가장 기본적인 것을 옳음, 좋음, 착함이라는 세 가지로 보고, 옳음의 뜻을 검토함에 있어서 로스는 다른 사람들의 견해에 동의하지 않는다.[23]

로스가 다른 학자들의 견해에 반대하는 이유는 다음과 같다. 첫째, '옳다'와 '착하다'를 같은 뜻으로 보는 것은, 착한 행위란 좋은 동기에서 나오는 행위를 말하고, 옳은 행위는 행위의 내면적인 동기보다는 그 외면적인 적합성이 핵심이라는 측면에서 잘못이다. 둘째, 옳음이 가능한 최대량의 선을 가져온다고 보는 것은 보통 우리가 약속은 지켜야 한다고 말할 때, 우리는 결코 약속의 이행에서 오는 모든 결과를 고려하고 있는 것은 아니기 때문에 잘못이다. 셋째, 드크하임(Durkheim) 등이 주장하는 사회학적 견해, 즉 옳은 행위란 사회, 국가, 부족 등의 요구에 배치됨이 없는 행위라는 견해는 잘못된 것이다. 옳음의 의미는 시간과 공간을 초월하여 영원히 타당한 것이라는 도덕원리를 믿기 때문이다.

로스는 옳음이란 고유하고 객관적인 특질을 나타내는 말로서 다른 말로 옮길 수 없는 궁극적인 것이라고 주장한다. 그는 무어가 좋음에 관하여 가진 바와 똑같은 견해를 옳음에 관해서 전개한다. 옳음은 분석을 허락치 않는 궁극적인 개념이기 때문에 행위의 옳고 그름은 알려진 사실에 의거하여 그 시비를 가릴 수는 없다. 그것을 판별하는 궁극적인 방법은 직관에 의존할 수밖에 없다.

무어는 인간의 모든 의무는 가능한 최대량의 선을 이룩하라는 하나의 기본 원리에 귀결된다고 주장했지만, 로스는 모든 의무가 하나의 원리에 귀결된다는 생각에 반대한다. 인간이 이행해야 하는 의무는 여러 가지이며, 그 여러 가지 의무는 하나의 원리로부터 연역된 것이 아니라 각각 그 자체 안에 옳음을 내포하고 있다. 예컨대, 경찰관이 윤락행위를 단속하는 것은 그것이 최대량의 선을 가져오기 때문이 아니라 단속 그 자체 안에 옳음이 있기 때문이다. 범죄자나 불법시위자에 대한 사법처리는 그것이 최대량의 선을 가져오기 때문이 아니라 사법처리 그 자체에 옳음이 있기 때문이다.

따라서 로스에 있어서는 도덕률 자체가 직관적 인식의 대상이다. 여기에서 로스는 법칙주의자라는 것이 분명히 나타나며, 선의 실현이라는 목적에 따라 도덕률을 산출해야 한다는 무어와는 견해를 달리한다. 그러나 로스도 목적론적 사고를 완전히 배척한 것은

23) W.D. Ross, The Right and the Good, Oxford, 1955, pp.9-15.

아니다. 그도 쾌락, 지식, 건강 등 본래적 선의 증진을 우리의 의무라고 생각한다. 다만, 그는 선의 증진을 의무의 전부라고 생각하지 않고, 여러 가지 의무 가운데 하나라고 보는 점에서 무어와 견해를 달리한다.[24)]

옳음 또는 의무가 하나의 원리에서 연역되는 것이 아니라 옳은 행위는 다양하다. 여기에서 두 가지 이상의 의무가 충돌하는 경우가 생길 수 있다. 그러면 어느 행위를 선택해야 하는가? 그 선택은 직관에 의지할 수밖에 없다. 결국 성찰 끝에 보다 중요하다고 생각되는 편을 선택해야 한다는 결론이 나온다. 약속을 지킴, 은혜에 감사함, 빚을 갚음 등은 하나하나 떼어서 볼 때 모두 옳은 행위는 즉 우리가 해야 할 행위이다. 그러나 사정에 따라서는 하나의 옳은 행위를 수행하자면, 다른 옳은 행위는 보류하지 않을 수 없는 경우도 있다. 따라서 그것만을 떼어서 생각할 때 옳은 행위는 아니며, 오직 의무가 될 가능성이 농후한 행위의 하나이다.

이와 같이 그것만을 떼어서 볼 때 옳은 행위, 즉 보다 큰 의무 앞에서는 보류를 당해야 옳은 행위를 로스는 조건부 의무(또는 일견적 의무, '언뜻 보기에'라는 의미)라는 개념을 제시함으로써 예외적인 도덕법칙은 존재하지 않으며 도덕법칙은 절대적이고 무조건적인 의무로서 지켜야 한다고 강조한 칸트의 절대적 의무와 구별했다.

또한 로스는 여러 가지 조건부 의무들 가운데 중요하다고 판단되어 우선적으로 수행되어야 하는 의무를 실제적 의무라고 하였다. 로스에 따르면, 주어진 상황에서 어떤 조건부 의무가 다른 조건부 의무와 상충하지 않는다면, 그 의무는 그 상황에서 실제적 의무가 되어 실천해야 한다는 것이다. 그러나 만약 서로 다른 조건부 의무가 상충하는 경우라면, 인간의 직관에 따라 도덕적으로 더 중요하다고 판단되는 조건부 의무가 우선되어 실제적 의무가 되고, 나머지 조건부 의무는 보류된다는 것이다. 조건부 의무에 관한 인식은 직접적이고 명백한 것임에 반하여 절대적 의무에 관한 인식은 성찰을 포함하며 판단이 잘못될 가능성이 크다.[25)]

로스는 그의 저서 『옳음과 선』(The Right and the Good)에서 일곱 가지 조건부 의무를 제시하였다. 즉 ① 약속을 지키고 정직하고 진실하게 생활하도록 노력하는 신뢰의 의무, ② 다른 사람에게 잘못을 저지른 경우 이를 배상해야 하는 보상의 의무, ③ 다른 사람이 베푼 것에 대해서 감사하고 은혜에 보답하려는 보은의 의무, ④ 다른 사람에게 해를 끼치는 일을 하지 말아야 하는 악행금지의 의무, ⑤ 다른 사람에게 친절하고 그들의

24) 김태길, 앞의 책, pp.20-23.
25) W.D. Ross, op. cit., pp.19-20.

행복을 극대화할 수 있도록 노력해야 하는 선행의 의무, ⑥ 자신의 건강과 행복을 위하여 노력하는 자기개선의 의무, ⑦ 공정한 분배가 가능하도록 노력하는 정의의 의무 등을 제시하였다.[26]

2) 적합성과 유용성

옳음은 정의할 수 없는 궁극적인 개념이지만, 모든 옳은 것들에게는 공통된 특징이 있다. 그 공통된 특징은 '적합성(適合性)과 유용성'이다. 즉 주어진 상황에 있어서 어떤 행동을 옳은 행동으로 만드는 것은 그 상황에 대한 적합성과 유용성이다. 적합성을 옳은 것의 가장 기본적인 특징으로 보는 것은 현대의 법칙주의자들에게 일치된 견해이며, 옳음과 적합성을 거의 동의어에 가까운 것으로 보는 학자도 있다. 다만, 로스는 행위가 초래하는 결과의 선악도 상황에 대한 행위의 적합성 여부를 결정하는 중요한 요소라고 생각하는 까닭에 유용성도 적합성과 아울러 옳은 것들의 기본적 특징으로서 헤아린 것이다.

경찰관은 범죄현장의 상황에 따라서 다양한 수단을 동원할 수 있고, 그 때 사용되는 수단은 그 현장의 상황에 적합한 것이어야 하고, 그 수단을 사용한 결과는 다른 대안적인 수단보다 유용성이 있어야 한다. 다시 말해, 상황에 맞는 수단의 선택과 아울러 결과가 좋아야 옳은 행동이라는 평가를 받는다. 만약 상황의 수단 적합성은 있으나 결과가 좋지 못하거나 결과는 좋으나 수단의 상황적합성이 없다면, 옳은 행동의 선택이라는 평가를 받지 못한다.

행위의 시비를 결정하는 마당에서 결과를 전혀 무시할 수 없다고 본 점에 있어서 로스는 철저한 동기주의를 주장한 칸트와는 다르다. 그러나 상황에 대한 적합성이라는 표현은 그 자체 결코 명료한 것이 아니고, 적합성이라는 용어도 모호하다. 또한 상황이라는 것도 그 가리키는 범위가 분명치 않다.[27] 그는 행위가 옳은 것이 되기 위하여 적합해야 할 상황이란 그 행위가 수행되는 순간 또는 그 직전의 상황이라고 한정하여 인과를 따라 발전하는 추후의 사태까지도 고려해야 한다고 시사한 브로드(C.D. Broad)의 견해에 반대한다.

26) 김태길, 앞의 책, pp.24-25.

27) W.D. Ross, *Foundation of Ethics*, Oxford, 1939, p.81.

3) 좋음

좋음이라는 말은 그 사용되는 맥락에 따라서 의미가 다양하다. 좋음이라는 말은 도구적 선의 의미로 사용되고, 본래적 선의 뜻으로 사용되기도 한다. '좋은 운동, 좋은 기회, 또는 적절한 운동은 건강에 좋다' 등의 경우에 있어서 좋다는 유용하다, 즉 무엇을 위한 수단으로서의 가치가 있다는 의미이다. 그러나 이 같은 도구적 선으로서의 좋음은 일종의 인과관계를 가리키는 것으로서 그 뜻하는 바가 서술적이므로 메타윤리학(Meta Ethics)의 고유한 문제, 즉 평가적 발언의 진위를 밝힐 수 있느냐는 문제이므로, 가치를 사실의 영역에서 검증할 수 있느냐와는 직접 관련이 없다. 메타윤리학의 견지에서 중요한 것은 '행복은 선이다, 선이란 욕망의 충족이다'와 같이 목적으로서의 선 또는 본래적 선으로서의 좋음의 뜻을 밝히는 일이다.[28] 그러면 본래적 선의 본질은 무엇인가?

로스는 본래적 선이 일종의 관계라는 견해를 부정하고 그것을 일종의 성질이라고 보았다. 그러면 그 성질이란 무엇인가? 로스는 그것에 대해 무어가 주장한 것처럼 내재적 특질이라고 규정한다. 내재적 특질이란 이 가치가 오직 그것을 보유하는 것의 내적 성질에만 달렸다는 뜻이다. 따라서 첫째, 동일한 사상은 항상 같은 분량의 본래적 선을 가지고, 둘째, 본질이 같은 두 가지의 사상도 동등한 본래적 선을 보유한다는 결론이 나온다.[29] 로스에 있어서도 무어처럼 선은 순전히 객관적인 것이다.

그러면 어떠한 사상들이 그 본래적 선을 가지고 있는가? 로스는 본래적으로 좋은 것들을 크게 네 가지로 나눈다. 첫째, 유덕한 의향 및 유덕한 행동(의무를 수행하고자 하는 의지, 선을 실현하려는 의욕, 남의 기쁨을 늘이고 고통을 줄이고자 하는 의지), 둘째, 쾌락, 셋째, 유덕한 자에게는 기쁨이, 부덕한 자에게는 괴로움이 각각 분배됨, 넷째, 지식 및 올바른 의견 등이다.[30]

그러면 위의 네 가지 선에 대한 우열을 결정하는 기준을 세울 수 있을까? 로스는 다음과 같은 몇 가지 원칙을 제시한다. ① 두 쾌락을 비교하여 어느 쪽이 크고 어느 쪽이 작은 지의 헤아림을 원칙으로 한다. ② 두 가지 덕과 두 가지 지식 사이에 있어서 각각의 상호간의 대소를 비교함은 수월한 일이 아니나, 원칙상 불가능한 일은 아니다. ③ 또한, 쾌락보다는 지식이 더 값지다. ④ 지식보다는 덕이 더욱 값지다.[31]

그러나 이러한 원칙은 직관에 의존할 수밖에 없고, 원칙들 그 자체의 타당성도 의심

28) *The right and Good*, p.64f.
29) Ibid., p.114f.
30) Ibid., pp.134-142.
31) Ibid., p.142.

스럽다는 비난을 받는다. 또한 이상의 원칙들을 그대로 받아들인다 해도 가치 비교의 척도가 이것으로서 완벽하다고는 생각되지 않는다. 가치의 정도를 측정하는 문제는 가치 그 자체의 본질을 밝히는 문제와 아울러 가치론의 가장 큰 난관이 아닐 수 없다.

제4절 비인지주의(정서주의)

1. 러셀의 정서주의[32)]

일반적으로 윤리어의 인지적 의미를 부정하는 입장을 비인지주의라 한다. 윤리적 용어는 의미와 기능면에서 명령이나 감탄문과 같이 화자의 의지, 감정, 태도의 표현과 같고, 객관적 사실에 관한 진술과는 다른 비인지적 기능을 가진다.

윤리어나 윤리적 개념은 어떤 특성들을 지시 또는 서술하는 것이 아니기 때문에 사실에 관한 진술이 아니다. 도덕판단은 어떤 사실을 진술하는 것이 아니라 희망이나 또는 공포, 욕구나 혐오, 사랑이나 미움을 표출하는 것이다. 비인지주의는 바로 정서주의이며, 윤리어를 사실의 기술로 보지 않기 때문에 검증가능성이 없다는 측면에서 논리적 실증주의의 방법론을 윤리학 내지 가치론에 적용하는 학파이다. 논리적 실증주의는 완성된 철학체계의 이름이 아니라 하나의 철학적 태도 내지 방법론을 가리키는 이름이다. 그 방법이란 과학이 사용하는 개념과 명제들을 논리적으로 분석함으로써 그 의미를 명백히 하는 것이 철학적 탐구의 기본이라는 신념에서 출발한다. 논리적 실증주의에 따르면, 철학의 사명은 궁극적 실재를 밝히거나 가치의 근거로서의 절대자를 파악하는 일이 아니라 사상의 의미를 논리적으로 명백히 함에 있다. 그리고 이 사명의 달성을 위한 올바른 방법은 사상의 전달에 사용되는 언어의 분석이다.

영국의 철학자이자 수학자인 버트란드 러셀(Butrand Russel)의 윤리학은 1920년대부터 비인지주의적인 정서주의를 취하였다. 1935년에 나온 종교와 과학에는 가치문제에 대하여 정서주의적 견해가 뚜렷하다. 러셀은 무엇보다 윤리학이란 감정이나 정서를 소재로 하는 것임을 분명히 한다. 그에 의하면, 도덕판단은 어떤 사실을 진술하는 것이 아니라 희망이나 또는 공포, 욕구나 또는 혐오, 사랑이나 또는 미움을 표출하는 것이다.

윤리적 진술은 기본적으로 정서와 감정에 뿌리박고 있으며, 기본적 윤리어들, 즉 옳

32) Butrand Russell, *Human Society in Ethics and Politics*, 1945, p.8.

고 그름, 선악 등은 정서와 감정의 표현에 그 의미가 있다는 것이다. 사람들은 이성이 목적의 선택에 관여하는 것으로 생각하는 경향이 있으나 러셀에 의하면, 그런 것과는 전혀 관계가 없다. 인간행동의 유일한 원천은 욕망, 정서, 그리고 정열이며 이성은 행동의 원천이 아니라 그 조정자이다.

1) 선악의 개념

러셀(B. Russell)은 선을 윤리 개념들 중에서 근본적인 개념으로 다룬다. 선은 내재적 가치를 나타내는 평가어이기 때문이다. 러셀은 선으로 옳음을 정의하고, 옳음으로 선을 정의할 수 없다고 주장한다. 옳음보다 선이 근본개념으로 행위가 선에 기여하면 그 행위는 옳은 것이 된다. 이러한 점에서 그는 무어와 견해를 같이 한다. 선은 내재적 가치를 가지며, 그 가치는 행위의 목적이 된다고 주장하는 점에서 러셀은 규범윤리로서 목적론의 입장을 취한다.

그러나 러셀이 말하는 내재적 가치는 객관적인 것이 아니고 마음의 상태를 의미한다. 다시 말해, 그것은 경험한 사람이 의욕하는 마음의 상태가 가지는 사실이라는 것이다.[33] 따라서 선은 정서적인 것이며 욕망의 충족이다. 욕망이 없다면 선악의 대립은 존재할 수 없고, 만약 우리가 주위에서 일어나는 일에 대해 아무런 욕심없이 무관심하다면, 선악, 시비, 찬반 등 상충적 가치가 문제되지 않을 것이다.

옳은 행위는 욕망의 최대충족이라는 선의 목적에 기여하는 수단으로서의 행위에 해당한다. 욕망의 최대충족은 개인, 집단, 그리고 일반적 욕망을 만족시킬 때 이루어진다. 욕망의 충족이라면 쾌락으로 생각하기 쉬우나, 그것은 쾌락이 될 수도 있고 되지 않을 수도 있다. 욕망충족이 쾌락 그 자체는 아니다. 자선에서 얻은 쾌락은 좋은 쾌락이지만, 조직폭력배의 폭력과 금품갈취는 나쁜 쾌락으로 쾌락이 아니라 욕망충족에 해당한다.[34] 또 다른 예로는, 조직에서 경쟁자를 무너뜨리기 위해 경쟁자의 약점을 찾아 그를 곤경에 몰아넣은 후 회심의 미소를 짓는 것은 윤리적인 쾌락이 아니라 이기적인 욕망충족에 해당한다.

욕망이라 하면 흔히 이기적이고 자기중심적인 것으로 생각하기 쉬우나 반드시 그런 것은 아니다. 욕망에는 이기적인 욕망과 자애로운 욕망이 있다. 순전히 욕망을 충족시킨다는 입장에서 보아도 욕망이라는 것은 일반적 선에 더 기여하는 경우도 많다.[35]자녀와

33) B. Russell, Human Society in Ethics and Politics, pp.51-52.
34) Ibid., p.56.

친구의 행복에 대한 기원, 인류의 평화와 행복 기원, 자선단체에 대한 기부 행위, 사후 자손을 위한 행복기원 등은 이기적인 욕망충족 행위로만 볼 수는 없다.

2) 옳고 그름과 당위

무엇을 해야 할 것인가에 대한 답은 윤리체계에 따라 다르다. 이 물음에 구체적 답을 주는 것은 러셀에 의하면 양심이다. 양심이 시인하는 바에 따라 행해야 하며, 부인하는 바를 행하지 않아야 한다. 러셀은 당위를 용인으로 설명한다. '내가 너는 이것을 하여야 한다'라고 말하는 것은 '나는 네가 이것을 하는 것을 용인한다'라는 뜻이다. 당위는 이처럼 주관적일 수밖에 없다.

그러나 이처럼 행위를 용인하고 부인하는 양심은 무엇인가? 러셀은 양심을 다음과 같이 정의한다. 양심이란 어떤 계획적인 행위에 관하여 자기 자신에게 보내는 용인과 부인이다.[36] 따라서 양심은 개인적 마음속에 존재하는 특징을 가질 수밖에 없다. '남의 물건을 훔치는 것은 나쁘다', '남을 모함하는 것은 나쁘다'고 생각하는 것은 개인의 양심의 소리이다. 거짓말을 해서는 안 된다고 생각하는 것도 마찬가지이다.

그러나 양심은 특정 종교나 이념에 심취한 정도에 따라서 객관성과 공정성을 결여하는 경우가 발생한다. 종교적인 이유로 군 복무를 거부하거나 성 생활을 하는 것을 죄악으로 보기도 한다. 또는 가진 자를 무조건 미워하고 공격하는 것은 옳은 행동이라고 생각하는 사람들도 있다.

이처럼 양심의 판단은 주관적이다. 다시 말해, 옳고 그름은 선악의 개념이 그랬던 것처럼 주관성을 면치 못한다. 따라서 양심에 따르는 것만으로는 객관적 정당성을 확보하지 못한다. 양심에 의한 옳고 그름에 대한 판단이 사람마다 다르다면, 무엇이 판단 기준이 되어야 하는가? 러셀은 합리적 윤리를 제시한다. 과학기술이 발달한 현대에 알맞은 윤리는 합리적 윤리가 되어야 한다는 것이다.

합리적 윤리란 이성적으로 수단을 바르게 선택하여 욕망을 충족시키는 것을 말한다. 다시 말해, 목적론 윤리만이 합리적 윤리가 된다고 보는 것이다. 그러나 그는 쾌락이나 이익보다는 만족이라는 말을 사용하여 가장 만족스러운 결과를 가져 올 행위를 옳은 것으로 평가한다는 점에서 전통적인 목적론과는 다른 견해를 표명하기도 한다. 여기에서의 만족은 개인의 욕망뿐 아니라 전체적 욕망의 충족을 말하는 것이다. 합리적 윤리는

35) Ibid.
36) Ibid., p.79.

광신적 태도를 버리고 그 욕망을 최대한 만족시키는 것을 목표로 한다.

합리성을 보장하는 이성은 목적에 대한 수단의 선택능력을 가지는 반면, 목적을 선택하는 것은 욕망이다. 러셀이 합리성 윤리를 강조하는 이유는 과거의 미신적 윤리가 인간을 포로로 잡고 있는 데 대한 반성에서 나온 것이다. 이성은 수단을 선택하고 욕망이 목적을 정립하는 것으로 보는 점에서 공리주의적 목적론 윤리학의 특징을 보여준다.

러셀은 당위, 즉 '하여야 한다'라는 윤리어에 대해서도 언급한다. 당위에 대해 다음과 같이 정의한다. A가 B에게 '너는 X를 하여야 한다'라고 말할 때, 나는 여기에서 '하여야 한다'라는 말을 B가 할 수 있는 모든 행위 중에서 'X는 인류 또는 모든 감각적 존재의 이익을 가장 많이 증진할 수 있는 행위를 하여야 한다'는 의미로 정의한다. 당위는 직관적 개념이 아니라 여기에서 보는 것처럼 사려깊은 판단을 요구하는 개념이다. 이처럼 러셀은 당위를 최대다수의 이익을 증진시킬 수 있는 사려깊은 행위의 선택이라고 주장함으로써 여기에서도 공리주의적이면서도 합리적인 윤리성을 피력한다.37)

2. 스티븐슨의 도덕적 대화

1) 윤리어의 특징

20세기 영국의 철학자이자 윤리학자인 스티븐슨(C.L. Stevenson)은 먼저 도덕적 판단의 성격을 일상적인 도덕적 대화를 통해 구체적으로 파악하려고 한다. 즉 사람들이 도덕적 언어를 일상적으로 어떻게 사용하는지를 분석하는 것을 과제로 삼은 것이다.

그는 윤리어의 특징을 세 가지로 나눈다. 첫째, 어떤 것이 선인지 아닌지에 관해서는 당연히 의견 차가 생긴다. 둘째, 선은 자성(磁性)을 가진다. 즉 누가 'X는 좋다'라고 말하는 경우 그는 그것에 대하여 보다 호의적으로 행동하고 싶은 강한 경향성을 갖게 된다. 셋째, 어떤 것이 선인지에 대해서는 과학적 방법만으로는 검증이 안 된다. 이러한 견해는 스티븐슨이 자연주의 또는 직관주의와 같은 인지적 윤리설에 반대한다는 의미이다.38)

스티븐슨에 의하면, 도덕적 대화에서의 의견 차는 사실의 서술이 아니라 개인의 태도를 표명하고 상대방에게 영향을 끼치려는 의미를 가지기 때문에 불가피하게 발생하는

---

37) Ibid., pp.110-125.

38) The Emotive meaning of Ethical Terms, Ayer, Logical Positivism, Westport, Connecticut, 1959, pp.266-267 참조.

것으로 본다. 도덕적 의견차는 사실 판단에 있어서의 의견차와는 다르다. 사실 판단에 관한 의견차는 사실을 확인하면 해소될 수 있으나 도덕적 의견차는 어떤 검증에 의해 해소할 방법이 없다. 도덕적 대화에 있어서의 의견차는 반드시 그런 것은 아니지만, 흔히 신념의 불일치의 결과이다. 신념은 개별적이고 독선적인 성질을 갖고 있어서 쉽게 변화하거나 무너지는 것이 아니다.

의견 차의 다른 요소는 태도의 불일치이다. 태도는 어떤 일에 대해 좋아하고 싫어하는 경향, 또는 어떤 방식의 행동경향을 말한다.[39] 예컨대, 작은 호의, 즉 커피 한잔이나 사과 한쪽도 부패라는 측면에서 허용되어서는 안 된다는 생각과 그 정도는 경찰과 지역 주민의 협력을 강화한다는 측면에서 허용되어야 한다는 생각은 태도의 불일치이다. 경찰이 상사나 동료의 전·출입이 있을 경우 가벼운 식사를 하면서 서로의 정을 나누기를 좋아하는 사람이 있는가 하면, 식사 후에 다른 곳에서 음악과 술을 곁들여야 정이 깊어진다고 생각하는 사람이 있는 것도 태도의 불일치이다.

신념과 태도 간에는 깊은 관계가 있다. 신념의 불일치가 원인이 되어 태도의 불일치를 가져올 수 있다. 이 경우에는 신념의 불일치가 합리적인 이유로 일치되면, 태도의 불일치는 즉시 해소된다. 예컨대, A는 경찰은 무섭고 불친절하고 공정하지 못하다는 신념으로 결과적으로 경찰은 싫다라는 태도를 가지고 있는데 반해, B는 경찰은 사회질서를 유지하기 위해 불철주야 고생하는 사람들이기 때문에 경찰을 좋아하는 태도를 가지고 있을 경우에, B가 경찰의 친절과 공정성에 대한 사례를 A에게 구체적으로 설명하여 A의 경찰에 대한 오해가 풀리면 A의 태도는 바뀌게 된다. 그러나 신념은 일치하지만, 태도가 불일치할 경우 합리적인 방법에 의해 태도의 일치를 가져오기는 어렵다. 부모는 경찰이 필요하고 좋은 사람들이라고 생각하지만, A의 경찰관 지원에 대해 경찰은 역시 위험하고 보수도 적기 때문에 반대할 경우 합리적인 해결책은 없다. 이러한 경우에 해결책은 합리적으로 해결되기보다는 A와 부모 어느 쪽에서 뜻을 포기하는 것이다.

종합컨대, 우리는 도덕적 의견차의 해소는 신념의 일치에 의해 태도의 일치를 가져옴으로써 해소가 가능하다는 사실을 알 수 있다. 그러나 중요한 사실은 태도의 일치가 더 중요하고, 신념의 일치에 의해 의견차가 반드시 해소되는 것이 아니며, 그 일치의 방법은 반드시 합리적으로 해결되는 것은 아니고, 개인의 여건, 주변 상황, 권력관계, 정서와 의욕 등에 의해 영향을 받는다는 점이다. 다시 말해, 주변 상황이 유리한지, 누가 영향력을 행사하는지, 기분이나 감정 등에 의해 상당히 영향을 받는다. 인간은 평소에 자신

39) B. Russell, Ethics and Language(New Haven, 1994), p.3, 90 참조.

에게 호의적이었던 사람의 잘못에 대해서는 똑같은 종류의 잘못이라도 동정적인 태도를 취하고, 평소에 기분 나빴던 사람에 대해서는 반대의 태도를 취할 수 있다. 그러나 이러한 태도는 합리적이라고 볼 수는 없다. 최근에 자신의 편이라고 생각하는 사람의 범죄 행위에 대해서는 옹호하고 지지하는 글이나 행동을 보이는 사람들이 상당하다는 현실은 개인의 여건, 권력관계, 정서와 의욕, 파벌적 당파성 등에 의한 영향이라는 점에서 옳거나 합리적인 행동은 아니다.

2) 선과 옳음

선, 옳음 등 윤리어는 애매하다. 좋다라는 말의 의미는 화자의 뜻, 문맥, 사용된 상황 등 여러 가지 요소에 의해 다양하게 결정된다. 사실 선(좋음)이라는 말은 전혀 정확한 의미를 가지는 것이 아니다. 선에 대한 정의가 가능하기 위해서는 해당되는 말과 동의어가 있어야 하는데 선과 정확하게 정서적 의미가 같은 말을 찾는 것은 불가능하다. 따라서 선이라는 말의 정서적 의미는 어떤 윤리어로도 정확하게 대신하지 못한다. 경찰과 순사는 서술적 의미에서는 동의어이지만, 정서적 의미는 전혀 다르다. 선의 서술적 의미는 정의가 가능하다해도 정서적 의미는 특징지을 수 있을 뿐이다.[40)]

옳음과 선은 인물이나 사물을 평가하는 데에는 옳음보다 선이 적절하다. 좋은 학교, 좋은 집, 좋은 선생, 좋은 여자, 좋은 나라, 좋은 옷, 좋은 약, 좋은 책, 좋은 물건, 좋은 작품, 좋은 노래 등이 그 예이다. '그는 좋은 사람이다' 또는 '그것은 좋은 책이다'라는 표현은 흔히 쓰이지만, '그는 옳은 사람이다' 또는 '그것은 옳은 책이다'라는 표현은 관용적이 아니다.

옳음은 구체적 행위를 평가하는데 적절한 평가 기능을 갖고 있다. '그의 자선 행위는 옳다'라는 말은 관용적이다. '우수한 사람을 승진시키고, 중요한 자리에서 일하게 하는 것은 옳은 일이다', '신상필벌은 옳은 행위이다', '적재적소의 원칙은 옳은 행위이다', '개혁적이고 능력있는 사람을 등용하는 것은 옳은 일이다', '법규를 지키고 의무를 다하는 것은 옳은 일이다'.

선이나 옳음은 어떤 대상에 대한 개인의 인식과 태도에 영향을 미치고, 의무, 책무, 당위 등도 개인의 행위에 영향을 미치는 용어이다. 그러나 그 의미는 서로 다르다.

40) Ethics and Language (New Haven, 1994), p.82.

"그가 매우 자비심이 많은 것은 도덕적으로 옳으나 그것은 의무도 아니고 책무도 아니며, 적극적으로 하여야 할 당위도 아니다."41)

옳음은 강제력이 약하고 어떤 일을 칭찬하는 정서적 의미를 가진다. 이에 반해 의무나 책무 그리고 당위는 불이행을 비난하는 의미를 갖는다. 이것은 어떤 행동을 하도록 강제하는 의미를 갖는다. 병역의 의무라는 말은 병역의무를 이행하는 것이 옳다라는 뜻이기보다는 그 이행 거부는 옳지 못하다라는 의미이다. 가족부양의 의무는 가족을 부양하는 것이 옳다고 주장하기보다는 가족을 부양하지 않는 것은 옳지 못하다는 의미가 된다. 위험에 처한 사람을 구해야 한다는 것은 위험에 처한 사람을 구하는 것이 옳다기 보다는 구하지 않는 것은 옳지 않다는 의미이다. 권력이나 부를 가진 강자에게도 당당하게 맞서고 말하는 것이 옳다기보다는 강자에게 당당하지 못하고 굽신거리고 약자에게는 비아냥거리고 괴롭히는 행위는 옳지 못하다는 것이다. 이처럼 의무나 책무 또는 당위는 하여야 할 일을 하지 않는 데 대한 질책이나 비난의 의미를 가진다는 것이다.

41) Ibid., p.99.

제 4 장 POLICE ETHICS

경찰윤리와 윤리사상

제 1 절 서언

경찰인의 바람직한 행위기준으로서 경찰윤리는 그 내용에 있어서 가치적 규범성이 요구된다. 경찰인은 과연 어떤 기준에 의거하여 옳다거나 좋은 혹은 정의롭다는 주장을 정당화할 수 있을 것인가? 윤리설의 가치논쟁이 주로 옳음과 좋음이라는 선에 대한 개념을 놓고 이루어졌다는 것을 놓고 볼 때, 경찰인의 행동기준도 이러한 옳음과 좋음이라는 선에 대한 고뇌에서 출발해야 할 것으로 보인다.

옳음과 좋음을 분별하고, 그렇게 행동한다는 것은 이성적 존재로서 인간에게 주어진 하나의 탁월성이다. 인간의 이성은 탁월성의 근원이다. 따라서 우리는 옳음과 좋음에 관련된 윤리사상을 검토하는 일이 중요하다.

인간 행위의 선악과 옳음에 대한 대표적인 윤리설은 목적론과 의무론이다. 목적론과 의무론은 서로 기본전제가 다른 고전적인 윤리학설이다. 목적론은 인간에게는 궁극적인 목적이 있고, 그것은 쾌락, 또는 행복이며 선이라고 주장한다. 반면, 법칙론이라고도 하는 의무론은 인생의 궁극적인 목적이 따로 주어져 있다고 믿지 않는 대신 시대를 초월하여 인간행위의 옳음과 그름을 구분할 수 있는 표준이 되는 법칙이 존재한다고 주장한다. 윤리학에 있어서 결과주의와 동기주의로 구별되기도 하는 목적론과 의무론은 현대 윤리학에 있어서도 가장 영향력이 큰 사상의 위치를 차지하고 있다.

공리주의 또한 우리가 놓칠 수 없는 윤리사상이다. 공리주의는 목적론의 주장을 보다 구체화한 학설로서 쾌락주의 또는 결과주의라는 비판에 직면하기도 하지만, 공리주의가 조직과 개인은 물론 사회 각 분야에 끼친 영향은 지대하다. 최대다수의 최대행복은 과거부터 오늘날에 이르기까지 사회적 쟁점이 되고 있으며, 결과에 의해서 평가받는 사회문화는 여전히 인간사회를 지배하고 있다. 아울러 공리주의는 경제학의 후생경제학파나 범죄학의 범죄억제이론까지 영향을 미치기도 하였다.

한편, 사회계약론은 인간의 사회생활에 있어서 정부나 공공기관의 존립을 정당화하는 논리를 제공한다는 측면에서 중요한 사상적 위치를 차지한다. 자연상태의 인간이 자신의 안전과 행복을 보장받기 위해서 정부에게 대리인적 권위를 인정하는 사회계약설은 사회의 치안을 담당하는 경찰의 활동을 정당화하는 논리를 제공한다.

자연상태의 인간이 자기보존의 충동으로 사회계약을 체결하든, 자유와 평등을 그 본질로 하는 자연상태를 사회계약에 의해 성취하려고 하든, 사회계약설은 자연주의의 범주에 속한다. 그러므로 우리는 자연주의의 사상 속에서 사회계약설을 탐구해 보고, 아울러 자연주의와 대립적인 직관주의 사상도 검토해 보기로 한다.

직관주의는 자연적 사실에서 인간의 도덕적 관념을 찾는 자연주의와는 달리 인간의 도덕관념은 인간의 마음속에 선천적으로 존재하는 인간의 능력이라고 본다. 그러므로 직관주의는 사실에서 당위를 추론하는 것은 자연주의적 오류라고 비판한다. 사회는 다양하고 복잡하다. 그러한 현상 속에서 사람들의 도덕관이나 윤리관도 다양하다. 무엇이 선이고, 무엇이 옳은 것인가에 대한 인식 자체가 서로 다르기 마련이다. 경찰의 경우에도 경찰관에 따라서 선악이나 옳고 그름에 대한 가치관이 서로 다르다. 결과만 좋으면 다른 것은 문제가 되지 않는다는 준칙 아래 행동할 수도 있고, 결과와 과정의 선악 모두를 고려할 수도 있다. 따라서 무기를 사용할 상황이 아닌 데도 무기를 사용하여 범법자를 검거하면 그만이라고 생각할 수도 있고, 수단과 방법을 가리지 않고 자백을 받아내고 증거를 확보하면 된다는 생각을 가질 수도 있다. 범죄수사를 하면서 범법자의 인권뿐만 아니라 피해자의 인권을 중요시하고, 피해물품을 반드시 회수해서 피해자의 아픈 마음을 달래주어야 한다고 생각할 수도 있고, 그렇지 않을 수도 있다.

시민의 작은 호의 정도는 괜찮다고 생각하는 사람이 있는가 하면, 작은 호의는 부패의 시작이라고 생각하고 허용되어서는 안 된다고 생각하는 사람이 있을 수 있다. 남을 음해하고 비방하는 방법에 의해서라도 승진만 하면 선이라고 생각할 수도 있다. 인간의 이러한 행위는 그의 윤리관에 따라 달라진다. 그러므로 우리는 선각자들의 다양한 윤리사상을 살펴볼 필요가 있다.

제 2 절 서양의 윤리사상

1. 목적론(teleology)

1) 개관

목적론을 주장하는 학자들은 사회윤리를 정의의 기초가 될 수 있는 가치 전제로서 인정하면서, 인생 또는 우주 전체에 우리가 실현하기 위해 힘을 쏟아야 할 객관적인 목적이 있다고 믿는다. 이 목적은 인간의 최종적이고 궁극적인 목표를 말한다. 이 궁극적인 목표가 인간이 도달해야 선(좋음)에 해당한다. 다시 말해, 인간의 궁극적인 목표를 달성하는 것이 바로 선에 해당한다. 어떤 행위의 옳음과 그름에 대한 판단은 그 행위가 인생의 궁극적인 목적 달성에 이바지하는 정도에 의해 결정된다. 그러므로 목적론적 윤리설이 대답하여야 할 최초의 근본적인 문제는 인생의 궁극적인 목적이 무엇이냐 하는 것이다.[1]

목적론자들은 최선의 결과를 가져오는 행위, 즉 궁극적인 목적을 달성하는 행위는 옳고 그렇지 못한 행위는 그르다는 주장으로서, 결과를 가지고 말한다는 의미에서 결과론이라 지칭되기도 한다.[2] 이러한 논리에 따르면, 우리는 언제나 최선의 결과를 가져오는 행위를 해야 하고, 따라서 도덕법칙에 의한 행위는 부차적인 것으로 보는 것이다. 이는 행위의 결과에 비추어 도덕법칙에 예외를 허용하려는 자세를 가지는 입장이라는 비판에 직면한다. 결과가 좋으면 선이고, 그 수단의 도덕성과 윤리성은 그렇게 중요하지 않고, 우리가 추구하는 선과는 무관하다는 의미가 내포되어 있다는 측면에서의 비판이다.

목적론적 윤리설의 대표적인 학자는 아리스토텔레스(Aristoteles)이다. 그는 인간행동이 어떤 목적을 지향한다고 본다. 인간의 목적들은 다양하며 그 중 어떤 목적은 다른 목적에 종속되고, 그 다른 목적은 또 다른 목적에 종속될 수 있다. 따라서 마지막에는 궁극목적이라는 것이 존재한다고 본다. 그는 인간행동의 궁극적인 목적은 최고선이라고 주장하였다.[3] 그는 인간의 선(좋음)이 무엇이냐를 인간의 기능에서 찾는다. 인간의 기능

---

1) 김태길, 앞의 책, 2002, p.8.

2) 목적론은 결과주의와 결합되기 쉬운 반면에 법칙론은 동기주의와 연결되기 쉬운 것은 사실이지만. 목적론자가 반드시 결과주의자가 되어야 할 이유는 없으며, 법칙론자가 반드시 동기주의자가 되어야 할 필연성도 없다.

3) Ethica Nicomachea, BK.1, Ch.Ⅴ(Thomson 영역), pp.28-29.

을 이성적 부분과 비이성적 부분으로 나누고, 비이성적 부분은 다시 식물적 부분과 동물적 부분으로 나누어진다. 이런 기능들이 조화롭게 발휘될 때, 그것은 선이 된다. 그러나 그것은 최고선이 아니라고 주장한다.

최고선은 인간의 이성과 사유의 기능에 의해 이루어진다. 이성적 기능은 의식성과 신중성을 가지는 점에서 비이성적 기능과는 다르다. 즉 이성적 기능은 의식성을 가지는 점에서 식물적 기능과 다르고, 신중성을 가지는 점에서 동물적 기능과 다르다. 비이성적 기능은 자연발생적으로 성장하고 발전하는 것으로서 인간이나 동식물에게 모두 존재한다.

선악과 옳고 그름에 대한 사유와 판단을 하는 능력으로서 이성적 기능은 인간에게만 존재한다. 이성적 기능은 인간을 인간답게 하는 참된 기능으로서 인간의 탁월성이 된다. 인간의 탁월성이 극대화될 때, 인간은 최고선에 도달하며 행복을 누리게 된다. 소위 아리스토텔레스가 말한 최고선은 행복(eudiaimonia)을 의미하며, 그것은 본래적 가치이며 본질적 가치, 목적으로서의 가치라는 주장이다. 즉 최고선은 인간이 달성하려고 하는 최고의 목적이며, 가치이다.[4)]

아리스토텔레스는 선의 이데아(보편자)를 인생의 최고의 목적이라고 보는 플라톤의 견해에 동의하지 않는다. 그 이유는 첫째, 선이라는 말이 경우에 따라서 여러 가지 의미로 쓰이고 있다는 사실과, 둘째, 현실적인 좋은 것들을 떠나서 좋음 그 자체라든가 좋음의 원형이라는 것이 따로 없다는 것, 그리고 셋째, 설령 선의 이데아가 있다하더라도 그것이 이 지상에 있어서의 실천생활에는 아무 소용이 없다는 것을 들고 있다. 플라톤은 사물의 본질이 현실이 아닌 이데아의 세계에 존재한다고 믿었지만, 아리스토텔레스는 사물의 본질이 사물 안에 내재되어 있다고 믿었다. 그는 스승 플라톤의 형이상학적인 이데아론에 반기를 들어 자연탐구를 중시하는 현실적인 입장을 취하였다.

아리스토텔레스는 일반 사회에서 행복이라고 믿기 쉬운 네 가지의 개념을 지적한다. 그 첫째는 쾌락이 곧 행복이라는 것이고, 둘째는 명예가 곧 행복이라는 것이며, 셋째로는 덕(arete)이 곧 행복이라는 것이다. 넷째로 재산을 행복과 동일시하기도 한다. 그러나 아리스토텔레스는 이 네 가지에 대해서 어느 것도 행복이 아니라고 주장한다.[5)] 쾌락을 행복으로 보는 것은 노예나 짐승의 목적이 될 수는 있어도 인간의 목적이 될 수는 없으며, 인간의 향락생활과 정치생활과 같은 저급한 욕구충족에서 느끼는 감정이 행복을 의

4) Ibid.
5) Ibid., p.31.

미하는 것이 아니다. 이성적 동물인 인간은 그런 물질적 부나 쾌락 또는 명예 등을 목적으로 살아가는 것도 아니고, 명예란 그것을 받는 사람보다는 주는 이의 명성에 달려 있는데, 이처럼 피동적이고 우연적인 것을 인생의 목표로 볼 수 없다는 것이다.

2) 덕과 행복

식견이 있는 사람이라면 덕이 쾌락이나 명예보다는 행복에 가까움을 인정할 것이지만, 덕이란 한갓 능력으로서 전혀 발휘되지 않을 수 있으며, 덕을 많이 가지고 있음에도 불구하고 비참한 생애를 보내는 예가 드물지 않기 때문이다. 재물은 그 자체가 목적이 아니라 다른 것을 위한 수단이기 때문에 그 자체를 행복이라고 할 수는 없다. 그런 저급한 욕구는 인간의 본성적 욕구가 아니기 때문에 비록 충족된다 하여도 더 이상 바랄 것이 없는 자기충족적 행복이 될 수는 없다. 이처럼 행복은 궁극적이고 자기충족적이어야 한다. 그러나 부, 명예, 자손의 번영, 좋은 가문, 미 등은 행복에 영향을 미치는 요소들임에는 틀림없다.

아리스토텔레스는 행복을 생활전체에 걸친 유덕한 영혼의 활동이라고 정의한다. 이 활동은 지속적, 의식적, 이성적일 것을 요구한다. 가령 일시적으로 자신의 보신을 위하여 타인을 칭찬하고 때로는 비방하고 질시하는 행동이나 비이성적인 정서나 욕망을 위한 활동은 해당되지 않는다. 다만, 정서나 욕망이 이성의 통제 하에 들어가게 되면 그것은 행복의 요소가 된다. 일생을 통하여 이성이 한결같이 발휘될 때 비로소 행복은 실현된다. 그리고 이성을 항상 발휘하기 위해서는 그렇게 하는 경향 내지 습성이 필요하다. 이 습성이 곧 덕이라고 불리는 것이므로, 덕은 그 자체가 행복이 되는 것은 아니나 행복을 위하여 불가결한 요소이다.

3) 최고선의 조건

그러면 "최고선의 조건은 무엇인가?" 이미 앞에서 논의되었듯이 그 조건의 첫째는 궁극적이고 자족적이어야 한다. 즉 행복하다고 말하는 것이며 행복이란 "왜"라는 질문에 더 이상 대답할 수 없는 것을 의미한다. 목적론은 극대화 원리에 따른다. 이것은 본래적인 가치로서 행복이 극대화되었다는 것을 의미하며, 이 원리에 맞는 행위는 옳은 행위이다.[6] 두 번째 조건은 아리스토텔레스는 인간의 물질적 부나 향락, 명예 등은 인간의 본성적 목적이 아니고 그 충족으로 자기충족이 될 수 없다고 주장하기도 하지만, 이러

6) Ibid., Ch, Ⅵ(Thomson 영역), pp.32-35.

한 것들이 쾌락을 주는 요인인 점은 부인할 수 없으므로 목적론은 쾌락주의(Hedonism)이다. 다시 말해, 선 그 자체는 인간이 쾌락을 느낄 수 있어야 최고선이 된다는 주장이다. 세 번째 조건은 자아실현적이어야 한다는 것이다. 즉 자기가 무엇을 성취했다는 기쁨과 성취감이 있어야 최고선에 도달한다는 것이다.

4) 목적론에 대한 비판

첫째, 목적론은 궁극적인 목적이라는 것이 존재하느냐의 질문에 답하지 못한다. 인생의 목적을 행복이라고 본 아리스토텔레스는 그 행복을 종국에 도달할 어떤 상태라고 보지 않고 매 순간 중용을 지켜 살아가는 이성적 활동의 과정 그 자체라고 보았다. 경찰이 승진을 자신의 인생목표로 정하고 그때마다 행복감에 즐거워할 수 있고, 또는 자신이 희망하는 부서에서 하고 싶은 일을 하고 상사의 칭찬 그 자체에 행복해 할 수도 있다. 또는 자식의 성공에 행복감을 느낄 수도 있고 무병장수라는 건강 자체에 행복해 할 수도 있다. 따라서 우리는 행복이란 종국적인 것이 아니라 도덕적 · 윤리적 탁월성 속에서 욕망의 충족상태라고 규정할 수 있고, 어떻게 행위할 것인가라는 실천문제에 대한 대답은 이성의 법칙에 따라 처신하라는 결론에 도달한다. 이러한 결론은 법칙주의자들(의무론)의 주장과 크게 다를 바가 없다.

둘째, 목적론은 목적의 극대화를 추구하기 때문에 목적의 성취 정도, 즉 행복이라고 말할 수 있는 즐거움이나 쾌락의 크기를 어떻게 계산할 수 있느냐의 비판에서 벗어날 수 없다. 이러한 비판을 의식한 공리주의자들은 인간의 쾌락을 계량화하려는 시도를 했다. 벤담은 쾌락의 측정을 위해 쾌락의 강도, 쾌락의 지속성, 확실성, 근접성, 다산성, 순수성, 범위 등 7가지의 측정 기준을 제시하였지만, 쾌락의 강도는 사람마다 다르고, 확실성은 측정하기 어렵다는 등의 문제가 있다.

따라서 쾌락을 측정하는 것은 기술적으로나 본질적으로 불가능하다. 또한 질적으로 다른 종류의 여러 쾌락이 있으며, 쾌락과 고통이 대상과 결부된 개념이기에 보편적으로 계량화하기 힘들다는 등의 문제가 있다. 아울러 쾌락의 계량화를 시도한 대표적인 학자들은 후생경제학자들이다. 후생경제학자들은 쾌락(Pleasure)을 욕망(Desire)이라는 말로, 욕망을 재화의 효용이라는 말로 바꾸어 계량화를 시도했다. 그러나 이러한 계산법은 집단이나 사회가 아닌 개인이나 개인간의 계산에 불과하다.

셋째, 목적론은 쾌락의 극대화, 공리의 극대화, 효용의 극대화가 정의를 구현할 수 있는가? 라는 비판에 직면한다. 다시 말해, 공리의 극대화 등에 의해서 개인의 인권은 어떻게 될 것이며, 분배 문제는 어떻게 해결될 수 있는가? 선을 보는 시각은 총합(aggregation)의 원리와 분배의 원리로 나누어진다. 정의로운 사회는 분배의 원리에 입각할 때 이루어진다. 그러나 목적론은 최대다수보다는 최대 행복(쾌락)을 추구하고 있기 때문에 분배적 정의는 이루어질 수 없다.

궁극적인 목표의 극대화 또는 최대 행복은 개인의 선의 실현이라는 측면에서 논의되는 것이고, 집단이나 사회 전체를 대상으로 접근하는 것은 아니다. 정의라는 개념이 중요시될 때 최대 다수라는 개념적 의미를 가지게 된다. 한편, 목적론을 추종하는 공리주의자들은 선을 달성하는데 방해가 되는 사람들을 처벌함으로써 사회 전체의 공리를 최대화 할 수 있다고 주장하기도 하나 사회전체의 행복수준을 높이기 위해서는 어떠한 처벌도 정당화될 수 있다는 논리가 되어 결국 인권을 무시하게 된다는 법철학적 반대에 직면한다.

넷째, 목적론은 결과에 따라서 선이나 옳음과 그름을 따지기 때문에 수단이나 과정의 도덕성과 윤리성을 무시한다는 비난을 면치 못한다. 결과가 좋으면 그 행위는 옳은 것이라는 결과주의는 목적이 수단의 불법이나 비윤리성을 정당화할 수 있다는 문제를 피하기 어렵다는 것이다.

2. 공리주의

1) 개관

쾌락주의는 희랍의 키레네지역에서 활동한 키레네학파에 그 기원을 둔다. 이 학파는 소크라테스의 제자로서 그를 존경했던 아리스티포스(Aristippus)에 의해 창시되었으며, 기원전 4세기 말에 역시 아리스티포스로 불려진 그의 손자에 의하여 체계화되었다. 쾌락이 유일한 선이고 최고의 선이라는 아리스티포스의 쾌락주의는 주로 순간적이고 감각적인 쾌락을 중요시하였다. 그러므로 육체적인 쾌락이 우선이었다.

쾌락주의는 기원전 4세기에서 1세기 헬레니즘(그리스 문명과 동양의 전통문명의 융합문명)시대에 출현한 그리스의 에피쿠로스(Epikouros)학파에 의해 새로운 형태로 나타난다. 에피쿠로스 학파는 감각적이고 육체적인 쾌락보다는 정신적인 쾌락의 우위성을 강조하였다. 에피쿠로스는 육체적인 만족에 정신적인 쾌락을 추가함으로써 아리스티포스의 쾌락주의를 보다 고상하고 세련되게 하였으며, 순간적인 쾌락보다는 영원한 쾌락을 강조했다. 그는 마음의 안식과 쾌락을 결합시킴으로써 고통으로부터 해방되고 육체적인 건강과 정신적인 평정을 함께 유지할 수 있는 이상적인 쾌락주의를 주창했다. 그러나 그들 주장의 공통점은 쾌락 그 자체를 도덕의 근본원리라고 공언한 점이다. 행위의 결과가 쾌락이라면, 그 행위는 도덕적이라는 것이다.

고대 희랍의 에피쿠로스 학파가 사라진 이후 쾌락주의는 거의 2천년 동안 아무런 발전이 없었다. 그러나 영국의 철학자들이 쾌락주의에서 사회적으로 적용 가능한 개인윤리를 찾고 부터는 쾌락주의의 새로운 장이 열리기 시작했다. 쾌락주의에 의하면, 인간행위는 쾌락을 추구하고, 행위의 결과로서의 쾌락이 최고선이며 목표라는 것이다. 그러므로 옳고 그르다는 것 자체가 행위의 결과에 의해 결정되는 것이 아니라 인간의 마음에 의해 이미 명백한 것이라는 직관주의 사상에 동의하지 않는다.

직관주의 철학을 배격하는 공리주의는 윤리적인 행위란 행복을 가져오는 행위로 규정한다. 행복이 크면 클수록 그 행위의 도덕적 가치가 더욱 크다고 보며, 사람들이 더 많은 행복을 얻으면 얻을수록 그들의 행위는 더욱더 칭찬할 가치가 있다고 본다. 그리고 행동의 여건과 결과에 관한 검토는 도덕적인 가치판단의 근거가 된다. 모든 선은 행위의 결과에 의해 판단되고, 결과적인 공리가 클수록 옳고 선이다. 그러므로 과정과 동기는 그렇게 중요하지 않다는 주장이다.

벤담을 비롯한 19세기 공리주의자들이 고전적 공리주의를 제창한 이래 여러 유형의 공리주의가 나타났으나 이들이 공통적으로 갖는 공리주의의 기본적 사고는 다음과 같다.

> "행위란 그것이 자체로서 바람직한 본래적 선을 증진시키는 경향에 비례해서 옳으며, 본래적 악을 증진시키는 경향에 비례해서 그르다."7)

따라서 벤담은 법률을 논하면서 제기했던 '그것은 무슨 소용이 있는가?'라는 질문을 도덕원리에도 똑같이 제기했으며, 행복을 산출하는 정도에 따라 그것을 정당화했다. 한편, 밀(Mill)도 종교에 대한 회의와 무관심이 팽배하던 시기에 살면서 초자연주의의 공허함을 극복하기 위하여 인간주의적인 철학을 모색하는 새로운 탐구 자세로 공리주의 사상체계를 확립하게 된다.

공리주의에서 말하는 본래적 선(본래적 가치)의 개념은 어떤 것이 더 높은 목적의 수단으로서가 아니라 목적 그 자체로서 가지는 가치를 의미한다. 따라서 목적론적 윤리설에서 말하는 인생의 궁극 목적과 같은 개념이다. 또한 공리주의에서는 목적론적 윤리설

7) J.S. Mill, Utilitarianism(The Liberal Arts Press, 1957).

이 주장하는 결과주의에 따라 어떤 행위의 옳고 그름은 그 행위의 결과의 좋고 나쁨에 따라 결정된다고 본다. 따라서 본래적 선을 극대화하는 행위는 옳은 행위라는 극대화의 원리에 입각하고 있다. 이처럼 공리주의는 결과주의와 극대화 원리를 특징으로 한다.[8)]

정의는 옳은 것이며, 옳은 것은 선을 극대화하기 위한 수단적 가치에 불과하다는 것이 공리주의의 주장이다. 그들이 내세우는 최고선은 쾌락(행복)이다. 선이란 쾌락이며, 그 쾌락은 선이기 때문에 옳은 행위라고 본다. 그들은 최대행복의 원리를 따른다. 인간의 도덕적 목적은 전 세계에서 악(고통)을 뺀 가능한 최대의 선을 의미한다.

공리주의는 다음과 같은 특징을 가지고 있다. 첫째, 인간의 모든 행동과 사회적 관행을 공리의 원칙으로 해결하려 한다. 범죄와 형벌에 관한 규정에 관해서 공리주의는 범죄행위를 금지하는데 소요되는 비용이 행위를 금지함으로써 창출되는 이익보다 적어야 한다. 범죄 억지 효과를 가질 수 있을 정도로 처벌이 중해야 하지만, 처벌 그 자체는 고통을 수반하는 악이므로 최소화되어야 한다. 둘째, 개인은 이기심을 가지고 있지만, 타인을 도우려는 자비심을 동시에 가지고 있기 때문에 전체의 이익과 공리를 극대화하고자 하는 도덕적 행위가 가능하다. 셋째, 공리주의는 최고선을 공리 계산에 의해서 결정될 수 있다고 주장함으로써 의무론의 직관주의를 벗어나 도덕의 경험과학화를 시도한다. 넷째, 인간의 주관적 가치인 쾌락만이 유일한 가치척도이고, 다른 모든 것은 쾌락을 증진시키는데 기여하는 정도에 따라서 도구적 가치만을 가진다.

2) 공리주의의 유형

(1) 벤담의 공리주의

① 공리성의 원리

공리주의는 그 용어 출현 자체를 제외하고 보면 그 사상만은 오래 전부터 내려오는 내용이다. 그럼에도 불구하고 벤담(Jeremy Betham)이 마치 창시자인 것처럼 보이게 된 것은 그가 공리주의 사상에 입각하여 정치 및 법제도의 비판을 한 것에서 비롯된 것이다. 그는 이기주의와 이타주의의 절충으로서 공리성의 원리 또는 최대다수의 최대 행복이라는 원리를 이용하여 자연권 사상에 맞서는 공리주의를 제창하였다. 인간의 권리는 실정법에서 나오는 것이지 실정법이 권리에서 나오는 것은 아니라고 주장하면서 법제도

8) 우리가 말하는 공리주의(公理主義)는 희랍시대의 쾌락주의에 비하여 한 가지 커다란 차이는 희랍의 쾌락주의자들이 모두 자기 개인의 쾌락을 목적으로 삼은데 비하여 영국에서 발전한 쾌락주의는 사회 전체의 쾌락을 주장했다는 점이다.

는 공리성의 원리에 근거해야 한다고 주장하였다.

벤담은 1789년에 출간한 『도덕 및 입법의 원리 서설』에서 인간이란 어느 시대, 어떤 장소에서든 그가 말을 하거나 생각을 하거나 어떤 행동을 하는 모든 동기는 하나의 원리로 설명할 수 있다고 주장한다. 그 하나의 원리가 곧 공리의 원리로서 모든 인간의 행동은 쾌락을 극대화하려는 욕구로부터 나온다는 것이다. 자연은 인류를 고통과 쾌락이라는 두 군주의 지배 아래 두었다.[9] 우리가 무엇을 하게 될 것인지를 결정하는 것은 물론, 우리가 무엇을 해야 할까를 지적하는 것도 오로지 이 두 군주에 달려 있다.

한편으로 옳고 그름의 기준과 다른 편으로 인과의 사슬은 이 두 지배자의 왕관에 고착되어 있다. 그것들은 우리가 하는 일, 말하는 것, 그리고 생각하는 것을 모두 지배한다. 즉 우리가 물리치려고 노력할수록 오히려 그 예속을 확인하는 것이 되고 말 것이다. 말로는 사람은 쾌락과 고통의 왕국을 영원히 떠나리라고 다짐하지만, 실제에 있어서는 그는 항상 거기에 예속된 채로 있을 것이다.

공리의 원리란 시·공을 초월해서 모든 인간은 똑같이 하나의 동기, 즉 쾌락을 극대화하고 고통을 극소화하는 행동을 추구하게 된다는 것을 의미한다. 벤담이 주장하는 최대다수의 최대 행복은 개인 행복을 단위로 하는 총량적 행복이다. 사회에 있어서 개인이 실체이고 국가라는 것은 가공적인 것에 불과하다. 공동이익이라는 것은 개인이익의 총화를 의미한다. 또한 인간이 쾌락을 구하고 고통을 피하는 것이 그 본성이라고 하는 심리적 쾌락주의를 주장한다. 심리적 쾌락주의를 기초로 윤리적 쾌락주의를 펴는 것이 벤담의 쾌락주의의 한 특색이다. 이것은 시즈위크(Henry Sidgwick)가 지적한 바와 같이 존재와 당위를 혼동하는 오류일 수 있다. 즉 인간이 쾌락을 구하고 고통을 피하는 것이 그 본성이라면, 쾌락을 구하고 고통을 피하는 것은 불가피한 현상으로서 당위일 수는 없다. 그러므로 심리적 쾌락주의는 과학에서, 그리고 윤리적 쾌락주의는 윤리학에서 다루어야 할 문제이다.

그러나 그 쾌락은 클수록 좋고 고통은 없거나 적을수록 좋다. 그런 의미에서는 쾌락 추구에도 당위성이 있고 사려깊고 신중한 계산이 필요하다. 그래서 최대 쾌락, 최대 행복이 모든 도덕판단의 기준이 되어야 한다면, 심리적 쾌락주의를 전제하더라도 윤리적 판단이 필요하게 된다. 그 기준을 벤담은 공리성(utility)의 원리라 한다. 그는 이 원리를 엄격하게 정의한다.

---

9) J. Bentham, An Introduction to the Principles of Morals and Legislation, Ch.1, Par, ii ; J. Betham, An Introduction to the Principles of Morals and Legislation(New York, 1948), Ch.1, §1.

"공리성의 원리는 어떤 행동이든지 그 행동을 문제의 당사자에게 행복을 증가 또는 감소시키는 경향에 따라 칭찬하기도 하고 비난하기도 하는 원리를 말한다."[10)]

공리성이라는 말은 어떤 대상에 있어서 이익, 특전, 쾌락, 선, 또는 행복을 가져오거나 해악, 고통, 악, 그리고 불행을 예방하는 경향을 가진 성질을 말한다. 만약 그 당사자가 공동체 일반이면 그 공동체의 행복이 되며, 어떤 특정 개인이면 그 개인의 행복이 된다. 공리성은 관련자 모두의 선을 추구하는 것이며, 그런 의미에서 공리주의는 이기주의와 이타주의의 종합이다.[11)] 이처럼 벤담은 쾌락이 개인의 행동이나 집단의 행동 모두에 적용되는 최고의 선이라고 주장하였다.

벤담은 결과론을 강조하면서도 행위의 동기를 무시하지는 않는다. 그는 공리성의 원리가 촉진될 수 있는 동기로서 자애(慈愛)를 든다. 그 다음으로 타인으로부터 존경을 받으려는 욕구, 타인의 사랑을 받으려는 소망, 종교, 자기보존의 본능, 그리고 쾌락, 특전, 권력을 가지려는 소망 등이 공리성을 지향하는 동기로 작용할 수 있다. 이런 것이 없다면, 인간은 단순히 이기적인 쾌락만을 추구하게 될 것이다. 정직성, 절제, 명예와 같은 덕목들도 전체의 최대 행복에 기여하는 한 중요시된다. 어떤 행위의 도덕성은 일차적으로 그 행복의 계산으로 평가하지만, 좋은 결과를 가져올 행동은 좋은 동기에서 나온다는 점도 중요하다.

벤담의 공리주의는 도덕판단에 있어서 합리적이고 신중한 사려를 강조한 점이 장점이다. 자기이익만을 고려하여 이웃을 돌보지 않거나 눈앞의 이익에 눈이 어두워 먼 미래의 선을 내다보지 못하는 근시적 판단을 경계해야 한다는 가르침이 그의 행복 계산에 내포되고 있다.

그러나 벤담은 모든 행동이 고통의 회피 또는 쾌락의 획득을 목적으로 삼는다는 심리학적 쾌락주의의 명제와, 관계자들의 쾌락을 극대화하고 고통을 최소화하는 행위가 옳은 행위라는 윤리학적 쾌락주의의 기본명제와의 사이에 가로놓인 차이를 어느 정도까지 인식했는지는 확실치가 않다. 다시 말해, 인간이 고통의 회피와 쾌락의 획득을 추구하는 목적적인 존재라는 벤담의 심리학적 접근은 오류라는 것이다. 인간이 자신의 쾌락을 위해 과다 노출된 여성에게 성희롱을 하는 것처럼 충동적으로 행동하는 경우, 또는 강도 행위로 체포되어 구금되는 것과 같이 예측했던 행복을 가져오지 못하는 경우에 목

10) Ibid., Par. ii.

11) Ibid., Par. Ⅹ.

적적인 행위라고 볼 수는 없다.

공리성의 원리, 즉 모든 행동을 그 행동이 관계자들의 행복을 증진하는 경향을 가졌느냐 또는 감소하는 경향을 가졌느냐에 따라서 칭찬하거나 비난하는 원리는 심리학적 사실을 지적하는 원리라고 보는 것이 타당할 것 같다. 그는 공리성원리에 부합하는 행위를 마땅히 해야 할 행위 또는 적어도 해도 좋은 행위라고 주장하고, 누구나 항상 쾌락을 추구하고 고통을 회피하는 것은 분명한 사실이므로 쾌락을 추구하는 행동이 선이라고 정의한다. 그의 이러한 견해는 사람의 심리가 쾌락을 추구하고, 쾌락을 조장하는 행위를 찬양하는 자연적 경향을 소유하고 있다는 심리학적 명제가 도덕의 근본 원리로 삼을 이론적 근거가 된다.

또 하나의 문제는 개인이 자기 한 사람의 최대 행복을 추구하지 않고 최대다수의 최대 행복을 추구해야 하는 이론적 근거가 명백하지 않다는 것이다. 희랍 이래의 쾌락주의자들이 신봉한 심리설은 이기적 쾌락설이었으며, 벤담 자신도 개인이 자기 자신의 희생을 무릅쓰고 사회전체의 쾌락을 추구하는 본능적 성향이 있다고 믿지는 않았다. 최대다수의 최대행복은 본래 개인의 행위를 기준으로 주장한 것이 아니라 국가 전체의 입법의 원리를 연구하는 법률학자의 견해에서 나온 것이다.[12] 법학도로서 벤담은 두 개의 명제를 깊은 성찰 없이 받아들인 것 같다.

첫째, 입법자의 사명은 개인이나 당파의 이익을 초월한 공정한 견지에서 국가 전체의 목적을 실현하도록 법을 제정하고, 둘째, 한 개인의 목적이 최대량의 쾌락을 스스로 얻음에 있다는 이론을 연장하여 한 나라의 목적도 그 나라의 국민 전체가 얻는 쾌락의 양을 극대화하는 것이다. 따라서 인간은 본래 이기적 심성을 가졌다고 본 벤담으로서는 개인의 이기적 심성이 국가 전체의 안녕질서를 깨뜨려 공익을 해침이 없도록 함이 입법의 기본 목표라는 결론에 도달할 수밖에 없었다.

② 양적 쾌락주의

벤담에 있어서 쾌락의 개념은 양적이라는 점이 특징이다. 고대 그리스 이래 쾌락 개념은 육체적 쾌락, 정신적 쾌락 등으로 다양하다. 그러나 벤담의 쾌락은 그 질을 가리지 않는다. 생리적 욕구의 충족에서 얻는 즐거움이나 자아실현으로 얻는 즐거움이나 가리지 않는다. 그 쾌락은 양적으로 많고 보다 많은 사람들이 누릴 수 있으면 좋은 것이다.

그러나 '부분적으로 고통이 따르더라도 전체적으로 쾌락이 크면 쾌락이라 할 것인가?'

---

12) B. Russell, A History of Western Philosophy, p.777f.

'단기적으로 고통스럽더라도 고진감래 형식의 쾌락이 되면 이것도 쾌락인가?' '일부의 사람들이 고통스럽더라도 다른 사람들이 많은 쾌락을 누리면 전체적으로 쾌락이라 할 것인가?' 등의 문제를 판단하기 위해 벤담은 판단기준을 제시한다. 그 기준은 다음과 같다.

① 강도, ② 지속성, ③ 확실성 또는 불확실성, ④ 근접성 또는 원격성, ⑤ 다산성, ⑥ 순수성, ⑦ 범위 등이다.[13] 다산성은 하나의 행동으로 같은 종류의 쾌락들이나 고통들이 부수되는 것을 말하고, 순수성은 쾌락이나 고통의 어느 하나만을 포함하고, 다른 반대 종류의 요소들이 섞이지 않음을 의미한다. 범위는 공리성에 참여하는 관련자들의 수를 말한다. 이 경우 어떤 사람이라도 그는 한 사람으로 계산되어야 하고 그 이상으로 계산되어서는 안된다는 것이다. 다시 말해, 공리주의 앞에서는 어떤 특권도 인정할 수 없다는 것이다. 따라서 그는 일곱 가지 기준에 의해서 쾌락과 고통은 계산 가능하다고 보았다. 행복과 불행은 쾌락과 고통의 양으로 계산이 가능하며, 쾌락이 고통보다 많으면 선이고, 그 반대이면 악이다. 그의 주장은 자연과 인간의 섭리에서 출발한다. 자연은 인류를 고통과 쾌락의 지배 아래 움직이게 만들어 놓았으며, 따라서 고통과 쾌락은 옳고 그름의 기준이며, 인과관계의 결정 요인이다. 공리의 원칙은 인간행위의 이러한 쾌락과 고통에의 종속을 인정하고 이성과 법 체계의 기초가 된다.

벤담의 쾌락주의는 물질적 쾌락에 초점을 맞추고 있고. 따라서 최대 행복은 물질의 총량을 강조하여 분배의 문제를 소홀히 하고 있다는 비판에 직면한다. 따라서 벤담주의는 쾌락을 육체적인 것에 한정하고 배부른 것만 찾는다하여 돼지의 철학이라는 비난 섞인 이름으로 불리기도 한다. 그러나 벤담의 쾌락주의는 반드시 계산가능한 물질적 쾌락에 한정된 것은 아니며, 최대 행복에 대한 비판은 공리주의의 논리상 생산을 강조하는 것이 당연하고, 분배문제는 또 하나의 윤리설인 정의론에서 강조한다는 측면에서 상호 조화를 이룰 수 있을 것이다.

③ 공리주의와 정부의 기능

벤담의 공리주의는 국민의 최대 행복을 보장하는데 정부의 기능도 중요하다고 지적한다. 로크가 말한 바와 같이 정부의 사명은 개인의 생명권, 자유권, 그리고 재산권을 보호하는데 있는 것이 아니다. 벤담에 의하면, 정부는 개인을 상대하는 것이 아니다. 루소가 말한 것처럼 일반의사를 실현하는 것도 아니다. 좋은 정부는 국민의 행복을 최대화하고 고통을 최소화하는 정부이다.[14]

13) J. Betham, An Introduction to the Principles of Morals and Legislation(New York, 1948), Ch.1, §1.
14) Ibid.

그는 행동에는 네 가지 제재가 따를 수 있다고 주장한다. 첫째, 방탕한 생활로 걸리게 되는 병과 같은 자연적 제재, 둘째, 재판에 의해 처벌을 받는 정치적 제재, 셋째, 여론의 심판을 받는 도덕적 제재, 마지막으로 종교적 제재가 해당한다. 그 중에서도 가장 효과적 제재방법은 정치적 제재이다. 정부는 이런 제재기능을 주로 행사하고 다른 기능을 행사하지 않는 것이 좋다. 이런 제재들이 자기의 이익과 쾌락만을 추구하려는 경향에 제동을 거는 데 도움이 된다.

벤담에 의하면, 정부기능은 적극적이기보다 소극적이어야 한다. 정부의 기능은 제재를 가하는 강제력에 불과하다. 처벌이라는 것은 그 자체가 악이지만, 보다 큰 악을 예방하기 위한 필요악이다. 보다 큰 악을 예방하는 처벌이 되기 위해서는 범행이 가져온 고통을 정확하게 계산하여 이를 보상하는 것이어야 한다. 그렇지 않고 범행에 대한 반감에서 너무 과중한 처벌을 하는 것은 불필요하게 고통을 증대시켜 최대 행복의 원리를 어기는 조치가 된다.

처벌을 주요기능으로 하는 정부 자체가 필요악이다. 공리성의 원리만이 그 필요악을 정당화시켜 준다. 한마디로 국가는 경찰기능만을 가져야 한다. 따라서 국민에게 어떤 생활양식을 교육하거나 장려하는 도덕적·문화적 기능이나 교육기능을 인정하지 않는 것이 그의 국가론의 흠이다. 그에게는 그런 것들은 개인이 스스로 처리할 사사로운 문제들이다. 그에게 개인만이 의미가 있고 국가는 별 의미가 없다. 공동체라는 것은 가상체이며, 그것은 개인을 실체적 단위로 한다. 공동체의 이익이라는 것은 개인이익의 총화이다. 벤담의 국가는 그야말로 최소국가이다.

(2) 밀의 질적 쾌락주의

① 공리주의에 대한 기여

밀(John Stuart Mill)은 벤담의 쾌락주의적 공리주의 사상을 이어받았다. 공리주의의 제2세대라고 할 수 있는 그는 공리주의(Utilitarianism)라는 용어를 처음으로 만들어 널리 사용되게 하였다. 그는 모든 사회적·개인적으로 어려운 문제들이 공리주의에서 해답을 구할 수 있다고 믿었고, 과거의 위대한 윤리학자들과 종교개혁가들이 그들 자신은 의식하지 못하였지만 모두 공리주의자들이었다고 주장할 정도로 공리주의에 대한 신념과 자부심이 대단하였다.[15)]

---

15) 존 스튜어트 밀은 그의 아버지인 제임스 밀(James Mill)과 아버지의 친구인 벤담으로부터 학문적 영향을 받았다. 그는 아버지 제임스로부터 조기교육을 받고 15세에는 이미 공리주의 진영에서 의젓한 논객의 반열에 올라 있었다. 공리주의라는 용어는 그에 의하여 처음으로 조어되어 널리 사용되기에 이르렀다.

그러면 밀의 공리주의는 어떤 사상을 내포하고 있는가? 그의 저서 『공리주의』에서 그의 사상을 읽을 수 있다.

> "공리성 또는 최대 행복의 원리를 도덕의 기초로 받아들이는 윤리설은 모든 행동이 행복을 증진시키는 경우에 옳은 것이며, 불행을 가져오는 경향이 있으면 그른 것이다. 행복이란 의도된 쾌락이며, 고통의 부재를 의미한다. 불행이란 고통이요, 쾌락의 결핍을 의미한다. 쾌락의 존재와 고통의 부재는 목적으로서 바람직하고 유일한 것이며, 그리고 바람직한 모든 것들은 그 속에 내재하는 쾌락 때문에 바람직한 것이거나 아니면 쾌락을 증진하고 고통을 막는 수단으로서 바람직한 것이다."[16)]

이처럼 밀의 사상은 벤담을 추종하고 있다. 그는 그의 저서 『공리주의』에서 공리주의가 기본개념으로 삼는 공리성(utility)이 다름 아닌 쾌락을 의미한다는 것을 강조한 다음 쾌락의 향유 및 고통으로부터의 해방이 목적으로서의 바람직한 유일한 것이라고 주장했다.[17)] 따라서 어떤 행위가 옳으냐 그르냐 하는 문제는 그 행위가 쾌락 또는 고통을 어느 정도 조장하는가에 의하여 결정된다는 것이다.

그리고 선악의 척도로서의 쾌락이 개인적인 것이 아니라 사회 전체의 쾌락이라고 보는 점에서 벤담과 견해를 같이 한다. 그러나 그는 몇 가지 점에서 벤담을 비롯한 사상가들의 주장을 수정하려 하였다. 첫 번째는 쾌락의 양화에 반대하고 질적 차이를 도입하는 것이었고, 다른 하나는 공리주의의 타당성을 입증하는 것이었다.

② 질적 쾌락: 고급쾌락과 저급쾌락

밀(J.S. Mill)은 벤담의 공리주의가 쾌락의 양을 측정하기 어렵다는 것일 뿐만 아니라 쾌락의 질적 차이를 무시한 윤리설이기 때문에 사람들의 가치의식과 조화를 이루지 못한다는 점을 인식했다. 이 점에 착안한 밀은 쾌락을 고급 쾌락과 저급 쾌락으로 나누어 고급쾌락의 중요성을 강조하였다.

여기에서 말하는 고급쾌락이라는 것은 이성적으로 선택된 정신적 쾌락 또는 인간적 쾌락이며, 저급쾌락은 육체적 쾌락, 동물적 쾌락으로 규정한다. 또한 인간의 지적 수준과 교양에 따라 쾌락의 수준도 다르다. 그러면 무엇이 고급쾌락을 추구하게 하는가?

---

16) J.S. Mill, Utilitarianism, Liberty and Representative Government(Lon-don, Every Man's Library, 1950). p.6.

17) J.S. Mill, *Utilitarianism*, The Liberal Art Press, p.10. utility를 유용성 또는 공리성으로 사용하는데 공리란 공동의 이익, 공동의 선, 공동의 행복을 의미하므로 유용성보다는 공리성으로 사용하는 것이 타당하다.

인간은 누구나 자존심이라는 가치를 가지고 있기 때문에 고급쾌락을 추구한다. 돼지에게 많은 만족이 있다하여 사람이 돼지가 되기를 원치 않으며, 바보에게 고민이 없다하여 바보 취급을 당하여 좋아할 사람이 없다. 고급쾌락을 추구하는 것이 인간과 짐승의 다른 점이다. 쾌락주의자의 생활을 짐승의 그것에 비교함이 욕이 되는 이유도 바로 짐승의 쾌락이 인간이 추구하는 쾌락을 만족시키지 못하기 때문이다.[18]

> "두 가지의 쾌락 가운데서 그 두 가지를 모두 경험한 모든 사람 또는 대부분의 사람들이 어떤 도덕적 의무감에서가 아니라도, 그 중 하나를 단연 선택한다면, 그 선택된 것은 보다 바람직한 쾌락이다."[19]

이러한 주장은 밀의 인간성에 대한 낙관적인 견해에서 비롯된다. 정상적인 사람이라면 누구나 보다 높은 기능을 행사할 수 있는 존재로서의 인간의 지위를 버리고 짐승이 되기를 원치 않을 것이라고 확신한 결과이다. 인간은 돼지의 쾌락과는 다른 질적으로 높은 쾌락을 향유할 수 있다는 점에서 짐승과 다른 점이 있고, 짐승보다 고귀한 점이 있다. 만족하는 돼지보다 불만하는 인간이 낫고, 만족하는 바보보다 불만하는 소크라테스가 낫다.

인간이 고급쾌락을 추구하는 것은 일부의 사람들에게만 해당되는 것이 아니라 모든 인류의 공통된 본성이다. 이것은 자연의 불변성과 같은 이치이다. 인간성에 관하여 낙관론을 옹호한 밀은 제대로 자라난 사람이라면 누구나 쾌락의 우열에 관하여 대체로 공통된 판단을 내리리라고 믿었으며, 또 그 공통성은 고급쾌락을 선택할 것이라고 확신했다.

밀은 벤담이 모든 쾌락을 양화하고 동질화한 양적 쾌락주의에 대해 불만스러워 한다. 벤담의 입장에 서면, 영웅이나 순교자의 행적을 이해하지 못한다. 이타성이 무시된 벤담의 공리성과는 다른 공리성의 기준을 제시한다.

> "행위의 옳고 그른데 대한 공리주의적 기준이 되는 행복이란 행위자 자신의 행복이 아니라 관련자 모두의 행복이다. 자기의 행복과 타인의 행복의 중간에 있는 공리주의는 그 행위자에게 무관하고 인자한 방관자같이 엄격하게 공정할 것을 요구한다. 나사렛 예수의 황금률에서 우리는 공리주의 윤리의 완전한 정신을 읽을 수 있다. 남이 해주기를 바라는 바를 너희가 하고 너희의 이웃을 네 자신처럼 사랑하라는 것은 공리주의 도덕의 이상적

18) Ibid., p.11.
19) Ibid., p.12.

완성 상태이다."[20]

벤담은 개인주의적인데 비해 밀은 이타주의적이고 보편주의적이다. 다시 말해, 고급 쾌락이란 이타적 쾌락이며, 정신적인 쾌락이다. 소크라테스의 세련된 지적 희열은 육체적·향락적 희열보다 영속적이고 안정적이라는 측면에서 선호하고 따를만하다. 이처럼 쾌락의 질은 이타성의 기준에서 평가된다.

그러면 왜 우리는 자기의 이익을 보류하고 이타적일 수 있는가? 벤담은 인간이 본래 이기적이지만, 네 가지 제재가 두려워서 그 본성대로 행동할 수 없다고 했다. 그것은 자연적 제재, 정치적 제재, 도덕적 제재, 그리고 종교적 제재이다. 밀은 여기에 내적 제재로서 양심의 제재를 추가한다. 앞의 네 가지 제재는 외적 제재인데 반해 양심의 제재는 내적 제재라는 측면에서 대조를 이룬다. 양심은 사람이 각자 사회의 한 성원이라는 사실에서 가지게 되는 의무 의식이다. 이 내적인 소리는 자연의 소리가 아니고 인간의 소리이며, 도덕감정이 잘 발달된 사람이면 누구에게서나 나오는 소리이다. 도덕적 제재는 사람들이 칭찬과 비난을 말하는 여론인데 반하여, 양심의 제재는 자기 스스로를 심판하는 점에서 차이가 있다. 이러한 측면에서 밀의 공리주의는 벤담의 공리주의보다 상당히 이론적으로 발전된 내용을 보여준다.

③ 공리성과 정의와 자유

밀은 『공리주의』의 마지막 장에서 정의와 공리성의 연계문제를 밀도 있게 다루고 있다. 그는 정의의 개념을 규정하기 위하여 기존의 정의에 대해 사용한 사례들을 광범위하게 탐색하고 있다.

밀에 따르면, 첫째, 개인의 자유권이나 재산권, 그밖에 합법적으로 개인이 소유하고 있는 것을 침해하는 것은 부정의이다. 둘째, 법에는 나쁜 법도 있을 수 있다. 사람들은 그런 나쁜 법에 반대할 도덕적 권리를 소유하고 있다. 그런 도덕적 권리를 억압하는 것은 부정의이다. 셋째, 각자는 가질만한 것을 가져야 하고, 가질 자격이 없는 것을 가져서는 안 된다. 즉 부정한 방법으로 가져서는 안 된다. 넷째, 약속을 지키지 않는 등 신의를 저버리는 것은 부정의이다. 다섯째, 정실이나 편파성에 의한 불공정성은 정의가 아니다.

이처럼 정의의 개념적 사례들을 살펴본 후 정의의 개념을 다음과 같이 규정한다. 정

20) 앞의 책, p.21.

의의 본질은 권리를 보호하고 권리의 침해에 대해서는 이를 처벌하는 데 있다.

권리라는 것은 인간의 가장 중요한 관심사이다. 권리는 개인이 사회에 대해 보호를 요청할 수 있는 정당한 주장으로서, 권리를 가진다는 것은 사회가 그 소유를 보호해야 할 무엇을 가지고 있음을 말하는 것이다. 그러면 왜 사회는 그 권리를 보호해야 하는가? 그 대답은 간단하다. 그 권리를 보호하는 것이 사회적 공리성을 강화하기 때문이다. 한편, 처벌은 보복의 차원이 아니라 사회의 공동선을 보다 많이 창조하기 위해서, 그리고 사회 자체의 존립을 위해서 필요한 것이다. 정의의 원리는 이처럼 공리주의와 조화를 이룰 뿐 아니라 공리주의에서 도출될 수 있다는 것이다.

밀은 『공리주의』에서는 최대행복의 이상을 추구하고, 『자유론』에서는 자유로운 인간의 이상을 추구한다. 자유는 인간의 기본적 욕구로서 타인의 간섭이나 억압을 본성적으로 거부할 뿐 아니라 선의의 간섭도 성인이 되면 달갑지 않게 받아들이는 경우가 허다하다. 자유라는 것은 정신적 성숙에 필수적이기 때문이다.

그러나 자유는 무제한적일 수는 없다. 자유의 한계를 어디에 두어야 하는가? 본인의 의사에 반하여 개인의 자유가 제약되는 경우는 오직 그 자유의 행사가 타인에 대한 해악이 되는 경우에 한한다. 밀은 자유의 제한과 관련하여 자기관계적 행동(自己關係的 行動)과 타자관계적 행동(他者關係的 行動)으로 구분하여 논리를 전개한다. 사회가 자기관계적 행동에 간섭하는 것은 언제나 부당하다고 규정한다. 그리고 타자관계적 행동에 대해서도 그 행동이 타자에게 해악이 되는 경우에 한하여 그 자유를 제약할 수 있다는 것이다.[21]

자기관련적 행동 중에 사상이라는 것이 있다. 어떤 경우에도 사상의 자유를 구속하는 것은 절대로 있을 수 없는 일이다. 한 사람이 전 인류를 침묵시켜서는 안 되는 것처럼 전 인류(대중)가 한 사람을 침묵시켜서도 안 된다. 그 한 사람에게 진리가 있는 경우, 그를 침묵시킴으로써 진리를 유린하는 결과가 되기 때문이다.

밀의 자유론은 자유주의자들 중에서도 자유의 제약을 최소화하고 자유의 범위를 최대화할 것을 주장한 점에 특징이 있다. 또한 존 로크 이래 존중되어온 지유와 평등이 밀의 입장에서는 양립하기 어려운 가치라는 측면에서 평등보다는 자유를 선택해야 한다고 생각한 것이 밀의 입장이다. 밀 이후 자유를 표방하는 자유주의와 평등을 표방하는 사회주의가 대립하게 된 것은 역사철학적 의미가 크다.

21) 강재륜, 앞의 책, pp.262-264.

(3) 행위공리주의

행위공리주의는 행위의 결과를 옳은 행위의 결정기준으로 삼는다. 행위공리주의자들은 '정직이 가장 좋은 정책이다'라는 어떤 규칙이 중요시될 경우에도 그 규칙의 가치는 애매모호하고 주먹구구식의 규칙에 지나지 않는다고 주장한다. 그러므로 행위공리주의는 여러 대안적 행위들 가운데서 관련된 모든 사람에게 최선의 결과를 가져오는 행위가 옳은 행위라고 주장한다.

사람들은 어떤 목적을 달성하기 위해 여러 대안적인 행위수단을 생각할 수 있는데, 이 대안 중에서 관련된 모든 사람들에게 최선의 결과, 즉 최대의 효용을 가져오는 행위는 옳은 행위라는 것이다. 행위 공리주의는 대안적인 행위 결과에 대한 계산, 그리고 행위의 결과 전체사회의 복지의 향상이 그 핵심적 개념이다. 개인의 행위가 자신에게 아무리 극대의 결과를 가져온다 해도 관련된 다른 사람 모두의 복지를 최대로 증진시키지 못한다면 옳은 행위가 되지 못한다.

그러나 행위공리주의는 사람이 행동하기 전에 모든 행위수단과 결과를 비교하여 최선의 결과를 가져오는 행위를 계산한다는 것은 거의 불가능하다는 문제가 있다. 인간이 중요시하는 시간, 돈, 관심 등은 모두 희소자원이어서 모든 행위수단의 결과를 하나하나 계산하여 비교분석한다는 것은 거의 불가능하다. 행위공리주의는 도덕적인 규칙의 도움 없이 어떤 행위의 선악을 판단한다는 것은 그 때마다의 상황을 일일이 분석해야 하기 때문에 비실용적이라는 측면에서 공리의 원칙에 맞지 않는다는 비판에 직면한다.[22)]

또한 행위공리주의는 개인의 행위가 전체사회의 복지를 증진시키는지를 계산할 수 없기 때문에 사적인 도덕의 기초는 될 수는 있어도 공적인 도덕의 기초는 될 수 없다는 문제가 있다. 나에게 좋은 결과를 가져다주는 행위가 타인에게는 나쁜 결과를 가져다주는 행위를 정당화하기 때문이다. 범죄자를 검거하여 처벌하는 것은 전체사회의 복지를 증진시킨다는 것으로 이해할 수 있으나, 때로는 죄없는 사람에게 벌을 주어도 전체사회의 복지를 증진시키는 그런 성과를 거둘 수가 있다. 그러나 죄없는 사람에게 벌을 주는 것은 바람직한 결과를 가져올 수 있다 하더라도 의문의 여지없이 불의(不義)요, 부도덕한 행위이다. 또한 범죄자에 대한 처벌의 경우에 당사자와 그 가족에게는 고통을 초래하므로 모든 이에게 최선의 결과를 가져오는 행위라고 보기는 어렵다.

행위공리주의는 윤리이론을 편리한 대로 주장하고 있다는 비판을 받는가 하면, 행동

22) W.S. Sahakian, Ethics: An introduction to theories and problems(New York: Harper & Row, 1974), 황경식 등역, 윤리학의 이론과 역사, 박영사, 2004, pp.254-257.

을 위한 충분한 근거를 제공하는데 실패했다는 비판을 받아왔다. 약속을 지키는 사람이 최선의 결과를 얻기보다는 다른 행동이 더 좋은 결과를 얻을 수 있다고 하는 주장이 가능하기 때문에 개인이 약속을 지키지 않아도 좋다는 비윤리적 결론에 도달한다.

(4) 규칙공리주의

규칙공리주의는 규칙의무론과 같이 도덕에서의 규칙을 강조하며, 어떤 특정 행위가 최선의 결과를 가져오는 지를 묻기보다는 최선의 결과를 가져오는 규칙에 따른 행위가 옳은 행위라는 점을 강조한다. 규칙이 행위의 기준이 된다는 측면에서는 의무론과 견해를 같이 하고 있으나 규칙공리주의는 의무론과는 달리 어떤 규칙이 모든 사람들에게 최대의 일반적 선을 가지고 오는 지에 따라 규칙이 결정된다. 행위가 가장 큰 공리를 가져오는가가 아니라 어떤 규칙이 모든 이에게 가장 큰 공리를 가져오는지가 핵심이다.

벤담은 기본적으로 행위공리주의자였으며, 행위공리주의와 규칙공리주의라는 용어를 최초로 도입한 브란트(Richard B. Brandt)는 규칙공리주의자로 분류된다. 브란트는 「신뢰할만한 형태의 공리주의를 향하여」라는 논문에서 다음과 같이 말하고 있다.

> "만약 어떤 행동이 당시 사회의 모든 사람들에 의하여 도덕적인 구속력을 갖는 것으로 인정되는 일련의 '규칙과 일치한다면(그리고 일치하는 한)' 그 행동은 옳은 행동'이 되며 진정한 가치를 극대화할 것이다."[23]

그러나 규칙은 다양하고 변화한다. 또한 어느 규칙이 최대의 결과를 가져올 것인지를 알 수 있는 방법이 없다. 여기에서 존 롤스(John Rawls)의 규칙의 요약개념과 규칙의 관행개념이 상당히 관심을 불러일으킨다. 요약개념은 규칙이란 과거 의사결정들의 요약으로서 그것이 앞으로의 행동에 지침이 된다고 보는 것이며, 관행개념은 어떤 사람이 관행에 의해 규정된 직책을 맡고 있다면, 그 직책 수행은 그 수행의 관행을 지배하는 규칙에 의해 결정된다는 것을 의미한다.[24] 또한 그 같은 규칙에 대해 의문을 제기하고 그것을 바꾼다는 것은 개혁자의 역할에 달려 있다. 요약개념과 관행개념이 인간 행위의 규칙 개념을 어느 정도 분명히 하는 장점이 있기는 하지만, 그러한 규칙에 따른 행위가 최대의 선을 가져오는 것을 보장한다고 보기는 어렵다. 일반적으로 과거에 이루어진 의사

---

23) Richard B. Brandt, "Toward a credible form of utilitarianism", in Morality and the Language of Conduct, H. Castaneda and G. Nakihnikian, ed.(Detroit: Wayne State University Press, 1963), p.139.

24) John Rawls, "Two concept of rules", Philosophical Review 64(1955), pp.3-32.

결정이 특정 정파나 계층의 선을 향상시키고 다른 정파나 계층에게는 고통을 주기도 한다는 측면에서 최대다수의 최대행복을 가져오는 것은 아니다. 특정 직책의 업무수행의 관행을 지배하는 규칙은 최대 다수의 공리보다는 행위자 입장에서의 능률성이나 편의성과 관련된 공리를 위한 경우가 많다.

최대선에 이를 수 있는 규칙이 그 선의 분배를 위한 다른 도덕적인 규칙과 충돌하는 경우도 있으며, 공리를 이유로 규칙을 마음대로 바꾸어도 좋다는 반칙적인 불공정 게임의 논리가 깔려 있다. 그렇다면, 규칙이란 일정한 상황에서는 적용될 수 있다하더라도, 다른 특수한 상황에서는 적용되지 않을 수가 있다는 결론이 나온다. 따라서 규칙의 변경이 임의적이며 결국 공리에 따라 규칙을 바꿀 수 있게 됨으로써 행위공리주의와 같아진다.

3. 의무론(deontology)

1) 개관

의무론은 목적론이나 공리주의가 선·악, 즉 좋음과 나쁨을 근본적인 윤리적 개념으로 다루는데 대해 이는 인간행위를 윤리적으로 제대로 설명할 수 없다고 보고 옳음과 그름, 의무와 책임 등을 근본적인 개념으로 거론한다. 대표적인 의무론자는 칸트이며, 인간행위의 옳음과 좋음에 관련하여 도덕적 의무를 제시한 로스(W.D. Ross)가 해당된다.

현대윤리에 있어서 도덕적 의무가 윤리학의 중심 문제로 부상하게 된 것은 칸트에 의해서이다. 의무가 강조되면서 고대 그리스 이래 윤리적 개념의 중심에 위치했던 행복의 개념은 논쟁의 대상이 되었다. 칸트는 행복이란 도덕법칙의 준수의 결과가 아니라 감성적 욕망을 만족시키는 데에서 얻어지는 것이라고 주장했다.

인간은 이성적이기도 하고 감성적이기도 하기 때문에 행복이나 명예, 또는 자기이익을 추구하는 성향을 필연적으로 가지게 된다. 행복, 사랑, 쾌락, 그리고 다른 자연적 성향은 욕망충족적인 성향이기 때문에 도덕적 관심사가 될 수 없다. 그것들은 인간행위의 결과로 나타나는 경험적인 사실에 지나지 않으며, 인간의 자유의지에 의해 명령된 결과는 아니기 때문이다. 인간이 자신의 욕망충족적 성향을 물리치고 인간의 의무를 다하는 것이 도덕적인 행위임에 틀림없다. 인간은 도덕적으로 옳은 행위를 해야 할 당연한 의무가 있다.

이처럼 도덕적 의무를 강조하는 의무론자들은 인간이 궁극적으로 도달해야 할 목적이 있다는 것을 믿지 않는 대신 옳은 행위와 그른 행위를 분간하는데 표준의 구실을 할 수 있는 도덕법칙이 주어져 있다고 믿으며, 그 법칙은 어느 시대 어느 장소에서나 타당한 절대적 권위를 가졌다고 믿는다. 이들에 의하면, 어느 행위의 옳고 그름은 그 도덕법칙을 적용함으로써 간단히 판별된다는 것이다. 도덕법칙은 생겨날 결과에 대한 고려없이 복종되어야 한다. 결과는 경험적인 자료로 이루어진 물리적이고 자연적인 세계에 속하는 것이지만, 도덕적 의무는 초경험적이고 초감각적이다. 의무는 결과에 대한 것이 아니라 동기·의도·의지에 속한다.

의무론은 옳음을 결정하는 법칙에 따라서 행동하는 것이 인간의 당연한 의무이고 선이라고 규정한다. 의무는 도덕법칙에 대한 존중, 즉 법칙에 따라서 행위해야 할 필연성을 의미한다. 따라서 의무론적 윤리설에서 제일 먼저 대답하여야 할 근본적인 문제는 시대와 지역의 차이를 초월하여 언제 어디서나 타당한 행위의 법칙이 무엇이냐 하는 것이다.25)

의무론적 윤리설에서는 인생의 궁극 목적이나 선에 비해 의무나 옳음(right)의 우선성을 내세우고, 옳음에 위배되는 선은 무가치한 것이라는 도덕률을 제시하였다. 따라서 옳음의 원칙이나 의무의 체계가 선행되고 이를 기준으로 하여 어떤 선이 가치있는 것이며, 어떤 선이 무가치한 것인가를 판단한다.

이러한 옳음과 의무라는 가치를 찾는 기준은 자연법적인 원리와 계약론에 근거한다.

첫째, 선천적 원리는 자연법적인 원리에 그 근거를 둔다. 우주는 자연적인 법과 질서에 의해 움직인다. 인간도 마찬가지다. 예컨대, 동양의 천명이라든지 양심이라는 표현이 바로 이 원리에 의한 것이다. 옳음은 행위의 결과의 좋고 나쁨이 아니라 행위 자체에 내재적으로 존재하고 그것을 결정하는 기본적이고 궁극적인 특성이 존재한다는 것이다.

둘째, 중세 이후 출현한 계약론이 옳음이라는 가치를 찾는 근거이다. 즉 인간사회는 서로 계약을 통해서 의무라는 것이 생기게 되었는데, 이 의무를 다하는 것이 바로 정의의 구현이라는 것이다.

2) 행위의무론

행위의무론자들은 옳은 행위에 대한 의무판단은 구체적인 상황에 따라서 어떻게 행위하여야 할 것인가에 대한 문제라고 주장하고. 언제나 상황에 관계없이 일관되게 행위하여야 한다는 일반판단은 무용한 것이라고 강조한다. 그들은 사물의 옳고 그름에 대한

25) 김태길, 앞의 책, p.24.

판단은 개개의 사실들에 대하여 명확히 이해하고 그리고 나서 직관론자들의 직관과 실존주의자들의 결단에 의해서 판단을 내리는 것이라고 주장한다.[26] 그러나 행위의무론자들은 옳음의 판단에 직관이나 결단을 강조함으로써 무엇이 옳고 그른지에 대한 아무런 기준도 제시하지 못한다는 등의 비판에 직면한다.

첫째, 어떤 상황에서 무엇이 옳은가를 직관적으로 알 수 있다고 하는데 직관이라는 능력의 존재는 경험적으로 증명되기 어렵다. 특정한 상황에서 무엇이 옳은가에 대해서 우리가 의견을 서로 달리하고 있다는 사실은 직관이 존재하지 않는다는 증거이다.

둘째, 어떤 상황에서 그 상황이 무엇인지 정확히 파악한 후에 어떤 행동을 취할지 결단을 내릴 경우에, 그 행동이 올바른 행동이 된다는 것은 정말 아무런 기준도 제시하지 못한다. 차가 내 앞으로 달려오고 있다는 사실을 아무리 제대로 파악한다 하여도, 직관적으로 거기서 내가 빨리 피하여야 한다는 결론은 나오지 않는다. 그러한 결론은 개인의 안전에 대한 본능의 발동에 의한 것이고, 인간은 생명을 지켜야 한다는 규범의 작동의 결과이다. 본능은 인간의 직관의 산물이 아니라 단지 본능에 지나지 않는다. 특정 상황에 대한 심사숙고의 결과에 의한 행동이 올바른 행동이라는 것은 행동의 기준이 아니라 하나의 언명에 지나지 않는다.

셋째, 모든 상황은 아주 독특하기 때문에 그러한 모든 상황에 적용되는 일반원칙은 있을 수 없다고 주장하나(대강의 원칙만 존재), 그렇다고 해서 그 상황이 모든 점에서 특이하고, 특히 도덕적인 측면에서도 특이하다는 주장은 타당성이 없다. 예컨대, 경찰관이 업무상 수행하는 공적인 활동과 업무와 상관없는 사적인 활동 사이에는 분명히 상황적인 차이가 존재하고 적용되는 행동원칙 또한 다르다. 또한 강·절도 같은 형사사건과 경범죄를 처리하는 상황은 서로 다르고, 적용되는 행동규칙 또한 상당한 차이가 있다. 그러나 이 모든 상황에 '정직하라'라는 도덕률이 공통으로 적용되는 일반원칙이라고 볼 수 있다. 이처럼 도덕률이 개입되면 상황에 관계없이 적용되는 일반원칙이 분명히 존재한다는 것을 알 수 있다.

넷째, 도덕적 행동에는 규칙이 필요하지만, 이러한 규칙들을 행위 의무론자들은 과거의 결단들로부터 일반화된 대충의 규칙이라고 할지 모르나 그것은 이른바 조건부 의무의 규칙에 가까운 것이다. 이미 앞에서 살펴보았듯이, '정직하라', '남의 물건을 훔치지 마라', '인격을 존중하라', '남을 음해하지 마라', '거짓말 하지마라' 등은 인간이 행위 시에 반드시 지켜야 하며, 이를 위반할 경우에는 그에 대한 책임을 면치 못한다는 조건부

26) Frankena, pp.23-25.

의무규칙임에 틀림없다.

다섯째, 개별적인 도덕 판단은 행위 의무론자들의 주장처럼 단순히 개별적인 것이 아니라 대체로 일반화된 것이다. 우리가 어떤 상황에서 어떤 행위가 옳다고 할 때에는 그와 유사한 상황에서도 그 행위가 옳다는 것을 주장하는 데 이는 보편화 가능성의 원칙을 의미한다. 어떤 행위에 대한 개별성은 법제도상의 규범이 적용이 될 경우에 그 타당성이 인정되지만, 도덕성에 대한 논의는 행위에 따른 개별성과는 무관하다. 예컨대, 미성년자를 대상으로 한 집단 성매매와 성추행은 그 적용되는 법규범에서는 차이가 있지만, 그 행위들은 윤리적으로 옳지 못한 행위라는 점에서는 차이를 두지 않는다.

3) 규칙의무론

규칙의무론은 행위의무론의 문제점을 인식하고, 인간의 도덕적 행동은 적어도 일반적인 규칙이나 원칙에 의해 이루어진다는 사실을 강조한다. 규칙의무론자들은 반드시 사회적으로 통용되는 규칙들이어야 할 필요는 없지만, 하나 또는 여러 개의 규칙들로 이루어진 즉, '약속을 지켜야 한다', '진실을 이야기해야 한다'와 같은 비목적론적인 규칙들이 옳음 판단의 기준이 된다고 주장한다.

그러나 규칙의무론에 대해서도 예외없는 법칙이 없고 법칙들 간에는 충돌이 있을 수 밖에 없다는 비판을 받는다. 이러한 비판에 대해 규칙에 예외가 있다는 것은 규칙사이의 상충이나 우선순위의 문제로서 이를 해결하기 위해 규칙들 사이에 서열을 정해 놓으면 될 것이라고 규칙의무론자들은 주장하지만, 그들 중에 충돌없는 규칙의 체계를 제시한 사람은 없다.

이에 대해 로스(W.D Ross)는 현실적 의무와 조건부 의무를 구별하고 현실적 의무에 대한 규칙은 모두 예외를 가지고 있으나 조건부 의무에 대한 규칙은 예외가 없다고 주장한다.[27] 만약 경찰이 언제부터 두바퀴 차와 전동 킥보드 단속을 하겠다고 공고하면, 경찰은 두바퀴 차와 전동 킥보드 운전자들이 교통법규를 준수하도록 해야 할 조건부 의무를 지게 되고, 이는 법제적 의무이기도 하지만 경찰과 시민 사이의 약속이 되기도 함으로써 약속을 지켜야 한다는 것은 명백한 조건부 의무인 것이다.

그러나 로스는 무엇이 조건부 의무인지에 대한 기준을 제시하지 않고, 단지 그의 조건부 의무들 즉 정직, 보상, 보은, 정의 등은 자명하다고 한다. 옳음은 분석을 허락하지 않으며 행위의 옳고 그름에 대한 판단은 직관에 의해 이루어진다는 것이다. 즉 도덕법

27) William K. Frankena, Ethics, 2nd ed., Prentice-Hall, 1973, pp.23-26.

칙 자체가 직관의 대상으로서 어떤 것이 도덕법칙인지는 자명하다고 한다. 그러나 옳음을 결정하는 도덕법칙이 인간의 직관에 의해 자명하다는 것은 하나의 언명에 불과하고, 우리에게 객관적이고 구체적으로 제시해주는 것은 아무 것도 없다.

인간의 이성이나 지성은 서로 다르다. 인간은 서로 다른 지능과 개성을 가지고 태어나고, 서로 다른 환경 속에서 성장한다. 그러한 선천적·후천적 차이는 인간의 직관에 결정적인 영향을 미치는 이성과 지성의 차이를 초래한다. 인간의 직관능력이 서로 다른 상황에서 도덕법칙이 직관에 의해 자명하다는 주장은 누구의 직관에 의해 자명하다는 것인지 이해하기 곤란하다. 그러므로 직관에 의해 자명하다는 것은 도덕법칙이란 자의적으로 결정된다고 주장하는 것과 마찬가지라는 비난을 면치 못한다.

4) 의무론에 대한 비판

법칙론적 의무론은 다음과 같은 비판에 직면한다.

첫째, 어느 시대, 어느 지역에서나 타당한 절대적인 도덕법칙이 있다는 것 자체가 의문의 대상이 된다. 어떤 논자들은 그 법칙이 밖으로부터 주어진 초인간적·초경험적인 것이라고 주장한다. 그들이 말하는 초인간적인 법칙에 대하여 깊은 신앙을 가질 수 있을지는 모르나, 엄밀한 의미의 지식을 갖기는 원리상 어려운 일이다. 설령 초인간적인 법칙이 있음을 인정한다 하더라도, 우리가 왜 인간 밖으로부터 주어진 법칙에 맹종할 필요가 있느냐 하는 제2의 질문을 제기할 수 있다. 이 제2의 문제도 종교적으로는 해결하기 쉬울지 모르나 철학적으로 만족스러운 해답을 얻기는 매우 어려운 성질의 것이다. 법칙론은 본래 절대적인 도덕법칙이 밖으로부터 주어지는 것이 아니라 인간 자신의 내부에 선천적으로 본유한다고 주장하면서, 외부로부터 절대적인 법칙을 찾는다는 것은 논리적 모순에 지나지 않는다.

둘째, 문제는 인간 행위의 선천적인 법칙이 인간 자신의 내부에 본유한다는 그 주장 자체가 과학적인 근거에 의해 뒷받침되지 못하고 있다는 사실이다. 양심의 보편성을 주장한 버틀러(J. Butler)나 실천이성의 절대적인 법칙에 도덕원리를 구한 칸트의 시대에만 하더라도, 양심 또는 실천이성이 절대적인 도덕법칙의 위치를 차지하는데 별로 어려움이 없었다. 그러나 심리학, 민속학, 진화론 등의 연구가 심층적으로 이루어지면서 도덕관념은 다양화의 길을 걷게 되었다.

셋째, 보편적인 도덕법칙이 존재함을 인정한다하더라도 그것을 어떻게 발견하느냐 하는 인식론적 문제이다. 이를 해결하기 위하여 여러 학자들이 직관주의를 들고 나왔으나 직관주의에서 주장하는 행위의 시비를 직관적으로 판별하는 선천적 능력을 갖추었다고 하는 우리들은 일치된 도덕법칙을 제시하지 못하고 있다.

넷째, 법칙주의 윤리설이 해결해야 할 또 하나의 난관은 의지의 자유에 관한 것이다. 만약 절대적인 도덕의 법칙이 있어서 그것을 지키는 것이 우리의 신성한 의무라면, 그 법칙이 명령하는 대로 실천할 수 있는 의지의 자유가 우리에게 보장되어 있어야 한다. 그러나 의지의 자유에 관한 소박한 신념은 오늘날 통용되기 힘들며, 또 칸트를 따라서 의지의 자유를 하나의 기정의 사실로 전제하자는 의견에도 선뜻 동의하기 어려운 난점이 있다. 칸트에 따르면, 우리의 마음이 어떤 감성적 이욕으로 기울어질 때, 그 심정을 이성의 명령, 즉 도덕률에 비추어 반성할 때 실제로는 그 도덕률대로 행위하지 못하더라도 마음 속에는 그렇게 할 수도 있었다고 느끼는 자각, 그리고 도덕률에 어긋나는 행위를 한 뒤에 느끼는 자책과 자기경멸의 심정은 의지의 자유를 입증하는 확고한 사실이다. 칸트의 논리는 "너는 해야 하는 까닭에 너는 할 수 있다"라고 주장한다.

이러한 그의 주장에는 인간이 냉철히 반성하기만 하면 누구나 똑같은 도덕률을 가슴 속에 느낀다는 가정이 있다. 그러나 여러 사람들이 신봉하는 도덕법칙이 반드시 일치하는 것이 아니고, 비록 칸트와는 다른 준칙을 신봉하는 사람은 칸트의 보편적인 도덕률대로 행위할 수 있는 자유를 느끼는 대신 다른 길을 따라 행위할 수 있는 자유를 의식할 것이다. 이것은 칸트가 의미하는 자유의 필연성을 의심케 하는 사실이 아닐 수 없다. 또한 그렇게 할 수도 있다는 의식과 실제로 그렇게 함과는, 다시 말하면 마음 속에서 가능하다고 생각한 것과 외적 행동으로 실천한 것과는 혼동해서는 안 될 것이다.28)

4. 칸트(Imannuel Kant)의 도덕법칙론

1) 칸트의 3대 비판철학

칸트의 도덕법칙론은 『순수이성비판』, 『실천이성비판』, 『판단력비판』에 그 이론적 뿌리를 두고 있다. '나는 무엇을 알 수 있는가', 즉 어떻게 인간이 지식을 창출해내며 사물을 알 수 있는지를 논하는 『순수이성비판』, '나는 무엇을 해야 하는가', 즉 어떻게 인간이 (윤리적으로) 옳고 그름을 판단하며, '그것은 어떻게 실천할 수 있는가'를 논하는 『실천이성비판』, '나는 무엇을 희망해도 좋은가', 즉 어떻게 인간이 (심미적으로) 아름다운 것의 여부를 판단하며, 그것을 직관할 수 있는지를 논하는 『판단력 비판』이 칸트의

28) 김태길, 윤리학, 대왕사, 2003, pp.137-139 참조.

3대 비판철학이라고 한다. 『판단력 비판』은 자연을 인식하는 능력인 순수이성과 인간의 자유의지를 결정하는 능력인 실천이성 사이를 연결하는 즉, 쾌·불쾌를 판단하는 판단력을 통해 연결이 가능하리라고 기대하면서 제시된 이론이다.

칸트는 『순수이성비판』에서 인간의 지식은 경험과 판단에 의해서 만들어지는데 경험은 후험적인 것이고, 외부적인 것이다. 그래서 외부적인 경험이라는 요소를 제거한 채 순수한 인간 이성만을 둔 채로 그 작용방식을 논하고자 하였다. 다시 말해, 순수이성은 인간의 선험적인 경험을 배제하고 오직 이성 그 자체만을 의미하는 것이고, 비판이라는 단어는 판단·분석이라는 의미를 내포한다.

칸트는 『실천이성비판』에서 인간이 도덕적 선을 실천할 수 있는 근거는 실천이성인데, 실천이성이란 도덕적 법칙을 정립하여 외적 행위를 규정하는 이성을 말한다. 도덕법칙은 무조건 적용되는 정언명법으로 나타난다. 칸트는 이것을 "네 의지의 준칙이 항상 준칙인 동시에 보편적 입법의 원리로서 타당할 수 있도록 행위하라"라고 표현한다. 이때 이성적 존재는 도덕법칙을 외부적인 강제력에 순종하듯이 마지못해 순종하는 것이 아니고, 도덕법칙에 순종함으로써 이성적 존재가 자신에게 순종하는 것이며, 그 자신이 스스로 법칙을 정립하는 것이다. 따라서 이성적 존재는 자율적 존재이며, 도덕적 행위를 통해서 스스로 자유의 존재임을 드러낸다.

2) 루소의 성선설과 칸트의 도덕법칙론

고대 그리스에서 발생한 윤리학은 기독교의 원죄설에 의해 중세 천 년간 학계에서 밀려났었다. 신의 구원을 거치지 않고 인간이 스스로 행복해질 수 있다거나 선해질 수 있다는 생각은 중세적 사상체계에서는 도저히 용납할 수 없는 교만이었기 때문이다. 정신세계에 윤리학이 재등장한 것은 루소(J.J. Rousseau)의 성선설에 의해 원죄설이 부정된 후 그의 주장에 깊은 감명을 받은 칸트에 의해서였다. 루소의 성선설에 의하면, "인간본성은 선한데 문명의 발전 그리고 사회제도의 큰 영향으로 악하게 되었다. 그러므로 자연으로 돌아가라. 자연속의 인간은 평화롭고 행복했다"는 주장이 루소의 성선설이다.

칸트의 도덕철학은 인간의 존엄성을 강조하는 것이 특징이다. 인간은 다른 동물과는 달리 선에 대한 사유를 하고, 행동하는 이성과 의지를 거지고 있다. 그러므로 인간은 욕망적 충동에서 벗어나 도덕적 의무를 지는 책임을 다해야 한다. 우리가 개나 말에게 무엇을 요구할 뿐 의무를 부과하거나 책임을 묻지는 않는다. 동물들은 인간과는 달리 의무나 책임에 대한 사유를 할 능력이 없기 때문이다. 인간의 도덕적 의무나 책임은 인간의 이성과 자유의지의 소유 때문이기도 하지만, 그러한 소유로 인해 욕망에 따른 행동을 하고 도덕적 일탈을 범할 수도 있기 때문이기도 하다.

인간은 동물처럼 욕구에 따라 움직이고, 신이 아니기 때문에 인간으로서의 의무와 책임을 다하지 못하는 일이 발생한다. 따라서 이성과 의지를 가진 인간이 어떻게 살아야 하느냐의 문제는 인간으로서의 도덕적 의무를 이행하는 도덕법칙에 따라 살아야 한다는 것이다. 칸트는 자연현상에 자연의 법칙이 있듯이 인간의 심성에는 인간의 도덕법칙이 있다고 주장한다. 그는 이 도덕법칙이 무엇이며, 그것이 어떻게 인간행위를 규제하는지를 밝히고자 한다.

3) 선의지(善意志)와 의무

칸트의 윤리설은 선의지(good will)라는 개념에 바탕을 두고 있으며, 선의지와 상관없는 것은 모두 도덕 영역의 밖에 있다고 주장한다. 칸트에 의하면, 무조건 선이라 할 수 있는 것은 선의지 밖에 없다. 그의 저서 『도덕형이상학의 원리』에서 '이 세상에 있어서 또는 이 세상 밖에서까지라도 선의지 이외에는 무조건 또는 무제약적으로 선하다고 볼 수 있는 것은 아무 것도 없다'[29]라는 말로 그 윤리설의 출발점이 선의지라는 점을 분명히 했다. 칸트는 이러한 자신의 주장을 정당화하기 위하여 일반인들이 상식적 차원에서 선하다거나 좋다고 생각하는 것들을 나열하고 분석하는 작업을 이어나갔다. 예컨대, 명석한 두뇌나 뛰어난 판단력, 풍부한 재치와 같은 정신적 재능, 그리고 용기, 결단력, 인내심과 같은 개인의 성향들, 또한 권력, 부, 명예, 건강, 만족감 등이 총체적으로 결합된 행복은 모든 사람들이 좋은 것으로 인정하고 바라는 대상이라 할 수 있다. 이들이 좋은 것이라는 점을 결코 부정할 수는 없지만, '과연 이들이 무조건적이고 무제약적으로 선한가'라는 질문을 던지는 것은 충분히 가능하다.

이 질문에 대하여 칸트는 일상적인 예만 들어보아도 선한 것으로 간주되는 위와 같은 대상들이 무조건적으로 선하지는 않다는 사실을 발견할 수 있다. 예컨대, 어떤 흉악범이 소유하고 있는 명석한 두뇌나 용기, 인내심 등은 그를 더욱 사악하고 잔인한 인물로 만들기에 충분하며, 권력을 이용하여 잘못된 방법으로 다른 사람에게 피해를 주면서 누리는 부나 명예도 정당하지 못하다. 따라서 칸트는 위와 같은 대상들을 추구하는 개

29) Immauel Kant, "Fundamental Principles of the Methaphysic of Morals", in *Kant's Critique of Practical Reason and Other Works on the Theory of Ethics*, Trans., Thomas Kingsmill Abbout, 3d ed., (London: Longmans, Green, & Co., 1883), pp.9-10.

인이 지니고 있는 심정적 요소로서의 의지가 위의 대상들을 선한 것으로 아니면 악한 것으로 만든다고 주장했다.

그렇다면 위와 같은 대상들을 선하게 만들어주는 궁극적인 근원은 오직 선하게 행위하려는 심정적인 의지로서의 선의지 뿐이라는 것이다. 특히 선의지는 어떤 목표의 추구 및 달성에 도움이 되기 때문에 선한 것이 아니라 그 자체로 선한 것이며 따라서 유일하게 다른 어떤 것을 위한 수단으로서 선한 것이 아닌 무조건적으로 선한 것이라 할 수 있다. 칸트에 있어서 윤리학이란 바로 이 선의지에 관한 탐구라 할 수 있다.30)

이렇게 선의지의 개념을 정립하고 난 후 칸트는 이를 바로 의무의 개념과 연결시킨다. 즉 선의지의 개념은 의무의 개념으로부터 가장 잘 도출할 수 있다는 것이다. 칸트는 일상적으로 선의지가 드러나는 경우를 우리가 의무감을 느낄 때 가장 잘 발견할 수 있다고 생각한다. 친구와의 약속을 한 번 어긴 사람이 후회와 함께 다음에는 반드시 약속을 지켜야겠다는 일종의 의무감을 느끼게 될 경우와 같이 칸트는 바로 이러한 일상적인 의무감이 선의지를 잘 드러내며 일상적인 도덕적 의식을 강화시킨다는 것이다. 따라서 칸트는 도덕적이라고 불릴 수 있는 유일한 행위는 오직 '의무로부터' 의욕되고 행해진 행위라고 주장한다.

인간이 의지에 의해서 좌우할 수 있는 것만이 도덕적 의무가 될 수 있으며, 의지로서 어쩔 수 없는 것은 도덕적 책임의 영역 밖에 속하는 것이다. 만일 우리가 어떤 것에 대하여 단순히 의지를 통해 의욕함으로써 행복하고 슬기롭고 건강하게 될 경우에만 그러한 것들은 도덕적 의무가 될 수 있으며, 도덕적 의의를 갖게 된다. 즉 자기 이익이나 자신의 성향 또는 처벌에 대한 두려움과 같은 근거에서 행해진 것이 아니라 오직 내적인 의무감으로부터 행해진 행위만이 도덕적이라 불릴 수 있으며 또는 선의지를 드러낸다는 것이다.

아무리 좋은 것이라도 선한 의지가 없으면 얼마든지 악용될 수 있다. 의지는 이성과 감성의 중간에 위치하는 심성으로서 이성처럼 판단함과 동시에 감성처럼 행위를 일으키는 능력도 갖추고 있다. 의지를 가지고 있다는 것은 어떤 종류의 행동을 취하는 것을 의미한다.

선은 결과에 의해 결정되는 것이 아니라 행위를 최초에 유발하는 동기, 즉 선한 의지의 분석에서 시작하여야 한다. 인간은 자기 행위의 결과나 혹은 어떤 결과에 대해서도 도덕적으로 책임이 없다. 인간은 도덕법칙에 대해서 의무를 갖게 되는데 이는 인간이

30) 리처드 노만 저, 안상현 역, 윤리학 강의, 문원, 1995, pp.131-133.

책임질 유일한 것으로서 이성적 의지에 의해 자유로이 복종해야 하는 비경험적이고 비사실적인 것이다. 의무는 법칙, 다시 말해, 도덕법칙에 대한 존중으로부터 행위해야 할 필연성이기 때문에, 우리 행위의 동기와 관련된 것이 의무이다. 칸트는 행위의 동기를 중요시한다.

선의지의 인간은 의무에 맞게 행동할 뿐이고, 옳은 것을 행하는 것은 단지 그것이 옳기 때문이지 다른 이유가 있어서 하는 것은 아니다. 그래서 칸트에게 있어서 의지와 상관없는 것들은 모두 도덕의 영역밖에 속하게 된다. 선의지 이외에는 무조건적으로 선하다고 할 수 있는 것이라고는 이 세상에서는 물론이고 이 세상 밖에서도 찾아볼 수 없다는 말에 잘 나타나 있듯이, 인간의 의지에 의해서 좌우될 수 있는 것만이 도덕적 의무가 될 수 있으며, 의지로서 어쩔 수 없는 것은 도덕적 책임의 영역밖에 속한다는 것이다.

의무라는 것은 도덕법칙을 존경하기 때문에 행위를 하지 않을 수 없는 필연성을 의미한다. 의무는 목적과 무관하고 의무에 따라 행동하겠다는 의지를 나타내는 형식적 원리만이 존재한다.31) 그 형식적 원리가 법칙이다. 의무에 따른 행위는 보편적 도덕법칙에서 필연적으로 나오는 것이다.

의무에 배치되는 행위는 비록 아무리 유익하다 하더라도 도덕적일 수는 없다. 또한 비록 의무에 부합하는 행위일지라도, 그것이 의무에 대한 존중에서 비롯된 것이 아니라면, 도덕적인 행위가 될 수 없다. 자기의 생명을 보존함은 우리의 의무다. 그러나 생명에 대한 자연적인 애착에서 나오는 행동은 의무에 부합하기는 하나 의무로부터 나온 것이 아닌 까닭에 도덕적 가치가 없다. 힘이 자라는 범위 안에서 남에게 친절을 베푸는 것도 우리의 의무다. 그러나 천성적으로 동정심이 많고 남을 돕는 것에 기쁨을 느껴 친절을 베풀 경우에는 그러한 행위가 아무리 의무에 부합하더라도 역시 도덕적 가치가 있는 행동은 아니다. 하지만 의무가 아닌 다른 근거나 동기로부터 행해진 행위들도 충분히 의무에 들어맞는 것일 수는 있다. 그러나 아무리 어떤 행위가 의무에 들어맞는 것이라 할지라도 의무라는 내적인 동기로부터 행해진 것이 아니라면 도덕적이라고 할 수 없다.

오직 의무의 요구에 따르려는 동기만이 행위에 도덕적 가치를 부여하게 된다. 따라서 행위가 의도하는 목적이나 행위에 의하여 도달되는 결과는 행위의 도덕적 가치와 아무런 관계가 없다. 인간은 도덕법칙에 대해서 의무를 갖게 되는데 이는 인간이 책임질 유일한 것으로서 이성적 의지에 의해서 자유롭게 복종해야 하는 비경험적이고 비사실적인

31) I. Kant, Grundlegung zur Metaphysik der Sitten, 1838년판(Rosen-kranz, Schubert 공편, S.17-21 참조.

원칙이다. 칸트는 어떤 행위를 평가함에 있어 적합성 내지는 적법성의 측면과 도덕성의 측면을 엄밀하게 구별하여 진정으로 도덕적이라 불릴 수 있는 행위는 오직 의무로부터, 의무감에 의해서 행해진 행위라는 점을 강조하고 있다.

4) 도덕법칙과 의무

칸트는 의무의 개념을 다시 도덕법칙과 연결시킴으로써 논의의 전환을 시도한다. 칸트에 있어 의무란 그저 막연한 감정이나 단지 구속받는다는 느낌에 그치는 것이 아니라 필연적으로 도덕법칙과 연결된다는 것이다. 이 점은 칸트가 의무를 '법칙에 대한 존경심으로부터 행하는 필연성'이라거나 아니면 '실천적 법칙에 대한 순수한 존경심으로부터 생겨나는 나의 행위의 필연성'이라고 정의하는 대목에서 잘 드러난다. 일상인들이 지니는 의무감의 근거에 놓여 있는 실천적 도덕법칙만이 행위에 내면적 가치를 부여하는 근거가 될 수 있다.[32)]

도덕법칙은 생겨날 결과에 대한 고려없이 복종되어야 한다. 다시 말해, 결과가 도덕법칙에 의해 평가되는 것이지 법칙이 결과 때문에 복종되어서는 안 된다는 것이다. 그래서 칸트는 천국이나 지옥은 도덕적인 동기를 유발하는 적절한 방법이 아니며, 신에 의해 지옥에 보내어질까 두려워서 악행을 삼가는 것은 도덕적 인격으로 행위하는 것이 아니라 자동기계와 같이 행동규범을 합법칙적으로 준수하는 것에 불과하다고 본다. 강제된 행위도 도덕적 행위가 아니며 도덕 외적이거나 도덕과 무관한 행위이다. 어떤 행위가 도덕적인 것이 되기 위해서는 그것이 외적인 힘에 의해서가 아니라 자율적인 의지에 의해서 유발된 것이어야 한다.

5) 도덕법칙과 정언명법

칸트의 도덕법칙은 결국 정언명법(正言明法)의 형식과 내용을 갖춘 것을 말한다. 정언명법이란 행위의 결과에 구애됨이 없이 행위 그것 자체가 선이기 때문에 무조건 그 실행이 요구되는 도덕적 명령을 말한다. 정언명법에 속하는 실천원리는 '도덕성의 명법'이라고 할 수 있다. 이 명법은 정의상 어떤 목표나 의도의 제약도 받지 않으며 행위의 결과를 고려하지 않고 행위 자체를 직접적으로, 무조건적으로 명령한다는 점에서 유일하게 정언명법에 속할 수 있다. 칸트는 이 점을 강조하여 정언명법은 행위의 결과에 관여하지 않으며, 오직 행위가 도출되는 형식과 원리에만 관계한다는 말로 표현한다. 그리고

32) 리처드 노만 저, 안상현 역, 위의 책, pp.134-136.

칸트는 도덕적인 선이 행위의 결과와는 무관하며 오직 행위의 동기에 따라 판단될 수 있다는 점을 상기시키며 오직 정언적으로 표현되는 '도덕성의 명법'만이 도덕적일 수 있음을 강조한다.

이에 반해, 가언명법(假言命法)은 오직 이것을 원하거든(어떤 목적을 실현하기 위해서) 이렇게 하라는 식의, 즉 어떤 조건 아래서만 타당성을 갖는 명법을 의미한다. 따라서 정언명법은 도덕법칙이지만, 가언명법은 도덕법칙이 아니다.33)

칸트는 네 가지의 다른 형식의 정언명법의 형식을 제시했다. 그러나 엄격히 말해, 하나의 정언명법만이 존재한다. 정언명법은 완전히 일반적인 형식(G라고 지칭)이 존재하고, 세 가지의 다른 더 특수화된 형식(각각 S1, S2, S3라고 지칭)으로 나누어진다. 여기에서 더 특수화된 형식은 일반적인 정언명법이 실천과정에서 어떻게 적용될 수 있는가를 더욱 명확하게 제시하는 형식으로서 일반적인 정언명법을 고쳐 말하는 것에 해당한다. 네 가지 정연명법 형식은 다음과 같다.34)

G: 네가 동시에 그것이 보편적 법칙이 되도록 의지할 수 있는 그러한 준칙에 따라서만 행동하라.

S1: 너의 행동준칙이 너의 의지에 의해 보편적인 자연법칙이 되어야 하는 것처럼 그렇게 해동하라.

S2: 너 자신의 인격이든 다른 사람의 인격이든, 인격을 결코 수단으로서가 아니라 항상 목적으로 대하도록 그렇게 행동하라.

S3: 너의 준칙을 통하여 너 자신이 항상 보편적 목적 왕국의 법칙을 세우는 구성원처럼 행동하라.

칸트가 제시한 일반적 정언명법을 실현하기 위한 세 가지 특수한 정언명법 형식의 내용을 구체적으로 살펴보면 다음과 같다.

(1) 보편법칙의 정식

'네 의지의 준칙이 언제나 동시에 보편적 입법의 원리로 타당할 수 있도록 행위하라.' 이 정식은 흔히 정언명법의 형식을 규정하는 것으로 평가된다. 즉 한 개인이 선택한 도덕규칙으로서의 준칙이 보편화 가능하여야만 한다는 점을 지적하고 있다. 이는 정언명법 일반의 형식을 규정하는 전제의 역할을 하며 이 점을 강조하여 칸트도 보편법칙의

33) 앞의 책, pp.137-138.
34) 앞의 책, 같은 쪽.

정식을 '유일한 정언명법' 또는 '바로 그 정언명법'이라고 표현하며 다른 정언 명법의 정식들이 이로부터 도출된다고 말하기도 한다. 간단히 말해서 정언명법은 누구나 반드시 따라야 하는 도덕법칙이 무엇인지 이성적으로 알려주는 방법이다.

그렇다면 윤리학에서 '보편법칙' 또는 '보편화 가능성'이 의미하는 바는 무엇인가? 보편성에 포함되는 여러 요소가 있지만, 그 중 가장 중요한 것은 윤리적 보편성이 불공평 또는 불공정을 배제하기 위하여 도입된 것이라는 점이다. 칸트는 이 보편법칙의 정식을 통하여 준칙이라는 형태로 구체적으로 드러나는 행위자의 의도가 보편화 가능한지 그렇지 않은지를 자문함으로써 그런 의도가 도덕적으로 허용되는 것인지 그렇지 않은지를 결정하려 한다.

첫째, 어떤 규칙이 도덕규칙이 되려면, 그것은 일관성 있고 보편타당성이 있어야 한다. 이것은 개인의 의지에 따른 준칙이 언제나 동시에 자연적 보편법칙에 따른 것이어야 한다는 것을 의미한다. 준칙(maxime)은 개인이 일상적 행위를 할 때 의존하는 주관적 원리이다. 준칙은 개인의 주관적인 의지의 작용이기 때문에 개인마다 다를 수 있다. 준칙은 보편적이기 보다는 개별적이기 때문에 도덕법칙이 아니다.

보편법칙은 도덕법칙을 의미한다. 인간은 실천이성뿐 아니라 감성도 있기 때문에 준칙에 따르는 행동도 자주 일어난다. 이처럼 사람이 이성적이라 해도 개인이 의존하는 준칙의 성격은 다양하므로 물이 높은 데서 낮은 곳으로 흐르듯이 선을 행하는 것이 그렇게 필연적일 수는 없다.

인간의 행위는 필연이 아니라 당위에 따른다. 그 당위는 주관적 준칙을 '~을 하라'라고 명하는 명령의 형식으로 된 도덕법칙에 일치시켜야 하다는 당위이다. 즉 '네 의지의 준칙이 항상 준칙인 동시에 보편적인 입법의 원리로서 타당할 수 있도록 행위하라.' '너의 준칙이 보편적 법칙이 되기를 너로 하여금 동시에 의욕할 수 있도록 하는 바로 그러한 준칙에 따라 행위하라.' 이러한 원리는 그리스도의 황금률의 원리, 즉 '남에게 대접받고자 하는 대로 너희도 남을 대접하라'에서 찾을 수 있으며, 공자의 '자기가 하고 싶지 않은 일을 남에게 시키지 말라'에서도 찾을 수 있다.

즉 나 자신의 생활신조가 모든 사람의 것으로 되어도 좋다고 인정될 때, 그것은 곧 도덕성을 갖는 것이다. 이는 어떤 행위가 도덕적으로 옳은지 그른지 자기 자신에게 물어보아야 한다는 말이다. 자기 자신을 위해 예외를 만드는 것은 도덕적이지 않다는 것이다. 이 정식은 무엇이 행위를 옳게 하는지 우리에게 말해주고 있지는 않다. 단지 어떤 행위가 그른가를 알아내는 방법을 제시할 뿐이다.

(2) 목적 자체의 정식

'너 자신의 인격에 있어서나 다른 모든 사람의 인격에 있어서 인간성을 단순히 수단으로서만 사용하지 말고 동시에 목적으로 사용하도록 행위하라.' 흔히 이 정식은 정언명법의 구체적 내용을 규정하는 것으로 평가된다. 만약 모든 사람들이 따르는 도덕규칙이 있다면, 그것은 수단으로서가 아니라 목적 그 자체이어야 한다. 이것은 자신에게 있어서나 다른 사람에 있어서나 인격을 언제나 동시에 목적으로 대하고 결코 수단으로 대하지 말라는 의미이다. 그러나 어떠한 경우에도 반드시 사람을 수단으로 사용해서는 안 된다는 의미가 아니라 때에 따라서는 인간성을 수단으로 사용하는 경우가 있다해도, 그 인간성을 언제나 동시에 목적과 함께 사용하여야 한다는 의미이다.

특히 목적 자체의 정식과 관련해서는 이 정식에 등장하는 '동시에 목적으로 사용하라'는 문구가 큰 의미를 지닌다. 왜냐하면, 우리는 일상적으로 많은 경우에 상대방을 수단시 하면서도 전혀 도덕적으로 비난받지 않기 때문이다. 예컨대, 책꽂이가 필요하여 목수에게 책꽂이를 짜달라고 부탁하는 경우 나의 목적은 분명히 책꽂이를 얻는 것이며 나는 이를 위해 목수를 수단으로 사용하고 있다. 하지만 그렇게 한다고 해서 어느 누구도 나를 비난하지는 않을 것이다. 왜냐하면, 나는 목수를 수단으로 사용함과 동시에 그에 대한 대가를 지불함으로써 수단으로 사용한 것에 대한 적절한 보상을 하며 이러한 보상이 목수의 목적, 즉 목공일을 함으로써 생활을 해 나가는 그의 목적에 도움이 되는 것이다. 즉 나는 목수를 수단으로 사용함과 동시에 목적으로도 대우하고 있다. 물론 목수를 단지 수단시하며 전혀 목적으로 대우하지 않는다면 나는 비난받게 될 것이다.

(3) 목적 왕국의 정식

각자가 도덕규칙을 자신과 타인들의 행위에 대한 지침으로서 채택하기로 결정할 때 각자의 의지에 의해 자신에게 부과될 수 있는 규칙이어야 한다. 만약 어떤 행위의 규칙이 타인의 의지에 의해 한 사람에게 부과된다면, 그 규칙은 그 사람 자신에 의해 정당하게 부과된 것으로 인정되지 않는 한 도덕규칙이 될 수 없다. 외부로부터 강요되지 않은 도덕규칙, 스스로 그 규칙에 따라 행위할 의무가 있다고 자인하는 것은 자신에 대한 그 규칙의 타당한 구속력을 인정한다는 것을 의미한다.

'너의 준칙을 통하여 너 자신이 항상 보편적 목적 왕국의 법칙을 세우는 구성원처럼 행위하라'. 칸트는 이 세 번째 정식을 '목적 왕국의 정식'이라고 부른다. 목적 왕국의 구성원들은 자신과 타인을 결코 수단으로서가 아니라 동시에 목적 자체로 취급해야 한다.

그들은 항상 스스로 보편법칙을 구성하고 그 법칙에 복종하는 성원이다. 이처럼 칸트의 윤리는 인격을 절대적 가치로 여기는 인격존중의 원리이다.

칸트는 이 정식을 정언명법의 형식과 내용이 결합된 '모든 준칙의 완전한 규정'이라고 표현한다. 앞의 두 정식에서 드러났듯이 각각의 이성적 존재는 자신의 의지의 준칙을 통해서 스스로를 보편법칙을 세우는 존재로 간주하여야만 하며 또한 자신을 포함한 모든 이성적 존재를 수단이 아닌 목적으로 존중하여야만 한다. 그렇다면 이러한 이성적 존재들이 모인 공동체는 '목적 왕국'이라 할 수 있다. 여기서 왕국이라는 말은 공통적인 법칙을 통해서 서로 다른 이성적 존재들이 세계적으로 결합함을 의미한다. 그리고 모든 이성적 존재들은 이 목적 왕국의 한 구성원이 된다. 이 때 이성적 존재는 자신이 스스로 보편법칙을 형성하는 존재임과 동시에 이 법칙에 자신도 복종한다. 즉 이 목적 왕국의 입법자임과 동시에 법칙에 복종하는 자가 된다.

5. 자연주의 윤리

1) 개관

자연주의와 직관주의는 17~18세기의 대표적인 윤리사상이다. 사회계약론의 기초윤리로서 자연주의는 한마디로 도덕적 관념이 자연적인 원천에서 도출된다는 주장을 편다. 자연주의는 자연적 사실, 즉 우리가 체험할 수 있는 자연적 사실을 근거로 삼아 보편적인 인생의 목적 또는 절대적인 행위의 법칙을 추론해 낼 수 있다고 믿는다. 존재 또는 사실에 해당하는 "현재 ~이다", "존재한다"는 미래를 밝히는 유일하고 충분한 근거가 된다는 것이다.

자연주의적 윤리설에 대한 대부분의 옹호자들은 가치의 근거를 특히 인간에 관한 심리학적·사회학적 사실에서 구한다. 예컨대, '사람은 누구나 쾌락을 원하고 고통을 싫어한다'는 것은 심리학적 사실이고, 이것에 입각하여 '옳은 행위란 쾌락을 최대량으로 늘리고, 고통을 최소량으로 줄이도록 행위하는 것이다'라고 가르치는 쾌락주의가 그 전형적인 경우이다. 자연주의는 인간도 자연의 일부이고 신도 자연의 일부로 본다. 그러므로 인간이 그 본능에 따라서 살아가는 것은 극히 자연적인 현상이고, 그 본능을 추구하는 과정 속에서 도덕법칙을 도출해야 한다는 주장이다.

인간이 죽지 않고 살려는 본능, 즉 자기보존의 충동은 인간의 본성이기 때문에 이러한 자기보존의 욕망을 충족시키는 행위는 도덕적이고 그러한 행위들로부터 도덕법칙이 도출된다는 것이다. 이러한 관점은 자기보존의 자연충동에서 모든 도덕규범들과 법칙들을 도출할 수 있다고 주장하는 스피노자(Spinoza)나 홉스(Hobbes)의 사상에서 찾아 볼 수 있다.

인간이 본능적 욕구를 충족했을 때 기뻐하고, 좌절했을 때 괴로워한다는 것은 자연적 현상이다. 타인의 억울한 일이나 어려운 처지에 있는 사람을 보면 도와주려는 동정심이 생긴다는 것도 아주 자연스러운 현상이다. 데이비드 흄(David Hume)은 쾌락과 동정을 인간의 자연적 감정이라고 규정하고 이것들로부터 도덕법칙들을 도출하려고 하였다. 스펜서(Spencer)는 도덕관념을 그것이 없으면 살아남을 수 없는 유전적 본능의 산물로 보았다.[35] 이러한 관점은 사실에서 가치를 도출한다는 측면에서 자연주의적 오류라는 비판을 받기도 한다. 자연은 사실이고 도덕규범은 가치라는 측면에서 나온 비판이다.

우리는 자연주의가 과학적 방법을 사용하고 과거의 신 중심적인 윤리관에서 벗어난 새로운 시도라는 점에서 자연주의 윤리사상을 조명해 보고 특히 국가라는 제도의 필요성에 대한 사상을 제공한 사회계약설에 대해 집중적으로 검토해 보기로 한다.

2) 스피노자의 윤리설

(1) 덕으로서의 자기보존의 충동

스피노자는 17세기 네덜란드의 합리주의 유대인 철학자이다. 유대교의 전통적 학문 분위기 속에서 교육받았으나 르네상스 시대의 범신론의 영향으로 인격신을 부정, 유대교에서 파문당했다. 따라서 흔히 범신론자(汎神論者)라고 불리우는 스피노자(B. Spinoza)는 자연주의 시대의 대표적인 학자이다. 자연과 이 세상의 만물이 곧 신이며 신이 자연이라고 생각하는 종교관의 소유자였다. 따라서 스피노자는 인간보다는 신 중심으로 전개된 중세의 사상에서 벗어나 신은 곧 자연이며, 인간도 자연의 일부라고 보았다.[36]

윤리현상도 자연현상의 일부라는 것이다. 스피노자에 있어서 신은 인격신이거나 초월적 신이 아니다. 그 신은 자연의 어디에서나 찾을 수 있는 신, 자연에 내재하는 신이다. 정신과 물질은 유일한 실체인 신의 두 속성이기 때문에 정신이나 물질은 모두 자연이라는 이야기가 된다. 따라서 정신도 자연필연성의 지배를 받는다. 자연필연성이란 보

35) 강재륜, 앞의 책, pp.166-167.

36) 스피노자는 데카르트의 영향으로 대카르트 철학의 원리를 기하학적으로 증명하려는 저서 『데카르트의 철학원리』를 발표하였다. 이 처녀작으로 학계의 인정을 받았으나 그 다음에 나온 저서 「신학정치론」이 금지처분을 받고 다른 저술활동도 할 수 없게 되었다. 그의 「윤리학」은 원고상태로 뜻있는 사람들 사이에서 돌려보는 것이 되었다. 강재륜, 위의 책, p.169.

편적인 자연법칙에 나타나는 우연이나 자유도 있을 수 없는 필연성을 의미한다. 즉 정신도 신의 지배가 아니라 자연의 보편적 법칙에 따라 움직일 수밖에 없다는 것이다.

스피노자는 덕을 능력으로 이해한다.[37] 덕은 인간이 자기존재에 집착하는 노력임과 동시에 능력이며, 인간이 자기존재를 유지하려고 노력할수록 많은 덕을 가지는 것이 된다. 이처럼 스피노자는 덕으로서의 능력을 자기보존에서 찾았고, 자기보존의 노력은 덕의 제1의 기초로서 자기보존의 원리 없이는 어떤 덕도 생각할 수 없다고 보았다. 자기보존이라는 자연적 사실에서 모든 도덕적 가치를 도출하는 점에서 그의 윤리설은 명백한 자연주의이다.

인간의 본질은 자기보존의 충동에 있으며, 다른 사물도 마찬가지다. 인간의 경우에는 그 충동이 의식화되면 욕망이 된다. 자기보존의 충동이 실현되는 것이 모든 존재의 도덕적 목표이며 이상이다.[38] 그 이상의 실현과정에 있어서 인간이 작은 완전성에서 보다 큰 완전성으로 옮아가는 것을 즐거움이라 하고, 인간이 큰 완전성에서 보다 작은 완전성에로 옮아가는 것을 괴로움이라 한다.

욕망과 즐거움과 그리고 괴로움은 가장 기본적 도덕정서이며, 여기에서 모든 다른 도덕적 정서들이 도출된다. 스피노자도 모든 사람은 필연적으로 쾌락을 추구하기 마련이라고 본다. 그러나 그의 쾌락이란 자기보존의 충동이 충족됨으로써 비로소 가지게 되는 파생적 감정이라는 점에서 공리주의와 같은 쾌락주의 사상은 아니다.

(2) 자기보존에 대한 지식과 감정의 기능

자기보존의 노력에서 파생되는 정서들 중에서 가장 중요한 것은 사랑과 증오이다.[39] 증오에 속하는 일체의 정서들은 악이다. 증오는 증오로 갚아지면 더욱 나쁜 방향으로 발전된다. 증오는 사랑에 의해서만 근절된다. 증오를 사랑으로 극복하려고 노력하는 사람은 그 싸움을 기쁨과 자신을 가지고 감행하면 반드시 이긴다.

스피노자는 자기보존의 충동과 관련하여 참된 지식의 중요성을 강조한다. 지식은 능동적이고 완성된 삶을 가능하게 하고, 감정은 인격의 완전성을 저해하게 된다. 지식이 증대될수록 더욱 더 정신은 능동적이 되며, 자기보존의 충동이 더욱 충족된다. 반면, 감정은 관념을 혼란시키며 정신의 능동성을 저해한다. 그래서 지식이 증대되면 감정은 점

37) 스피노자의 윤리학은 기하학적 연역법에 의해 공리(公理), 또는 정의(定義) 그리고 정리(定理)와 증명의 형식으로 전개된다. 따라서 정의1, 정리1의 증명이라는 형식을 취한다. 스피노자, 윤리학, 4부, 정의 8. 스피노자, 「에티카」, 강영계 옮김, 서광사, 1999 참조.

38) 위의 책, 제3부, 정리 7.

39) 위의 책, 4부 정리 46 참조.

차 소멸한다.

정신이 능동적이어야 신체도 능동적일 수 있다. 그러므로 정신의 수동성을 물리쳐야 한다. 정신의 수동성은 감정이다. 감정 대신에 순수한 지식을 가져야 한다. 보다 능동적이고 완성된 삶을 위해서는 참된 지식이 필요하기 때문이다.

(3) 필연성의 인식과 기계적 결정론

인간은 고립되고 무력한 존재가 아니라 신의 존재에 참여하고 신과 일치하는 존재임을 알게 된다. 그리고 모든 것이 우연히 또는 자유롭게 존재하는 것이 아니라 궁극적인 원인, 신에 의해 필연적으로 결정된다는 사실을 알게 된다. 우리가 자유라고 생각하는 것은 구태여 말한다면 이 같은 필연성을 아는 것이라고 하여야 한다. 즉 스피노자에 있어서 자유는 필연성의 인식이다.

인간은 자유의 상태에 있는 것이 아니다. 신을 바탕으로 하는 자연계와 정신계는 모두 신을 필연적 원인으로 하기 때문에 자유라는 것은 어디에도 있을 수 없다. 그럼에도 불구하고 우리가 자유라고 생각한다면, 그것은 공중을 나는 돌이 그 역학적 원인을 모르고 자유롭게 공중을 날고 있다고 착각하는 것과 같다. 즉 자유는 그 필연적 원인을 알지 못하는 데서 나오는 하나의 환상에 불과하다.

유아는 자유롭게 젖을 빨고 있다고 생각하고, 분노에 찬 소년은 자유롭게 복수를, 공포에 떨고 있는 소년은 자유롭게 도피하고 있다고 믿는다. 그리고 술주정꾼은 술이 깨면 괜한 소리를 했다고 후회할 말을 자유로운 결단에 의해 하고 있다고 믿으며, 수다쟁이, 풋내기 소년, 그밖에 이와 유사한 사람들은 자유로운 결단에 의해 떠들고 있다고 믿는다. 그러나 그것은 실제는 떠들고 싶다는 그들 자신의 충동을 억제할 수 없었다는 이야기에 불과하다. 그래서 경험이 이성에 못지않게 명백하게 알려주는 바에 의하면, 인간은 자기의 행동만 알고, 그 행동을 결정한 원인을 모르기 때문에 자기는 자유롭다고 생각하는 것이다.

우리는 자유롭게 말을 하는 것 같으나 자유로운 것이 아니다. 또한 자유롭게 선택하여 행동하는 것 같으나 자유선택이 아니다. 수다쟁이는 자기의 혀를 통제하지 못하며, 겁먹은 소년은 자리를 피하지 않을 수 없다. 정치인의 언동은 그의 내부에 존재하는 열망이나 욕구의 표출이지만, 그 언동의 결과에 대한 정치적인 계산 없이 함부로 떠들기는 어렵다. 경찰관이 각종 회의나 토론 프로그램에서 의견을 개진하는 것이 자유라고 생각할 수 있으나 엄격하게 따지고 보면 그렇게 말하지 않으면 안되는 필연적인 원인의 결과이다.

인간의 언동은 어떤 필연적 원인에 의해 유발되는 것인데도, 그 필연적 원인을 모르는 데서 우리는 자유롭게 언동하고 있다고 착각한다. 자유는 오히려 필연성의 인식이다. 모든 심신의 움직임이 필연성의 지배하에 일어난다는 사실을 인식하는 데 자유가 있다면 있는 것이다. 이처럼 스피노자는 자유를 부정하고 결정론을 주장한다. 스피노자의 이런 결정론은 현대윤리학에서는 '기계적 결정론(hard determinism)'으로 분류된다.[40)]

3) 홉스의 사회계약설

(1) 자기보존의 노력과 욕망

홉스(Thomas Hobbes)의 방법론은 과학적이라 할 수 있다. 그는 갈릴레이가 물체의 운동법칙으로 물리현상을 설명하려 했던 것처럼 자기보존이라는 자연의 원리로 인간과 사회를 설명하려 했다. 자기보존은 인간의 자연적 본성이라고 보았기 때문이다.

홉스의 윤리학은 스피노자와 마찬가지로 자기보존의 노력에서 출발한다.[41)] 그 노력은 욕망과 혐오로 구분된다. 물론 우리가 행동하려면 그 이외에도 희망, 절망, 그리고 공포 등의 정서들이 영향을 미치기도 한다. 이러한 영향요인으로 인해 인간은 행동하기 전에 심사숙고의 과정을 거쳐 행동의지가 생기게 된다. 이 경우의 의지는 언제나 자기보존을 위해 필연적으로 바람직한 방향으로 향하게 된다. 인간이 마음대로 결정하는 그런 종류의 의지의 자유는 부정된다. 예컨대, 경찰관이 범죄자를 검거하고 도덕규범에 따라 행동하는 것은 자기보존의 노력에서 비롯되는 필연적인 의지의 표출이다. 경찰관이 발언의 자유가 주어진 상황에서 마음 속에 있는 말을 함부로 하지 못하는 것도 자기보존 욕망의 작용의 결과이다. 인간이 이기주의적인 것도 잘 살아야 한다는 자기보존 욕망을 충족시키기 위한 것이다.

홉스는 아리스토텔레스 이래 인간을 사회적 동물로 보는 전통적 인간관을 수정하여 이기적이고 반사회적 동물로 규정했다. 그러므로 그는 자기보존의 노력의 정서인 욕망과 혐오에서 모든 도덕적 가치를 도출한다.

> "선악은 우리의 욕망과 혐오를 나타내는 이름이며, 그것은 사람들의 기질, 관습, 신조에 따라 다르다. 사람에 따라 미각, 후각, 청각, 시각에 의존하는 쾌·불쾌의 판단이 다

---

40) 강재륜, 위의 책, pp.173-174.
41) 홉스, 리바이어던, 이정식 역, 휘문출판사, p.210.

를 뿐 아니라 행위에 대해서도 무엇이 이성에 맞고 맞지 않는지의 판단이 다르다. 때문에 개인의 욕망이 선악의 기준인 한, 사람은 전적인 자연상태, 전쟁상태에 있는 것이다."

인간의 욕망과 혐오는 서로 다르기 때문에 선악은 사람에 따라 서로 다르다고 보는 것도 그의 이기주의적 인간관에서 비롯된다. 인간은 순간의 욕망을 만족시키려고 할 뿐만 아니라 미래의 모든 욕망들도 만족시킬 수단을 찾는다. 그러므로 인간은 항구적이고 끊임없는 권력욕을 가지게 된다. 권력욕은 자기보존과 자기만족을 위한 수단이다. 결과적으로 인간 사이에는 서로를 견제해 보려는 욕망이 생기게 된다.

홉스는 권력을 사회의 높은 덕이라고 주장한다. 덕은 바로 사회적 명성이나 높은 지위를 의미하고, 사람의 가치라는 것은 다른 모든 것과 마찬가지로 그에 대한 가격이다.[42] 그 가격은 개인의 권력의 사용 정도에 따라 매겨진다. 개인의 가치는 노동시장에서 노동자들의 노동력이 가격으로 거래되는 것처럼, 그리고 부, 명예, 명성, 위엄과 같은 특성을 소지한 자의 사회적 영향력이 증대되는 것처럼 현금가치로 계산 될 수 있다. 홉스에게 도덕이나 정치는 자기보존과 자기만족의 추구라는 의미로 설명된다.

(2) 이기주의적 인간관과 통제메커니즘

홉스는 이기주의적 인간관을 표명한다. 자기보존과 자기만족을 덕으로 추구하는 인간의 본성은 타인의 선을 위해 자애로울 수 없는 이기주의적 속성을 가지고 있다. 인간은 반사회적 동물이므로 타인의 선을 배려하는 면이라든지, 나의 이익이 타인의 이익과 불가분의 관계에 있다는 사실을 인정하지 않는다.

홉스는 국가 이전의 인간의 자연상태를 만인 대 만인의 투쟁상태로 규정하고, 증오와 악의에 의한 상호파괴상태라고 주장한다.

> "만인 대 만인의 전쟁상태에서는 부정의라 할 것은 아무것도 없다. 옳고 그름, 정의와 부정의의 관념은 거기에는 있을 수 없다. 공동권력이 존재하지 않는 곳에 법은 존재하지 않으며, 법이 없는 곳에 부정의는 없다. 전시에는 힘과 기만의 두 가지가 근본 덕이 된다. 이 상태의 필연적인 귀결로서 거기에는 소유도 지배도 없고, 나의 것과 당신의 것의 구별도 없으며, 각인이 획득할 수 있는 것만이 그의 것이며, 더욱이 그가 그것을 소유하고 있는 한에서만 그러한 것이다."[43]

42) 강재륜, 앞의 책, p.177.
43) 홉스, 리바이어던, p.210.

홉스의 자연법에 대한 인식은 특이하다. 고대 그리스 이래 자연법이라면, 그것은 사람이 살고 있는 자연계에 보편적으로 작용하고 있는 법을 말해 왔다. 이런 자연법은 때로는 약육강식의 법칙으로, 때로는 신의 법의 불완전한 표현으로 생각되기도 했다. 그러나 홉스는 자연상태에는 어떤 법도 존재하지 않는다는 인식 아래, 자연법은 인간의 이성에 의해 발견된 일반법칙, 이성의 명령이라고 주장했다. 그는 자연상태에는 자연법이 아니라 자연권(自然權)이 있었다는, 즉 법보다 먼저 권리가 있었다고 보았다.

홉스에 의하면, 자연상태에서 개인은 법제도나 신분적 제약을 전혀 받지 않으므로 태어나면서 자기 개인의 생존을 위하여는 마음대로 힘을 키우고 행사하는 자연권을 가진다. 그러나 자연자원은 제한되어 있고 인간의 능력은 평등하다. 즉 인간은 아무리 약자라도 자기방어를 위해서는 어떤 강자라도 일격에 쓰러뜨릴 수 있는 힘의 평등 상태에 있다. 이는 권력의 평등을 의미하지는 않는다.

다음은 사려의 평등으로서 이것은 자기의 체험에서 배우는 기회가 균등하고, 모든 사람이 똑같이 사려깊다는 이야기가 아니라 일정한 수준의 판단능력을 가지고 있다는 뜻이다. 그리고 이기적인 경쟁으로 인간이 서로 다툴 때, 모두 그 경쟁에서 이길 수 있는 희망의 평등이 있다.44)

이런 상황 속에서 자기이익의 무제약적 추구는 사람들 간에 경쟁, 불신, 명예의 감정을 일으키며, 공포와 폭력에 의한 죽음이 언제나 도사리고 있는 만인에 대한 만인의 투쟁상태가 발생한다. 이러한 투쟁상태에서 인간은 자신의 생명을 가장 잘 보존시킬 수 있다고 생각되는 행위를 게을리 하지 못하게 된다. 즉 개인은 고독하고 도처에 위험이 도사린 자연상태에서 자신의 안전을 획득하기 위해 노력하지 않으면 안 된다. 이러한 노력과정에서 인간 개개인은 자신이 행동하는 모든 환경을 완벽하게 인식하고 일시적 충동이나 편견에 동요되지 않는 합리적인 인간이 된다. 그리하여 상호투쟁 상태에서 벗어나기 위한 가능성을 고려하게 된다. 그 결과 사람들이 단결하고 협력할 수 있는 조건에 대한 이성적 성찰에 의해 자기보존을 위해서는 평화와 협력이 폭력 및 전반적인 경쟁보다 한층 더 큰 유용성을 가진다는 통찰을 얻게 된다. 이 통찰에 의해 자기의 자연권에 대한 양보의 가능성을 찾게 되는 것이다.

> "왜냐하면, 개인이 그가 바라는 대로 모든 것을 행할 수 있는 이 자연권을 보유하고 있는 한, 모든 사람은 투쟁상태에 있기 때문에 평화를 위해 필요하다고 생각되는 한, 자

44) 강재륜, 앞의 책, p.177.

기의 권리를 버려야 된다. 자기의 권리를 버리지 않는 한, 타인도 자기의 권리를 버리지 않을 것이다. 이는 타인이 자기를 위하여 하여주듯이 네가 요구하는 모든 것을 타인에게 행하라는 황금률이며, 또한 네가 너를 위하여 바라지 않는 것을 타인에게 행하지 말라고 한 모든 사람의 법이다."45)

홉스가 가정하는 이기적인 개인들은 상호간에 자기의 권리의 양도나 포기를 통해서 투쟁이라는 처참한 상태로부터 벗어나고자 한다. 다시 말해, 내가 타인에게 해를 끼치는 것이 나의 이익에 나쁜 것은 아니지만, 타인이 나에게 해를 끼친다면 나에게 불이익이 된다. 나는 끊임없이 힘의 경쟁에서 불안과 공포를 느끼게 된다. 그러므로 다른 모든 타인들이 나에게 해를 끼치는 것을 자제한다면, 나도 타인들에게 해를 끼치는 것을 자제함으로써 나의 생존이 보다 나아질 수 있다는 생각에 이르게 된다. 이러한 상호이익의 관점에서 개개 인간은 더 이상의 투쟁상태를 종식하고 평화를 이룩하는 계약을 체결한다. 즉 이기적인 개인이 계약을 통하여 자기안전과 평화를 모색하게 된다.

그런데 계약이란 상호신뢰 속에서 지켜지는 것이 중요하다. 만일 일방은 성실히 계약을 지키는데 타방은 지키지 않고 자기이익을 추구한다면, 계약 자체가 유지될 수가 없다. 그래서 계약은 당사자에 대한 구속력과 강제성을 지녀야 하며, 어느 한쪽에 의해 임의적으로나 일방적으로 파기되어서는 안 된다. 홉스에게 있어서 인간이 자발적으로 계약을 이행한다는 것은 인간의 이기적인 성향 때문에 불가능하고 사리에 맞지 않는 것이었다.

"칼을 갖지 못한 합의란 말에 지나지 않으며, 인간을 보호하는 힘을 전혀 갖지 못한다. 만일 아무런 권력이 정립되지 않거나 또는 인간의 안전을 도모할 만한 위대한 권력이 없다면, 계약 후에도 모든 인간은 전적으로 자기자신의 완력과 기량에 의존하게 된다."46)

그러므로 개인들은 계약을 담보할 권력체를 필요로 하게 된다. 이 권력체의 형성은 개인들이 모든 권력과 힘을 한 인간 또는 다수의 소리에 의해 그들의 모든 의사를 단일의 의사로 압축시킬 수 있는 한 회의체에게 양여함으로써 이루어진다.47) 이 권력체는

45) 홉스, 리바이어던, p.212.

46) 홉스, 리바이어던, p.241.

47) 이 권력체는 한 인격으로 통일된 다수인 사회 또는 단체(Commonwealth)로 일컬어진다. 이는 우리 인간들이 신의 가호아래 평화와 보호의 은혜를 입게 해주는 불멸의 신의 생성이다. 홉스, 리바이어던, p.244.

사람 또는 회의체로서 타인에게 명령하고 복종을 요구할 수 있는 주권을 가진다. 그러므로 홉스의 계약이란 모든 개인들이 자기의 자립을 포기하고 이 주권에 자신을 종속시키는 것이다. 물론 이 종속계약은 자기를 종속시키는 개인 간의 계약이다.

홉스에게 있어서 계약을 맺는 것은 개인이고, 이 계약의 결과로 주권의 개념이 도출된다. 홉스의 관점에서 보면, 인간은 이기적 개인의 무정부 상태와 완전한 절대권력 외에는 어떠한 선택도 가능하지 않다. 말하자면 주권자의 권위가 승인되어 국가나 사회가 존재하느냐, 아니면 주권자의 권위가 부인되면서 무정부 상태가 존재하느냐의 문제로 귀착되기 때문이다. 여기의 국가나 사회는 부차적인 개념으로서 주권을 표현하는 방식에 지나지 않는다. 홉스는 자신을 명령하고 강제할 수 있는 주권자를 '지상의 신'이라고 불렀다.

그러므로 인간은 공동권력, 즉 모든 사람을 통제하는 법제도를 갖춘 국가와 같은 것이 필요하다는 주장이다. 국가와 같은 공동권력은 개인의 평화를 보장한다는 계약 하에 이루어진 개인들의 절대적 자연권의 상호포기의 산물이다. 국가는 계약강제기관으로서 기능하여야 하고, 개인들의 선이 실현될 도덕적 기관은 아니다. 국가는 규약의 정의를 실현하는 수단으로서의 메커니즘이며, 시민사회의 질서를 유지하기 위한 수단에 불과하다.

4) 로크의 사회계약설

(1) 자연상태의 자연법적 질서

17세기 영국 철학의 아버지라고 하는 존 로크(John Locke)는 영국 경험론의 창시자이다. 그래서 그의 윤리사상은 경험론에 기초하고 있다. 사회의 관습이나 전래되어 온 전통을 체험하는 데서 경험적으로 도덕적 규범들과 판단능력이 생기는 것이다. 선악에 대한 인식도 경험의 산물이라고 본다. 자연은 인간에게 쾌락이 행복을, 고통은 불행을 가져온다는 것을 경험하게 하였기 때문에, 인간은 쾌락을 추구하고 고통을 회피하려는 성향을 가지게 된다는 것이다. 인간에게 그런 행복을 추구할 자연권이 있다는 것이 로크의 기본적 윤리관이다.

따라서 로크는 시민사회 이전의 자연상태에서 논의를 시작한다. 자연상태에서 출발하는 것은 아리스토텔레스처럼 사회를 인간의 본성에서 나온 자연적 기구로 보지 않기 때문이다. 사회는 인간이성의 산물로서 인간의 이익에 기여하지 못하거나 특히 자기보존의 욕구를 충족시키지 못하는 그런 사회이면 이를 끌고 나갈 필요가 없다는 의미를 함축하고 있다. 그러나 자연상태에 대한 개념은 홉스와는 견해를 달리한다. 홉스는 자연상태를 투쟁상태로 규정하였지만, 로크는 무법천지가 아니라 "이성적 자연법이 지배하는 상태"로 규정함으로써 자연법의 존재를 인정한다. 따라서 자연상태는 평화, 선의, 그리고 상호부조의 상태라는 것이다. 자연상태는 자유의 상태이지 방종의 상태가 아니고, 사람들이 다른 사람들의 허가를 받거나 통제받지 아니하고, 자연법의 테두리 안에서 자기가 적당하다고 생각하는 대로 자기의 행동을 취하고 소유를 처분할 권리를 인정한다.

그리고 자연상태는 평등의 상태로서 어떤 사람도 다른 사람보다 더 많은 권력이나 권한을 가지지 않는다. 자연법은 모든 인류에게 '사람은 모두 평등하고 독립이기 때문에 다른 사람의 생명 · 건강 · 자유 또는 소유를 해치지 않아야 한다는 것을 가르친다'. 또한 자연법은 모든 사람에게 자기와 타인을 동시에 보존하도록 의무화한다. 사람은 타인의 인격이나 소유에 아무런 권리도 가지지 않는다. 사람들이 다른 사람들의 간섭 없이 자연법의 테두리 안에서 자기의 뜻대로 행동하고 권리를 행사할 수 있다.

물론 이러한 개인의 자유는 자연법에 의해 제약을 받는다. 이 자연법은 인간의 이성적인 능력을 통해서 알 수 있는 것이며, 누구도 타인의 생명 · 신체 · 자유와 권리 · 재산에 관련해서 해악을 가해서는 안 된다는 것을 가르쳐 준다. 그럼에도 개인이 해악을 당하면 자기보호의 권리와 그 권리를 힘을 사용해서 지킬 권리가 허용된다. 만약 누군가가 나의 재산을 가지고 가면 그것을 되가져오고 가져갔던 사람에게 벌을 가할 권리를 가진다.

이러한 상황에서 자연법을 어긴 자를 처벌할 수 있는 공동권력이 없고 명문화된 실정법이 없기 때문에 자연상태의 사람들은 불안하기만 하다. 즉 자연상태가 개인의 재산권 보존에 불완전하다고 본다. 첫째, 자연상태에서는 옳고 그름의 기준으로서 또는 사람들 사이의 모든 분쟁을 해결할 공통의 척도로서 사람들의 공통적 동의에 의해 받들어지거나 또는 인정되고 있는 확립된 중지(衆智)의, 즉 여러 사람의 지혜를 모은 법이 없다. 둘째로 자연상태에 있어서는 확립된 법에 따라 모든 불화의 해결을 도모할 권위를 갖춘 중지의 공평한 재판관이 없다. 셋째로, 자연상태에 있어서는 올바른 판결이 내려도 이것을 뒷받침하여 그 적절한 판결을 집행할 권력이 결핍돼 있는 수가 많다.[48]

그리고 사람들은 각자 자연상태에서는 자연법을 제멋대로 해석하고 이를 실행에 옮기려 한다. 사람들이 각자 아전인수격으로 아집을 하며, 법을 어기는 결과가 되면 자연상태는 전쟁상태로 바뀐다. 이런 것을 막기 위해 시민사회가 필요해지게 된다. 다수의

48) 로크, 통치론, 임성희 역, 휘문출판사, 1972, pp.261-262.

사람들이 자연법에서의 자연권을 포기하고 이것을 공공기관에 양도함으로써 한 정부 밑에 하나의 정치적 시민사회를 가지게 된다.

이처럼 정부라는 것은 로크에 있어서도 이성의 산물이다. 자연법은 국가의 정당성의 기준이 되지만, 그 해석의 문제와 법 시행의 문제에서는 앞에서 지적한 바와 같이 자연상태를 어렵게 할 수도 있기 때문에 사람은 공정한 법 해석과 집행을 위해 자연상태를 떠나 시민사회로 들어간다. 다시 말해, 국민의 합의에 의해 사회가 형성되고 정부가 수립된다.

국민의 합의로 이루어지는 계약에는 두 가지가 있다. 하나는 사람들을 결합하여 사회를 형성하는 계약이며, 다른 하나는 정부를 수립하는 계약이다. 따라서 사회를 폐지하지 않고도 정부를 전복하는 것은 가능하며, 정부전복은 계약을 어긴 것이 되지 않는다. 그리고 로크는 자유에도 두 가지 유형이 있다고 주장한다. 자연적 자유와 시민적 자유가 그것이다. 자연적 자유는 자연상태에서 누리던 자유로서 자연법의 지배 이외의 어떤 지배도 받지 않는 자유이다. 시민적 자유는 실정법의 테두리 안에서의 자유이다.

절대왕정은 사회계약에 위배된다. 절대왕정 하에서는 국민은 한 사람의 변덕스럽고 불확실한 자의적 의지에 굴복하는 노예가 되기 때문이다. 정부는 사회의 복리를 위해 존재하여야 하며, 사회의 이익을 심각하게 위협하는 정부는 마땅히 교체되어야 한다. 이것이 정부에 대한 저항을 옹호한 로크의 논리이다. 요컨대, 인민들의 생명・자유・재산에 대한 일체의 침해는 원천적으로 무효이며, 이러한 과오를 기도하는 정부는 그 권력을 상실하고 만다. 이와 같은 경우 권력은 다시 사회로 돌아오고 사회는 새로운 정부를 구성하기 위해서 새로운 헌정적 입법조치를 취하게 된다. 한편 로크에 있어 공동체의 형성자체는 명시적이든 묵시적이든 만장일치의 동의에 의해 이루어진다 하더라도 공동체의 운영은 다수의 동의에 의해 이루어진다고 주장한다.

일정수의 사람들이 모두 동의하면 공동체가 형성되며, 그렇게 함으로써 그 공동체는 다수의 의사와 결정에 따라 일을 처리하는 하나의 정치사회를 이루게 된다. 그런 사회가 형성된 뒤에는 통치자든 피치자든 다수의사에 복종할 의무를 지게 된다. 자연법은 정치사회가 성립된 뒤에도 계속 유효하다. 실정법은 자연법을 어기는 내용을 포함해서는 안 된다. 다시 말해, 실정법은 사람들을 노예화하거나 궁핍화하거나 아무리 최고 권력자라 해도 본인의 동의 없이 인민의 재산을 자유처분하거나 또는 다수자의 승인 없이 세금을 부과하는 내용을 담을 수 없다. 근본적으로 개인의 자기보존을 위하여 있는 자연법은 인민에게나 입법자들에게 영원한 타당성을 가진 법이다.

(2) 소유권과 노동 그리고 정부

로크는 자연법과 관련하여 소유권 또는 재산권의 중요성을 강조한다. 소유권이나 재산권은 자기보존을 위해 가장 필수적인 요소로 보았기 때문이다. 사람은 자기보존의 권리를 가질 뿐 아니라 자기보존에 필요한 재산을 보전할 권리도 당연히 가진다. 신은 인간에게 그 생활을 밑받침하기 위해 대지를 주고 그 속에 있는 모든 것을 주었다. 그 대지의 본래 상태에서 무엇인가를 끌어내는 데 노동이 가해지면 마땅히 그 부속물들은 그의 소유로 된다. 여기에 사유재산의 이론적 근거가 있다.

자연상태에서도 노동은 노동자의 것이다. 자연물들은 본래 공동의 것이지만 이에 노동을 가하여 그것을 자연의 손에서 가지고 나왔다면, 그것은 그 노동자의 소유가 된다.[49] 가령 누가 자연의 사과나무에서 사과를 땄다면, 바다에서 고기를 잡았다면, 아무도 사과와 고기에 대한 그의 권리를 부인할 수 없다. 사과를 따고 고기를 잡은 것은 그것들에 노동을 가하여 공동소유상태에서 끌어내어 개인소유로 만든 것이 되기 때문이다. 노동은 그 노동을 그 대상에 투입하여 그 대상을 개인의 것으로 만들게 되는 것이다.[50] 자연물을 줍거나 모으는 것이 인격의 일부를 대상에 투입하여 자기의 것으로 만드는 의미를 가진다고 보는 것이다.

토지소유의 경우도 마찬가지이다. 땅을 개간하여 씨를 뿌리고 가꾸어 소출이 있었으면 그 소출은 노동의 열매로서 당연히 그 개간자의 소유이다. 사과를 따고 고기를 잡는 것과 같은 채집노동과는 달리 농경노동은 부가가치를 창조한다. 만물에 가치의 차이를 부여하는 것은 바로 노동이며, 인간생활에 유용한 대지의 생산물의 90%는 노동의 결과라고 말하는 것을 보면, 로크는 노동가치설에도 깊은 관심을 가진 것으로 보인다. 노동에 의한 가치의 부가는 농산물이나 수공예품의 소유권을 정당화하는 근거가 되는 것이다.

이처럼 정직한 근로의 산물을 보호하고 소유의 교환과 양도의 질서를 바로잡기 위하여 법이 있고 법을 집행할 정부를 설립할 필요성이 생긴다. 이것이 로크가 말하는 정치적 시민사회이다. 다시 말해, 정치적 시민사회의 목적은 민간의 분쟁해결기관으로서의 정부를 통하여 시민들의 재산을 보호하는 데 있다는 주장이다.

로크는 그의 저서 『정부론』에서 인민주권, 입법권의 우위, 권력의 분할과 제한, 그리

---

49) 로크, 통치론, 임성희 역, 휘문출판사, 1972, pp.204-205.

50) 로크는 자연권을 다루면서 재산권을 상세히 검토하고 있는데 이 재산권에 생명권, 자유권도 포함하고 있는 것으로 본다.

고 정부에 대한 인민저항권 등으로 민주정부론을 펴고 있다. 홉스가 자기보존을 위한 자연권의 사회적 실현과 보장을 정치사회의 목적으로 본 데 반하여, 로크는 소유권의 사회적 보장에 정치적 시민사회의 목적이 있다고 보고, 개인의 노동의 열매로서 재산의 보호를 위한 인공적 구조물이 국가라는 것이다.

국가는 인민의 동의를 기초로 하는 신탁에 의하여 인위적으로 구성되는 것이며, 그 권력의 기반은 사회계약에 참여한 개인들이 권력을 특정인들에게 신탁하는 데 있다. 만약 이 신탁에 반하여 개인의 소유권을 침해할 때에는 국민은 저항권을 발동할 수 있다. 한마디로 로크의 정치이론은 소유의 자연권을 기반으로 하는 계약국가론의 전형이라 할 수 있다.

로크는 가족이 국가로 발전한 것으로 본다. 가족이라는 단위 속에서 사람들의 욕망을 각자의 작은 소유의 한계 내에 한정시킨다. 이러한 단순하고 가난한 생활양식 하에서는 사람들이 평등하여 다툼이 적고 그 해결에도 많은 법을 필요로 하지 않았다.[51] 그러나 소유의 증대로 가족이라는 단위 사이에 다툼이 생기고 가족 내부에서도 분쟁이 증대됨에 따라 이를 조정하기 위한 다양한 법과 그 집행기관으로서의 정부가 만들어졌다.

인간의 소유욕은 소유의 교환, 즉 상업이 발달하면서 자극받아 더욱 조장되며, 결국 근로의 열매를 증대시킨다. 그러나 자연물들은 대부분 부패 또는 변질하기 쉬워서 소유의 증대에 한계가 있다. 로크는 소유의 교환과 부의 축적을 통한 소유의 증대 자체를 가져와서 결국 국부의 증대에 기여하는 점에서 화폐제도뿐 아니라 귀금속에 의한 부의 축적을 긍정적으로 보았다. 로크는 이처럼 물질적 소유를 도덕적으로 정당화하고 예찬함으로써 시민사회의 새로운 가치관을 대변하고 있다.

5) 루소(J.J. Rousseau)

(1) 자연상태와 평등

우리는 누구 앞에서나 자유로울 수 있고 평등할 수 있다. 물론 타인과의 관계 안에서만 가능하다. 하지만 현대의 지나친 이기주의적 사고방식이 진정한 공동체 수립에 방해가 된다면, 우리는 그 대안을 찾도록 노력해야 할 수 밖에 없다. 인간이 어떻게 하면 보다 자유롭고 평등할 수 있는가, 즉 인간의 본성을 실현시킬 수 있는 가에 대한 틀을 제시할 수 있는 이론이 루소의 사상이고 중심문제이다.

---

51) 로크, 통치론, p.262. 로크가 가정하는 자연상태는 풍요의 상태에서 인간은 자기가 향유할 수 있는 정도의 소유만을 하기 때문이다. 이것이 로크가 가정하는 풍요와 평화의 위대한 자연의 공동사회이다.

스위스 출신의 프랑스 철학자, 교육학자인 루소의 생애와 그의 저서 등을 살펴 볼 때, 그 사상의 근본을 이루고 있는 것은 자연주의이다. 인간의 자연성을 존중하고 모든 인간문화와 도덕을 자연에서 이끌어 내려고 하였다. 그는 자유가 인간의 특징이며, 그것이 인간의 본질적 권리라고 주장한다. 그에 의하면, 사람만이 향유하는 특권으로서의 자유는 두 가지 양상을 띤다.

첫째는 자연적 자유이다. 이는 행위를 외부로부터의 강제없이 스스로 결정함을 의미한다. 자기가 하고 싶은 일을 방해받음 없이 행할 수 있고, 하기 싫은 일을 타인에게서 강요받지 않는 것이다. 자연적 자유는 자연인의 독립을 의미한다. 자연상태의 자유는 사람들에게 공동규칙이 개입할 필요 없이 그들의 독립을 향유하기 때문이다. 고립되어 사는 원시인은 그의 힘과 욕구의 균형으로 인하여 독립적인 존재, 곧 자급자족하는 절대자이다. 자연인은 여타 자연인과 관계를 맺어야 할 어떤 이유도 없다. 이렇게 인간 상호관계가 형성될 수 없는 상태에서는 전제 군주나 압제정치를 겁내야 할 이유도 없다.

둘째는 사회적 자유이다. 사회적 자유는 사회의 법적인 일반의지에 대한 복종을 의미한다.[52] 사람들은 흔히 독립과 자유를 혼용하고 있는데 이는 근거 없는 생각이다. 이 두 개념은 너무나 상이해서 서로 배제하는 관계에 있다고 까지 말할 수 있다. 각자가 제 마음대로 행동한다면, 이는 언제나 타인의 마음에 들지 않는 것을 행하는 법이다. 이런 것을 자유라고 일컬을 수 없는 것은 자명하다. 사회적 관계가 시작되면서 자연상태에선 절대적 감정이었던 자기애(自己愛)는 상대적 감정, 즉 그것으로 사람들이 서로 비교하는 감정이 되고 자만심 또는 허영심으로 변형되어 인간들 내부에 만족을 모르는 지배욕을 낳는다. 자연상태에선 그 영향이 별로 느껴지지 않던 불평등도 지배적인 성격을 띠게 되어 인간 대 인간 관계에 치명적인 영향을 끼치게 된다. 그런 결과 한편의 독립은 다른 한편의 위험이 되며, 약자는 강자에 의해 지배당할 위험에 노출되고, 가난한 자는 부자의 먹이가 될 위험에 처하게 된다.

이런 상태에서 자연적 자유의 존속은 최대다수의 피해를 초래하기 마련이고, 각자의 개별의지가 자기를 주장할 수 있었던 자연적 독립도 혼돈의 원천이 되기 마련이다. 그러므로 사회계약의 목적은 일반의지를 정의의 척도, 즉 이성의 법으로서 제정하여 인간의 자연적 평등을 법안에서 재확립하고 모두에게 자유를 보장하는데 있다. 오로지 자연적 독립을 포기하고 자신을 법에 종속시킴으로써만이 사회적 삶을 사는 인간은 폭정과 폭압으로부터 자유로울 수 있다.[53]

52) 동경대학출판사 엮음, 미래사 옮김, 「철학사 강의」(서울: 미래사, 1985), pp.256-257.

자연상태의 원시인은 자기보존의 본능에 맡겨져 서로 고립되어 생활하고, 그 육체적 욕구를 충족시키는 것으로 자족적인 생활을 한다. 즉 자연인은 미덕도 악덕도 모르고 자유와 평등을 누리고 살았다.

> "미개인은 숲속을 헤매며 기술도 없고 언어도 집도 없었지만, 먹고 마실 것과 잠잘 것을 해결할 수 있었다. 전쟁도 하지 않고 동맹도 맺지 않을 뿐더러 동포의 도움도 전혀 필요로 하지 않고 또 그들은 서로 조금도 해치려고 하지 않았다. 개개인을 구별조차 하지 않는 미개인들은 자족적이며 극히 사소한 정념에 따를 뿐 자기가 처한 경우에 알맞은 것 이외에는 어떠한 감정도 지식도 갖고 있지 않았다."54)

원시적 자연상태에서 개인은 평화롭게 자기보존을 추구하는 평등한 독립적인 존재이다. 그리고 자연상태에서 인간을 지배하는 것은 홉스의 이기적 이성이 아니라 감성이다. 인간은 본질적으로 선하여 다른 사람이 고통을 겪는 것을 보면, 자신도 고통스러워한다. 자연적 삶은 본능과 감성이 지배하고 사악하지도 타산적이지도 않았다. 자연상태는 인간에게 가장 이상적인 상태이다.

홉스나 로크의 이론에 나타나는 이기적 타산 또는 합리적 이성에 의해 이루어지는 계약은 루소적 자연상태에서는 필요없다는 점에서 아무런 의미를 가지지 않는다. 자연상태에서 다른 사람과의 협력관계가 중요한 사회상태로의 변화는 인간사이의 계약이 필요하고 중요해진다. 인간의 이기적 타산 또는 합리적 이성 등의 능력은 타인의 도움을 필요로 하는 사회에서 중요하게 된다.

> "다른 사람의 협력이 필요하지 않으며 혼자서도 할 수 있는 일이나 기술에만 전념하는 한, 인간은 그 본성에 따라 자유롭고 건강하고 선량하고 행복하게 살면서 서로 독립된 교제를 나누는 즐거움을 계속해서 누릴 수 있었다. 그러나 인간이 타인의 도움을 필요로 하고, 그리고 한 사람이 두 사람 분의 저축을 하는 것이 유리하다고 느끼면서 평등은 사라지고 사유라는 개념이 인간을 사로잡았다."55)

(2) 사회상태와 불평등

자연상태에서 사회 상태로 이행되는 과정을 루소는 다음과 같이 서술하였다. "인류는

53) 철학사상 별책 제2권 제5호, 서울대학교 철학사상 연구소, 2003, pp.120-122.
54) 루소, 인간 불평등의 기원론, 이태일 역, 범우사, 1990, p.212.
55) 루소, 인간 불평등 기원론, p.225.

자연상태에서는 누구나 다 독립하고 있었는데 그 후 여러 가지 관계와 정념이 발달하여 각기 그 존재를 유지하기 위해 상호간에 규약을 맺어 그 계약 위에 사회라는 것이 조직되었다."[56] 그러나 타인에게 의존하는 사회상태에서는 사람들의 이성이 활발하게 작용하고 이기심에 눈을 뜨기 시작하였고, 사람들에게 능력의 차이가 나타나기 시작하였다. 왜냐하면, 타인에게 의존하는 상태는 자기의 욕구나 필요를 위해 타인을 이용하는 것을 의미하기 때문이다. 그래서 사람들은 서로를 이용하려고 갖은 기지와 교활, 심지어 폭력을 사용하게 되었다. 그 결과 노동을 줄이는 방법, 토지구획 등 생산수단을 독점하는 방법, 구매수단인 화폐재산의 축적 등을 위한 능력 차이에서 소유의 불평등이 이루어지게 되었다. 다시 말해, 이기심과 능력차이에 따라 어떤 사람은 부자가 되고, 어떤 사람은 가난하게 된다는 것이다.

사람들 사이에 사유재산제가 심화됨에 따라 부자는 더욱 재산을 늘리기 위해 모든 수단을 동원하게 되고 또한 자기 재산을 지킬 필요가 생겼고, 가난한 자는 부자로부터 자기에게 필요한 물건을 얻거나 빼앗아야 한다. 따라서 가난한 사람들은 자기의 성격에 따라 부자에게 지배와 굴종을 통해 연명하거나 폭력과 약탈을 통해 자기 목적을 달성하게 되었다. 원시사회의 고립과 평등이 깨어진 사회상태는 뒤이어 무서운 무질서가 초래된다.

부자들은 이로 인해 초래된 사회의 무질서를 종식시키고자 한다. 처음에는 개인적인 물리력에 의해 자기의 재산을 보호하지만, 보다 안정적인 일종의 공동의 규칙이 필요함을 느끼게 되고, 따라서 사람들은 법률을 탄생시키게 된다.[57] 그런데 이 법률은 사회 내의 강자의 이해를 대변하도록 구성되고 제정된다.

> "이 사회와 법률은 약자에게는 새로운 구속력을 부여하고 부유한 자에게는 새로운 힘을 줌으로써 자연의 자유를 영원히 파괴해 버리는가 하면, 사유와 불평등의 법률을 영구히 고정시키고 교묘한 약탈을 당연한 권리로 확립시켜 몇몇 야심가들의 이익을 위해 전 인류를 영원한 노동과 예속과 빈곤에 복종시키게 되었다."[58]

---

56) 루소, 「사회계약론」, p.25.

57) 어떠한 강자라도 만일 자기의 힘을 권리로 바꿔 놓거나 또 피통치자의 복종을 의무로 바꾸어 놓거나 해두지 않는 이상, 영구히 지배자의 위치에 있을 수 있는 정도의 충분한 힘을 가지지는 못하는 법이다(루소, 사회계약론, 박옥줄 역, 휘문출판사, 1972, p.341).

58) 루소, 인간불평등 기원론, p.232.

루소가 보기에 여기서 제정된 법률과 이를 뒷받침하는 현실 사회권력은 특수이익을 위한 것이고 불평등이라는 악덕을 위한 법에 지나지 않는 것이 된다. 그래서 현실사회의 불평등과 이를 위한 법과 정치권력은 폐기되고 인간의 바람직한 상태인 자연상태로 돌아가야 된다는 주장이다. 그러므로 루소가 그런 자연상태에서의 개인의 평등과 자유는 현실사회가 변화되어가야 할 모범 내지는 규범으로서 의미를 가진다.

그러나 루소가 보기에 개인들의 특수 이해가 지배하는 사회에서 독립과 평등을 향유하는 최초의 자연상태로의 회귀는 영원히 불가능하다. 왜냐하면, 인간은 사회화하여 이미 사회성을 획득한 상태이기 때문이다. 단지 원시적 자연상태는 현실 사회의 불평등을 제거하기 위한 새로운 사회계약을 통해 발견하고자 하는 개인의 자유와 독립의 방향을 제시해 줄 수는 있다. 즉 사회에서 잃어버린 도덕적 규범을 원시적 자연상태에서 발견하고자 하는 것이다.

(3) 일반의지와 사회계약

개별적 특수 이해가 지배하는 사회에서 개인의 자유와 평등을 보장하는 사회를 어떻게 구성할 수 있을까? 루소는 이러한 과제에 대하여 다음과 같이 표현하고 있다.

> "공동의 힘을 다하여 각 성원의 생명과 재산을 방어하고 보호해주는 일종의 협동체를 조직하되, 그 단체를 위한 행위가 결코 제 자신에 대한 불복종의 행위가 되지 않는다. 따라서 여전히 제 자유를 누릴 수 있는 그러한 조직체를 발견하는 것이다."[59]

루소의 사회계약론에서의 핵심개념은 일반의지다. 일반의지는 개인의 의지가 아니라 모든 사람들의 공동체적인 의지를 말하고, 자유와 평등을 지향하는 인간의지를 말한다. 다수의 사람들이 결합하여 하나의 단체를 이루고 있는 경우에 그들은 공동체의 보존과 전체의 행복에 관계되는 하나의 의지만 갖게 되는데 이것이 바로 일반의지다. 그러나 일반의지는 전체의지와는 다르다. 전체의지는 사사로운 이익만 생각하는 구성원 개개인의 특수의지의 총화인 반면에 일반의지는 구성원들의 공동의 이익을 추구하는 의지이기 때문이다. 개개인의 특수의지는 본질적으로 편파성을 지향하는 반면에 일반의지는 평등성을 지향하며, 따라서 공명정대하고 항상 공익을 도모한다. 일반의지는 항상 옳지만 그 구체적인 내용은 항상 변한다. 정치적 질서와 권위의 근거가 되는 것은 개인이 가지고 있는 물리적 힘이나 강자의 무력이 아니라 다수의 사람들이 일반의지의 지도를 받아 자

59) 루소, 사회계약론, p.349.

발적으로 합의하여 체결하는 사회계약이다.

사회계약의 당사자는 자신의 신체를 포함한 모든 것을 공동체 전체에 양도하기로 한 자연인들이다. 자연인은 개인의 자격과 공동체의 구성원으로서의 자격이라는 이중적인 지위를 갖는다. 자연인 개인은 자신이 소속된 공동체의 구성원 전체와 계약하는 것이므로 결국 자연인 개인은 자기 자신과 계약을 체결하는 것이 된다. 계약을 체결하기 전의 자연인 개인은 독립적인 존재였지만, 계약을 체결한 후의 자연인 개인은 공동체 전체와 불가분의 구성원이 된다.

사회계약을 통해 만들어지는 일반의지는 자기자신과의 계약으로 만들어진 산물이다. 따라서 자연인 개인이 일반의지에 따라 행동하는 한, 그는 자신의 의지에 따라 행동하는 것과 같으므로 항상 자유롭고 타인의 자유도 보장하게 된다. 일반의지 속에 개인의 자유는 시민적 자유의 형태로 실현된다. 자연인은 사회계약을 통해 자신의 모든 것을 포기하는 것이 아니라 일반의지를 통해 실제로 안전과 자유와 권리를 보유하게 된다. 즉 사회계약은 개인적 힘의 한계라는 제한을 받던 자연인의 자연적 자유를 일반의지의 지배를 받는 시민적 자유로, 그리고 자기 자신의 참다운 주인이 되는 도덕적 자유로 교환해주는 자유의 진정한 보장자의 기능을 한다.

사회계약의 내용은 자연인 각자가 자신의 신체를 포함한 모든 것을 공동체 전체에 양도하는 것이다. 이 양도는 유보 없이 실행하는 것이므로 결합은 최대한으로 완전하며, 구성원 개개인에게는 이제 요구할 것이 남아 있지 않게 된다. 공동체 구성원 가운데 일반의지에 따르지 않는 개인에 대해서는 자유롭게 되도록 강제될 필요가 있다. 즉 공동체는 구성원들에게 일반의지에 대한 복종을 강요할 수 있다. 자연인들이 공동체에 양도할 구체적인 내용은 사회계약으로 만들어지는 공동체, 즉 공적 인격체에 의해 결정된다. 루소는 다음과 같이 말한다. “사회계약에 의해 각 개인이 공동체에 양도하는 것은 재산, 자유 중에서 공동체가 필요로 하는 만큼의 부분이다. 그런데 공동체가 얼마만큼을 필요로 하는지는 오로지 주권자만이 판단할 일이다.

사회계약에 의해 형성되는 공동체, 즉 국가가 가지는 최고의 권력이 주권이다. 주권은 일반의지에 따라 지도되는 권력이다. 자연이 인간에게 자기 신체의 각 부분들에 대한 절대적인 권한을 부여한 것처럼 사회계약도 국가에게 그 구성원을 지배할 절대적 권력을 부여한다. 국가는 전체에 가장 적합한 방식으로 시민을 동원하고 배치하는 보편적이고도 강제적인 힘을 가진다. 사회계약에 의해 개개인이 양도하는 모든 것은 공동체 전체에 있어 반드시 필요한 부분에 한정하여 사용되어야 한다. 그러나 무엇이 필요하고 얼마나 필요한지를 결정하는 것은 주권자의 몫이다. 사회계약에 따라 시민은 주권자가 필요로 하는 것은 무엇이든지 행해야 할 의무를 부담한다. 주권은 바로 일반의지의 행사이므로 양도할 수 없다. 주권을 양도하는 것은 그 생성근거인 일반의지 자체를 부정하는 것이기 때문이다. 또한 주권은 분할될 수 없다. 주권은 집합적 존재인 주권자에 의해서만 대표될 수 있기 때문이다. 즉 일반의지는 전체시민의 의지이며, 구성원 개인 모두에게 보편적이고 총합적인 것이어서 분할될 수 없다.

그러나 주권자, 즉 국가가 갖는 권력이 비록 절대적이고 신성불가침의 것이라고 해도, 그것은 일반적인 협약의 한계를 넘어서는 안 된다. 자연인들이 사회계약을 맺어 국가를 설립하는 목적은 자기자신의 보전과 공동의 이익, 곧 공동선의 실현에 있다. 그러므로 주권은 시민 모두를 위한 공동선의 실현을 위해 집중해야 하는 한계에 직면한다. 요컨대, 사회계약은 시민의 신체와 재산을 보호하는 것을 목적으로 하고 있고, 국가는 사회계약의 목적에 위반되는 의무를 시민에게 부과할 수 없으므로 결국 사회계약을 통해 형성된 국가는 시민의 신체와 재산을 합법적으로 보장하는 장치가 되어야 한다.

루소는 다음과 같이 말한다. 다수의 사람들이 결합하여 스스로 일체를 형성하고 있다고 생각하는 한, 그들은 공동의 보전과 일반적 복지에의 관심이라는 단 하나의 의지, 즉 일반의지만을 갖는다. 그렇게 될 때 국가의 모든 기능은 활발해지고 그 통치원리도 명백하게 빛나게 된다.

국가는 직접 집행권을 담당하기에 적절하지 않으므로 적당한 대리인을 선정하여 집행업무를 맡기게 되는데 이것이 바로 정부다. 정부는 국가의 대리인으로서 집행권을 행사한다. 즉 정부는 일반의지의 지도에 따라 공공의 힘을 결합하여 실행하는 국가의 대리인이다. 국가는 법률을 제정하면서 정부의 형태를 정하고 법을 집행하면서 그 정부를 맡길 사람을 임명한다. 이 임명은 별도의 계약이 아니라 법을 집행하는 개별적인 행위이다. 집행권을 전체 또는 다수의 사람들에게 위임한 정부를 민주정이라 하고, 소수의 사람들에게 위임한 정부를 귀족정이라 하고, 한 사람에게 위임한 정부를 군주정이라 한다. 세 가지의 정부형태의 적합성은 국가의 크기에 따라 달라진다.

결국 루소의 관점에서 보면, 개인의 평등과 불가침의 자유는 공동체의 일반의지적 구속과 질서 속에서 더 잘 보장된다는 주장이다. 구속과 질서는 상호 대립적인 것이 아니라 조화를 이루는 것이라고 본다. 다시 말해, 개인은 공동체내에서 평등한 권리를 가지되, 그것은 일반의지의 질서에 종속되는 것이다. 모든 개인이 가지는 권리는 언제나 공동체가 전체 개인에게 대해서 가지는 권리에 종속된다. 루소는 일반의지에 복종하기를 거부하는 자는 누구든지 전체에 의해서 복종하도록 강요된다는 것을 전제로 하고 있다. 왜냐하면, 일반의지는 공동체의 선을 대변하고 그 자체가 정의의 기준으로서 언제나 정당하기 때문이다.

루소에 따르면, 인간은 자유롭기 위해서 일반의지에 복종하도록 강제된다. 그러므로 루소가 목적하는 것은 인간을 복종시킴으로써 인간을 해방시키는 정치적 기술이다. 이 정치적 기술을 행사하는 것이 일반의지를 대변하는 정부이다. 즉 정부는 공동체에서 일반의지의 안내에 따라 행동하는 대리인이다. 이 행위는 어디까지나 위임 또는 고용에 의해 이루어지는 행위이다. 그러므로 정부는 공동체와의 계약의 주체가 될 수 있는 독자적 권리를 가지지 않는 주권자의 단순한 관리인이다. 그들에게 부여된 권력은 주권자가 부여한 권력에 지나지 않으며 이 권력의 행사도 주권자의 이름으로 행사하여야 한다. 주권자의 일반의지는 필요한 때는 언제라도 이 정부의 권력을 제한하고 변경하며 되찾을 수가 있다. 그러므로 이 일반의지에 충실한 정부만이 바른 정부이고 인민들에게 공동체에의 삶을 보장하고 그들에게 복종을 요구할 수 있다.

루소의 일반의지는 주권재민사상의 표현이며, 일반의지에 따라서 권력을 위임받은 정부는 모든 인민의 평등한 삶을 보장하고, 그것을 위해 인민들의 개인의지를 제약하고 복종을 요구할 수 있다. 그러므로 정부가 인민의 일반의지에 충실하지 못할 경우 인민은 언제든지 그들의 일반의지를 거두어들일 수 있다.

6. 흄의 도덕감정론

1) 경험론적 윤리사상

17세기 윤리사상은 자연상태에서 출발하는 것이 공통적이었다. 여기에서 출발하는 도덕적 추론은 대체로 초경험적이고 논리적이었다. 그리고 통상 윤리규범은 자연법에서 찾아졌다. 그러나 18세기에 들어서면서 경험적 방법론이 윤리학에 도입된다. 경험적으로 본 인간은 도덕감정을 지니고 있으며, 도덕감정에 의한 욕구와 행위의 통제로 자율성을 가진다. 도덕에 있어서 인간의 자율성을 인정한 점에서 18세기 영국의 경우 진정한 시민윤리가 형성되었다고 볼 수 있다.

영국 스코틀랜드 출신의 철학자이자 역사학자인 데이비드 흄(David Hume)은 18세기의 시대정신을 가장 잘 대표하는 사상가로서 명성이 높은 학자이다.[60] 그는 그의 저서

60) 위의 책, pp.202-203.

『도덕원리의 탐구』에서 미덕과 악덕에 대해 그 근본문제는 도덕이 이성에 기인하는가, 감정에 기인하는가, 그리고 도덕적 지식은 논증적 지식인가, 아니면 감정이나 내부감각에 의해 얻어지는 지식인가의 문제라고 보았다.

영국의 경험주의를 완성했다고 평가받는 흄은 경험론에 철저한 사람이다. 경험론은 일반원리들이 수학의 공리처럼 직관적으로 주어지는 것이 아니라 다양한 경험사실들에서 도출된다고 보는 점에서 직관주의와는 다르다. 흄은 이런 경험론을 윤리학에 적용하였다. 이에 따르면 선악의 구별은 직관적으로 이루어지는 것이 아니라 우리의 감정상태에 의해 이루어진다. 즉 감정상태를 즐겁게 하는 행동이나 성격은 선이고 그 반대는 악이다.

흄은 경험론에 입각하여 지금까지 자주 문제되어온 자연상태나 사회계약설을 하나의 철학적 픽션(허구)으로 본다. 국가에 대한 복종은 그런 허구를 사실인 것처럼 만들어내지 않아도 사회속에 태어난 인간은 가정에서부터 복종의 습관을 쌓아 나가는 것이다. 그럼에도 너무 계약이나 계약에 대한 동의 등을 강조하면 복종의 습관을 위태롭게 하여 전제정치보다 못한 민란을 유발하기 쉽다고 경고하였다.

2) 미덕과 유용성

플라톤이나 아리스토텔레스처럼 흄도 도덕적 판단은 주로 미덕과 악덕에 대한 판단이라고 주장한다. 인간은 미덕을 행한 자에 대해 칭찬하고 악덕을 행한 자에 대해 비난한다. 칭찬과 비난은 그 행위의 도덕적인 성질에 관한 것이다. 그는 미덕이 되는 행위란 그것이 그 소유자 또는 다른 사람에게 유용하거나 호감을 주는 성질을 가지고 있다고 주장한다.

흄은 플라톤과 아리스토텔레스와 마찬가지로 미덕의 소유가 어떤 의미에서든 이익이 되지 않는다면, 미덕이 아니라고 본다. 그것은 직접적인 이익을 줄 수도 있다는 점에서 호감을 준다고 하고, 그러한 소유가 미래에 즐거움을 줄 수 있는 사태를 증진시키는 데 도움을 줄 수 있다는 측면에서 간접적인 이익을 줄 수도 있다는 주장이다. 그러나 그는 그 소유자에게 유용하거나 호감을 주는 성질 뿐 아니라 다른 사람에게도 유용하거나 호감을 주는 성질도 미덕으로 간주된다고 주장하는 점에서는 플라톤과 아리스토텔레스와는 견해를 달리한다.

흄은 미덕을 유용성 및 호감과 관련하여 다음과 같이 분류한다. 첫째, 다른 사람들에게 유용한 성질의 미덕은 자비(benevolence), 정의, 성실(fidelity)이 해당되며, 둘째, 소유자에게 유용한 성질의 미덕은 분별력, 근면, 검약, 강직, 양식 등이며, 셋째, 소유자 자신에게 호감을 주는 성질의 미덕은 쾌활, 도량(아량), 용기, 침착 등이며, 넷째, 다른 사람에게 호감을 주는 성질의 미덕은 예의(친절), 겸손, 품위(decency) 등이다.[61)]

자비심은 그 실행이 타인들의 행복이나 복지를 증진시키는 이타심의 발로라는 의미에서, 정의는 재화의 공평한 분배와 타인의 재산권을 존중한다는 의미에서, 성실은 타인과의 약속을 지키고 신뢰성을 유지한다는 뜻에서 타인에게 이익이 되는 미덕이다.

옳고 그른 것을 분별할 줄 알고, 부지런하고 검소하고 절약할 줄 아는 사람, 불의와 타협할 줄 모르고 식견과 건전한 상식 위에 행동하는 사람은 다른 사람들로부터 칭찬과 사랑을 받는다는 측면에서 그 행위자에게 유용한 미덕의 소유자이다. 성격이 언제나 밝고 명랑한 사람은 다른 사람들로부터 호감을 사고, 마음이 넓고 다른 사람들이 무서워하는 것을 두려워하지 않고 과감하게 행동하는 사람, 가볍게 행동하지 않는 침착함은 행위자 자신에게 호감을 주는 성질의 미덕이다. 예의바르고 품위있고 겸손한 사람은 다른 사람들에게 호감을 준다. 그러나 쾌활, 도량, 용기, 침착 등은 행위자 자신에게만 호감을 주기보다는 타인에게도 분명히 호감을 갖게 하는 성질의 미덕이라고 하는 것이 더 타당할 것 같다.

3) 도덕감

흄은 이성이 단독으로 선악을 판별할 수 있는 선천적이요 보편적인 기능이라는 합리론적 견해에 대해 부정적이다. 그는 선악의 구별은 이성에 의해서가 아니라 도덕감에 유래한다고 주장한다. 도덕감(moral sense)은 어떤 선천적 기능이 아니라 일반적인 쾌·불쾌의 감정을 기초로 하여 경험적으로 형성되는 일종의 종합감정이라는 것이다.

흄은 도덕감이 보편적인 도덕의 원리라고 믿는다. 도덕감은 시간이나 사람과 관계없이 동일한 대상에 대해서는 동일하게 작용하는 하나의 감정이다. 이는 도덕감이란 모든 인간이 가지고 있는 동정, 또는 인간애로 인한 보편성을 가지게 된다는 것을 의미한다. 우리가 도덕률을 지켜야 하는 이유는 도덕감 및 동정심의 작용 때문이다.

도덕은 이성보다는 감정(feelings, sentiment)이나 정열(passion), 즉 감성(emotions)의 영역이다. 이성은 사실인식의 면에서는 도덕에 보조적 역할을 할 수 있으나 인간을 자극하여 행동에까지 이르게 하지 못하고, 정열과 감정만이 이런 것을 할 수 있다. 흄은 정열(passion)과 이성이 싸운다고 말하는 것은 있을 수 없는 일이라고 하면서 이성은 정열

61) 리처드 노만, 안상현 역, 윤리학 강의, 도서출판 문원, 1995, pp.98-102.

의 노예이며, 그것에 복종하는 것이 전부라고 주장한다.62) 도덕은 단순한 논리의 문제가 아니기 때문에, 이성은 가령 어떤 행동이 목적에 부합하는지 판단할 수는 있어도, 도덕적 목적 설정은 정열에 의해 이루어진다.

도덕감은 의욕을 자극하고 행위를 유발하지만, 이성은 의욕을 자극하고 행위를 유발하는 기능이 없다. 이성은 단지 순수사유 또는 경험에 의해 얻은 지식으로 참과 거짓을 판단하는 작용과 관련되어 있으므로 행동의 부적절한 수단의 선택을 통제한다. 다시 말해, 상황판단과 수단의 선택에는 이성이 주도적 작용을 하고 행위의 동기나 목적 설정에 있어서는 열정(passion)이 주도적 역할을 한다고 보는 것이 흄의 도덕감정론이다. 흄에 의하면, 도덕적 가치는 인식되기보다는 느껴지는 것이며, 따라서 도덕적 분별력은 도덕감에서 나오게 된다. 그러나 이러한 도덕감은 인간본성에 자리 잡은 보다 근본적인 감정에서 나온다.

흄에 의하면, 선악의 구별은 어떤 감정(feelings)에 기원을 두었다. 그러므로 선악이란 판단되기보다는 느껴진다고 말하는 것이 더욱 정확할 것이다.63) 그러면 선악의 구별을 일으킨다는 그 감정 내지 정서는 무엇이며, 어디로부터 유래하는 것일까? 그것은 도덕적 시인 및 도덕적 비난이라고 부를 수 있는 특수한 인상 또는 감정으로서 도덕적 시인은 일종의 쾌감이요, 도덕적 비난은 일종의 불쾌감이다. 덕으로부터 오는 인상은 즐거움을 주고 부덕으로부터 받는 인상은 기분에 거슬리는 것으로서, 선과 악을 헤아리게 하는 인상은 일정한 쾌와 불쾌의 감정 이외에 아무 것도 아니다.64) 도덕적 시인은 우리가 우리 자신의 이해관계를 떠나서 어떤 인격을 음미했을 때 느끼는 고유한 쾌감이다.

그러면 일정한 인격의 특징이 우리에게 쾌 또는 불쾌의 느낌을 일으키는 이유는 무엇일까? 그 이유는 그러한 인격 특징에 유래하는 행동들이 대체로 유용하기 때문이다.65) 이로써 흄이 말하는 도덕감이 선천적이고 원시적인 것이 아니라, 경험적이며 파생적인 기능임이 분명하다.

무엇이든 '나에게 유용한 것이 나로 하여금 쾌감을 느끼게 함'은 모든 사람이 아는 상식적이고 일상적인 사실이다. 근면하고 성실하게 일한 결과 돈도 벌고, 좋은 친구도 생기고, 자기성취감을 얻었을 때 인간은 쾌감을 느낀다. 성실하고 열심히 일한 결과 상사

62) D. Hume(ed.), 인간본성론(A Treatise of Human Nature) (L.A. Selby-Bigge, Oxford, 1965), p.415, BK Ⅱ, pt Ⅲ, §3.

63) Ibid., Sect.2, p.470.

64) Ibid., p.471.

65) Ibid., BK. Ⅲ, pt. Ⅱ.

로부터 칭찬도 받고, 모범공무원도 되고, 승진의 영예를 얻은 사람은 자랑스럽고 기쁘기 그지없을 것이다. 남에게 은혜를 베풀고 신의를 지킨 결과 다른 사람들로부터 존경을 받게 되면, 누구나 기쁨을 느끼게 마련이다. 나의 불성실과 태만, 가벼운 처신으로 인해 상사와 동료로부터 비난과 불신을 받는 것은 불쾌감을 가져오게 마련이다. 더욱이 상대방에게 무시당하고 모욕을 당하는 것은 자존심에 상처를 입고 고통스러워 할 것이다. 나의 자연스러운 욕구가 충족되었을 때 우리는 언제나 기쁨을 느끼고, 좌절되었을 때 불유쾌한 쓴 맛을 느낀다. 유용하다함은 곧 욕구를 충족시킬 수 있다는 의미이다.

도덕감은 단순히 원초적인 욕구충족과는 다르다. 첫째, 도덕감이란 본래 어떤 유용한 인격 내지 행위에 관한 관념 또는 생각에 의해서 유발되는 느낌이다. 예컨대, 매슬로우의 저급한 욕구에 해당하는 생리적 욕구나 안전욕구와 같은 욕구의 충족과는 관계없이 자존의 욕구나 자기실현의 욕구와 같은 고급욕구가 충족되었을 경우에 일어날 수 있다. 둘째, 도덕감을 일으키는 어떤 관념이나 심상(心象), 즉 마음속의 그림의 유용성이 반드시 나에 대한 유용성은 아니나 인류 전체를 위해서 유용한 것이라면, 비록 그것이 나의 개인적 이익에 배치될 경우에도 나의 도덕적 시인을 유발한다.

4) 동정심(공감능력)

어째서 타인 또는 사회의 이익이 나에게 도덕적 시인이라는 쾌감을 불러일으키느냐라는 질문에 대해 흄은 동정심(공감능력) 또는 인간애(人間愛) 때문이라고 대답한다. 우리가 별로 친하지도 않은 사람의 기쁨이 우리를 즐겁게 하는 것은 오로지 공감능력 때문이며, 공감능력은 인간성에 있어서 매우 강력한 원리로서, 그것은 미에 대한 우리의 판단을 크게 좌우하고, 모든 종류의 인위적 덕에 있어서 우리들에게 도덕적 시인의 감정을 일으킨다.66)

흄은 공감능력이 도덕적 시인에 작용하는 근거를 연상심리학 이론에서 찾는다. 그에 의하면, 모든 사람들은 기쁠 때 기뻐하고, 슬플 때 슬퍼하는 것처럼 그 심리는 본질적으로 같다고 주장한다. 그래서 합주할 때의 여러 현악기들이 서로 장단을 맞추듯이 한 사람에게 일어난 감정은 곧 다른 사람에게로 전파되어 모든 사람이 같은 느낌에 잠기게 된다. 어떤 사람이 분노하는 목소리나 몸짓은 다른 사람들로 하여금 그 원인을 찾게 하고, 그 원인에서 분노의 마음을 확인했을 경우 이 생생한 마음의 그림은 바로 분노 그 자체로 동화된다.67)

66) D. Hume, Treatise, BK.Ⅲ, Pt.Ⅲ, Sect.1, p.576.

그러나 흄은 그 뒤에 나온 저서 『도덕원리 연구』에서 연상심리학적 설명을 포기하고, 다만 우리는 천성적으로 인간애 또는 공감능력을 갖도록 되어 있으며, 이 인간애가 인간성의 근본원리라는 것은 의심의 여지없는 사실이라고 주장했다. 이 인간애로 인하여 인간이 타인에 대하여 공감능력을 갖게 되는 것은 당연하다는 것이다.

인간의 이타심, 즉 자비심은 다른 사람들에게 유용한 것이지만, 자비로운 생각이나 행위를 한 사람은 마음속으로 원초적인 쾌감을 느끼게 된다. 이타심은 인간의 마음속에 원천적으로 자리잡고 있는 공감능력의 작용이며, 인간 본성에 자리잡고 있는 인간애의 발로이다. 어려운 사람을 도와주는 행위는 개인에게 이익이 되는 결과를 가져오기 때문에 도덕적으로 선이라는 도덕감이 되는 것이다. 흉악범과 격투를 벌이거나 물에 빠진 사람 또는 화재로 집안에 갇힌 사람을 구하기 위해 위험을 무릅쓰는 사람은 다른 사람들에게 유용성이라는 평가와 함께 칭찬을 받음으로써 도덕적 선을 느끼게 된다. 지위가 높고 부나 권력을 가진 사람이 겸손하고 예의가 바를수록 타인의 존경과 칭찬을 받는다. 뻔뻔하게 거짓말하면서 잘난 체하고 정의로운 체 하는 사람은 다른 사람들의 비난의 대상이 된다.

자비로운 행위는 지위가 낮고 힘없고 못사는 사람들에게 유용한 것이다. 그러한 겸손과 예의범절은 경험적으로 도덕적 쾌감을 가져온다는 것을 우리가 인식하고 있는 결과이다. 우리는 모든 종류의 유용한 성격과 행위를 의식할 때, 사람들이 느끼는 쾌감은 인간의 기본적인 생리적 욕구가 충족됐을 때 느끼는 원초적 쾌감과 유사한 것이라는 결론에 도달한다.

그러나 러셀(Russel)에 의하면, 흄의 공감능력(동정심)은 조건반사의 확대 이론에 의해 더 잘 설명될 수 있다는 것이다.[68] 파블로프의 조건반사 이론은 동물에게 종을 울리면서 음식을 주는 것을 반복하면 나중에는 종소리만 울려도 침을 흘리게 된다는 것으로, 그 후의 실험에서 종소리와 비슷한 소리로 자극하여도 그 동물은 역시 침을 흘리게 된다. 또는 개에 놀란 어린이가 고양이만 보아도 놀라는 경우가 있다. 이러한 조건반사 범위의 확대원리는 공감능력(동정심)도 설명할 수 있다. 즉 나의 상처와 남의 상처 사이에는 비슷한 점이 많다. 나의 성공과 친구의 성공 사이에도 비슷한 점이 있다. 이 유사성으로 인해 남의 상처 또는 남의 성공을 목격했을 때 마치 내가 상처를 입은 듯한 고통을 느끼고 또는 내가 성공한 듯한 기쁨을 느낀다는 것은 아주 불가능한 일은 아니다. 그

67) Ibid., p.576.

68) B. Russell, A History of Western Philosophy, New York, 1945, p.774.

렇게 느끼는 경향이 있다는 것이 바로 조건반사의 확대에 관한 실험적 연구가 밝힌 사실이다.

그러나 공감능력(동정심)에 관해서 고려해야 할 더욱 중요한 점은 아마 자아 또는 나라는 것이 신축성 있는 외연(범위)을 가진 개념이라는 사실이다. 자아란 개념은 고정된 외연을 가진 것이 아니며 항상 늘었다 줄었다 한다. 동료 경찰관이 기쁜 까닭에 나도 기쁘고, 그가 슬픈 까닭에 나도 슬플 때, 또는 인류의 평화와 자유를 염원하는 참된 정열에 불탈 때, 그 때 그 친구 · 아우, 그리고 인류는 적어도 그 순간에 있어서는 결코 순전한 남은 아니다. 그들은 나 안에 동화되어 보다 큰 나의 한 부분을 형성한다. 이른바 이기주의자란 그가 평소에 나라고 의식하는 것의 범위가 매우 좁은 사람이며, 참된 이타주의자란 평소에 넓은 범위의 나를 가진 사람이다. 이에 인간은 본래 타인에 대하여 공감(동정 또는 인간애)을 느낀다는 흄의 명제는 인간에게 타인의 존재를 넓은 의미의 자아의 일부로 흡수할 수 있는 능력이 주어졌다는 것으로 설명될 수 있다.

5) 이성과 감성

흄은 공감능력(동정심)을 도덕판단의 능력이라고 본다. 여기에서의 공감능력(동정심)은 단순한 연민의 정이 아니라 다른 사람의 고통과 행복에 영향을 받는 능력, 즉 다른 사람이 성공할 때는 기뻐하고 고통을 받을 때에는 괴로워하는 능력을 의미한다. 인간이 공감(동정심)을 느낀다고 말하는 것은 그러한 판단에 대한 이유를 설명하는 것이다. 공감(동정심)과 인간애라는 말은 그 자체가 도덕적 평가의 대상이 아니라 도덕적 평가의 원천이다. 공감(동정심)이 많은 행위는 도덕적인 행위로서 타인으로부터 칭찬을 받게 된다. 다시 말해, 어떤 행위의 결과에 대한 도덕적 찬사나 비난은 인간의 동정심에 대한 태도에 의해서 결정된다.

흄이 제시하는 명제들에 의하면, 선악의 구별은 도덕감, 공감능력(동정심) 같은 일종의 감정에 의해 이루어진다는 것을 알 수 있다. 그의 명제들은 다음과 같다. ① 선악의 구별은 이성에 유래하는 것이 아니라 도덕감이라는 일종의 감정에 유래한다. ② 도덕감이란 선천적으로 주어진 원리가 아니라 자기에게 유리한 사물에 대하여는 기쁨을 느끼며, 불리한 사물에 대하여는 괴로움을 느끼는 원초적 감정을 토대로 삼고 후천적으로 발달한 원리다. ③ 인간이 자기에게 유리한 것에 뿐만 아니라 타인에게 유리한 것에까지도 기쁨을 느끼는 것은 인간에게 공감능력(동정심) 내지 인간애가 있기 때문이다. 이 명제들은 선악, 기타의 도덕적 가치를 독자적으로 존재하는 객관적 실재로 보지 않고 인간의 욕구 또는 감정과의 관계를 통하여 생기는 상대적 관념이라고 해석하는 현대적 경험론적 윤리설과 공통된 견해를 표명한다.

이성은 사색적이고 감성은 실천적이다. 이성은 지식의 영역이라면 감성은 감정과 정서의 영역이다. 이성은 참과 거짓을 가리는 것이며, 참·거짓은 관념들 간의 일치, 불일치, 또는 관념과 사실과의 일치, 불일치를 결정한다. 도덕은 이런 일치, 불일치와는 직접적으로는 무관하며, 그런 의미에서 이성의 대상일 수 없다.[69] 이처럼 흄은 감성이 도덕적 행위의 동기이고 도덕적 평가의 기준이라는 감성 우월적 도덕감정론을 주장한다.

69) 윤리학 강의, 리처드 노만 지음, 안상현 역, 문원, 1995, pp.115-118.

제 5 장 POLICE ETHICS

동양의 윤리사상

제 1 절 유학과 윤리사상

1. 유학의 특징

1) 통치자와 고위 공직자의 도덕성 강조

유학의 정치행정 철학 속에 나타나는 특징은 보는 관점에 따라 학자마다 그 분류 유형이나 설명이 다르게 전개된다. 유학이 사회적 지배사상으로 논의되던 왕조시대에는 정치와 행정은 미분화된 상태였기 때문에 사상적 바탕은 통치라는 관념 속에서 전개되었으나 내용은 정치적 통치자나 모든 공직자에게 윤리적으로 시사하는 바가 많다.

바람직한 행정을 위해 중요한 것은 행정 실무를 담당하는 사람들로부터 최고 통치자에 이르기까지 행정에서 요구되는 가치를 깨닫고 이를 현실의 행정 속에서 실현하려는 의지를 함양시키는 일이다. 이를 위해서는 먼저 최고 통치권자를 위시한 행정의 최고 관리층의 도덕성이 확립되어야 한다. 지도자나 정부 고위관료의 도덕성은 하위 실무 공직자의 도덕성을 확립하기 위한 중요한 단초가 된다는 점에서 그들의 도덕성 확립은 모든 공무원의 도덕성의 확립을 가능하게 할 것이다.

이러한 맥락에서 공자와 맹자를 비롯한 유교사상이나 노자의 무위자연사상, 그리고 다산의 목민사상은 무엇보다 통치자를 비롯한 위정자들의 덕을 강조하고 이를 통해 모든 국민을 덕화시킬 수 있음을 보여 주고 있다. 그 동안 유교에 대한 시각은 긍정적 시각보다는 부정적 시각이 지배적이었다. 이에 우리는 공자와 맹자를 중심으로 한 유학의 본래의 사상 속에 내포된 가치를 오늘의 행정 속에 투영하여 조명해 보고자 한다.

2) 위정자의 덕치주의와 예치주의

오늘날 본래적 의미의 유교사상에 내포된 정치윤리 및 행정윤리적 가치가 절실히 요청되는 이유를 좀더 상세히 열거하면 다음과 같다.

첫째, 공자와 맹자의 사상은 그들이 살던 사회의 현상을 반영한 것이다. 그 당시 중국 사회는 윤리적으로 타락하고 정치사회는 이권쟁탈과 파당으로 혼미를 거듭하던 극도의 혼란상태에 있었고, 이러한 정치·행정의 무질서를 바로잡고자 하는 의도에서 처방안으로 제시된 것이 공·맹의 사상이다. 오늘날 현대사회의 정치와 행정은 공·맹시대와 같이 정치·행정 책임자의 윤리성과 책임성이 극도로 실추되어 있는 상황에 직면해 있다. 따라서 공맹사상은 그 처방안으로서 필요한 교훈을 찾는 데 중요한 원천이 될 수 있다.

둘째, 오늘날 유교에 대해서 갖는 시각은 긍정적 시각보다는 부정적 시각이 지배적이다. 이러한 시각이 지배적인 것은 유교적이란 곧 권위의식, 허례의식, 공리공론, 복종의식, 보수적, 숙명적인 것이라고 보는 데 있다. 이러한 시각으로 유교가 비쳐진 데에는 조선조의 창건과 더불어 상과 하의 관계를 엄격히 하여 군신관계의 절대화, 다시 말해, 군권의 절대적 강화를 위한 명분론으로 성리학을 정치·행정의 기본 이념으로 채택하여 이를 강화해 온데 있다.

본래 성리학은 그것이 중국 송대(宋代)부터 왕권 강화 및 권위주의적 계층 질서를 중시하는 이념으로서의 성격이 더욱 뚜렷해졌다. 그리하여 본래적 의미의 공자와 맹자의 유교사상은 그 동안 왜곡되게 인식되어 온 부분이 많은 것이 사실이다. 특히 유교를 공리공론만 일삼는 것으로 여겨진 것은 본래적 의미의 유교의 성격에서 유래된 것이 아니라, 성리학이 발달해 가는 과정에서 유교의 학문적 경향이 형이상학적으로 흘러가면서부터이다.

셋째, 공자의 정치·행정 사상은 공자의 모든 사상체계의 종합으로서 그의 사상에는 법이나 제도보다는 수신 혹은 수도, 덕치, 예치 등 위정자 중심의 덕을 강조한다. 이러한 점은 이상국가의 통치자의 자격으로서 철인의 덕을 중시했던 플라톤의 사고와 맥을 같이 한다.1)

---

1) 김항규, 앞의 책, pp.335-337.

유학에서의 정치의 개념은 위정자가 백성을 바르게 다스리는 것이며, 이를 위한 전제조건으로 위정자 자신이 스스로를 바르게 하는 수기(修己)가 있어야 함을 의미한다. 즉 위정자가 수기, 수덕(修德)의 과정을 통해서 자신을 바로잡고 그리고 나서 백성을 바르게 다스리는 것이 정치라고 보고 있다. 이처럼 유학에서의 통치개념은 통치자의 인격에 중점을 둔다는 점에서 제도나 절차에 중점을 두는 법치주의 사상과는 구별되는 특징이 있다. 따라서 유학의 윤리사상은 대체로 천명도덕사상, 덕치주의와 예치주의, 민본주의, 정명사상, 대동사회의 이상추구 등으로 대별된다. 특히 덕치주의가 위정자의 자격요건에 관한 내용이라면, 예치주의는 정치의 방법론이고 정명사상은 정치의 목적론이라고 해석되기도 한다.[2)]

유교의 통치이념으로 강조되는 덕치주의와 예치주의(禮治主義)는 통치자와 백성, 아버지와 아들이 각각 수행해야할 정명(正名)사상에 근거를 두고 공직자의 수양과 인격의 감화에 따른 민본·위민사상을 강조하고 있으며, 삼강령(三綱領)과 팔조목(八條目)은 통치자가 갖추어야 할 덕목을 제시함으로써 오늘날의 공직자들에게 시사하는 바가 많다. 따라서 이들 윤리사상은 경찰윤리의 사상적 기초로서 접근해 볼 가치가 있을 것으로 보인다.

2. 유학의 윤리사상의 기초

1) 덕치주의(德治主義)

(1) 사단(四端)과 오상(五常)

덕치주의는 유교의 핵심을 이루는 통치이념으로 정령(정치적 명령)이나 형벌로 다스리는 법치주의에 반대하고 덕에 의해 백성들을 교화하고 무리없이 지도하는 것을 강조한다. 다시 말해, 인간은 천명으로부터 부여된 선한 품성이 있는가 하면, 물욕 또한 가지고 있기 때문에, 백성을 다스리는 자는 천리(天理)에 부합되는 윤리정치를 구현하기 위해 수기치인(修己治人: 자신의 몸과 마음을 먼저 수련한 후 타인을 다스림)의 과정을 통해 사람의 본성 안에 있는 덕을 실현하여야 하는데 이를 덕치라 한다.

『논어』 위정편(爲政篇)에서는 백성을 인도함에 정령(政令)으로 하고 백성의 풍속을 통일함에 있어 형벌로서 한다면, 백성들은 법망을 벗어나도 부끄러움이 없을 것이고 백성들을 인도하기를 덕으로써 하고 풍속을 통일하기를 예로써 한다면 백성들은 수치심도

2) 위의 책, pp.340-341.

있게 되고 또한 올바름에 이르게 될 것이다.[3] 이러한 공자의 덕치주의 이념은 법치주의적 측면에서 본다면, 보수적 성향을 띠고 있으나, 그 본질은 법치주의를 무시하는 것이 아니라 통치자의 도덕적 자각과 윤리적 탁월성을 요구하는 것이다. 덕으로 정치를 하는 것은 비유컨대 마치 북극성이 제자리에 있는데 여러 별들이 그것을 향하여 돌고 있는 것과 같다는 표현에서 알 수 있듯이, 통치자는 백성들이 저절로 따라오게 하는 덕을 갖추고 있어야 한다.

덕치주의에서 덕의 구체적인 내용은 통치자의 자질로서의 인(仁)·의(義)·예(禮)·지(智) 등을 중심으로 한 덕목을 의미한다. 맹자는 인·의·예·지를 사덕(四德)이라 하면서, 이것은 사람이 태어날 때부터 가지고 있는 것으로, 측은해 하는 마음은 仁(인)이요, 부끄러워하는 마음은 義(의)요, 공경하는 마음은 禮(예)요, 옳고 그름을 가리는 마음은 智(지)라고 규정했다. 이러한 사덕은 우리가 배우지 않아도 알 수 있고, 생각하지 않아도 할 수 있는 것이다. 맹자는 인한 사람은 사람을 사랑하고, 사람을 사랑하는 사람은 항상 사랑을 받는다고 하여 공자의 인을 계승하고, 사람마다 모두 차마 하지 못하는 마음이 있는 것이니 차마 하지 못하는 마음이 지극하면 그것이 인이다라고 규정했다.

맹자는 공자와 마찬가지로 인 못지않게 의를 중시한다. "인은 사람의 마음이요, 의는 사람의 길이다. 인이란 사람이 편안히 쉴 수 있는 집이요, 의란 사람이 바르게 걸을 수 있는 길이다." 대체로 맹자는 인을 의의 내용으로 보고, 의는 인의 외적 표현이라고 본다.

> "측은히 여기는 것은 인의 단서가 된다. 인간이 마땅히 해야 할 바른 일을 하는 것이 의이며, 바른 일을 하지 못하게 되면 부끄러워하게 되므로 부끄러워하는 마음을 의의 단서로 본다. 사양하는 마음은 예의 단서로서 인을 간직한 사람은 남을 사랑하고 예를 간직한 사람은 남을 공경한다고 하여 예는 남을 공경하는 마음을 바탕으로 한다. 지는 옳고 그름을 가리는 마음의 단서로서 도덕적 판단의 덕이다. 사람들이 이 네 가지 단서를 가지고 있는 것은 마치 사지를 가진 것과 같다."[4]

인의예지는 유교를 중국 철학의 최대사상으로 확립하는데 결정적인 역할을 하였고, 음양오행설을 받아들여 유교와 결합시킴으로써 유교의 우주론 형성에 역시 중요한 역할을 한 동중서에 의해 신(信)의 덕이 추가되어 오상(五常)으로 일컬어지면서 유학의 기본 윤리가 되었다.[5]

---

3) 이광종, 행정책임론, 대영문화사, 1989, pp.102-105.
4) 위의 책, p.345.

동중서는 기원전 2세기 경 중국의 유학자이다. 그는 하늘 혹은 道(도)는 인간행위의 기준이라 하고, 도의 큰 근원은 하늘에서 나왔으며 하늘은 변함이 없고 도 또한 변함이 없다고 하였다. 그러므로 성인은 하늘을 본받아 도를 세웠으며 또 사사로움을 버리고 널리 사랑하며 덕을 펴고 인을 베풀어서 백성을 온후하게 하고 의를 베풀고 예를 세워서 백성을 지도한다고 하고, 임금은 그 하늘의 뜻에 따라 다스려서 백성으로 하여금 인에 돌아가게 한다고 하였다. 하늘이 만물을 사랑하는 것처럼 두루 사람을 사랑해야 한다. 그리고 이러한 인을 근본으로 하여 인, 의, 예, 지, 신을 내세워 오상(五常)이라 하였다. 오상의 도는 왕자로서 마땅히 닦아서 갖추어야 할 덕이라고 주장하였다.

더 나아가 인(仁)·의(義)·예(禮)·지(智)는 심정으로 드러날 때 惻隱(측은)·羞惡(수오)·辭讓(사양)·是非(시비) 등 네 가지의 마음가짐으로 나타난다는 것이다. 이를 사단(四端)이라고 하며, 측은지심은 사람의 불행을 보면 애처로운 마음이 우러나오는 '인'의 단(端)이고, 자신의 불의를 부끄럽게 생각하고 타인의 불의를 미워하는 수오지심은 '의'의 단이며, 타인을 공경하고 그에게 양보하는 사양지심은 '예'의 단이고, 옳은 것은 옳다고 하고 그른 것은 그르다고 하는 시비지심은 '지(智)'의 단이라 한다. 맹자의 사덕은 중국 유교를 중국철학의 최대 사상으로 확립하는데 결정적인 역할을 한 동중서에 의해 오상(五常)으로 발전된다.

맹자는 사람이라면 누구나 마음속에 4단이라는 네 가지의 실마리를 가지고 있으며, 인간의 본성은 본래 착한 것이기 때문에 4단은 좋은 것이라고 주장하였다. 이 4단은 7정과 연결되어 조선조의 이퇴계와 기대승의 논쟁의 쟁점이 되기도 하였다. 퇴계는 4단은 언제나 그 결과가 좋은 것이기 때문에 理(이: 우주의 법칙, 또는 사람답게 살아야 하는 이유)에서 나오고 7정은 좋을 수도 나쁠 수도 있기 때문에 氣(기: 육체와 마음, 행동)에서 나온다고 주장하였다. 기대승은 만물 속에는 리와 기가 함께 들어있기 때문에 4단7정을 리와 기로 나눌 수 없고 4단도 감정이고 7정도 감정이기 때문에 7정 가운데 선한 것만 뽑아내면 4단이 된다고 주장하여 리와 기의 분리를 반대했다.

맹자에 의하면, 측은지심이 잘 발전하면 '인'이 되고, 수오지심이 잘 발전하면 '의'가 되며, 사양지심이 잘 발전하면 '예'가 되며, 시비지심이 잘 발전하면 '지'가 된다고 하여 사단(四端)이 잘 발전하면 인의예지의 경지에 도달하게 된다. 인은 유교사상의 핵심개념으로서 모든 덕목의 최고 원리이며, 그 밖의 덕목은 인에 종속되는 개념들이다. 의는 정치에 관련된 인간의 행위규범이며, 예는 본래적인 덕을 외향적으로 표현하는 행위의 형

5) 정진일, 동양의 지혜, 청암미디어, 1997, pp.81-88.

식을 의미한다. 그리고 지는 지식과 지혜를 의미한다.

(2) 충서(忠恕)와 추기급인(推己及人)

그렇다면 인은 어떻게 실현하는가? 인을 행함은 곧 자기가 싫어하는 일을 남에게 시키지 않는 것, 즉 자신의 마음을 미루어 남을 이해하는 것으로서 이를 충서(忠恕)라 한다. 충서는 유교철학의 중심 사상인 인을 실현하는 방법이다. 주자는 충서를 해석하기를 충은 충심으로 자기자신을 다하는 것이며, 서는 자기 자신을 미루어 남에게 미치는 것이라 하였다. 즉 충이 자기 자신의 내적 완성이라면, 서는 타인과의 관계 속에서 인에 이르는 방법이라고 할 수 있다.

타인과의 관계에서의 출발점은 효도와 형제사랑이다. 유가에서는 먼저 친척들을 그에 맞게 사랑한 이후에 백성에게 인자하게 대하여야 하며. 백성에게 인자하게 대한 이후에 다른 모든 생명체를 사랑해야 한다고 주장한다. 이러한 친친(親親)의 감정을 확충시켜 다른 사람을 사랑할 수 있게 되면 이것이 바로 자신의 처지를 유추해서 남을 이해하는데 이르는 것이며, 이를 통해서 나라를 다스리는 것이 바로 덕치요 인정(仁政)인 것이다.

공자는 "자기를 미루어 남에게 미친다"는 자신의 추기급인(推己及人)이라는 사상을 충서(忠恕)라는 원칙으로 표현하였다. 충서란 인을 행한다 함은 곧 자기가 싫어하는 일을 남에게 시키지 않는 것, 즉 자신의 마음을 미루어 남을 이해하는 것을 의미한다.[6] 이는 서양에서 소중히 여기는 황금률의 원리와 별로 다를 바가 없으며, 감정이입적 규율을 의미한다.

그렇다면 지도자에게 덕이 요구되는 이유는 무엇인가? 그 이유는 논어 『안연편』에 보면 분명해진다.

당시 노나라의 재상이었던 계강자가 공자에게 정사를 묻기를 "무도한 죄인은 사형으로 다스려 백성으로 하여금 겁을 먹게 하여 유도한 방향으로 나아가게 함이 어떠리오?" 공자가 대답하기를 "그대가 정사를 함에 어찌 살인을 일삼으리오? 그대부터 착하고자 하면 백성은 저절로 착해질 것이니 군자의 덕은 바람이고 소인의 덕은 풀이라 풀은 바람을 맞으며 반드시 머리를 숙임이라."

또한 논어 『자로편』에는

6) 김항규, 앞의 책, p.346. 충서는 유교철학의 중심 사상인 인을 실현하는 방법이다. 주자는 충서를 해석하기를 충은 중심으로 자기 자신을 다하는 것이며, 서는 자신을 미루어 남에게 미치는 것이라 하였다. 즉 충이 자기자신의 내적 완성이라면, 서는 타인과의 관계 속에서 인에 이르는 방법이다.

"윗사람이 예를 좋아하면 백성들이 감히 공경치 않을 수가 없고, 윗사람이 의를 좋아하면 백성들이 감히 복종하지 않을 수 없으며, 윗사람이 신의를 좋아하면 백성들이 감히 진심으로 대하지 않는 일이 없을 것이다. 윗사람의 몸가짐이 바르면 명령하지 않아도 백성은 행하고, 그 몸가짐이 올바르지 못하면 비록 호령을 할지라도 백성은 따르지 않으리라."[7]

맹자는 다음과 같이 지도자의 덕치를 중요시 한다.

"만약 어질지 못한 자가 높은 지위에 있으면 이것은 결국 해악을 백성들에게 뿌리는 것이 된다. 위에 있는 임금이 도리를 가지고 판단하지 않고, 아래에 있는 신하들이 법도를 지키지 않으며, 조정의 관리는 도의를 믿지 않고 민간의 공인(工人)은 법도를 믿지 않아서 군자는 정의를 배반하고 서민들은 형벌을 범하게 된다. 이렇게 하고서도 나라가 그대로 남아 있다면, 그것은 요행이라고 할 것이다. 임금이 어질면 나라 안 사람들이 모두 어질게 되고 임금이 의리가 있으면 나라 안 사람이 모두 의리가 없는 자가 없고 또 임금이 바르면 바르지 않은 사람이 없으므로 한 번 임금을 바르게 하고 보면 나라가 다스려져 안정되는 것이다."[8]

이러한 내용들은 모두가 통치자의 덕이 왜 중요한가를 설명하고 있다. 유교정치에서 덕치를 강조하는 것은 백성에 대한 정치를 기계적인 법조문이나 강압적인 명령에 의하기보다는 윗사람의 덕화로부터 출발하여 아래 각계각층으로 확대되어 그것이 모든 백성에게 이르게 될 때 정치는 일인의 정치가 아니라 천하인의 정치가 된다고 보는 것이다.

공자가 이와 같은 의미의 덕치를 강조한 후 맹자는 이를 인도정치로 보고 이를 패도정치와 대립시켜 왕도정치라 칭했다. 왕도정치는 백성을 덕과 예로 다스리는 데 반해 패도정치는 백성을 폭력과 기만수단으로 지배하는 통치형태이다. 전자가 정통성이 있는 정부의 형태이고, 패도정치는 정통성이 없는 정부의 통치형태로서 이것이 지속되면 역성혁명(易姓革命)의 구실이 된다.[9]

---

7) 위의 책, p.348.

8) 위의 책, 같은 쪽.

9) 고대 중국의 정치사상으로 덕이 있는 사람이 덕이 없는 임금을 쓰러뜨리고 새로이 왕조를 세우는 것을 의미하며, 임금의 성이 바뀌는 것은 천명이 다한 것이란 뜻이다.

2) 예치주의(禮治主義)

예치주의는 공자의 사상이 그 중심을 이룬다. 공자는 그의 근본 덕목인 인(仁)을 중심으로 의(義)를 연결시켜 군자와 치자(治者)의 도를 설명한다. 인은 내면적인 도덕성이고, 예는 외면적인 사회규범이라 할 수 있는데, 결국 인은 예를 통하여 겉으로 드러나게 된다. 그래서 인을 실천하는 데는 예가 꼭 필요한 것이다. 예(禮)는 사람과 사람의 관계성 개념으로서 인간관계의 바람직한 절차 내지 방법에 관한 것이다.

이는 정명사상과도 관계가 있다. 정명사상은 인간사회의 구성원 스스로가 자기의 위치를 확보하고 당위적으로 요구되는 역할 기능을 다하여야 한다는 것인데, 이를 자기 외의 다른 사람들과의 관계의 차원에서 이야기할 때 예라 한다. 그러나 인간과 인간과의 관계성 개념이라고 해서 그 형식적 측면만을 중시하게 될 경우 그것은 예가 아니며, 한갓 허례허식에 지나지 않는다. 따라서 진정한 의미의 예는 인과 의가 겸비된 덕을 인간과 인간 사이에서 실천하기 위한 방법이 되어야 한다.

인과 의는 둘 다 인간의 본성에서 솟아 나오는 본래적 가치이다. 따라서 인과 의는 행위의 동기 중 깊고 본래적인 내용으로서 인간 행위의 실체를 형성하며, 예는 이와 같은 본래적인 덕의 외향적 표현 형식이라고 할 수 있다. 유교 경전에 인에 기초한 예를 중시하고 허례허식에 치우친 형식적 측면을 경계한다.

> "논어 팔일편에 임방이 예의 근본을 묻자 공자 가로대 예는 사치보다는 검소해야 하며 상사(喪事)는 형식을 갖추기보다는 슬퍼해야 함이니라, 사람으로서 인이 없으면 예는 무엇때문에 차릴 것이며, 악(樂)은 무슨 쓸모가 있느뇨."10)

인은 공자 사상의 핵심이다. 공자는 인간의 본질은 무엇이며, 사람은 어떻게 살아야 할 것인가를 밝히고 그것을 실현하는 것을 중심과제로 삼았다. 그는 아침에 도를 들어서 알게 되면 저녁에 죽어도 좋겠다고 하여 도를 발견하고자 고심하였으며, 그는 결국 도를 발견하고 여기서 도는 물론 인을 말한다. 인은 인간의 본성이며, 인간이 실천해야 할 바른 도이다. 뜻있는 선비와 인한 사람은 삶을 위하여 인을 해치는 일이 없고, 자신을 희생하면서도 인을 이루는 일이 있다는 말로 인의 실천은 죽음과도 바꿀 수 있는 중요한 덕목으로 강조되었다.

그러면 인이란 무엇인가? 공자는 인이란 인간의 참다운 본성으로 인간을 사랑하는 것

---

10) 위의 책, p.355.

이며, 인간다움이라고 말한다. 그는 인의 실천에 관련하여 "군자가 인을 버린다면 어떻게 그 이름을 이룩할 수 있겠는가? 군자는 밥 먹는 사이라도 인에서 떠나는 일이 없고, 어떤 황급한 때라도 반드시 인에 준하여 행동하고, 넘어지는 순간이라도 반드시 인에 따라 행동하는 것"이라고 주장한다. 이것이 바로 곧 자기를 수양해서 남을 편안하게 하는 것으로서 군자는 공경함으로써 자신을 닦고, 자기를 수양하여 백성을 편안하게 해주어야 한다. 즉 한편으로는 공경함으로써 자신을 닦아서 인을 내적으로 간직하고, 다른 한편으로는 외적으로 발휘하고 실천하는 것으로서 전자는 수기(修己)요, 후자는 안인(安人) 및 치인(治人)을 의미한다.

공자는 인의 실천을 위해 예(禮)의 필요성을 강조했다. "자기를 이기고 예로 돌아가는 것이 인이다(克己復禮). 예가 아니거든 보지 말고, 예가 아니거든 듣지 말고, 예가 아니거든 말하지 말고, 예가 아니거든 움직이지 말라!" 원래 예는 외재적인 규범이요, 그것은 사사로운 마음이 아니라 공적인 마음에 바탕을 둔 마땅한 도리, 혹은 보편타당한 도리를 말한다. 따라서 예는 마땅함, 곧 의를 그 내용으로 삼는다.

군자는 의를 바탕으로 삼고, 예에 따라서 그것을 행한다. 인에 기초한 예가 인간관계 속에서 표현될 때 사양심과 공경하는 마음으로 나타나 위로는 연장자를 공경하고 아래로는 모두에게 겸손하게 됨으로써 다른 사람들이 감복하여 따르게 되므로 진정한 예는 모든 사회적 관계에서 안녕 질서를 확립하는 근본으로서 치지본(治之本), 정지본(政之本)이 된다. 즉 나라를 다스리는 근본이요, 정치의 근본이다.

예라는 개념은 단순한 예의범절 이상의 의미를 지닌다. 예는 인간과 인간의 관계에 관한 개념으로 인간관계의 바람직한 절차 내지 방법에 관한 것이다. 공자는 정치를 사물과 백성의 생활에 질서를 부여하는 일이라고 정의하고 있는데 또한 예도 역시 사물의 질서라고 정의하고 있다. 예는 예절이나 의례를 의미하고 일반화된 의미로는 겸양이나 품행이 바르다는 것을 뜻하지만, 가장 높은 철학적 의미로는 만물이 그 정당한 자리에 놓여 있는 이상적인 사회질서, 특히 합리적인 봉건적 질서를 의미한다. 맹자는 다섯 가지 사회적 관계를 말하는 오륜을 들어 본래의 덕으로서의 인과 의가 구체적으로 나타난다고 한다.

통치자나 공직자는 예에 따르지 않으면 안 된다. 공자는 정치란 무엇인가라는 물음에 정치의 본령은 오직 사물을 바르게 하는 일 또는 사물을 바른 위치에 두는 데에 있으며, 통치자 자신이 바를 때에는 백성들은 저절로 그 뒤를 따라 바른 길로 밟아 나가는 것이라고 답하였다. 여기에서의 정치는 정치와 행정이 미분화된 상황에서의 의미이므로 오늘날의 행정의 의미도 포함된다.

맹자는 대표적인 다섯 가지의 사회적 관계를 들고, 이 다섯 가지의 사회적 관계 속에서 본래의 덕으로서의 인과 의가 구체적으로 나타난다고 했다. 즉 아버지와 아들 사이에는 친함이 있어야 하고, 임금과 신하 사이에는 의가 있어야 하며, 남편과 아내 사이에는 분별이 있어야 하고, 노인과 젊은 이 사이에는 차례가 있어야 하며, 벗과 벗 사이에는 믿음이 있어야 한다는 것이다.

이와 같이 모든 사회적 관계에서 지켜야 할 윤리적 규율로서의 예가 행해지면 이것이 국가의 정치 영역까지 확대될 때 예는 곧 정치의 근본 원리로까지 발전하는 것이다. 맹자의 다섯 가지 사회적 관계는 부자간 효가 모든 인간관계의 기초가 된다는 점을 보여 주고 있다.

3) 정명사상(명분론)

공자가 살았던 춘추전국 시대 말기에는 주나라 왕실의 지배가 유명무실했고, 제후간의 전쟁이 격화되었을 뿐만 아니라 정치적 하극상과 범죄의 범람으로 사회의 혼란은 극에 달했다. 그는 모든 사람들이 자기 직분을 다하고 권모술수나 폭력이 없는 모든 백성들이 평화롭게 살 수 있는 대동사회의 이상을 천명하였다. 그러나 대동사회의 이상은 하나의 꿈에 지나지 않고, 차선책으로 공공을 위한 사회는 아니지만 가족과 군신간의 예를 갖춘 사회, 천하가 자기집안을 위하는 천하위가(天下爲家)사회인 소강(小康)을 제시하였으나 소강사회에서는 개인 간의 역량에 따라서 권력과 부가 달라지기 때문에 음모와 투쟁이 불가피하다.

그는 천하가 무도(無道)해지는 것을 막고 백성을 편안하게 하기 위해서는 군신 상하가 자신의 본분, 즉 명분을 지키는 것이 중요하다고 생각했다. 다시 말해, 군주가 군주 노릇을 바로 하지 못하고, 신하가 신하 노릇을 바로 하지 못하고. 신하는 임금을 업신여겨, 신하로서 임금을 범하기 때문에 천하가 무도해지는 것이라고 보았다. 그러므로 평화로운 사회 건설은 군주와 제후, 그리고 백성이 각자의 본분을 지켜야 한다. 이것이 바로 명분론이며, 정명(正名)이다.

그러면 정명(正名)이라고 할 때의 그 내용은 무엇인가? 논어 안연편에 정명의 내용을 설명하는 구절이 있다. 공자와 당시 중국의 춘추전국시대 제나라의 23대 군주인 제경공과의 대화이다. 제경공은 선정을 베푸는 등 정치에는 능했으나 전쟁은 잘 하지 못하여 진나라에 굴종하는 입장에 있었다.

"제경공이 공자에게 정치에 대해 묻자 공자 가로되 임금이 임금으로서의 도리를 다하고, 신하는 신하로서의 도리를 다하고, 아버지는 아버지로서의 도리를 다하고, 아들은 아들로서의 도리를 다하는 것이다."11)

정명의 명은 위의 내용에서 군·신·부·자와 같은 각 신분상의 개념이며, 따라서 정명은 각자가 자기의 신분상의 위치에서 행하여야 할 응분의 역할 기능에 걸맞게 행동하는 것을 의미한다.

그러면 정명은 어떻게 하면 이루어지는 것인가? 논어 안연편에 다음과 같은 내용이 있다.

"계강자가 공자에게 정사(政事)를 물으니 공자가 대답하기를 정(政)이란 곧 정(正)이니 그대가 솔선수범하여 몸을 바르게 가지면 누가 감히 바르게 행하지 않을 것인가."12)

통치란 곧 바르게 하는 것이다. 무엇을 바르게 하는 것인가? 그것은 먼저 나 자신을 바르게 하고(正己 또는 修己) 그리고 나와 관계있는 다른 사람과의 관계를 바르게 하는 것, 즉 치인(治人) 혹은 안인(安人)을 뜻한다. 나 자신이 수기의 과정을 통해 나 자신을 바르게 하면 나를 대하는 모든 사람도 나를 바르게 대할 것이며, 모든 사회관계가 이와 같이 바르게 이루어질 때 사회는 질서를 유지하게 된다. 즉 정명사상은 정치를 통한 바로잡음의 결과적인 상태에 초점을 둔 사상으로서 이때의 정치는 덕치를 의미하며, 그 결과 민본위민의 정치가 이루어질 때 명분이 제대로 정립된다는 것이다.13)

공자의 중심 사상인 정명사상은 이와 같이 자아를 윤리 실천의 주체로 본다. 논어 자로편의 다음과 같은 내용은 이러한 논리를 뒷받침한다. 자로는 중국 춘추전구시대 노나라의 정치가이자 군인으로 공자의 핵심 제자 중 한 사람이다.

"윗사람의 몸가짐이 바르면 명령하지 않아도 백성은 행하고, 그 몸가짐이 올바르지 못하면 비록 호령을 해도 백성은 따르지 않느니라."14)

11) 위의 책, p.352.
12) 위의 책, p.353.
13) 위의 책, p.353.
14) 위의 책, 같은 쪽.

명분을 세워야 하는 이유는 무엇인가? 논어 자로편에는 그 이유를 구체적으로 설명하고 있다.

> "자로가 공자에게 명분을 세워야 하는 이유를 묻자 공자가 대답하기를 명분이 바로 서지 못하면 말이 순당(順當), 즉 도리상 당연치 아니하고 말이 순당치 아니하면 일을 이루지 못하고 일을 이루지 못하면 예악이 일어나지 못하고, 예악(禮樂), 즉 예법과 음악이 일어나지 못하면 형벌이 적중치 못하고 형벌이 적중치 못하면 백성은 수족을 둘 곳이 없게 되느니라. 그러므로 군자는 이름을 세울진댄, 반드시 말할 수 있으며, 말할 수 있을진댄 반드시 행할 것이니 군자는 말을 함에 구차함이 없어야 하니라."[15]

4) 천명도덕사상

중국인들은 일찍이 최고신으로서의 상제, 즉 주재자로서의 하늘을 신봉해 왔다. 공자는 이러한 전통적인 하늘을 수용하면서도 이를 새롭게 해석하였다. 즉 그는 자신의 시대적 사명과 관련지어 정통적인 하늘의 관념을 받아들이고는 있으나 대체로 하늘의 신적인 요소를 부정하고 자연, 혹은 자연의 원리와 법칙으로 해석하였다.

맹자 역시 하늘을 인격적 주재자의 의미로 말하기도 하고, 자연 혹은 자연의 원리라는 의미로 말하기도 했지만, 대체로 덕성의 근원의 의미로 말하고 있다.[16] 맹자는 서경(書經)에서 백성들을 이 세상에 내리실 때, 그 중에서 한 사람을 뽑아 임금과 스승으로 삼았다고 주장함으로써 상제(上帝:天)의 개념을 수용하였다. 즉 요임금이 순에게 천하를 준 것은 요임금이 준 것이 아니라 하늘이 준 것이라고 주장한데서 그의 천명사상이 분명하게 드러난다.

또한 그의 천명도덕 사상은 하늘을 자연 혹은 자연의 원리를 수용하고 있다. 즉 "하늘에는 두 해가 없고, 백성에게는 두 임금이 없는 법이라고 하고, 넓은 하늘 아래 임금의 땅 아닌 데가 없다"고 하여 하늘을 자연 혹은 실체의 의미로 파악하였다. 그는 또 하늘을 도덕적 의미, 곧 덕성의 뜻으로 말하기도 하였다. "이런 까닭에 성실함은 하늘의 도이고, 성실 하려는 것은 사람의 도이다"라고 하였으며, "만물의 이치는 모두 나에게 갖추어져 있다"고 했으며, "하늘이 준 벼슬도 있고, 인간이 준 벼슬도 있다. 인 · 의 · 충 · 신과 선을 즐거워하여 게을리 하지 않는 것은 하늘이 준 벼슬이요, 공경 · 대부와

---

15) 위의 책, p.354.
16) 정진일, 앞의 책, pp.60-61.

같은 것은 인간이 준 벼슬이다."라고 하였다. 하늘은 성(誠) 그 자체이며, 모든 벼슬아치들은 이 하늘의 본성에 따라 백성에게 덕을 베풀어야 한다.

맹자는 도덕의 근원으로서 천명을 제시하고, 인간은 천명에 의해 부여된 바의 인성을 실현하게 되면, 도덕사회, 즉 왕도를 이룩하게 된다고 본 것이다. 인간을 이처럼 하늘의 창조물로서 하늘의 뜻을 계승한 존재로 보는 천명사상은 성선설의 근원이 되며, 또한 인간의 존엄성을 지향하는 사고를 그 속에 내포하고 있다.

사람이 태어나면서부터 천부의 본성으로서의 인·의·예·지를 가지고 있기 때문에 본래 선한 존재이다. 그것은 惻隱之心(측은지심), 즉 인간의 측은히 여기는 마음, 羞惡之心(수오지심), 즉 불의를 부끄러워하고 불신을 미워하는 마음, 辭讓之心(사양지심), 즉 사양하는 마음, 是非之心(시비지심), 즉 옳고 그름을 분간하는 四端之心(사단지심)의 마음으로 나타난다.

그렇다면 하늘의 창조물로서의 인간들을 다스리는 사명은 누구에게 주어지는 것인가? 인간에게는 천명으로서의 덕성이 있는가 하면, 육신을 가지고 태어난 존재이기 때문에 욕망을 가지고 있는 존재이기도 하다. 문제는 이와 같은 욕망과 본성 간의 조화가 어떻게 이루어지느냐에 있다. 즉 욕망 그 자체의 존재가 문제되는 것이 아니고 그 욕망이 적정의 도를 유지함으로써 본성을 함양하는 데 도움이 되도록 하는 것이 중요하다. 따라서 과욕이 아닌 최소한의 욕구 충족 및 절제는 修己(수기)의 첩경이 된다.

인간은 욕망과 도덕적 본성의 양면성을 지니고 있는 존재로서 이중 어느 면에 더 치중하느냐에 따라 인간됨이 달라진다. 인간이 자아의 본성을 계발하는 데 하찮은 본능적 욕망을 위해 소중한 도덕적 가치를 해치는 자는 소인이요, 위대한 덕성을 기르는 자는 대인인 것이다. 치인으로서의 자격은 대인에게 주어진다.

즉 본능적 욕구에의 치중보다는 자아 본성의 계발은 물론 만인으로 하여금 천부의 덕성을 발휘하여 저마다 윤리적·도덕적인 삶을 살도록 모범을 보이는 자에게 치인으로서의 사명이 주어진다. 맹자와 그의 제자 공도자 사이의 문답은 우리에게 시사하는 바가 크다.

> "다같은 사람이면서도 어떤 사람은 위대한 사람이 되기도 하고 혹은 소인이 되기도 하는 까닭은 무엇인가? 대체(大體), 즉 양심을 좇으면 위대한 사람이 되고, 소체(小體), 즉 이목(耳目)의 욕망을 좇으면 소인이 되는 것이다. 같은 사람이면서 혹은 양심을 좇는 자도 있고 이목의 욕망을 좇는 자도 있는 것은 무슨 까닭인가? 대체로 이목의 기능은 듣고

> 보기는 하지만 스스로 생각하지 못하기 때문에 사물에게 가려지기가 쉽다. 이렇게 사물이 계속해서 찾아와서 이목을 유혹하는 것이다. 그러나 마음의 움직임은 생각하기 때문에 마음으로 잘 생각하기만 하면 사물의 도리를 알 수가 있게 된다. 하지만 생각하지 않으면 도리를 알 수가 없다. 이것은 하늘이 모두 나에게 준 것이기는 하지만, 우선 그 중에서 큰 것, 즉 정신을 확실히 세우면 그 밖의 작은 것, 즉 이목이나 구복(求福)같은 욕망이 마음의 움직임을 빼앗지는 못한다. 이런 사람이야말로 위대한 사람인 것이다."[17)]

이와 같이 하늘은 천명을 자각하여 덕을 간직하는 대인에게 제왕의 지위를 부여하여 하늘의 뜻을 받들게 하므로 제왕의 지위는 어느 누구도 자의로 전수할 수 없는 것이고, 오직 천명에 의해서만 전수가 가능한 것이다. 그렇다면 천명은 무엇을 통해 알 수 있는가? 서경에 "하늘의 보심은 백성의 보는 바와 같으며, 하늘의 들으심은 백성의 들으심으로부터 하시나니라"는 내용이 있다. 즉 민심이 천심이라는 뜻이다. 따라서 천명은 백성들의 민심에서 나오기 때문에 천하를 다스리는 사명을 사실상 부여하는 자는 백성들이라 할 수 있다.[18)]

5) 민본주의

민심이 천심이라는 말은 현대 사회에서도 아주 흔히 사용되는 말이다. 현대 사회는 선거라는 국민의 직접적인 참여에 의해 정치권력이 선택되고 많은 외부 통제장치에 의해 공직자들이 통제 받는다는 현실을 감안할 때 민본주의는 중요한 의미를 가진다. 어느 선거에서 패배한 정당은 민생경제의 침체가 가장 중요한 패배 원인인데도 자신의 정책 노선이 개혁에서 실용노선으로 전환한 것이 패인이라고 주장하는 것을 보면, 민심을 그렇게 중요시하지 않는 것 같다.

맹자는 임금이 백성의 신망을 얻는 것이 무엇보다 중요하다고 주장하였다. 즉 "백성이 가장 귀하고, 사직은 그 다음이고, 임금은 대단치 않다. 이런 까닭에 일반 백성에게 신임을 얻으면, 천자가 되고, 천자에게 신임을 얻으면 제후가 되고, 제후에게 신임을 얻으면 대부가 된다"고 하였다. 또한 "걸 임금과 주 임금이 천하를 잃은 것은 그 백성을 잃어 버렸기 때문이다. 그 백성을 잃어 버렸다는 것은 그들의 마음을 잃어 버렸다는 것이다. 그 백성을 얻는데는 방도가 있으니 그들의 마음을 얻으면 이에 백성도 얻게 될 것이다"라고 주장하였다. 걸임금은 중국 고대 하나라의 임금으로 주지육림 속에서 폭정을

17) 위의 책, p.343.
18) 위의 책, 같은 쪽.

일삼다 은나라 탕왕에게 쫓겨나서 양쯔강에서 자결하고 하나라는 멸망하였다. 주임금은 은나라 31대 마지막 임금으로 총비 달기와 함께 온갖 만행과 비윤리적인 폭정으로 주나라 무왕에게 주살당하고 은나라는 멸망하였다.

민본주의 철학은 민이 곧 나라의 근본으로서 임금은 백성 위에 군림하는 것이 아니라 백성을 위하여 봉사하는 지위에 있다고 보는 사상이다. 따라서 민본주의는 현대 민주주의적 특징을 그 속에 내포하고 있는데 특히 백성들을 위한 정치를 하여야 한다는 'for the people'의 측면을 강하게 강조하고 있고, "공무원은 국민의 공복이다"라는 헌법 조항의 정신이다.[19)]

민본주의 철학은 덕치주의와 천명사상에 내포된 논리로부터의 당연한 귀결로서 도출되는 사상이다. 즉 하늘이 천자를 보내 백성들을 통치한다는 내용은 곧 하늘이 그의 뜻대로 천자를 변경시킬 수 있다는 뜻이 되며, 이와 같은 하늘의 뜻은 하늘의 소생자인 백성들의 뜻, 곧 민심을 통해 알 수 있기 때문에 민심은 곧 천심이라는 논리가 통한다. 그러므로 천자로서의 임금은 수기치인의 덕치를 통해 백성을 위해 신명을 다하는 덕치주의를 실천해야 한다. 이러한 덕치주의는 곧 하늘의 뜻을 실현하는 것이 된다.

이와 같은 논리로 볼 때 천명사상과 덕치주의 원리 및 민본주의 등은 모두 동일한 철학에 기초하고 있다. 유교경전에 나타난 민본이념을 살펴보면 다음과 같다.

> "서경(書經)에 하늘이 듣고 보시는 것은 백성이 듣고 보는 데서 비롯되고, 하늘이 밝히시는 시비선악은 백성이 밝게 살피는 위엄으로 비롯되니 이같이 천지가 상통하는지라 오직 공경할진저, 땅을 다스리는 이여"[20)]
>
> 맹자 진심장구 하편(盡心章句 下篇)에 "맹자 가로되 국가에서는 백성이 무엇보다도 귀중한 것이요, 사직이 그 다음이요, 임금이 제일 가벼운 것이다. 그런 연유로 많은 백성에게서 신임을 받으면 천자가 되는 것이요, 천자에게서 신임을 받으면 제후가 되고 제후에게서 신임을 받으면 대부가 되는 겁니다."[21)]

이와 같이 백성은 나라의 근본인데도 불구하고 민심에 위배되는 악정이 행해지면 어떻게 할 것인가? 여기에서 바로 맹자의 혁명론이 도출된다. 맹자의 혁명론과 관련하여 자주 인용되는 구절이 맹자 양혜왕장구 하편(梁惠王章句 下篇)의 다음과 같은 내용이다.

19) 위의 책, p.349.
20) 김항규, 앞의 책, pp.349-350에서 재인용.
21) 김항규, 앞의 책, p.350에서 재인용.

"제선왕이 묻기를 탕왕이 걸을 내쫓고 무왕이 주를 정벌했다는데 그런 일이 있었습니까? 맹자가 답하되 그렇게 전해오고 있습니다. 신하로서 그 임금을 죽인 것이 용서될 수 있을 까요? 인도를 해치는 자를 적(賊)이라 하고, 의리를 해치는 자를 잔(殘)이라 합니다. 잔적(殘賊)을 일삼는 자는 이것을 일부(一夫)라고 합니다. 일부(一夫)인 주(紂)를 죽였다는 말은 들었어도 임금을 죽였다는 말은 아직 듣지 못하였습니다."22)

위의 내용이 맹자의 유명한 방벌론(放伐論)으로서 혁명의 가능성과 그 타당성을 옹호하고 있으며, 혁명의 근거를 민심, 즉 천명에 두고 있다. 이는 공자의 정명사상, 즉 명분론과의 관계에서 논쟁의 여지를 남기고 있는 내용이다. 정명사상 혹은 명분론은 사회구성원 각자가 자기에게 주어진 위치에서 자기에게 주어진 직분에 충실할 것을 요구한다. 즉 군군신신(君君臣臣), 군신지분(君臣之分)의 논리이다. 따라서 이러한 논리는 맹자의 방벌론에서의 주장과 상호 충돌될 수 있다.23)

정명사상이나 방벌론은 그 어느 것이나 그것만이 절대적인 것으로 주장될 때 악용될 수 있는 여지를 내포하고 있다. 즉 정명사상을 지나치게 강조하다 보면 혁명은 어떠한 경우에도 부정되어야 하며, 또한 형식에만 치우치게 되어 군권의 절대화를 구축하는 데 기여하게 됨으로써 민생을 외면한 위정자의 폭정을 정당화시킬 우려가 있다. 반대로 방벌론만을 너무 강조하다 보면 개인이나 특정 집단의 이익을 위해 무력을 동원한 찬탈을 부추길 수도 있다. 다시 말해, 민의에 기초한 혁명이 아닌 부당한 혁명을 정당화시키는 데 악용될 수도 있다는 것이다.

6) 삼강령(三綱領)과 팔조목(八條目)

유교 또는 유학의 근본사상은 공자와 맹자를 중심으로 한 인륜사상이며, 그 학문적 기초는 대학의 삼강령과 팔조목에 집약되어 있다. 이는 "대학"과 "효경"을 저술한 것으로 알려져 있는 공자의 제자 증삼이 "대학"에서 대인의 학문은 자신의 밝은 덕(明德)을 밝히고, 백성들의 밝은 덕을 밝힘으로써 지극한 성(誠)의 경지에 도달한다는 것을 목표로 해야 한다고 말한 데서 출발한다. 그리고 그는 이것을 실천할 방법을 다음과 같이 제시했다.

22) 은의 탕왕이 하의 폭군 걸을 징벌하였더니, 걸은 남소라는 곳으로 도망하였다. 그래서 아주 그곳으로 추방하여 버렸다. 또한 주나라 무왕이 은나라의 폭군 주를 징벌하였다. 국민을 배반하고 잔적을 일삼는 자는 그 사람이 왕이라 하더라도, 이미 왕이라 일컬어질 수 없고, 일개의 필부에 지나지 않는다.

23) 위의 책, pp.351-352.

"옛날에 밝은 덕을 천하에 밝히려는 사람은 먼저 자기 나라를 잘 다스렸고, 자기 나라를 잘 다스리려는 사람은 먼저 자기 집안을 가지런히 하였고, 자기집안을 가지런히 하려는 사람은 먼저 자기 몸을 닦았다. 자기 몸을 닦으려는 사람은 먼저 자기 마음을 바르게 하였고, 자기 마음을 바르게 하려는 사람은 먼저 자기의 뜻을 정성스럽게 하였고, 자기의 뜻을 정성스럽게 하려는 사람은 먼저 그 앎에 이르게 하였고, 그 앎에 이르게 하려는 사람은 사물의 이치를 추구하였다."

증삼의 이러한 주장은 주자학의 대가로 알려진 주희에 의해 삼강령과 팔조목으로 정교화되었다.[24] 먼저 삼강령은 명명덕(明明德), 친민(親民), 지어지선(至於至善)을 의미하며, 팔조목이란 격물(格物),치지(致知),성의(誠意),정심(正心),수신(修身), 제가(齊家), 치국(治國), 평천하(平天下)를 의미한다.

명명덕은 밝은 덕을 밝힘, 친민은 백성을 사랑함, 지어지선은 지극한 선에 머무름을 의미하고, 격물은 사물의 이치를 추구함, 치지는 앎에 이름, 성의는 뜻을 정성스럽게 함, 정심은 마음을 바르게 함, 치국은 나라를 다스림, 평천하는 천하를 평화롭게 하는 것을 의미한다. 여기에서 격물, 치지, 성의, 정심은 명덕을 밝히는 방법으로 보았고, 수신, 제가, 치국, 평천하는 백성을 사랑하는 방법으로 보았으며, 밝은 덕을 밝힘과 백성을 사랑함은 그 최종 목표가 지극한 선에 머무름에 있다고 보았다.

명명덕은 곧은 마음을 뜻하는 것으로서 사람의 마음은 하늘이 준 본성으로서 순수하고 깨끗하다고 하여 밝은 덕이지만, 사람의 습성이나 욕망 등으로 인하여 본래의 밝은 덕이 흐려지기 쉽고, 따라서 밝은 덕을 흐려지지 않게 하기 위해서는 그것을 밝혀야 한다. 밝은 덕을 밝힌다는 것은 곧 수신하는 것이므로 수신하려면 격물, 치지, 성의, 정심해야 한다는 것이다.

격물이란 사물의 이치를 추구하는 것을 말한다. 치지는 사물의 이치를 아는 것이고, 성의는 정성스럽게 하는 것인데 이는 이른바 그 뜻을 정성스럽게 한다는 것은 스스로를 속이지 않는 것이다. 정심은 마음을 바르게 하는 것인데, 이는 마음에 분노가 있으면 그 바름을 얻지 못하며, 두려움이 있으면 그 바름을 얻지 못하며, 근심이 있으면 그 바름을 얻지 못한다. 마음을 두지 않으면 보아도 보이지 않고, 들어도 들리지 않으며, 음식을 먹어도 그 맛을 알지 못한다는 것을 의미한다.

백성을 사랑한다는 친민의 친은 사랑하다, 가까이 하다는 뜻이요, 민은 사람 또는 백

24) 증삼은 기원전 5세기경 중국에서 활동한 유학자로서 공자와 맹자를 연결한 공자의 제자로 알려져 있다. 정진일, 앞의 책, pp.39-44.

성을 뜻한다. 백성을 사랑한다는 것은 먼저 자기에 가까운 가정으로부터 시작하여 점점 그 범위를 넓혀서 국가로, 천하로 확대해 가는 것이 자연스러운 순서이므로, 친민을 다 하려면 수신을 하고 나서 제가, 치국, 평천하해야 할 것이다. 수신, 제가, 치국, 평천하는 성군이 갖추어야 할 중요한 덕목이다.

지극한 선에 머무른다는 것은 대학 곧 유교의 궁극적 목표인데 여기서 지극한 선은 인간의 본성으로서의 선을 말한 것이다. 따라서 그러한 선에 머무르게 될 때에 나아갈 길이 정해지고, 고요해지고, 편안해지고, 사려할 수 있게 되고, 터득할 수 있게 된다. 모든 사람들이 이러한 경지에 이르게 될 때에 천하가 태평한 상태에 도달하게 된다는 것이다.

7) 순자의 윤리사상

(1) 성악설의 논리

순자의 선악에 대한 견해는 맹자와는 크게 다르다. 맹자는 인간과 동물을 구별 짓는 특성을 본성으로 간주하고, 인 · 의 · 예 · 지의 도덕성을 인간 고유의 본성으로 보아 인간이 도덕적 존재임을 강조한다. 이에 반해, 순자는 인간의 본성을 동물의 본능과 확연히 구별하지 않았으며, 인간의 본성은 악하다고 규정한다. 순자가 주장하는 인간 본성의 논리는 다음과 같다.[25]

> "사람의 본성은 악한 것이니 그것이 선하다고 하는 것은 인위적 노력에 의한 것이다. 인간의 본성은 나면서부터 이익을 좋아하는데 그것을 따르기 때문에 싸움이 생기고 사양함이 없어졌다. 사람은 나면서부터 남을 질투하고 미워함이 있어 그 본성을 따르는 까닭에 남을 해치는 일이 생기고 충성과 신의가 없어지는 것이다. 나면서부터 아름다운 소리와 색을 좋아하는 이목(耳目)의 욕망이 있어 그 본성을 따름으로 무절제함이 생기고 예의와 문리(文理), 즉 예의와 사물을 깨달아 아는 길이 없게 된다. 이렇게 보아 인간의 본성은 악함이 분명하다. 그 선은 위(僞)의 결과이다."

이는 순자 인성론의 주요 관점으로서 자연적 논리에 의해 인간의 본성을 파악하려

25) 순자는 맹자의 노년, 또는 사후에 활약한 학자로 추정된다. 순자가 진시황제의 즉위 직전까지 활약한 것이나 맹자의 성선설과 묵자, 장자, 한비자 등을 비판한 것으로 보아 맹자보다는 후학임에는 틀림이 없는 것 같다. 논어, 맹자, 노자, 묵자 등 그 이전의 모든 저작들이 비체계적이고 비논리적인 데 비하여 그의 저술은 매우 논리적이고 체계적이다. 그래서 순자를 두고 제자백가 중에서 최후의 위대한 스승일 뿐 아니라 제자백가를 집대성했다고도 한다.

한다. 순자는 순시(順是), 즉 인간의 본성은 사람의 性(성)과 情(정), 즉 나면서부터 가지고 있는 소질과 욕망을 따르는 것이라고 말한다. 사람의 성선(性善) 즉 본성은 배가 고프면 먹고자 하고, 추우면 따뜻하고자 하고, 이익을 좋아하여 얻고자 한다.[26] 그래서 순자는 인간의 본성이란 자연히 생긴 것으로서 배운 것도 아니고, 인위적인 것도 아닌 천부적인 것이라는 주장을 한다.

인간이란 태어나면서 몸을 존속시키려는 욕구를 본능적으로 가지고 있는데 이 본능을 좇아 욕구를 충족시키려고 하면 자연히 서로 다투게 되고 어지럽고 포악한 상태로 가게 된다. 즉 순자가 말하는 성악은 행위 결과의 선악이다. 성악은 인간의 성정(性情), 즉 인간의 본성에 따라서 발생하는 행위결과에 대한 것이다. 인간은 본성적으로 악한 성질을 가지고 태어나기 때문에 그 본성대로 내버려두면 사회는 서로 다투고 투쟁하는 결과를 초래하게 된다는 것이다.

그의 논리는 서양의 홉스와 같이 만인의 만인에 대한 투쟁 상태, 곧 자연 상태를 말한다. 그래서 자연 그대로의 인간을 그대로 방치하면 반드시 악으로 향하여 만인이 투쟁하는 현상만 초래한다는 것이다. 순자는 맹자 식의 성선설로서는 평화로운 사회를 만들어갈 수 없다고 보고 개인이나 집단이 그들의 욕구를 충족시키도록 하는 사회적 합의 장치를 예(禮)라고 하는 공리적이고 객관적인 가치에 누구도 예외없이 복종할 수 있도록 만들어 가야한다고 주장한다. 순자는 예에 입각한 강력한 사회 합의장치를 만들어 사회를 통제하고 교화해야 평화로운 사회를 만들어갈 수 있다고 보았다.

그는 맹자의 성선설을 다음과 같이 비판한다.

첫째, 맹자는 "인간이 학문을 하는 것은 그 본성이 선하기 때문이다"라고 하였으나 이는 "인간의 본성을 채 모르고, 타고난 본성과 후천적으로 교정된 성정(성질)과를 구분하지 못하기 때문이다." 무릇 본성이란 타고난 대로 말하는 것이니 배워서 되는 것도 아니고 노력한다고 해서 되는 것도 아니다. 그러나 예의는 성현이 인위적으로 만든 것이니 배우면 되고 노력하면 되는 것이다.

둘째, 맹자가 "인간의 본성은 본래 선하지만 그 본성을 잃은 까닭에 악해진다"고 하였으나 인간의 본성은 나면서 그 순수성과 소박함을 잃기 때문에 맹자의 주장은 잘못이다. 그러나 맹자의 본성은 그 선천적이고 본질적인 것을 말하고 순자의 본성은 그 후천적인 경향을 말하는 것으로 그 접근에 차이가 있다.

셋째, 순자는 "선이란 도리에 맞고 평화적인 것을 말하는 것이고, 악이란 빗나가서

26) 조현규, 동양윤리사상의 이해, 새문사, 2003, pp.78-82.

난폭한 것을 말하는 것"이기에 맹자가 말한 인간의 본성이 선하다는 것은 잘못이다. 인간이 선하기 때문에 인간의 본성의 도리에 맞고 평화적인 것이라면 聖君(성군)이 왜 필요하고 예의가 무슨 소용이 있겠는가? 실로 인간의 본성이 악하기 때문에 빗나가고 난폭해서 평화롭지 못한 것을 聖人(성인)은 알고 있다. 따라서 이것을 바로 잡기 위하여 군주의 권력을 강력하게 하여 통치하고 예의를 밝혀 감화시키고, 법도를 일으켜 다스리고, 형벌을 무겁게 하여 악행을 삼가게 하니 이것이 성군의 정치요, 예의의 교화인 것이다. 그러나 성군과 예의가 단순히 인간의 본성이 악하기 때문만은 아니다. 비록 인간의 본성이 아무리 선하더라도 그 본성을 계발하고 교화하기 위해서는 성군과 예의가 필요하기 때문이다.

넷째, 맹자가 말한 예의란 본성을 따라서 자발적으로 나온다는 것은 잘못이다. 예의나 작위(作爲)는 인간의 본성이 아니라 인간이 만들어낸 것으로서 인간의 본성과는 다르다. 인간의 본성은 요순이나 폭군이 같고 군자나 소인이 같다. 다만, 요순과 군자는 본성을 변화하여 예를 존중하고, 소인배는 본성에 따라 행동하여 방종을 즐기고 탐욕을 다투었기 때문에 천하게 여겨진다.

그는 이러한 비판을 통하여 인간의 본성의 방치로 인하여 악하려고 하는 경향을 예로 통하여 선으로 변화시켜야 한다고 강조한다. 이는 곧 예를 바탕으로 하는 도덕교육의 필요성을 강조한 것일 뿐 아니라 교육 가능성의 문제까지 제기하고 있는 것이다.

(2) 예와 윤리

일반적으로 순자사상은 현실성이 강한 철학으로 맹자의 도덕철학과 구분하기도 하고 종합적 성격의 철학으로 이해하기도 한다. 이러한 평가는 그의 예 사상에 연유한다. 그의 예 사상은 유가, 법가, 묵가, 도가의 사상이 혼재한다. 그러나 순자가 예를 중시한 것은 공자가 주의 예를 계승하고자 한 것과 같은 전통에 서고자 한 것이었으며, 맹자와는 서로 다른 측면에서 공자 사상을 계승하려고 했던 것 같다. 그러므로 순자사상은 공자와 마찬가지로 예를 어떻게 실현할 수 있는가 하는 최종목적을 위하여 단지 실천적으로만이 아니라 논리적인 체계를 갖추어 철학적으로 논증하고 있는 것이다.

공자는 예를 외면적 사회규범으로 보았다. 예는 안으로부터 드러나는 자연스런 감정을 표현하는 예의범절이라는 데에는 순자와 인식을 같이하였다. 따라서 공자의 예는 주로 예절과 도덕적 행동을 의미한다. 예를 지키는 것은 다른 사람들에게 예의를 표하는 것으로서, 예의가 없으면 말이 공허해지고 말이 공허해지면 일이 순조롭지 못하다. 한편 순자의 예는 단순히 예절적인 행동에 머무르지 않고 그것이 전체적인 질서와 균형을 유지하는데 중요한 역할을 한다.

순자는 사람의 본성이란 악하여 날 때부터 이익을 구하고 서로 질투하고 미워하기 때문에 그대로 놔두면 싸움이 그치지 않는다고 주장했다. 따라서 예의를 배우고 정신수련을 해야 한다. 사람의 본성은 악하기 때문에 그 악한 본성을 예를 통해서 변화시켜 선하게 해야 한다는 것이 순자의 생각이었다.

공자의 주장에 의하면, 예를 지키는 것은 상호 간의 신뢰를 유지하고 사회적 안정을 유지하는데 도움을 주지만, 순자는 이것이 더 큰 목표인 질서와 균형을 유지하는데 중요하다고 보았다. 공자는 예를 주로 예절과 도덕적 행동에 대한 것으로 보아 상호 간의 신뢰와 사회적 안정을 유지하는데 중용하다고 보았다. 그러나 순자는 예를 전체적인 질서와 균형을 유지하는 데 중요한 역할을 한다고 생각하였다. 예는 사회규범이나 제도를 위해 중요하고 인간이 악하니까 예가 있어야 한다. 순자는 우리가 선을 알고 학습할 수 있는 능력과 행할 수 있는 능력을 가지고 있기 때문에 예로서 인간을 변화시킬 수 있다는 것이다.

공자는 인을 모든 도덕의 근본으로 삼았으나 순자는 예에 모든 도덕을 포괄하고 있다. 그리고 맹자의 인에 머무르되 의에 기초해야 한다는 입장을 새롭게 해석하여 인과 의 두 가지 덕목의 실천은 반드시 예에 의거해야 한다고 주장한다. 맹자가 도덕의식을 강조한 반면 순자는 도덕규범을 강조한 것이 된다.

도덕의식과 도덕규범은 분명 구분되는 것으로서 공자의 인은 이 두 측면을 모두 포괄하는 개념이었으나 맹자와 순자에 와서 서로 분리되게 된 것이다. 맹자의 도덕의식은 내재적이고 자유의지적인 측면을 강조하고, 순자의 도덕규범은 사회규범과 인간사이의 관계성에 기초한 외재적인 측면을 강조한다.27) 그러므로 맹자의 도덕의식은 개인윤리 차원의 개념이고, 도덕규범은 사회윤리 차원의 개념이라는 점에서 분명히 구별되는 개념이다. 순자가 말하는 예의 관념은 바로 이러한 사회윤리의 차원에서 논의된다.

예의 본질은 두 가지로 나누어진다. 그 하나는 사람을 키우는 것이다. 예의 본질은 인간의 오관의 욕구를 기르는 것이다. 쇠고기, 돼지고기, 쌀, 기장에 오미(五味)의 조화를 이룬 음식은 입맛을 기르는 것이고, 난, 장미의 향기는 코의 즐거움을 기르는 것이다. 각종 조각이나 장식의 문양은 아름다움을 기르는 것이며, 거문고, 비파, 피리, 바이올린 같은 연주 음악은 귀의 즐거움을 기르는 것이니, 그러므로 예란 기르는 것이다. 즉

27) 위의 책, pp.82-85.

예의 본질의 하나는 인간의 오관의 욕구를 기르는 것이다.

예의 또 하나의 본질은 분별이다. 이는 귀천의 등분, 장유의 차별, 빈부의 경중 등이다. 즉 순자의 예는 사회의 신분제도, 인간관계의 질서, 빈부의 차이 등을 모두 포함한다. 이러한 제도 질서는 모두 인간의 타고난 본성을 절제하고 어느 정도의 욕망을 기르는데 필요한 것이다.

그러면 예의 근본은 무엇인가? 그 첫째는 생명의 근원인 천지이고, 둘째는 종족의 근본인 조상이고, 셋째는 사회 평화의 근본이 되는 군사(君師)이다. 천지가 없으면 생명이 있을 수 없고, 조상이 없으면 태어날 수 없고, 제왕이 없으면 평화가 있을 수 없다. 이 세 가지 중에서 하나라도 없으면 안락이 있을 수 없다. 그러므로 하늘과 땅, 조상, 군왕을 섬기는 것은 예의 3대 근본이다. 따라서 이러한 예를 사고하고 지키고 그것을 애호하는 것이 바로 최고의 도덕이며, 이것을 인도의 최고 표준으로 삼는다. 예론 편에 다음과 같이 예를 이야기한다.

> "예는 사람으로서 마땅히 지켜야할 법도의 근본이요, 사회의 기강이다. 그러므로 학문의 최종 목표는 예법을 몸소 실천하는 데에서 끝나는 것이다. 대개 이런 것을 가리켜 도덕의 극치라고 한다. 그러므로 먹줄은 직선의 최고 표준이요, 저울은 공평함의 최고 표준이요, 예는 인도의 최고 표준이다. 그런데도 예에 의거하지 아니하고 예를 중시하지 않는다면 행위의 기준이 없는 백성이라고 하고, 반대로 예에 의거하여 행동하고 예를 중시한다면 이를 가리켜 행위의 규범이 있는 올바른 선비라고 한다. 예를 몸에 두고 그 속에서 충분히 사색하는 것을 참으로 잘 생각하는 것이라고 하고, 또 예를 몸에 두고 그 속에서 지조를 바꾸지 않는 것을 일러 참으로 지조가 굳다고 하는 것이다. 생각도 훌륭하게 하고 지조도 단단한 토대 위에 예를 좋아하는 사람이 있다면 이 사람이야말로 성인인 것이다."28)

그는 예와 인의(仁義)의 관계에 대해서도 다음과 같이 말한다.

> "인은 사랑이므로 친하는 것이요, 의는 도리이므로 행하는 것이요, 예는 절도이므로 일을 완성하는 것이다. 인에는 예라고 하는 의지해야 할 집이 있고, 의에는 예라고 하는 통과해야 할 관문이 있다. 만일 인이 예가 아닌 다른 곳에 의지하고 있다면 이는 이미 인이 아니다. 또 의가 예가 아닌 다른 것을 지향한다면 이는 이미 의가 아니다. 자애하는

28) 위의 책, pp.85-86.

마음으로 은혜를 베푼다 하더라도 예에 어긋난다면 인은 성취되지 않는다. 또 바른 도리를 충분히 밟았다 하더라도 예라고 하는 절도를 얻지 못한다면, 예는 성취되지 않는다. 또 조화를 얻었다 하더라도 그것이 밖으로 드러나지 않는다면, 음악은 이루어지지 않는다. 그렇기 때문에 인과 의와 예와 악 등 네 가지는 서로 다르기는 하나 궁극에 가서는 일치한다고 말하는 것이다. 군자는 인의 자리에 있으되 의를 발판으로 하므로 비로소 인이 이루어지고 의를 행하되 예에 의하여 절도를 얻으므로 여기서 비로소 의가 형성되고 예를 제정하되 근본이 되는 인의로 돌아가 그 말단인 예절을 자세하게 이룸으로써 비로소 예가 되는 것이다. 이리하여 인과 의와 예, 세 가지를 다 통달함으로써 비로소 도가 되는 것이다."29)

이러한 순자의 주장은 맹자의 인에 머물되 의에 기초해야 한다는 명제에 대한 새로운 해석이며, 인과 의 두 가지 덕목의 실천은 반드시 예에 의거해야 한다는 것이다.

(3) 도덕수양론

순자는 인간의 본성이 욕망으로 가득 차있어 인간의 도덕성을 외부에서 찾는다는 점에서 인간의 내면에서 그것을 찾았던 맹자와는 견해를 달리한다. 그러므로 그는 인간이 선(善)을 쌓는 것을 통한 도덕수양을 강조한다. 그것은 적선(積善)을 통한 예의 실현이며, 환경과 교육의 중요성을 강조한다. 인간의 도덕수양은 교육을 강조하는 적학(積學), 그리고 지행합일로 모아진다.

① 적학(積學)

인간은 욕망으로 가득한 악한 존재이지만, 좋은 환경과 교육 여하에 따라서 성인의 경지에 도달할 수 있다. 학습은 도덕적 인간이 되게 하고 수신의 근본이다.

"학문은 잠시라도 놓아서는 안 된다. 푸른 빛은 쪽빛에서 나왔지만 쪽빛보다 훨씬 푸르고 얼음은 물이 얼어서 된 것이지만 물보다는 훨씬 차다. 먹줄로 친 듯 곧은 나무도 구부려 수레바퀴로 만들면 콤파스로 동그라미를 그린 듯 동그랗게 된다. 다시 햇볕에 말려보아도 원래의 모습으로 돌아가지 않는다. 인간의 힘에 의해 구부려졌기 때문이다. 나무나 쇠붙이가 인간의 힘에 의해 쓸모있는 연장이 되듯이 인간도 널리 학문을 연구하여 날마다 냉철히 반성한다면 마침내 지혜가 명석해지고 행동에 허물이 없게 된다."30)

29) 위의 책, pp.87-88.
30) 위의 책, pp.89-92.

이는 후천적인 학습의 중요성을 강조하는 것이다. 학습을 통해서 올바른 인성을 회복할 수 있다. 이에는 몇 가지 태도가 요구된다.

첫째, 초지일관적 태도이다. 객관세계의 지식은 무한하고 변화무쌍한 것이어서 유한한 인간이 만물의 이치를 추구하고 깨닫는 것은 불가능하다. 그러므로 반드시 지식을 구함에 있어서 분명한 목적의식을 가져야 한다. 학습의 방향이 분명하여 방향없이 시시때때로 변하는 것은 좋지 못하다. 두 길을 동시에 걸어가려는 사람은 결국 어느 한 길도 가지 못하고 두 임금을 섬기려는 사람은 어느 임금에게도 용납되지 않을 것이다. 눈은 두 가지를 동시에 보지 말아야 잘 보이고, 귀는 두 가지를 동시에 듣지 말아야 잘 들린다. 생각이 분산되어 있으면 지식을 얻을 수 없고, 온 마음을 집중하지 않으면 인식이 완전할 수 없고, 여러 가지 뜻이 있으면 의혹이 풀리지 않는다.

둘째, 적선의 태도이다. 적학은 곧 적선을 해 나가는 노력의 과정을 중시하는 것으로서 평생 학문과 도덕적 수양을 중단없이 계속해야 한다는 것을 의미한다. 도덕교육은 결코 짧은 시간에 이루어지는 것은 아니며, 점차적으로 쌓아가고 본인도 감화하도록 가르쳐야 한다. 그래서 티끌이 모여 태산이 되고, 물이 괴어 못을 이루면 용이 살 듯, 착한 행실이 축적되어 덕을 쌓으면 스스로 마음의 예지를 얻고 성인의 마음을 갖추게 된다. 선덕(善德)의 가치를 교육하는 인위적인 노력이 중요한 것이다.

셋째 개방적 태도이다. 순자는 도덕성을 함양함에 있어서 토론을 통한 개방적 학습을 강조한다. 아무리 많은 것을 알고 있다 하더라도 입을 다물고 있으면 훌륭한 학자의 자세가 아니고, 기꺼이 자기의 아는 바를 발표하고 토의하기를 즐겨해야 좋은 수양의 결과를 기대할 수 있다는 것이다. 수양자가 자기 의견을 말할 때에는 우선 스스로 인격적 수양이 선행되어야 하고, 반드시 넓은 포용력이 있어야 한다.

> "사양의 절도가 있어야 하고, 장유의 도리를 지키며, 타인을 불쾌하게 하는 말을 삼가며, 요괴한 말을 입밖에 내지 않으며, 항상 어진 마음으로 남에게 말하고 배운다는 자세로 남의 말을 들어야 한다. 공평한 마음으로 변론하고, 여러 사람의 칭찬이나 비방에 동요하지 않으며, 타인의 이목을 현혹하려 하지 않는다. 권력자의 권세에 아첨하지 않으며, 군주의 측근자의 말에 영합하지 않고, 그리하여 능히 도를 지켜서 벗어나지 않는다. 곤궁해도 마음을 굽히지 않고, 순조로워도 나태하지 않고, 공정한 것을 높이고 비열하게 다투는 것을 천하게 여기는 것이 군자의 길이다."31)

31) 위의 책, 같은 쪽.

넷째, 객관적인 태도이다. 순자는 학문이란 한 곳으로 치우치지 않고 객관적인 태도를 견지해야 한다고 주장한다. 그는 여러 학자들의 객관적이지 못한 학설을 들어 그 편중성을 비판한다. 묵자는 실용에 가리워서 문(文)을 모르고, 한비자는 법에 가리워서 정(情)을 몰랐으며, 혜자는 언사에 가리워서 실체를 알지 못했고, 장자는 자연에 가리워서 인간의 주체성을 인식하지 못하였다. 이처럼 전체를 알지 못하고 한쪽만을 보며, 도를 얘기하면 학문이 어지럽게 되고 질서가 무너지는 과오를 범하게 된다.

② **지행합일**(知行合一)

순자는 학습에 의한 지식의 습득과 그 지식의 실천을 중요시 한다. 그는 지행합일을 다음과 같이 말한다.

> "듣지 않는 것은 듣는 것만 못하고, 듣는 것은 보는 것만 못하고, 보는 것은 아는 것만 못하고, 아는 것은 실제로 행하는 것만 못하다. 학문은 실천함에 이르러 그치는 것이다. 실천을 하면 만사가 환히 통하게 되고 통하게 되면 성인이 된다."[32]

이는 학습의 과정을 듣고, 보고, 알고, 행하는 4단계로 분류하여 듣는 것에서 시작하여 행동함에 이르러서야 비로소 마치게 됨을 강조한다. 따라서 실천은 학문의 최고 단계이며, 그것은 아는 것보다 우월하다. 여기서 실천이 아는 것보다 우월하다는 것은 실천을 통하여 알고 있는 지식이 명확해지기 때문이며, 또 이미 알고 있는 지식이 진리로서 깨달아지기 때문이다. 실천은 이미 알고 있는 지식을 검증하는 작용을 하는 것으로서 지행합일을 의미한다.

제 2 절 노자의 무위자연 사상

1. 도란 무엇인가?

노자는 그 이전의 중국인들이 믿어왔던 주재자로서의 하늘, 곧 상제(上帝)를 부정하고, 도를 내세워 그의 사상을 전개한다.[33] 그의 사상은 도라는 개념에서 출발한다.

32) 앞의 책, p.91.
33) 정진일, 위의 책.

"도는 텅 비워 있으나 아무리 써도 다함이 없고, 그윽하여 만물의 근원인 듯하다. 도는 보려고 해도 보이지 않으므로 희미하다고 하고, 들으려 해도 들리지 않으므로 가냘프다고 하고, 잡으려고 하여도 잡히지 않으므로 미세하다고 한다. 이 세 가지는 더 이상 파고들 수 없고, 그저 서로 뒤섞여 하나로 되어 있을 뿐이다."[34] 이처럼 도는 우리의 감각적 인식 능력으로 그 존재를 파악하기 어렵기 때문에 비유는 할 수 있지만, 정확히 설명하거나 이름을 붙일 수는 없다. 즉 노자는 그 이름을 알지 못하여 자(字)를 지어 도라고 부르고, 억지로 이름을 붙여 큰 것이라고 한다고 하면서 도라는 말 이외에 무(無), 현(玄), 허(虛), 일(一), 기(氣), 정(靜), 대(大), 무극(無極), 정(精), 박(樸) 등 여러 가지 말로 표현하기도 한다.[35]

도는 천지 만물의 근원적 존재로서 상제보다 먼저 있었고, 모든 만물속에, 만물과 함께 존재한다. 즉 날카로운 것을 무디게 하고, 헝클어진 것을 풀고, 빛나는 것을 온화하게 하고, 티끌과 함께 있다. 이것을 그윽한 조화라 한다. 도는 ① 혼돈상태의 적막하고 고요한 무형의 존재로서 우주 안에 가득 차 있으며, ② 우주만물의 생성·변화의 근원으로서 천지만물보다 먼저 있었으며, ③ 어떤 것에도 의지함이 없이 영원히 존재하며, ④ 만물속에서 만물과 함께 하는 존재이다.

도는 없는 듯 하지만 그 힘이 다함이 없고, 무위하지만 그 작용이 무궁하여 모든 만물을 생성하는 신비스런 기능을 가지고 있다. 도는 무위하다고 했는데 무위란 유위 곧 인위에 대립되는 것으로서 하려고 '하지 않음', '작위함이 없음', '인위적으로 조작하지 않음', '억지로 하지 않음', 곧 자연스런 행위를 말한다. 따라서 노자는 도란 자연을 본받는다고 함으로써 무위는 흔히 자연이란 말과 함께 사용한다.[36]

도의 실체에 대한 장자의 견해도 유사하다.

'무릇 도는 실재한다는 확실한 믿음이 있지만, 인위적인 행함이 없고, 형체도 없다. 마음으로 전할 수는 있으나 형체가 있는 것처럼 주고 받을 수는 없다. 그것은 마음으로 체득할 수는 있으나 눈으로 볼 수는 없다. 스스로의 내부에 존재의 근거를 지니고 천지가 생겨나기 이전의 옛날부터 이미 존재해 왔다. 그것은 귀신이나 상제를 신령스럽게 하고 천지만물을 생겨나게 했다. 또한 그것은 태극보다 앞에 있어도 높다고 할 수 없고, 태극보다 아래에 있어도 깊다고 할 수 없으며, 천지가 생긴 것보다 먼저 있어도 오래되

34) 위의 책, pp.176-177.
35) 위의 책, 같은 쪽.
36) 조현규, 동양윤리사상의 이해, 새문사. 2003, p.159.

었다 하지 않으며, 상고보다 오래 되었다 하더라도 늙었다 하지 않는다'.

2. 무위의 덕

사람은 만물과 마찬가지로 공허하고, 무형하고, 고요하고, 온화하고, 무위자연한 도로부터 덕을 부여받아 생겨났으므로 사람의 덕 곧 본성은 순박한 것이다.[37] 그러나 인위적인 문명사회로 변하여 감으로써 순박한 인간의 본성이 쇠퇴하여 사사로워지고 욕망이 커져서 혼란에 빠지게 되었다. 노자는 "다섯 가지 빛깔은 사람의 눈을 멀게 하고, 다섯 가지 음은 사람의 귀를 멀게 하고, 다섯 가지 맛은 사람의 입맛을 버리게 하고, 말 타고 사냥하는 것은 사람의 마음을 미치게 만든다, 얻기 어려운 재화는 사람의 행동을 방해한다"고 함으로써 사람은 문명에 의해 순박한 인간의 본성이 사악해지는 것이라고 보았다.

따라서 그는 인위적인 문명을 버리고 원래의 순박한 인간의 본바탕으로 돌아갈 것을 역설하였다. 즉 본래의 바탕을 보여주어서 질박함을 끌어안도록 하라고 하였다. 그러므로 성인은 욕망을 버리고 얻기 어려운 재화를 귀하게 여기지 않고, 배우지 아니함을 배우고, 뭇 사람이 지나는 본래의 바탕으로 돌아간다고 하고, 욕망이 없어야만 소박한 음식도 달게 먹게 되고, 허름한 옷도 아름답게 여기게 되고, 누추한 거처도 편안하게 여길 수 있다고 하였다. 자연스런 욕구를 벗어난 욕망을 버려야 한다. 그러므로 그의 무욕은 곧 과욕(寡慾)임, 즉 욕심이 적다는 것임을 알 수 있다. 그리고 그는 영아나 우인(愚人)같은 무지하고 사사로움이 없는 무구한 사람을 이상적 인간상으로 다음과 같이 제시하고 있다.

> "많은 사람들이 희희낙락하여 큰 소를 잡아서 잔치를 벌이는 것 같고, 따뜻한 봄날에 누대(樓臺: 높은 누각과 정자)에 오르는 것 같은데 나만 홀로 담담하여 낌새조차 모르는 것이, 마치 웃을 줄도 모르는 갓난 아이 같구나! 뭇 사람들이 모두가 여유가 있는데 나는 홀로 이다지도 부족한 것만 같은가? 나는 어리석은 사람의 마음을 지니고 있다는 말인가?"[38]

그에 의하면, 갓난 아이는 순박함을 잃지 않았다는 것이요, 우둔한 사람은 무지하고

37) 조현규, 위의 책, p.184.
38) 위의 책, p.185.

무욕하다는 것이다. 그는 이러한 순박하고 겸허하며, 지식이나 욕망을 초월한 자유로운 인간을 도와의 합일, 곧 천인합일의 이상적 인간으로 보았다. 그러면 인간의 본성이라고 하는 무위 자연(無爲自然)의 덕은 구체적으로 어떤 것인가? 노자는 여러 가지를 들고 있는데 그 가운데에서 중요한 것을 들면 다음과 같다.[39]

첫째, 사사로움과 욕망을 적게 하는 것이다(小私, 寡慾). 이는 본래의 바탕을 보여주어서 절박함을 끌어안도록 하여 사사로움을 줄이고 욕망을 적게 하라는 것을 의미한다. 본래의 바탕은 자연을 상징하고 절박(切迫)은 인위를 가하지 않음을 의미한다. 따라서 무위자연을 방해하는 것이 사심과 욕망이다. 이러한 입장에서 "성인은 자기 몸을 뒤로 함으로 자신이 앞서게 되고 자신을 도외시함으로써 자신이 있게 되는 것이다." 이것은 사심이 없는 것을 의미한다. "이미 가지고 있으면서 또 그득하게 채우는 것은 그만 두는 것만 못하다. 갈아서 날카롭게 하는 것은 오래 보존할 수 없다. 금과 옥을 집에 가득 채우면 그것을 능히 지킬 수 없다. 만족할 줄 알면 위태롭지 않아 오래 갈 것이다." 이는 욕망을 낮추는 것을 의미한다. 노자의 사상은 백성을 시켜 억지로 무엇 하려고 하지 말라는 것이 무위자연, 그리고 功遂身退(공수신퇴), 즉 권력과 재산을 더 가지려고 애를 쓰지말라, 공을 세웠으면 미련을 갖지 말고 이내 물러나는 것이 도리다로 요약된다.

둘째, 자애로움과 겸허해야 한다. 즉 인간에게는 세 가지 보배가 있는데 그 하나는 자애(慈愛)이고, 둘은 검약이고, 셋은 감히 천하에 앞서서 나서지 않는 것이다. 자애는 인간을 용감하게 하고, 검약은 널리 베풀게 하고, 감히 천하보다 앞서지 않기 때문에 능히 모든 사물의 우두머리가 될 수 있다. 자애롭고 겸허한 덕을 실천하는 사람은 작은 것을 큰 것으로 갚고, 적은 것을 많은 것으로 갚으며, 원한을 덕으로 갚을 뿐이다. 또한 만물을 짓고도 자랑하지 아니하고, 낳고도 가지려고 하지 아니하며, 하고도 기대하지 않으며, 공을 이루고도 거기에 머물려고 하지 않는다.

셋째, 부드럽고 연약함이 덕이다(柔弱). 사람은 태어날 때는 부드럽고 연약하지만, 죽으면 단단하고 뻣뻣해진다. 만물과 초목은 생겨날 때는 부드럽고 연약한데 죽으면 마르고 뻣뻣해진다. 그러므로 단단하고 강한 것은 죽음의 무리요, 부드럽고 연약한 것은 삶의 무리이다. 천하에 물보다 부드럽고 연약한 것은 없다. 그러나 단단하고 강한 것을 제거하는데는 물보다 더 나은 것은 없다.

넷째, 다투지 않음(不爭)이 덕이다. 하늘의 도는 만물을 이롭게 하면서도 다투지 아니하고 가장 좋은 것은 물과 같은 것이다. 물은 만물을 이롭게 하면서도 다투지 않는다.

39) 위의 책, pp.187-189.

3. 무위(無爲)의 정치

사회혼란의 주된 원인은 인위에 있다. 人爲(인위)에 의해 상하 신분계층이 생기고 인간의 욕망으로 갈등과 경쟁이 심화되어 사회는 혼란상태에 빠지는 것이다. 그러므로 무위가 중요하다. 계급도 없고, 욕망도 없는 사회를 건설하고, 지식과 기술을 과대 평가하지 말아야 한다.

따라서 도에 따른 정치, 곧 무위자연의 덕으로 다스리는 정치는 "제후나 제왕이 만약 도를 잘 지킨다면 만물이 질서지워지고, 그리하여 천지가 서로 화합하면 단 이슬을 내리듯이 백성들은 법령으로 강제하지 않아도 스스로 제 질서를 찾을 것이다, 성인은 일정한 마음이 없이 오로지 백성의 마음으로 그 마음을 삼는다, 나라에서 강제하지 않음으로 하면 다스려지지 않음이 없을 것이다"라는 것을 의미한다. 또한 "내가 하려고 하지 아니하니 백성들은 스스로 교화되고, 내가 고요함을 좋아하니 백성들은 저절로 바르게 되고, 내가 일부러 하는 일이 없으니 백성들은 자연히 풍요를 구가하게 되었다"고 함으로써 위정자는 무위에 입각한 통치를 해야 한다는 점을 강조한다.

가장 훌륭한 군주는 백성들이 그의 존재는 알지만 그가 무엇을 하는지 조차 모를정도로 무위의 정치를 하는 사람이어야 한다. 노자에 의하면, 가장 좋은 군주는 아래 백성들이 다스리는 자가 있다는 것만 알고, 백성들이 친근감을 가지고 그를 찬양하는 경우라고 주장한다.

무위의 정치는 백성이 무지 무욕하게 해야 한다. 성인의 다스림은 그 마음을 비워 배를 채우게 하고, 그 의지를 약하게 하여 그 뼈를 강하게 해야 한다. 항상 백성들로 하여금 앎이 없게 하고 바람도 없게 한다. 지혜롭다고 하는 자들로 하여금 감히 무엇을 하지 못하게 한다. 그 정치가 어수룩하면 그 백성들은 순박해지고, 그 정치가 빈틈이 없으면 그 백성들은 불만을 표출한다.40)

이러한 노자의 주장은 도나 덕에 관한 지식을 강조하고, 일반적이고 감각적인 지식이나 학문 등은 인간을 거짓되게 하고, 무위가 아닌 인위의 세상을 만든다는 점에서 그 가치를 부정하였다. 또한 통치자의 권위주의와 권모술수 등을 경계하고 작은 정부를 지향한다.

그러나 노자는 통치자와 관료에 대하여 행정의 지향점을 제시하기도 한다. 정부는 문제를 미리 파악하여 예방하고 빨리 처리해야 한다는 점을 강조한다. 사람을 다스리고

40) 위의 책, pp.189-191.

하늘을 섬기는 데는 농사 짓듯이 하는 것보다 더 좋은 것이 없다. 대체로 오직 농사는 일찍 준비하는 것이다. 일찍 준비하는 것, 그것을 일컬어 덕을 거듭 쌓는다고 한다. 덕을 거듭 쌓으면 극복하지 못할 것이 없다. 문제는 노출되기 전에 처리하고 어지러워지기 전에 다스려야 한다. 아름드리 큰 나무도 털끝 같은 작은 싹에서 생겨나고, 구층의 높은 누각도 한 줌의 흙을 쌓는 데서부터 세워지는 것이다.

또한 문제는 정성스럽게 처리되어야 한다. 즉 큰 나라를 다스리는 것은 작은 생선을 조리하는 것처럼 해야 한다. 이러한 도로서 천하에 임하면 그 귀신들도 힘을 쓰지 못할 것이라고 말한 사실에서 노자는 행정의 치밀성, 공정성, 성실성을 강조했다는 사실을 읽을 수 있다. 그리고 그는 이러한 무위의 정치를 하여 도달할 수 있는 이상사회를 다음과 같이 그렸다.

> "나라가 작고 백성들은 적다. 비록 갖가지 기물이 있어도 이것을 쓰지 않는다. 백성들로 하여금 죽음을 중히 여기게 하면 멀리 이사 다니지 않을 것이다. 비록 배와 수레가 있어도 타는 일이 없을 것이다. 비록 갑옷과 무기가 있어도 그것을 사용하는 일이 없을 것이다. 사람들로 하여금 다시 끈을 매듭지어 쓰던 상태로 돌아가게 하면, 그 음식을 달게 먹고, 그 의복을 아름답게 입고, 그 거처를 편안하게 여기며, 그 풍속을 즐길 것이다. 이웃 나라가 서로 바라다 보이고 닭과 개의 울음소리가 서로 들리지만 백성들이 늙어 죽을 때까지 서로 왕래하지 않을 것이다."41)

요약컨대, 노자는 작은 정부, 오직 삶을 중히 여기며 기물이나 물질을 중시하지 않는 사회, 다툼이나 전쟁이 없는 평화로운 사회, 지식이나 욕망을 추구하지 않는 소박한 사회를 그의 이상향으로 제시했다.

제 3 절 불교의 윤리사상

1. 서언

어떠한 종교를 막론하고 종교는 강한 윤리성을 띤다. 종교는 세속을 초월한 윤리, 성

41) 위의 책, p.191.

스러운 윤리, 궁극적인 윤리를 요구하고 있기 때문에 인간의 실생활과 거리가 있는 듯 하나 윤리적 가치를 고양하는 지표로서 큰 의의가 있다.

불교의 교리는 인간으로 하여금 도를 깨닫게 하여 영원하고 평안한 니르바나(nirvana, 열반)에 이르게 하는 것이다. 이러한 교리는 인간을 초월한 인격신을 부정하고 철저한 수도에 의한 깨달음을 중심사상으로 하는 것이 불교라는 점을 강조한다. 그래서 불교는 인생을 바르게 살아가는 올바른 원리, 즉 누구나 옳다고 여길 수 있는 보편타당한 이치를 인간 스스로가 깨닫기를 요구한다. 많은 사람들은 불교의 가르침이 미신이 아닌 정신이며, 독선이 아닌 포용성을 지니고 있으며, 염세가 아닌 구세의 원리이며, 차별법이 아닌 평등법이며, 타력이 아닌 자력에 바탕을 두고 있다고 이해한다.

요컨대, 불교적 가르침은 모든 존재의 의존성과 인과성에 기인한 자비심을 바탕으로 하여 모든 악을 짓지 말고 모든 선은 힘써 행하여 제 마음을 밝게 하라는 실천덕목으로 요약할 수 있다. 이러한 실천덕목은 타인의 삶에 영향력을 행사하는 위치에 있는 국가의 통치자에게 더욱 요구되는 사항이다. 그러면 불교의 창시자인 석가모니의 사상을 중심으로 불교의 실천덕목에 관해 살펴보기로 하자.

2. 연기론(緣起論)

연기라는 말은 모든 현상은 원인과 조건에 의하여 생겨난다는 말로, 모든 존재는 서로 의지하고 서로 상관관계에 있다는 뜻이다. 즉 만일 이것이 있으면 곧 저것이 있고, 만일 이것이 생겨나면 곧 저것이 생겨나며, 만일 이것이 없으면 저것이 없고, 만일 이것이 소멸하면 곧 저것이 소멸한다는 것이다.

만유는 곧 소멸되어 공(空)으로 돌아가고, 공은 곧 만유가 되는데, 만유의 이와 같은 변화는 서로 의지하고 상관해서 이루어진다. 나무가 목공의 연을 만나면 책상이나 가구가 될 수 있지만, 불의 연을 만나면 재가 된다. 만유는 인과 연의 상호관계에 의하여 끊임없이 생멸하므로 영구불변의 독자적인 본성, 즉 독자성을 가진 존재는 없다.[42)]

석가는 "緣起(연기)를 보는 자는 법을 보고, 법을 보는 자는 연기를 본다"고 하였다. 이와 같이 석가는 연기를 인생과 우주를 설명하는 가장 근원적인 理法(이법)이라고 생각하였다. 따라서 연기설은 불교에 있어서 가장 근간이 되는 사상이라고 할 수 있으며 연기의 의미를 아는 것은 결국 불교사상을 이해하는 첩경이 된다는 것이다.[43)]

---

42) 심의보, 앞의 책, pp.268-271.

연기란 무엇을 연하여 일어나는 것이라는 의미로, 일체의 사물은 다양한 원인과 조건을 연하여 성립한다고 하는 말이다. 즉 우주만물은 단독의 힘으로 생겨나 발전할 수 없고 因(인)과 緣(연)의 결합을 필요로 한다. 원시경전에 나타난 연기설의 가장 원초적인 형태는 "이것이 있으므로 저것이 있고, 이것이 생기므로 저것이 생긴다. 이것이 없으면 저것이 없고, 이것이 멸하면 저것이 멸한다"는 것이다. 다시 말해, 만유는 곧 소멸되어 공으로 돌아가고 공은 곧 만유가 되는 것인데, 만유의 이와 같은 변화는 서로 의지하고 상관해서 이루어진다는 것이다. 예컨대, 한 알의 콩이 있다고 할 때 콩은 하나의 인, 제일 원인이다. 그러나 콩이라는 존재만으로 싹이 터서 자라 열매를 맺을 수는 없고, 거기에 반드시 흙, 수분, 온도, 태양 등의 연 즉 보조원인이 필요하다. 가령 목재라는 하나의 인이 목공의 연을 만나면 책상이 될 수 있지만, 불의 연을 만나면 불타서 재가 된다. 이와 같이 만유는 인과 연의 상호관계에 의하여 끊임없이 생멸하므로 영구불변의 독자적인 본성, 즉 自性(자성)을 가지는 존재는 없다.

우리 인간도 역시 인연으로 말미암은 일시적 결합에 의하여 잠시 그 모습을 드러내고 있을 뿐이다. 원래 인간은 사대(地, 水, 化, 風)라는 물질적 요소로 구성된 육체와 사온(四蘊: 受, 想, 行, 識)이라는 정신적 기능이 결합된 것이라고 한다. 다시 말해, 육체(色), 감각(受), 이성(想), 의지(行), 의식(識)의 다섯 가지 요소의 화합으로 이루어져 있다(오온화합설). 이 오온으로 구성되어 있는 인간은 다시 분해되어 소멸하는 것이므로 실재하는 것이 아니다. 따라서 오온은 공이며, 무아이며, 무상이다. 그리하여 인생은 고(苦)라고 한다.[44]

삼라만상은 직접적인 원인으로서의 인(因)과 간접적인 원인으로서의 연(緣)이 한없이 얽혀 생성된다. 인이 근본 인자인 씨앗과 같은 것이라면, 연은 토양, 습도, 일광과 같은 환경적 요소이다. 인간의 모든 행위도 이와 같은 인과 연의 관계의 법칙에 의하여 업(業)이라는 것이 이루어진다. 우리는 우리 주변에서 생기는 작은 일에 대해서도 전생의 업보(業報)에서 생긴 인과응보라고 말하기도 한다.

연기론에서 중요한 것은 십이연기설이다. 이것은 인생의 본연의 모습을 잘 표현하고 있다. 무명(無明)[45]으로 인하여 의지(行)가 생기고, 의지로 인하여 의식(識)이 생기고, 의식으로 인하여 심신(名色)이 생기고, 심신으로 인하여 여섯 가지 기관(六入: 眼, 耳, 鼻,

43) 조현규, 위의 책, p.285.
44) 정진일, 위의 책, pp.268-269.
45) 무명은 불교에서 번뇌로 말미암아 진리에 어둡고 불법을 이해하지 못하는 마음의 상태를 말한다.

舌, 身, 意)이 생기고, 여섯 가지 기관으로 인하여 접촉(觸)이 생기고, 접촉으로 인하여 감각(受)이 생기고, 감각으로 인하여 욕망(愛)이 생기고, 욕망으로 인하여 집착(取)이 생기고, 집착으로 인하여 존재(有)가 생기고, 존재로 인하여 생명(生)이 생기고, 출생으로 인하여 늙음과 죽음의 고통이 생긴다.

이러한 연기의 이론에 입각하여 인생의 본연의 모습(고통)을 밝히 것이 바로 십이연기설이다. 십이연기설은 결국 인생의 고통의 원인을 밝힌 것이다. 즉 인간의 현실적 생존에 있어 생사고(生死苦)가 어떻게 생기는가를 추적할 때 그 고는 인간이 늙고 병들어 죽는다는 그 원인을 추적해 가면 마침내 무명에 이르게 된다는 것이 석가의 설법이다. 이러한 석가의 논리는 현실적 고의 근원을 추적하여 그 고가 말미암는 순서를 밝힌 것으로서 이것을 연기의 順觀(순관)이라 한다. 즉 순관은 중생이 집착과 괴로움에 얽메이는 순서를 보는 것을 말한다. 이에 비해 무명을 제거함으로써 생사고를 멸할 수 있다는 연기의 觀法(관법)을 연기의 逆觀(역관)이라 한다. 즉 역관은 집착과 괴로움을 풀어나가는 순서를 보는 것을 말한다.46)

이러한 연기의 진리는 불교사상의 기본이다. 깨침의 내용이 연기요, 그것을 풀어 설명한 것이 가르침이요, 사상이기 때문이다. 그렇다면 연기의 진리에 눈뜬 삶은 어떠할까? 우리는 모든 존재와 깊은 관계 속에 더불어 있다는 사실을 모른다. 또한 간단없는 흐름 속에 있다는 것을 모른다. 그러므로 나를 고정불변한 것으로, 남과 세계로부터 분리된 존재로 착각하고 있다. 그러한 착각이 항상 나와 남, 나와 세계를 분리하고 자기중심적인 삶을 살게 하는 미망이다.

그러나 연기의 진리에 눈뜰 때 우리의 삶은 질적인 전환을 일으키게 된다. 그것이 한없는 감사의 삶이요, 동체자비의 삶이다. 나는 나만의 내가 아니라 모든 생명, 모든 존재로 살려지는 그런 나이다. 이것이 더불어 있는 연기의 실상이다. 그러므로 우리는 그들을 향해 무한한 감사를 느끼지 않을 수 없다. 뿐만 아니라 알고 보면 우리와 모든 생명, 모든 존재는 더불어 있는 하나인 것이다. 그러한 존재의 실상을 분명히 알 때, 우리의 삶은 나와 모든 생명을 하나로 보는 실천, 즉 同體慈悲(동체자비)의 삶이 비로소 가능해진다.

46) 정진일, 앞의 책, p.269.

3. 사성제(四聖諦)

석가모니는 깨달음의 결과 인생의 괴로움이 생기게 된 원인과 그것을 없애는 네 가지 성스러운 진리가 있다고 설파하였다. 그것이 바로 사성제이다. 사성제는 고제, 집제, 멸제, 도제를 말한다.47)

1) 고성제(苦聖諦)

몸, 느낌, 생각, 의지, 인식을 5온이라 하여 5온에 대한 집착이 괴로움, 즉 고통을 일으키는 근원이다. 고성제는 고(苦)를 밝힌 성스러운 진리로서 태어나는 것도 '고'이며 늙는 것도 '고(苦)'이며 병드는 것도 '고'이며 죽는 것(生老病死)도 '고'이다. 수(愁: 근심), 비(悲: 슬픔), 우(憂: 환난), 뇌(惱: 괴로움)도 '고'이다. 사랑하는 사람과 헤어지는 것도 '고'(愛別離苦)이며, 미워하는 사람을 만나는 것도 '고'이고(怨憎會苦), 구하는 것을 얻지 못하는 것도 '고'(求不得苦)이다. 나라는 몸을 가짐으로써 생기는 괴로움도 '고'이다(五陰盛苦).

이처럼 고제는 인간의 현실적 삶이 모두 고통이라는 것이다. 언제나 영원한 것은 없고 인생은 무상한 것이라는 데서 인생은 고통의 연속이다. 고통을 성스러운 진리라고 하는 것은 고통의 실상을 직시할 수 있을 때 그를 해결할 수 있는 길이 보이기 때문이다.

2) 집성제(集聖諦)

고(苦)가 생긴 원인을 밝힌 집성제(集聖諦)는 미혹의 생활, 즐거움과 탐욕의 추구, 모든 것에 집착하는 애욕이 그 원인이라고 보고, 그것은 정욕적인 갈애(渴愛: 갈망하는 마음)와 생존에 대한 갈애, 생존의 소멸에 대한 갈애이다. 즉 감각적 욕망에 대한 갈애, 존재하는 것에 대한 갈애, 존재하지 않는 것에 대한 갈애로 인해 고통이 발생한다.

고통이라는 결과는 마음가짐의 잘못, 더 정확히 말하면, 한없는 감각적 욕망을 채우려는 탐욕(貪), 다른 사람을 시기 질투하여 해를 입히고자 하는 진에(瞋恚), 어리석은 마음인 우치(愚癡)라는 세 가지 마음가짐의 잘못에서 비롯된 것으로 이를 삼독(三毒)이라고 한다. 이 삼독은 인간 본래의 마음이 아니라 후천적으로 좋지 않은 생활습관이 누적된 결과로 생긴 업보이다. 갈애가 발생하면 알아차리고 놓을 줄 알아야 한다.

47) 조현규, 위의 책, pp.289-291.

3) 멸성제(滅聖諦)

멸제, 즉 멸성제는 5온에 집착하지 않아 갈애가 소멸된 상태, 즉 괴로움이 소멸된 상태를 말한다. 멸성제란 고성제와 집성제에서 밝혀진 고통의 소재와 원인으로부터 벗어나는 것, 즉 해탈을 의미한다. 해탈의 방법은 쾌고(快苦), 유무(有無), 단상(斷想)의 양끝을 떠난 중도에 있다. 중도는 팔정도라고 하는데, 성도(成道)의 첩경인 중도는 인간이 편향된 생활을 떠나서 심안을 열고 지혜를 잘 써서 정각(바른 깨달음)으로 이끌어 가는 것을 말한다.

4) 도성제(道聖諦)

도제, 즉 도성제는 괴로움을 소멸시키는 방법에 관한 것으로 8가지 바른 길을 일으켜 팔정도라 한다. 도성제는 고를 멸하는 상태에 도달하기 위한 성스러운 진리로서 정견(正見), 정사유(正思惟), 정어(正語), 정업(正業), 정명(正命), 정정진(正精進), 정념(正念), 정정(正定)의 실천도이다. 이는 보통 깨달음에 이르게 하는 여덟 가지 길을 의미하는 팔정도(팔성도)이다.

① 정견은 사물을 있는 그대로 바르게 바라보라는 것이고, ② 정사유(正思惟)는 매사에 사심없이 바르게 생각하라는 것이며, ③ 정어는 거짓말, 험악한 말, 이간질하는 말, 아첨하는 말, 욕설 등을 하지 말라는 것이고, ④ 정업은 세 가지 악한 신업(身業), 즉 살생 · 절도 · 비도덕적인 성행위 등을 하지 않고 행복을 증진하는 행위를 하라는 것이며, ⑤ 정명은 올바른 생활을 하고 남에게 해를 끼치는 직업은 갖지 말라는 것이며, ⑥ 정정진은 사악한 마음을 제거하고 선한 마음이 일어나도록 끊임없이 노력하는 것이며, ⑦ 정념은 바르고 진실된 것을 기억하고 잊지 아니하며(불교에서는 극락왕생을 믿는 생각), ⑧ 정정은 마음을 집중하여 산란함이 없는 선정(禪定)의 상태를 유지하여야 한다는 실천항목이다.

이 팔정도의 중도사상이 불교 윤리사상의 바탕이 된다. ① 정견과 정사유는 사성제, 즉 고제 · 집제 · 멸제 · 도제를 바르게 알고 지혜로워지는 길로서 혜학(慧學), ②정어 · 정업 · 정명은 사성제를 위해 계율을 지키는 길로서 계학(戒學), ③ 정정진 · 정념 · 정정은 마음의 안정을 도모하여 선정에 들어가는 길로서 정학(正學)을 의미한다. 혜악 · 계학 · 정학을 삼학(三學)이라 한다.48)

① 계학은 팔정도의 바르게 말하기, 바르게 행하기, 바르게 생활하기를 의미하고, ②

48) 심의보, 위의 책, pp.114-116.

혜학은 바르게 알기, 바르게 사유하기를 의미하고, ③ 정학은 바르게 노력하기, 바르게 알아차리기, 바르게 집중하기를 의미한다. 즉 계학은 계율을 지키는 것, 혜학은 4제를 통찰하는 수행, 정학은 4선을 닦는 수행을 의미한다. 정학을 닦는 수행자는 4선에 이르게 되는데 ① 초선은 애욕을 떠남으로써 기쁨과 안락이 있는 상태, ② 제2선은 마음이 고요하고 한 곳에 집중됨으로써 기쁨과 안락이 있는 상태, ③ 제3선은 평온과 알아차리기로 분명한 앎을 지니고 안락에 머문 상태, ④ 제4선은 평온과 알아차리기로 정정해진 상태를 말한다.

팔정도는 계학으로 탐욕을 이기고, 혜학으로 우치의 상태를 극복하고, 정학으로 진에(瞋恚: 자기 마음에 어긋나는 것에 성냄)의 마음을 이김으로써, 인생의 갖가지 고통을 극복하는 올바른 길을 의미한다. 이는 극단에서 벗어나 중도의 길을 가라는 가르침이다.

5) 육바라밀(六波羅蜜): 보살의 실천윤리

이것은 초기 근본불교시대에 강조되어 오던 계, 정, 혜의 세 가지 기본적인 실천덕목에 새로이 보시(布施), 인욕(忍辱), 그리고 정진(精進)을 추가한 새로운 윤리규범이다. 보시는 남에게 물건이나 가르침을 아낌없이 베푸는 것이고, 지계(持戒)는 계율을 철저히 지키는 것이며, 비굴한 일을 당하고도 잘 참는 인욕, 깨달음을 향하여 쉬지 않고 노력하는 정진, 마음을 항상 집중하여 산란함이 없는 선정(禪定), 지혜의 완성을 통하여 피안에 이르는 반야(般若) 등 여섯 가지 실천덕목이 육바라밀이다.

6) 열반

석가의 궁극적 목적은 수행을 통해서 깨달음으로써 해탈하여 열반(Nirvana)에 이르는 데 있었다. 부처는 깨달은 사람을 의미한다. 진리를 깨달음으로써 해탈하게 되고, 그리하여 열반에 이르게 된다는 것이다. 따라서 해탈이나 열반은 결국 같은 뜻이다. 해탈이란 정신적으로 구속이나 장애로부터 벗어난 것, 곧 해방, 자유의 의미이고, 열반은 '불어서 끈다'라는 의미로서 번뇌의 불을 꺼서 고요한 정신상태에 이르는 것을 말한다. 즉 탐욕(貪), 분노(瞋), 어리석음(痴)이라는 삼독의 불을 완전히 제거하여 다시는 괴로움이 생기지 않도록 한다는 것이다. 열반이란 탐욕이 영원히 소멸하고, 분노가 영원히 사라지고, 어리석음이 영원히 없어진 것을 말한다.[49]

이러한 열반에 이르기 위해서는 팔정도를 행하여 오온이나 십이연기(十二緣起)를 체

---

49) 정진일, 위의 책, pp.271-272.

득해야 한다. 즉 무아를 직관하고, 더 나아가서 선정을 통하여 마음의 번뇌를 소멸시켜 버림으로써 비로소 마음이 고요하게 되는 것이라고 한다. 그래서 흔히 열반적정이라고 한다. 그리고 열반에는 남음이 있는 열반과 남음이 없는 열반의 두 가지가 있다. 유여열반(有餘涅槃)은 해탈하여 괴로움의 상태를 벗어난 경지이지만 아직 육신이 남아 있는 상태를 말하고, 무여열반(無餘涅槃)은 죽음으로써 다시는 태어나지 않은 상태를 말한다. 모든 지혜를 깨달아서 알면 현세에 있어서 모든 번뇌가 사라지고, 밝은 지혜를 가진 사람은 죽은 후에도 중생의 분수 속에 떨어지지 않기 때문에, 중생의 분수를 이미 끊어버리면 영원히 열반에 머무른다는 것이다.

4. 삼법인(三法印)

석가는 우주와 인생을 삼법인으로 설명한다. 법은 진리를 말하고, 인(印)은 표적의 뜻이므로 법인이란 변함없고 틀림없는 세 가지의 진리를 의미한다. 존재하는 것은 무상하고, 무상한 것은 괴로운 것이고, 괴로운 것은 무아인 것이다. 즉 제행무상(諸行無常), 제법무아(諸法無我), 일체개고(一切皆苦)를 삼법인이라 하고, 이에 열반적정(涅槃寂靜)을 추가하여 사법인이라고도 한다.50)

1) 제행무상

석가는 인간이란 무상하며 죽을 수밖에 없다는 것을 여러 곳에서 설파한다. 인간의 목숨은 정해지지 않았고, 얼마나 살지 알 수 없고, 늙으면 죽는다. 제행은 모든 현상을 가리키는 말이며, 무상은 인간이든 사물이든 모든 현상계가 끊임없이 변화한다는 뜻이다.

우리들은 우리 자신이나 주변의 세계가 영원하기를 희망하지만, 영구적으로 존재하는 것은 아무것도 없다. 모든 것들은 그것이 연기의 법칙(인과법칙), 즉 원인과 결과의 법칙에 의해 만들어졌기 때문에 그것을 성립시키고 있는 여러 조건 · 원인들이 소멸되면 그것들은 자동적으로 소멸하게 된다.

제행무상의 행은 흐른다는 뜻이므로 제행은 끊임없이 변화하는 정신적 · 물질적 모든 현상을 뜻한다. 무상이란 상주하는 것은 없다는 뜻이다. 그러므로 제행무상이란 모든 사물은 어떤 인연에 의해서 생성되어 한 시각도 고정됨이 없이 부단히 변화하는 일시적 현상에 지나지 않는다. 모든 존재는 인연을 통해 생기기 때문에 고정되고 변화하지 않

50) 앞의 책, pp.266-268.

는 것이 존재하지 않는다. 고정된 실체는 없다. 똑 같은 접시라도 인연에 따라서 음식접시도 되고, 화분받침대도 되고, 심지어 담배재떨이도 된다.

제행무상이란 모든 것은 어떤 인연에 의해서 생성되어 일시적 현상을 가지나 한 시각도 고정됨이 없이 부단히 변화하다는 것이다. 다시 말해, 우주만상은 어떤 인연에 의해 모습을 드러내어 유지하다가 점차 파괴되어 소멸하는 것에 지나지 않는다. 따라서 사대, 즉 地(지)·水(수)·化(화)·風(풍)이라는 물질적인 현상이 곧 텅 빈 것이다. 색즉시공 공즉시색(色卽是空 空卽是色)으로 표현된다.[51] 색이 공이요, 공이 색이라는 것은 눈에 보이는 것이 전부가 아니고 끊임없이 변화하기에 그것을 얻으려고 할 때 혹은 집착할 때 어리석음이 생긴다는 뜻이다. 생겨난 것이 곧 소멸하는 것이라는 의미로서 색과 공은 둘이지만 결국은 하나이다.

2) 제법무아

제법무아라고 할 때 법은 원래 진리를 의미하는 말이지만, 여기서는 사물, 곧 정신적·물질적 현상을 의미한다. 제법이란 모든 현상을 가리키고, 무아란 '내가 아닌 것', '나를 갖지 않는 것'이라는 의미인데, 이것은 어떤 것이 나를 갖지 않는 것을 의미한다. 그래서 무아란 브라흐만교에서 말하는 항구불변의 실체를 말한다. 결국 제법무아란 만물을 시간적으로 볼 때 무상한 것과 같이 다시 공간적으로 볼 때 실체가 없다는 뜻이다. 다시 말해, 세상에는 단일하고 독립적이며 자아존재적이고 자아결정적인 영원한 사물은 없으며 모든 사물은 모두 인연의 화합으로 이루어진 것이어서 상대적이고 임시적이라는 것이다.

이런 의미에서 無我說(무아설)은 나라는 특수한 실체를 인정하지 않을 뿐 아니라 어떤 것도 나의 것으로 보아서는 안 된다고 가르친다. 원시경전에 의하면 목재·흙·기와 등으로 공간을 둘러쳐서 집이라고 하는 것처럼 근골·피부·혈육 등으로 공간을 만들어 신체라는 명칭이 생겼지만, 집의 구성요소인 목재·흙·기와 등이 집이라는 실체는 아닌 것처럼 인간의 신체도 색·수·상·행·식의 가화합물(假化合物)에 불과하고 그 어느 것에도 인간이라는 실체는 존재하지 않는다. 이처럼 무아설은 나와 나의 것에 대한 영원성을 부정하고 그것에 대한 집착으로부터 벗어날 것을 강조한다.

---

51) 조현규, 동양윤리사상의 이해, 새문사, 2003, p.291.

3) 일체개고

일체개고(一切皆苦)의 일체는 모든 것을 말하고, 고는 고통·고뇌를 의미하므로, 이것은 현실세계의 모든 것이 고통이라는 의미이다. 모든 것은 무상하며, 아(我)라고 하는 고정된 실체는 존재하지 않는데도, 사람들은 아(我)에 집착하여 탐욕, 분노, 어리석음의 삼독에 빠져 늙지 않고 죽지 않기를 희구하며, 무상한 가운데서도 상주를 고집한다.

그러나 인간 역시 인연으로 인하여 이루어진 일시적 존재에 불과하기 때문에 이런 욕망은 채울 길이 없고, 따라서 고통으로부터 벗어날 수 없는 존재이다. 그러므로 인간이 원래 공(空)한 것임을 철저히 깨달아 아(我)에 대한 집착을 버려야 한다.

5. 자비

원시불교에 있어서 인간의 종교적 실천의 기본적인 원리로서 자비의 덕목이 있다. 이 자비는 사랑과 연민의 뜻을 함께 포함하는 것으로 이기적인 탐욕을 벗어나고 넓은 마음으로 질투심과 분노의 마음을 극복할 때에만 생겨날 수 있는 덕목이다. 자비라는 것은 아무런 조건이나 때가 묻지 않은 가장 고귀하고 깨끗한 사랑을 의미한다. 따라서 자비는 세속적 의미의 사랑과는 엄격히 구별된다.

세속적인 의미의 사랑은 미움과 증오의 상대적인 개념으로서의 사랑에 불과하지만, 자비는 그러한 상대적인 것이 아니다. 자비는 애증의 대립을 초월하여 있는 그대로 고귀하고 깨끗한 사랑 그 자체인 것이다. 또한 세속적 의미의 사랑은 인간 대 인간의 영역에서 이해되는 것이지만, 자비는 그 사랑의 폭과 대상이 인간에게만 국한되지 않고, 우주에 존재하는 모든 미물에까지 미치는 그러한 포괄적인 사랑인 것이다. 그러므로 불교에서 자비는 일체중생들, 즉 살아 있는 모든 것들에까지 미치는 보편적인 사랑인 것이다.

이러한 속성을 지니는 자비정신은 모든 중생에게 베풀어져야 할 위대한 사랑이다. 모든 사물에 대하여 감정의 기복 없이 평온하고 고요한 마음으로 대하고, 이 세상의 어떤 것도 해치지 않고 살아야 자비는 구현된다. 따라서 자비심이란 그저 자신의 심적인 상태에만 머무르지 않고 타인과 사물에게로 구체화되고 행위화되어야 한다. 불교의 입장에서 보면 타인도 곧 나와 같으며 나도 또한 타인과 같다는 自他不二(자타불이)의 근본사상은 자비윤리를 실천하는 근본 전제가 된다. 자타불이이기 때문에 타인의 아픔이 곧 나의 아픔이 되고 나의 아픔이 타인의 아픔이 된다. 따라서 자비윤리에서는 타인의 아픔을 마치 자기의 아픔과 같이 생각하여 내가 아픔에서 벗어나기를 갈구하는 것처럼 타인도 역시 아픔에서 벗어나기를 갈구한다고 생각한다. 이처럼 타인의 입장에서 타인을 이해하고 자신과 똑같은 대우로써 타인을 위하는 것이 자비의 윤리인 것이다.[52)]

6. 불교와 윤리

지금까지 살펴 본 석가모니의 사상은 우리에게 윤리적으로 제시하는 바가 많다. 불교의 윤리는 근본적으로 석가모니의 사상에 그 바탕을 두고 있다. 따라서 성직자가 아닌 사람들이 현실적으로 지키기 어려운 규범이라고 볼 수도 있으나 현세의 사람들에게 윤리적 가치를 고양하는 지표로서의 의미가 있을 것으로 보인다. 그러면 불교의 교리에서 나타나는 내용에 비추어 그 윤리적 특징을 살펴보기로 한다.[53)]

첫째, 불교는 중생을 제도하자는 자비의 윤리에 입각하고 있다. 자비(慈悲)는 중생에게 낙을 주며 고를 덜어주는 것이다. 자는 사랑하는 것이고 비는 불쌍히 여기는 것이다. 불교윤리는 모두 이 자비에 관련되어 있으며, 이 중에서도 권선징악과 살생금기가 직접 관련이 있다.

권선징악은 인과법칙, 즉 인연으로 인해서 선인에게는 선과, 악인에게는 악과가 있으니 악을 행하지 말고 선행에 힘쓰라는 것이다. 더욱이 살생금기는 대자대비의 뜻에 맞는다. 살생금기는 윤회전생과 인과응보설과 관련이 크다. 오계 중에서 첫 번째 계율이 살생하지 말라는 것이며 불교 계율의 첫 번째이다.

둘째, 불교는 모든 인간이 불성을 가지고 있어서 정진하면 누구나 부처가 될 수 있다는 평등윤리를 강조한다. 석가가 인도에서 출생했을 당시 인도는 브라만교에서 주장되었던 사족성제도가 철저하여 엄격한 신분제도를 이루고 있었다. 석가는 이 불평등한 계급제도를 부정하고 평등주의를 강조하였다. 그는 말하기를 마음에 따라 어떤 곳을 헤매일지라도, 자신보다 더 사랑할 수 있는 것은 없을 것이다. 이와 같이 남에게 대하여도 또한 자기를 유일하게 사랑하는 것처럼 사랑해야 한다.

그러므로 자기를 사랑하는 사람은 남을 해하지 말라고 하였다. 모든 사람은 서로 존중하여야 하며, 싸우거나 원망하지 말고 증오를 버리고 사랑하라는 것이다. 부드러운 마음으로 노기를 가라앉히면서 성의로써 악의를 눌러야 한다. 이 세상에서 증오는 결코 증오에 의해서 종식될 수 없는 것이며, 그것은 오직 사랑에 의해서만 종식될 수 있을 뿐

52) 앞의 책, p.294.
53) 심의보, 위의 책, pp.116-118.

이다. 자비는 사람 뿐 아니라 모든 생명에 대한 자비를 말한다.

셋째, 불교는 종교적 실천규범과 윤리적 실천규범을 가장 구체적으로 연계시키고 있는 계율, 계행의 윤리를 가지고 있다. 불교의 삼학(三學)인 계(戒)・정(定)・혜(慧)는 불교에서 깨달음에 이르려는 자가 반드시 닦아야 할 세 가지 수행을 말한다. 계는 계율을 지켜 나쁜 짓을 하지 않는 불교의 실천윤리이다. 정은 마음을 집중 통일시켜 산란하지 않게 하고 안정되도록 하는 것을 의미하고, 혜는 미혹을 끊고 진리를 주시함으로써 진리를 깨달아야 한다는 가르침이다.

석가의 제자라고 할 수 있는 칠중(七衆)은 석가의 가르침대로 따라야 할 규범이 있는데 이것을 계율이라고 하고 그 실천을 계행이라고 하였다. 재가신자(在家信者), 즉 출가자가 아닌 일반가정의 불교신도들이 지켰다는 오계는 ① 살생하지 말 것, ② 훔치지 말 것, ③ 사음하지 말 것, ④ 거짓말 하지 말 것, ⑤ 술을 마시지 말 것 등이다. 이 중 술을 마시지 말라는 것은 윤리라고 할 수는 없지만, 술을 마시면 부도덕한 행위를 할 우려가 크기 때문이다.

넷째로, 불교의 근본교리는 초 민족, 초 국가의 성격을 지닌 것인데 삼국시대에 이것을 호국종교로서 받아들인 전통에 따라 호국의 윤리를 가지게 되었다. 불교가 삼국에서 호국종교로 자라는 가운데 우연히도 모두의 국력이 크게 자라 서로가 삼국통일을 성취하려고 각축을 벌였으므로 삼국은 제각기 국민에게 강한 애국심을 요구하게 되어 불교도 국가의 요청에 발맞추어 호국의 윤리를 강조하여 나갔다.

삼국에서 성현군주가 나타나면 수레바퀴와 같이 어디든지 다니면서 천하를 통일하여 평화롭고 번영한 나라를 건설한다는 전륜성왕(轉輪聖王: 세계를 지배하는 왕을 뜻하는 개념) 사상은 삼국통일을 추구하는 각국에 영향을 미쳤고, 이 전륜성왕의 사상에다 인왕경, 금광명경, 법화경 등 호국삼국시대에 내포되어 있는 호국의 사상과 유교의 충의사상이 함께 작용하여 삼국의 국민윤리의 기본이 되었다.[54)]

54) 앞의 책, 같은 쪽.

제4절 실학적 목민사상과 경찰윤리

1. 서언

실학이라는 말이 문헌상에 나타나기로는 1929년 정인보의 「성호사설류선 서(星湖僿說類選 序)」에 의독구실지학(衣獨求實之學)이라는 표현에서부터이며, 1931년 최남선의 「조선역사」 이후 일반화되기 시작하였다.55)

김한식은 이들 다양한 개념들을 크게 두 가지로 분류하여 설명하고 있다. 하나는 실학의 '실'자라는 자구의 해석에 중점을 둔 개념정의이고, 다른 하나는 개신유학이라는 관점에서의 개념정의이다. 전자의 경우는 실을 공(空), 허(虛), 가(假), 무(無), 화(華) 등에 대립되는 개념으로 보아 실용, 실증, 무실(務實) 등의 내용을 실학이라고 보는 입장이다. 한편, 후자의 경우는 실학을 수기치인을 목표로 하는 유학의 본령에 충실한 상태를 가리키는 것이라 하여 실학의 근본이 어디까지나 유학이라고 보는 점에 특징이 있다.56)

17세기에 유학의 사변적 성격을 비판하고 사회적인 실천을 강조하면서 출발한 실학사상은 다산 정약용에 의해 하나의 사상적 체계를 형성하게 된다. 실학과 유학의 관계에 대하여 학계에서의 논의는 실학이 전통유학의 범주 안에 든다는 입장과 유학을 재해석하는 개신유학이라는 입장으로 나누어지지만, 이 양자 중 어떠한 입장을 취하든 유학적 사상을 새로운 시대상황과 조류에 적응시키기 위해 유학을 재해석한 것이 실학이라 할 수 있다. 다산 역시 이러한 해석의 범주에 속한다.

다산은 종래의 주자학이 가지고 있던 유교의 경전에 대한 이해를 비판하면서 실증주의적인 입장에서 유교경전의 의미를 파악하려고 하였다. 그에 따르면, 한나라에서 청나라에 이르는 2000년 동안에 변질된 수기치인(修己治人) 즉 자기수양이 먼저이고 그 다음에 인간을 다스려야 한다는 유학 본래의 사상으로의 복귀를 통해서만이 현실을 조명하고 개혁할 수 있다고 보았다. 결국 다산의 학문은 정통적 유학의 시(是: 옳음)를 취하고 비(非: 그름)를 버림으로써 본래적 유학의 본질인 수기치인의 학문적 결실을 보고자 하였다.

---

55) 천관우, 한국실학사상사, 고대민족문화연구서간, 한국문화사대계, 1970, pp.192-194.
56) 김한식, 실학의 정치사상(일지사, 1979), p.65.

"수기치인이란 이론이 아니라 실천이다. 수기도 실천이요, 치인도 실천이 아닐 수 없다. 다산실학이란 수기치인의 실천을 토대로 하고 실증, 실리, 실심을 본질로 하여 짜여져 있음을 알 수 있다. 이는 그의 실학이 실사구시와 경세치용의 양면을 갖추어 소위 많은 실학적인 조건을 집약하여 간직한 것을 의미한다."57)

2. 다산의 사상

임진왜란과 병자호란을 거치는 17세기 초기 당시 사회변혁의 주도 세력은 크게 세 가지로 대별된다. 첫째는 보수파 세력으로서 여전히 성리학을 지지하는 기존의 정치 지도층 집단, 둘째, 급진파로서 농민을 중심으로 한 폭력 혁명적 사고를 갖고 있던 집단, 셋째, 개혁파로서 기존의 정치체제를 유지하되 성리학 중심의 정치이념을 민본의 정치 논리로 서서히 개혁하자는 세력으로서 소외된 몰락 양반들이 중심이 된다. 이 세 개의 세력집단 중에서 개혁파의 사상이 실학사상의 바탕을 이루고, 이들 학자들이 곧 실학의 주창자들이 된다.58)

그러나 실학파의 초기 학자들은 현실에 대한 관심이 진지하면서도 동시에 유교정신에 철저하였다. 따라서 이들은 성리학의 지식을 가지고 있으면서 현실의 경제적 내지 사회제도의 문제에 관심을 돌리는 태도를 보여 주었다.

실학사상은 대체로 그 지지학자에 따라서 경세치용학파, 이용후생학파, 실사구시학파로 나누어진다. 실학의 제1기라고 할 수 있는 경세치용학은 반계 유형원, 성호 이익, 안정복 등이 대표적 학자이다. 이들은 실학의 초기 학자들로서 주자학적 문제와 실학적 관심이 서로 모순 없이 추구되던 시기의 학자들이다. 이들은 유형원의 학풍을 이어받은 이익을 중심으로 토지제도의 개혁과 과거제도나 행정기구의 개혁 등 주로 제도상의 개혁을 주장하였는데, 이들의 주장을 경세치용의 학이라 한다.

제2기, 즉 이용후생학은 일명 북학이라고도 한다. 이 시기에 대표적인 학자로는 홍대용, 박지원, 박제가 등이 있으며, 이들은 주자학의 이념에 대해서라기보다는 주자학의 학풍에 대해 날카로운 비판과 거부의 태도를 보이면서 서경(書經)의 정덕(正德), 이용, 후생에서 이용후생을 취하여 서구의 선진기술이나 상공업의 발전을 통한 민중의 생활 향상에 주로 관심을 둔 학자군이다.

제3기, 즉 실사구시학은 정약용, 김정희, 최한기 등이 대표적 학자들로서 이들은 주자

57) 이지호, 다산학의 이해, 현암사, 1979, p.149.
58) 이우성, 실학연구 사설, 「실학연구입문」(역사학회 편), (일조각, 1974), pp.11-17.

학의 이론체계에서 벗어나 실학의 독자적인 학문체계를 형성한 학자들이다.59) 이 학파는 경서 및 금석(金石), 전고(典故)의 고증을 위주로 하였다.

다산은 이러한 세 개의 학파에서 추구하는 경세치용, 이용후생, 실사구시 등을 집대성하여 그의 저술 속에서 체계적으로 정리하였다. 다산의 저술 속에는 경세치용학파들이 주장한 각종 개혁사상뿐 아니라 이용후생학파들의 상업 및 기술의 발전 등을 총체적으로 다루었고, 학문의 기본 철학체계를 공맹유학으로서의 원시유교에로의 복귀라는 명제에 두고 기존의 성리학을 비판·극복하면서 성리학에 의해 이단시되었던 양명학이나 고증학의 장점까지를 수용한 점은 그가 단순히 복고주의자라기 보다는 자신의 독특한 철학적 입장을 제시한 것이라 할 수 있다.

다산의 실학에 대한 기본적 패러다임은 공맹 유교 철학의 근본 원리에 충실하려는 수사학(修辭學)으로서 공맹 이후의 훈고주석학에 물들지 않고 공맹유학의 근본 정신을 재현하려는 자세에 입각하고 있다. 따라서 다산의 실학사상 속에는 당시 조선의 정치이념이었던 성리학의 왜곡됨을 비판하고, 유교 경전 자체의 진실성을 회복하려는 학문적 의지를 발견할 수 있다.

다산의 사상은 이러한 자세에 입각하여 성리학적 사상의 공리공론을 배격하고 원시유학 사상에 내포된 실사구시적인 새로운 사상체계의 구축을 통해 민생의 안정과 부국강병을 이룩하기 위한 구체적 실천 방안을 제시한 일련의 변혁사상 체계라 할 수 있다. 다산의 사상은 대체로 공맹유교사상에 내포된 사상과 근대 지향적, 실천적, 개혁적 사상 등이 그 특징을 이루는 민본주의, 평등주의, 덕치·예치주의, 과학적 사상과 실용주의적 공리사상으로 대표된다.

1) 민본주의

다산의 민본주의적 사상이 가장 잘 나타나는 곳은 그의 저서 가운데 『원목(原牧)과 탕론(蕩論)』이라는 논문이다. 원목에서는 백성이 목(牧: 통치자)을 위해서 존재하는가, 목이 백성을 위해서 존재하는가를 스스로 묻고, 목이 백성을 위해 존재하는 것임을 밝히고 있다. 탕론에서는 천자가 어떻게 존재하는가를 묻고, 이를 다음과 같이 설명하고 있다.

> "다섯 가구가 일린이 되므로 다섯 인에서 추대된 사람이 인장이 되고, 다섯 인이 일리

59) 최한기는 1803년에 태어나 1879년까지 생존한 한말의 대학자로서 그간 제대로 알려져 있지 않다가 1세기가 지난 오늘날 국내외를 통해 크게 각광을 받고 있다.

가 되므로 다섯 인에서 추대된 사람이 이장이 되고, 다섯 비가 일현이 되므로 다섯 비에서 추대된 사람이 현장이 된다. 여러 현장의 공동 추대를 받은 사람이 제후가 되고, 제후들이 공동으로 추대한 사람이 곧 천자이다."60)

다산은 관료란 백성을 위해서 존재하는 것이지 백성이 이들을 위해서 존재하는 것이 아니라고 하는 측면에서 민본주의를 강조했다. 그는 원시사회에서는 백성만 있을 뿐 통치자는 존재하지 않는 무 계급사회였으나 백성들의 안전한 생활과 복지를 위해 그들의 추대에 의해 각급 통치자가 권력을 행사할 수 있게 되었으므로 백성이 가장 중요하고 모든 권력의 기초이므로 자기 임무를 제대로 수행하지 못하는 통치자는 백성들이 다시 뽑을 수 있다고 보았다.

이러한 주장 속에서 그의 주권재민적 사상을 분명히 읽을 수 있다. 그는 주권 자체가 대중에 있는 이상 대중에 의한 통치자의 교체는 정당한 일이라고 보았으며, 천자란 대중의 추대에 의해 이루어진 것에 불과하다고 보았다. 따라서 그의 탕론에서는 천자가 대중의 의사와 이익에 반하는 행동을 할 경우에는 그를 추대한 대중이 이를 교체하는 것을 당연한 것으로 보았다. 다산은 이러한 민에 의한 천자의 교체현상을 무대에서 무사(舞師)가 교체되는 현상에 비유하고, 무사가 장단에 맞추어 지휘를 잘 하지 못하면 무대의 군중은 그를 끌어내려 대열 속으로 돌려보내고, 다시 다른 재능있는 사람을 뽑아서 무사의 위치에 올려놓고, 우리들의 무사라고 부르며 끌어올려 존경하는 것도 군중이요, 끌어내리는 것도 군중이라는 것이다.

그러나 다산이 정치의 주체를 민중으로 보고 또 민중을 위한 정치를 강조하였으나 민중을 정치의 담당자로까지는 보지 않았다는 점을 간과해서는 안 된다. 즉 군주의 존재를 전적으로 부정하지는 아니하였으며, 오히려 덕과 예를 바탕으로 한 왕정을 이상적인 정치 형태로 생각하였다. 다만, 여기에서의 왕은 민본주의적 이념을 추구하고 덕을 겸비한 자격의 소유자일 것을 주장한다는 점에서 전제적인 왕정과는 구별된다.

요컨대, 다산의 정치 역시 이념은 맹자의 왕도정치 사상에 근거하고 있고, 주권재민 사상 역시 맹자의 대중혁명 사상에 기인하고 있다고 볼 수 있다. 여기서 말하는 통치자의 개념은 단순히 군왕 한 사람에 국한되는 것은 아니다. 이는 정치와 행정에 참여하는 모든 지방관까지를 내포한다고 보아야 한다. 다산은 이러한 통치자들 중에서도 지방관, 토호, 이서(吏胥: 지방관아의 벼슬아치 밑에서 일을 보는 하급관리)들의 직책을 가장 중요시

60) 김항규, 앞의 책, p.371.

하였다.

2) 평등주의 · 능력 본위의 사상

다산의 인간관은 맹자나 순자 등의 성선설이나 성악설과도 다르고, 주자학적 인간관과도 다른 독특한 인간관에 입각하고 있다. 주자학자들은 인간의 본성을 본연의 성과 기질의 성으로 나눈다. 본연의 성은 인간이 태어날 적에 하늘로부터 타고난 천리로서 순수 지선(至善)한 것이며, 인 · 의 · 예 · 지의 사덕이 그것이다. 이러한 본연의 성은 인간과 동물 간에 차이가 없고, 인간 상호 간에도 차별이 없다는 것이다. 다만, 인간 상호 간이나 또는 인간과 다른 생물 간에 차이가 있다면, 그것은 현우(賢愚), 귀천의 차이가 있다는 것이며, 이는 기(氣: 육체적 · 정신적 힘)의 차이에 연유한다는 입장이다. 이것이 주자의 성동기이설(性同氣異說)이다.[61]

이러한 주자학적 인성론에 따르면, 인간과 인간 사이에는 기의 차이에 따라 생래적으로 현우(賢愚: 현명함과 우둔함), 귀천(貴賤)에 차이가 있음을 정당화하게 된다. 성리학에 입각한 조선의 정치 · 행정 이념에서는 이러한 인성관에 기초해서 양반 계급이 상민 계급과 생래적인 차이가 있음을 들어 지배를 정당화하는 근거를 제공하였다.

이에 반하여, 다산의 인성론에 따르면, 인간만이 도의의 성과 기질의 성을 겸비하고, 동물은 오직 기질의 성만을 타고난다고 보아 인간과 동물의 성이 본래부터 다르다고 보았다. 또한 인간은 모두가 똑같이 도의의 성과 기질의 성을 겸비하고 있는 것이므로 인간이 선천적으로 현우, 귀천의 차이가 있을 수 없다는 주장이다.

도의(道義)의 성이란 선을 좋아하고 악을 미워하는 마음으로서 이는 인간의 마음 속에 깃들어 있는 천명의 작용에 의한 것이다. 한편, 기질(氣質)의 성은 동물적 본능으로서 인간과 동물이 모두 타고난 성이다. 기질의 성은 그 자체 선도 악도 아니며, 다만 도의의 성을 버리고 기질의 성만을 따를 때 악이 나타난다.

이러한 다산의 인성론에서 우리가 이해할 수 있는 것은 그가 기본적으로 모든 인간은 선천적으로 평등하게 태어난다는 평등사상에 입각하고 있다는 점이다. 더 나아가 다산은 인간 사이에 성인과 소인의 차이가 생기에 되는 것은 그것이 생래적인 것이 아니라 인간의 후천적인 태도에 기인한다는 입장이다. 즉 후천적으로 스스로 기질의 성을 억제하고, 도의의 성을 따르는 자는 성인이 되고, 기질의 성만을 따르는 자는 소인 · 우인(愚人)이 된다는 것이다.

61) 한영우, 정약용의 여유당전서, 실학연구입문(역사학회 편)(일조각, 1974), p.318.

따라서 다산에게는 인간의 주체적인 도덕 수양이 가장 중요시 되며, 결국 인·의·예·지라는 것도 인간의 후천적인 도덕수양에 의해 얻어질 수 있다는 주장이다. 다산은 『맹자요의』에서 인·의·예·지의 명칭이 행동이 있은 다음에 성립하는 것이며, 인·의·예·지라는 네 개의 열매가 복숭아씨나 살구씨처럼 인간의 마음속에 내재하는 것이 아니라고 한다. 다산의 이와 같은 인성론은 신분의 차별이나 지역적 차별, 신분세습제 등을 반대하고 평등주의를 주장하는 근거가 되기도 한다. 다산은 능력에 따른 관리의 등용과 직업 선택을 주장하였다. 다산은 『통색의』에서 다음과 같이 그의 평등주의에 입각한 능력 본위의 사상을 피력하고 있다.

> "온 나라의 영재들 가운데서 발탁하여 등용해도 부족한 처지인데 하물며 영재의 8~9할을 버리고서야 어찌 인재를 얻겠으며, 온 나라의 생령들을 육성시켜도 오히려 인재가 나타날동 말동한데 하물며 백성의 8~9할을 버리고서야 어찌 인재가 나타나겠습니까, 소민이나 중인이라는 신분으로 인하여 혹은 관서, 관북, 해서, 개성, 강화 출신이라 하여 쓰지 아니하고 관동이나 호남을 제한하며, 서얼이라 쓰지 않는다면 어떻게 되겠습니까?"62)

이처럼 다산은 나라의 인재등용에 있어서 능력위주의 평등사상을 주장하였다. 다산은 인재를 등용함에 있어서 출신지역과 문벌에 따른 차별없이 능력에 따라 인재를 등용해야 우수한 인재를 버리는 잘못을 고칠 수 있다고 주장하였다.

3) 개혁주의

다산은 우주 만물은 모두 매 순간 수시로 변화하나, 다만 우주만물 변화에는 모두 규칙이 있으며 바뀌지 않는 규칙이 있다는 불역(不易)과 모든 우주 만물은 시간이 흐름에 따라 변하지 않는 것이 없다는 변역(變易)의 상반된 원리가 존재하듯이, 국법과 제도에는 영구불변해야 할 원리와 세상이 변하는 대로 따라서 변해야 하는 여세추이(與世推移)해야 할 원리가 있다고 주장한다. 그는 국법이나 제도는 함부로 뜯어고칠 수 없는 것이기는 하나 시대의 흐름에 따라 개혁이 요청될 때는 단호히 고쳐야 한다고 주장하였다.63)

이처럼 다산은 시대상황에 따라서 새로운 행정제도와 질서를 창조하는 것이 중요하다는 개혁정신을 강조하였다. 세상 사람들은 요·순 임금의 정치는 모두 다 애써 공들

62) 김항규, 앞의 책, p.374.
63) 김항규, 위의 책, p.377.

이지 않아도 제 스스로 이루어진다는 무위이화(無爲而化)[64]로 생각하지만, 요·순같이 부지런하고 엄밀한 사람은 없었으며, 그들은 백성을 위하여 유익할 것 같으면 새 제도, 법률을 만들고 또 그것이 유해하면 고치고 보완하는 개혁을 끊임없이 하였다.

다산의 불가역적 개혁론은 관직의 정원제도, 과거제도, 고적제(考績制), 토지제도, 지방행정 제도 등 다양한 부문에 걸쳐 제시되었다. 다산은 과거제도의 개혁에서 출신성분이나 출신지역 등의 차별을 금지하고, 능력에 따른 기회균등의 원리를 주장함으로써 정실주의 인사를 비판하고 실적주의 인사원칙의 도입을 제안하였다. 또한 조선시대에 행해지던 과거 시험과목이 주로 문사에만 치중하므로 경의(經義: 경서 즉 유학의 근본이 되는 문헌)에 대해 소홀히 하는데 대해 이는 시험장에서 주례나 춘추를 시험과목으로 하지 않기 때문이라고 하면서 주례를 시험과목에 넣을 것을 주장하였다.

아울러 다산이 과거 시험과목으로 제안한 것 중 특이한 것은 국사 과목을 과거 시험과목으로 넣을 것을 주장하였다는 점이다. 다산은 국사의 내용으로 김부식의 삼국사기, 정인지의 고려사 및 동국통감, 국조보감을 들었다. 그가 국사과목을 시험 과목으로 제안하였다는 점은 중국의 주례를 모범으로 하되 우리의 역사와 문화적 기반 위에서 주체적으로 발전 방향을 모색하였음을 보여 주고 있다.

여기에서 또한 주목할 만한 점은 근무평정제도인 고적제(考績制)의 개혁과 철저한 운영을 제시하였다는 점이다. 고적제란 일종의 근무성적 평정제도로서 고공(考功)이라고도 하며, 중앙관서의 경우 당상관 또는 제조(提調)가, 지방은 관찰사가 매년 6월과 12월에 정기적으로 관하 관원들의 근무성적을 평정하여 이조와 병조에 보고하여 인사에 반영한 것으로서 담당 업무의 처리능력에 중점을 두었고, 그 목적은 관원들의 통제에 있었다. 특히 이것은 그 충성심과 성격을 알기 힘든 지방관의 경우에 강조되었다. 고적제 역시 주례에서 나온 것으로 조선 왕조의 경우 태종 원년인 1401년부터 실시된 제도이다.

그러나 17~18세기의 당쟁의 격화와 19세기 이후의 세도정치로 인해 관료제의 기강이 흔들리면서 부정부패가 중앙에서뿐만 아니라 지방에서도 수령과 서리의 작폐가 극에 달해 있었다. 이러한 결과는 당연히 고적제에도 작용하여 그것이 본래의 목적대로 운용되지 못하고 정실이 개입되는 등 부작용을 낳았다. 이에 다산은 이를 좀더 치밀하게 운영할 것을 주장하고 구체적인 실시방법을 고안하여 일종의 근무성적 평정요소라 할 수 있는 고적강목(考績綱目: 근무평정요소)을 제시하였다. 목민심서에는 가장 세밀한 고적강

64) 논어의 위령공 편에 애써 공들이지 않아도 스스로 잘 이루어진다는 의미로 사용되었다. 한편 노자의 사상으로 성인의 덕이 클수록 백성들이 스스로 잘 감화되는 것을 의미한다.

목인 12강 6목을 완성하여 제시하고 있다.

한편, 다산은 평정 요소의 평정등급을 9개의 등급(상상, 상중, 상하, 중상, 중중, 중하, 하상, 하중, 하하)으로 나누고, 등급별 인원에 대해서도 배분을 하는 강제배분식 평정방법을 채택하고 있다. 이와 같이 평정한 결과 상(上)의 3등급에 대해서는 새해 인사시에 반드시 요직을 주고, 중의 3등급에 든 자는 상을 논함에 차이가 있게 하고, 하의 3등급에 든 자는 1년 동안 정직을 시켜 적임을 얻지 못하게 하면 권선(勸善)하는데 도움이 될 것이라는 개혁방향을 제시하였다.65)

4) 덕치 · 예치주의: 목민주의

다산의 사상은 공맹유학 사상에 기초하기 때문에 공맹의 유학사상의 특징 중 하나인 덕치 · 예치주의 사상은 당연히 다산의 정치 · 행정 사상의 기본을 이룬다. 공맹사상 역시 당시 중국사회가 극도의 혼란기에서 인간사회의 윤리성이 타락하고, 정치 · 사회는 이권 쟁탈과 파당으로 혼미를 거듭하던 시기에 정치 · 사회의 질서를 바로잡고자 하는 실천적 의도에서 처방안으로 탐구된 것이 그들 유교의 기본이었기 때문이다.

다산이 활동하던 17~18세기 당시의 조선사회는 지방관을 비롯한 관리의 서민수탈, 매관매직 등 윤리의 타락현상으로 사회는 극히 혼란스러웠다. 이에 다산은 지방관들에게 농민을 수탈하는 비도덕적 권력자라는 비난을 가하면서 제반 사회적 모순을 목민관의 자발적인 선정을 통하여 방지하려고 하였다. 그래서 그는 수기치인의 덕치로 표현되는 목민관의 윤리를 제시하였다. 그러나 목민주의는 덕치를 강조하지만 법치를 무시하는 것은 아니고, 목민관은 백성을 수탈하는 비도덕적 권력자에서 탈피하여 백성을 위한 통치를 해야 한다는 위민사상을 강조하는 것이다.

5) 실용주의적 공리사상

다산이 강조하는 이용후생 정신은 바로 실용적 공리주의를 표방하는 것이다. 그는 백성의 간편하고 이로운 재화의 생산이 백성들의 삶을 풍요롭게 한다는 측면에서 백성의 생존과 국가의 존립에 필수적이라고 보았다. 따라서 백성이 삶에 간편하고 이로운 재화를 생산하고, 이의 향유를 주장하는 것은 마치 물이 흐르는 것과 같이 자연스러운 욕구라고 주장하였다.

이와 같이 재화의 생산을 필연적이고 정당한 것으로 보는 것은 실학파의 공통적 특

---

65) 김항규, 위의 책, pp.378-385.

징으로서, 박제가는 서경 속에 우 임금이 나라를 다스리는데 기반이 되는 것으로 지적한 정덕(正德: 바른 덕)·이용(利用)·후생(厚生)의 삼사(三事)를 인용하면서 이용과 후생에 하나라도 갖추지 못한 것이 있으면 위로 정덕을 해친다고 하였다. 따라서 이용을 이룬 다음에 후생을 할 수 있고, 후생을 이룬 다음에 정덕을 이룰 수 있다고 하였다.66)

이러한 주장은 덕을 중시하지 않는다는 의미가 아니라 덕만으로는 백성의 생존과 국가의 존립을 통한 사회적 안정을 가져올 수 없고, 덕과 이용과 후생 중 어느 한쪽에만 치우침이 없이 상호 불가분의 관계를 가진다는 점을 중시한 것이다.

다산은 이에 덕만을 숭상하고 놀고먹는 선비도 농공상(農工商)에 종사시켜야 한다고 주장하고, 인간에게 공통적인 물적 욕구를 충족시키기 위해서는 모든 국민이 생산에 참여하고 그 결과가 더 많은 사람에게 평등하게 배분되어야 함을 주장하였다. 따라서 그의 주장 속에는 공리주의 정신과 함께 양반이 재화를 독점하려는 사고에 반대하고 인간평등을 주장하는 사고가 내포되어 있다.

이러한 다산의 과학적·실용주의적 사고는 그가 일찍이 서학과 서양의 과학기술에 관한 지식에 접근할 수 있었던 점도 중요한 요인이 되겠으나 무엇보다도 실학의 이용후생적 사고에 입각하여 실천성을 중시한 그의 실학적 세계관이 근본 요인으로 작용했다. 그가 기술을 중시하고 근대 서양 기술문명의 도입을 역설한 것은 기술이 천시되던 당시 조선사회에서는 가히 선진적 사고라 아니 할 수 없다.

3. 목민관의 공직원칙

다산은 그의 대표적인 저서 『목민심서』에서 '백성을 다스린다는 것은 곧 백성을 기르는 것이라고 하였다. 군자의 학문이란 반(半)은 수신하는 것이고, 반은 목민하는 것이다. 오늘날 성인의 시대가 멀어져 그 말씀도 사라져 가서 그 도가 어두워졌다. 사목(司牧: 지방의 수령)들은 오직 이익을 얻는 데만 급급하여 목민하는 길을 알지 못하고 있다. 그러므로 백성들은 여의고 곤궁하고 병들어서 구렁텅이로 줄지어 빠져 들어가 가득 메우는데도 사목들은 바야흐로 비단 옷과 기름진 음식으로 자신을 살찌우고 있으니 이 어찌 슬픈 일이 아니겠는가'라고 하면서 바른 공직관의 확립을 요망하고 있고 백성을 위해 봉사해야 할 공직자의 역할과 자세를 제시하고 있다.

목민심서가 저술된 1800년대 초반은 탐관오리들의 가렴주구가 극심하던 어지러운 시

66) 성대경, 다산의 기술관리 육성책, 「다산의 정치경제 사상」(창작과 비평사, 1990), p.112.

대였다. 임진왜란 이후 군사력 증강에 국력을 기울인 결과 국가재정이 궁핍해져 사대부들에 대한 봉록이 깎임으로써 관리들은 뇌물을 챙기는 등 부정부패가 더욱 심해졌다. 매관매직이 성행하고, 관직을 산 수령들은 백성들을 수탈함으로써 그들의 삶은 도탄에 빠진 상태에 있었다.

다산은 이러한 사회현상과 공직사회의 부패를 비판하고 자신의 목민관 경험, 역사서, 사서오경 등 고전에서 백성을 다스리는 일과 관련된 자료를 뽑아 수록하고 해설을 덧붙인 목민심서를 저술하여 지방관리들의 폐해를 제거하고 지방행정을 쇄신하기 위해 지방관리로 부임하는 일에서부터 직을 떠날 때까지 전 기간을 통해 수령으로서 반드시 지켜야할 원칙과 규범, 실행해야 할 실무상 문제들을 赴任(부임), 律己(율기), 봉공(奉公), 愛民(애민) 등 12편으로 나누어 다루었다.

여기에서는 특히 목민관이 자신을 바르게 하기 위해 지켜야할 6가지 원칙, 인력관리의 6가지 원칙, 형사사법과 관련하여 목민관이 지켜야 할 6가지 원칙 등에 대해 살펴보기로 한다.

1) 목민관의 자세

목민심서의 1편 부임부터 4편의 애민까지는 목민관의 기본자세에 대하여 상세하게 논술하고 있다. 그 핵심은 첫째, 목민관 선임의 중요성, 둘째, 청렴 · 절검의 생활신조, 셋째, 민중본위의 봉사정신을 들고 있다.

수령은 근민(近民)의 직(職)으로서 다른 관직보다 그 임무가 중요하므로 반드시 덕행, 신망, 위신이 있는 적임자를 선택하여 임명해야 한다. 수령은 언제나 청렴과 절검을 생활신조로 명예와 재리(財利)를 탐내지 말고 뇌물을 절대로 받지 말아야 한다. 또한 수령의 본무는 민중에 대한 봉사정신을 기본으로 하여 국가의 정령을 빠짐없이 두루 알리고 민의의 소재를 상부 관청에 잘 전달하고 상부의 부당한 압력을 배제하여 민중을 보호해야 하는데 있다.

수령은 민중을 사랑하는 이른바 애휼정치에 더욱 힘써야 한다. 율기 육조는 목민관이 자신을 잘 단속하고 언행에 흐트러짐이 없도록 하기 위해 지켜야 할 여섯 가지를 말하는 것으로서 목민관의 바른 자세에 관하여 구체적으로 원칙을 제시하고 있다.[67] 그러면 제2편 율기에 나타난 원칙들에 대해 살펴보기로 하자.

67) 하룻밤에 읽는 목민심서, 정약용 지음, 이지영 해설, http://blong.naver.com/tthunl/140000274892

(1) 칙궁(飭躬)

칙궁은 공직자가 자신을 스스로 타일러 경계하고 삼가는 것을 말한다. 일상생활에 절도가 있고 옷차림은 단정히 하며, 백성들에게 임할 때에는 엄숙하고 정중하게 하는 것이 옛 부터 내려오는 도(道)이다. 동트기 전에 일어나서 촛불을 밝히고 세수하며, 옷매무새를 단정히 하고 묵묵히 바르게 앉아서 신기를 함양한다. 그리고 잠시 후 생각을 정리하여 오늘 할 일들을 놓고 먼저 할 일과 나중에 할 일의 차례를 결정한다. 제일 먼저 할 일에 대하여 처리할 수 있는 최선의 방법을 생각하며, 다음 할일에 대하여도 마찬가지로 생각하되, 모든 일에 있어서 힘써 사욕을 끊어버리고 한결같이 천리(天理)를 따르도록 한다.

백성의 윗사람이 된 자는 엄숙해야 하며, 술과 여자를 멀리하고 공손하고 단정하며, 유흥에 빠져 정사를 어지럽히거나 시간을 헛되이 보내는 일이 있어서는 안 된다. 인간의 총명에는 한도가 있고, 처리해야 될 일은 한이 없는 데, 목민관이 주색에 빠지고 유흥을 일삼는다면, 송사는 해를 넘기고, 시비는 뒤바뀌어 소송거리는 더욱 많아져 백성의 원성을 듣게 마련이다.68)

(2) 청심(淸心): 염결(廉潔)

청렴은 목민관의 본무로 모든 선의 근원이며 모든 덕의 뿌리이니, 청렴하지 않고서 목민관 노릇 할 수 있는 자는 없다. 목민관이 백성을 다스리기 위해서는 위엄이 서야 하지만, 위엄은 청렴결백함으로써 생긴다는 것을 명심해야 한다. 목민관이 염결하지 않으면 백성들이 도둑으로 지목할 것이며, 뇌물을 주고받음은 반드시 드러나고 비록 받는 물건이 사소하다 하더라도 온정이 이미 맺어졌으니 사사로움이 이미 오고 간 것이다.69)

다산은 상산록(象山錄)에서 인용하여 염결을 세 가지로 구분했다. ① 먼저 옛날의 염리인 청백리는 봉급 이외의 아무 것도 받지 않는 것이 최상급이라 하였다. ② 다음은 중고 시대의 염리도 봉급 외에 명분이 바른 것은 받고 바르지 않는 것은 받지 않는 것이 중급이며, ③ 최하로는 명분이 없더라도 이미 관례가 되어 있는 것은 받되 관례조차 없는 것은 받지 않는 정도라면 비록 하급이기는 하나 비교적 청렴한 축에 든다고 구분하였다.70)

최상이 되는 것은 본디 좋지만, 만약 그렇게 할 수 없다면 그 다음이라도 좋다. 이른

---

68) 정약용, 목민심서, 노태준 역해, 홍신문화사, 1986. p.42.
69) 위의 책, p.49.
70) 하룻밤에 읽는 목민심서, 정약용 지음, 이지영 해설.

바 최하의 것은 옛날에는 반드시 팽형(烹刑)을 당했을 것이니[71] 무릇 선을 즐기고 악을 부끄럽게 여기는 사람은 결코 이런 일을 하지 않을 것이다.

(3) 제가(齊家)

몸을 닦은 뒤에 집을 다스리고 집을 다스린 뒤에 나라를 다스림은 천하의 공통된 원리이다. 고을을 다스리고자 하는 자는 먼저 집을 잘 다스려야 한다. 한 고을을 다스리는 것은 마치 한 나라를 다스리는 것과 같으니 제 집을 다스리지 못하고 어떻게 한 고을을 다스릴 수 있겠는가. 목민관은 가족을 엄중하게 관리하여 근검절약 하게 하고 가정을 엄중하게 단속하여 청탁이나 뇌물의 수수를 방지하고, 훌륭한 가풍과 가도를 일으켜 만 백성의 모범이 되어야 한다.[72]

(4) 병객(屛客): 관정(官靜)

친척이나 친구가 관내에 많이 살면 단단히 약속하여 의심하거나 헐뜯는 일이 없게 하고 서로 간의 좋은 정을 유지하도록 해야 한다. 친척이나 옛 친구가 혹 그 고장이나 이웃 고을에 살고 있으면 한 번 초청하고 한 번 가서 만나되 때에 따라 선물을 보내면서 이렇게 약속해야 한다.

비록 날마다 만나고 싶지만 예에는 한계가 있으니 초청하기 전에는 절대로 보러 오지 말기 바란다. 편지 왕래도 의심과 비방을 살 염려가 있으므로 만일 질병이나 우환이 있어서 서로 알려야만 할 경우에는 몇 자의 편지를 쓰되 풀로 봉하지도 말고 직접 예리(禮吏: 관아에서 예법을 관장하던 이방)에게 주어서 정식으로 접수하게 해 공공연히 받아들이게 해주기 바란다. 늘 보면 친척들 중에 기회를 보아 청탁을 하다가 인심을 몹시 잃어서 수령이 떠난 뒤에는 마치 강물은 흘러가고 돌(아전과 이속)은 남는 격이 되어 뭇 사람의 노여움이 빗발치듯하여 보존하지 못하는 사람이 많으니 어찌 두렵지 않겠는가.

손님과 친구들이 와서 놀기도 하고 알현하기도 하면 백성들이 서로 말하기를 누구는 왕래가 매우 잦고 정담이 오래가는 것을 보면 정분이 두터운가 보다 하고 이에 그 사람의 문전으로 몰려가서 청탁의 길이 열리게 되는 것이다. 심한 자는 이미 갑의 돈을 받고 을의 돈도 약속하고서 수령에게 이야기해서 이권을 살펴주겠다고 하는 자도 있으니 목민관은 주변 관리를 엄격하게 해야 한다. 때로는 수령과는 별로 교분이 없으면서도 친하다고 소문을 퍼뜨리고 다니는 자도 나타날 수도 있다.

71) 팽형은 중국 송나라때 자주 행해지던 사람을 삶아 죽이는 형벌.
72) 목민심서, 앞의 책, p.59.

목민관은 관청 내부의 관리에 있어서 엄숙하고 공정해야 하며 사사로운 정이 개입해서는 안 된다. 공적인 일이 아닌 이상 외부인사와의 만남을 삼가야 하며 청탁이나 농간의 길을 막고 관부를 숙정해야 한다.73)

(5) 절용(節用)

목민관 노릇을 잘 하려는 자는 반드시 자애로워야 하고, 자애로우려면 반드시 청렴해야 하며, 청렴하려면 반드시 절약해야 한다. 절약은 목민관이 맨 먼저 힘써야 할 일이다. 배우지 못하고 무식한 자는 한 고을을 얻기만 하면 방자 교만하고 사치스러워서 절제하는 바가 없다. 닥치는 대로 함부로 쓰니 빚이 많아지고 따라서 반드시 탐욕하기 마련이다. 탐욕하면 아전들과 공모하고 아전들과 공모하면 그 이익을 나누어 먹으며, 그 이익을 나누어 먹으면 백성의 고혈을 짠다. 그러므로 절약은 백성을 사랑하는 데 있어서 맨 먼저 힘써야 할 일이다.74)

사유재산의 절약은 보통 사람도 할 수 있지만, 공고(公庫)를 절약하는 이는 드물다. 국가재산을 내 것처럼 아껴야 어진 목민관의 자세이다. 목민관은 공적인 물건을 개인의 물건처럼 아끼고 소중히 여겨야 하며, 공물에 대한 중요성을 부하들에게 끊임없이 지도하고 감독하며 사적인 용도로의 사용이나 훼손을 근절시켜야 한다.

(6) 낙시(樂施): 녹봉의 절약과 시은(施恩)

절약만 하고 쓰지 않으면 친척이 멀어지니 베풀기를 즐겨하는 것이 바로 덕을 삼는 근본이다. 절약하는 자는 베풀 수 있지만, 절약하지 못하는 자는 베풀지 못한다. 기생을 가까이 하고 광대를 부르며, 가야금을 타고 피리를 불게하며, 비단 옷을 걸치고 값비싼 말에 사치스런 안장을 얹고 게다가 상관에게 아첨하고, 권세있는 귀족들에게 뇌물을 쓴다면, 그 비용이 날마다 엄청나게 불어날 것이니 어떻게 친척들에게까지 은혜를 베풀 수 있겠는가.

목민관은 녹봉을 절약하여 그 남은 것으로 가난한 사람들에게 은혜를 베푼다면, 백성들이 감격하여 따르게 되고, 가난한 친척들에 도움을 준다면, 친척 간에 화목할 것이다. 이는 목민관의 근검절약과 사회적 약자들에 대한 원조를 강조하는 것이다.75)

---

73) 위의 책, p.69.
74) 위의 책, p.78.
75) 위의 책, p.81.

2) 조직관리 원칙

다산은 목민심서의 제5편 이전 6조에서 목민관이 아전과 부하들의 관리와 등용하여 쓰는 방법에 대한 원칙을 제시하고 있다.[76] 이는 오늘날의 모든 행정기관의 관리자가 준수해야할 조직관리의 윤리적 원칙을 제시하고 있다.

(1) 부하의 기강확립(속리: 束吏)

지방관아의 아전들은 모두 그 지방 출신들로서 거의 친척 관계로 얽혀져 있다. 목민관은 단 한 사람의 외로운 몸이 될 수 있으며, 아전들은 수십 명에서 수백 명에 이르는 큰 세력을 형성하고 있다. 지방의 아전은 목민관이 부임해 오면 어떤 방법으로든지 부정을 저지르게 함으로써 꼼짝 못하게 만들어 놓고 자기네들 마음대로 횡포를 부리게 되니 목민관은 허수아비가 되고 백성은 신음하게 된다.

이러한 병폐를 막기 위해서는 목민관은 염결을 지키고 자기 몸가짐을 바르게 하며 부하에 대하여 너그럽게 대하고 은혜를 베풀어 감화시킴으로써 기강을 확립하는 것이 가장 현명한 길이다. 그럼에도 악을 행하고 간특한 자는 엄벌에 처해야 한다.

(2) 부하들의 부정부패 척결(어중: 馭衆)

관아의 구성원인 군교나 문졸, 관노, 시동들은 무식하여 행동이 거칠고 패악할 수 있으므로 이들이 목민관의 선정을 해치는 일이 없도록 해야 한다. 이들은 유관업체와 유착되어 부정을 범하기도 하고 단속에 대한 정보를 유출하여 단속을 피할 수 있게 한다. 목민관은 이러한 비리와 폐단을 미리 알아서 그들의 행동을 감시하게 하고 범법자는 엄하게 다스려야 한다.

(3) 지식보다는 인간성위주의 인재등용(用人)

인재를 등용함에 있어서 무엇보다 상대방의 인간성을 중시하고 재능이나 지식을 그 다음으로 한다. 아무리 재주가 있고 지식이 있다하더라도 인간성이 나쁘다면 그 재주와 지식을 악용하여 도리어 조직에 해악을 끼치기 마련이다.

아첨하는 자는 신의가 없기 때문에 등용을 삼가고, 윗사람의 옳지 않은 것을 바르게 간하는 사람은 정의감에 투철하기 때문에 자기직무에 충실하고 공정을 기할 수 있다. 사람을 냉정하게 관찰해서 등용하는 것만이 실수를 면할 수 있는 유일한 길이다. 냉정한 관찰은 객관적인 관찰이며, 사심을 버리고 공정한 위치에서 관찰하는 것을 의미한다.

76) 위의 책, pp.159-168.

(4) 범죄의 대소에 따른 엄벌과 관용(찰물: 察物)

목민관이 사회의 범죄현상을 정확히 파악하지 못할 수 있다. 목민관은 언제나 부하들의 동정을 잘 살펴 주위의 간계에 넘어가 판단을 그르치지 말고 관할의 범죄를 척결해야 한다. 목민관이 부하들이나 백성들의 사소한 과실을 들추어내어 무슨 큰 일이라도 한 것처럼 자신의 정보소유를 과시하려는 것은 박덕한 것이다.

큰 허물은 물론 적발해서 엄히 다스려야겠지만, 조그만 것은 이를 용서해주고 혹 몰래 그 사람을 불러서 따뜻한 말로 깨우쳐준다면 감화를 받아서 개과천선하게 될 것이다.

(5) 신상필벌(고공: 考功)

백성이든 관아의 아전이든 공이 있으면 상을 주어야 하고 죄가 있으면 벌을 주어야 정사가 밝아진다. 상벌이 행위의 결과에 따르지 않고 사람이나 상황에 따라서 달라진다면 이것은 신상필벌이 아니므로 백성이나 부하들의 공감을 얻지 못하여 조직의 결속감과 목민관에 대한 신뢰감이 형성되지 못한다. 같은 것은 같이, 같지 않은 것은 같지 않게 해야 신상필벌이다. 이러한 말은 반드시 벌해야 한다는 것을 강조하기 보다는 벌의 공정성과 일관성을 강조하는 것이다.

(6) 인재천거(거현: 擧賢)

목민관은 관할에 학문과 덕이 높은 사람이 있으면 그를 찾아보며 이를 천거해야 한다. 이는 어진 이를 높이고 선을 권장하는 것이다. 또한 자기가 데리고 있는 사람이 학식과 능력을 갖추고 있으면 좋은 자리에 추천하여 자기의 실력과 능력을 발휘하도록 해야 한다.

3) 사건에 대한 목민관의 처리자세

다산은 목민심서 제9편 형전 6조에서 수령이 백성의 송사를 처리할 때에 지켜야 할 원칙을 구체적으로 제시하고 있다. 그리고 도둑과 호랑이에 대처하는 방법과 미신을 없애는 방법까지 제시한다. 또한 흠흠신서에서 지방 수령들이 형사사건을 처리할 때 지켜야 할 기본적인 자세를 다음과 같이 역설하고 있다.

다산은 흠흠신서의 서에서 하늘이 사람을 내고 또 죽이니 인명은 하늘에 매여 있다. 사목(司牧)은 또 그 사이에서 선량한 자는 보호하여 살게 하고, 죄 있는 자는 잡아서 죽이니 이는 명백한 천권이다. 사람이 천권을 대신 잡아 두려워할 줄 모르고, 상세히 따지지 아니하고 덮어두고 모른 체 하며 살려야 할 자를 죽이고 죽여야 할 자를 살리고도 마음 편히 있다. 간혹 돈에 흐려지고 여자에게 매혹되어 울부짖음을 듣고도 구제할 줄을 모르니 이것이 큰 잘못인 것이다.

인명에 대한 사건은 고을마다 있는 일이요, 수령이 항상 당면하는 일이다. 상세히 조사하되 항상 소결(疏決)[77]하고 어긋나기 쉬운 곳을 판단하여야 한다.[78] 이처럼 다산은 조사는 엄격하게 하고 처벌은 관대하게 해야 된다는 점을 강조하고 있다. 그러면 형사사법과 관련하여 다산이 제시하는 목민관이 따라야 할 여섯 가지 자세를 살펴보기로 한다.

(1) 사건처리의 공정성(청송: 聽訟)

목민관은 백성들을 선과 정의에 의해 선정을 베풂으로써 질서정연한 도덕사회를 건설하여 백성들의 소송을 기다려서 처리하기보다는 청송이 없는 덕치사회를 형성해야 한다. 송사처리는 공정하고 엄정하게 하여 억울한 사람이 없도록 해야 할 것이다. 간사한 것을 들추고 숨겨져 있는 사특(邪慝)한 것을 밝혀내며, 어느 한 쪽의 말을 편파적으로 믿어서는 안 되며, 모든 송사의 처리는 지극히 공정히 해서 털끝 만큼도 납득되지 않는 점이 없도록 해야 한다.

(2) 범죄자에 대한 단죄와 인권보호(단옥: 斷獄)

형사범에 대한 처리는 법정기한을 엄수하여 신속하게 처리하고 범죄자의 인권보호에도 최선을 다해야 한다. 범죄자에 대한 처벌은 단호하게 하되 사건과 관련하여 실무자들이 뇌물을 받거나 가혹행위를 하는 일이 없도록 경계해야 하며, 억울하게 벌을 받는 사람이 없도록 해야 한다. 어디까지나 사람을 살리는 방향으로 흘러서 너그러운 태도로 임하여야 하며, 억울하게 벌을 받는 일이 없도록 해야 한다.

(3) 자기수양과 모범적 자세(신형: 愼刑)

형벌은 사람에게 육체적 고통은 물론 전과자라는 정신적 타격까지 주는 심각한 결과를 초래하므로 신중히 처리되어야 한다. 그러므로 사사로운 감정에 의해 사법처리를 남용하거나 가혹행위를 해서는 안 되며 형벌에 의해 백성을 규율하는 것은 가장 하책이므로 끊임없는 자기수양과 모범적인 언행에 의해 백성들에게 모범을 보이고 감화시켜 처음부터 죄를 범하는 일이 없도록 해야 한다.

77) 죄인을 관대하게 처결함을 의미한다.
78) 정약용, 흠흠신서, 법제처, 1985, p.1.

(4) 피의자 보호와 온정(휼수: 恤囚)

유치장에 수감된 피의자 중에서 환자가 있으면 치료해 주고 보살펴야 하며, 유치장 근무자와 고참 죄수에 의한 가혹행위와 인권침해 행위가 발생하지 않도록 늘 경계하고 관심을 가져야 한다.

(5) 폭력배나 가진 자들의 횡포 엄단(금폭: 禁暴)

목민관은 시장에서 한두 명의 흉악하고 불량한 자들이 장사꾼들의 호랑이 노릇을 해서 되와 말을 조종하고 저울과 자를 속이며, 창녀를 사다가 술을 팔고 밀도살을 해서 고기를 파는 등 사회의 기풍을 어기는 흉포한 자를 엄히 다스려 다시는 그와 같은 행패를 부리지 못하도록 단속해야 한다.

조직폭력배나 패거리 폭력배들이 유흥업소나 영세상인들을 협박하여 착취하는 등의 행패를 부리지 못하도록 엄단하고 권력자나 가진 자들의 지역에서의 횡포를 예방하는 등으로 사회를 정화해야 한다.

(6) 사건 · 사고와 연루된 부조리 척결(제해: 除害)

군교들이 도둑들과 유착되어 장물을 처리하고 이득을 얻으며 도둑들을 시켜 무고한 백성을 연루시켜 고혈을 빠는 비리를 목민관은 경계해야 한다. 백성이 도둑이 되는 것은 관아와 도둑의 착취에 의해 살길을 잃는 것이 주된 요인이라는 것을 인식하고 백성들을 잘 살펴야 하듯이 부하들이 사건사고와 관련되어 비리를 범하는 일이 없도록 감시감독을 철저히 해야 한다.

또한 미신이나 유언비어를 통해 대중을 현혹시키고 사회의 불안을 제공하는 자를 엄단해야 한다. 이러한 다산의 목민사상은 국민과 호흡을 같이하는 경찰인에게 시사하는 바가 크고 공인의 중요성과 솔선수범의 자세는 시대를 초월하여 경찰윤리의 좌표가 될 것이다.

제 6 장 POLICE ETHICS

사회정의론적 윤리관

제 1 절 개관

도덕의 근본은 정의이다. 이는 고대로부터 전해오는 일반화된 학설 중의 하나이다. 구약성서에서는 도덕적 이상은 이른바 정의의 형상이라고 했고, 고대 그리스에서는 모든 신들의 지혜로운 가르침 속에 형성된 격언은 정의로움 안에 모든 덕이 포함되어 있다고 표현함으로써 덕으로서의 정의의 중요성을 강조했다.[1)]

소크라테스는 정의는 법을 지키는데 있다고 보았다. 따라서 그는 정의란 능력있는 사람이 바르게 뽑혀서 공직에서 일할 수 있는 공정성으로 이해함으로써, 공직자를 추첨이나 다수결에 의해 뽑는 것은 정의롭지 못한 관행이라고 규정했다. 대화편 「크리톤」을 보면 그의 친구 크리톤이 수감된 소크라테스를 찾아 와서 부당하게 가해진 형에 불복하고 탈옥할 것을 권유하지만, 소크라테스는 법에 따르는 것이 정의라고 주장하면서 탈옥을 거부했다.[2)] 고대 그리스인들은 이처럼 정의를 합법성 또는 준법의 의미로 이해하기도 하였다. 아리스토텔레스는 정의라는 말에 합법성과 공정성이라는 두 가지 의미가 포함되어 있다고 주장했다.[3)]

그러나 오늘날 정의는 법과 같은 제도의 정당성이 정의의 관점에서 논의되고 특히

1) 한스 라이너 저, 철학적 윤리, 이석호 역, 철학과 현실사, 1999, pp.321-322.

2) 강재륜, 윤리학의 역사, 대왕사, 1996, pp.37-38.

3) 앞의 책, pp.69-70.

자유와 부의 분배와 관련된 제도의 정당성과 합리성이 중요한 쟁점으로 부각되면서 정당성, 공정성, 불편부당성, 그리고 성실성과 정직성의 의미를 포함하는 광범위한 개념으로 사용된다. 합법성과 준법성은 현대사회에서도 중요한 덕목이며 정의의 관점에서 이해되어야 할 가치이지만, 준법의 대상이 되는 법 그 자체의 정의로움이 먼저 갖추어져야 한다는 측면에서 사회정의의 관점에서 볼 때에는 다른 차원에서 다루어져야 할 것으로 보인다. 물론 법의 집행을 그 임무로 하고 있는 경찰관의 입장에서는 법에 따라서 공정하고 정당하게, 그리고 불편부당하게 업무를 수행하는 것 자체가 정의로운 것임에는 틀림없다.

사실 법과 제도를 결정하고 선택하는 사람들은 정의의 원칙이 있다면 그 원칙에 따라 행동해야 하며, 또한 그 법과 제도를 집행하는 사람들은 그들대로 지켜야 할 정의의 기준이나 덕목에 따라 행동해야 한다. 또한 그 법과 제도에 따라 삶을 향유하는 사람들은 그들의 입장에서 받아들여야 할 정의의 기준이 있고, 그에 따라 행동해야 한다.

따라서 정의로운 행동이란 항상 무엇에 대하여 어떤 태도를 취하느냐에 관련되어 논의된다는 점에 주목할 필요가 있다. 즉 권력, 직위, 법 그리고 부와 명예 등 사회에서 소중한 것으로 인정되는 가치에 대해서 어떤 태도를 취하고 어떻게 행동하느냐에 따라 정의와 부정의가 논의된다는 사실이다. 그래서 정의는 옳음을 지향하는 것, 또는 모든 다른 것을 인도하고 보존한다는 의미에서 힘으로 해석되기도 한다.4)

한편, 정의는 분배의 공정성이라는 측면에서 주로 논의되고 있다. 분배의 대상은 권력과 의무, 기회와 재화, 이익과 부담, 지위와 특권 등 여러 가지 가치들이 포함된다. 분배라고 해서 반드시 부의 분배만을 의미하는 것은 아니다. 인사제도에 의한 직위의 부여도 분배적 정의에 해당하며, 보수의 차별화도 분배적 정의이다.

다음과 같은 학자들의 주장은 이러한 맥락에서 이해되어야 할 것이다. 플라톤은 정의란 각자가 자신의 분수와 처지를 알고 그에 따라서 행하는 것이라고 규정하였으며, 로마시대의 키케로는 전적으로 정의를 태도와 행위에 관련시켜서 정의란 자기 것을 사랑하고 남이 가지고 있는 것도 사랑하는 것이라고 규정하였다. 로마의 법학자 울피안(Ulpian, A.D. 200년경)은 정의란 자신의 것과 다른 사람이 가진 것을 끊임없이 영원히 공정하게 되기를 바라는 것이라고 규정했다.5)

사회정의는 전형적으로 분배적 정의를 의미한다.6) 분배적 정의는 명예·재화 등 시

4) 한스 라이너, 이석호 역, 위의 책, p.321.
5) 앞의 책, p.322.

민들 간에 나누어야 할 것에 대한 분배적 원칙을 논의한 아리스토텔레스의 정의론에서 찾아볼 수 있으며, 이를 사회계약설과 연계하여 더욱 발전적으로 사회정의론을 전개한 롤스(John Rawls)의 주장에서 구체화된다.

롤스의 정의론은 권력과 부, 명예 등에 대한 공정한 배분을 위한 법과 제도의 채택, 그리고 사회적 최소 수혜자에 대한 배려에 대한 원칙을 제시하고자 했다는 점에서 현대 사회의 갈등구조와 경찰의 행동윤리에 많은 교훈을 던져 줄 것으로 예상된다.

제 2 절 고전적 정의관

1. 플라톤

정의는 희랍어로 디카이오순(dikaiosune)이다. 이는 우리가 일반적으로 알고 있는 정의(justice)개념보다는 더 넓은 의미를 지닌 것으로 알려져 있다. 일반적으로 정의는 주로 사회적 수혜와 부담의 분배를 규제하는 윤리적 원리를 지칭하는 것이다. 이러한 개념은 사람들이 공정한 몫이나 적절한 보상을 받는 사람들의 이념을 나타내며, 법 이념과도 밀접한 연관성을 가지고 있다.

그러나 희랍적 정의는 때로는 우리가 말하는 정의의 개념과 유사한 의미를 가지고 있기는 하지만, 그보다는 정의롭게 행위하려는 경향, 즉 다른 사람을 대함에 있어 정의롭게 행위하려는 경향과 같은 훨씬 더 넓은 의미로 사용된다.[7] 왜냐하면, 디카이오순은 탁월한 사회적 덕이기 때문이다. 플라톤은 불의의 전형적인 특징을 신성모독이나 절도, 배반과 배신, 약속위반, 강간, 부모나 신에 대한 의무위반 등으로 예시하였다는 측면에서, 정의는 도덕성과 거의 같은 개념으로 사용된 것으로 보인다.

플라톤은 공화국에서 정의에 대한 설명으로 정의로운 개인과 정의로운 사회의 비교를 통해 이루어진다. 정의에 관해서 대립되는 두 개의 개념은 본성과 관습에 관한 논쟁이다. 관습과 결합된 정의개념은 진리를 말하고 부채를 갚는 것, 또는 모든 사람에게 권리를 부여하는 것, 친구에게는 도움을 주고 적에게는 해를 가하는 것, 또는 선한 것을 이롭게 하는 것 등으로 예시되었다.

6) 존 로울즈, 황경식 역, 사회정의론, 서광사, 1985, pp.32-34.
7) 리처드 노만, 안상현 역, 윤리학 강의, 1995, 문원, pp.29-35.

이에 대해 관습적 정의나 도덕은 그 사회의 지배집단이 다른 사람들을 통제함으로써 자신의 이익을 증진하기 위해 통치자가 제정한 규범으로 이루어져 있다. 한편, 인간 본성적인 정의 개념에 의하면 인간의 이성적이고 본성적인 유일한 행위방식은 자기이익의 추구라고 규정되고, 자신의 이익을 추구하고 다른 사람들의 이익은 돌보지 않는 것이 정의라고 주장했다.8)

플라톤은 本性的(본성적) 정의 개념과 慣習的(관습적) 정의 개념의 대립을 거부하고 양자를 밀접하게 연관된 것으로 파악하였다. 관습적 정의는 단지 본성의 본분에 맞는 가장 유용한 근사치에 그치는 것이 아니라 인간의 본성에 근거하고 있다는 것이다. 만약 우리가 우리 자신의 본성을 이해한다면, 우리는 관습적 정의의 삶이 철저하게 그 본성에 따른다는 것을 알게 된다고 주장하였다.

플라톤은 관습적 정의와 개인적 이익의 대립을 거부한다. 관습적 정의에 따르는 삶은 그 자체로서 가장 행복하고 가치 있는 삶의 형태이다. 정의와 행복의 관계는 단지 수단과 목적의 관계가 아니며, 플라톤에게 정의로운 삶은 그 본성에 있어서 가장 행복한 삶이다. 정의는 인간본성에 근거하기 때문에 정의로운 삶을 살아야 한다는 것은 객관적인 진리에 해당한다. 그는 객관적인 윤리적 진리나 가치가 존재한다고 보았다.

플라톤에 의하면, 사회에 있어서 정의는 세 부류의 주요 사회계급, 즉 통치계급(수호자), 무인계급, 생산자 계급의 조화에 의해 이루어진다. 각 계급이 각기 그들의 고유한 기능을 수행할 때, 즉 수호자들은 통치하고 군대는 적으로부터 사회를 방위하고, 생산자들은 재화의 생산과 교환에 참여하여 그들의 고유한 기능을 수행할 때, 전체 사회는 하나의 조화로운 통일체가 될 것이며, 따라서 완전한 정의로운 사회가 구현된다는 것이다. 특히 사회계급들을 통제하는 통치자는 무엇보다 정의의 덕을 지니고 그 실현을 위한 수단과 방법을 잘 아는 '지혜'를 지닌 사람이라야 한다면 철학자가 최적임이라고 주장하였다.9) 그래서 플라톤은 철인정치를 제창한 것으로 알려져 있다.

다음으로 플라톤은 영혼 삼분설, 즉 세 부분의 영혼은 세 가지 계급에 상응한다고 주장했다. 이것은 이성과 정신, 그리고 욕망이다.10) 정신이란 분노, 의지력, 양심, 수치심 같은 현상들로 자신을 다양하게 표현하는 정서적 능력을 의미하지만, 때때로 용기를 의미하기도 한다. 욕망은 주로 육체적 욕구, 먹고 마시는 욕구, 성적 욕구를 의미하는 것

---

8) Ibid.

9) Ibid., 강재륜, 앞의 책, pp.45-49.

10) 사회계급을 통치자, 군인, 생산자로 나눌 경우에 통치자의 정의의 덕은 지혜, 군인은 용기, 생산자는 절제의 덕에 연결된다.

으로 보이지만, 출세라든지 자존의 욕구, 애정의 욕구와 사회적 욕구도 포함한다. 그러나 여기에서의 욕망은 인간의 본성적 욕구 그 자체를 지칭하기보다는 정의의 관점에서 볼 때 과잉된 욕구추구 행태 그 자체를 의미한다.

플라톤은 사회에 있어서 정의가 계급들 간의 조화에 있듯이, 개인에 있어서의 정의는 인간성의 서로 다른 측면들의 조화로운 관계에 있다고 주장한다. 이성은 정신과 욕망을 통치해야 하며, 정신은 자기통제와 의지력에 의해 이성을 보조해야 하고, 이성과 정신의 결합된 노력을 통해 인간의 기본적인 욕구 충족 이상의 것을 추구하지 않도록 욕망을 규제해야 한다.

그리고 서로 다른 신체의 기관들이 그들의 고유한 기능을 제대로 수행함으로써 전체적으로 하나의 상태를 유지할 때 육체적 건강이 존재하듯이, 자아의 세 부분이 제각기 고유한 기능을 할 때, 정신적 건강을 누리게 된다는 것이다. 그러므로 선이란 인간성의 건강 및 조화이다.

플라톤에게 있어서 정의는 영혼의 건전성을 말하는 것이기도 하다. 따라서 여기에서 말하는 정의는 현대인의 정의 개념과는 차이가 있다. 육체가 병들면 의술에 의해 치료되어야 하는 것처럼 정신의 병은 처벌에 의해 치료되어야 한다. 몸에 가해지는 고통이 영혼의 교정을 가져오며, 이런 의미에서 심신은 상호작용한다고 보았다.[11] '건전한 신체에 건전한 정신'이라는 명구를 만들어낸 플라톤에게는 이런 전제가 있었다. 플라톤에게 있어서는 개인을 확대하면 국가가 되고 국가를 축소하면 개인이 된다. 마찬가지로 개인윤리를 확대하면 국가윤리가 되고, 국가윤리를 축소하면 개인윤리가 된다. 국가는 개인들로 이루어지는 것이며, 국가선은 개인들의 선을 위하여 존재하는 것이기 때문이다.

2. 아리스토텔레스

아리스토텔레스는 정의라는 개념에 두 가지 의미를 부여한다. 그것은 합법성과 공정성이다.[12] 전자를 정의의 보편적 의미라 하고, 후자를 특수적 의미라고도 한다. 보편적 정의는 준법을 말한다. 준법을 보편적 정의라고 한 것은 법의 기능을 다음과 같이 본 것에 연유한다. 즉 법은 국가성원 모두의 행복과 공동이익을 산출하고 보존하며, 용기와 절제 등 유덕한 생활을 장려하고 부도덕한 생활을 금지하는 기능을 가지고 있기 때문

11) Ibid.
12) 강재륜, 앞의 책, pp.67-71.

이다.

특수적 정의는 공정성의 의미를 가진다. 어떤 행위가 공정성을 상실하면 부정의한 행동이 된다. 기업의 경영자가 회사의 이익을 독점하는 것은 부정의에 해당하며, 공직자가 연고나 친분, 사적인 이익 등과 연결하여 특정인에게 혜택을 주는 것도 부정의이다. 공정성을 강조하는 특수적 정의는 분배적 정의를 강조한다는 점을 알 수 있다. 공리주의에서도 최대다수는 분배를 중요시한다는 내용이다. 그러면 아리스토텔레스의 정의론을 구체적으로 살펴보기로 한다.

1) 전체적인 덕목으로서의 정의(일반적 정의: 보편적 정의)

정의는 여러 가지 덕목들을 포함하는 전체적인 덕목으로서 완전한 덕목이며, 남에게 이득을 주는 유일한 덕목이므로 완전한 탁월성의 활용으로서 공익을 지향하는 가장 완전한 덕목이다. 그러나 정의는 타인을 상대로 사용하는 덕이므로 조건 없이 완전한 덕은 아니다.

2) 부분적 덕목으로서의 정의

인간은 타인과의 관계에서 명예, 물질, 안전 등을 더 많이 가지려는 동기의 작용으로 전체적인 덕목으로서보다는 부분적인 덕목으로서의 정의를 추구하게 될 것이다. 여기에서 '그에게 그의 몫'이라는 고전적 정의, 즉 같은 사람에게는 같은 것을, 같지 않은 사람에게는 같지 않은 것을 갖게 하는 사회구조나 제도를 만들어야 한다는 주장이 등장한다. 부분적인 정의는 중용에 해당하고, 공평한 몫을 보장하며, 더 많은 것과 더 적은 것의 중간적인 것을 추구한다. 그러한 정의 유형은 분배적 정의와 교정적 정의로 나누어진다.[13)]

분배적 정의는 명예, 물질, 기타 공동체에 참여하는 사람에게 분배할 수 있는 것들(예컨대 권력)에 대한 정의이며, 이때 분배의 기준은 바로 사람의 가치이다. 이런 가치들은 개인의 능력과 업적에 따라 공정하게 분배되어야 한다. 가령 N 경위와 M 경위의 업적의 비가 1 : 2라면 분배(보상)도 4 : 8이 되어야 한다는 것이다. 아리스토텔레스는 이런 비율을 기하학적 비율이라 한다.

분배적 정의는 너무 많이 얻는 것과 너무 적게 얻는 것의 중용이며, 정의는 중용을 목표로 하며, 부정의는 극단적인 것을 목표로 한다. 아리스토텔레스는 분배의 기준이 되

13) 한스라이너, 이석호 역, 앞의 책, pp.321-325.

는 가치가 민주정(民主政)에서는 자유, 과두정(寡頭政)에서는 부, 귀족정(貴族政)에서는 인격의 탁월성이라고 규정하였다.14)

여기에서 각자의 몫은 각자의 가치에 따라 결정된다는 '그에게 그의 몫'이라는 정의관이 강조된다. 그런데 사람의 가치를 결정하는 기준이 불명확하고 사람의 가치를 계산하여 그 수치에 따라서 사회의 각종 재화나 제도적 수혜를 준다는 것은 불가능하다. 인간의 가치에 따른 분배는 차등적 정의관, 계층적 사회구조의 불가피성을 예고하였다는 측면에서 그 의미를 찾아 볼 수 있다. 아리스토텔레스는 국가의 헌법이 분배의 정의를 실현하기 위한 기준이라고 보았다.

교정적 정의(시정적 정의)는 개인 간의 거래에서 부정의한 결과를 시정 내지 교정하는 것이며, 자발적인 의사에 반해 생기는 이득과 손해의 중간이며, 거래 이전과 거래 이후에 동등한 것을 갖게 하는 것을 의미한다. 이는 과오나 불의는 공정하게 처벌되어야 한다는 것을 의미한다. 즉 범죄행위에서 생겨난 이득을 그 행위자로부터 떼어내고 피해자의 손실을 보상해 줌으로써 형사적 범죄의 행위자와 피해자를 범죄 이전의 상태로 되돌리는 것을 의미한다.

교정적 정의는 손해와 손실을 회복시키거나 범죄행위에 대해 처벌함으로써 불균형과 부정의를 바로잡는다는 측면에서 손해와 이익의 중용이 된다. 여기에서의 거래는 자발적인 거래와 비자발적인 거래(비밀스런 거래: 절도, 사기, 간통 등, 폭력적인 거래: 강도, 상해, 살인, 납치 등)로 나누어진다.15)

교정적 정의에서는 행위자의 가치에 따라서 이득을 주는 기하학적 상관관계가 적용되지 않고 산술적인 상관관계가 적용된다. 직위나 과거의 전력에 대해서는 묻지 않고 큰 과오에 대해서는 큰 벌이 그리고 작은 과오에 대해서는 작은 벌이 주어져야 한다는 것이다. 즉 교정적 정의는 해악적인 행위 유형에만 관심을 가지며, 가해자와 피해자 모두를 동등한 자로서 취급한다.

14) Ibid.
15) Ibid.

제 3 절 기독교적 정의관

1. 신 중심의 세계관

서양의 사상과 문화는 신 중심의 세계와 인간 중심의 세계와의 갈등 속에서 발전해 왔다고 해도 과언이 아니다. 고대 그리스의 철학과 윤리관은 인간중심으로 전개되고 발전하였다. 이러한 인간중심 사상은 중세에는 신 중심의 사상(즉 하나님 중심)으로 바뀌게 된다. 중세의 신 중심 사상은 모든 학문은 물론 인간행동의 지배요인이었다. 물론 인간중심 사상은 중세에 가서도 교회 내부에서 불사조처럼 되살아나서 치열한 신학논쟁을 불러일으키는 불씨가 되기도 했다.

기독교 사상은 창조주로서 신의 존재를 믿는 유신론, 신은 세계를 창조한 후에도 계속 섭리의 손길을 뻗치고 있다고 주장하는 섭리사상, 그리고 내세의 구원을 믿는 내세사상 등이 그 핵심이다. 또한 인간의 시조 아담이 하나님의 명령을 지키지 못하고 사탄의 유혹에 빠져 죄를 범해 자유로운 불멸의 세계에서 쫓겨남으로써 그의 핏줄이라고 할 수 있는 모든 인간들은 원죄의 씨를 이어받아 출생과 동시에 죄악을 범하지 않을 수 없게 되었다는 원죄설은 하나님의 우주 창조와 구원에 대한 주장이라는 점에서 중요하다. 기독교 사상은 그 본래의 뜻을 권위있게 전하는 사도 바울의 사상과 원죄설의 정교화에 공헌한 아우구스티누스의 사상을 살펴볼 필요가 있다.

2. 사랑의 미덕

유대교는 예수가 출현할 때만 하여도 구약성경에서 말하는 율법의 기본 정신을 망각하고 외적 형식에 치우쳐 종교적 내면성과 경건성을 잃고 있었다. 예수는 모세의 계명을 비롯하여 모든 율법을 부정하거나 고치려고 했던 것이 아니라 그 참 뜻을 밝히려 했다. 그 참 뜻은 사랑의 정신이다. 사랑의 정신은 신과 이웃을 모두 포함하는 개념이다. 사랑의 정신으로 10계명을 재해석하여야 한다는 것이 예수의 주장이다. 가령 살인하지 말라는 율법은 사람에 대하여 노하는 마음도 가져서는 안 된다는 뜻으로 해석하여야 하고, 간음하지 말라는 가르침은 여자를 보고 음란한 마음을 품어서도 안 된다는 뜻으로 알아야 한다는 것이다. 눈은 눈으로, 이는 이로 갚으라는 가르침은 누구든지 네 오른 뺨

을 치거든 왼 빰도 돌려대라는 뜻으로 받아들여야 한다.[16]

10계명에 대한 예수의 재해석은 분명히 새로운 의미를 담고 있다. 그것은 복수나 응보로 정의를 구현하여야 한다는 유대교와는 달리 자애와 은혜로 용서하는 사랑을 설교하는 차이이다. 유대교가 말하는 신은 사람의 죄를 징벌하는 무서운 신이며, 예수가 말하는 신은 사죄하고 감싸주는 사랑의 신이다.

예수는 신의 뜻이 인류에 대한 단죄가 아니라 구원에 있으며, 신은 유태인만을 사랑하는 것이 아니라 전 인류를 사랑하며, 더 나아가 인류를 이웃에 대한 사랑으로 융화시키는 데 있다고 생각했다. 이것은 당시 유행했던 코스모폴리타니즘(cosmopolitanism: 세계주의)과 일치한다. 예수는 현세에 있어서 불의와 싸워 이를 보복하여야 한다는 유대교의 현세주의보다 자기희생, 가난, 핍박, 애통을 내세에 있어서는 반드시 위안 받는다는 내세주의를 강조했다. 현세에 대한 체념이라는 점에서도 기독교는 스토아주의를 비롯한 당시의 다른 사상과 일맥상통한다.

스토아주의는 ① 자연에 순응하는 자연의 법칙 따르기, ② 감정적인 우열을 걷어내고 이성과 논리를 바탕으로 세상을 바라보는 무아와 냉정함, ③ 굳건한 정신력과 올바른 판단 및 행동을 중시하는 내면의 평온추구, ④ 진리와 지혜를 쌓기 위해 물질적 욕망을 제어하고 내면성장에 집중하는 진리에 근거한 무소유, ⑤ 외부상황에 영향을 받지 않고 올바른 판단을 내릴 수 있는 의지를 가져야 한다는 올바른 의지와 판단력을 가질 것을 주의 주장으로 내세웠다. 예수의 사랑의 정의는 다음과 같은 언명에서 더욱 분명해진다.

> "마음이 가난한 사람들은 행복하다. 하늘나라가 그들의 것이다. 슬퍼하는 사람들은 행복하다. 그들이 위로를 받을 것이다. 온유한 사람들은 행복하다. 그들이 땅을 차지할 것이다. 올바르게 살려는 사람들은 행복하다. 그들이 만족할 것이다."[17]

예수의 가르침은 쉽고, 사람들의 내면을 파고드는 심정주의와 내세에 대한 희망을 주는 복음들로 인해 억압받는 사람들의 마음을 사로잡았다. 예수 출현 이전의 세계는 죄가 지배했던 세계요, 예수 출현 이후의 세계는 사죄가 가능한 세계이다. 그 이전의 율법은 선악판단의 기준이며, 우리에게 죄의식을 일깨워준다는 의미에서 죄의 인식인데 반하여, 예수는 그 육신을 십자가에 못박아 인류를 대신하여 속죄함으로써 사죄의 길을

16) 강재륜, 앞의 책, pp.86-92.

17) 마태복음, 5장1절에서 6절.

열었다. 예수의 십자가는 인간의 육신에 못을 박고 성령을 받아들여 스스로 영적 존재로 되는 자기갱신의 상징적 의미를 일깨운다. 예수는 은총과 사랑의 화신이다.

기독교의 종교로서의 위치를 확고하게 한 바울은 무엇보다 기독교의 덕목은 사랑이라고 주장한다. 그는 기독교인으로서 영원히 지녀야 할 덕으로 믿음과 소망과 사랑을 말하면서 그 중에서도 사랑이 가장 위대하다고 하였다. 그는 사랑에 대하여 다음과 같이 말한다.

> "사랑은 오래 참습니다. 사랑은 친절합니다. 사랑은 결코 시기하지 않습니다. 사랑은 자랑하지 않습니다. 사랑은 교만하지 않습니다. 사랑은 무례히 행동하지 않습니다. 사랑은 자신만 생각하지 않습니다. 사랑은 성내지 않습니다. 사랑은 나쁜 마음을 먹지 않습니다. 사랑은 불의를 기뻐하지 않습니다. 사랑은 진실만을 보고 기뻐합니다. 사랑은 모든 것을 덮어줍니다. 사랑은 모든 것을 믿습니다. 사랑은 모든 것을 견딥니다."[18)]

바울의 영육이원론은 우리에게 시사하는 바가 크다. 그에 의하면, 육체는 음행, 호색, 우상숭배, 술수, 원수 맺기, 분쟁, 시기, 분노와 당파, 분열과 질투, 술주정과 열락의 주체가 되지만, 영혼은 사랑과 기쁨, 인내와 친절, 선함과 진실, 온유와 절제의 주체가 된다는 것이다. 이러한 이원적 구조로 인해 인간은 죄를 지을 수밖에 없고, 아담은 인간이기 때문에 그가 지은 죄는 원죄(original sin)이다.[19)]

원죄에 대한 사죄는 믿음과 신의 은총으로 되는 것이지 업적으로 되는 것도 아니고 인간의 권리도 아니다. 아브라함이 구원을 받았다면, 그것은 그가 율법을 잘 지키고 선한 일을 많이 했기 때문이 아니다. 구원은 인간이 영적으로 죄악의 굴레에서 벗어나야 비로소 얻을 수 있는 것이다.

사죄는 업적을 자랑하는 오만한 자에게 주어지는 것이 아니라 오직 예수만이 그를 구원해 줄 수 있다고 믿는 자에게 주어지는 것이다. 죄악의 굴레에서 벗어나기 위해 인간이 예수처럼 십자가를 매어야 하는 것은 아니다. 예수가 인류를 위해 대속한 뒤에는 예수에 대한 믿음만으로 족한 것이다. 그런 의미에서 믿음에 의한 구원은 은총이다.

정의는 육신을 가진 인간의 것이 아니라 신의 것이며, 인간은 신과 같은 영적 존재로 될 수 없는 한, 의로움을 얻을 수 없다. 따라서 인간은 업적을 내세울 수 없듯이, 정의를 주장해서는 안 되며, 옳고 그름을 심판해서도 안 된다. 정의인지 불의인지는 신이 심판

18) 고린도 전서, 13장13절.
19) 강재륜, 앞의 책.

할 문제이다. 이처럼 기독교에 있어서 정의는 신의 문제이며, 사람이 관여할 사항은 아니라는 것이다. 역사소설 쿠오바디스가 묘사하는 것처럼 기독교인들은 로마시의 원형극장에서 굶주린 사자들에 희생당하면서도 하늘을 우러러 찬송가를 부르며 신을 예찬했다. 이 광경을 바라본 탄압자들은 공포에 떨며 그 자리를 도망치듯 했다. 육신을 굶주린 사자 앞에 희생으로 내놓으면서 영의 지배를 받아들인 인간의 모습이 어떤 것인지를 보여준 그 처절한 광경은 기독교의 세계화와 함께 길이 기억될 것이다.

3. 개인주의적 만민평등사상

하나님은 모든 인간을 자기 모습대로 창조하였다. 따라서 하나님의 세계에서는 하나님의 아들과 형제라는 말이 사람들 사이에 성립하게 된다. 모든 인간은 하나님으로 인하여 하나가 되는데 이것은 전능한 신 앞에서의 평등이다. 이것이 세속화되어 법 앞의 평등으로 연결된다. 즉 하나님의 율법 아래서의 만인의 평등은 사회법 아래서의 만인의 평등을 정당화한다.

기독교적 정의관은 '눈에는 눈', '이에는 이'라는 구약의 가치에서 '만인에 대한 사랑'이라는 신약적 가치로 발전하면서 극히 개인주의적 평등사상이 정의관으로 자리잡게 되었다. 이러한 평등은 인간의 원죄를 용서한 하나님의 뜻에 순종하고 타인에 대한 무한한 사랑에 의해 가능해진다.

우리는 기독교의 정의관에 관하여 아우구스티누스(Augustinus)의 사상을 살펴볼 필요가 있다. 그는 신플라톤주의, 즉 플로티노스(Plotinos)의 학통을 이어받은 그리스 최후의 철학유파의 영향을 받았다. 신플라톤주의는 인간의 이성에 대한 강한 믿음을 갖고 있었다. 우리가 제대로 알면 올바른 행동을 할 수 있다는 것이다. 하지만 아우구스티누스는 자신을 비롯하여 많은 사람들의 경우 그들이 옳다고 생각하는 방식으로 사는 것이 쉽지 않음을 느꼈다. 신플라톤주의의 신비주의와 아리스토텔레스 주해는 동서의 중세철학 및 근대 초기의 철학에 많은 자극을 주었다.

신플라톤주의의 견해에 따라서 아우구스티누스 역시 인간의 영혼과 육체를 차등적으로 바라보고자 했다. "영혼은 인간에 존재하는 신적인 것이고, 육체는 죄악의 뿌리이므로 우리는 가능한 한 스스로를 육체로부터 해방시키고 내적 존재인 영혼에 집중함으로써 우주 내 존재의 영적 원천인 신에 다가서야 한다는 것이다." "신은 존재를 초월하며 사고를 초월한 절대적 일자(一者: 절대자)로서 최고로 완전한 선이다. 이러한 선에 어울리는 생활은 순수한 자기사고이다. 만물의 본원인 절대자, 즉 신으로부터 모든 실재가 계층적으로 유출하여 보다 낮은 계층은 그 상위의 것을 모방하며, 보다 복잡하고 불완전하다. 또 만물은 관조에 의해 절대자에 계층적으로 되돌아가려고 애쓴다. 이 상하 두 방향에의 운동이 실재를 구성한다. 인간도 이 운동에 의해 감각적인 것을 벗어나 절대자로 향하며, 이것과의 직접적인 합일, 즉 아(我)의 경지에 도달하기를 희구해야 한다." 이러한 신 플라톤주의의 주장처럼 악이라는 것은 마니교(Manichaeism)에서 말하는 바와 같은 적극적 실체가 있는 것이 아니라고 주장한다.

마니교는 힘들고 고통스러우며 악한 이 세상에서 구원받는 길은 오직 지혜 또는 영혼을 통해서 가능하다는 교리를 내세웠다. 기본적으로 인간의 영혼은 타락해서 악의 물질과 섞여 있지만, 영혼 또는 지혜가 이를 해방시킨다는 것이다. 이 과정은 신화를 통해서 설명된다. 신화는 3단계로 나누어진다. 제1단계는 근본적으로 대립하는 두 실체, 즉 영혼과 물질, 선과 악, 빛과 어둠이 분리되는 과거의 시기, 제2단계는 두 실체가 혼합되는 현재, 제3단계는 원래의 이원적인 실체가 재설정되는 미래, 이처럼 마니교는 선한 신과 악한 신이 양립하며, 이 세상을 지배하는 실체가 있다고 보았다.

한 때 마니교에 심취했던 아우구스티누스는 악이라는 것의 실체의 결핍, 즉 선의 결핍이라고 주장함으로써 마니교와는 견해를 달리 했다. 따라서 악은 신에 의해 창조될 수 없고, 그것은 선의 결핍 또는 실체의 결핍이라는 주장을 고수했다.

> "그러므로 존재하는 것은 모두 선하고 내가 그 근원을 찾던 악은 실체가 아닙니다. 만약 악이 실체라면 악이란 선한 것이 될 것입니다. 그리하여 나는 당신이 모든 것을 선하게 창조하셨다는 것과, 당신이 창조하지 않은 실체는 없다는 것을 알았습니다."[20]

창조설은 본질적 악의 거부, 즉 하나님에 의해 창조된 어떤 것도 본질적으로 악하지 않다는 것이다. 창조된 처음의 피조 세계 안에는 악한 것이 없었고, 모두 선한 것들뿐이었다. 원죄설은 최초의 인간이자 모든 인류의 조상이기도 한 아담이 죄를 범했기 때문에 그의 씨앗을 물려받은 모든 인간은 타고날 때부터 원초적으로 죄인이라는 것이다. 그렇기 때문에 어떤 사람이 도덕적으로 깨끗하고 윤리적으로 흠이 없다고 해서 죄가 없다는 것도 아니라는 것이다. 여기에는 그 누구도 예외가 없으며 인간은 그가 인간으로 태어났다는 사실 자체만으로도 이미 죄인이 된 것이다.

20) 고백록 Ⅶ, 12.

따라서 신의 창조를 주장하기 위해서는 만물이 신에 의해 창조되었음을 인정하여야 하고 신의 창조의지가 선이었음을 강조하기 위해서는 세계에서 악이 배제되어야 한다. 이런 두 조건을 만족시키기 위해서 선이 실체인데 비하여 악이라는 것은 실체가 아니라 실체의 결핍이라고 규정한 것이다. 다시 말해, 악이란 존재가 아니라 비존재인 것으로서 있어야 할 것이 없는 것이 악이다. 선과 악은 그림 속의 빛과 그림자와 같은 것이다. 빛과 그림자는 그림의 미에 기여한다. 악은 선이 아니지만 그것이 소극적으로라도 있다는 것은 좋은 일이다. 선은 악 없이 있을 수 있으나 악은 선 없이 있을 수 없다. 악은 비존재이며 결핍이기 때문이다. 따라서 악은 신에게로 돌려져서는 안 된다. 그래서 "존재는 곧 선이다"라고 떳떳하게 말할 수 있게 되었다. 그러면 결핍이라는 것은 무엇을 말하는 것인가?

> "하나님은 만물 중에서 덕스럽고 정의로운 본성을 가진 것들뿐 아니라 죄를 범할 본성을 가진 것들도 만드셨습니다. 그러나 하나님께서 죄를 범하도록 만드신 것이 아니고 죄를 범할 수도 있고 범하지 않을 수도 있는 의지를 주시어 자기가 만든 우주를 아름답게 꾸며 가도록 하였습니다. 모든 피조물은 하나님께로부터 본성을 지닌 존재로 창조되었으므로 자기를 만드신 하나님의 뜻에서 멀어질 때에는 결핍된 존재가 됩니다."21)

피조물들에게 주어진 본성이 창조주의 뜻을 어기거나 그 뜻에서 멀어질 때 결핍이 된다. 따라서 그 책임은 신에게 돌려서는 안 된다. 악은 창조주의 뜻에 있는 것이 아니라 피조물의 타락에 있는 것이다. 인간이 본성으로부터 이탈하여 비 존재로 향하는 것은 우주를 아름답게 꾸미려는 신의 뜻을 어기고 질서를 문란케 하게 된다.

그러면 피조물은 피조물이기 때문에 필연적으로 악일 수밖에 없다. 그러나 그것으로는 인간의 죄악에 대한 설명이 완전해지지 않는다. 인간은 자유의지에 의해서 창조주의 뜻을 어기거나 그 뜻을 멀리 할 수 있기 때문이다. 창조주의 뜻을 멀리 하면 사람은 교만해지며, 교만으로 하여 자유의지는 악용되기 마련이다. 인간은 기능적으로는 죄를 범할 수도 있고 범하지 않을 수도 있는 자유의지를 가지고 있다. 그러나 아담이 신에 불복한 이래 그 후예인 인간들에게는 죄를 범하는 자유밖에 허락되지 않는다. 죄의 굴레에 들어가기는 자유로우나 거기에서 빠져 나오기는 자유롭지 않다. 원죄라 하여 처음부터 죄가 신에 의해 인간에게 강요된 것은 아니다. 만약 강요된 것이라면, 그것은 죄가 될

21) Augustinus, On Free Will, 박일미 역, 어거스틴의 자유의지론(풍만출판사, 1985), pp.151-152.

수 없다. 다시 말해, 원죄로 말미암아 인간의 의지는 저주받은 자유밖에 가질 수 없게 되며, 자유의지로 인하여 인간은 죄를 범하게 되는 것이다. 자유는 신의 은총이지만, 은총은 자유롭게 주어지지는 않는다.

아우구스티누스의 정의관은 국가와 관련되어 전개된다. 그에 의하면, 국가는 정의를 지녀야 하며, 정의가 없는 국가는 강도단과 다름이 없다.

> "만일 제국에 정의가 없다면 강도단이 아니고 무엇일까? 강도단도 또한 작은 왕국과 다를 것이 무엇인가? 거기에도 한 지도자의 명령 아래에 있는 인간의 무리가 있어 공동 조직을 위한 협약으로 서로 결합되고 확고한 합의에 따라 노획물을 나누고 있다. 악당들이 늘어감에 따라 이 악한 조직체가 크게 자라나서 영토를 소유하고 정착생활의 터를 잡아 도시로 승격하고 백성이 순복하면 두말 할 것 없이 왕국이라는 명칭을 얻게 될 것이다."[22]

이어서 아우구스티누스는 알렉산드로스 대왕이 어떤 해적을 잡아 강도행위를 질책하니, 강도는 "나는 하나의 작은 배를 타기 때문에 강도라고 불리며, 당신은 함대를 끌고 다니기 때문에 황제라고 불리는 차이 밖에 없다"라고 항의한 이야기를 싣고 있다. 정의 없는 정복사업은 강도행위와 다르지 않으며, 정의 없는 국가는 강도 집단과 다르지 않다는 것이다.[23]

위의 인용에서 말하는 정의는 아리스토텔레스가 말하는 분배의 정의가 아님을 알 수 있다. 그가 말하는 정의는 기독교적 정의이다. 그 정의는 신을 경배함에 있다. 정의로운 국가의 성원들은 신을 경배하고 사랑함으로 인하여 서로 사랑하게 된다. 그렇다면 이교도 국가는 참된 정의를 실현할 수 없다는 이야기가 될 것이다.[24]

아우구스티누스는 『神國論(신국론)』에서 신의 나라와 지상의 나라를 대립시키고 있다. 그는 이 두 나라에 대하여 체계적으로 서술하지 않고 있기 때문에 그것이 무엇을 지칭하는지 분명하지 않다. 그 대립은 기독교 국가와 이교 국가 또는 교회와 세속국가의 대립을 말하는 것 같다. 지상의 나라의 주민들은 자기의 업적에 교만하여 스스로 신이 된 것처럼 여기는 경향이 있다. 이처럼 사람들이 교만하기 때문에 자기 자신에 대하여 우쭐대고 전쟁과 정치음모, 그리고 사회적 부정의를 일삼는다. 지상의 나라에 있어서 즐

22) Augustinus, *De Civitas Dei*, 4, 4.
23) 강재륜, 앞의 책, p.102.
24) 위의 책, p.103.

거움이란 성욕, 물욕 그리고 지배욕의 충족이며, 그런 쾌락을 추구하는 사람들은 신에게서 멀어져 가는 것이다. 반면, 신의 나라의 주민들은 그들이 신이 아니라 인간이라는 자각으로 겸손을 미덕으로 한다. 사랑과 평화, 무엇보다 신에 대한 사랑으로 충만된 점에서 신의 나라는 지상의 나라와 대조적이다. 신의 나라에서는 영원한 삶이 최고선이며, 영원한 죽음이 최고악이다. 평화로운 신의 나라에서는 영생 이외의 다른 축복이 있을 수 없기 때문이다.

지상의 나라의 주민들은 서로 다투며, 남을 지배하려고 하며, 심지어 신의 나라의 주민들에게까지 그 여파가 미친다. 지상의 나라의 부당한 간섭으로 두 나라 사이에 갈등이 일어나게 된다. 이 갈등은 기독교 세계에 대한 야만족의 침입으로도 해석되고 교회와 세속국가 간의 관계를 말하는 것으로 해석된다. 이런 문맥에서 보면 신의 나라는 초현실적 천상의 나라가 아니라 현실적 교회를 지칭하는 것 같다. 만약 이를 교회로 본다면 『신국론』은 세속국가에 대한 교회의 우위를 말하는 것이 된다.

초기 기독교 사상가들은 세계의 종말이 곧 다가온다는 이른바 종말론에 사로잡혀 세속적 문제들에 별 관심을 보이지 않았다. 그러나 4세기 말에 이르러서는 이런 종말론이 거의 자취를 감추기 시작했다. 그러다가 5세기에 들어와서 야만족의 침입으로 기독교 국가가가 크게 흔들리게 되고, 476년에는 서로마제국이 멸망하게 된다. 이런 상황에서 교회측이 세속적 정치질서에 대해 제출한 최초의 평가라는 점에서도 『신국론』은 관심을 끄는 저술이다.

제4절 롤스의 공정으로서의 정의관

1. 롤스의 정의론과 의무론적 윤리관

롤스의 정의론은 공리주의에 대해 비판하는 일로부터 시작되며, 이는 곧 목적론적 윤리체계에 대한 비판이며, 의무론적 윤리설을 지지하는 것을 의미한다. 의무론은 의무나 옳음의 내용이 우선시되는 가치이며, 옳음에 위반되는 선은 무가치한 것으로 규정한다.

사회는 행위체계를 선택함에 있어서 옳음이라는 가치에 따라서 움직여야 하고, 옳음에 따라서 행동할 법칙을 마련하는 것이 가장 중요하다.[25] 따라서 의무론적 윤리설은 옳음의 가치에 따른 행동법칙이 무엇이냐에 대한 답을 제시하여야 한다. 롤스는 이러한 법칙으로 공정으로서의 정의의 원칙을 제시한다.

2. 이론적 배경과 전제

1) 정의의 여건

롤스에 의하면, 가능한 모든 사회가 정의의 원칙을 요구하는 것은 아니며, 그것이 요구되는 일정한 사회 여건이 전제된다고 한다. 롤스는 이를 정의의 여건이라고 부른다.

롤스는 정의의 여건, 즉 정의의 원칙을 필요로 하는 사회 여건을 주관적 여건과 객관적 여건으로 구분한다.[26] 객관적 여건은 자원의 적절한 부족상태를 말하고, 주관적 여건은 인간의 이기심과 상이한 목적체계를 의미한다. 여기에서 적절한 부족상태란 사회구성원들이 필요로 하는 천연자원이나 기타 자원이 필요 이상으로 풍족하거나 협동체제가 형성되기 어려울 정도로 여건이 궁핍한 상태도 아닌 상태를 의미한다. 협동체가 없어도 자원의 자급자족이 가능하고 협동체가 관리할만한 수준의 자원도 없을 경우에 합의에 의한 협동체를 구성하기는 어렵다.

한편, 주관적 여건이란 첫째, 협동의 주체들로서 자기 욕망 소유자들로 구성된 사회적 여건을 의미한다. 정의는 인간이 완전히 이타적인 존재도 아니고, 순수히 이기적인 존재도 아닌 여건에서 문제가 되고 의미를 갖는다. 만약, 인간이 완전히 이기적인 존재라면, 우리는 영원히 홉스적인 만인에 의한 만인의 투쟁 상태에 머무를 수밖에 없고, 그 반대로 인간이 완전히 이타적이라면 정의에 관한 문제는 발생하지 않을 것이다. 따라서 정의의 문제는 제한된 이기심을 가지고 있는 여건을 필요로 한다.

두 번째 주관적 요건은 사회구성원들이 서로 상이한 목적체계를 갖는 상태를 의미하는데, 이는 구성원 각자가 실현할만한 가치가 있다고 생각하는 특이한 인생 계획과 가치관을 갖는다는 것을 의미한다. 이와 같이 각각 상이한 목적체계를 갖는 개인과 집단이 상호 충돌하는 가치관을 둘러싸고 이해의 갈등이 발생할 때 정당한 이해관계를 판정하고 보호해 줄 수 있는 제약체계로서 정의의 원칙을 필요로 한다.

그러나 주의할 것은 사회구성원들이 상이한 인생계획과 가치관을 갖고 있으면서도 상호 보완적인 욕구를 가짐으로써 그들 간에 서로에게 유익한 상호협동이 가능해야 한

25) 존 롤즈, 황경식 역, 사회정의론, 서광사, 1985, pp.46-52.
26) 위의 책, pp.145-148.

다. 이러한 상황 아래에서 개인은 자신의 가치관을 실현하는데 집중하며, 다른 사람에 대해서는 무관심한 상태에 있게 된다. 이러한 정의의 여건은 인간사회의 일반적인 특징이다.

2) 원초적 입장

롤스에 의하면, 정의의 여건 하에 있는 사람들은 그들 자신이 속하게 될 사회를 규제해 주는 정의의 원칙을 여러 가지 대안 중에서 선택하게 된다. 여기에서 참여자들이 갖추어야 할 자격요건이 있는데 이것이 바로 원초적 입장이라고 한다.

원초적 입장, 즉 계약당사자들의 자격요건을 충족시키는 관점에는 두 가지 조건이 있다. 하나는 ① 당사자들의 인지 상의 조건으로서 무지의 베일이라는 조건이고, 다른 하나는 ② 동기 상의 조건으로서 상호 무관심적 합리성이라는 조건이다.[27]

(1) 무지의 베일

무지의 베일, 즉 무지의 장막이라는 조건은 계약에 참여하는 사람들이 지니고 있어야 할 지식에 관련된 조건으로서 원초적 입장의 당사자들이 자신과 소속된 사회의 특수한 사정에 무지하여야 한다는 조건이다. 원초적 입장은 정의의 원칙에 합의하기까지 공정한 절차를 보장하는 순수 절차적 정의라는 측면에서 접근해야 한다. 그러므로 원초적 입장은 실질적 상황이 아니라 가상적(假想的) 상황이다. 원초적 입장은 순수 절차적 정의를 실현하기 위한 하나의 과정이다. 가상적 상황으로서 원초적 입장의 본질적 특성은 누구도 자신의 사회적 지위나 계층상의 위치를 모르며, 자기가 어떠한 소질이나 능력, 지능, 체력 등을 천부적으로 타고 났는지를 모른다. 당사자들은 자신의 가치관이나 심리적인 성향은 물론이고 미래의 희망이나 자신의 위치에 대한 기대까지도 모른다.

그들은 어느 특정계층이나 지역의 편도 아닌 도덕적 탁월성 속에서 공정으로서의 정의관에 따라 행동한다. 그들은 사회가 정의의 여건 하에 있다는 사실만을 알 뿐이다. 아울러 그들은 정치, 경제, 사회, 문화, 그리고 사회심리 등에 관한 일반적 지식에 대해서는 전문적인 지식을 소유하고 있는 것으로 가정된다. 그러한 일반적 지식에 대해서는 별다른 제한이 없다. 그래서 정의의 원칙들은 무지(無知)의 장막(veil of ignorance) 속에서 선택된다.[28]

27) 위의 책, pp.155-161.

28) 원초적 입장은 개인의 선호, 편견, 이기심이 완전히 배제된 상태, 즉 도덕적 탁월성을 의미하며, 무지의 장막은 원초적 입장에 도달한 사람의 상태를 의미한다.

(2) 상호 무관심적 합리성

원초적 입장에 참여하는 당사자들은 일반적 의미에서 합리적이며, 나아가서 이타적인 존재가 아니라는 사실이다. 일반적으로 그들은 그들에게 주어진 선택 대안에 대하여 일관된 선호체계를 유지하며, 그 대안들이 자신의 목적을 증진시켜주는 정도에 따라 등급을 매겨 자신의 욕구를 더욱 만족시켜줄 가능성이 큰 것을 선택하게 된다. 이것은 일반적인 합리성에 대한 논리이다.

롤스는 이러한 일반적인 합리성에 특수한 가정을 추가한다. 즉 인간이란 다른 사람에 대해서 시기심도 없고, 또한 동정심도 없다는 것으로 가정한다. 그는 이것을 상호 무관심적 합리성이라 한다.[29] 무지의 베일과 상호 무관심적 합리성은 서로 상쇄효과를 갖게 된다. 즉 당사자들은 서로에게 무관심하고 자신의 이익을 추구하는 합리적인 자들이기는 하나 자신의 신원이 무지의 베일에 의해 확인되지 않음으로써 공정성이 확보될 뿐만 아니라 결국 원초적 입장에 있는 자들은 타인의 이익까지도 고려하는 결과에 이르게 된다.

3) 절차적 정의

롤스는 사회정의의 문제를 순수 절차적 정의로 이해하고, 이를 완전한 절차적 정의와 불완전한 절차적 정의로 대비시킨다. 완전한 절차적 정의는 정의로운 결과를 평가할 독립적인 기준이 있고, 그러한 정의로운 결과에 도달할 절차도 있을 경우에 성립한다. 불완전한 절차적 정의는 정의에 대한 독립적인 평가기준은 있으나 그러한 결과에 이를 절차가 없을 경우를 말한다. 이에 반해 순수 절차적 정의란 정의에 대한 독립적인 기준은 없으나 공정한 절차나 규칙이 있어 그에 따르기만 하면 그 결과가 저절로 정의롭게 되는 경우를 말한다.[30]

롤스에 따르면, 자유경제체제에 가장 적합한 정의모형은 순수 절차적 정의모형이라고 하면서 그가 제시하고 있는 원초적 입장이 순수 절차적 정의를 보여준다고 주장한다. 정의에 대한 평가기준을 찾기 어려운 상황에서 정의로운 결과를 가지고 올 공정한 절차나 규칙을 찾아 그에 따라서 행동한 결과는 모두 정의롭다는 주장이다. 예컨대, 형사재판의 경우에 재판과정에서 공정한 절차나 규칙을 준수했을 때 그 결과는 정의로운 것이다. 그 결과에 있어서 죄 없는 자가 처벌받고 죄 있는 자가 무죄가 되는 사실이 확

29) 위의 책, pp.145-148.
30) 위의 책, pp.103-109.

인되지 않는 한, 공정한 절차와 규칙에 따른 재판은 정의로운 것이다. 경찰관의 강제수사는 공정한 절차와 규칙에 따른 결과이면 정의로운 수사라는 평가를 받는다. 강제수사의 결과 피의자의 인권침해가 초래되었다면, 이는 절차와 규칙을 지키지 않은 결과이거나 절차와 규칙 그 자체에 문제가 있기 때문이라는 결론이 가능하다.

3. 정의의 두 원칙

롤스는 자원이 적절하게 부족하고 서로 다른 목적체계를 가지고 있는 사람들이 무지의 베일과 상호 무관심적 합리성이 보장되는 원초적 입장에서 순수절차적 정의에 따라서 합의를 하게 되면, 정의의 두 원칙에 도달하게 된다고 주장한다.

1) 내용

정의의 두 원칙은 첫째, 평등한 자유의 극대화에 합의하는 것이며, 둘째, 최소 수혜자에게 최대한의 이익을 제공하는 원칙 아래 모든 사람들의 처지를 개선해 준다는 조건부 차등을 허용하는데 합의할 것이라는 점이다.[31)]

2) 제1원칙: 평등한 자유의 원칙

① 정의의 제1원칙은 평등한 자유의 원칙으로서 모든 사람은 다른 사람의 유사한 자유와 상충되지 않는 한도 내에서 평등한 기본적 자유에 대한 동등한 권리를 갖는다. 즉 개개인은 기본적 자유를 최대한 누릴 평등한 권리를 가지며, 타인 또한 동일한 자유를 누린다는 것이다. 여기에서 말하는 기본적 자유는 투표권 및 피선거권을 포함한 정치적 자유, 언론과 집회의 자유, 양심과 사상의 자유, 신체의 자유와 재산소유의 자유, 체포 및 구금을 당하지 않을 자유 등으로 민주주의의 기본권을 말한다.

② 평등한 자유의 원칙은 다수가 누릴 보다 큰 이득을 확보하기 위해 소수에게 희생을 강요해도 좋다는 식의 공리주의의 논리를 거부하고 기본권의 평등한 보장을 강조하였다.

3) 제2원칙: 불평등의 분배원칙

정의의 제2원칙은 기회균등과 차등의 원칙으로서 사회적 · 경제적으로 인정될 수 있

31) 위의 책, pp.81-86.

는 정당한 불평등은 다음과 같은 조건을 만족시켜야 한다.

그 하나는 1. 기회균등의 원칙으로서 불평등의 모체가 되는 직위와 직무에 대해 접근의 기회는 모든 사람들에게 균등하게 개방되어야 한다는 기회의 공평을 중시한다.

2. 다른 하나는 차등의 정당화 원칙으로서 불평등한 분배가 최소 수혜자집단에게 최대한의 이익, 더 많은 이익이 제공되어야 한다는 결과의 공평성을 중시한다.[32] 즉 불평등한 분배가 정당화되려면 다른 하나는 불평등이 최소 수혜자에게 최대한의 이익이 되어야 한다는 것으로 차등의 정당화 원칙이다.

롤스의 정의의 제1원칙은 인간의 기본적 자유에 대하여 모든 국민이 동등한 권리를 누려야 한다는 것을 규정하고 있다. 한편, 제2원칙은 사회적 및 경제적 가치의 분배에 관한 원리로서 정당한 불평등의 기준을 제시하기 위한 원칙이다.

롤스는 정의로운 사회가 이루어지기 위해서는 정의의 원칙 사이에 사전적(辭典的) 우선순위(lexical order)를 적용한다. 평등한 자유의 원칙을 밝힌 제1원칙이 차등의 원칙을 밝힌 제2원칙에 우선하며, 이러한 우선성의 원칙이 위배(자유와 권리가 제한되는 조건으로 사회적 · 경제적 이익과 교환되는 상황)되면 정의로운 사회가 아니라고 본다.

롤스는 이를 자유우선성의 원칙이라고 하면서 자유가 제한되는 경우는 오직 더 큰 자유를 위해서만 허용된다고 주장한다. 즉 모든 사람이 공유하는 자유의 체계를 강화하기 위해서라면 어떠한 자유에 제한을 가하여도 무방하며, 또한 자유의 불평등으로 인해 자유를 적게 갖게 되는 자들이 그 불평등을 자발적으로 받아들이게 되는 경우에 자유의 제한이 가능하다.

한편, 정의의 제2원칙은 정당한 불평등의 기준의 문제, 즉 불평등이 정당화되는 조건은 무엇인가의 문제이다. 롤스에 의하면, 첫째로 그 불평등한 분배에서 좀 더 큰 몫을 차지할 수 있는 지위나 직무는 기회균등의 원칙에 의하여 모든 사람에게 개방되어야 하고, 둘째로는 그 불평등이 가장 불리한 위치에 놓인 사람들, 즉 최소 수혜자들에게 최대의 이익이 제공되는 조건을 말한다.

롤스의 사전적 우선순위(순차적)는 제2원칙 사이에도 적용된다. 즉 제2원칙의 기회균등 원칙은 차등의 원칙(정당한 불평등)에 우선한다. 나아가서 이러한 제2원칙은 효율성이나 공리의 원칙보다 우선적으로 적용되어야 한다. 다시 말해, 제2원칙은 업적의 극대화와 같은 결과보다 우선시 되어야 한다.

결국 롤스의 사전적 우선순위의 원칙은 제1원칙이 제2원칙에 우선함으로써 제1원칙

32) 위의 책.

이 요구하는 평등한 자유의 제도로부터의 이탈이 좀더 큰 사회적·경제적 이득에 의하여 정당화되거나 보상될 수 없으며, 사회적·경제적으로 정당한 불평등은 기회균등이 보장된 전제하에서 그것이 사회적 최소 수혜자에게 최대의 이익이 될 때 인정될 수 있다는 주장이다.

4. 제1원칙의 우선성과 차등원칙의 윤리성

롤스는 진정한 사회정의를 실현하기 위해서는 제1원칙이 제2원칙보다 우선시 되어야 한다는 점을 분명히 한다. 그 이유는 민주법치 국가에서 개인의 평등한 자유를 보장하지 않는 한, 아무리 사회적·경제적 이득이 크다 해도 정당화될 수 없다는 점이다. 민주법치국가에서 개인에게 평등한 자유가 보장된다고 가정할 때, 제2원칙의 제1항은 제도나 사회 기본구조에 적용되도록 조정된 효율성 원칙을 의미하며, 제2항은 재능있는 자는 출세할 수 있다는 개방된 사회체제로 이해된다. 여기에서 효율성 원칙은 파레토 최적의 원리를 의미한다.

재능있는 자의 출세와 우선권을 인정하는 차등의 원칙에서는 천부적 재능을 가진 자들의 이익은 사회의 열악한 위치에 있는 사람들의 이익을 증진시켜야 한다는 점을 강조함으로써 지위나 신분이 높은 사람들은 그만큼 의무를 지게 된다. 차등의 원칙에 따르면, 보다 나은 처지에 있는 사람이 사회적 약자의 복지를 향상시킬 경우에 그들의 높은 사회적 이익을 보장받게 된다.

차등의 원칙이 제도화된 사회는 대체로 정의로운 체제로서 열악한 처지에 있는 자들의 복지를 보다 향상되도록 공헌하게 된다는 점에서 윤리적인 측면이 강하게 부각된다. 결론적으로, 제1원칙이 지켜지면서 제2원칙이 준수될 경우에는 사회의 기회균등, 직위와 직책의 완전 개방, 사회의 가장 불리한 위치에 있는 사람들의 삶을 향상시켜 비록 절대적인 평등은 아니지만, 상대적인 평등을 달성할 수 있게 된다.

롤스의 정의론은 이상적인 논리에 치우친 점이 없지 않지만, 자유민주주의와 시장경제체제의 특징을 그대로 살리면서 사회적으로 열악한 자의 삶의 수준을 향상시켜 정의로운 사회를 이루어야 한다는 주장은 긍정적인 평가를 받을만하다.

5. 경찰행정과 정의의 두 원칙

1) 자유우선성의 원리

롤스의 정의의 원칙은 가장 광범한 범위의 기본적 자유에 대한 동등한 권리의 인정이라는 평등한 자유의 원칙이 핵심이며, 이는 기회균등과 차등의 원칙을 내용으로 하는 제2원칙에 우선하다.

롤스의 자유우선성의 원칙과 관련되어 제기되는 문제는 여기에서의 자유의 내용이 구체적으로 무엇인가 하는 점이다. 자유를 국가 권력과의 관계에서 볼 때 자유에는 크게 두 가지 유형이 있다. 그 하나는 천부인권적 자유와 다른 하나는 국가 권력에 의해 보장되는 자유, 즉 적극적 자유이다. 전자가 개인의 기본 인권 및 정치적 자유를 의미한다면, 후자는 사회적·경제적 자유를 의미한다. 후자의 자유는 전자와는 달리 국가의 간섭을 받지 않음으로써가 아니라 반대로 국가권력의 간섭과 보호를 받음으로써 비로소 확보될 수 있는 적극적 자유를 의미한다.

이렇게 볼 때 롤스의 제1원칙에서 말하는 자유의 개념은 전자, 즉 개인의 기본권 및 정치적 자유를 의미하며, 후자의 적극적 자유는 그의 원칙 중 배분과 관련된 문제에 속한다고 볼 수 있다. 따라서 여기에서의 자유의 내용에는 우선 기본적 인권과 관련된 것으로서 신체의 자유, 양심의 자유, 언론과 사상의 자유, 신앙의 자유, 재산 소유의 권리, 공정한 재판을 받을 권리 등을 의미한다.

이러한 자유우선성의 원리는 경찰행정에 있어서 중요한 의미를 갖는다. 그것은 정의의 원칙에서 강조하는 기본적 자유에 신체의 자유, 체포와 구금을 당하지 않을 자유 등이 포함되어 있다는 점이다. 이는 경찰권의 발동시에 개인의 자유를 보장하는 것을 최고의 가치로 삼아야 하며, 이를 위해 모든 법규와 윤리규범을 철저히 준수해야 한다는 행동원리가 중요해진다.

인권침해를 받지 않을 자유는 개인의 당연한 권리라는 주장도 범죄를 사회악으로 다루는 경찰의 입장에서는 의미있는 주장이다. 신체의 자유, 체포와 구금을 당하지 않을 자유는 개인의 권리라는 측면에서 접근한다면, 수사나 각종 조사과정에서 발생하는 인권침해 문제는 발생하지 않을 것으로 보인다.

2) 기회균등과 차등의 원칙

롤스의 제2원칙은 모든 개인에게 직위와 직책에 관련된 기회의 균등, 그리고 기회의 균등에 의한 결과는 최소 수혜자에게 최대의 이익을 제공해야 하는 정당한 차등의 원칙을 그 내용으로 한다.33)

이러한 정의의 제2원칙은 국가에 있어서 부(富)의 정의로운 분배를 위한 원칙을 제시하고자 한다는 측면에서 그 적용의 범위는 최소한도로 국가가 해당되며, 그 대상은 전체 국민, 특히 최소 수혜자이다. 이러한 맥락에서 경찰조직에 제2원칙을 적용하는 것은 적합치 않을 것으로 보인다.

그러나 경찰조직은 계급에 따라 직위와 직무가 달라지고 개인의 처지가 달라진다는 점에서 기회균등의 원칙이 적용되어야 하고, 또한 사회적으로 열악한 위치에 있는 사람들의 복지를 개선하는 것이 사회정의를 실현하는 것이라는 차등의 원칙에서 볼 때, 최소 수혜자를 위한 치안서비스 개선은 경찰행정의 하나의 기준이 되어야 할 것으로 보인다.

직위와 직무의 접근에 있어서 모든 사람에게 동등한 기회가 주어져야 한다는 기회균등 원칙은 경찰조직에 있어서 승진과 보직의 부여와 관련지어 논의될 가치기준이다. 이에 대해 어떤 사람들은 경찰조직에 있어서 기회균등의 원칙이 보장되어 있다고 하고, 그 반대의 주장을 펴는 사람들도 있다. 문제는 승진과 좋은 보직의 결정에 있어서 특히 고위계급으로 갈수록 연고나 정치적 권력이 일부의 사람들에게만 기회를 부여하는 방향으로 작용하고 있다는 사실이다.

경찰조직에 관련되어 사회적 물의를 일으킨 사건을 보면, 대부분 정치권력에 의한 기회의 독점과 깊은 연관이 있었음을 부인하기 어렵다. 그러한 문제를 개선하기 위해 다면평가나 보직 공모제를 채택하였으나 제도 그 자체의 본질을 제대로 살리고 있는 지 검증받아야 할 것이다.

차등의 원칙은 두 가지 측면에서 논의가 진행될 수 있다. 기회균등의 상황에서 원하는 직위와 직무의 접근에 성공한 사람들은 그렇지 못한 사람들과의 관계에 있어서 우월한 위치에 서게 된다. 이는 정당한 차등이지만, 정의의 원칙에서는 승리한 사람이 패자들을 위해 이익이 되도록 처신하고 행동해야 한다는 점을 분명히 하고 있다. 일반적으로 계급이 높아질수록 권위주의의 함정에 빠지고, 모든 일을 자기중심에서 생각하고 처리하는 직위이기주의에 매몰되기 쉽다. 그러한 함정에 빠지지 않고 조직의 발전과 경쟁에서 탈락한 사람들에게 고통보다는 즐거움을 주는 행동을 하는 것이 바람직하며, 그것이 미덕이다.

33) 위의 책, pp.95-103.

또한 차등의 원칙은 최소 수혜자의 복지 개선을 사회정의의 실현이라고 보았는데, 이는 경찰과 일반 시민과의 관계에서 접근해볼 필요가 있다. 사회의 각종제도와 구조적인 문제 등으로 어느 사회나 열악한 위치에 놓인 최소 수혜자가 존재하기 마련이다. 이러한 최소 수혜자에 대한 복지개선은 사회정의의 실현 차원에서의 경찰의 책무라는 명제이다. 이는 사회의 변화 속에서 불가피하게 경찰에게 부과되는 업무로서보다는 사회정의를 실현하는 소중한 가치라는 사실을 받아들여야 한다는 것이다. 그러므로 이는 소극적이고 수동적인 의미에서의 업무수행이 아니라 적극적이고 능동적인 측면에서의 책무의 개념으로 받아들여야 한다.

제 2 편

실천 윤리학

제 7 장 POLICE ETHICS

경찰윤리의 기준에 대한 논의

제 1 절 경찰윤리 기준에 대한 성찰

인간의 삶이란 곧 행위의 연속이라 하여도 지나친 말이 아니다. 그러나 인간의 행위는 개인의 욕구나 목적에 따라서 아무렇게나 행위하여도 좋다는 뜻이 아니다. 적어도 집단이나 조직 생활을 하는 곳에서는 행위에 제약을 가하는 규범이 있게 마련이다. 특히 엄격한 행동규범 아래서 움직여야 하는 경찰관의 행동은 많은 제약이 따르게 된다.

경찰은 단속과 규제 등 그 업무의 성격상 시민들의 생활에 많은 영향을 미친다. 자가용 승용차의 급증으로 경찰의 교통단속은 거의 모든 시민들이 대상이 되고 있으며, 경범죄와 범인성 유흥업소에 대한 단속 또한 모든 시민들이 대상이며 그 결과에 따라서 개인에게 미치는 영향은 상당하다. 시민들은 이러한 경찰의 규제와 단속에 대해서 대부분 저항하고 경찰에 대해 반감을 가지거나 심지어 적대감을 표명하기도 한다. 이러한 법 집행과정에서 경찰은 권한남용이나 부패의 오류를 범할 수도 있다는 것이 조직의 고민이기도 하다. 또한 살인, 강도, 강간, 납치·유괴 등 흉악범에 대한 조사과정에서 피의자에 대한 인권침해라는 문제는 경찰에 대한 시민들의 불신을 심화시켜 왔다.

경찰은 업무수행과 관련없는 사생활에 있어서도 자유롭지 못하다. 물론 모든 국가기관의 공직자들도 사생활의 자유라는 측면에서는 제약을 받겠지만, 경찰은 그 제약이 다른 공직자에 비해 더욱 크다는 것이 문제이다. 경찰관의 음주운전이나 비윤리적 행위는 시민들의 눈에는 용납될 수가 없고, 그에 대한 강한 제재가 가해지는 것이 당연하다고 믿는다. 그래서 시민사회는 경찰관에게 높은 윤리 수준을 요구하고, 시민단체나 지역주민의 여론을 통해 경찰을 끊임없이 감시하고 있는 것이다.

그러면 높은 윤리 수준을 요구받고 있는 경찰은 그 공적 · 사적 생활에 있어서 기준으로 해야 할 행동기준은 무엇인가? 여기에서 경찰관의 행동 기준에 대해서 제일 먼저 떠오르는 것은 법규범이다. 경찰의 모든 업무수행은 법 집행 그 자체라고 해도 과언이 아니기 때문이다.

다음으로 우리는 경찰관의 행위규범으로서 도덕률을 떠올리지 않을 수 없다. 엄격하게 말해서 도덕률은 가장 중요한 행위 규범이다. 도덕률은 개인의 양심으로 대표되는 개인윤리, 그리고 사회윤리와 직업윤리를 모두 포함한다. 따라서 윤리에 관한 다양한 사상이나 가치론 등이 주장하는 철학이나 가치판단과 관련된다.

또한 사회정의에 대한 관념도 중요한 윤리기준이 될 것이다. 정의에 관한 논의는 학자에 따라서 그 견해가 서로 다르게 전개되고 있다. 노직은 자유지상주의적 관점에서, 롤스는 자유평등주의적 관점에서 정의론을 편다. 정의의 원리에 대한 논의는 이미 앞에서 심도있게 논의되었으므로 여기에서는 생략하기로 한다. 우리는 여기에서 보편적인 도덕원리인 사랑의 원리, 황금률의 원리, 생명외경 사상 등에 대해서 검토해볼 필요가 있다. 이러한 원리는 인간의 행동을 규제하는 내적인 도덕원리로서 오랜 세월동안 자리잡고 있기 때문이다.

또한 경찰윤리헌장은 경찰관이 그 업무수행에 있어서 지켜야 할 도덕적 지표를 어느 정도 구체적으로 명시하고 있다는 점에서 중요한 윤리 기준이다. 따라서 도덕률, 정의관, 경찰헌장 등은 행위규범으로서의 윤리 기준에 해당된다.

우리는 여기에서 또 하나의 윤리 기준, 즉 업무수행 태도와 관련된 윤리 기준을 생각하지 않을 수 없다. 경찰은 그 법집행 권한을 국민으로부터 부여 받았다는 점에서 그 업무집행에 있어서 국민의 신뢰가 절대적으로 필요하다는 공공의 신뢰, 시민의 생명과 신체의 안전에 대한 우선적 고려, 업무의 효율적 수행을 위한 기능간의 협동, 모든 시민에게 공정하게 치안 서비스를 제공하는 공정한 접근, 냉정하고 객관적인 업무수행 자세 등을 중요한 윤리 기준으로 삼아야 한다. 이러한 업무수행 태도는 너무나 자명한 윤리 기준이다.

제2절 행위규범으로서의 윤리 기준

1. 법규범

1) 윤리규범으로서의 법

법규범은 경찰관의 행동규범으로서 윤리 기준에 해당하는가? 윤리는 인간이 지켜야 할 행위의 규범이다. 바꾸어 말하면, 윤리는 사회생활을 위한 행위의 처방이다. 그리고 인간의 행위는 그가 당면한 문제를 해결하고자 함에 있다. 경찰의 업무수행행위는 당연히 문제해결을 위한 것이다.

경찰이 당면한 문제해결을 하기 위한 규범으로서 가장 강력한 것은 법이다. 정당한 법이 요구하는 바는 윤리도 동시에 요구한다. 정상적인 국가에서는 법은 최소한의 윤리에 해당한다.[1] 다시 말해, 윤리가 요구하는 규범들 가운데서 특히 엄격한 실천이 요청되어 공권력의 제재가 수반되는 일부의 규범이 곧 법을 구성한다고 볼 수 있다. 그러므로 우리가 윤리와 법을 대립시켜 생각할 이유는 없으며, 사회적 문제해결에 있어서 윤리는 법보다도 더 넓은 범위를 담당한다는 차이가 있을 뿐이라고 이해하면 충분하다고 보여진다.

인간의 행위규범으로서의 윤리는 명령성, 금지성으로 나타나기도 하고, 예절과 관습 등의 형식으로 나타나기도 한다. 법률은 이러한 윤리질서가 국가적 권위에 의해 강제성을 부여받은 대표적인 사회윤리이다. 법률은 윤리질서를 강제하기 위한 것이므로 강제된 윤리질서라고도 볼 수 있다. 문제는 이러한 강제성을 띤 법률이 객관적인 윤리질서를 제대로 반영하지 못할 수 있다는데 있다.

따라서 법은 만능인가, 악법도 법인가 하는 논의가 윤리적 정당성의 측면에서 제기된다. 이러한 문제에 대한 논의는 가장 이상적인 형태의 법이라고 할 수 있는 자연법에 대한 탐구에서부터 시작되어야 할 것으로 보인다. 그러면 자연법에 대한 학자들의 견해를 살펴보고, 그 다음으로 악법에 대한 논의를 해보기로 한다.

---

1) 김태길, 윤리학, 박영사, 2002, pp.450-451.

2) 키케로(M.T. Cicero)의 자연법 사상

(1) 스토아주의와 자연법 사상

스토아주의는 그 시원을 멀리 아테네시대의 小(소) 소크라테스학파의 제논(Zenon)에 두고 있다. 그는 키프로스 출신으로 아테네 근처를 항해하다 난파를 당하여 아테네에 정착하게 되었고, 그곳에 학교를 세우고 소크라테스를 연구하고 가르치는 일로 여생을 보냈다. 스토아주의는 초기에는 도피철학이라는 성격이 매우 강렬하였다. 그러나 그 피난처를 도시국가시대의 그리스에서처럼 정치체제에서 찾는 것이 아니라 개인의 내면세계에서 찾으려는 것이 그 특징이다.

제논에 의하면, 인생의 목적은 행복에 있고 행복은 유덕한 생활을 하는데 있으며, 유덕한 생활은 자연에 따르는 생활이다. 그리고 자연에 따르는 생활은 이성적 생활이다. 다시 말해, 자연은 이성적이며 그런 의미에서 자연과 인간의 본성은 하나이다. 인위적 제도인 국가에서는 행복을 찾을 수 없다고 본 것이다.

그리고 이성적 생활에 행복이 있다고 보기 때문에 정념이나 욕망을 충족시키려는 쾌락주의적 생활은 행복한 생활이 아니며, 유덕한 생활도 아니고 인간본성에 따르는 생활도 아니다. 그와 같은 비이성적 충동에 대해서는 이를 단념하여 마음의 안정을 취하는 것이 현명한 생활태도이다. 현명한 사람은 마음의 안정을 위하여 아파테이아(apatheia, 무감각)의 태도를 존중하여야 한다. 스토아주의는 초기에는 이처럼 금욕적이고 현실도피적 경향이 강했다.

로마시대로 넘어가면서 스토아주의의 이런 금욕적이고 현실도피적인 성격에 약간의 수정이 가해진다. 초기 스토아주의에서 볼 수 없었던 플라톤과 아리스토텔레스의 철학이 도입되어 절충을 꾀하게 되는 것도 로마시대 스토아주의의 하나의 특징이다. 그리고 로마인들은 그리스인들에 비하여 실천적이며 실용성을 존중하는 성향을 가지고 있었다. 그래서 로마시대의 스토아주의는 통속적이며 실천적인 색채가 농후해진다. 스토아주의의 로마화는 기원전 2~3세기부터 이어진다. 로마화의 선구적 역할을 했던 로마공화정의 중기 스토아 학파 철학자인 파나이티오스(Panaitios)는 현자의 아파테이아의 이상을 거부하고 건강, 부, 그리고 명예와 같은 외적인 가치를 긍정적으로 보려고 했으며, 그런 외적인 것에 대한 욕망을 이해하려 하였다. 그리고 스토아주의의 코스마폴라티즘(세계주의)은 로마시대에도 계속 지도이념이 되었을 뿐 아니라 더욱 강조된다. 로마가 세계제국으로 도약하면서 인종이 교류하고 지역이 서로 교통하면서 세계주의는 더욱 강화되었다.

'사람은 사회적 동물이다'라는 아리스토텔레스의 명제는 로마시대에 와서 더욱 강조되었다. 이런 관념으로 인간의 도피적 경향이 극복되고 사회성이 존중되기에 이르게 된다. 사회 안에서 사는 것은 이성의 명령에 따르는 생활이다. 그러나 이성은 모든 사람들이 모두 가지고 있는 본성이며, 사회성도 역시 그러하다. 그러나 모든 인간이 본성적으로 그 속에 있어야 하는 사회는 폴리스가 아니라 세계이다. 그리고 그 사회의 법은 한 국가의 국법이 아니라 '자연법'이다. 모든 사람들에 대하여 조국은 하나, 세계가 있을 뿐이다. 서로 경쟁하는 국가들로 인류를 갈라 놓는 것은 반이성적이고 반자연적이다. 현명한 사람은 한 국가의 시민이 아니라 세계의 시민이다. 이처럼 코스모폴라티즘은 자연법 사상과 깊은 관련속에서 전개되었으며, 자연법 사상은 법문화가 발달했던 로마시대에 체계적 발전을 이루었다.

(2) 키케로의 자연법 사상

로마의 법문화는 매우 발달했던 것이 사실이지만, 그 우수성은 실정법에서만 볼 수 있는 특징일 뿐, 법철학적 이론은 결하고 있었다. 이런 문제를 해결하는데 그리스에서 전래된 스토아주의가 기여하게 된다. 그 중에서도 특히 키케로의 자연법 사상이 그런 점에서 주목받는다. 키케로는 그리스 사상에 조예가 깊었고, 그리스적 교양을 가지고 로마의 법문화를 예리하게 비판했던 사람이다.

키케로(Cicero)는 웅변가이며, 공직생활에 있어서도 집정관에 이르렀다. 그는 다방면에 걸친 활약으로 일생을 다채롭게 엮어나간 전형적 로마인으로 평가받는다. 그는 시저, 안토니우스와 동시대인으로 이들을 거침없이 비판하다가 결국 안토니우스를 탄핵한 탓으로 죽음을 맞게 된다.

키케로는 다른 스토아주의자들처럼 인간은 자연으로부터 이성을 선물받았다고 생각했다. 자연과 인간본성을 하나로 보는, 즉 인간은 우주라는 큰 도시의 시민이라고 보고, 외적 권위나 세속적인 것을 거부하는 금욕과 극기의 태도를 중요시한 스토아주의자로서 인간은 자연으로부터 이성을 선물 받았다고 보았다. 따라서 이성에 따라 사는 것이 자연에 따라 사는 것이 되며, 그리고 자연에 따라 사는 것이 행복이며 최고선이라고 생각했다. 자연에 따라 살아간다는 것은 구체적으로는 자연법에 따라 살아가는 것으로 인간의 바른 이성을 말하는 것이기도 하다. 그는 자연법에 관하여 다음과 같이 말한다.

> "법은 정의와 부정의의 구별이며 만물의 원초적 상태인 자연과 일치하는 것이다. 그리고 자연의 기준에 따라 사악한 행위에는 벌을 주며 선을 지키는 인정법들이 만들어졌다."[2)]

법에는 자연법과 인정법(人定法)이 있다. 자연법은 자연에 따라 정의와 부정의를 가리는 기본법이며, 인정법은 정의의 기본법에 따라 악을 처벌하고 선을 지키기 위하여 만들어진 실정법이다. 인정법은 시대와 지역의 제약을 받지만, 불문율인 자연법은 영원하고 보편적이다. 즉 인정법은 일정한 시대의 특정국가의 법인데 반하여 자연법은 모든 시대의 모든 국가들에 적용되는 법이다. 자연법은 바른 이성의 법으로서 이성적 인간이면 그 법을 어기지 못한다. 그 법을 어기는 것은 자기자신을 거역하는 것이며, 인간 본성을 스스로 부정하는 것이다. 키케로는 인정법은 자연법을 따라야 한다고 주장했다.

완전한 사회적 조화는 이성적인 법, 자연법에 의해 보장된다는 주장이다. 다시 말해, 사회정의는 자연법에 의해 실현된다. 자연법이 실정법처럼 실용성이나 실리에 기초하게 되면 유리할 때에는 지켜지고 불리해지면 이를 어기고 파기해 버리게 된다. 그러나 그 법은 이처럼 한시성을 면할 수 없다고 하여도 언제나 정의의 자연법에 의존하여야 하며 그렇지 않으면 사회적 조화를 유지할 수 없게 된다는 것이다. 이처럼 자연법과 인정법을 대립시킴에 따라 비이성적·비자연적 국가질서는 전복될 수도 있다는 혁명사상이 배태(싹이 트는 것)되는 것은 불가피하게 된다.

자연법 사상은 실제로 로마법에도 중대한 영향을 끼친 흔적을 남기고 있다. 로마에는 시민법과 만민법이 있었다. 전자는 로마시민들에게만 적용되고, 후자는 세계 시민들에게 적용되는 법이다. 만민법은 바로 자연법의 이념이 구체화된 것이라 할 수 있다. 이것이 후일 국제법의 효시가 되었다.

3) 토마스 아퀴나스의 자연법 사상

획득 가능한 진리 전체에 그리스도교 신앙의 가르침을 포함시킨 중세 이탈리아의 철학자이며 신학자, 그리고 스콜라학파의 완성자인 토마스 아퀴나스(Thomas Aquinas)는 영원한 세계창조의 가능성, 지성의 우위를 강조하고 관념론과 유물론을 반대하는 '토미즘'(Thomism)이라고 하는 철학·신학적 사유학파를 만들었다. 그는 자연법 사상도 자연법이 보편적 도덕법이라는 측면을 강조하였다.

"법이란 행위의 규칙, 기준이다. 이에 따라 인간은 행위를 하거나 하지 않는다. 왜냐하면, 법이라는 말은 구속한다라는 말에서 나왔다. 법은 우리가 행동하도록 구속하기 때문이다. 그런데 인간행위의 규칙과 기준은 이성이다. 이성은 인간행위의 제1원리이다. 결국

2) M.T. Cicero, De Legibus(법제론), trans., C.W. Keyes(Cambridge, Mass, 1943), p.385.

> 법이라는 것은 이성과 관계되는 법이다."3)

그는 법을 영원한 법, 자연법, 신의 법, 그리고 인간의 법으로 구분하였다. 영원한 법은 모든 피조물이 그 지배하에 있는 신의 이성의 법, 섭리의 법으로서 영원히 우주를 지배한다. 자연법은 신의 이성이 피조물(하나님이 창조한 만물)에 반영(작용)된 법으로 인간이 자기의 본성이나 자연환경에서 인식할 수 있는 법을 의미한다. 신의 법은 성서나 교회를 통하여 계시된 법이다. 신의 뜻은 인간의 미약한 판단력을 보완하고 인간으로 하여금 하나님의 나라를 지향하도록 인도하기 위해 계시된다. 한편, 인간의 법은 인간의 손으로 만들어진 법으로서 자연법을 지역의 특수사정에 맞게 변형시킨 것이다.

영원한 법은 다른 세 법의 기초가 된다. 그것은 기본적으로 이성적이다. 토마스 아퀴나스는 영원한 법과 신의 법을 분리하고 있다. 영원한 법은 비록 신의 이성이지만, 이성에 기초하고 있다는 점을 강조한다. 따라서 신도 이성적인 영원한 법의 구속을 받는다. 신이라고 해서 선이 아닌 것을 선으로 할 수는 없다. 그것은 신이 사각형을 원으로 할 수 없는 것과 같다. 유한한 인간은 영원한 법을 자연의 질서를 통하여 또는 신의 은총을 통하여 불완전하게나마 파악하고 있다. 그는 신 중심의 사회에서 신의 이성이라는 것을 내세워 자연적 질서에 의한 법을 영원한 법과 거의 동일시한다.

그것은 영원한 법이 자연에서 자신을 드러내면 자연법이 된다는 주장에서 명백해진다. 자연법이란 사물들이 자기의 본성에 따라 작용하고 활동하는 법칙을 말한다. 꽃이 피고 새가 날며, 물고기가 물속에서 헤엄치는 것이 모두 자연의 법칙이다. 그 존재들에 대하여 선이라는 것은 자기의 본성에 따라 존재하는 데 아무런 장애를 받지 않음이다. 이처럼 자기존재에 아무런 장애도 받지 않고 자기 본성에 따라 살아갈 수 있도록 되어 있는 것이 바로 자연의 논리이다. 인간의 본성은 이성적인 데 있다. 인간은 이성의 빛으로 자연법을 인지할 수 있는 유일한 동물이다. 따라서 이성에 따른 법이 바로 자연법 사상에 따른 법이다.

인간은 첫째 하나의 물질적 존재이고, 둘째 동물이며, 셋째 이성을 가진 존재이다.

> 첫째, 모든 존재는 본성에 따라 자기보존을 추구한다. 인간에게는 모든 물질적 존재가 공통으로 가지는 본성에 따라 선이 되는 것, 즉 자기보존을 지향하는 경향이 있다. 그리고 이런 경향이 있기 때문에 무엇이든지 자기보존에 수단이 되는 것을 찾고 저해가 되는

3) 강재륜, 윤리학의 역사, 대왕사, 1996, p.130.

것은 피하는 것이 자연법에 맞는다.

둘째, 사람에게는 다른 동물들과 공통으로 가지고 있는 본성에 따라 특수한 것들을 지향하는 경향이 있다. 이런 경향으로 하여 교접이나 새끼양육 등 자연이 가르친 것들을 하는 것이 자연법에 맞는다.

셋째, 사람에게는 자기고유의 이성적 본성에 따라 선을 지향하는 경향이 있다. 그래서 사람은 신에 관해 진리를 알려고 하며, 사회 속에서 살려는 자연적 경향을 가진다. 그러므로 이 경향에 관계되는 것은 무엇이든지 자연법에 맞는다.[4)]

하나의 물질적 존재로서는 그 본성에 따라 자기보존의 성향을 그리고 동물로서는 번식의 경향을, 그리고 이성적 존재로서는 신의 인식, 사회생활, 지식의 추구, 그리고 이웃과의 평화 등을 지향하는 경향을 가지는 것이 인간이다. 이에 따르면 인간생활도 기본적으로는 자연법에 따라 살아가는 것이다.

인간에 있어서 선은 자기의 본성에 알맞은 것이며, 악은 그 반대이다. 그리고 인간은 그런 선을 지향하는 경향을 가진다. 인간은 다른 존재들과는 달리 이성을 가지고 있다. 이성은 자기보존이나 번식을 위하여 필요한 수단을 선택하고 명령한다. 진리를 탐구하고 사회생활을 원만히 하며 이웃과 평화롭게 살아가는 도덕률도 자연법의 일부이다. 자연법의 일부가 된다는 것은 인간의 본성에 맞는다는 이야기가 된다. 다시 말해, 자연법상 도덕이라는 것은 자연법이 인간에 대한 도덕의 기본이 된다는 표현이다.

4) 그로티우스와 홉스의 자연법 사상

중세에는 모든 법이 신의 법에 근거를 두고 있었다. 토마스 아퀴나스의 법의 분류는 법도 신 중심의 사고에서 이해되었다는 것을 분명히 한다. 그러나 근세에 접어들면서 자연법은 신의 이성에 의존하는 법이 아니라 인간의 이성에 의존하는 불변의 법이라고 생각하게 되었다. 이러한 사상을 전개한 사람은 네덜란드의 그로티우스(Hugo Grotius)이다. 그는 다음과 같이 말한다.

"자연법은 바른 이성의 명령이며, 이성은 어떤 행동이 이성적 본성에 일치하거나 일치하지 않음에 따라 도덕적 비열성(卑劣性) 또는 필요성을 가지게 된다고 지적한다.'[5)]

4) 강재륜, 위의 책, p.131.

5) H. Grotius, The law of war and peace, Trans, W. Kelsey(Indianapolis, 1925),book 1, ch.1, x.1.

자연법은 이성의 명령이기 때문에 자명한 것이고 필연적이며 불변이다. 그것은 신도 바꾸지 못하는 불변성을 가진다. 신이 존재하지 않는다 해도 자연법은 그대로 존재할 것이다.

홉스(Hobbes) 역시 자연법이란 이성에 의해 발견되는 명령 또는 일반 법칙이라고 주장한다. 그는 이성이란 사람이 자기 생명에 파괴적이며 그 생명보존의 수단을 제거하는 것을 행하거나 생명보존의 최적의 수단이라고 생각되는 것을 게을리 하는 것을 금한다는 것이다. 자연법은 개인의 자기보존을 평화적으로 달성하기 위한 평화조항이며, 자기보존욕은 신분이나 재능, 자질에 관계없이 모든 사람들에 공통된 현상이기 때문에 자연권은 만인에게 평등한 것이고 따라서 평화조항도 모든 사람의 동의를 얻어야 한다고 주장했다.

그러나 홉스의 자연법 개념은 지금까지의 개념과는 차이가 있다. 고대 그리스 이래 자연법이라면 그것은 사람이 살고 있는 자연계에 보편적으로 작용하고 있는 법을 말해 왔다. 이런 자연법은 때로는 약육강식의 법칙으로 생각되기도 했고, 때로는 신의 법의 불완전한 표현으로 생각되기도 했다.

그러나 홉스는 자연상태에서는 어떤 법도 존재하지 않는다고 주장한다. 그가 말하는 자연법은 인간의 이성에 의해 발견된 일반법칙, 이성의 명령이다. 그는 자연상태에서 자연법이 아닌 자연권이 있었다고 보았다. 자연권은 국가 및 법률에 앞서서 사람이 태어나면서부터 저절로 가지고 있는 권리를 의미한다. 다시 말해, 그는 법보다 먼저 권리가 있었다고 보는 것이다. 이것은 법에서 권리가 나온다는 생각을 뒤집은 새로운 주장이었다. 이러한 권리를 선언한 최초의 헌법적 문서는 버지니아 권리장전(1776), 그리고 프랑스 인권선언(1789)이다. 이러한 인권관념은 주로 사회계약론자와 계몽주의적 자연법론자들에 의해 천부적 인권론이 주장된 18세기에 와서 형성되었다.

2. 도덕률

윤리는 여러 개의 도덕률로 구성되어 있다. '거짓말을 말라', '훔치지 말라', '약속을 지켜라', '간음하지 말라', '남을 속이지 말라', '남을 음해하지 말라' 등 여러 가지 도덕률이 집합하여 윤리라는 사회규범을 형성하고 있다. 이러한 도덕률은 모든 사람에게 공통적으로 해당되는 보편적인 내용이다.

오랜 옛날부터 대부분의 윤리학자들은 여러 나라의 경험적 특수성의 영향을 제거한 보편적 윤리의 원형을 찾아내는 일을 기본적 과제로 삼아왔다. 이는 윤리의 이름으로 불리고 있는 사회규범들 사이에 각 나라나 사회의 특수성의 영향으로 인해 다소간 차이가 있음으로써 보편적인 도덕률을 형성하기 어렵기 때문이다.

이러한 보편적인 도덕률을 형성하기 위한 학자들의 고뇌는 대체로 목적론(공리주의)과 의무론(법칙주의)으로 대별된다. 비록 많은 학자들이 서로 다른 윤리사상 위에서 도덕률을 제시하였으나 그 사상에는 목적론(공리주의)과 의무론에 그 기반을 두고 있다.

목적론의 대표적인 학자들이라고 볼 수 있는 플라톤, 아리스토텔레스, 스피노자, 헤겔 등은 인간이면 누구나 추구해야 할 마땅한 삶의 목표가 주어져 있다고 전제함으로써 절대적이고 보편적인 윤리의 원리를 제시하고자 하였다.[6] 그들은 삶의 궁극목적이란 이미 선험적으로 주어져 있다고 믿었지만, 인생의 보편적이며 궁극적인 목적을 제시하는데 확실하게 성공했다고 보기는 어렵다.

법칙론(의무론)은 목적론과는 견해를 달리 하는 윤리사상으로서 그 대표적인 학자로는 버틀러(Butler), 칸트(Kant), 로쓰(Ross), 그리고 프라이스(Price) 등이 있다.[7] 이들 법칙론자들에 따르면, 우리 인간에게는 사람인 이상 누구나 마땅히 지켜야 할 행위의 법칙이 주어져 있다는 것이며, 그 법칙은 인간이 편의에 따라서 정할 수 있는 것이 아니라 인간의 의지를 초월하여 미리 주어진 것으로서 절대불변한다는 것이다. 그 대표적인 것이 칸트의 선의지(善意志)이다. 그러나 법칙론자들도 선천적으로 주어진 절대적이며 보편적인 행위의 법칙을 증명하는 일에 성공하지는 못하였다.

여기에서 목적론과 법칙론의 윤리사상에서 경찰관의 행위 도덕률과 관련하여 의미있는 주장은 선에 관한 논쟁이다. 목적론은 인간의 선으로서 좋음(good)을, 법칙론은 옳음(right)을 제시하였다. 과연 인간은 행위의 결과로서 좋음을 추구해야 할 것인가, 아니면 행위의 결과보다는 과정에 초점을 두는 옳은 행위를 추구해야 할 것인가? 또는 다른 주장은 불가능한 것인가? 특히 경찰관에게 좋음과 옳음이라는 선은 어떤 의미를 가지며 어떻게 받아들여져야 하는가?

우리는 좋음과 옳음에 대해서 논하기 전에 인간행위와 깊은 관계가 있다고 믿어지고 있는 양심에 대해 먼저 고찰해 보고자 한다. 과연 인간의 마음속에 존재하는 선악에 대한 의식이라는 양심이란 무엇이며, 이것이 인간의 도덕적 행위기준으로서 기능을 하는지 살펴보기로 한다.

---

6) 김태길, 앞의 책, p.442.
7) 앞의 책, 같은 쪽.

1) 양심의 윤리

동서고금을 막론하고 양심은 도덕적 삶의 핵심으로 여겨져 왔다. 엄밀히 말한다면 양심은 도덕률이라고 볼 수 없다. 행위에 대한 옳고 그름, 선악에 대한 의식이나 마음씨인 양심은 사회의 근본적인 덕목에 해당하는 도덕률을 지키게 하는 인간의 심적 상태이다. 인간이 사회의 소중한 덕목을 지키지 못했을 때 괴로워하고 후회하는 이유는 인간의 마음속에 존재하는 양심 때문이다.

그러나 도덕 철학의 역사에 있어서 양심현상은 별로 주목을 받지 못했다. 오늘날에도 이러한 현상은 크게 달라지지 않았을 뿐더러 오히려 심화된 듯하다. 그 이유는 아마도 현대인들이 더 이상 양심을 선악이나 옳고 그름의 판단기준으로 진지하게 받아들이지 않는다는 데서 찾을 수 있다. 그러나 유럽 대륙계의 학자들에게 양심은 이미 2천여 년 이전부터 항상 사람들의 주목과 숙고의 대상이 되어 왔다.

고대 그리스인들은 물론이고 스콜라 철학자(종교와 이성의 조화 추구, 기독교 교리의 진리와 설득력 확보를 추구하는 신학철학), 중세의 신비주의자, 계몽주의 시대의 철학자와 신학자, 괴테, 피히테, 헤겔, 쇼펜하우어, 니체, 그 밖의 많은 사람들이 양심을 주목해 왔다.[8)]

양심에 대한 두 가지 대립되는 견해는 자연주의적・경험주의적 윤리설(윤리적 회의론자)을 주창하는 윤리적 상대주의와 규범주의 윤리에서 뚜렷하게 구분된다. 윤리적 상대주의자(회의론자)들에 따르면, 양심은 선천적으로 사람에게 구비되어 있는 것이 아니라 후천적 경험이 축적되어 생긴 것으로 본다. 그래서 양심의 기원 역시 심리학, 인류학, 사회학적 사실을 통해 설명된다. 즉 양심은 우리가 어릴 때 어머니의 무릎 위에서 반복하여 학습한 것들, 또는 아버지나 선생님 등 우리가 존경하는 사람들의 가르침 등이 내면화되어 생겨났다는 것이다.

이른바 양심의 가책이라는 것도 실은 우리가 어렸을 때의 반복된 행동이 몸에 배어 나타나는 조건반사에 불과한 것으로 이해된다.[9)] 그러므로 양심이란 결국 명령, 금지, 형벌, 관습과 같은 외적인 규범이 내면화된 것이라 할 수 있다. 이러한 논리는 프로이트의 정신분석학에 근거한 양심이론과 니체의 그릇된 양심이론에서 찾아볼 수 있다.[10)]

한편, 규범윤리학자들은 사람에게는 누구나 도덕의식의 형식, 즉 소질이 선천적으로

---

8) 박찬구, 양심에 대한 연구, 한국외국어대 인문과학연구소, 인문학연구 3집, p.1.
9) 박찬구, 전게논문, p.2.
10) 한스 라이너, 철학적 윤리학, 이석호 역, 철학과 현실사, 1999, pp.131-146.

주어져 있다고 보며, 다만 그러한 소질이 어떻게 발현되는가 하는 것은 심리적, 사회적, 역사적 조건의 영향을 받는다는 입장을 취한다. 즉 경험적인 면에만 주목하면 양심은 개인, 사회, 시대에 따라 상대적인 듯하지만, 그 본질적 형식의 면에 주목하면 상대적이 아니라 절대적이라는 것이다. 다시 말해, 양심의 개념에 대한 이해가 사람에 따라 혹은 특정 사회와 시대에 따라 표면상 무수한 차이를 보이고 있기는 하지만, 더한층 깊은 심성의 저변에는 동일한 원리가 인간성의 본질을 구성하고 있다는 데 동의한다. 따라서 그 공통된 인간성의 본질을 토대로 양심은 보편적인 도덕기준이 될 수 있다고 주장된다. 그러면 윤리적 상대주의와 규범주의적 윤리관에서 제시하는 양심에 대한 이론을 살펴보기로 하자.

(1) 프로이트의 초자아와 니체의 그릇된 양심

① 프로이트의 초자아

프로이트의 정신분석에서 양심이라고 하는 초자아(super ego)는 프로이트의 성격구조에서 마지막으로 발달하는 체계로서 사회규범과 기준이 내면화된 것을 말한다. 인간은 사회화 과정을 통해 합리적인 사회적 가치, 규범, 윤리체계를 받아들이게 된다. 이런 사회화과정에서 부모나 가족, 선생님 및 여러 존경하는 사람들과의 상호작용이 중요한 역할을 하게 된다.

초자아는 상식, 도덕적 원칙, 사회적 규범 등의 가치관과 규제기능을 가지며, 개인의 행동을 제어하고 도덕적 옳고 그름을 판단하는 역할을 한다. 그런데 초자아는 양심과 자아 이상(ego ideal)이라는 두 가지 과정에 의해 형성된다. 우선 양심은 처음에는 부모에게서 받는 처벌을 통해 형성되는 것으로 부모의 지적과 야단 및 비판이 내재화되면서 형성된다. 이는 자신에 대한 평가, 도덕적 금지, 죄의식 등의 형태로 나타난다. 자아 이상은 부모가 선별적으로 보여주는 인정이나 중요하고 가치 있게 여기는 것을 내재화하면서 개인이 형성하게 되는 목표 및 포부를 말한다. 개인은 자아 이상을 형성함으로써 자존심과 자긍심을 키우게 된다. 개인의 판단기준이 부모의 통제에서 자아통제로 바뀔 때 초자아는 완전한 형상을 갖추게 된다.

초자아는 때로는 엄격하고 비판적일 수 있으며, 때로는 이드에서 비롯되는 개인의 욕구와 충돌할 수도 있다. 그러나 초자아의 적절한 기능은 개인이 사회적으로 적절하게 행동하고 도덕적인 가치를 지키는데 도움을 줄 수 있다. 그런데 단순히 초자아(슈퍼에고)만에 의존하여 옳고 그름을 판단하는 것은 적절하지 않을 수 있다. 슈퍼에고는 개인의 경험과 가치관에 따라 형성되기 때문에 다양한 문화와 개인의 차이로 인해 옳고 그름에 대한 판단이 상대적일 수 있기 때문이다. 따라서 슈퍼에고에 의한 양심은 개인의 도덕적인 의식과 사회적인 가치를 고려하는 과정이 필요하다.

양심과 관련하여 프로이트는 자아와 초자아의 관계를 들어 설명한다. 자아가 초자아의 요구를 위반하는 경우가 생길 수 있다. 비록 이러한 일이 아무리 관념 속에서 무의식적으로 일어난다 할지라도, 자아의 마음 안에는 불안감이 생기게 된다. 죄책감이나 후회의 마음도 같은 맥락에서 형성될 수 있다. 이렇게 형성된 불안감이 바로 양심의 불안감이 된다. 대체로 이러한 무의식적인 맥락에 의해 형성된 불안감, 죄책감, 후회의 마음 등이 비로소 완전하고 고유한 의미로서의 양심이 된다는 것이다. 따라서 양심의 현상들은 불안감, 죄책감, 후회 등으로 이루어지고, 이와 같은 양심의 현상들은 도덕적 당위와 같은 의식을 우리의 마음속에 심어준다는 것이다.

② 니체의 그릇된 양심

니체는 당위의 도덕의식에 부정적이다. 도덕에 관한 부정적 평가는 양심의 형성에 관한 니체의 그릇된 양심이론에서 발견할 수 있다. 그러나 니체는 그릇된 양심이란 좋은 양심이 있다는 것을 전제로 한다고 주장하였다.

니체에 의하면, 양심이라고 하는 것은 인류발전 역사의 가장 초기에 이미 형성되었다는 것이다. 인간이 주로 본능과 충동에 의하여 지배되는 상태로부터 사회적인 질서의 상태로 넘어가는 변화의 시기에 양심의 기원을 두고 있다. 이러한 변화는 그 당시에 매우 결정적인 하나의 사건으로서 인간에게 지워지는 엄격한 강제, 즉 이러한 강제력을 행사할 수 있는 근본 토대는 이 시기에 정립된 국가권력이었다. 이러한 국가권력에 의해 사회적 질서를 확립하는데 있어서 강제력을 행사하는 가장 중요한 수단은 처벌과 처벌에 대한 위협이었다.

그러나 인간의 강한 충동과 본능은 여전히 인간을 지배함으로써 국가권력에 대한 복종은 인간들에게 큰 난관이었다. 인간의 본능적 충동을 외부로 나타낼 때에는 처벌에 의해 제재를 받기도 했지만, 자기자신에게 향하게 함으로써 지금까지 다른 사람들에게 모질게 대해 왔던 본능적 충동들을 이제는 자기자신에게 엄격하게 한다는 것으로 변하게 된다. 본능적 충동의 실현은 더 이상 외부로 향하는 것이 아니라 자기 내부로 향하는 것으로 변화한다. 니체에 의하면, 이러한 인간의 냉혹한 본능적 충동을 내면적으로 전환시킴으로써 그릇된 양심의 기원이 되며, 바로 이렇게 해서 일반적인 양심도 형성된다는 것이다. 이것이 양심 발달의 최초 단계에 관한 설명이다.

니체에 의하면, 양심 발달의 둘째 단계에서는 인간이 아동기 초기에 부모와 조상들과의 관계에서의 책무가 중요한 역할을 한다. 조상을 신과 같이 받들어 모시고 이렇게 해서 조상에 대한 책무는 신을 향한 책무와 같이 되는 것이다. 그러나 니체의 양심이론은 양심 발달의 최초의 단계에서 제시한 내용이 중요하다는 것이다. 즉 본능적 충동이 외부가 아니라 자신에게로 향하는 이른바 엄격한 성향으로의 방향 전환에서 우선적으로 그릇된 양심이 형성됨으로써 양심이라는 것은 부정적 가치로서 여겨지고 가능하면 극복되거나 역으로 실천해야 할 목표가 되기에 틀림없다는 것이다.[11)]

(2) 윤리적 회의주의(상대주의)

윤리적 회의주의에 의하면, 양심은 인간의 무의식 속에서 형성된 불안감, 죄책감, 수치심, 후회의 마음 등에서 형성된 것이기 때문에 처음부터 도덕적 구속력을 가진다고 결코 말할 수 없다고 주장된다. 이러한 견해는 프로이트의 정신분석학적 연구에서 나온 것이다. 인간은 유년기에 부모의 권위에 복종하면서도 이에 저항하려는 공격본능이 존재하고, 한편으로는 부모의 권위와 자신을 동일시하여 자신도 그러한 권위를 가지고 있다는 무의식적 자아를 형성하게 된다.

그러나 문제는 부모에 대한 현실적 권위인정이라는 자아와 부모와의 동일시와 관련된 초자아와의 사이에 갈등이 생기고, 결과적으로 이에 대한 불안감, 죄책감, 수치심, 후회의 마음 등이 생겨 이것이 고유한 의미로서의 양심이 된다는 것이다. 우리가 이러한 양심의 괴로움에 빠질 수 있는 데 이것은 도덕적 구속력 때문이 아니라 어떤 정신적인 메커니즘에 관한 것에 지나지 않기 때문이다.

따라서 양심이라고 하는 현상은 그 자체로는 명백한 당위의식을 내포하고 있는 것이 아니다. 양심은 최소한 도덕적 행위를 결정하기 이전이 아니라 행동을 한 이후에 사람들은 그러한 행동을 해서는 안 된다라고 하는 다소 막연한 감정만을 내포하고 있을 뿐이다.[12)]

양심이 인간행위의 도덕적 당위성에 부정적인 입장은 니체의 주장에서도 나타난다. 니체는 인간의 양심이란 인류 발전 역사의 가장 초기에 형성되었다고 보았으며, 그 시기는 인간이 본능과 충동에 의하여 지배되는 상태로부터 사회적인 제도와 구조에 의하여 지배되는 상태로 넘어가는 변화의 시기에서 그 기원을 찾았다. 인간은 본래 본능과

11) 한스 라이너 저, 이석호 역, 앞의 책, pp.140-145.
12) 위의 책, pp.130-135.

충동에 의해 지배되지만, 그 대신에 의지와 기억력에 의해 지배되는 시기를 맞게 되는데 이러한 변화는 인간에게 가해지는 어떤 처벌과 처벌에 대한 위협같은 강제력에 의해서 일어난다. 인간은 본래 상상을 초월하는 원초적인 본능과 충동에 의해 움직이는 강력한 욕구가 존재하지만, 국가와 같은 사회구조는 이러한 욕구에 의한 행동에 대해 처벌이라는 수단을 동원하여 통제하게 된다. 이러한 상황에서 인간은 본능적 충동과 국가의 권력과의 갈등을 피하기 위해 자신에게 엄격해지게 되는데 이것이 바로 양심의 형성이라는 것이다. 니체는 이렇게 하여 형성되는 양심을 '그릇된 양심'이라고 부르고, 일반적인 양심도 이러한 과정에 의해서 형성된다고 보았다. 따라서 니체는 양심의 도덕적 구속성을 인정하지 않았다.[13)]

(3) 규범주의 윤리관

윤리적 상대주의에 반해 규범주의 윤리학자들은 양심이 인간자신의 내부에 선천적으로 존재하고, 이는 절대적인 도덕적 당위성을 가지고 있는 것이라 주장 한다. 여기에서 인간 자신 내부에 존재하면서 인간 행위에 필연적 명령을 내리는 것이 바로 양심이라는 것이다. 이러한 견해는 양심의 보편성을 주장한 버틀러(Joseph Butler)나 실천이성의 절대적인 법칙에 도덕의 원리를 구한 칸트(Immanuel Kant)에게서 찾아볼 수 있다.[14)]

양심에 대한 관심은 양심의 기능에서부터 시작했다. 양심의 기능은 대체로 인지적, 감정적, 의지적 기능의 세 가지 측면으로 나누어 볼 수 있다.[15)] 양심의 기능을 주로 인지적 측면에서, 도덕적 인식 능력과 관련된 어떤 것으로 이해한 사람은 클라크(S. Clarke), 프라이스(R. Price) 등이다. 이들에 의하면, 양심은 단순히 감정적인 어떤 것이 아니라 도덕적인 선악과 옳고 그름을 판별하게 해주는 힘이다. 이러한 인지적 양심의 능력에 힘입어 우리는 도덕적 행위의 의의를 알 수 있고, 도덕법칙을 인식하게 되며 또 그 도덕법칙을 합리적인 것으로 받아들이게 된다. 실제로 양심을 뜻하는 영어의 "conscience", 독일어의 "Ge-wissen"은 함께 안다는 말이며, 그 지적인 측면을 의미하고 있다고 하겠다.[16)]

다음으로 양심의 기능을 주로 감정적 측면에서 이해하고자 했던 사람으로는 샤츠베리(A.C. Shaftesbury)와 허치슨(F. Hutcheson)을 들 수 있다. 이들은 우리가 옳다고 믿는 일

13) 위의 책, pp.135-136.
14) 김태길, 앞의 책, p.11.
15) The Encyclopedia of Philosophy, New York: Macmillan 1967, p.189.
16) 위의 책, pp.239-240.

을 행할 때 우리에게 어떤 독특한 만족감이 뒤따르고, 나쁘다고 믿는 것을 행할 때에는 불쾌감이 따른다는 사실, 또 타인의 부도덕한 행위를 볼 때 우리에게 불쾌한 감정이 일어나고, 도덕적으로 올바른 행위를 볼 때 유쾌한 감정이 일어난다는 사실로 양심을 설명하고 있다. 이러한 정서주의적 입장에 의하면, 위와 같은 감정적 작용은 동시에 도덕적 행위의 동기가 되며, 양심의 근본적인 힘도 바로 이러한 측면에서 찾아볼 수 있다.17)

그러나 사람이 아무리 도덕적 지식과 도덕적 감정을 가지고 있다 하더라도, 옳고 선한 것을 선택하고 실천하는 의지의 결단이 없다면, 그것은 결국 행위로 연결되지 못하고 말 것이다. 이러한 생각에서 양심을 주로 그 의지적 측면에서 이해하고자 했던 사람으로는 피히테(J.G. Fighte)를 들 수 있다. 그는 양심을 삶의 과정에 있어 자신의 도덕적 사명을 확신하여 끊임없이 활동하라고 명령하는 우리 마음의 작용으로 이해하고자 하였다.18)

한편, 브로드(Broad)는, 양심은 위와 같은 세 가지 기능을 모두 가지고 있는 것으로 파악한다. 양심에 대한 이와 같은 포괄적 정의를 받아들인다면, 양심은 사실상 우리가 지니고 있는 도덕적 본성 자체를 가리키는 말로서 이해되며, 일반적으로 도덕적 지식, 도덕적 숙고, 도덕적 감정, 도덕적 신념, 도덕적 노력 등으로 표현되고 구분되는 것 모두를 포함하고 있는 개념이라 볼 수 있다.

버틀러 역시 양심의 개념을 이와 같이 폭넓게 이해하고 있는 사람에 속한다.19) 버틀러는 그의 저서에서 양심을 도덕적 이성, 도덕감, 신적 이성, 또 이해의 감정, 마음의 지각, 반성의 최고원리 등으로 표현한다. 또한 도덕적 선악에 대한 자연적 감각이라는 표현은 도덕 인식의 즉각성을 강조하며, 도덕적 시인과 부인의 기능이라는 규정은 양심이 행위의 옳고 그름을 판단하는 기능임을 나타낸다. 양심은 자기의 마음이나 기질 또는 행동에 대해 스스로 시인 또는 부인하는 반성의 원리라는 것이다.

> "모든 인간에게는 지고한 반성의 원리 혹은 양심이라는 것이 있어 그의 행위뿐 아니라 마음속의 여러 원리들을 구별하고 판단을 내리며, 어떤 행위는 그 자체로 선하고 옳으며 의롭다고 하고, 또 어떤 행위는 악하고 그르며 의롭지 못하다고 단호히 언명한다. 그것은 의논이나 충고를 기다리지 않고 권위있게 작용하며, 그 행위자를 지지하기도 하고 비난하기도 한다. 어떤 평범하고 정직한 사람으로 하여금 그가 어떤 일련의 행동을 취하기에

17) 최재희, 최재희전집 Ⅲ, 삼지원 1985, pp.240-241.
18) 위의 책, pp.241-242.
19) P. Fuss, "Conscience", in Ethics, Vol.LXVIV, Illinois 1964, p.111.

앞서 스스로 내가 하려고 하는 이 일은 옳은 것일까 혹은 그른 것일까, 그것은 선인가 혹은 악인가를 자문해 보도록 하라. 나는 거의 모든 경우에 거의 모든 공정한 사람에 있어서 이 물음에 대한 답이 진실과 덕에 부합되게 주어지리라는 것을 조금도 의심하지 않는다."[20]

(4) 자기애와 아타심 그리고 양심

버틀러는 모든 인간의 행위를 촉발하는 동기에는 세 가지 차원이 있다고 보았다. 욕정과 애착은 가장 낮은 차원, 자기애와 이타심은 두 번째 단계, 양심은 가장 높은 단계에 놓여 있다.[21] 욕정과 애착은 사람(인격)과 관련되는 것이 아니라 어떤 외적 대상들과 관련된 감정이나 경향성이다. 이러한 외적 요소들은 개인 간을 위해서 뿐 아니라 사회를 위해 기여한다. 그러므로 그것들은 경우에 따라 자기도 모르게 좋은 행동을 촉발한다. 다시 말해, 이러한 열정들은 이기적인 것도 아니고 비 이기적인 것도 아니다.

보다 높은 단계에 자기애(自己愛)의 원리가 있다. 이것은 우리 자신의 행복과 개인적인 번영을 최대로 그러나 분별있게 추구한다. 그리하여 우리의 전 생애를 통해 전체 행복이 극대화될 수 있는 방향으로 충동, 애착, 욕구들을 조절하고 통제한다. 왜냐하면, 궁극적 행복을 위해서는 과도한 욕망들을 어떻게 규제해야 하기 때문이다. 이러한 자기애는 명백한 자기 이익의 관점에서 모든 것을 이성적으로 계산하는 일종의 냉철한 사고작용이라 할 수 있다.

인간은 자신의 욕망이나 욕구를 충족시켰을 경우 대부분 만족해한다. 생리적 욕구의 충족, 부와 명예, 그리고 권력욕구의 충족 등은 인간에게 만족감을 준다. 그러나 그러한 욕구나 욕망의 충족이 그 과정에 있어서 정당성이나 도덕성이 결여되었을 경우에 인간의 내적인 만족, 즉 행복은 충족되지 않는다. 결과적으로 그는 자기애보다는 비애의 상태에 빠지게 된다. 자기애는 부당하거나 과도한 욕구 추구 행위를 통제하고 조절한다.

다음으로 이타심(利他心)의 원리가 있다. 이것은 타인의 복리를 증진시키는 방향으로 작용하는 또 하나의 이성적 원리이다. 이타심은 눈앞에서 곤경에 처한 사람을 바라볼 때 생기는 충동적인 동정심과는 분명하게 구별되는 원리이다. 즉, 공공의 행복을 극대화하려는 이성적 계획에 의한 것이지, 개개인의 형편을 고려하는 것이 아니다. 자기애가 자기 자신의 최대행복을 위해 무분별한 욕망을 억제하듯이, 이타심 또한 자기애처럼 신

20) 박찬구, 양심에 대한 연구, 인문학연구 3집, 한국외국어대학교 외국학종합연구센터 인문과학연구소, p.12에서 재인용, J. Butler, Sermons, Edinburgh 1888.

21) 박찬구, 전게논문, pp.8-11 참조.

중하고 냉철하게 작용하면서 보다 낮은 욕망들을 통제한다.

마지막으로 다른 모든 요소나 원리들 위에 놓여 있는 것이 바로 양심의 원리이다. 이성적 본성에 있어서 양심은 자기애와 이타심보다 상위에 있으며, 다른 여러 요소들이 어디까지 작용해도 좋은지 그 한계를 결정한다. 양심은 하나의 유기적 체계인 인간본성의 내적 구조 전체를 통제한다. 자기애는 오로지 개인의 행복에 관심을 갖는 반면, 양심은 어떤 권위를 가지고 행위를 즉각적으로 시인하거나 부인하는 능력을 갖는다. 또 자기애는 행위자가 냉철하게 생각하도록 촉구하는 반면 양심은 근원적인 도덕적 통찰능력으로 규정된다. 자기애는 이성적 원리의 하나로서 행위의 선악을 판별하는 능력이라 할 수 있지만, 양심에 있어서와 같은 권위를 가지고 있는 것은 아니다. 양심은 그 권위로 인해 최고의 원리가 된다.22)

양심의 원리는 인간의 본성으로서 어떤 사람이라도 어려운 처지에 있는 사람을 돕는 행위와 부당하게 한 친구에게 피해를 주는 행위를 보게 되면, 그는 그 두 행위를 반성하여 전자를 칭찬하고 후자를 비난하게 될 것이다. 양심은 그 행위들의 도덕적 성질을 감지하며 이에 따라 시인 또는 부인하며, 행동을 자극하기도 한다. 이처럼 자기의 마음, 감정, 행위를 시인하거나 부인하는 인간 안의 원리가 바로 양심이다.

그리고 양심은 가령 자애(慈愛)가 결핍되면 이를 보충하여 공익을 추구하게 하며, 동정심이 약하면 약자를 도와야 한다는 의무감으로 이를 보충해서 약자를 돕게 한다. 이처럼 공·사익을 함께 추구하는 것이 인간의 본성에 깃들어 있는 양심이다. 따라서 자기의 본성대로 살아가는 것이 유덕한 생활이 된다. 그 본성에는 감정들과 애정들도 포함되지만, 그런 요소들은 결국 양심의 통제를 받으며, 양심은 우리에게 옳고 그름을 직관과 상식에 의해 판단하여 행하게 하고, 규칙에 따른 의무를 부과한다. 인간본성은 양심의 통제하에 있는 하나의 체계이다. 인간본성의 요소들은 양심의 통제하에서 하나의 기능을 발휘하는 것이다. 양심은 인간본성의 제 원리들(동정, 자기애, 의분 등)을 규제하여 조화롭게 작용케 한다.

양심의 도덕적 당위성은 칸트가 주장하는 선험적인 절대적 도덕법칙에서 찾아볼 수 있다. 칸트는 도덕적 실천법칙에 관련하여 경험적 요소로부터 제약받지 않는 무제약적 실천법칙이 바로 절대적인 도덕법칙이라고 보았으며, 이러한 절대적 도덕법칙은 모든 이성적인 존재에게 보편성을 가져야 하고, 아울러 필연성, 즉 의무로서 명령하는 지적 강제력이 있어야 한다.

22) 박찬구, 전게논문, pp.20-25.

여기에서 도덕법칙의 보편성은 경험적 요소와 감성적 요구를 배제한 오직 선험적인 입법의 형식을 말하고 있다. 이것이 바로 칸트가 말하는 순수실천이성의 근본법칙이다. 따라서 '네 양심의 명령에 따라서 행동하라'와 같은 정언명법은 절대적 도덕법칙에 해당하며, '행복을 위해 옳은 행동을 하라'와 같은 어떤 조건을 붙인 가언명법은 그에 해당하지 않는다. 일정한 상황에 있어서 나에게 옳은 행위는 누구에게나 옳은 행위이며, 나에게 그른 행위는 누구에게도 그른 행위라는 것이다. 다시 말해, 각 개인의 욕구, 감정, 의견 등 경험적 사정의 차이는 행위의 시비를 가림에 있어서 전혀 무관계하다는 뜻이다.

(5) 양심의 도덕적 당위성

우리는 지금까지 양심의 도덕적 당위성에 관한 학자들의 주장을 살펴보았다. 여기에서 다음과 같은 반론에 의해 프로이드와 니체의 양심이론에 설득력이 결여되어 있음을 발견할 수 있다. 일반적으로 인간에게는 순수하고 정신적으로 완전히 정상적이며 건전한 양심현상이 존재한다. 즉 지나간(또는 현재) 자신의 행동에 주의를 하는 이른바 그릇된 양심과 좋은 양심이 있을 뿐만 아니라 양심이란 우리들이 앞으로 어떻게 행동할 것인가를 고려할 때에도 작용한다.

그러한 경우 양심은 우리들에게 주의를 요하는 행동을 하지 못하게 하는 것처럼 미리 경고하는 양심의 모습으로 나타나기도 하고, 어떤 것은 하지 말 것을 요구하는 것처럼 훈계하는 양심의 모습으로 나타나기도 한다. 이처럼 앞으로 일어날 일과 관련된 양심의 형태는 가장 뚜렷하게 도덕적 당위의식을 포함하고 있는 것이다.

한편 "나는 이러한 행동을 해서는 안 되었을 텐데"와 같은 회고적인 양심은 자신의 행동에 대한 부정, 즉 후회, 죄책감 등에 해당한다. 그러나 후회는 미래에 동일한 행동을 반복하지 않겠다는 확고한 의지로 무장되었을 경우에 비록 소극적이나마 도덕적 당위성을 가진다. 소위 그릇된 양심의 발달로서의 이러한 후회나 죄책감 등은 비록 불완전하기는 하나 도덕의 기초가 되고 인간 개선의 측면에서 필연적인 단계라고 볼 수 있다.

이처럼 양심이 비록 과거에 대한 후회, 죄책감, 수치심에 의한 것일지라도, 이것이 미래의 행동에 대한 선악이나 옳고 그름에 대한 판단기준이 될 경우 윤리적 행동기준이 된다는 측면에서 도덕적 당위성을 인정하지 않을 수가 없다. 이러한 맥락에서 규범주의 윤리학자들이 양심이란 인간내부에 선험적으로 존재하는 선·악과 옳고 그름에 대한 판단의 기준이라는 도덕적 당위성 주장과 양심에 대한 윤리적 회의론자들이 주장하는 견해는 결과적으로 큰 차이를 보이지 않는다는 사실을 발견할 수 있다.

경찰관이 각종 사건・사고를 처리하면서 가해자와 피해자를 정확하게 가리고 권한남용이나 인권침해를 하지 않겠다는 것은 법규범을 제대로 지키겠다는 의무감이나, 불법부당한 처리결과로 인한 처벌이 두려워 적법하고 합리적인 처리를 하겠다는 의지에 의한 것일지라도 이는 양심의 명령에 따른 것이다. 각종 사건・사고처리 또는 교통법규위반이나 경찰유관업소 단속과 관련하여 부정한 행위를 하지 않겠다는 의지도 비록 그러한 행위에 대한 처벌의 두려움의 결과일지라도, 양심이 행동기준으로 크게 작용하고, 그러한 양심의 명령을 위반했을 경우에 후회나 죄책감에 시달리는 것도 양심이 작용한 결과이다.

경찰관이 위난에 처한 사람이나 어려운 상황에 있는 사람에게 구조・구원의 손길을 보내는 것도 비록 직업윤리에 따른 행위의 결과일지라도, 특히 그 행위에 대한 법적 구속력이 없을 경우에도 그러한 행위를 하는 것은 선・악과 옳고 그름에 대한 양심의 결과이다. 이처럼 양심은 인간의 가장 포괄적인 도덕규범이다.

2) 좋음(good)과 옳음(right)

(1) 목적론

목적론은 인간행위의 옳고 그름을 행위가 초래할 결과에 따라 판단하는 철학적 사조이다. 인간의 행위는 어떤 목적을 달성하기 위한 행위로서, 이러한 목적달성을 위한 행위가 좋은 결과를 가져올 경우에 인간은 행복하거나 쾌락을 느끼게 된다는 것이다. 목적달성을 위한 행동 결과 인간이 행복해 하거나 쾌락을 느끼게 될 경우 이러한 행동은 좋은 행동이 되고 옳은 행위라고 규정한다.[23]

좋음(good)은 목적론적 윤리설과 공리주의를 주창한 학자들의 핵심적인 가치개념으로서 이른바 선이라고 지칭된다. 이들은 인간이 궁극적으로 추구하는 목적이 있다고 보았으며, 그 목적은 선으로서 쾌락, 행복 등으로 표현되었다. 즉 '행복은 선이다, 쾌락은 선이고 고통은 악이다'와 같은 언명은 목적으로서의 선 또는 본래적 선으로서의 '좋음'의 뜻을 나타내는 것이다.

그러므로 '좋은 경찰관', '좋은 나라', 또는 '적절한 운동은 좋다' 등과 같이 무엇을 위한 수단의 의미를 가지는 좋음은 본래적 의미에서의 선을 의미하는 것이 아니라고 한

23) 김태길, 윤리학, 박영사, 2002, pp.8-9.

다. 또한 옳은 행위란 단지 선(좋음)을 극대화하기 위한 수단으로서의 의미만을 가진다는 점을 강조한다. 어떤 행동이 선한 결과를 가져올 때, 그 행동은 옳음에 해당한다는 주장이다.

또한 수단은 본래적 가치로서 선을 가질 수 없으나, 목적은 선을 가질 수 있다는 것이 목적론의 핵심이다. 따라서 본래적 가치에 해당하는 선은 정의할 수 없으나 옳음은 선에 의하여 정의할 수 있다는 것이다. 즉 '일정한 행동이 주어진 시간에 절대로 옳다거나 의무라고 주장하는 것은 그 행동이 취해 질 때 어떤 다른 행동보다 세계에 더 많은 선이 있게 되고, 더 적은 악이 있게 될 것이라고 주장한다.' 요컨대, 선은 옳음보다 근본개념이며, 어떤 행위가 선에 기여하면 그 행위는 옳은 것이라는 주장이다.

(2) 의무론

목적론이나 공리주의의 주장과는 달리 의무론자(법칙론자)들은 인간의 궁극적 목적의 존재여부를 부정하고, 결과에 의해서 인간행위를 평가하기보다는 과정 그 자체가 중요하다는 측면에서 논리를 전개한다.[24] 의무론은 비결과주의 윤리학에 해당한다. 즉 행위의 옳고 그름을 결정하는 것은 이 행위가 좋은 결과를 가져왔는지에 대한 문제와는 전혀 관계가 없다는 비결과주의를 지향한다. 의무론은 인간행위의 옳고 그름을 행위 자체에서 찾는다. 즉, 인간 행위가 일정한 도덕규칙들과 일치하면 옳은 행위라 하고 이러한 규칙들을 어기면 그른 행위라고 한다. 이러한 도덕규칙은 인간이 지켜야할 의무에 해당한다.

대표적인 의무론자인 칸트는 이 세상에 있어서 또는 이 세상 밖에 있어서까지라도 선의지(善意志) 이외에는 무조건 선하다고 볼 수 있는 것은 하나도 생각할 수 없다라는 말로서 선의지를 인간의 본래적 가치라고 주장했다. 선의지란 옳은 행동을 오로지 그것이 옳다는 이유에서 항상 택하는 의지를 말하며, 행위의 결과를 고려하는 마음이나 어쩔 수 없이 따라가는 의지가 아니라 단순히 그 행위가 옳다는 이유 때문에 그 행위를 선택하는 의지이다. 옳다는 관념은 이러한 의지에 대한 명령과 함께 의무로서의 개념도 포함한다. 선의지란 의무 그 자체를 존중하는 마음에서 의무를 수행하고자 하는 뜻이라고도 말할 수 있다.

옳음은 칸트의 도덕적 실천법칙에 관한 언명에서도 중요한 가치로 등장한다. 즉 실천법칙이란 일정한 상황에 있어서 나에게 옳은 행위는 누구에게나 옳은 행위요, 나에게

24) 앞의 책, p.24.

그른 행위는 누구에게도 그른 행위가 된다. 다시 말해, 개인의 욕구, 감정, 의견 등 경험적 사정의 차이는 행위의 시비를 가림에 있어서 전혀 관계없이 옳음에 따라 행동해야 한다고 주장한다. 이것은 개인의 주관적 의지로서의 준칙이나 어떤 조건 아래서만 타당성을 갖는 가언명법과도 구별되어야 하며, 행위의 결과에 구애됨이 없이 행위 그 자체가 선이기 때문에 무조건 그 수행이 요구되는 도덕적 명령인 정언명법 그 자체를 의미한다.

칸트와 유사한 견해는 프라이스(Richard Price)에게서 찾아볼 수 있다. 그에 의하면, 옳음과 그름은 윤리학에 있어서 가장 기본적인 가치개념이며, 다른 가치개념들은 모두 옳음이라는 가치개념과 동의어이거나 그것으로부터 파생된 개념에 지나지 않는다는 것이다. 예컨대, 의무와 적합함은 도덕적인 의미로 사용될 경우에는 옳음과 같은 의미로 사용된다. 착함과 악함 역시 옳음과 그름과 같은 의미이다.[25] 행위에 대한 의무와 옳음이 동일한 의미라는 주장은 어떤 행위가 옳다고 할 경우에 우리는 그 행위를 수행할 의무가 있다는 뜻을 내포하기 때문이다.

그러면 옳음과 의무의 근거는 무엇인가? 프라이스는 옳음이란 궁극적이며 단순한 개념으로서 단지 오성(悟性,understanding, 지성이나 사고의 능력)에 의하여 직관적으로 파악될 수 있을 뿐이라고 주장한다. 그러므로 옳음이나 의무의 근거는 개인의 의지 또는 그 행위가 초래할 결과에 관계없이 그 행위 자체가 옳은 까닭에 행할 의무가 생기는 것이라는 주장이다. 무엇 때문에 하는 것이 아니라 그저 옳기 때문에 해야 한다는 것이다.[26]

프라이스는 옳음의 가치를 가지고 있는 여섯 가지 주요한 덕목을 제시한다. 그는 공리주의의 최대 다수의 최대 행복이 행위의 옳고 그름을 가리는 유일한 표준이라는 주장에 반대하고, 여섯 가지 덕목이 옳음의 가치를 가지고 있다는 것은 다른 무엇에 의하여 증명되는 것이 아니라 직관적으로 자명하다고 주장한다. 그 여섯 가지 덕목이란 첫째, '신에 대한 의무', 둘째, '자아에 대한 의무', 즉 신중, 셋째, '인자', 넷째, '감은', 다섯째, '성실', 그리고 여섯째, '공정'이다.

로스(Ross)는 윤리적 용어 가운데서 가장 기본적인 것을 옳음, 좋음, 그리고 착함의 셋으로 구분하고, 윤리학의 출발은 옳음의 뜻을 밝히는 데서 출발해야 한다고 주장한다. 로스는 옳음이 행위의 동기보다는 그 적합성에 관련하여 사용되는 개념이라는 측면에서 행위의 동기를 강조하는 착함과는 구별한다. 또한 옳음이 가능한 최대량의 선을 가져온

25) R. Price, A Review of the Principal Questions in Morals, Oxford, 1948년판, p.104.
26) Ibid., p.110.

다는 주장과는 사실상 일치할지도 모르나 그 의미는 전혀 다르다고 주장한다. 우리는 약속을 지키는 것은 옳은 행위라고 말하지만, 그 약속의 이행에서 오는 모든 결과를 고려하여 약속을 지키는 것이 아니다. 따라서 옳음은 최대량의 선(good)의 결과를 가져오는 것과는 반드시 일치하지는 않는다.27)

이러한 맥락에서 로스는 옳음이란 고유하고 객관적인 특질을 나타내는 말로서 다른 말로 바꿀 수 없는 궁극적인 평가어라고 주장한다. 목적론적 윤리설을 신봉하는 학자들이 좋음에 대해서 그러했듯이 로스 또한 옳음을 궁극적인 관념으로 본 것이다.

그러면 옳음을 판별하는 궁극적인 방법은 무엇인가? 이러한 의문에 대해 그것을 판별하는 궁극적인 방법은 직관에 의존할 수밖에 없다는 점을 분명히 한다. 그러나 모든 옳은 것들에 적합성과 유용성이라는 공통된 특색이 있다고 주장한다. 즉 주어진 상황에 있어서 어떤 행동을 옳은 행동으로 만드는 것은 그 상황에 대한 적합성과 유용성이 있어야 한다는 것이다.28)

(3) 행위기준에 대한 논의

우리는 경찰관이 공·사생활에 있어서 그 행위기준으로 좋음에 따를 것인가, 또는 옳음에 따를 것인가라는 문제에 대해 따져 볼 필요가 있다. 인간행위의 선악을 구분하는 좋음이라는 개념과, 이 개념에 맞서는 행위기준으로서의 옳음이라는 개념은 서로 본질적인 차이를 보임으로써 과연 경찰관이라는 직업인의 위치에서 어느 행위기준에 따라서 행동하는 것이 바람직할 것인가라는 논의를 전개하지 않을 수 없다.

먼저 경찰관도 인간이기 때문에 인간의 궁극적 목적으로서 선(good)을 추구하는 것은 당연하다. 그러면 좋다는 것은 경찰관의 공·사 생활에 있어서 보편성과 필연성을 가지는 개념인가? 인간이 쾌락을 추구하고 고통을 회피하는 것은 경찰관에게도 합당한 주장이다. 비록 목적론이나 공리주의자들이 쾌락을 선으로서 강조함으로써 쾌락지상주의, 또는 육체적·물질적 쾌락을 선으로 인정한다는 비난을 받기도 하지만, 그 과정이 옳고 정당하다면 쾌락의 질이나 종류에 대해서 논쟁을 전개할 필요는 없다. 그런데 문제는 행위의 결과 행복과 쾌락이라는 좋음에 도달한 행위자와 관련된 상대방의 입장에서는 반대의 현상을 초래한다는 점이다. 다시 말해, 좋음은 행위자에게는 행복과 쾌락을 주지만, 상대방은 고통이라는 점이다.

가령 경찰관이 교통신호위반이나 음주운전을 하는 운전자를 단속하거나 불법영업을

27) W.D. Ross, The Right and the Good, Oxford, 1955, p.9.
28) Ibid., pp.12-32.

하는 업소를 단속했을 경우에 해당 경찰관과 다른 시민들은 좋다고 할 것이지만, 단속을 당한 사람들은 고통을 받음으로써 경찰관의 행위를 좋다고 생각하지 않을 수 있다. 경찰관이 사건·사고를 처리하거나 각종 단속을 하면서 부당한 수법으로 사적 이익을 챙김으로써 개인적으로는 고통보다는 즐거움을 느낄 수 있다. 그러나 상대방이나 일반 시민들은 경찰관의 부정행위를 좋은 행위라고 보지 않을 것임에 틀림없다. 여기에서 '옳은 행위이기 때문에 그 결과는 좋은 행위이다'라고 할 경우에 행위의 좋음에 대한 보편성이 확보될 수 있다. 목적론에서 '선에 기여하는 행위는 옳은 행위'라고 하는 것과, '옳기 때문에 그 결과적 행위는 좋은 것'과는 구별되는 개념이다.

옳음은 구체적 행위를 평가하는데 적절한 평가기능을 갖고 있다. '그의 봉사 행위는 옳다', '경찰관의 범인성 유흥업소 단속행위는 옳다', '범법자를 검거하는 행위는 옳다', '깨끗한 사생활은 옳다' 등은 보편성과 당위성을 가진 언명이다. 좋음은 인물이나 사물을 평가하는데 더 적절한 개념이다. 즉 '그는 좋은 사람이다', '그것은 좋은 책이다', '그것은 좋은 물건이다'와 같은 표현은 좋다라는 말이 잘 어울린다.

이러한 맥락에서 경찰관이란 구체적 행위를 통해서 평가받는 직업이므로 옳음이 행위기준으로 되어야 하는 것이 타당해 보인다. 칸트의 선의지의 개념, 즉 옳은 행동을 오로지 그것이 옳다는 이유에서 항상 택하는 의지를 말하며, 행위의 결과를 고려하는 마음이나 어쩔 수 없이 따라가는 의지가 아니라 단순히 그 행위가 옳다는 이유 때문에 그 행위를 선택하는 의지라는 개념은 경찰관의 행위기준으로 분명한 지침이 된다. 또한 나에게 옳은 행위는 누구에게나 옳은 행위이며, 나에게 그른 행위는 누구에게나 그른 행위라는 실천법칙의 전제는 역시 경찰관의 실천지침으로 충분한 의미를 가진다.

(4) 옳음에 대한 판별: 직관과 상황 적합성

그러면 옳음은 무엇으로 판별하는가? 이미 앞에서 논의되었듯이 옳음은 직관에 의존한다. 선이라는 개념도 직관에 의존하는 것과 같은 논리이다. 그러나 옳음은 상황에 따른 적합성을 그 특색으로 제시하기 때문에 판별에 상당히 도움이 된다. 그러므로 옳음은 인간의 직관과 특정 상황에 대한 적합성의 측면에서 확인되어야 한다.

직관이란 판단, 추리, 경험 등과 같은 간접적인 수단에 의하지 않고 머리 속에 순간적으로 떠오르는 지적인 요소에 의하여 직접 대상에 대한 실재 또는 진실을 파악하는 것을 의미한다. 그러므로 직관에 작용하는 요소가 무엇인가에 대해서는 분명하지 않다. 일반적으로 철학이나 윤리학에서 말하는 직관이란 경험 등을 배제한 선험적인 지적 요소라는 점을 강하게 부각하고 있으나 우리는 인간의 선악이나 옳고 그름에 대한 판별을 할 수 있는 직관적인 요소가 선험적으로 타고나는지 확인할 수가 없다.

따라서 여기에서 경찰관의 행동과 관련하여 작용하는 직관적인 요소는 이미 앞에서 논의된 양심, 일반 상식, 각종 업무관련 법적 지식, 윤리강령 등이 해당될 것으로 생각된다. 다시 말해, 인간의 직관에 작용하는 요소는 양심과 각종 지식의 결합체라고 할 수 있을 것 같다. 살인이나 강도, 납치강도, 또는 조직폭력배와 같은 흉악범죄자를 조사하는 경찰관이 피의자의 가증스러운 태도나 반성하지 않는 태도에 대해 분노를 느끼고 강력한 체벌을 가하고 싶은 욕구가 분출될 때, 그러한 체벌은 고문이나 인권침해라는 비난과 아울러 법적인 문제로 문책 당하게 된다는 사실을 각종 법적·경험적 지식에 의해 알고 있으므로 모든 분노를 가라앉히고 이른바 민주적이고 인권 위주의 조사를 수행하게 되는 것이다.

순찰 중인 경찰이 자신을 보자마자 도주하는 사람을 발견했을 때 머릿속에 범죄자, 또는 수배자일 것이라는 생각이 순간적으로 떠오를 것이고 즉시 그를 추격하게 될 것이다. 이는 경찰을 보고 도망가는 자는 범법자일 것이라는 경험적 지식이 머릿속에 자리잡고 있기 때문이다. 경찰관이 공·사적으로 깨끗한 생활을 해야 한다는 도덕적 당위성, 즉 그것이 옳다는 측면에서의 도덕적 당위성은 양심이나 각종 윤리강령, 또는 법적인 의무와 같은 것에 기초한 직관이 끊임없이 작용한 결과라고 생각된다.

이제 옳음을 상황의 적합성과 연결시켜서 설명할 때가 되었다. 상황이란 용어는 그 자체 개념적으로 모호하고, 적합성이라는 용어도 개념적으로 모호하기 그지없다. 그러므로 개별적인 사례에 따라서 설명하는 것이 최선일 것으로 보인다. K 순경이 순찰 중에 불에 타고 있는 건물 안에 어린이가 갇힌 상황 속에서 소방차가 도착하기까지 기다리는 화재현장을 발견하고, 더 이상 지체하면 어린이의 생명이 위험할 수도 있다는 주민들의 구호요청에 자신의 생명·신체에 대한 위험을 무릅쓰고 어린이를 구호하는 행위는 상황 적합성이라는 측면에서 옳은 행위이다.

물론 위험에 처한 시민의 생명을 구호하는 것은 경찰의 당연한 법적 임무에 속하는 것이므로 상황 적합성이나 행위의 옳음 여부를 따질 문제가 아니라는 주장도 가능하다. 그러나 불길 속에 안전하게 접근할 장구도 없고, 소방차가 현장으로 오고 있는 상황에서 위험을 감수하고 불길 속으로 뛰어드는 것은 그 상황에 있어서 행동의 적합성에 대한 지혜로운 판단이 요구되기 때문에 무조건 법적인 임무로 몰아갈 성격의 문제는 아니라고 본다.

부부싸움 사건 신고를 받고 출동한 N순경은 현장에 도착하여 이 사건을 형사사건으로 처리해야 할 것인지, 아니면 부부 간의 충돌이므로 적절한 화해의 종용으로 가정의 평화를 찾아줄 것인지에 대해 상황과 사건처리 방법의 적합성의 판단에 따라 대응해야 될 모호한 위치에 처하게 될 수 있다. 형사사건으로 다루지 않고는 이 사건이 제대로 해결되지 않을 상황인데도 가정문제라고 해서 사건처리를 방관한다든지, 부부 간의 적절한 대화에 의해 조용하게 끝날 수 있는 상황인데도 끝까지 형사절차에 의한 사건으로 처리하겠다고 고집하는 것은 상황에 대한 적합성이 없다는 이유로 옳은 행위라는 평가를 받지 못할 것이다. 이처럼 경찰관의 구체적인 업무수행 행위나 사생활은 직관이나 상황의 적합성의 작용에 의해 판별되는 옳음의 차원에서 준수되어야 할 것이다.

최근에 사회문제로 대두되고 있는 층간 소음 갈등 신고를 받고 출동한 2명의 경찰관의 대응자세를 보면 전혀 상황적합성이 없다. 신고를 당한 위층 가해자가 흉기를 들고 아래층으로 내려와서 피해자를 공격하고 피해자의 가족이 이를 저지하는 과정에서 피해자 가족 3명이 상해를 당했다. 특히 피해자의 아내는 경추 부상으로 의식불명에 빠졌으며, 식물인간이 될 확률이 90%에 달한다고 한다. 딸은 얼굴을 크게 다쳐 제대로 된 활동을 못하게 되었다. 현장에 파견된 남성경찰은 경력 19년차로 삼단봉과 실탄 권총으로 무장하였고, 여경은 삼단봉과 테이저건으로 무장하여 범죄상황에 대응할 준비를 마친 상태였다. 경찰 1명은 가해자가 아래층으로 내려와 피해 일가 중 부인을 흉기로 공격하는 것을 보고도 무장한 테이저건을 사용하지 않고 선임이 있는 아래층으로 내려갔다. 남편과 딸이 가해자에 맞서 대항한 결과 가해자를 제압했다. 경찰의 상황 적합성이 없는 무대응으로 피해자 가족들이 큰 상처와 피해를 입었다. 이 상황에서는 경찰은 왜 권총과 테이저건을 가지고 다니는지 의심스럽다. 이러한 상황적합성이 없는 경찰의 대응으로 시민 3명이 큰 상해를 입은 흉기난동 사건의 결과는 한참 옳지 못한 행동이다.

3. 보편적인 도덕원리

인간행위는 외부 또는 내부요인에 의해 좌우된다. 행위의 외부요인은 인간의 목표, 외부의 자극, 상황 등으로 압축된다. 목적이 없는 행위는 인간행위가 아니라고 할 정도로 인간은 어떤 목적을 달성하기 위해 다양한 수단을 동원하고 행동한다. 또한 인간행위는 자극/반응의 논리에 따라 설명되듯이 외부의 자극에 대한 반응으로서 행동하는 경우도 아주 흔한 일이다. 상황에 따른 인간행위는 자극/반응의 행동원리도 포함되지만,

직접적인 자극은 없지만 돌아가는 주변의 상황에 따라 행동하지 않을 수 없는 경우도 많다. 이러한 요인들은 인간의 외부에 존재하는 것이므로 인간행위의 객관적·외적요인이라고 정의된다.

다음으로 우리가 생각해 볼 수 있는 것은 앞에서 논의된 뚜렷한 외부요인이 없는데도 인간의 행위가 이루어지는 경우가 있다. 이러한 경우에 그러한 인간의 행위는 인간의 내부요인에 의해 동기부여된 것으로 규정할 수 있다. 인간행위의 내부요인은 다양하지만 도덕적인 측면에서 논의되는 요인으로는 중용, 선과 악, 좋음과 옳음, 사랑, 정의 등에 대한 가치판단, 또는 도덕감과 동정심과 같은 것이 작용한 것이라고 볼 수 있다.

그러나 인간의 행위가 어느 요인에 의해 이루어지든 그 행위의 저변에 작용하는 도덕원리는 거의 동일하지 않을 수 없다. 외부요인에 의한 행위도 그 도덕성과 비도덕성은 인간 내부에 자리잡고 있는 도덕원리에 의해 결정되고, 내부요인에 의한 행위도 마찬가지일 것이다. 경찰관이 유흥업소의 불법영업 단속이나 교통단속, 그리고 고소·고발 사건을 처리하는 경우나 인질범이나 흉기를 들고 저항하는 흉악범을 검거하는 경우에도 법규에 의해 규정된 매뉴얼에 따라서 행동하지만, 그 매뉴얼의 밑바탕에는 기본적인 도덕원리가 깔려 있는 것이다. 흉악범에 대해서도 함부로 총기를 사용하지 못하고, 그 사용이 허용되는 상황에서도 범법자의 생명을 빼앗을 수는 없다. 각종 단속의 경우에도 공정하고 청렴해야 하며, 위급한 상황에 처한 사람의 구조에 최선을 다해야 한다.

그러므로 여기에서는 인간행위를 결정하는 인간 내부적 도덕원리를 중심으로 살펴보고자 한다. 특히 정의의 원리는 인간행위에 대한 중요한 내적 도덕원리에 해당한다. 그러나 정의의 원리는 이미 앞에서 깊이 있게 논의하였으므로 여기에서는 생략하기로 한다.

1) 중용의 원리

아리스토텔레스는 중용을 인간행위의 실천의 덕으로서의 도덕의 본질이라고 보았다. 개별적 행동이 덕의 태도에 적합, 또는 부적합한가에 따라서 도덕적으로 선한 행위, 또는 악한 행위로 규정된다는 것이다. 인간의 덕은 도덕적 태도를 말하고, 그것이 도덕의 본질이다.

덕이란 부정적인 평가를 받고 있는 두 가지 극단적인 태도, 즉 두 가지의 나쁘다고 하는 특성을 띠고 있는 태도들 사이의 중간 입장을 받아들이는 것을 말한다. 이때 이러한 두 가지의 이른바 나쁘다고 하는 것들 중의 하나는 동일한 특성의 결핍(과소)이고, 다른 하나는 동일한 특성의 과다(너무 많음)를 의미한다. 그래서 덕이라고 하는 것은 이

양 극단의 중간, 즉 중용을 말한다.

여기에서 중용은 두 가지 나쁜 양 극단의 중간에 있다고 하는 중간이 무슨 의미인가에 대한 논쟁이 있다. 이 같은 표현이 수학적인 엄격한 의미의 중간을 의미하는 것이 아니라 다만 덕에 대한 태도가 두 가지 극단적으로 나쁘게 평가되고 있는 태도들 사이에 있는 것이라고 말하는 것에 지나지 않는다.[29)]

중용이 산술적 중간이 아닌 까닭에 그것을 산출하는 일률적인 계산법은 있을 수 없다. 아리스토텔레스는 올바른 도덕 태도란 일반적으로 다른 극단적인 태도에 더 가까이 위치해 있다는 것을 분명하게 밝히고 있다. 경우에 따라서는 목숨을 걸고 앞으로 나아감이 용기가 될 수도 있고, 때로는 주저없이 뒤로 물러섬이 용기가 될 수도 있다. 같은 금액의 소비가 때로는 낭비가 되기도 하고, 때로는 인색이 될 수도 있다. 요컨대, 어느 점이 중용에 해당하느냐는 상황에 따라서 변동하는 것이며, 일반적인 원칙으로부터 이 점을 연역할 방도는 없다.

아리스토텔레스는 정서의 중용에 관하여 우리가 공포, 자신감, 욕망, 연민, 노여움, 그리고 쾌락과 고통에 중용이 있다고 보았다. 용기는 공포와 자신감에 관한 덕이며, 절제는 쾌락을 추구하는 것과 관련된 덕이고, 관후는 돈 씀씀이에 관한 덕이다. 그리고 긍지는 명예에 관한 덕이다. 이처럼 우리가 추구해야 할 덕은 과부족의 중간에 있다. 예컨대, 용기는 비겁과 만용의 중용이며, 절제는 방종과 무감각(무능)의 중용이며, 관후는 인색과 방탕의 중용이다. 또한 긍지는 비굴함과 허영심의 중용이다.[30)]

정서 표출의 중용 역시 양적 개념이 아니라 정서가 표출되는 조건의 적절성을 말한다. 승진한 경찰관이 그 기쁨을 낙방한 동료 앞에서 과도하게 나타낸다든지 상사가 작은 실수를 한 부하에게 지나치게 화를 낸다든지 하는 것은 중용의 도를 넘은 것이므로 덕스러운 행동이 아니다. 정서는 올바른 시기, 올바른 대상에 대해 올바른 이유와 바른 방법으로 표출될 때 중용이라는 것이다.

그러면 중용의 인식에 관한 일반적인 공식이 없다면 무엇으로써 인식이 가능할 것인가? 아리스토텔레스는 덕을 형성하는 올바른 중용의 상태를 결정하는 것은 이성, 즉 로고스(Logos)라고 보았다. 아울러 이성이 어떤 표준에 따라 '그 자체로서 적절한 중용을 발견할 수 있을 것인가'에 대한 기준을 제시한다.[31)]

29) 한스 라이너 저, 이석호 역, 위의 책, pp.308-309.
30) 강재륜, 위의 책, p.66.
31) 한스 라이너 저, 이석호 역, 위의 책, pp.310-311.

첫째, 그것은 인간의 개인적인 형편에 따라 좌우되고, 둘째, 덕에 대한 인간의 태도가 중용 결정의 표준이 된다는 것이다. 그러나 아리스토텔레스는 인간의 중용점 발견을 위한 논리적인 규칙을 제시하지는 못하였고, 궁극적으로 인간의 이성과 직관의 중요성을 강조한다. 여기에서 말하는 직관은 인간의 지적인 식견을 의미한다. 따라서 중용의 발견은 식견있는 사람의 직관력에 의존한다. 누구나 원의 중심을 발견할 수 있는 것이 아니라 과학자만이 발견할 수 있는 것과 같다. 누구나 화를 낼 수 있다는 것은 그것이 쉬운 일이기 때문이다.

그러나 적절한 사람에게, 적절한 금액을, 적절한 이유로, 적절한 시기에, 적절한 방법으로 준다는 것은 쉬운 일이 아니다. 인간이 두 가지 대립되는 성향에 의해 나타나는 양극단적인 행위는 이성에 의해서 인도되고 상호 제약되는 것이라면 선이 되고 그렇지 않다면 악이 된다. 대담성은 이성의 인도와 제약에 의해 참된 용기로 되고, 두려움은 이성의 인도와 제약에 의해 신중성으로 나타난다. 반대로 이성의 인도와 제약이 없다면, 전자는 만용이 되고, 후자는 비겁이 된다.

중용원리는 가치 통합적이고 종합적이다. 아리스토텔레스가 실천의 덕보다 이론의 덕을 더 높이 평가한 근거를 우리는 희랍철학의 주지주의적(主知主義的)경향의 결과, 즉 감각과 정서보다는 지성 또는 이성을 중요시하는 태도의 결과라고 이해해야 하겠지만, 그가 높은 식견을 중용 실천의 필수조건으로 본 점에도 그 이유의 일단이 있다.

동양사상에서도 중용의 원리는 도덕률의 핵심이 되고 있다. 공자의 예 사상의 중심은 중용의 관념이다. 공자는 중용의 의미를 치우침이 없고, 의지함도 없으며, 지나침도 없고, 못 미침도 없는 상태, 즉 과불급(過不及)이 없는 상태로 규정한다. 그러므로 인간의 외향적인 형식으로서의 예가 조금이라도 못 미치거나 지나치면 중용의 도를 벗어난 것이므로 예가 아니다. 맹자는 중용의 중은 편향됨이 없고, 지나치거나 부족함이 없다는 뜻이요, 용은 평상을 지칭하는 것이라고 하였고, 주자는 중이라는 것은 천하의 정도요, 용이라는 것은 천하의 정리라고 하여 과불급이 없는 중용지행을 최고의 가치라고 강조하였다.

공자는 중용의 미덕과 반 중용의 악덕을 구분한다. 중용의 다섯 가지 미덕으로는 ① 은혜를 베풀되 낭비하지 않고, ② 노역을 시키되 원망을 사지 않고, ③ 무엇을 하고자 하되 탐내지 않고, ④ 태연하되 교만하지 않고, ⑤ 위엄이 있으되 사납지 않을 것을 들고 있다. 이러한 중용의 미덕을 실천하는 것이 바로 아름다운 조화를 이루는 것을 의미한다.

한편, 공자가 말하는 반 중용의 네 가지 악덕은 다음과 같다. 즉 ① 가르치지도 않고서 죄를 범했다고 죽이는 잔혹, ② 미리 알리지도 않고서 일을 재촉하는 난폭, ③ 명령을 소홀히 해놓고서 기약을 엄수할 것을 요구하는 도적, ④ 사람들에게 고루 나누어주어야 할 때 그것을 내주는데 인색한 유사(有司, 집사) 등 이 네 가지 악덕은 중용에 반하는 것으로서 나쁜 행위로 규정한다. 이처럼 공자는 극기복례, 즉 자신의 욕심을 버리고 예의와 법도를 따르는 마음으로 되돌아감을 통해서 곧 자신을 절제하고 조절하여 보편・타당한 도리로서의 예를 따름으로써 치우침이 없는 중도를 실현해야 한다는 중용의 도를 강조한다.[32]

2) 사랑의 원리

정의와 마찬가지로 사랑도 온갖 도덕을 포괄하는 태도로 표현되고 인식되어 왔다. 사랑은 구약성서적 유대교의 교리에 포함된 이후 서양의 도덕과 윤리학에 분명하고 지대한 영향을 미친 것이 사실이다. 예수 그리스도는 분명하게 사랑을 모든 다른 계명을 포괄하는 도덕의 원리로 제시하면서 다음과 같이 말한다. '온 마음과 영혼을 다해서 하느님을 사랑하라, 그리고 네 이웃을 네 몸과 같이 사랑하라.'[33] 그리고 신약성서에서 사용된 사랑의 개념은 그 이후에 대부분의 유럽의 언어에서 형성된 사랑의 개념보다 더욱 명백하게 규정된다. 신약성서에서 말하는 사랑은 순수한 헌신적인 사랑만을 의미한다. 그것은 성적인 의미의 사랑도 아니고, 다정다감한 우정도 아니고, 신이 인간을 사랑하는 것과 유사한 아가페(Agape)적인 사랑이다.

하나님이 전 인류를 무조건 사랑하였듯이 너희도 하나님을 사랑하고, 또한 타인을 사랑하는 것이 아가페이다. 에로스(Eros)가 대상의 가치를 추구하는 자기 본위의 사랑이라면,[34] 아가페는 대상 그 자체를 사랑하는 타인 위주의 헌신적인 사랑을 말한다. 예수가 말하는 사랑은 도덕적 기준이며 인간의 도덕적 지위에 대한 기준이다. 다시 말해, 사랑이란 인간이 지닌 도덕적 가치의 척도이다.

토마스 아퀴나스(Thomas Aquinas)는 신의 덕을 믿음, 소망, 사랑으로 구분하고, 믿음은 신의 진리에 따른 규칙이고, 소망은 신의 전능한 힘에 따른 규칙이며, 사랑은 신의 선에 따른 규칙이라고 규정하면서 사랑이 그 중에서 최상의 덕이라고 단언했다. 사도

32) 조현규, 위의 책, pp.44-45.
33) 마태복음 22장 39절.
34) 플라톤에 의하면, 에로스란 절대의 선을 영원히 소유하려는 차원 높은 충동적 생명력이다.

바울(St Paul)은 믿음, 소망, 사랑 이 세 가지는 언제나 남아 있을 것이지만, 이 중에서 가장 위대한 것은 사랑이라고 말했다. 사랑은 이제 기독교적 신앙을 전제로 하지 않는 순수한 철학적 윤리학에서도 도덕의 근본 원리로 제시되고 있다. 이때에 제시되는 사랑의 개념은 기독교적 그것과는 물론 다르다.

쇼펜하우어(Arthur Schopenhaur)는 모든 사랑이 동정에서 비롯된다고 주장하면서 도덕원리로 연결시킨다. 그는 동정의 원리에서 우선적으로 어떤 다른 사람의 고통에 대하여 다른 어떤 사항과는 관계없이 연민의 정을 느끼고 이것을 통하여 다른 사람의 고통을 저지하거나 제거하려는 노력을 하게 된다고 강조한다.[35] 이 연민의 정이 단순한 감정으로 머물러 있는 것이 아니라 모든 행동의 동기가 된다는 것이다. 나아가 그는 동정의 작용을 두 가지 등급으로 구분한다. 첫째의 등급은 동정이 이기적이고 악의적인 동기들을 억제하면서 다른 사람에게 고통을 유발하지 못하게 자신을 제어하는데 있다는 것이고, 두 번째 더 높은 등급의 동정은 활발하게 다른 사람들을 도와주면서 적극적으로 영향을 미치는 것을 의미한다. 첫 번째 등급의 동정은 법적 의무를 형성하는 도덕적 행위에 해당하고, 두 번째 등급에서는 덕의 의무에 대한 도덕적 기초가 된다. 쇼펜하우어는 이 두 가지 동정을 포괄하여 “아무에게도 해를 끼치지 마라, 아울러 모든 이들을 도울 수 있는 대로 도와라”라는 도덕원리를 제시하였다.

실증주의의 창시자인 오귀스트 콩트(Auguste Comte)도 사랑을 도덕의 원리로 선언하였다. 즉 그는 원칙에 대한 사랑, 기초에 대한 질서, 목적에 대한 진보라는 것을 도덕원리로 내세웠다.[36] 그가 내세우는 사랑의 본질은 타인을 위한 삶이었다. 사랑에 대한 이러한 태도는 이타주의적이라는 개념을 만들었다. 이로써 사랑의 태도는 이기주의에 대한 반대의 의미로 사용되게 되었으며, 이타주의는 도덕의 고유한 원리로 받아들여지게 되었다.

사랑의 원리가 정의나 선악, 또는 옳음의 차원과 연결시켜 논의되지 못하고, 단지 동정심과 이타주의적 삶의 차원에서 사랑이 논의된다는 점에서 도덕원리로서는 부족하다는 견해가 가능하다. 옳지 못하여 부정의하고 선하지 못한 사람에 대해서 단지 동정심이나 연민의 차원에서 그를 도와야 하는지 분명하지 않다. 다른 사람을 위한 생활이란 무엇을 도와주어야 하는지 알 수가 없다. 그것이 고통으로부터 자유, 많은 기쁨과 즐거움의 향유, 안녕의 증진을 의미하는지 분명하지 않다. 그러므로 여기에서의 사랑은 개인

35) 한스 라이너, 이석호 역, 앞의 책, p.327.

36) 위의 책, pp.327-328.

의 안락한 생활과 안녕의 개선 차원에 머무는 것이 아니라 개인의 인격완성의 준비, 도덕적인 선의 증진, 인간에 내재해 있는 사랑의 힘 자체와 다른 덕성의 증진까지 포함하는 것으로 이해해야 한다.

사랑은 모든 사람을 대상으로 하는 것이므로 반드시 불우하거나 소외된 사람들만을 대상으로 하는 것이 아니다. 그러므로 사랑의 원리는 반드시 개인에 대한 정서적, 또는 물리적인 배려에 한정될 필요는 없고, 좀 더 넓은 도덕적인 개선까지 포함시켜야 할 것으로 보인다.

3) 황금률의 원리

(1) 개념적 발전

정의와 사랑의 원리와 마찬가지로 이른바 황금률의 원리도 명백하게 도덕의 기본원리 또는 도덕의 핵심적인 규범으로 지지받아 왔다.

"사람들이 네가 원하지 않는 것을 너에게 하는 것을 네가 원하지 않듯이 너도 다른 사람들이 원하지 않는 것을 그들에게 하지 말아라"라는 격언의 형식으로 오늘날의 독일권에서 일반적으로 널리 알려져 있는 도덕원리로 그 역사가 깊다.[37] 지금까지 가장 오래된 이 황금률의 증거는 적어도 BC 5세기로 되돌아가서 바빌론의 아히카르(Achicar)에 포함되어 있다. 이 설화에는 바빌론의 현자 아히카르가 그의 아들에게 했던 훈계와 생활의 지침으로 다음과 같은 교훈적인 말들로 되어 있다. 즉 "아들아 너에게 악이라고 여겨지는 것을 네가 너의 친구에게 해서는 안 되느니라"고 하는 것이었다.[38] 유사한 말은 "네가 좋아하지 않는 것을 아무에게도 행하지 말아라"라고 하는 구약성서 구절에서 발견할 수 있다.

황금률의 원리는 신약성서에서 다음과 같은 표현으로 나타난다. "사람들이 너희들에게 행하여 주기를 너희들이 바라는 바대로 너희들도 다른 사람들에게 똑같이 행하도록 하라"(마태복음 7장 12절, 누가복음 6장 31절), 그리고 예수는 "왜냐하면 이것이 율법이며 예언서이기 때문이니라"라는 내용을 첨가함으로써 황금률은 도덕의 모든 요구들에 대한 포괄적인 표현으로 묘사되었다. 또한 이 황금률이 하느님에 대한 사랑과 이웃에 대한 사랑의 명령에 따른 것이었기 때문에, 이렇게 해서 황금률의 원리는 실제적으로 사랑의 원리와 같은 것으로 여겨졌다.

---

37) 위의 책, p.331.
38) 위의 책, p.332.

이처럼 바빌로니아의 사상으로부터 유대교를 거쳐서 신약성서와 초기 기독교의 사상으로 전해 내려오는 황금률에 대한 일련의 전승과 이에 대한 증거가 있지만, 이 같은 기독교적인 전통과는 완전히 다른 계통의 황금률이 초기에도 있었다. 이 같은 황금률은 고대 그리스의 칠 현인들에게 속하는 잠언들과 헤로도투스(Herodotus)의 가르침에 잘 나타나 있다.[39] 그렇지만 여기에서는 황금률의 표현형식이 본질적으로 달랐다. 즉 "네가 이웃에 대하여 격분하는 그런 것을 스스로 하지 않도록 하라", "나는 나 자신이 이웃에 대해서 비난하는 것들 중에서 어떠한 것이라도 가능한 한 스스로 하지 않을 것이다", "너희들이 서로 참을 수 있다면, 너희들이 화를 내고 있는 그러한 일을 다른 사람들에게 하지 않도록 하라."[40]

황금률의 원리는 아우구스티누스(A.D. Augustinus)에 의해 통속적인 도덕규범에서 철학적인 원리로의 변화가 이루어졌으며, 이후 수 세기를 거치면서 수많은 신학자들과 철학자들에 의해 자연적 도덕법의 근본원리로서의 표현으로 요청되었다.[41] 로크(John Locke)는 부정적 표현의 황금률과 긍정적 표현의 황금률을 교묘하게 종합하여 이러한 자연법의 원리를 '사람들이 행하기를 원하는 바대로 그렇게 행동하라'는 그런 내용으로 규정하고 이것을 가장 확고한 도덕의 규칙과 모든 사회적 도덕의 기초라고 하였다.[42]

프랑스의 학술원 총재를 지낸 뒤끌로(Duclos)는 황금률의 원리를 고대의 형식으로 되돌아가서 다음과 같이 정식화하였다. "다른 사람들이 너희들에게 하기를 바라지 않는 것을 너희들도 그들에게 결코 하지 말라. 이러한 격언을 정확하게 그리고 엄격하게 지키는 것이 성실함이다. 그리고 다른 사람이 너희에게 해주기를 바라는 바를 너희가 다른 사람에게 행하도록 하라. 이것이 바로 덕성이다."[43]

황금률의 원리는 공자의 인을 실행하는 행위원리로서의 충서(忠恕)에서 찾아볼 수 있다. 충이란 치우침이 없는 바른 마음으로서 자기의 정성을 다하여 남에게 베풀어주는 것이요, 서는 자기가 하기 싫은 일을 남에게 시키지 않는 것이다. 제자인 자공이 공자에게 인이 무엇이냐고 물었을 때, "대체로 인한 사람은 자기가 서고자 하면 남을 서게 하고, 자기가 통달하고자 하면 남을 통달하게 해주는 것이다. 가까운 자기를 미루어 남을

39) 그리스 초기 융성기에 학식과 도덕적인 면에서 이상적인 인물이라고 여겨진 7명의 현자, 이들 중 탈레스, 비아스, 피타코스, 솔론 등 네 사람은 거의 분명하지만 이 밖의 세 사람은 전해오는 전설에 따라 차이가 있다.

40) 위의 책, pp.333-334.

41) 위의 책, p.336.

42) 위의 책, p.337.

43) 위의 책, p.338.

이해할 수 있다면, 이것이 곧 인에 이르는 방법이라고 할 수 있을 것이다"라고 대답하였다. 자공이 평생토록 행할 만한 것을 한 마디로 말해달라고 하자 그는 "서(恕)일게다. 자기가 하고 싶지 않은 것을 남에게 시키지 말라"고 하였다. 사람은 누구나 다 좋아하고 싫어하는 감정을 가지고 있으므로 자기의 좋아함을 미루어 남의 좋아함을 알아주고, 자기의 싫어함을 미루어 남의 싫어함을 알아주어야 한다는 것이다.

공자의 가르침은 그 내용에 있어서 황금률의 원리와 조금도 차이가 없다. 인간이 남이 싫어하는 것을 피하고 좋아하는 것만을 말한다는 것 자체가 어려운 일이지만, 조직관리나 기타 문제해결에 아무런 관계도 없는 경우에 일부러 남이 싫어하는 말을 찾아서 강조하는 것은 인의 덕이 부족한 소인배의 행위에 해당한다 할 것이다.

(2) 감정이입 규율과 자율성의 규율

황금률의 본질은 자신의 소망이나 욕망으로부터 시작된다는 것이 특징이다. 그것은 우선 나에 관한 다른 사람의 태도는 말하지 않고, 고통을 당하는 것이 어디에서 유래하는 것인지는 말하지 않고, 단순히 자신의 어떤 고통에 관해서 우선적으로 표현할 뿐이다. 여기에서 의미하는 것은 우리가 바라지 않는 고통을 다른 사람에게 행하여서는 안 된다고 하는 것이다. 이러한 황금률의 의미는 자신의 고통스럽고 괴로운 체험을 바탕으로 우리가 그와 똑같은 괴로움을 가하고자 했던 사람의 처지에 서서 그의 처지를 느끼고, 이에 따라 그의 처지를 고려해야 한다는 것이다. 따라서 우리는 이러한 유형의 황금률을 이른바 '감정이입(感情移入, empathy)규율'로 표현할 수 있다.44)

감정이입적 규율은 나의 아픈 기억이나 감정을 토대로 다른 사람의 아픔이나 감정을 헤아려 생각하고 행동해야 한다는 점을 핵심으로 하지만, 이것이 상황에 따라서는 도덕적 궁극적인 원리가 될 수 없다는 것은 분명하다. 우리들 스스로 원하지 않는 그 어떤 것을 다른 사람에게 행하는 것이 도덕적인 면에서 정당한 것으로 인정되는 경우가 흔히 있기 때문이다.

우리는 그와 같은 경우를 모든 형벌에서 찾아 볼 수 있다. 경찰관이 범죄자를 검거하고 인신구속을 하는 것은 그 당사자에게 원하지 않는 고통을 주는 것이지만, 도덕적으로 전혀 문제가 없는 정당한 행위이다. 우리는 때때로 이성과 정의감이 동의하는 것보다 더 많은 고통이나 손해를 입지 않고자 하거나 더 많은 기쁨과 재화를 바라기도 한다. 인간은 천사나 군자가 아니라 동물적인 욕망을 가진 인간이기 때문이다. 또한 우리들의

44) 위의 책, pp.340-341.

소망은 다른 사람들에게 무엇을 행하여야 하고, 무엇을 행하여서는 안 되는 것인가에 대한 기준을 명백하게 제시하지도 못한다.

그럼에도 황금률의 원리는 일반적으로 그 자체의 윤리적 의미와 타당성을 가지고 있다. 인간은 개인적, 조직적 생활 속에서 황금률에 따라 신중한 고려를 함으로써 고통과 손해를 보지 않을 수 있으며, 동시에 자신을 위한 지나친 요구와 주장을 하지 않을 수도 있다. 황금률의 원리에 따른 행위는 중용으로 나아가는 지혜를 제시해주는 단초가 될 수도 있다. 과하지도 부족하지도 않은 태도와 행위는 나와 타인 모두에게 해를 끼치지 않고 이익이 되는 평화를 가져오기 때문이다.

한편, 황금률의 원리는 자율성의 규율을 내포하고 있다. 우리가 도덕원리를 제시해 놓고 지키지 않는다면, 자신과 다른 사람들에게 정말 부끄러운 일이다. 이 원리는 개인에게 부과되는 의무인 동시에 통찰을 통해 자유롭게 결정되는 행동기준이다. 따라서 이 원리를 받아들이고 행동기준으로 삼는 것은 개인의 통찰에 의해 자유롭게 결정되는 것이 그 본질이다.

황금률의 원리가 개인의 자유의지의 산물이 아니라 외재적인 힘이나 요인의 작용에 의한 것이라면, 그 윤리적 가치와 의미는 퇴색될 것이다. '사람들이 너에게 하기를 네가 원하지 않는 것을 어떤 다른 사람에게도 하지 않도록 하라'와 '사람들이 네가 원하지 않는 것을 너에게 하는 것을 원하지 않듯이 너도 다른 사람들에게 하지 않도록 하라'.[45] 이 황금률의 원리는 감정이입 규율과 자율성 규율이 결합된 표현이다.

제 3 절 악법에 대한 철학적 논쟁

1. 악법과 윤리

홉스를 비롯한 사상가들의 자연법에 대한 개념적 차이는 있지만, 자연법이 근거하는 이성이 신의 이성이나 자연의 논리, 또는 인간의 이성 등 어느 것이든 객관적 윤리질서를 반영하는 이성을 의미한다는 사실이 중요하다. 객관적 윤리질서에 따른 법은 당연히 그 윤리성이 인정되기 때문이다.[46]

45) 위의 책, pp.343-344.
46) 강재륜, 위의 책, pp.83-84.

법은 바른 이성과 정의의 기본법이라고 하는 자연법과 이 자연법에 따라 악을 처벌하고 선을 지키기 위하여 만들어진 실정법인 인정법(人定法)이 있다. 인정법은 일정한 시대의 특정국가의 법인 데 반하여 자연법은 모든 시대의 모든 국가들에게 적용되는 법이다.

그러나 문제는 인간에 의해 제정되는 법은 정치적 과정을 거치게 되고, 그 과정에서 집권층은 그들의 권력유지에 유리하도록 법을 제정할 수 있다는 사실이다. 비록 다양한 투표나 다수결 원칙에 의해 인간의 이성을 결집하는 방법을 채택한다고 해도 이러한 메커니즘은 객관적 윤리질서를 완벽하게 보장하지는 못한다. 인간의 이기심과 다양한 욕망의 영향으로 정치메커니즘은 항상 왜곡될 소지를 충분히 안고 있다. 독재정권의 법은 대부분 정치메커니즘에 의해 객관적 윤리질서가 왜곡된 결과이다. 여기에서 악법의 문제가 제기된다.

그러면 객관적 윤리질서를 반영하지 못하는 악법도 법인가? 자연법을 부정하는 법실증주의자들은 법적 안정성을 이유로 정당한 절차만 밟아서 제정된 법이면 악법도 법이라고 본다. 법실증주의는 대개 법률에 특별한 규정이 없는 한, 법률이 정당하지 않다고 해서 효력이 없거나 법이 아니라는 주장은 있을 수 없다는 전제에 근거하고 있다. 따라서 비록 법이 부도덕 또는 부정당하다고 하더라도 법에 복종할 윤리적 의무가 있다는 것이다. 악법은 적정절차에 의해서 개정되지 않는 한 법적 안정을 위해 반드시 준수되어야 한다.

반면, 자연법론자들은 사회의 객관적 윤리질서에 반하는 법은 명백한 악법이라고 본다. 법적 안정성이 중요하기는 하지만, 이것이 악법에 의한 질서유지나 평온을 보장해주지는 못한다. 법이 객관적 윤리질서와 사회정의를 부정하면 이는 불법에 지나지 않는다. 그러므로 악법에 대해서는 시민불복종이나 저항이 정당화된다.

그러면 법실증주의자와 자연법론자들의 악법에 대한 견해를 살펴보고, 악법에 대한 경찰의 태도에 관하여 살펴보기로 한다.

2. 악법에 대한 학설의 대립

1) 법실증주의자

(1) 기본가정

① 국가와 사회의 관계에서 사회나 개인에 대하여 국가의 우월성을 강조한다.

② 법과 도덕 간에는 논리적·필연적 관계가 없으며, 법의 설명에는 도덕적 요소나 정의에 대한 언급이 필요치 않다.

③ 인간의 기본권은 자연권으로 존재하는 것이 아니라 법률에 의해서 비로소 창설되는 것이라고 본다.

④ 법적 타당성과 사회적 적합성을 가지고 현실적으로 적용되는 실정법만이 법으로서 역할을 할 수 있고, 지극히 상대적이고 추상적인 자연법은 배제하여야 마땅하다.

(2) 악법에 대한 태도

① 자연법을 부정하는 법실증주의자들은 법적 안정성을 이유로 정당한 절차만 밟아서 제정된 법이면 악법도 법이라고 본다.

② 법실증주의는 대개 법률에 특별한 규정이 없는 한, 법률이 정당하지 않다고 해서 효력이 없거나 법이 아니라는 주장은 있을 수 없다는 전제에 근거하고 있다. 따라서 비록 법이 부도덕 또는 부정당하다고 하더라도 법에 복종할 윤리적 의무가 있다고 주장한다. 악법은 적정절차에 의해서 개정되지 않는 한 법적 안정을 위해 반드시 준수되어야 한다.

③ 실정법에 위배된 자연법의 구속력을 부정하고, 실정법에의 복종을 주장하며 국민의 저항권을 부정한다.

2) 자연법론자

(1) 기본가정

① 자연법은 실정법과 비교되는 의미에서 법이 어떠하여야 하는가, 어떠한 법이 존재하여야 하는가에 대한 당위의 법이다.

② 자연법은 이성에 의해 선험적으로 인식되고, 정의의 실현을 그 내용으로 하기에 인위적인 시간과 공간, 예컨대 국가나 시대, 사회를 초월한 보편타당성을 전제로 한다. 자연법이 실정법의 근원이 된다는 것도 바로 이 때문이다.

③ 자연법론에 따르면, 모든 실정법은 이러한 자연법에 기초해야만 하며, 그렇기에 자연법은 실정법의 정당성을 판단하는 기준으로서 역할을 할 수 있다.

④ 국가와 사회의 대립을 전제로 국가에 대한 사회나 개인의 우월성을 강조한다.

⑤ 인간의 기본권은 국가 이전에 이미 존재하던 것을 국가가 법으로 확인하는 것이라고 주장한다.

(2) 악법에 대한 태도

① 법적 안정성보다 공동체가 추구하는 객관적 윤리질서에 중점을 둔다. 법적 안정성이 중요하기는 하지만, 이것이 악법에 의한 질서유지나 평온을 보장해주지는 못한다. 법이 객관적 윤리질서와 사회정의를 부정하면 이는 불법에 지나지 않는다.

② 자연법론자들은 사회의 객관적 윤리질서에 반하는 법은 명백한 악법이라고 주장한다.

③ 자연법에 위배된 실정법의 구속력을 부정한다. 그러므로 실정법에 우선되는 자연법을 강조하며 악법에 대해서는 시민불복종이나 저항권이 정당화된다.

3. 저항권 행사와 경찰의 태도

1) 의의

저항권이란 주권자로서의 국민이 공권력에 의해 침해된 헌법적 기본질서를 회복하기 위하여 취할 수 있는 비상식적인 헌법보호수단이자 기본권보장을 위한 권리의 성격을 가진다.

2) 저항권행사의 요건

헌법학자들에 의하면, 악법에 대한 저항권 행사가 정당화되는 요건으로

① 민주적 · 법치국가적 기본질서를 전면적으로 부인하는 경우,

② 공권력행사의 불법성이 객관적으로 명백하고,

③ 최후의 수단일 것 등을 제시한다. 보충성, 즉 자연법적 관점에 의하더라도 저항권은 최후수단성이 적용되므로 저항권은 공동체에서 요인된 제도적 수단을 총동원해도 악법에 의한 불법을 막을 길이 없을 때, 최후적으로 행사되어야 한다.

3) 경찰의 태도

(1) 자연법론적 관점

경찰이 악법에 대해 자연법론적 관점을 가지면 악법에 대한 시민들의 저항을 어느 정도 묵인하는 태도를 취하게 된다. 그러나 일반적으로 민주주의적 정치체제와 절차적 정의를 갖춘 법은 경찰이 악법이라고 규정할 수 있는 권한이 인정되기 어렵다.

(2) 악법여부가 명백한 경우

어떠한 법이 공동체의 객관적 윤리질서에 반하는 것이 명백하고 정상적인 제도적 절차에 의해 그 해결이 어려운 경우라면, 그리고 법이나 제도가 현행의 정의롭다고 생각되는 자유민주주의 체제를 이탈하거나 지배계층의 입장을 옹호하기 위해 부정의할 경우에 시민불복종은 정당화된다. 이러한 경우에 경찰은 시민들의 저항권을 저지하기 위해 공권력을 행사할 수 없다.

(3) 악법여부가 불분명한 경우

법이 공동체의 객관적 윤리질서에 위배되는지가 불분명하고 제도적 채널을 통해 해결가능성이 있는 경우라면, 경찰은 법질서 보호를 위해 현실적인 법에 근거하여 법을 집행하여야 한다.

(4) 폭력적인 저항권 행사와 경찰의 태도

① 시민불복종은 흔히 법이나 정책에 변혁을 가져 올 목적으로 행해지는 공공적이고 비폭력적이며 양심적이긴 하지만, 법에 반하는 정치적 행위를 의미한다. 여기에서 강조되는 것은 비폭력성이다. 비폭력성은 비록 시민 불복종이 기존의 법에 대한 도전이지만, 법체계의 범위 안에서 그 정당성을 인정받겠다는 신념의 표현이며, 다른 사람들을 해칠 수 있는 폭력을 피하려는 것이다.

② 따라서 폭력적인 시민불복종은 어느 정도 정의로운 민주주의 사회에서 정당화되지 않는다. 시민불복종이라는 명분으로 폭력을 행사한다면, 현행의 법체제를 지키는 경찰은 당연히 폭력을 제압해야할 법적인 책무와 윤리적 의무를 진다.[47)]

③ 사회의 법질서를 지키는 경찰의 입장에서 객관적 윤리질서를 내용으로 하는 정의로운 법과 악법의 구분을 명백하게 구분하기도 어렵다. 그러므로 사회질서를 붕괴시키는 폭력행위는 현행의 법체제 아래에서 허용될 수가 없다.

④ 비록 객관적인 윤리질서에 반하고 정의롭지 못한 법일지라도, 이에 대한 불복종이 폭력적일 경우에 경찰이 이러한 행위에 동조할 수는 없다. 경찰권의 발동은 그 원인에 따라 결정되는 것이 아니라 사태의 사회질서 혼란정도에 의해 결정되기 때문이다.

⑤ 악법도 법이라는 말이 생기게 한 소크라테스의 견해는 우리에게 시사하는 바가 크다. 그는 반대자들의 무고에 의해 배심원의 재판에서 약간의 표차(280대 220)로 유죄가 되고, 결국 사형에 처해진다.[48)] 그러나 대부분의 시민들과 지성인들은 소크라테스가

47) 존 롤스 저, 황경식 역, 사회정의론, 서광사, 1985, pp.375-378.

사형을 받아야 하는 죄인으로 인정치 않았다.

제4절 경찰문화와 경찰윤리

1. 냉소주의

1) 의의

냉소주의(cynicism)는 그리스 냉소주의 학파들의 학교가 있는 아테네 근교도시 또는 개를 지칭하는 고대 그리스어 켠(Kyon)으로부터 유래한다. 견유주의라고도 하는 냉소주의는 과거에는 인간의 본성에 관한 기본적인 철학이나 한 개인이 가지고 있는 불신과 조소로 특징지어지는 성격특성을 의미하는 경우가 많았다. 그러나 최근에는 특정한 사회제도 때문에 생기는 좌절과 환멸을 의미한다.

키니코스(Kynicos)라는 그리스말은 '개 같다'는 뜻으로 관습, 제도, 법률 등을 부정하고, 개처럼 자유스러운 삶을 추구한다는 것을 의미한다. 따라서 개인이 지배하는 거대질서인 정부체제, 사회조직, 인간관계, 국민성, 기타 정책 등을 비난 또는 자조하면서 그 현상을 비관적으로 바라보는 사상이다.

2) 경찰과 냉소주의

① 경찰의 경우에 경찰에 대한 외부통제기능을 수행하는 정치권력, 대중매체, 시민단체의 부패는 경찰의 냉소주의를 불러일으키고, 부패의 전염효과를 가져온다는 것이다. 또한 니더호퍼(Authur Niederhoffer)에 따르면, 시민들이 부패원인을 제공하고 그들 스스로 부패행위를 저지르면서 경찰만이 부패한 부류로 매도하는 이중성은 경찰의 사회문화나 윤리규범에 대한 냉소주의적인 태도를 취하게 한다.

② 윤리적 냉소주의는 자기조직 자체의 구조적인 문제와 일반시민들의 이중적인 태도에서 비롯되는 사회에 대한 냉소적인 태도를 의미한다. 조직 자체에 대한 냉소는 고위간부들의 이중성이 주된 원인이다.[49]

48) 강재륜, 앞의 책, pp.31-35.

49) Elizabeth Reuss-Ianni, Two Culture of Policing: Street Cops and management Cops, Transaction Books, 1984, pp.1-16.

③ 또한 경찰의 사회에 대한 냉소는 부와 권력을 가진 자는 물론이고, 일반시민들의 이중적인 태도가 원인이다. 특히 부와 권력을 가진 자들은 경찰에게 높은 윤리의식을 요구하지만, 그들 자신들은 비도덕적인 행동을 일삼으면서 경찰에게 갖은 압력이나 청탁으로 자신의 잘못을 눈감아달라는 위선적인 태도는 경찰의 냉소를 불러일으킨다.

3) 특징

① 냉소주의는 대상이 특정되어 있지 않은 불특정 대상에 대한 냉소이며, 합리적 근거 없이 경멸하고 무시한다. ② 냉소의 대상을 개선시키겠다는 의지가 없다. ③ 니더호퍼는 냉소주의가 자신의 신념체계가 붕괴되었지만, 새로운 것에 의해 대체되지 않을 때 나타나는 아노미 현상으로 보았다. ④ 냉소주의와 회의주의 모두 불신을 바탕으로 한 공통점이 있다. ⑤ 극복방안은 의사결정 과정에 참여, 의사소통 과정의 개선, 인간은 정직하고 책임감이 있으므로 민주적인 관리를 해야 한다는 Y이론에 의한 행정관리 등이다.

2. 회의주의

1) 의의

기원전 5세기에 살았던 고대 그리스의 철학자로서 회의주의자라고 불릴 수 있는 소피스트인 프로타고라스(Protagoras)는 "인간은 만물의 척도이다"라고 말했다. 이 말은 일반적으로는 세상에 절대적인 기준과 가치가 없으며, 각자가 모든 것의 진실에 대한 기준이라는 것을 의미한다. 선과 악의 도덕적 판단기준은 각 개인에게 있고, 개인마다 그 기준이 다르기 때문에 모든 진리는 상대적이다. 따라서 보편적이고 절대적인 진리는 존재하지 않는다. 이러한 관점을 도덕률에 적용하면 세상에 절대적인 도덕적 가치가 있다는 것을 부정하는 철학적 회의주의의 한 형태인 도덕적 상대주의가 된다.

이처럼 철학적 회의주의는 인간인식이 모두 주관적·상대적이어서 진리의 절대성을 의심하고 궁극적인 판단을 하지 않으려는 태도를 취하는 것을 의미한다. 따라서 규범·관습의 수용과 가치판단의 객관적 기준에 대한 합리적인 의심을 하고, 특정한 주체의 확실성에 대하여 의심한다. 또한 진정한 지식 또는 특정한 지식은 불확실하므로 보류된 판단과 체계화된 의심 또는 비판을 한다.

2) 특징

① 세상에 절대적인 도덕적 가치나 기준이 있다는 것을 부정하는 철학적 회의주의의 한 형태인 도덕적 상대주의와 유사하다. ② 특정대상에 대하여 회의적이다. ③ 특정대상을 합리적으로 의심한다. ④ 대상을 개선시키겠다는 의지가 있다.

제 5 절 바람직한 경찰의 역할 모델

1. 범죄와 싸우는 경찰 모델

1) 개념

범죄와 싸우는 경찰모델은 수사·형사 등 법 집행을 통한 범법자 제압 측면을 강조하는 모델로서 시민들은 범인을 제압하여 체포하고 단속하는 것이 경찰의 주된 임무라고 인식한다.

2) 장점 및 단점

① 경찰역할 수행을 가시화하여 전문직화에 기여하지만, 경찰의 역할은 범죄예방, 교통질서유지, 집회·시위대응, 치안정보 수집, 인사관리, 민원업무 등 다양하므로 전체경찰의 임무를 포괄하는 것은 불가능하다.

② 법집행에 있어 범법자들은 공공의 적이고 경찰은 공공의 적을 응징하는 정의의 사자라는 흑백논리에 따른 이분법적 오류에 빠질 우려가 있고, 이 경우에 인권침해의 우려가 있다.

③ 범죄진압 이외의 업무에 종사하는 경찰관들의 사기를 떨어뜨리고 다른 영역의 업무를 수행하기 위한 기법이나 지식의 개발이 등한시 될 우려가 있다. 실제 범죄는 다양한 요인에 의해 발생하므로 보다 넓게 경찰활동을 규정해야 한다.

2. 치안 서비스 제공 모델

1) 개념

치안 서비스란 경찰활동의 전 부분을 포괄하는 용어이며 가장 바람직한 경찰모델로서 범죄와의 싸움도 치안 서비스의 한부분에 불과하고, 시민에 대한 서비스 활동과 사회봉사활동의 측면이 강조되어 지역사회 경찰활동과 일맥상통하는 측면이 있다.

2) 본질

① 대역적 권위(stand in authority: 代役的 權威)에 의한 활동: 대역적 권위란 경찰이 시민을 대신하여 역할을 할 수 있게 인정받은 권위를 말한다. 그 이유는 경찰이라는 조직의 광범성과 모든 사건사고에 신속한 대응능력을 갖춘 경찰근무 시스템의 특성 때문이다. 즉 경찰은 24시간 근무와 지역적으로 광범위한 조직을 가지고 있어서 사고현장이나 응급조치가 필요한 경우 제일 먼저 접근할 수 있기 때문에 여러 사회 영역에서 공식적이고 명백하게 권한의 근거가 없는 경우에도 비공식적으로 또는 관행적으로 사회봉사활동에 관여하는 것을 의미한다. 다만, 이는 일시적이고 임시방편적이어서 법적 근거를 가진 사회봉사 활동기관의 활동 내에서 이루어져야 한다.

② 비권력적 치안 서비스의 적극제공, 사회의 갈등해결 및 갈등발생의 개연성의 최소화를 기할 수 있다.

제 6 절 경찰의 전문직업화

1. 의의

미국에서 경찰의 높은 사회적 지위를 확보하기 위하여 추진된 경찰개혁운동인 경찰의 전문직업화운동은 미국경찰의 아버지라고 일컬어지는 오거스트 볼머(August Vollmer) 등에 의해 추진되었다. 한편, 클라이니히(John Kleinig)는 전문직의 특징을 공동체의 권위 인정, 공공서비스 제공, 특수한 지식과 전문기술, 고등교육, 자율과 재량, 제도화된 자기규제, 윤리강령 등으로 제시하였다.

2. 장점 및 단점

1) 장점

① 전문직은 사회적 위상제고와 긍지를 불러일으키고, 자율과 재량의 촉진을 통해 업무의 수행을 원활히 한다. ② 인적 자원의 질적 향상을 기대할 수 있고, 보수상승의 요인이 된다. ③ 조직 내 우수한 인재를 흡수할 수 있으며, 치안 서비스 질의 향상을 기대할 수 있다.

2) 단점

(1) 부권주의

전문직업적 부권주의란 아버지가 자식의 문제를 결정하듯이 전문가가 우월적 지식에 근거하여 비전문가의 판단을 전혀 고려치 않고 자신의 판단으로 대신하려는 윤리적 문제점을 말한다. 경찰이 비전문가인 국민들의 의견이나 판단을 고려치 않는 부권주의는 치안 서비스의 질을 저하시킬 수 있다.

(2) 차별의 문제

① 전문직이 되는 데 장기간의 교육과 비용이 들어 경제적 약자인 가난한 사람은 전문가가 되는 기회를 상실할 수 있다. ② 경찰이 전문직업화 되어 자신의 이익을 추구함에 따라 경제적 · 교육적 약자에게 경찰에의 접근을 차단하는 현상이 발생할 수 있다.

(3) 소외

직업이 전문화 될 경우 나무는 보고 숲은 보지 못하듯 전문가가 자신의 국지적 분야만 보고 전체적인 맥락을 보지 못할 수 있다.

(4) 사적인 이익을 위한 이용

전문직들은 그들의 지식과 기술로 상당한 사회적 힘을 소유한다. 그러나 이러한 힘을 때때로 공익보다는 사적인 이익을 위해서만 이용하기도 한다.

제 8 장 POLICE ETHICS

경찰의 일탈과 부패

제 1 절 작은 호의와 경찰부패에 대한 논의

경찰은 업무를 수행하는 과정에 지역주민들로부터 커피나 음료수, 가벼운 식사나 선물을 받는 경우가 발생한다. 이러한 물질적 호의를 작은 호의라고 한다. 이러한 형태의 작은 호의는 한국은 물론이고 인간 사회가 존재하는 어느 곳에서든 인간관계에 있어서는 하나의 미덕으로 인식되기도 한다. 그러나 문제는 이러한 작은 호의가 부패행위의 시발점이 될 수 있다는 점이다.

1. 미끄러지기 쉬운 경사로 논쟁

미끄러지기 쉬운 경사로 논쟁은 작은 호의를 거부해야 한다고 주장하는 사람들이 제시하는 논점 중의 하나이다. 그 논거는 경사로 위에 발을 올려놓은 행위자는 점점 경사로를 따라 조금씩 미끄러져 들어가듯이, 부패행위 역시 아주 사소한 행위로부터 시작해서 점점 큰 부패로 이어진다는 주장이다.[1)]

1) 금지주의: 셔먼과 델라트르

① 셔먼(Lawrence Sherman)은 경사로 논증과 관련하여 경찰관의 작은 호의는 허용되

1) John Kleinig, The Ethics of Policing, Cambridge University Press, 1966 pp.174-177.

어서는 안 된다고 주장한다. 그에 의하면, 경찰관은 작은 부수입의 수용으로부터 불법영업 묵인에 대한 금품수수, 나아가 도박장과 윤락업소로부터 갈취, 그리고 마약에 손대는 것으로 비교적 부드러운 경사로를 타고 내려오듯이 점점 더 큰 부패와 범죄로 빠진다는 것이다.2)

② 셔먼은 경사로의 중간단계에 있는 풍속단속과 관련된 부정들이 경찰관들에 대한 가장 큰 유혹이며, 일단 이 유혹에 빠지게 되면 계속해서 더 큰 부패에 빠지게 된다는 것이다.

③ 델라트르(E.J. Delattre)는 공짜 커피를 마시는 경찰관이 모두 미끄러지기 쉬운 경사로를 따라 더 큰 부패에 빠지는 것은 아니지만, 일부의 경찰관이 더 큰 부패에 빠져드는 것이 사실이라면, 이는 결코 무시할 수 없는 일이므로 모든 작은 호의는 제도적으로 금지되어야 한다고 강조한다. 경찰관이 전문직업인으로서 대접받고자 한다면, 작은 팁에 유사한 작은 호의의 수용은 용인되어서는 안 된다고 주장한다.

2) 허용주의: 펠드버그와 클라이니히, 형성재이론

펠드버그(Michal Feldberg)는 셔먼의 주장에 대해 동의하지 않는다. 그에 의하면,

① 경찰관들이 작은 호의를 받았다고 해서 큰 부패를 범하는 것은 아니므로 셔먼의 주장은 관념적 가설에 지나지 않는다고 주장한다.

② 대부분의 경찰관들이 사소한 호의와 부패한 뇌물 사이를 구별할 수 있다. 따라서 미끄러지기 쉬운 경사로 논증은 비현실적이고 위선적이며, 경찰관의 지능과 인격에 대한 모독적인 주장이라고 비판한다.

③ 미끄러지기 쉬운 경사로 논증이 연구에 의해서 검증된 것도 아니며, 논리적으로도 설득력이 있는 것도 아니라고 항변한다. 경사로 논증이 내세우는 것은 준 신학적 전제, 즉 인간은 본성적으로 탐욕스러우며, 작은 부패에 물들면 좀 더 큰 부패에 빠져들기 시작한다는 전제에 근거해 있다고 비판한다.

클라이니히(John Kleinig)는 펠드버그가 셔먼보다 좀더 현실적이라고 생각한다.3)

① 경찰관리자들이 부하들의 공짜 커피를 도덕적 타락의 증거나 도덕적 타협의 시작으로 보는 것은 사소한 것을 대단한 일인 것처럼 다루는 것으로 비치게 되어 부하들의

2) Lawrence W. Sherman, "Becoming bent: Moral careers of corrupt Policeman" in Frederick A. Elliston and Michael Feldberg eds., Moral Issues in Police Work, Rowman & Allanheld, 1985, p.259.

3) Kleinig, pp.180-181.

존경과 신뢰를 상실할 위험에 빠지게 된다.

② 또한 경찰관리자가 공짜 커피도 부패행위로 규정하면, 공짜 커피를 받아 마신 경찰관은 이제 자신의 도덕적 타락을 당연시하고 경사로 논증의 논리대로 더 깊은 곳으로 미끄러져 내려가는 것만 남았다고 생각하게 될 것이다.

③ 형성재 이론은 작은 호의에 대해 긍정적이다. 작은 사례나 호의는 시민과의 원만하고 긍정적인 사회관계를 만들어주는 형성재라는 측면에서 긍정적이다.

2. 부패의 개념정의

1) 경찰부패에 관한 개념 정의

(1) 하이덴하이머의 부정부패 개념정의

하이덴하이머(Arnold J. Heidenheimer)는 세 가지 관점에서 부패를 규정한다.[4)]

① 관직중심적 정의

부패는 관료들이 사적 이익의 추구를 위해 공적 규범을 일탈하는 행위로 규정된다. 또한 부정부패란 사적 또는 정치적 이득을 획득하기 위한 정부 권한의 모든 불법적 또는 비윤리적 사용이라고 정의된다. 부패는 뇌물수수 행위와 특히 결부되어 있지만, 반드시 금전적인 형태일 필요가 없는 사적인 이익에 대한 고려의 결과로 공적권위를 오·남용하는 경우를 포괄하는 행위로 규정한다.

② 시장중심적 정의

고객들은 관료제를 공공서비스에 대한 집권화된 배분장치로 본다. 이러한 권력적인 배분장치 속에서 관료들은 사적인 이득을 극대화하는 형태로 공공 서비스를 제공하는 경향이 나타나게 된다. 따라서 고객들은 잘 알려진 위험을 감수하고라도 원하는 이익(공공 서비스)을 받는 것을 확실히 하기 위하여 높은 가격(뇌물)을 지불하려고 한다. 이것이 바로 부패이다.

③ 공익중심적 정의

관직을 가진 사람이 법적으로 규정되어 있지 않은 금전적인 또는 다른 형태의 보수를 받고 그런 보수를 제공하는 사람들에게 이익을 제공함으로써 공중에게 손해를 끼칠 때 부패가 발생한다. 즉, 부패를 공동체 이익에 반하는 특수이익을 선호함으로써 공익을

4) Arnold J. Heidenheimer, Political Corruption, Holt, Rinehart & Winston, 1970, pp.4-6.

해치는 행위로 규정한다.

(2) 경찰부패 개념에 대한 결어

부패는 일탈행위와는 분명히 구별되는 개념이다. 학자들의 부패에 대한 개념정의에서 발견할 수 있는 공통점은 경찰부패를 모든 형태의 경찰비행이나 일탈행위와 동일시하지는 않는다는 점이다. 부패행위는 다음과 같은 행위로 요약해 볼 수 있다.

부패행위는 ① 돈, 재화, 서비스뿐만 아니라 지위, 영향력, 위신, 장래의 지원 등의 목적을 위해 행해진다. ② 권위의 남용뿐만 아니라 권위의 적절한 사용의 형태로도 이루어진다. ③ 적법한 권한행사라도 사적인 이익의 동기가 개입되고, 사적 이익이 결부되면 부정부패에 해당한다.

그러나 최근에 이른바 「김영란법」에 의하면, 대가성이 없더라도 공직자, 특히 고위공직자의 경우에 사인으로부터 금품을 받으면 부패로 처벌해야 한다고 규정하고 있다.

2) 관료부패에 대한 관점

(1) 기능주의적 관점

역사적으로 보면 부패는 한때 별로 문제시되지 않기도 하여 부패란 단지 공직자의 부정직한 일련의 행위 정도로서 인식되었는가 하면, '문명의 충돌'로 유명한 헌팅턴(Samuel Phillips Huntington)과 같은 정치학자는 급속한 근대화 과정에서 저급한 정치제도화가 관료 부패를 촉진시킨다고 주장하기도 하였다. 특히 한국과 같은 동아시아 국가의 낮은 윤리성과 부패문제는 유교 문화와 같은 문화적 특성과 관계가 깊다고 주장하였다.

1960년대 이전의 기능주의적 관점은 관료 부패를 근대화 과정의 국가들이 보편적으로 직면하게 되는 불가피한 병리현상으로 보고, 일정한 발전단계에 들어서면 자연적으로 감소 또는 소멸되는 자기 파괴적인 속성을 지닌 것으로 보았다. 또한 관료 부패를 발전의 부산물로 보고 관료 부패가 경제발전에 순기능적 영향을 미치기도 하는 것으로 인식하였다. 따라서 관료 부패를 일시적으로 자행되는 개인의 행동으로 보고, 법률적 · 윤리적 차원의 처방을 제시하기도 하였다.

(2) 후기 기능주의적 관점

1970년대 이후 대두된 후기 기능주의적 관점은 관료 부패를 자기 파괴적인 것으로 보기 보다는 자기 영속적인 것으로 파악하였다. 후진국이 발전하여 어느 정도 안정성을 유지한다고 해서 자연적으로 관료 부패가 파괴·소멸하는 것이 아니라 시대의 변화와 상관없이 다양한 먹이를 먹고 사는 하나의 거대한 괴물이 된다는 것이다. 즉 관료 부패는 정치발전이나 제도화의 어떤 단계에서도 나타나는 보편적인 현상이라는 것이다.

사회의 구조가 복잡해지고 권력과 부에 대한 경쟁이 극심해짐에 따라 사회의 다양한 이권과 관련된 정책을 결정하는 위치에 있는 정치 엘리트나 관료들은 다양한 이권 관련 당사자들과 후원자·고객망과 같은 부패고리를 형성하게 된다는 것이다.

관료 부패는 다양한 요인에 의해 발생한다. 관료 개인의 가치관이나 행태뿐만 아니라 조직풍토와 행정문화 그리고 사회문화적·환경적 영향을 받는다는 점에서 구조적인 성격을 지닌다.

(3) 행동경제학적 관점

전통경제학에서는 인간은 감정이 없고 비이성적인 행동을 하지 않으며 항상 합리적으로 생각하고 행동하는 존재로 전제하고 연구를 한다.

그러나 감정의 영향을 받는 인간의 본성 그대로를 연구하는 행동경제학에서는 인간은 이기적 동기뿐만 아니라, 비이기적인 요인에 의해서도 행동한다고 보아, 인간이 타인에게 선한 사람으로 인식되고 싶은 욕구를 지니고 있다는 점을 강조하며, 부패의 발생에는 이기적 동기는 물론 비이기적인 요인도 영향을 끼친다고 주장한다. 결과적으로 사람들은 이기적·비이기적인 두 가지 욕구가 충족되도록 하기 위해 남을 속이면서도 스스로 정직하게 보일 수 있는 경계를 탐색하게 되며, 스스로를 용인할 수 있는 거짓말(부패행위)을 하게 된다. 따라서 개인의 부패행위는 오로지 개인의 윤리적 타락·일탈에 의해서만 발생하는 것이 아니라 그러한 행동에 대한 사회적 평가, 분위기, 평판들이 영향을 미친다는 것이다.

제2절 부패의 유형

하이덴하이머에 의하면, 부패의 유형은 대체로 나라와 문화에 관계없이 크게는 부패에 대한 사회구성원의 관용도에 따라 백색부패와 회색부패 그리고 흑색부패로 나누어진다.[5)]

5) Heidenheimer, et al., political corruption, New Brunswick: Transaction, 1990, p.145.

1. 백색 부패

① 백색 부패는 이론상 일탈행위로 규정될 수 있으나 구성원의 다수가 어느 정도 용인하는 선의의 부패, 또는 관례화된 부패를 말한다. 백색 부패는 경기가 밑바닥 상태인데도 국민들의 동요나 기업활동의 위축을 방지하기 위해 경기가 살아나고 있다고 관련 공직자가 거짓말을 하는 경우가 해당된다.

② 또는 흔히 떡값이라는 명목으로 관용되는 적은 액수의 호의표시나 선물이 이러한 유형의 부패에 속한다고 할 수 있고, 순찰 경찰관에 대한 주민들의 작은 호의에 해당하는 음료수나 과일 대접 등이 이에 해당한다고 볼 수도 있다. 그러나 떡값이나 작은 호의는 뇌물 여부에 대한 논란이 계속되고 있으므로 백색 부패로 볼 수는 없을 것 같다.

2. 흑색 부패

흑색 부패는 사회체제에 심각한 해를 끼치는 부패로 구성원 모두가 인정하고 처벌을 원하는 부패를 말한다. 업무와 관련된 대가성 있는 뇌물수수는 모두 흑색 부패에 해당한다.

3. 회색 부패

회색 부패는 백색 부패와 흑색 부패의 중간 지점에 위치하는 유형으로서 얼마든지 사회체제에 파괴적인 영향을 끼칠 수 있는 흑색 부패로 발전할 수 있는 잠재성을 지니고 있다.

① 회색 부패에 대해서 사회구성원 가운데 일부 집단은 처벌을 원하지만, 다른 일부 집단은 처벌을 원하지 않는 경우의 부패를 말한다. 오히려 떡값이나 호의적인 선물수수 등은 이 회색 부패의 유형에 해당한다고 볼 수 있다.

② 법적으로 허용된 정치자금이나 정치권에 대한 후원금, 작은 액수의 호의표시나 선물, 경찰관에게 주민들이 주는 음료수나 과일 등도 회색 부패에 해당된다는 주장도 있다. 그러므로 대부분의 사람들은 회색 부패에 관해 모호한 태도를 취한다. 또는 공직자 윤리강령에는 규정되고 있으나 부패 방지법에는 규정되지 않고 있는 사항은 회색 부패로 보기도 한다.

제3절 경찰부패의 원인

델라트르(Edwin Delattre)에 의하면, 경찰부패의 원인은 다양하지만, 이들은 상호 배타적이라기보다는 상호 보완적으로 이해되어야 한다.6)

1. 전체사회 가설

전체사회 가설은 사회의 문화가 공직자의 행위에도 강력한 영향을 미친다는 전제에서 출발한다. 사회 전체에 부패문화가 만연하고, 공직자의 작은 부패행위에 관용적이거나 공직자를 부패문화로 끌어들이는 것을 당연시하는 사회문화 속에서는 공직자들도 자연스럽게 그러한 부패문화에 빠져들게 된다는 것이다.

① 1960년 시카고 경찰국장 윌슨(O.W. Wilson)은 시민들이 작은 대가를 치르고 받는 특별한 대우는 범죄인들과 조직들이 더 큰 액수를 주고서 사는 특별한 대우와 마찬가지로 나쁜 것이라고 하면서 작은 호의에 의한 부패현상으로의 발전을 비판했다.7) 시민사회의 부패가 경찰부패의 주원인이라는 것이다.

② 전체사회 가설과 유사한 논리는 미끄러지기 쉬운 경사로 논증이다. 실제로 부패는 아주 사소한 행위로부터 시작해서 점차적으로 큰 부패로 이어지며, 작은 호의의 수용은 경사로 위에 행위자를 올려놓는 것과 같아 점점 깊이 빠져들게 함으로써 나중에는 그 속에서 빠져나오지 못하고 부패하게 된다는 것이 미끄러지기 쉬운 경사로 논증이다.

③ 공직사회는 전체사회의 일부분을 차지하고 있다. 그러므로 전체사회의 풍조와 정서는 공직사회에 직접적인 영향을 미치게 된다. 전체사회의 부패 문화는 경찰관의 부패를 촉진하는 요인으로 작용한다는 것이다.

④ 전체사회 가설은 우선 사회 전체가 경찰관의 부패를 묵인하거나 조장할 때 경찰관은 자연스럽게 부패행위를 하게 된다는 주장을 한다. 경찰부패는 다양한 계층의 시민들이 개인이나 조직의 부당한 이득을 위해 경찰관에게 작은 호의를 베푸는 데서부터 시작하여 점점 부패의 규모가 커지는 부패관행으로 발전한다고 보는 것이 전체사회 가설이다.8)

6) Edwin J. Delattre, Character and Cops: Ethics in Policing, 3rd., The AEI Press, 1996, pp.71-78.

7) O.W. Wilson, Police Administration 4th ed., McGraw-Hill Book Co., 1977, pp.218-219.

8) Ibid.

⑤ 이처럼 전체사회 가설에서는 부패는 비교적 해악이 없고 좋은 의도를 가진 관행으로부터 시작하여 시간이 지남에 따라 명백한 부패유형으로 발전하게 되는데 이는 전체사회가 그 원인을 제공한 결과이다.

2. 구조적 원인가설

구조적 원인가설을 주장한 학자는 니더호퍼(A. Neiderhoffer), 로벅(J.B. Roebuck)과 바커(T. Barker) 등이다.

① 니더호퍼는 경찰부패의 원인을 기존의 부패한 경찰문화에서 찾고, 젊은 경찰관들은 나이든 경력 경찰관들의 부패행위에서 학습하게 된다는 점을 강조한다.[9]

② 로벅과 바커도 경찰부패는 경찰관의 개별적인 일탈이 아니라 조직의 모순적인 규범체계에 의한 조직적 일탈로 이해해야 한다고 주장한다.[10] 즉, 부패는 경찰조직 내에서 일탈적인 행위가 적절한 것으로 간주되기 때문에 발생한다는 것이다. 젊은 신임 경찰관들은 그들의 선배 경찰관들에 의해 조직의 부패문화에 사회화되어 부패의 길에 들어서게 되며, 이런 부패의 관행은 경찰관들 사이의 「침묵의 규범」 등에 의해 보호되고 조장된다고 본다.

③ 경찰의 구조적 부패는 상대적 박탈감이나 사회적 부패문화와 밀접한 관련이 있다. 경찰 공무원들은 다른 공무원들과 마찬가지로 일반 기업체의 사원들에 비해 보수가 월등하게 낮아 상대적인 박탈감을 느낄 경우, 또는 사회의 부패문화가 만연되어 있을 경우에 경찰조직의 구조적 부패문화는 자연스럽게 형성될 수 있다.

④ 구조적 원인가설은 인간의 개별적인 윤리관의 차이를 무시하고, 모든 사람이 부패의 규범에 따라 행동하게 된다는 주장을 하고 있다는 점에서 비판을 받는다.[11]

3. 썩은 사과 가설

① 사과상자 속의 사과 중 애초에 문제 있는 사과가 썩듯이 처음부터 경찰로서의 자질이 없는 사람이 경찰이 됨으로써 부패의 원천이 된다. 이는 경찰부패란 경찰인으로 채용되기 전의 부정직한 사람이 경찰관이 되고 나서도 부패경찰이 된다는 측면을 강조

9) Delattre, op. cit.
10) Ibid.
11) Wilson, op. cit.

한다.[12] 그러므로 자질이 없는 경찰관들은 모집과정에서 배제되어야 한다.

② 썩은 사과 가설은 부패의 원인이 개인 자체에 있다는 것을 의미한다. 즉, 부패는 개인의 양심이나 도덕성의 결여에 의해 발생하고, 이러한 부패인간은 선천적으로 또는 성장과정 속에서 형성된 개인적인 속성으로서 경찰관이 되기에는 자질이 부족한 인간이다. 개인의 부패가 경찰조직의 부패를 초래한다는 것이 이 가설의 핵심이다.

③ 그러나 썩은 사과 가설은 왜 특정부서에 부패가 많이 발생하는지 설명하지 못하는 등 개인에 대한 사회환경이나 조직 구조적 영향을 무시하고, 조직의 상사가 조직의 부패문제를 특정 개인에 대한 처벌에 의해 끝냄으로써 책임을 회피하려고 할 경우에 악용될 소지가 크다.[13] 또한 도덕적 인간과 비도덕적 인간이 별도로 존재하는지도 의심스럽다.

제4절 경찰부패에 대한 내부고발

1. 의의

① 내부고발(whistleblowing)은 말 그대로 휘슬을 불어 현재 조직 내에 존재하는 비리에 대해 외부에 알리는 것을 의미한다. 내부고발은 조직의 부정부패나 비리에 관하여 그 잘못을 수정하지 못하는 조직의 한계를 절감하고 이를 내부감찰이나 외부의 언론매체 등에 고발하여 알리는 것을 내부고발이라 한다.

② 동료나 상사의 부정부패에 대하여 눈감아 주는 침묵의 규범과 반대되는 개념이다.

2. 내부고발의 개념

① 노만 보위(Norman Bowie)는 내부고발을 다음과 같이 정의한다. 폭로자는 영리·비영리, 사적·공적 조직의 고용인 또는 간부로서 첫째, 제3자에게 불필요한 해악을 야기한다고 생각되고, 둘째, 인권을 침해하는, 셋째, 조직의 정해진 목적에 위배되는 그런 행위들을 그가 하도록 지시받았거나 조직이 그런 활동을 하고 있다는 것을 알게 되었다

12) Delattre, op. cit.

13) Samuel Walker & Charles M katz, The Police in America, New York: McGraw-Hill, 2002, p.180.

고 생각하고, 이런 사실을 외부에 알리는 사람을 말한다.[14]

② 엘리스톤(Frederic Elliston)은 내부고발을 좀 더 포괄적으로 규정한다. 첫째, 내부고발은 타인의 의도된 행위로서, 둘째, 내용은 공적인 기록사항으로, 셋째, 조직에서의 가능하거나 현실적인 사소하지 않은 잘못에 관한 것이며, 넷째, 고발자는 현재 또는 전직 구성원이다.[15]

이러한 견해를 종합해 보면 내부고발은 전·현직 경찰관이 업무수행 과정에서 초래한 각종 비리나 조직과 사회에 해악을 끼치는 행위를 대상으로 하며, 그 정도는 사회에 심대한 해악이 되는 행위를 대상으로 한다. 따라서 조직 내부의 통제기능에 보고하는 것은 포함되지 않는다.

3. 내부고발의 정당성의 요건

다음과 같은 조건이 충족될 경우에 내부고발이 도덕적으로 정당화된다고 주장한다.

1) 적절한 도덕적 동기

최소한 조직에 대한 충성과 공익에 대한 헌신이라는 가치가 모두 고려되어야 한다. 즉, 복수, 개인적인 출세, 그리고 다른 이기적인 이유들이 동기가 되어서는 안 된다.

2) 위반사항에 대한 중대성·급박성

내부고발자는 고발사실의 도덕적 중대성, 급박성, 위반의 구체성에 대한 엄격하고 세심한 분석 이후에 행동해야 한다. 이는 내부고발의 불가피성에 대한 조건이다. 고발에 의해 조직의 피해가 공익보다 크거나 폭로하지 않을 수 없을 정도의 급박성이 없거나 도덕적 위반이 사소하고 일상적인 경미한 사항은 내부고발의 대상이 아니다.

3) 객관적 확신

내부고발자는 합리적인 다른 사람들을 설득할 수 있을 정도의 내부고발 사실에 대한 신념과 이에 대한 증거를 확보하여야 한다. 이는 내부고발로 인해 발생하는 결과를 감수한다는 신념과 이에 대한 증거를 확보해야 한다는 것을 의미한다.

---

14) Norman Bowie, Business Ethics, Prentice-Hall. 1982, p.142.

15) Frederick Ellistone, John Keenan, Paula Lockhart and Jane van Schaick, Whistleblowing Research: Methodological and Moral Issues, Praeger, 1985, p.15.

4) 내부고발의 성공 가능성

내부고발은 어느 정도의 성공가능성이 있어야 한다. 내부고발로 조직의 잘못이 치유되고 공익이 개선될 가능성이 없다면 고발의 필요성이 없다.

5) 보충성(최후수단)

부패가 빌견되면 제일 먼저 외부에 공개하는 것이 아니라 특별한 경우를 제외하고는 공표를 하기 전에 자신의 의견을 표시하기 위한 모든 내부적 채널을 사용했어야 한다.

6) 도덕적 위반행위에 대한 책임

내부고발자는 도덕적 위반 행위에 대한 책임이 있는 자들에 의해 이루어져야 한다. 이는 아주 소박한 생각으로 위반행위에 책임이 있는 사람이 잘못에 대한 도덕적 판단을 잘 할 수 있는 위치에 있겠지만, 현실적으로 자신의 행위에 대해 내부고발을 하기는 어렵다. 그러므로 이 조건은 기본적으로 보조적이고 이상적인 생각이다.

4. 경찰의 사회화 과정의 특징

1) 예기적 사회화 과정

예기적 사회화란 특정한 신분이 되기 전에 그 신분에 맞는 규범에 맞추어 생각과 행동을 학습하거나 행동하게 되는 것을 말한다.[16)]

① 경찰인의 사회화는 경찰이 되기 전의 가치관이나 자신의 직접경험과 친구나 가족 등을 통한 간접경험, 나아가 언론매체를 통한 경찰의 이미지 등을 통해서 이루어진다.

② 개인적 성향과 조직 내 사회화 과정은 상호보완적 관계에 있다.

③ 경찰인은 공식적 사회화 과정보다 비공식적 사회화 과정을 통해서 영향을 더 많이 받는다.

2) 비지 바디니스(busy bodiness)와 도덕적 해이(moral hazard)

① 비지 바디니스(busy bodiness)는 동료나 상사의 비행에 대하여 일일이 참견하여 도덕적 충고를 하는 태도를 의미한다. 이는 동료의 부정부패에 대하여 눈감아 주는 '침묵의 규범'에 반대되는 개념이다.

16) 법률저널, 경찰만들기 프로젝트 kds(121), 2022.1.4.

② 도덕적 해이는 도덕적 가치관이 붕괴되어 동료의 부패를 부패라고 인식하지 못하는 것을 의미한다. 또한 도덕적 위험을 의미하는 것으로 일반적으로는 윤리적으로나 법적으로 자신이 하여야 할 최선의 의무를 다하지 않는 경우를 가리킨다. 부패를 잘못된 행위로 인식하고 있지만, 동료라서 모르는 척하는 침묵의 규범과는 구별되는 개념이다.

3) 딥 스로트(Deep Throat)

딥 스로트는 워터케이트사건에서 워싱턴포스트 기자에게 제보한 익명의 제보자를 의미하며, 내부고발의 일종이다.

4) Dirty Harry 문제

도덕적으로 선한 목적을 위해 윤리적·정치적 혹은 법적으로 더러운 수단을 동원하는 것이 적절한가와 관련된 딜레마적 상황을 의미한다.

제 5 절 사회계약설과 바람직한 경찰활동의 기준

1. 공정한 접근

① 경찰조직은 어느 개인의 필요에 의해서가 아니라 사회 전체의 필요에 의해서 존재하는 기구이다. 따라서 경찰은 그 서비스 제공에 있어서 시민 누구에게나 공정한 접근이 허용되어야 한다.

② 공정한 접근은 상대적으로 동등한 서비스를 필요로 하는 개인들이 상대적으로 동등하게 서비스를 받을 기회를 가져야 한다는 것을 의미한다. 이러한 서비스는 개개 시민의 판단에 의해 결정되는 것이 아니라 헌법과 법률에 의해 결정된다.

③ 공정한 접근은 시민의 계속적인 접근, 또는 원할 때면 언제든지 접근할 수 있다는 것을 의미하지는 않는다. 시민이 경찰의 서비스를 기대할 권리를 가질 수 있는 경우는 시민이 서비스를 필요로 할 때이다. 다시 말해, 시민이 경찰 서비스가 필요할 경우에는 언제든지 접근이 허용되어야 한다는 것이다.

④ 공정한 접근에 있어서 중요한 개념은 시민의 필요라는 개념이다. 여기서 평등원칙

이 도출된다. 특정인이나 특정지역, 성별 · 나이 · 전과유무 등에 의한 편들기나 차별, 무사안일, 무시 등은 금지된다. 예컨대, 음주단속을 하면서 음주경찰관을 적발하고도 눈감아주는 것은 편들기이고, 순찰 경찰관이 달동네는 피하고 부자동네에만 순찰을 다니려고 하는 경우는 차별이다.

2. 공공의 신뢰확보

1) 의의

① 공공의 신뢰는 사회계약설에 따라서 설명될 수 있다. 사회계약설에 따르면, 시민들은 자신들의 권리를 스스로의 힘으로 보호하는 자위권을 포기하는 대신에 경찰에게 그 자위권을 공공의 신뢰라는 측면에서 맡긴 것이다. 시민이 돈이나 물건을 도둑맞았다고 해서 의심되는 이웃집에 무단으로 들어가서 집안을 수색할 수 없다. 그러한 경우에 그는 신고 등의 적법한 절차에 의해 경찰의 도움을 구해야 한다.

② 공공의 신뢰란 시민들이 자신의 자유와 권리를 제한하는 법 집행권한을 경찰에게 믿고 맡겼다는 사실을 인식하고, 경찰이 거기에 부응하는 것을 의미한다. 경찰이 시민의 이익에 따라 행동하고, 시민이 언제든지 경찰에 도움을 구할 수 있다는 신뢰를 저버려서는 안 된다.

③ 시민들은 경찰이 반드시 법 집행을 할 것으로 신뢰하고 경찰의 강제력 행사는 필요한 최소한의 수준에 머물 것으로 신뢰한다.

④ 시민들은 경찰이 법 집행 시에 사익이나 사사로운 감정에 따라 행동하지 않을 것으로 믿는다. 이는 경찰이 법 집행에 있어서 뇌물을 받는 등의 부정 · 부패와 같은 일탈행위를 하거나 사사로운 감정에 의한 편파적인 행위를 하는 것은 공공의 신뢰를 저버리는 것을 의미한다.[17)]

2) 공공의 신뢰 위반 사례

① 경찰이 절도범을 보고도 무서워서 체포하는 척 하면서 도망가도록 내버려두었다면 이는 공공의 신뢰를 배신한 행동이다.

② 자력구제는 원칙적으로 금지된다. 따라서 피해자가 절도 용의자를 직접 체포하지 않고 수사기관에 신고해서 체포하게 하는 것은 공공의 신뢰확보에 기여하는 것이다.

---

17) 경찰윤리, 경찰대학, 2000, pp.228-230.

③ 시민은 경찰이 사적인 이익(뇌물 등)을 위해 공권력을 사용하지 않을 것을 믿고 있다.

④ 특히 시민은 경찰이 강제력을 사용할 때 시민들의 신뢰에 합당한 방식으로 권한을 행사하고 폭력행위 등으로 연행된 사람이 법 집행에 항거할 경우에도 강제력 행사는 필요한 만큼의 최소한의 수준(비례의 원칙)에 머물러야 한다.

⑤ 경찰관의 법 집행에 항거한다고 해서 경찰이 경찰비례의 원칙과 상당성·보충성 등의 원칙을 벗어나는 강제력을 동원하는 것은 공공의 신뢰를 저버리는 것이다. 경찰이 만취한 사람을 제지하는 과정에서 약간의 폭행을 당하자 흥분하여 수갑을 채우고 경찰봉으로 구타하는 경우는 공공의 신뢰를 위반한 것이다.

⑥ 공원에서 만취한 사람이 난동을 부리고 있다는 신고를 받은 경찰이 물리적 수단 없이 제압할 수 있었으나 경찰봉을 사용하여 약간의 상해를 입히면서 제압한 경우 공공의 신뢰에 위배되는 과잉진압이다.

3. 시민의 생명과 재산의 안전보호

1) 의의

① 경찰은 범죄진압 등 다양한 경찰활동 시에 시민의 생명과 재산의 안전을 우선적으로 고려해야 한다. 사회계약을 통해서 자연상태의 개인들이 시민사회를 만든 이유는 생명·자유 및 재산의 보호를 도모하기 위함이다. 바로 시민의 생명과 재산의 안전이 사회계약의 궁극적인 목적이며, 법 집행 자체가 사회계약의 궁극적인 목적은 아니다.

② 법은 생명과 재산의 안전을 도모하기 위한 하나의 수단이며, 법의 집행은 사회의 질서와 평화를 유지하는데 사용되는 많은 기법들 중의 하나이다. 따라서 시민의 생명과 재산의 안전이라는 기준은 경찰의 활동영역을 설정하게 해주며, 경찰이 활동영역에서 어떻게 해야 되는지에 대한 방향을 제시해 준다.

③ 시민의 생명과 재산에 대한 안전은 경찰의 엄격한 법 집행에 의해 가능해지는 것이다. 그러나 여기에서 중요한 것은 경찰의 법 집행이 수단이라는 점이다. 즉, 법 집행 자체가 목적이 아니고 수단으로써 시민의 생명과 재산의 안전을 유지하고 보호하는 것이 목적이다.

④ 이러한 상황은 경찰의 법집행 과정에서 흔히 발생한다. 경찰의 단속에 불응하고 도주하는 폭주족과 추격하는 경찰 순찰차, 음주단속 등 각종 교통단속에 불응하고 도주

하는 차량 등이 무고한 다른 차량이나 시민을 충돌하여 인명손상 사고를 발생시켰을 경우에 '과연 법 집행은 하나의 수단으로서 타당하고 적합한 것이었는가?'의 질문이 필요하다. 다만 우선 이것은 상황적 상당성과 보충성이 결여된 무리한 법집행이었다는 비난을 면치 못한다.[18)]

2) 현재위험 우선보호

① 경찰은 위기상황에서 현재 위험에 처해 있는 시민의 생명과 안전을 잠재적인 위험보다 더 우선적으로 보호해야 한다.

② 강력 범죄자가 어린 소녀를 인질로 잡고 차량도주하고 있고 그 뒤를 경찰이 추격하자 범죄자가 경찰차량을 향해 총격을 가하는 경우 경찰은 추격을 계속해야 할 것으로 판단된다. 이 경우 시민들과 주위의 차량에 대한 잠재적인 위험보다 인질로 잡혀 있는 소녀의 안전이 더 심각하고 급박하기 때문이다.

4. 협동

1) 의의

① 사회계약설은 시민의 자유와 안전을 보장하기 위해 설치되어야 할 통치기능으로 입법 · 사법 · 행정을 제안한다. 국가라는 시스템은 상호 유기적으로 관련된 구성요소들의 집합체이므로 국가의 구성요소인 모든 기구들은 상호협력체계를 형성해야 한다.

② 경찰은 부여된 사회적 역할 범위 내에서 활동하여야 하며, 관련 타 기관과 그리고 기능간의 상호협력을 통해 경찰목적을 달성해야 한다.

③ 협동의 의미는 부서 간 또는 사람간의 기능적인 업무협조뿐만 아니라 정보교환이라든지 무형적인 것도 포함한다.

2) 위배되는 사례

(1) 역할한계 오류

형사 갑이 좋은 사람과 나쁜 사람을 구분하여 나쁜 사람에 대해서만 적극적으로 혼내주는 경우는 검사나 판사의 역할까지 수행하는 것으로 경찰의 역할을 벗어난 것이다.

---

18) 경찰대학, 경찰윤리, 2000, pp.230-235.

(2) 협동실패

경찰관 을이 특진 욕심에서 중요 탈옥범을 혼자서 검거하다 놓친 경우 협동실패이다. 형사계 김 형사는 탈주범이 자기 관내에 있다는 정보를 입수하고도 이를 상부에 보고하지 않고 단독으로 검거하려다 실패한 경우도 협동실패이다.

5. 냉정하고 객관적인 자세

1) 의의

사회계약론적 입장에서 볼 때, 경찰관은 사회의 일부분이 아닌 사회 전체의 이익을 염두에 두어야 하며, 따라서 경찰은 냉정하고 객관적인 업무처리를 해야 한다. 다시 말해, 경찰은 업무를 수행하면서 자신의 감정과 사심, 편견과 선호에 구애됨이 없이 행동해야 한다. 따라서 경찰관의 중용이 요구되고, 경찰관의 과도한 개입(편견, 지나친 관여)이나 냉소주의는 모두 금지된다.

2) 편견과 냉소주의

(1) 편견

① 아버지로부터 가정폭력을 많이 경험한 김경장이 가정문제의 모든 잘못은 남편에게 있다고 생각하는 경우는 객관적 사실에 의하지 않는 편견이다.

② 김 순경은 경찰에 들어오기 전 집에 도둑을 맞은 경험이 있다. 그런데 경찰이 되어 절도범을 검거하였는데 과거 도둑맞은 경험이 생각나 피의자에게 욕설과 가혹행위를 한 경우 역시 편견이다.

(2) 냉소주의

가진 자들의 거들먹거림이나 일부 부유층 아이들의 버릇없는 행위에 대해 비판적인 생각으로 '내가 왜 이런 사람들을 위해 일을 해야 할까?', '이들을 위해서 노력할 의욕이 없다'며 대하는 냉소주의는 경찰에게 요구되는 최선의 봉사정신을 배반하는 것이므로 냉정하고 객관적인 자세라는 경찰의 윤리적 요청을 어기는 것이다. 이 객관성은 동양적 중용의 덕목으로서 경찰이 경찰활동을 수행하면서 시종 견지해야 할 마음의 자세이다.

제 9 장 POLICE ETHICS

경찰윤리강령

제 1 절 전문직업화와 윤리강령

1. 경찰윤리강령

1) 필요성

현대사회는 다양한 전문직종으로 채워지고, 그러한 전문직종에서 일하는 사람들의 사회적 의무와 책임이 중요시되고 있다. 전문직업은 대체로 사회적으로 명예 또는 부를 공식적으로 인정받는 위치에 있기 때문에 일반 시민들의 존경과 감시의 대상이 되고 있다. 일반적으로 사회적 동의를 받고 있는 전문직은 의사, 변호사, 성직자 등이 거론되지만, 이제 디지털시대에 인공지능이나 반도체 기술을 사용하는 업종도 전문직종으로 인정받고 있다. 현대사회가 전문화된 사회로 진행함에 따라 현대적 의미에서의 전문직종의 범위는 점점 확대되어 가고 있는 추세에 있다.

위에서 고전적으로 인정된 전문직의 특징에 의하면, 경찰을 비롯한 공무원은 전문직종에 해당되지는 않는다. 전문직은 고도의 전문적 교육을 거쳐 일정한 자격 또는 면허를 획득함으로써 독점적으로 전문적 지식과 기술을 사용할 수 있는 직업이라는 측면에서 경찰이 전문직종이라고 보기는 어렵다.

그러나 모든 공직은 타인에 대한 봉사를 주된 직분으로 하고, 그 기능과 지식을 사회적으로 유익하게 이용하는 책임을 지고 있는 중요한 위치에 있다. 특히 경찰조직은 경찰 서비스 제공에 있어서 일반 시민의 신뢰가 무엇보다 중요하고, 단속과 규제를 주로 하는 경찰 서비스는 언제든지 윤리적 일탈의 가능성이 잠재하고 있어 경찰관 개인의 자기통제가 필요한 직업인이다.

이러한 맥락에서 다른 전문직의 윤리강령과 마찬가지로 경찰조직도 경찰윤리헌장, 경찰헌장, 경찰서비스헌장 등을 제정하여 경찰관의 행동기준으로서의 윤리강령을 채택하였다. 일반적으로 윤리강령이 그렇듯이 경찰윤리강령도 경찰관 개개인의 자율적 행동윤리 확보를 위한 수단으로 활용되고 있다. 경찰헌장은 조직윤리를 대변하는 하나의 상징이며 선언이다.

2) 경찰윤리강령의 성격

경찰헌장과 경찰 서비스 헌장 등과 같은 경찰윤리강령의 성격은 두 가지 관점으로 나누어진다. 첫 번째 관점은 경찰윤리강령의 대외적인 측면을 강조하는 것으로서, 경찰윤리강령은 치안 서비스의 공급자인 경찰조직이 수요자인 국민에게 양질의 서비스를 제공하겠다는 약속이라는 점이다. 경찰조직이 시민에게 제공하는 서비스는 다양하다. 그 서비스는 권력적 · 비권력적으로 다양한 형태를 띤다. 그러한 서비스 과정 속에서 경찰은 법적 · 윤리적으로 시민들이 바라는 방향으로 나아갈 의무를 지고 있다. 그러나 일부의 경찰인은 그러한 의무를 다하지 못하고 때때로 일탈행위를 범하는 경우가 있다. 그러므로 경찰조직은 법적 · 윤리적으로 국민들에게 의무를 지고 있는 치안 서비스를 확실하고 올바르게 제공하겠다는 약속을 할 필요가 있는 것이다. 그러한 약속은 바로 경찰헌장 등과 같은 윤리강령의 형태로 공식화 된다.

두 번째 관점은 경찰윤리강령의 대내적인 성격을 강조한 것으로서, 경찰윤리강령은 경찰관의 행동을 규율하고 인도할 목적으로 경찰조직 자체적으로 만들어져 내부에서만 효과를 가지는 문서라고 규정한다는 점이다.[1] 경찰윤리강령은 일반적으로 두 가지 내용으로 짜여진다. 첫째는 조직이 나아갈 방향을 제시하고, 둘째는 조직구성원들이 임무 수행시에 준수해야 할 행위기준을 제시하고 있다. 즉, 경찰윤리헌장이 다짐하는 시민에 대한 친절한 봉사, 불의나 불법과 터협하지 않는 의로운 경찰, 양심에 따라 법을 집행하는 공정한 경찰, 성실하고 근면한 경찰, 화합 단결과 검소하고 깨끗한 경찰 등은 경찰조직이 나아갈 방향으로 조직 운영의 기준을 제시하고, 아울러 경찰관 개개인이 준수해야 할 행위 기준을 제시하고 있다.

1) John Kleinig, The Ethics of Policing, 1996. p.237.

2. 경찰윤리 교육의 목적

클라이니히(J. Kleinig)는 경찰윤리 교육의 목적을 다음과 같이 제시한다.

1) 도덕적 결의의 강화

도덕적 결의의 강화란 경찰관이 실무에서 받는 내·외부의 여러 압력과 유혹에 굴복하지 않고 자신의 소신과 직업의식에 따라 일을 처리하는 것을 의미한다. 그러나 이는 경찰조직의 운영과 관련된 문제점을 구성원의 도덕성에만 전가하는 잘못을 범할 수 있다.

2) 도덕적 감수성의 배양

도덕적 감수성의 배양이란 실무에서 경찰이 다양한 계층의 사람들(부자, 가난한 사람)에게 차별 없이 모두 인간으로서 존중하고 공평하게 봉사하는 것을 의미한다.

3) 도덕적 전문능력의 함양

도덕적 전문능력이란 경찰이 비판적이고 반성적인 사고방식을 배양하여 조직 내에 관습적으로 내려오는 관행을 비판적으로 검토하여 수용하는 것을 의미한다. 도덕적 전문능력 함양은 경찰윤리교육에서 가장 중요한 목적이다.

제2절 경찰윤리강령의 변천과 기능

1. 경찰윤리강령의 변천

1) 경찰윤리헌장

한국경찰은 1966년 7월 12일 「경찰윤리헌장」을 제정·선포함으로써 규범성, 연대성, 성실성, 근면성, 공정성, 청렴성, 합리성과 사명감이라는 경찰관의 덕목을 규정하고 기강을 확립하려고 하였다. 또한 지식의 함양과 인격의 도야 같은 개인의 능력발전과 품위를 강조하였다. 그 내용은 다음과 같다.

Ⅰ. 우리는 헌법과 법률을 수호하고 명령에 복종하며 각자의 맡은 바 책임과 임무를

충실히 이행한다.

Ⅰ. 우리는 냉철한 이성과 투철한 사명감을 가지고 모든 위해와 불법과 불의에 과감하게 대결하여 항상 청렴 검소한 생활로써 명리를 오직 양심에 따라 행동한다.

Ⅰ. 우리는 주권을 가진 국민의 수임자로서 공공의 복리를 증진하고 국민의 자유와 권리를 존중하며 성실하게 처리한다.

Ⅰ. 우리는 국민의 신뢰를 명심하여 편견이나 감정에 사로잡히지 않고 공명정대하게 업무를 처리한다.

Ⅰ. 우리는 이 모든 목표와 사명을 달성하기 위해 끊임없이 인격과 지식의 연마에 노력할 것이며, 민주경찰의 발전에 헌신한다.

2) 새 경찰 신조

1980년에 경찰윤리헌장의 실천윤리강령으로서 새 경찰신조가 제정되었으며, 그 내용은 다음과 같다.

Ⅰ. 우리는 새 시대의 사명을 완수한다.

Ⅰ. 우리는 깨끗하고 친절하게 봉사한다.

Ⅰ. 우리는 공정과 소신으로 일한다.

Ⅰ. 우리는 스스로의 능력을 계발한다.

이 새경찰 신조는 경찰관의 사명감, 청렴성, 공정성, 봉사정신, 능력계발 등을 강조한다는 점에서 윤리헌장에 있는 내용을 간결하게 정리하여 실행의 행동지침을 제시한 것이다.

3) 경찰헌장

「경찰윤리헌장」은 경찰청 출범과 함께 1991년 8월 1일 경찰헌장으로 대체되었다. 경찰윤리헌장을 대신하여 제정·선포된 「경찰헌장」은 경찰관의 공·사생활을 규율하는 행동강령으로 자리 잡고 있다.

경찰헌장의 전문에서는 경찰의 전통과 본분, 경찰의 각오를 천명하고, 본문의 5개항에서는 ① 친절한 경찰, ② 의로운 경찰, ③ 공정한 경찰, ④ 근면한 경찰, ⑤ 깨끗한 경찰을 경찰관의 실천윤리로 삼고 있다. 그 내용은 다음과 같다.

Ⅰ. 우리는 모든 사람의 인격을 존중하고 누구에게나 따뜻하게 봉사하는 친절한 경찰

이다.

Ⅰ. 우리는 정의의 이름으로 진실을 추구하며 어떠한 불의나 불법과도 타협하지 않는 의로운 경찰이다.

Ⅰ. 우리는 국민의 신뢰를 바탕으로 오직 양심에 따라 법을 집행하는 공정한 경찰이다.

Ⅰ. 우리는 건전한 상식 위에 전문지식을 갈고 닦아 맡은 일을 성실하게 수행하는 근면한 경찰이다.

Ⅰ. 우리는 화합과 단결 속에 항상 규율을 지키며 검소하게 생활하는 깨끗한 경찰이다.

4) 경찰서비스 헌장

공직사회 개혁의 일환으로, 경찰청에서 1998년 9월 30일 '행정서비스헌장 제정지침'에 따라 경찰서비스 헌장이 제정되었다. 실천 덕목으로 6개항이 제시되었다.

① 범죄와 사고를 철저히 예방하고 법을 어긴 행위는 단호하고 엄정하게 처리하겠습니다.

② 국민이 필요로 하면 어디든지 바로 달려가 도와 드리겠습니다.

③ 모든 민원은 친절하고 신속·공정하게 처리하겠습니다.

④ 국민의 안전과 편의를 제일 먼저 생각하고 성실히 직무를 수행하겠습니다.

⑤ 인권을 존중하고 권한을 남용하는 일이 없도록 하겠습니다.

⑥ 잘못된 업무는 즉시 확인하여 바로잡겠습니다.

2. 경찰윤리강령의 기능

1) 대외적인 기능

(1) 경찰 서비스 수준의 보장과 확신의 부여

경찰윤리강령은 치안 서비스의 사용자인 시민에게 치안 서비스의 질적 수준을 보장함으로서 그 서비스에 대해 시민이 확신을 갖게끔 하는 기능을 한다.

치안 서비스는 권력적·비권력적으로 다양한 형태를 띤다. 경찰은 그러한 치안 서비스를 제공하는 과정 속에서 법적·윤리적으로 시민들이 바라는 방향으로 행동할 의무를 지고 있다. 따라서 경찰은 치안 서비스를 확실하고 올바르게 제공하겠다는 약속을 할 필요가 있다. 그러한 약속은 경찰헌장 등과 같은 윤리강령의 형식으로 이루어진다.

(2) 공공관계의 개선과 전문직업화 추구

① 경찰윤리강령은 치안 서비스의 제공자의 관점에서 보면, 공공관계의 개선, 즉 경찰과 시민과의 신뢰관계 개선이라는 측면에서 긍정적인 기능을 한다. 윤리강령을 제정한 많은 조직들과 협회들은 윤리강령이 그들의 공적 이미지를 개선하고 고객을 끌어들이는 방법들 중의 하나로 이해한다.

② 일반적으로 의사, 변호사, 성직자, 회계사 등 사회적으로 전문직종으로 인정받는 조직이나 협회들이 윤리강령을 제정하고 공포하듯이, 어떤 조직이 강령에 의해 규율된다는 것은 전문직업적 지위의 표상이며, 강령은 구성원들의 자기규율, 자율, 그리고 헌신을 내용으로 한다.

③ 미국의 경우, 경찰윤리강령의 발전을 가져온 주된 배경 중의 하나가 경찰의 전문직업적 지위를 향한 열망이라는 점에는 의심의 여지가 없다.[2)]

1928년 윌슨(O.W. Wilson)의 주도 아래 제정된 윤리강령에 대해 설리반(John Sullivan)은 경찰의 전문직업화 열망에 대해 "의심의 여지 없이 윤리강령은 전문직에서 필수불가결한 것으로서, 그것 없이는 전문직이 성립될 수 없다고 본다"고 주장하였다.[3)]

(3) 과도한 요구에 대한 책임의 제한

윤리강령은 시민의 과도하거나 부당한 서비스의 요구에 대한 제한으로서 작용할 수 있다. 경찰은 최소한도로 윤리강령에서 제시하고 있는 공적인 행위기준을 준수할 경우에 윤리적이라는 평가를 받을 수 있으며, 시민들의 근거없는 요구나 주장으로부터 보호받을 수 있게 된다.

2) 대내적 기능

(1) 경찰조직의 운영기준과 경찰공무원 행위기준제시

경찰윤리강령은 일반적으로 두 가지 내용으로 짜여 진다. 첫째는 조직이 나아갈 방향을 제시하고, 둘째는 조직 구성원들이 업무수행에 있어서 준수해야 할 행위기준을 제시하고 있다.

(2) 조직소속감의 고취

윤리강령이 기본적으로 구성원 개개인을 대상으로 하지만, 이는 개개인에 의한 선언

2) 경찰윤리론, 경찰대학, 1998, p.280.

3) John Sullivan, introduction to Police science, 3rd ed., McGraw-Hill, 1977, p.280.

이상의 의미를 지닌다. 윤리강령은 특정조직이나 협회의 이름으로 만들어지고, 그 강령에 따라서 조직 구성원들이 움직이게 됨으로써 구성원 간의 결속이나 기풍을 조성하게 됨에 따라 조직소속감을 고취하는 기능을 한다. 따라서 경찰윤리강령은 바람직한 경찰상에 대한 이념적 지표를 제공함으로써 경찰조직의 결속을 강화하는 기능을 한다.

(3) 교육의 자료

① 윤리강령은 서비스 제공자들에 대한 윤리교육의 핵심 내지는 틀로서 사용된다. 한국 경찰의 경찰헌장에서는 윤리적으로 바람직한 행위기준을 제시하고 있으며, 또한 내용이 추상적이어서 구성원들에 대한 교육이 필요하다. 미국에서도 윤리강령에 대한 해석을 중심으로 경찰윤리 저서가 출판된 경우들이 흔히 발견된다.

② 윤리강령 중심의 교육은 윤리헌장 등에 제시된 당위성에 관련된 언명이나 개념만을 중심으로 이루어지는 주입식 교육이 아니라 윤리학적 바탕 위에서 도덕판단의 함양이라는 틀 안에서 이루어져야 한다.[4]

3. 경찰윤리강령의 문제점

1) 행위중심적 성격

윤리강령에 나타나는 현저한 특징은 '우리는 화합과 단결 속에 항상 규율을 지키며 검소하게 생활하는 깨끗한 경찰이다'에서 볼 수 있듯이 일정한 기준을 충족시키는 특정 행위 또는 행위의 결과를 중심으로 규정되어 있어 행위 이전의 의도나 동기를 소홀히 하고 있다. 도덕적 가치가 행위나 결과의 선악에서 도출되는 것이 아니라 행위의 동기나 이유네 존재한다는 사실을 무시할 수 없다는 점을 지적하지 않을 수 없다.

2) 타율적인 행위조장: 비진정성의 조장

경찰헌장을 비롯한 대부분의 강령은 개인의 내부적 이유에서 비롯된 행위보다는 외부적인 통제기준에 의해서 허용되거나 금지되는 타율적 행위를 명문화하고 강조한다. 행위의 도덕성은 개인의 내면에서 발로되는 이유, 즉 자기자신의 이유가 고려되어야 한다. 경찰윤리강령은 행위가 자기 자신의 이유나 내면에서 발로되는 결과를 만들어내지는 못한다는 한계를 가지고 있다.

4) 경찰윤리론, 경찰대학, 1998, pp.281-282.

3) 행위의 경직화 위험

경찰윤리강령들은 대체로 도덕적으로 합당하다고 생각되는 모든 대안들을 모두 명시하고 있는 것도 아니고, 심지어 일부 합당하지 않은 대안들까지 규정하기도 하면서 그 틀 안에서 행동하는 행위의 경직화를 초래한다. 비록 윤리강령에 포함된 규정들이 널리 공유된 덕목들을 반영하기는 하지만, 그러한 규정들이 반드시 옳음이라는 가치를 보장하는 것은 아니다.

4) 행위기준에 대한 우선순위 제공 실패

강령은 때때로 구체적인 문제에 대한 해답을 제공하고 무경험자에게 도움을 주기는 하지만, 어려운 현실문제에서 무엇을 먼저하고 무엇을 나중에 해야 할지 우선순위를 결정하는 기준을 제시하지 못한다. 경찰이 직면하는 문제는 다양한 이해당사자가 얽힌 복잡하고 민감한 내용이 대부분이고, 그 해결책 자체가 불확정적이어서 재량의 행사가 불가피한 것이 현실인데 강령들은 그런 재량적 판단을 내리는 데 거의 도움을 주지 못한다.

5) 실행가능성의 문제

경찰윤리강령은 일종의 의지의 표명이라고도 볼 수 있으며, 그것을 준수하지 않았을 때의 법적인 제재수단도 마련되어 있지 않고 위반여부의 판단기준도 불명확하기 때문에 실행가능성의 문제가 존재한다. 결국 경찰헌장의 준수 여부는 구성원들의 윤리의식과 양심이나 도덕률에 맡겨져 있다는 문제가 상존한다.

6) 냉소주의의 위험

① 경찰강령에 대한 냉소주의는 그 내용에서뿐만 아니라 강령의 제정과정 자체에 기인할 수도 있다. 강령이 구성원들과의 대화나 지역사회와의 협의를 거치지 않고 몇몇 상층부의 사람들에 의해서 만들어지고 그 이행이 강요되는 경우에 구성원들의 냉소주의에 직면한다. 관리층의 독점적인 강령제정은 구성원들에게 시민에 대한 봉사보다는 내부 통제와 내 · 외부에 대한 선전도구로서 인식되어 그 실행에 있어서 부정적인 결과를 초래할 수 있다.

② 강령에 대한 냉소주의의 원인은 관리자들의 언행의 불일치, 즉 '내가 하는 대로 하지 말고 내가 말하는 대로 하라'와 같은 태도에서 찾아지기도 한다. 윤리강령에 제시

되는 규칙에 관리자 자신은 자유롭고 부하들에게만 그 준수를 명령하는 비윤리적, 권위주의적 행태는 부하들의 냉소만 불러일으킬 뿐이다.

7) 최소주의의 위험

① 경찰윤리강령은 구성원들의 합의의 산물이 아니라 대체로 환경적 압력에 적응하기 위해 구성원들에게 강요하는 내용으로 구성됨으로써, 구성원들에게 강령의 지시된 울타리 밑에서 안주하기만 하면 된다는 의식을 심어줄 수 있다.

② 윤리강령이란 그렇게 해야 된다는 당위성을 선언하는데 지나지 않는 것이므로 경찰관은 시민에게 최대의 봉사와 희생을 해야 됨에도 불구하고 윤리강령에 선택된 몇 가지 도덕개념이나 규칙만을 지키면 된다는 식으로 행동하는 소위 최소주의의 위험에 빠지기 쉽다.

제 3 절 경찰윤리강령 관련 법령

1. 부정청탁 및 금품등 수수의 금지에 관한 법률[5)]

1) 제정배경

이 법은 2015년 3월 27일 제정된 법률로 줄여서 「청탁금지법」이라고도 한다. 또한 2012년 김영란 당시 국민권익위원회위원장이 공직사회 기강 확립을 위해 법안을 발의했다고 해 일명 '김영란법'이라고도 한다. 해당 법률은 크게 ① 금품 수수 금지, ② 부정청탁금지, ③ 외부강의 수수료 제한 등의 세 가지 축으로 구성돼 있다. 이 법은 1년 6개월의 유예기간을 거쳐 2016년 9월 28일부터 시행됐으며, 당초 공직자의 부정한 금품수수를 막겠다는 취지로 제안됐지만, 입법 과정에서 적용대상이 언론인, 사립학교 교직원 등으로까지 확대됐다.

2) 목적(제1조)

이 법은 공직자 등에 대한 부정청탁 및 공직자 등의 금품수수를 금지함으로써 공직

5) 부정청탁 및 금품 등 수수의 금지에 관한 법률, 법률 제18576호, 2021.12.7., 시행 2022.6.8.

자 등의 공정한 직무수행을 보장하고 공공기관에 대한 신뢰를 확보하는 것을 목적으로 한다.

3) 용어의 정의

(1) 공공기관(제2조 제1호)

가. 국회, 법원, 헌법재판소, 선거관리위원회, 감사원, 국가인권위원회, 고위공직자범죄수사처, 중앙행정기관(대통령 소속 기관과 국무총리 소속 기관 포함)과 그 소속기관 및 지방자치단체

나. 「공직자윤리법」에 따른 공직유관단체

다. 「공공기관의 운영에 관한 법률」에 따른 기관

라. 「초 중등교육법」, 「고등교육법」, 「유아교육법」 및 그 밖의 다른 법령에 따라 설치된 각급 학교 및 「사립학교법」에 따른 학교법인

마. 「언론중재 및 피해구제 등에 관한 법률」에 따른 언론사

(2) 공직자등(제2조 제2호)

다음 각 목의 어느 하나에 해당하는 공직자 또는 공적 업무 종사자를 말한다.

가. 「국가공무원법」 또는 「지방공무원법」에 따른 공무원과 그 밖에 다른 법률에 따라 그 자격 · 임용 · 교육훈련 · 복무 · 복무 · 신분보장 등에 있어서 공무원으로 인정된 사람

나. 제1호 나목 및 다목에 따른 공직유관단체 및 기관의 장과 그 임직원

다. 제1호 라목에 따른 각급 학교의 장과 교직원 및 학교법인의 임직원

라. 제1호 마목에 따른 언론사의 대표자와 그 임직원

4) 부정청탁의 신고 및 처리(제7조)

① 공직자등은 부정청탁을 받았을 때에는 부정청탁을 한 자에게 부정청탁임을 알리고 이를 거절하는 의사를 명확히 표시하여야 한다.

② 공직자등은 제1항에 따른 조치를 하였음에도 불구하고 동일한 부정청탁을 다시 받은 경우에는 이를 소속기관장에게 서면(전자문서 포함)으로 신고하여야 한다.

③ 공직자등의 부정청탁 신고를 받은 소속기관장은 신고의 경위 · 취지 · 내용 · 증거자료 등을 조사하여 신고내용이 부정청탁에 해당하는지를 신속하게 확인하여야 한다.

④ 소속기관장은 부정청탁이 있었던 사실을 알게 된 경우 또는 부정청탁에 관한 신

고 · 확인 과정에서 해당 직무의 수행에 지장이 있다고 인정하는 경우에는 부정청탁을 받은 공직자등에 대하여 다음 각 호의 조치를 할 수 있다.

1. 직무 참여 일시 중지
2. 직무 대리자의 지정
3. 전보
4. 그 밖에 국회규칙, 대법원규칙, 헌재규칙, 중앙선거관리위원회 규칙 또는 대통령령으로 정하는 조치

⑤ 소속기관장은 공직자등이 다음 각 호의 어느 하나에 해당하는 경우에는 제4항에도 불구하고 그 공직자등에게 직무를 수행하게 할 수 있다. 이 경우 소속기관의 담당관 또는 다른 공직자등으로 하여금 그 공직자등의 공정한 직무수행 여부를 주기적으로 확인 · 점검하도록 하여야 한다.

1. 직무를 수행하는 공직자등을 대체하기 지극히 어려운 경우
2. 공직자등의 직무수행에 미치는 영향이 크지 아니한 경우
3. 국가의 안전보장 및 경제발전 등 공익증진을 이유로 직무수행의 필요성이 더 큰 경우

⑥ 공직자등은 제2항에 따른 신고를 감독기관 · 감사원 · 수사기관 또는 국민권익위원회에도 할 수 있다.

⑦ 소속 기관장은 다른 법령에 위반되지 아니하는 범위에서 부정청탁의 내용 및 조치사항을 해당 공공기관의 인터넷 홈페이지 등에 공개할 수 있다.

5) 금품등의 수수금지(제8조)

① 공직자등은 직무 관련 여부 및 기부 · 후원 · 증여 등 그 명목에 관계없이 동일인으로부터 1회에 100만원 또는 매 회계연도에 300만원을 초과하는 금품등을 받거나 요구 또는 약속해서는 아니 된다.

② 공직자등은 직무와 관련하여 대가성 여부를 불문하고 제1항에서 정한 금액 이하의 금품등을 받거나 요구 또는 약속해서는 아니 된다.

③ 외부강의등에 관한 사례금 또는 다음 각 호의 어느 하나에 해당하는 금품 등의 경우에는 수수를 금지하는 금품등에 해당하지 아니한다.

1. 공공기관이 소속 공직자등이나 파견 공직자들에게 지급하거나 상급 공직자등이 위로 · 격려 · 포상 등의 목적으로 하급 공직자등에게 제공하는 금품

2. 원활한 직무수행 또는 사교·의례 또는 부조의 목적으로 제공되는 음식물·경조사비·선물 등으로서 대통령령으로 정하는 가액 범위 안의 금품등(1) 음식물 3만원, 2) 경조사비 5만원, 화환 10만원, 3) 선물 5만원, 농수산물 및 농수산가공품 10만원) 다만, 선물 중 농수산물 및 농수산가공품(농수산물을 원료 또는 재료의 50%를 넘게 사용 가공한 제품만 해당)은 대통령령으로 정하는 설날·추석을 포함한 기간에 한정하여 그 가액 범위를 두 배로 한다.
3. 사적 거래(증여는 제외)로 인한 채무의 이행 등 정당한 권원에 의하여 제공되는 금품등
4. 공직자등의 친족(8촌 이내의 혈족, 4촌 이내의 인척, 배우자)이 제공하는 금품등
5. 공직자등과 관련된 직원상조회·동호인회·동창회·향우회·친목회·종교단체·사회단체 등이 정하는 기준에 따라 구성원에게 제공하는 금품등 및 그 소속 구성원 등 공직자등과 특별히 장기적·지속적인 친분관계를 맺고 있는 자가 질병·재난 등으로 어려운 처지에 있는 공직자등에게 제공하는 금품등
6. 공직자등의 직무와 관련된 공식적인 행사에서 주최자가 참석자에게 통상적인 범위에서 일률적으로 제공하는 교통, 숙박, 음식물 등의 금품등
7. 불특정 다수인에게 배포하기 위한 기념품 또는 홍보용품 등이나 경연·추첨을 통하여 받는 보상 또는 상품등
8. 그 밖에 다른 법령 기준 또는 사회상규에 따라 허용되는 금품등

④ 공직자등의 배우자는 공직자등의 직무와 관련하여 공직자등이 받는 것이 금지되는 금품등을 받거나 요구하거나 제공받기로 약속하여서는 아니 된다.

⑤ 누구든지 공직자등에게 또는 그 공직자등의 배우자에게 수수금지 금품등을 제공하거나 그 제공의 약속 또는 의사표시를 해서는 아니 된다.

6) 수수 금지 금품등의 신고 및 처리(제9조)

공직자등은 다음 각 호의 어느 하나에 해당하는 경우에는 소속 기관장에게 지체 없이 서면으로 신고하여야 한다.

1. 공직자등 자신이 수수 금지 금품등을 받거나 그 제공의 약속 또는 의사표시를 받은 경우
2. 공직자등이 자신의 배우자가 수수 금지 금품등을 받거나 그 제공의 약속 또는 의사표시를 받은 사실을 안 경우

7) 외부강의등의 사례금 수수제한(제10조)

① 공직자등은 자신의 직무와 관련되거나 그 지위 · 직책 등에서 유래되는 사실상의 영향력을 통하여 요청받은 교육 · 홍보 · 토론회 · 세미나 · 공청회 또는 그 밖의 회의 등에서 한 강의 · 강연 · 기고 등의 대가로서 대통령령으로 정하는 금액을 초과하는 사례금을 받아서는 아니 된다

② 공직자등은 사례금을 받는 외부강의등을 할 때에는 대통령령으로 정하는 바에 따라 외부강의등의 요청 명세 등을 소속 기관장에게 그 외부강의등을 마친 날부터 10일 이내에 서면으로 신고하여야 한다. 다만, 외부강의등을 요청한 자가 국가나 지방자치단체인 경우에는 그러하지 아니하다.

③ 소속기관장은 공직자등이 신고한 외부강의등이 공정한 직무수행을 저해할 수 있다고 판단하는 경우에는 그 공직자등의 외부강의등을 제한할 수 있다.

④ 공직자등은 제1항에 따른 금액을 초과하는 사례금을 받은 경우에는 대통령령으로 정하는 바에 따라 소속기관장에게 신고하고, 제공자에게 그 초과금액을 지체 없이 반환하여야 한다.

⑤ 공직자등이 외부강의등을 신고할 때 상세 명세 또는 사례금 총액 등을 미리 알 수 없는 경우에는 해당 사항을 제외한 사항을 신고한 후 해당 사항을 안 날부터 5일 이내에 보완하여야 한다(시행령 제26조 제2항).

8) 공직자등의 부정청탁 등 방지에 관한 업무의 총괄(제12조)

국민권익위원회는 다음 각 호의 사항에 관한 업무를 관장한다.

1. 부정청탁의 금지 및 금품등의 수수금지 제한등에 관한 제도개선 및 교육 · 홍보계획의 수립 · 시행
2. 부정청탁 등에 관한 유형, 판단기준 및 그 예방 조치 등에 관한 기준의 작성 및 보급
3. 부정청탁 등에 대한 신고 등의 안내 · 상담 · 접수 · 처리
4. 신고자 등에 대한 보호 및 보상
5. 제1호부터 제4호까지의 업무수행에 필요한 실태조사 및 자료의 수집 · 관리 · 분석 등

9) 위반행위의 신고 등(제13조)

① 누구든지 이 법의 위반행위가 발생하였거나 발생하고 있다는 사실을 알게 된 경우에는 다음 각 호의 어느 하나에 해당하는 기관에 신고할 수 있다.

1. 이 법의 위반행위가 발생한 공공기관 또는 그 감독기관

2. 감사원 또는 수사기관

3. 국민권익위원회

② 제1항에 따른 위반행위 신고를 한 자가 다음 각 호의 어느 하나에 해당하는 경우에는 이 법에 따른 보호 및 보상을 받지 못한다.

1. 신고의 내용이 거짓이라는 사실을 알았거나 알 수 있었음에도 신고한 경우

2. 신고와 관련하여 금품등이나 근무관계상의 특혜를 요구한 경우

3. 그 밖에 부정한 목적으로 신고한 경우

③ 제1항에 따라 신고를 하려는 자는 자신의 인적사항과 신고의 취지·이유·내용을 적고 서명한 문서와 함께 신고 대상 및 증거 등을 제출하여야 한다.

10) 신고의 처리(제14조)

① 조사기관은 신고를 받거나 국민권익위원회로부터 신고를 이첩 받은 경우에는 그 내용에 관하여 필요한 조사·감사 또는 수사를 하여야 한다.

② 국민권익위원회가 위반행위 신고를 받은 경우에는 그 내용에 관하여 신고자를 상대로 사실관계를 확인 후 대통령령으로 정하는 바에 따라 조사기관에 이첩하고, 그 사실을 신고자에게 통보하여야 한다.

③ 조사기관은 조사·감사 또는 수사를 마친 날부터 10일 이내에 그 결과를 신고자와 국민권익위원회에 통보(국민권익위원회로부터 이첩받은 경우만 해당)하고, 조사·감사 또는 수사 결과에 따라 공소제기, 과태료 부과대상 위반행위의 통보, 징계처분 등 필요한 조치를 하여야 한다.

④ 국민권익위원회는 조사기관으로부터 조사·감사 또는 수사 결과를 통보받은 경우에는 지체 없이 신고자에게 조사·감사 또는 수사 결과를 알려야 한다.

⑤ 조사·감사 또는 수사 결과를 통보받은 신고자는 조사기관에 이의신청을 할 수 있으며, 조사·감사 또는 수사 결과를 통지받은 신고자는 국민권익위원회에도 이의신청을 할 수 있다.

⑥ 국민권익위원회는 조사기관의 조사·감사 또는 수사 결과가 충분하지 아니하다고 인정되는 경우에는 조사·감사 또는 수사 결과를 통보받은 날부터 30일 이내에 새로운 증거자료의 제출 등 합리적인 이유를 들어 조사기관에 재조사를 요구할 수 있다.

⑦ 재조사를 요구받은 조사기관은 재조사를 종료한 날부터 7일 이내에 그 결과를 국

민권익위원회에 통보하여야 한다. 이 경우 국민권익위원회는 통보를 받은 즉시 신고자에게 재조사 결과의 요지를 알려야 한다.

11) 벌칙(제22조)

부정청탁을 받은 공직자등이 그에 따라 직무를 수행한 경우 2년 이하의 징역 또는 2천만원 이하의 벌금에 처한다.

2. 경찰청 공무원 행동강령

1) 목적(제1조)[6]

이 규칙은 「부패방지 및 국민권익위원회의 설치와 운영에 관한 법률」 제8조 및 「공무원 행동강령」에 따라 경찰청(소속기관, 시 · 도경찰청, 경찰서를 포함한다) 소속 공무원(이하 공무원이라 한다)이 준수하여야 할 행동기준을 규정하는 것을 목적으로 한다.

2) 정의: 이 규칙에서 사용하는 용어의 뜻은 다음과 같다.

(1) 직무관련자와 직무관련 공무원

① 직무관련자(제2조 제1항)

공무원의 소관 업무와 관련되는 자로서 개인(공무원이 사인의 지위에 있는 경우에는 개인으로 본다) 또는 법인 · 단체를 말한다.

② 직무관련 공무원(제2조 제2항)

공무원의 직무수행과 관련하여 이익 또는 불이익을 직접적으로 받는 다른 공무원(기관이 이익 또는 불이익을 받는 경우에는 그 기관의 관련 업무를 담당하는 공무원)중 다음 각 목의 어느 하나에 해당하는 공무원을 말한다.

가. 상급자와 직무상 지휘명령을 받는 당해 업무의 하급자, 나. 인사 · 감사 · 상훈 · 예산 · 심사평가업무 담당자와 해당업무와 직접 관련된 다른 공무원, 다. 행정사무를 위임 · 위탁한 경우 위임 · 위탁사무를 관리 · 감독하는 공무원과 그 사무를 담당하는 공무원, 라. 그밖에 특별한 사유로 경찰청장이 정하는 경우

6) 경찰청 공무원 행동강령, 경찰청훈련 제1003호, 2022.10.7.

(2) 금품등(제2조 제3항)

① 금전, 유가증권, 부동산, 물품, 숙박권, 회원권, 입장권, 할인권, 초대권, 관람권, 부동산 등의 사용권 등 일체의 재산적 이익

② 음식물, 주류, 골프 등의 접대·향응 또는 교통·숙박 등의 편의제공

③ 채무면제, 취업제공, 이권(利權)부여 등 그 밖의 유형·무형의 경제적 이익

(3) 경찰유관 단체(제2조 제4항)

경찰기관에서 민관 치안협력 또는 민간전문가를 통한 치안자문활동을 목적으로 조직·운영하고 있는 단체를 말한다.

3) 적용범위(제3조)

이 규칙은 경찰청 소속 공무원과 경찰청에 파견된 공무원에게 적용한다.

4) 공정한 직무수행을 해치는 지시에 대한 처리(제4조)

① 공무원은 상급자가 자기 또는 타인의 부당한 이익을 위하여 공정한 직무수행을 현저하게 해치는 지시를 하였을 때에는 소정 서식(별지 1호 서식) 또는 전자우편 등의 방법으로 그 사유를 그 상급자에게 소명하고 지시에 따르지 아니하거나, 소정서식(별지 2호 서식) 또는 전자우편 등의 방법으로 행동강령책임관과 상담할 수 있다.

② 제1항의 상급자의 부당한 지시를 이행하지 아니하였는데도 같은 지시가 반복될 때에는 즉시 행동강령 책임관과 상담하여야 한다.

③ 제1항이나 제2항(상급자의 부당한 지시에 거부)에 따라 상담 요청을 받은 행동강령 책임관은 지시내용을 확인하여 지시를 취소하거나 변경할 필요가 있다고 인정되면 소속 기관장에게 보고하여야 한다. 다만, 지시내용을 확인하는 과정에서 부당한 지시를 한 상급자가 스스로 그 지시를 취소하거나 변경하였을 때에는 소속 기관장에게 보고하지 아니할 수 있다.

④ 제3항에 따른 보고(부당한 지시 관련 행동강령책임관의 보고)를 받은 소속 기관의 장은 필요하다고 인정되면 지시를 취소·변경하는 등 적절한 조치를 취하여야 한다. 이 경우 공정한 직무수행을 해치는 지시를 수명자인 하급자가 이행하지 아니하였는데도 같은 지시를 반복한 상급자에게는 징계 등 필요한 조치를 할 수 있다.

5) 부당한 수사지휘에 대한 이의제기(제4조의2)

① 공무원은 「범죄수사규칙」 제30조(경찰관서 내 이의제기)에 따른 경찰관서 내 수사지휘에 대한 이의제기에 관련하여 행동강령책임관에게 상담을 요청할 수 있다.

② 제1항(경찰관서 내 수사지휘에 대한 이의제기)의 상담요청을 받은 행동강령책임관은 해당지휘의 취소·변경이 필요하다고 인정되면 소속 기관장에게 보고하여야 한다.

6) 수사·단속업무의 공정성 강화(제5조의2)

① 공무원은 수사·단속의 대상이 되는 업소 중 경찰청장이 지정하는 유형의 업소 관계자와 부적절한 사적 접촉을 하여서는 아니 되며, 공적 또는 사적으로 접촉한 경우 경찰청장이 정하는 방법에 따라 신고하여야 한다.

② 공무원은 수사 중인 사건의 관계자(해당 사건의 처리와 법률적 경제적 이해관계가 있는 자로서 경찰청장이 지정하는 자) 와 부적절한 사적접촉을 해서는 아니 되며, 소속 경찰관서 내에서만 접촉하여야 한다. 다만, 현장조사 등 공무상 필요한 경우 외부에서 접촉할 수 있으며, 이 경우에는 수사서류 등 공문서에 기록하여야 한다.[7]

7) 정치인 등의 부당한 요구에 대한 처리(제8조)

① 공무원은 정치인이나 정당 등으로부터 부당한 직무수행을 강요받거나 청탁을 받은 경우에는 소정의 서식(별지 제3호 서식) 또는 전자우편 등의 방법으로 소속 기관의 장에게 보고하거나 행동강령책임관과 상담하여야 한다.

② 제1항에 따라 보고를 받은 소속 기관의 장이나 상담을 한 행동강령책임관은 그 공무원이 공정한 직무수행을 할 수 있도록 적절한 조치를 하여야 한다.

8) 인사 청탁 등의 금지(제9조)

① 공무원은 자신의 임용, 승진, 전보 등 인사에 부당한 영향을 미치기 위하여 타인으로 하여금 인사업무 담당자에게 청탁을 하도록 해서는 아니 된다.

② 공무원은 직위를 이용하여 다른 공무원의 임용, 승진, 전보 등 인사에 부당하게 개입해서는 아니 된다.

---

7) 경찰공무원 행동강령 제5조(사적 이해관계의 신고 등) 및 제5조의3(고위공직자의 민간 분야 업무활동 내역제출), 제5조의4(직무관련 영리행위 등 금지), 제5조의5(가족채용 제한), 제5조의6(수의계약 체결제한)등은 삭제되었다.

9) 알선청탁의 금지(제11조)

① 공무원은 자기 또는 타인의 부당한 이익을 위하여 다른 공직자(「부패방지 및 국민권익위원회의 설치와 운영에 관한 법률」 제2조 제3호 가목 및 나목에 따른 공직자를 말한다)의 공정한 직무수행을 해치는 알선 청탁 등을 해서는 아니 된다.

② 공무원은 직무수행과 관련하여 자기 또는 타인의 부당한 이익을 위하여 직무관련자를 다른 직무관련자나 공직자에게 소개해서는 아니 된다.

③ 공무원은 자기 또는 타인의 부당한 이익을 위하여 자신의 직무권한을 행사하거나 지위·직책 등에서 유래되는 사실상 영향력을 행사하여 공직자가 아닌 자에게 다음 각 호의 어느 하나에 해당하는 알선 청탁을 해서는 아니 된다.

1. 특정 개인·법인·단체에 투자·예치·대여·출연·출자·기부·후원·협찬 등을 하도록 하거나 영향을 미치도록 하는 행위
2. 채용·승진·전보 등 인사업무나 징계업무에 관하여 개입하거나 영향을 미치도록 하는 행위
3. 입찰·경매·연구개발·시험·특허 등에 관한 업무상 비밀을 누설하도록 하는 행위
4. 계약 당사자 선정, 계약체결 여부 등에 관하여 개입하거나 영향을 미치도록 하는 행위
5. 특정 개인·법인·단체에 재화 또는 용역을 정상적인 관행에서 벗어나 매각·교환·사용·수익·점유·제공 등을 하도록 하는 행위
6. 각급 학교의 입학·성적·수행평가 등의 업무에 관하여 개입하거나 영향을 미치도록 하는 행위
7. 각종 수상·포상·우수기관 또는 우수자 선정, 장학생 선발 등에 관하여 개입하거나 영향을 미치도록 하는 행위
8. 감사·조사 대상에서 특정 개인·법인·단체가 선정·배제하도록 하거나 감사·조사 결과를 조작하거나 또는 그 위반사항을 묵인하도록 하는 행위
9. 그 밖에 경찰청장이 공직자가 아닌 자의 공정한 업무수행을 저해하는 알선·청탁 등에 해당한다고 판단하여 정하는 행위

10) 직무 관련 정보를 이용한 거래 등의 제한(제12조)

공무원은 직무수행 중 알게 된 정보를 이용하여 유가증권, 부동산 등과 관련된 재산

상 거래 또는 투자를 하거나 타인에게 그러한 정보를 제공하여 재산상 거래 또는 투자를 돕는 행위를 해서는 아니 된다.

11) 가상자산 관련 정보를 이용한 거래 등의 제한(제12조의2)

① 공무원은 다음 각 호의 어느 하나에 해당하는 행위를 하여서는 아니 된다.

1. 직무수행 중 알게 된 가상자산(예컨대 비트코인)과 관련된 정보를 이용한 재산상 거래 또는 투자행위, 2. 가상자산 정보를 타인에게 제공하여 재산상 거래나 투자를 돕는 행위.

② 가상자산 정보와 관련된 직무는 다음 각 호의 어느 하나에 해당하는 것을 말한다.

1. 가상자산에 관한 정책 또는 법령의 입안 집행 등에 관련되는 직무, 2. 가상자산과 관련된 수사·조사·검사 등에 관련되는 직무, 3. 가상자산 거래소의 신고·관리 등과 관련되는 직무, 4. 가상자산 관련 기술개발 지원 등에 관련되는 직무

③ 가상자산 관련 직무를 수행하는 공무원은 가상자산을 신규 취득하여서는 아니 되며, 보유한 경우에는 별지 제10호의2 서식에 따라 소속기관의 장에게 신고해야 한다.

④ 신고를 받은 소속기관의 장은 해당 공무원이 공정한 직무수행을 저해할 수 있다고 판단되는 경우에는 직무배제 등 필요한 조치를 해야 한다.

12) 사적 노무요구 금지(제13조의2)

공무원은 자신의 직무권한을 행사하거나 지위, 직책 등에서 유래되는 사실상 영향력을 행사하여 직무관련자 또는 직무관련공무원으로부터 사적 노무를 제공받거나 요구 또는 약속해서는 아니 된다. 다만, 다른 법령 또는 사회상규에 따라 허용되는 경우에는 그러하지 아니하다.

13) 직무권한 등을 행사한 부당행위의 금지(제13조의3)

공무원은 자신의 직무권한을 행사하거나 지위·직책 등에서 유래되는 사실상 영향력을 행사하여 다음 각 호의 어느 하나에 해당하는 부당한 행위를 해서는 아니 된다.

1. 인가·허가 등을 담당하는 공무원이 그 신청인에게 불이익을 주거나 제3자에게 이익 또는 불이익을 주기 위하여 부당하게 그 신청의 접수를 지연하거나 거부하는 행위
2. 직무관련공무원에게 직무와 관련이 없거나 직무의 범위를 벗어나 부당한 지시·

요구를 하는 행위

3. 공무원 자신이 소속된 기관이 체결하는 물품·용역·공사 등 계약에 관하여 직무관련자에게 자신이 소속된 기관의 의무 또는 부담의 이행을 부당하게 전가하거나 자신이 소속된 기관이 집행하여야 할 업무를 부당하게 지연하는 행위
4. 공무원 자신이 소속된 기관의 소속 기관 또는 산하기관에 자신이 소속된 기관의 업무를 부당하게 전가하거나 그 업무에 관한 비용·인력을 부담하도록 부당하게 전가하는 행위
5. 그 밖에 직무관련자, 직무관련 공무원, 공무원 자신이 소속된 기관의 소속 기관 또는 산하기관의 권리·권한을 부당하게 제한하거나 의무가 없는 일을 부당하게 요구하는 행위

14) 금품등을 받는 행위의 제한(제14조)

① 공무원은 직무관련 여부 및 기부·후원·증여 등 그 명목에 관계없이 동일인으로부터 1회에 100만원 또는 매 회계연도에 300만원을 초과하는 금품등을 받거나 요구 또는 약속해서는 아니 된다.

② 공무원은 직무와 관련하여 대가성 여부를 불문하고 제1항에서 정한 금액 이하의 금품 등을 받거나 요구 또는 약속해서는 아니 된다.

③ 제15조의 외부강의 등에 관한 사례금 또는 다음의 어느 하나에 해당하는 금품 등은 제1항 또는 제2항에서 금지하는 금품등에 해당하지 아니한다.

1. 소속 기관의 장들이 소속 공무원이나 파견 공무원에게 지급하거나 상급자가 위로, 격려, 포상 등의 목적으로 하급자에게 제공하는 금품등
2. 원활한 직무수행 또는 사교 의례 또는 부조의 목적으로 제공되는 음식물, 경조사비, 선물 등으로서 별표1의 가액 범위 내의 금품등
3. 사적 거래(증여는 제외)로 인한 채무의 이행 등정단한 권원에 의하여 제공되는 금품등
4. 공무원의 친족(민법 제777조에 따른 친족)이 제공하는 금품등
5. 공무원과 관련된 직원상조회, 동호인회, 동창회, 향우회, 친목회, 종교단체, 사회단체 등이 정하는 기준에 따라 구성원에게 제공하는 금품등 및 그 소속 구성원 등 공무원과 특별히 장기적, 지속적인 친분관계를 맺고 있는 자가 질병, 재난 등으로 어려운 처지에 있는 공무원에게 제공하는 금품등

6. 공무원과 관련된 공식적인 행사에서 주최자가 참석자에게 통상적인 범위에서 일률적으로 제공하는 교통, 숙박, 음식물 등의 금품등
7. 불특정 다수인에게 배포하기 위한 기념품 또는 홍보용품 등이나 경연, 추첨을 통하여 받는 보상 또는 상품등
8. 그 밖에 사회상규에 따라 허용되는 금품등

④ 공무원은 제3항 제5호에도 불구하고 같은 호에 따라 특별히 장기적·지속적인 친분관계를 맺고 있는 자가 직무관련자 또는 직무관련공무원으로서 금품등을 제공한 경우에는 그 수수 사실을 소정의 서식(별지 제2호 서식)에 따라 소속 기관의 장에게 신고하여야 한다.

⑤ 공무원은 자신의 배우자나 직계 존속·비속이 자신의 직무와 관련하여 제1항 또는 제2항에 따라 공무원이 받는 것이 금지된 금품등을 받거나 요구하거나 제공받기를 약속하지 아니하도록 하여야 한다.

⑥ 공무원은 다른 공무원에게 또는 그 공무원의 배우자나 직계 존속·비속에게 수수금지 금품등을 제공하거나 그 제공의 약속 또는 의사표시를 해서는 아니 된다.

15) 감독기관의 부당한 요구금지(제14조의2)

① 감독·감사·조사·평가를 하는 기관(감독기관)에 소속된 공무원은 자신이 소속된 기관의 출장·행사·연수 등과 관련하여 감독·감사·조사·평가를 받는 기관(피감기관)에 다음 각 호의 어느 하나에 해당하는 부당한 요구를 해서는 안 된다.

1. 법령에 근거가 없거나 예산의 목적·용도에 부합하지 않는 금품 등의 제공 요구
2. 감독기관 소속 공무원에 대하여 정상적인 관행을 벗어난 예우·의전의 요구

② 제1항에 따른 부당한 요구를 받은 피감기관 소속 공직자는 그 이행을 거부해야 하며, 거부 했음에도 불구하고 감독기관 소속 공무원으로부터 같은 요구를 다시 받은 때에는 별지 11호 서식에 따라 그 사실을 피감기관의 행동강령책임관에게 알려야 한다. 이 경우 행동강령책임관은 그 요구가 제1항 각 호의 어느 하나에 해당하는 경우에는 지체 없이 피감기관의 장에게 보고해야 한다.

③ 제2항의 후단에 따른 보고를 받은 피감기관의 장은 제1항 각 호의 어느 하나에 해당하는 경우에는 그 사실을 해당 감독기관의 장에게 알려야 하며 그 사실을 통지받은 감독기관의 장은 해당 요구를 한 소속 공무원에 대하여 징계 등 필요한 조치를 해야 한다.

16) 외부강의등의 사례금 수수제한(제15조)

① 공무원은 자신의 직무와 관련되거나 그 지위, 직책 등에서 유래되는 사실상의 영향력을 통하여 요청받은 교육 · 홍보 · 세미나 · 공청회 또는 그 밖의 회의 등에서 한 강의 · 강연 · 기고 등(이하 외부강의 등)의 대가로서 별표 2에서 정하는 금액을 초과하는 사례금을 받아서는 아니 된다.

② 공무원은 사례금을 받는 외부강의등을 할 때에는 외부강의등의 요청 명세서를 별지 제12호 서식의 외부강의등 신고서에 따라 소속 기관의 장에게 그 외부강의등을 마친 날부터 10일 이내에 신고해야 한다. 다만, 외부강의등을 요청한 자가 국가나 지방자치단체인 경우 에는 그러하지 아니하다.

③ 공무원은 제2항에 따른 신고를 할 때 신고사항 중 상세명세서 또는 사례금 총액 등을 제2항의 기간 내에 알 수 없는 경우에는 해당 사항을 제외한 사항을 신고한 후 해당사항을 안날부터 5일 이내에 보완하여야 한다.

④ 공무원이 대가를 받고 수행하는 외부강의등은 월 3회를 초과할 수 없다. 국가나 지방자치단체에서 요청하거나 겸직허가를 받고 수행하는 외부강의등은 그 횟수에 포함하지 아니한다.

⑤ 공무원은 제4항에도 불구하고 월 3회를 초과하여 대가를 받고 외부강의등을 하려는 경우에는 미리 소속 기관의 장의 승인을 받아야 한다.

17) 초과사례금의 신고(제15조의2)

① 공무원은 제5조 제1항에 따른 금액을 초과하는 사례금을 받은 경우에는 그 사실을 안 날로부터 2일 이내에 별지 제13호 서식으로 소속기관의 장에게 신고하여야 하며, 제공자에게 그 초과금액을 지체 없이 반환하여야 한다.

② 제1항에 따른 신고를 받은 소속 기관의 장은 초과사례금을 반환하지 아니한 공무원에 대하여 신고사항을 확인한 후 7일 이내에 반환하여야 할 초과사례금의 액수를 산정하여 해당 공무원에게 통지하여야 한다.

③ 제2항에 따라 통지를 받은 공무원은 지체 없이 초과사례금을 제공자에게 반환하고 그 사실을 소속 기관의 장에게 알려야 한다.

④ 공무원은 제1항 또는 제3항에 따라 초과사례금을 반환한 경우에는 증명자료를 첨부하여 그 반환비용을 소속 기관의 장에게 청구할 수 있다.

18) 직무관련자와 골프 및 사적여행 제한(제16조의3)

① 공무원은 직무관련자와는 비용부담 여부와 관계없이 골프를 같이 하여서는 아니 된다. 다만, 다음 각 호와 같은 부득이한 사정에 따라 골프를 같이 하는 경우에는 소속 관서 행동강령책임관에게 사전에 신고하여야 하며 사전에 신고하기 어려운 특별한 사유가 있는 경우에는 사후에 즉시 신고하여야 한다.

1. 정책의 수립・시행을 위한 의견교환 또는 업무협약 등 공적인 목적을 위하여 필요한 경우
2. 직무관련자의 친족과 골프를 하는 경우
3. 동창회 등 친목단체에 직무관련자가 있어 부득이 골프를 하는 경우
4. 그 밖에 위 각 호와 유사한 사유로 부득이하다고 인정되는 경우

② 공무원은 직무관련자와 함께 사적인 여행을 하여서는 아니 된다. 다만, 제1항 각 호의 사유가 있어 같은 항 단서에 따른 신고를 한 경우에는 그러하지 아니하다.

19) 경조사의 통지 제한(제17조)

공무원은 직무관련자나 직무관련공무원에게 경조사를 알려서는 아니 된다. 다만, 다음의 어느 하나에 해당하는 경우에는 경조사를 알릴 수 있다.

1. 친족에게 알리는 경우
2. 현재 근무하고 있거나 과거에 근무하였던 기관의 소속 직원에게 알리는 경우
3. 신문, 방송 또는 제2호에 따른 직원에게만 열람이 허용되는 내부통신망 등을 통하여 알리는 경우
4. 공무원 자신이 소속된 종교단체・친목단체 등의 회원에게 알리는 경우

20) 위반여부에 대한 상담(제18조)

① 공무원은 알선・청탁・금품등의 수수・외부강의등의 사례금수수・경조사의 통지 등에 대하여 이 규칙을 위반하는 자가 분명하지 아니할 때에는 행동강령책임관과 상담한 후 처리해야 하며 행동강령책임관은 별지 제15호 서식에 따라 상담내용을 관리해야 한다.

② 행동강령책임관은 제1항에 따른 상담이 원활하게 이루어질 수 있도록 해당 기관의 규모 등 여건을 고려하여 전용전화・상담실설치 등 필요한 조치를 취할 수 있다.

21) 행동강령 관련 중요법령 내용

(1) 민법

① 제767조 친족의 정의: 배우자, 혈족 및 인척을 친족으로 한다.

② 제777조 친족의 범위: 1) 8촌 이내의 혈족, 2) 4촌 이내의 인척, 3) 배우자

③ 779조 가족의 정의: 1) 배우자, 직계혈족 및 형제자매, 2) 직계혈족의 배우자, 배우자의 직계혈족 및 배우자의 형제자매, 이 경우에는 생계를 같이 하는 경우에 한한다.

(2) 음식물 · 경조사비 · 선물 등의 가액범위(별표1: 제14조 제3항 제2호 관련)

① 음식물(제공자와 공무원이 함께하는 식사, 다과, 주류, 음료 그 밖에 이에 준하는 것): 3만원

② 경조사와 축의금, 조의금은 5만원, 다만, 축의금, 조의금을 대신하는 화환, 조화는 10만원

③ 선물, 금전, 유가증권 제1호의 음식물 및 제2호의 경조사비를 제외한 일체의 물품 그 밖에 이에 준하는 것은 5만원, 다만, 농수산물 및 농수산가공품(농수산물을 원료 또는 재료의 50퍼센트를 넘겨 사용하여 가공한 제품만 해당)은 10만원

(3) 외부강의 등 사례금 상한액(별표2: 제15조 제1항 관련)

① **사례금 상한액**

가. 직급 구분없이 40만원

나. 가목에도 불구하고 국제기구, 외국정부, 외국대학, 외국연구기관, 외국 학술단체, 그 밖에 이에 준하는 외국기관에서 지급하는 외부강의 등의 사례금 상한액은 사례금을 지급하는 자의 지급기준에 의한다.

② **적용기준**

가. 제1호의 상한액은 강의 등을 하는 경우 1시간당, 기고의 경우 1건당 상한액으로 한다.

나. 1시간을 초과하여 강의 등을 하는 경우에도 사례금 총액은 강의시간에 관계없이 1시간 상한액의 100분의 150에 해당하는 금액을 초과하지 못한다.

다. 상한액에는 강의료, 원고료, 출연료 등 명목에 관계없이 외부강의등 사례금 제공자가 외부강의등과 관련하여 공무원에게 제공하는 일체의 사례금을 포함한다.

라. 다목에도 불구하고 공무원이 소속 기관에서 교통비, 숙박비, 식비등 여비를 지급받지 못한 경우에는 공무원여비규정의 기준 내에서 실비수준으로 제공되는 교통

비, 숙박비 및 식비는 제1호의 사례금에 포함되지 않는다.

3. 경찰의 적극행정

1) 적극행정의 근거규정(출처: 경찰청 홈페이지)

① 「헌법」 제7조: 공무원은 국민전체에 대한 봉사자이며, 국민에 대하여 책임을 진다.

② 「국가공무원법」 제56조: 모든 공무원은 법령을 준수하며 성실히 직무를 수행하여야 한다.

③ 「적극행정 운영규정」 제2조: 적극행정이란 공무원이 불합리한 규제를 개선하는 등 공공의 이익을 위해 창의성과 전문성을 바탕으로 적극적으로 업무를 처리하는 행위를 말한다.[8)]

2) 적극행정의 의의

① 적극행정이란 공무원이 불합리한 규제를 개선하는 등 공공의 이익을 위하여 창의성과 전문성을 바탕으로 적극적으로 업무를 처리하는 행위를 말한다(적극행정운영규정 제2조).

② 적극행정이란 경찰청 소속 공무원 등이 국가 또는 공공의 이익을 증진하기 위해 성실하고 능동적으로 업무를 처리하는 행위를 말한다(경찰청 적극행정 면책제도 운영규정 제2조).

3) 적극행정 운영기준상 적극행정의 판단기준

(1) 공공의 이익 증진을 위한 행위

업무의 목적과 처리방법이 국민편익 증진, 국민불편 해소, 경제활성화, 행정효율 향상 등 공공의 이익을 증진하기 위해서 하는 행위를 의미한다.

(2) 창의성과 전문성을 바탕으로 한 행위

창의성은 어떤 문제에 대해 기존과 다른 시각으로 새로운 아이디어를 생각해 내는 특성을 의미하고, 전문성은 자신이 맡은 일을 잘 수행하기 위해 필요한 지식과 경험, 역량을 말한다.

---

8) 적극행정 운영규정, 대통령령 제33576호, 2023.6.27.

(3) 적극적인 행위 판단시점

평균적인 공무원에게 통상적으로 요구되는 정도의 노력이나 주의의무 이상을 기울여 업무를 처리하는 행위를 의미하며, 적극적인 행위에 해당하는지는 행위의 결과가 발생한 시점이 아니라 업무를 추진할 당시를 기준으로 가용할 수 있었던 자원과 정보, 업무량 등 제반사정을 종합하여 노력이나 주의의무 정도를 판단한다.

(4) 행위의 결과가 아닌 행위 자체가 판단기준

적극행정은 행위 자체에 초점을 두어 업무처리로 인행 긍정적인 효과가 발생해야만 적극행정에 해당되는 것은 아니라 공공의 이익을 증진하기 위하여 적극적으로 최선의 노력을 다하면 적극행정에 해당한다.

4) 적극행정 대상과 범위

(1) 대상

공공재화와 서비스의 제공, 규제혁신 등 정부의 정책, 공무원이 직무를 수행하는 모든 방식과 행위를 대상으로 한다.

(2) 범위

적극행정이 특정분야의 정책이나 특정한 업무처리 방식을 지칭하는 것은 아니다.

5) 적극행정의 유형

(1) 행태적 측면

통상적으로 요구되는 정도의 노력이나 주의의무 이상을 기울여 맡은 바 임무를 최선을 다해 수행하는 행위유형을 말한다. 업무관행을 반복하지 않고 가능한 최선의 방법을 찾아 업무를 처리하는 행위, 새로운 행정수요나 행정환경 변화에 선제적으로 대응하여 새로운 정책을 발굴 추진하는 행위, 이해충돌이 있는 상황에서 적극적인 이해조정 등을 통해 업무를 처리하는 행위 등을 말한다.

(2) 규정의 해석 적용 측면

불합리한 규정과 절차, 관행을 스스로 개선하는 행위를 의미한다. 또한 신기술 발전 등 환경변화에 맞게 규정을 적극적으로 해석·적용하는 행위 및 규정과 절차가 마련되어 있지 않지만 가능한 해결방안을 모색하여 업무를 추진하는 행위 등이 있다.

6) 적극행정의 보호

(1) 적극행정 징계요구 등 면제

공무원이 적극행정을 추진한 결과에 대해 그의 행위에 고의 또는 중대한 과실이 없는 경우에는 징계 관련 법령에 따라 징계의결 또는 징계부가금 부과의결을 하지 않는다(운영규정 제17조 제1항).

(2) 사전컨설팅을 거친 경우에 대한 징계면제

감사원이나 자체감사기구에 사전컨설팅을 구하여 이러한 사전컨설팅 의견대로 업무를 처리한 경우에는 징계 관계 법령에 따라 징계의결등을 하지 않는다. 다만, 공무원과 대상업무 사이에 사적인 이해관계가 있거나 감사원이나 자체감사기구의 장이 사전컨설팅을 하는데 필요한 정보를 충분히 제공하지 않은 경우에는 징계를 면제하지 않는다(운영규정 제17조 제2항).

(3) 지원위원회가 제시한 의견대로 업무를 처리한 경우에 대한 징계면제

공무원은 인가 · 허가 · 등록 · 신고 등과 관련한 규제나 불명확한 법령 등으로 인해 업무를 적극적으로 추진하기 곤란한 경우에는 위원회에 직접 해당 업무의 처리방향 등에 관한 의견의 제시를 요청할 수 있으며(운영규정 제13조), 그 의견대로 업무를 처리한 경우에는 징계를 면제한다. 다만, 대상 업무와 관련하여 사적인 이해관계가 있거나 위원회가 의견을 제시하기 위해 판단에 필요한 정보를 충분히 제공하지 않은 경우에는 징계를 면제하지 않는다.

(4) 고의 또는 중과실에 의한 비위가 아닌 경우 적극행정등에 대한 징계면제

① 불합리한 규제의 개선 등 공공의 이익을 위한 정책, 국가적으로 이익이 되고 국민생활에 편익을 주는 정책 또는 소관 법령의 입법목적을 달성하기 위하여 필수적인 정책등을 수립 집행하거나 정책목표의 달성을 위하여 업무처리방식을 창의적으로 개선하는 등 성실하고 능동적으로 업무를 처리하는 과정에서 발생한 것으로 인정되는 경우

② 국가의 이익이나 국민생활에 큰 피해가 예견되어 이를 방지하기 위하여 정책을 적극적으로 수립 집행하는 과정에서 발생한 것으로서 정책을 수립 집행할 당시의 여건 또는 그 밖의 사회통념에 비추어 적법하게 처리될 것이라고 기대하기가 극히 곤란한 경우로 인정되는 경우(공무원 징계령 시행규칙 제3조의2 제1항)[9]

9) 공무원 징계령 시행규칙, 총리령 제1913호, 2023.10.12.

(5) 고도의 정책사항에 대한 실무직(담당자)의 징계면제

실무직 공무원이 국정과제 등 주요 정책결정으로 확정된 사항, 다수부처 연관과제로 정책 조정을 거쳐 결정된 사항 등 정책결정사항 중 중요사항(고도의 정책사항)을 추진하는 과정에서 발생한 결과에 대해서 실무직(담당자)의 고의나 과실이 없는 경우에는 문책기준에서 제외하고 있다(공무원 징계령 시행규칙 별표2에 규정).

7) 적극행정 실행계획의 수립과 적극행정 관련 교육(운영규정 제7조 및 8조)

중앙행정기관의 장(경찰청장)은 적극행정 실행계획을 매년 수립·실행해야 하며, 소속 공무원을 대상으로 적극행정 관련 교육을 연 1회 이상 실시해야 한다.

8) 경찰청 적극행정 지원위원회

경찰청 적극행정 지원위원회는 정부위원 5명과 민간위원 9명 등 총 14명으로 구성되고, 위원장은 경찰청차장과 민간위원이 공동위원장이 된다. 지원위원회는 원칙적으로 격월로 회의를 개최하고, 필요시 수시 개최한다. 재적위원 과반수의 출석으로 개의하고, 출석위원 과반수의 찬성으로 의결한다.

9) 소극행정

(1) 소극행정(출처: 경찰청 홈페이지)

① 소극행정이란 공무원이 부작위 또는 직무태만 등 소극적 업무행태로 국민의 권익을 침해하거나 국가재정상 손실을 발생하게 하는 행위를 말한다(적극행정운영규정 제2조). 즉 소극행정은 공무원이 해야 할 일을 하지 않거나 할 수 있는 일을 하지 않아서 국민생활과 기업활동에 불편을 주거나 권익을 침해하는 업무행태를 말한다.

② 여기에서 부작위는 공무원이 상당한 기간 내에 이행해야 할 직무상 의무가 있는데도 이를 이행하지 아니하는 것을 의미한다.

③ 직무태만은 통상적으로 요구되는 정도의 노력이나 주의 의무를 기울이지 않고 업무를 부실·부당하게 처리하는 것을 의미한다.

(2) 소극행정 유형

① 적당편의

문제해결을 위해 노력하지 않고 적당히 형식만 갖추어 부실하게 처리하는 행태

② 업무해태

합리적인 이유 없이 주어진 업무를 게을리 하여 불이행하는 행태

③ 탁상행정

법령이나 지침 등의 변화에도 불구하고 과거 규정에 따라 업무를 처리하거나 기존의 불합리한 업무관행을 그대로 답습하는 행태

④ 기타 관중심 행정

직무권한을 이용하여 부당하게 업무를 처리하거나 국민 편익을 위해서가 아닌 자신과 소속 기관의 이익을 위해 자의적으로 처리하는 행태

4. 공직자의 이해충돌방지법

「공직자 이해충돌 방지법」은 공공기관 내부정보를 이용한 부정한 재산의 취득, 공직자 가족의 채용이나 수의계약의 체결, 사적 이해관계가 있는 상대방에 대한 업무처리 등 공정성이 의심되는 상황, 즉 이해충돌의 상황을 사전에 방지하고, 부정한 사익의 추구행위를 사전적으로 예방하기 위해 공직자가 준수해야 할 10가지 행위 기준을 담고 있다.

이 법은 당초 2013년 국민권익위원회가 국회에 법안을 처음 제출한 이후 9년 만에 제정된 것으로서, 이 법의 제정을 통하여 공직자의 윤리를 확보하기 위한 핵심적인 제도적 장치가 마련되었다고 할 수 있다.[10)]

1) 목적(제1조)

이 법은 공직자의 직무수행과 관련한 사적 이익추구를 금지함으로써 공직자의 직무수행 중 발생할 수 있는 이해충돌을 방지하여 공정한 직무수행을 보장하고 공공기관에 대한 국민의 신뢰를 확보하는 것을 목적으로 한다.[11)]

2) 정의(제2조)

(1) 공직자

가. 「국가공무원법」 또는 「지방공무원법」에 따른 공무원과 그 밖에 다른 법률에 따라 그 자격 · 임용 · 교육훈련 · 복무 · 보수 · 신분보장 등에 있어서 공무원으로 인

10) 이종수 · 윤영진 외, 새행정학 3.0, 대영문화사, 2022, p.559.

11) 공직자의 이해충돌 방지법(약칭 이해충돌방지법), 법률 제18191호, 2021.5.18. 제정, 시행 2022.5.19.

정된 사람

나. 공직유관 단체 또는 공공기관의 장과 그 임직원

다. 각급 국립·공립학교의 장과 교직원

(2) 이해충돌

이해충돌이란 공직자가 직무를 수행할 때에 자신의 사적 이해관계가 관련되어 공정하고 청렴한 직무수행이 저해되거나 저해될 우려가 있는 상황을 말한다.

(3) 직무관련자

직무관련자란 공직자가 법령(조례 규칙을 포함) 기준에 따라 수행하는 직무와 관련되는 자로서 다음 각 목의 어느 하나에 해당하는 개인·법인 단체 및 공직자를 말한다.

가. 공직자의 직무수행과 관련하여 일정한 행위나 조치를 요구하는 개인이나 법인 또는 단체

나. 공직자의 직무수행과 관련하여 이익 또는 불이익을 직접적으로 받는 개인이나 법인 또는 단체

다. 공직자가 소속된 공공기관과 계약을 체결하거나 체결하려는 것이 명백한 개인이나 법인 또는 단체

라. 공직자의 직무수행과 관련하여 이익 또는 불이익을 직접적으로 받는 다른 공직자, 다만, 공공기관이 이익 또는 불이익을 직접적으로 받는 경우에는 그 공공기관에 소속되어 해당 이익 또는 불이익과 관련된 업무를 담당하는 공직자를 말한다.

(4) 사적 이해관계자

가. 공직자 자신 또는 그 가족(민법 제779조에 따른 가족을 말한다)

나. 공직자 자신 또는 그 가족이 임원·대표자·관리자 또는 사외이사로 재직하고 있는 법인 또는 단체

다. 공직자 자신이나 그 가족이 대리하거나 고문·자문 등을 제공하는 개인이나 법인 또는 단체

라. 공직자로 채용 임용되기 전 2년 이내에 공직자 자신이 재직하였던 법인 또는 단체

마. 공직자로 채용·임용되기 전 2년 이내에 공직자 자신이 대리하거나 고문·자문 등을 제공하였던 개인이나 법인 또는 단체

바. 공직자 자신 또는 그 가족이 대통령령으로 전하는 일정 비율 이상의 주식·지분

또는 자본금 등을 소유하고 있는 법인 또는 단체

사. 최근 2년 이내에 퇴직한 공직자로서 퇴직일 전 2년 이내에 인가·허가·면허·특허 등에 관련된 직무, 행정지도·단속 등의 직무, 병역판정 검사 등에 관련된 직무를 수행하는 공직자와 국회규칙 등 또는 대통령령으로 정하는 범위의 부서에서 같이 근무하였던 사람

아. 그 밖에 공직자의 사적 이해관계와 관련되는 자로서 국회규칙등과 대통령령으로 정하는 자

3) 이해충돌 방지 세부 행위 기준

(1) 신고·제출 의무

1. 사적 이해관계자 신고 및 회피·기피 신청
2. 공공기관 직무 관련 부동산 보유·매수 신고
3. 고위공직자 민간부분 업무활동 내역 제출
4. 직무관련자와의 거래신고
5. 퇴직자 사적 신고

(2) 제한·금지행위

1. 직무 관련 외부활동 제한
2. 가족 채용 제한
3. 수의계약 체결 제한
4. 공공기관 물품 등의 사적 사용·수익 금지
5. 직무상 비밀 등 이용 금지

4) 공직자의 이해충돌 방지 및 관리

(1) 사적 이해관계자의 신고 및 회피·기피 신청(법 제5조)

① 공직자는 직무관련자(직무관련자의 대리인을 포함)가 사적이해관계자임을 안 경우 안 날부터 14일 이내에 소속 기관장에게 그 사실을 서면(전자문서 포함)으로 신고하고 회피를 신청해야 한다.

② 직무관련자 또는 공직자의 직무수행과 관련하여 직접적인 이해관계가 있는 자는 해당 공직자에게 제1항에 따른 신고 및 회피의무가 있거나 그 밖에 공정한 직무수행을 저해할 우려가 있는 사적 이해관계가 있다고 판단하는 경우에는 그 공직자의 소속 기관

장에게 기피를 신청할 수 있다.

(2) 공공기관 직무 관련 부동산 보유 · 매수신고(법 제6조)

① 부동산을 직접적으로 취급하는 공공기관의 공직자는 다음 각 목의 어느 하나에 해당하는 사람이 소속 공공기관의 업무와 관련된 부동산을 보유하고 있거나 매수하는 경우 소속 기관장에게 그 사실을 서면으로 신고하여야 한다.

1. 공직자 자신, 배우자
2. 공직자와 생계를 같이하는 직계존속 · 비속(배우자의 직계존속 · 비속으로 생계를 같이 하는 경우 포함)

② 부동산 보유 · 매수 신고는 부동산을 보유한 사실을 알게 된 날부터 14일 이내, 매수 후 등기를 완료한 날부터 14일 이내에 하여야 한다.

③ 부동산 보유 또는 매수신고를 받은 소속기관장은 해당 부동산 보유 · 매수가 이 법 또는 다른 법률에 위반되는 것으로 의심될 경우 지체 없이 수사기관 · 감사원 · 감독기관 또는 국민권익위원회에 신고하거나 고발하여야 한다(법 제7조 제4항).

(3) 고위공직자의 민간 부문 업무활동 내역 제출 및 공개(제8조)

① 고위공직자는 그 직위에 임용되거나 임기를 개시하기 전 3년 이내에 민간 부문에서 업무활동을 한 경우 그 활동내역을 그 직위에 임용되거나 임기를 개시한 날부터 30일 이내에 소속 기관장에게 제출하여야 한다.

② 업무활동 내역에는 다음 각 호의 사항이 포함되어야 한다.

1. 재직하였던 법인 단체 등과 그 업무 내용
2. 대리 · 고문 · 자문 등을 한 경우 그 업무 내용
3. 관리 · 운영하였던 사업 또는 영리행위의 내용

(4) 직무관련자와의 거래신고(법 제9조)

① 공직자는 자신, 배우자 또는 직계존속 · 비속(배우자의 직계존속 비속으로 생계를 같이하는 경우를 포함) 또는 특수관계사업자(자신, 배우자 또는 직계존속 · 비속이 대통령령으로 정하는 일정 비율 이상의 주식 · 지분 등을 소유하고 있는 법인 또는 단체를 말한다)가 공직자 자신의 직무관련자(「민법」 제777조에 따른 친족은 제외)와 다음 각 호의 어느 하나에 해당하는 행위를 한다는 것을 사전에 안 경우에는 안 날부터 14일 이내에 소속 기관장에게 그 사실을 서면으로 신고하여야 한다.

1. 금전을 빌리거나 빌려주는 행위 및 유가증권을 거래하는 행위, 다만, 「금융실명거

래법」에 따른 금융회사등, 「대부업법」에 따른 대부업자등이나 그 밖의 금융회사로부터 통상적인 조건으로 빌리는 행위 및 유가증권을 거래하는 행위는 제외한다.

2. 토지 또는 건축물 등 부동산을 거래하는 행위, 다만, 공개모집에 의하여 이루어지는 분양이나 공매 · 경매 · 입찰을 통한 재산상 거래행위는 제외한다.
3. 그 밖에 물품 · 용역 · 공사 등의 계약을 체결하는 행위, 다만, 공매 · 경매 · 입찰을 통한 계약체결행위 또는 거래관행상 불특정 다수를 대상으로 반복적으로 행하여지는 계약체결 행위는 제외한다.

② 공직자는 금전을 빌리거나 부동산을 거래하는 행위가 있었음을 사후에 알게 된 경우에도 안 날부터 14일 이내에 소속 기관장에게 그 사실을 서면으로 신고하여야 한다.

③ 소속 기관장은 공직자가 신고한 행위가 직무의 공정한 수행을 저해할 수 있다고 판단되는 경우에는 해당 공직자에게 사적이해관계자의 신고 등에 대한 조치(즉 법 제7조 제1항) 각호 또는 제7조 제2항의 조치를 취할 수 있다.

1. 직무수행의 일시 중지 명령
2. 직무대리자 또는 직무 공동수행자의 지정
3. 직무 재배정
4. 전보

④ 소속기관장은 제1항에도 불구하고 다음 각 호의 어느 하나에 해당하는 경우에는 해당 공직자가 계속 그 직무를 수행하도록 할 수 있다. 이 경우 이해충돌방지 담당관 또는 다른 공직자로 하여금 공정한 직무수행 여부를 확인 · 점검하게 하여야 한다(법 제7조 제2항).

1. 직무를 수행하는 공직자를 대체하기가 지극히 어려운 경우
2. 국가의 안전보장 및 경제발전 등 공익증진을 위하여 직무수행의 필요성이 더 큰 경우

(5) 퇴직자 사적 접촉 신고(법 제15조)

① 공직자는 직무관련자인 소속 기관의 퇴직자(공직자가 아니게 된 날부터 2년이 지나지 아니한 사람만 해당)와 사적 접촉(골프, 여행, 사행성 오락을 같이 하는 행위)을 하는 경우 소속 기관장에게 신고하여야 한다. 다만, 사회상규에 따라 허용되는 경우에는 그러하지 아니하다.

② 공직자는 퇴직자와 사적 접촉을 하기 전에 다음 사항을 적은 서면을 소속 기관장

에게 제출해야 한다. 다만, 불가피한 사유가 있는 경우에는 사적 접촉을 한 날부터 14일 이내에 제출해야 한다(시행령 제15조).

1. 신고인의 성명, 소속, 직위·직급, 담당직무 등 인적 사항
2. 퇴직자의 성명, 연락처, 현 소속 기관, 퇴직 전 소속 기관 등 인적사항
3. 접촉일시 유형 사유
4. 그 밖의 참고자료

(6) 위반행위의 신고 및 보호·보상 등(제18조)

① 누구든지 이 법의 위반행위가 발생하였거나 발생하고 있다는 사실을 알게 된 경우에는 다음 각 호의 어느 하나에 해당하는 기관에 신고할 수 있다.

1. 이 법의 위반행위가 발생한 공공기관 또는 그 감독기관
2. 감사원 또는 수사기관
3. 국민권익위원회

② 신고자가 다음 각 호의 어느 하나에 해당하는 경우에는 이 법에 따른 보호 및 보상을 받지 못한다.

1. 신고의 내용이 거짓이라는 사실을 알았거나 알 수 있었음에도 불구하고 신고한 경우
2. 신고와 관련하여 금품이나 근로관계상의 특혜를 요구한 경우
3. 그 밖에 부정한 목적으로 신고한 경우

③ 제1항에 따라 신고를 하려는 자는 자신의 인적 사항과 신고의 취지·이유·내용을 적고 서명한 문서와 함께 신고대상 및 증거 등을 제출하여야 한다.

④ 제20조 제5항 및 6항에 의하여 국민권익위원회는 위반행위에 대한 신고로 인하여 공공기관에 재산상 이익을 가져오거나 손실을 방지한 경우 또는 공익을 증진시킨 경우에는 포상금을 지급할 수 있으며, 공공기관에 직접적인 수입의 회복·증대 또는 비용의 절감을 가져온 경우에는 그 신고자의 신청에 의하여 보상금을 지급할 수 있다.

5) 제한 금지 의무조항

(1) 직무관련 외부활동의 제한(법 제10조)

공직자는 다음 각 호의 행위를 하여서는 아니 된다. 다만, 「국가공무원법」 등 다른 법령 기준에 따라 허용되는 경우는 그러하지 아니하다.

1. 직무관련자에게 사적으로 노무 또는 조언·자문 등의 제공과 대가를 받는 행위
2. 소속 공공기관의 소관 직무와 관련된 지식이나 정보를 타인에게 제공하고 대가를 받는 행위, 다만, 「부정청탁금지법」 제10조에 따른 외부강의 대가로서 사례금 수수가 허용되는 경우와 소속 기관장이 허가한 경우는 제외한다.
3. 공직자가 소속된 공공기관이 당사자 이거나 직접적인 이해관계를 가지는 사안에서 자신이 소속된 공공기관의 상대방을 대리하거나 정보를 제공하는 행위,
4. 외국의 기관·법인·단체 등을 대리하는 행위, 다만, 소속 기관장이 허가한 경우는 제외한다.
5. 직무와 관련된 다른 직위에 취임하는 행위, 다만, 소속 기관장이 허가한 경우는 제외한다.

(2) 가족 채용 제한(법 제11조)

① 공공기관(공공기관으로부터 출연금·보조금 등을 받거나 법령에 따라 업무를 위탁받는 산하 공공기관과 「상법」 제342조의2에 따른 자회사 포함)은 다음 각 호의 어느 하나에 해당하는 공직자의 가족을 채용할 수 없다.

1. 소속 고위공직자
2. 채용업무를 담당하는 공직자
3. 해당 산하 공공기관의 감독기관인 공공기관 소속 고위공직자
4. 해당 자회사의 모회사인 공공기관 소속 고위공직자

② 다른 법률에서 이 법의 적용을 받는 공공기관이 채용제한이 된 공직자의 가족을 채용할 수 있도록 허용하고 있는 경우에는 그 법률의 규정에 따른다.

③ 채용제한을 받는 가족의 범위

㉠ 배우자, 직계혈족 및 형제자매

㉡ 생계를 같이 하는 직계혈족의 배우자

㉢ 생계를 같이하는 배우자의 직계혈족

㉣ 생계를 같이하는 배우자의 형제자매

(3) 수의계약 체결 제한(제12조)

공공기관은 다음 각 호의 어느 하나에 해당하는 자와 물품·용역·공사 등의 수의계약을 체결할 수 없다. 다만, 해당 물품의 생산자가 1명뿐인 경우 등 대통령령으로 정하는 불가피한 사유가 있는 경우에는 그러하지 아니하다.

1. 소속 고위공직자
2. 해당 계약업무를 법령상·사실상 담당하는 소속 공직자
3. 해당 산하 공공기관의 감독기관 소속 고위공직자
4. 해당 자회사의 모회사인 공공기관 소속 고위공직자
5. 해당 공공기관이 국회 상임위원회의 소관인 경우 해당 상임위원회 위원으로서 직무를 담당하는 국회의원
6. 「지방자치법」에 따라 해당 지방자치단체 등 공공기관을 감사 또는 조사하는 지방의회 의원
7. 제1호부터 제6호까지의 어느 하나에 해당하는 공직자의 배우자 또는 직계존속 비속(배우자의 직계존속 비속으로 생계를 같이 하는 경우 포함)
8. 제1호부터 제7호까지의 어느 하나에 해당하는 사람이 대표자인 법인 또는 단체
9. 제1호부터 제7호까지의 어느 하나에 해당하는 사람과 관계된 특수관계사업자

(4) 공공기관 물품 등의 사적 사용·수익금지(법 제13조)

공직자는 공공기관이 소유하거나 임차한 물품·차량·선박·항공기·건물·토지·시설 등을 사적인 용도로 사용·수익하거나 제3자로 하여금 사용·수익하게 하여서는 아니 된다. 다만, 다른 법령 기준 또는 사회상규에 따라 허용되는 경우에는 그러하지 아니하다.

(5) 직무상 비밀 등 이용금지(법 제14조)

① 공직자(공직자가 아니 되게 된 날부터 3년이 경과하지 아니한 사람을 포함)는 직무수행 중 알게 된 비밀 또는 소속 공공기관의 미공개정보(재물 또는 재산상 이익의 취득 여부의 판단에 중대한 영향을 미칠 수 있는 정보로서 불특정 다수인이 알 수 있도록 공개되기 전의 것을 말한다)를 이용하여 재물 또는 재산상의 이익을 취득하거나 제3자로 하여금 재물 또는 재산상의 이익을 취득하게 하여서는 아니 된다.

② 공직자로부터 직무상 비밀 또는 소속 공공기관의 미공개정보임을 알면서도 제공받거나 부정한 방법으로 취득한 자는 이를 이용하여 재물 또는 재산상의 이익을 취득하여서는 아니 된다.

③ 공직자는 직무수행 중 알게 된 비밀 또는 소속 공공기관의 미공개정보를 사적이익을 위하여 이용하거나 제3자로 하여금 이용하게 하여서는 아니 된다.

6) 징계 및 벌칙

(1) 징계(법 제26조)

공공기관의 장은 소속 공직자가 이 법 또는 이 법에 따른 명령을 위반한 경우에는 징계처분을 하여야 한다.

(2) 벌칙(법 제27조)

① 7년 이하의 징역 또는 7천만 원 이하 벌금

직무상 비밀, 소속 기관의 미공개 정보를 이용, 재물 또는 재산상의 이득을 취한 공직자, 병과 가능

② 5년 이하의 징역 또는 5천만 원 이하의 벌금

㉠ 공직자로부터 직무상 비밀 또는 소속 공공기관의 미공개 정보임을 알면서도 제공받거나 부정한 방법으로 취득하고 이를 이용하여 재물 또는 재산상의 이익을 취득한자, 병과 가능.

㉡ 「공익신고자 보호법」을 위반하여 신고자등의 인적사항이나 신고자등임을 미루어 알 수 있는 사실을 다른 사람에게 알려주거나 공개 또는 보도한 자. 병과불가.

③ 3년 이하의 징역 또는 3천만 원 이하의 벌금

㉠ 직무수행 중 알게 된 비밀 또는 소속 공공기관의 미공개정보를 사적 이익을 위하여 이용하거나 제3자로 하여금 이용하도록 한 공직자

㉡ 신고등에 대한 불이익금지 규정을 위반하여 신고자등에게 파면, 해임, 해고 그밖에 신분상실에 해당하는 신분상의 불이익조치를 한 자

㉢ 「공익신고자보호법」 제21조 제2항에 따라 보호조치 결정이 확정되거나 행정소송을 제기하여 확정된 보호조치 결정을 이행하지 아니한 자

㉣ 비밀누설 금지 의무를 위반하여 그 업무처리과정에서 알게 된 비밀을 누설한 사람

(3) 과태료(법 제28조)

① 3천만 원

㉠ 제11조 제3항을 위반하여 공공기관에 가족이 채용되도록 지시·유도 또는 묵인을 한 공직자

㉡ 제12조 제2항을 위반하여 공공기관이 소속 고위공직자나 해당 계약업무를 담당하

는 소속 공직자 등과 수의계약을 체결하도록 지시 · 유도 · 묵인을 한 공직자

㉢ 제20조 제4항에 따라 준용되는 「공익신고자 보호법」 제19조 제2항 및 제3항을 위반하여 자료 제출, 출석, 진술 또는 진술서 제출을 거부한 자

② 2천만 원

㉠ 제5조 제1항을 위반하여 사적 이해관계를 신고하지 않은 공직자

㉡ 제6조 제1항 또는 제2항을 위반하여 부동산 보유 · 매수를 신고하지 않은 공직자

㉢ 제9조 제1항 또는 제2항을 위반하여 직무관련자와 거래를 신고하지 않은 공직자

㉣ 제10조를 위반하여 직무관련 외부활동을 한 공직자

㉤ 제13조를 위반하여 공공기관물품을 사적으로 사용 · 수익하거나 제3자로 하여금 사용 · 수익하게 한 공직자

㉥ 제20조 제4항에 따라 준용되는 「공익신고자 보호법」 제20조의2의 특별보호조치결정을 이행하지 아니한 자

③ 1천만 원

㉠ 제18조 제1항을 위반하여 임용 · 임기 개시 전 업무활동내역을 제출하지 않은 고위 공직자

㉡ 제15조 제1항을 위반하여 직무관련자인 소속 기관의 퇴직자와의 사적 접촉을 신고하지 아니한 공직자

제 10 장 POLICE ETHICS

경찰공무원의 충성

제 1 절 경찰조직과 충성

1. 의의

성경의 창세기에 보면, 신은 아브라함의 믿음(faith)을 시험하기 위해 그의 아들 이삭을 제물로 바칠 것을 요구한다. 아브라함은 신의 요구에 대해 아무런 의문이나 이성적 계산 없이 이삭을 죽여 제물로 바치기로 결심한다. 물론 신은 이러한 아브라함의 믿음, 즉 신앙을 확인함에 따라 이삭 대신에 양으로 제물을 바치게 한다.

조직 구성원의 충성은 아브라함의 신앙과 동일시될 수도 있다. 공직자는 국가나 조직의 지시나 명령에 무조건 따르도록 요구될 수 있다. 그들은 충성의 대상인 국가 또는 조직이 실패를 거듭하여 국민의 비난을 받거나 도덕적·윤리적 타락과 아울러 개인의 잘못에 대해서 불이익한 처분을 가했을 때에도, 국가와 조직에 대한 충성과 소속감에 변화가 없으며 국익과 조직의 이익을 위해 헌신해야 한다.

그러나 종교적인 신앙과 조직의 충성은 엄격하게 구별된다. 종교에 대한 신앙은 무비판적, 초 합리적, 무조건적 믿음이지만, 국가와 조직에 대한 충성은 이성적인 계산이 상당히 작용한다. 그러므로 충성은 국가와 조직의 병폐와 오류를 올바른 방향으로 돌리기 위해 이성에 근거한 비판적·합리적 노력이나 의견 제시를 소중하게 여긴다.

그러나 충성 그 자체는 행동을 위한 윤리적 근거가 아니라는 주장에 귀기울일 필요가 있다. 충성이 거론되는 것은 나쁜 것을 위한 명분으로 충성을 거론하지 않는지 의심을 받을 수 있으며, 정의 · 공정 · 공평 · 성실 · 책임 등 도덕적 가치에 따라서 일이 진행되고 있는데도 충성이라는 말이 강조되는 것은 비윤리적 행위를 윤리적 행위로 정당화하기 위한 하나의 포장에 불과하다는 비판을 받을 수 있다.

역사적으로 오도되고 잘못된 충성도 있었다. 국수주의, 신나치즘, 지역주의, 조직이기주의 등은 잘못된 충성의 결과이다. 사실 충성을 충성 자체로 강조하는 집단은 폭력조직이나 전체주의 체제 등 반인륜적 집단일 가능성이 높다. 따라서 충성은 그 자체가 선악이 아닌 가치중립적인 서술어에 지나지 않는다.[1)] 헤리 블레마이어즈(Hary Blamires)는 충성에 대해서 다음과 같은 견해를 제시한다.

> "충성 그 자체는 행동을 위한 도덕적 가치나 윤리적 근거가 있는 것은 아니다. 훌륭한 사람, 훌륭한 정부, 훌륭한 명분에 대한 충성은 충성 그 자체와는 별개의 문제이다. 이 경우에 대상들이 훌륭하기 때문에 우리가 지지한다면, 이것은 훌륭함을 지지하는 것이고, 충성 자체를 지지하는 것은 아니다. 이 경우에 훌륭함은 지지의 근거가 되기 때문에 윤리적이다. 그렇기 때문에 충성이라는 말은 거추장스러운 것이다. 그러므로 행위의 주된 동기나 근거로서 충성의 덕목이 거론될 때면, 나쁜 것을 위한 명분으로 충성을 들먹거리지나 않는지를 의심해 볼 필요가 있다. 만일 어떤 행동과 관련하여 다른 가치가 작용했다면, 구태여 충성이라는 거짓 덕목을 끄집어낼 필요가 없을 것이다.
>
> 이러한 의미에서 본다면, 충성은 윤리와 무관하거나 비윤리적 행위에 위조된 윤리적 향기를 주기 위해 남용되고 있는 기만적 덕목인 것이다. 우리는 충성이라는 말에 감성적인 북받침, 즉 고상한 명분을 위한 결단을 포장하는 감성적 흥분상태에 빠진다. 그래서 우리는 자기만족감을 값싸게 얻게 되지만, 신중한 사고과정이 필요했다는 것을 간과한 것이다. 결과적으로 우리는 현실의 권력관계를 반영한 대중의 인식에 휩쓸려 행동한 것이다. 충성은 현대의 조직생활에서 중요한 개념이지만, 윤리적 정향에는 많은 해를 끼치고 있다."[2)]

그러므로 충성이라는 말이 남용되면, 오히려 권위주의적 발상이라는 부작용을 일으킬 가능성이 있다는 사실을 기억할 필요가 있다. 특히 충성이 개인에 대한 충성을 강조하는 경우에 권위주의적 발상이라는 비난을 면키 어렵다. 사실 일반적으로 조직상황에

---

1) 경찰윤리, 경찰대학, 2000, pp.179-180.
2) John Kleinig, The Ethics of Policing, p.71에서 재인용.

서 충성하면 대부분 조직의 상사에 대한 충성으로 이해하는 경우가 일반적이다. 충성에 대한 이러한 이해는 조직 구성원 사이에 충성이라는 말을 사용하는 것을 주저하게 만들기도 한다.

2. 충성의 개념

충(忠)은 중(中)자와 심(心)자의 결합으로 마음의 중심을 잡는다는 것이며, 정도(正道)의 견지에서 확고한 신념을 가진다는 것을 의미한다. 충이란 원래 유학의 고전인 논어에 의하면, 허위와 가식이 없는 인간 본연의 마음을 가리킨다. 충이란 자기의 마음과 힘을 다하는 것, 즉 자기 성실을 다하는 것을 의미한다. 그리고 성(誠)은 말씀 언(言)과 이룰 성(成)의 두 글자가 합쳐서 이루어진 것으로 충성은 마음속 깊이 간직한 자신의 최고로 보배롭고 귀중한 마음을 이루는 것을 의미한다. 따라서 충성은 내적으로는 자기성실을 다짐하고, 외적으로는 모든 정성을 다해 자신의 직분을 완수하는 것을 뜻한다.

이러한 고전적 의미를 현대적 개념으로 바꾸어 본다면, 충성은 조국과 민족을 위해 헌신하는 것을 의미한다. 조국과 민족 속에 사회와 가정이 있으며, 가정 속에 내가 존재한다. 따라서 충성은 자기 사랑에서 시작하며, 허위와 가식이 없는 인간 본래의 마음에서 우러나오는 정성스러운 태도이다. 어떤 대상, 어떤 일에 대하여 나의 온 정성을 쏟고 헌신하는 마음의 자세이며, 진실된 마음의 근본이다.

유학의 고전인 중용에도 '참된 것은 하늘의 도요, 참되고자 하는 것은 인간의 도이다'라고 쓰여 있듯이 충성이란 그 대상이 국가, 조직, 개인, 신념 등 그 무엇이든 올바르고 참되고 정의로운 것을 지향하는 의지적 태도를 말한다.

요약컨대, 충성은 국가와 사회 또는 특정집단, 인간, 신념 등에 대해 헌신하고 인내하는 충직한 마음과 태도를 의미한다. 그러므로 충성의 대상은 다양하다. 또한 충성은 신의, 절개, 지조 등을 표현하는 절의, 또는 의리라는 개념과 유사하며, 충성의 반대되는 말은 불충으로서 불의, 배신, 비굴 등을 의미한다. 그러나 절의, 의리라는 말은 국가나 조직보다는 특정 개인 간의 관계에 더 적합하고 충성은 국가, 조직, 개인 모두에 적용되는 포괄적인 의미를 가진다.

3. 충성의 특징

충성은 대체로 다음과 같은 특징을 가지는 것으로 요약된다.

첫째, 충성은 자기희생을 필요로 한다. 개인은 그 충성의 대상을 위해서 자신의 이익을 돌보지 않는다. 상사에 대한 충성이나 조직에 대한 충성 모두 개인의 희생이라는 의미를 내포한다.

둘째, 충성의 본질은 대상을 향한 헌신에 있어 어떤 어려움에도 불구하고 인내한다는 점이다. 충성은 심적인 태도뿐만 아니라 행위와 결부되어 평가된다. 대상에 대한 헌신적인 태도와 행위 모두가 충성심에 의해 동기부여 된다.

셋째, 충성은 무엇에 대한 충성이며, 대상에 대한 헌신이나 희생을 의미하지만, 대상 자체가 바람직한 것이면 그것에 대한 충성은 옳은 것이며 선이 될 수 있고, 바람직하지 않다면 충성은 그른 것이 될 수 있다.

넷째, 충성은 그 자체가 선이나 악이 아닌 가치중립적인 서술어에 지나지 않는다. 이러한 주장은 충성이 무엇에 대한 충성이냐에 따라 선악이나 옳고 그름이 판단된다는 사실을 분명히 하고 있는 것이다.

제2절 충성의 대상

충성의 대상은 다양하다. 현대사회에 있어서 대부분의 사람들은 충성의 네트워크 내에서 움직인다. 그 속에는 향우회, 동문회, 기타 소파벌 등과 같은 1차집단, 정당, 직업조직, 클럽 등이 포함되고 있으며, 이와 같은 충성의 망은 오늘날 민주국가에서 공무원에게 요구하는 법적인 차원에서의 충성, 즉 국가적 기본이념에 대한 충성과는 양립가능한 것도 있지만, 때로는 양립불가능한 것도 존재한다. 자유민주주의 사회에서 소파벌이나 다양한 집단에서 추구하는 이념이 국가적 기본이념과 상충되는 현상은 얼마든지 가능하기 때문이다.

정부의 정책에 대한 경찰 고위간부들의 집단행동은 추구하는 기본이념간의 충돌의 결과라는 분석이 가능하다. 이러한 경찰의 집단행동에 대해서 지지하는 정당이나 사회집단이 존재한다는 측면에서 문제의 심각성이 존재하고, 경찰 공무원들의 국가에 대한 충성심이 의심받을 수 있다.

그러면 공직자들이 대상으로 삼을 수 있는 충성의 대상에 대해서 살펴보기로 하자.

1. 국가와 민족에 대한 충성

국가와 민족에 대한 충성은 한 국가의 모든 구성원들에게 요구되는 덕목이지만, 공직자인 경찰관들에게는 그 의미가 자못 중요하다. 비록 추상적이기는 하지만, 국가의 안녕·질서를 유지하고 국민의 생명과 신체·재산을 보호하는 책무를 지고 있는 경찰관은 그 직분을 다하는 것이 바로 국가와 민족에 대한 충성이며, 가장 상위에 있는 대상에 대한 충성인 것이다.

역사적으로 국가와 민족에 대한 충성은 한 국가의 구성원인 모든 사람들에게 요구되는 덕목이었다. 고대 그리스와 로마에서는 시민의 폴리스적 공동체에 대한 충성이, 중세에서는 카톨릭 교회와 그 교리에 대한 종교적 충성과 봉건주의의 지방적 충성이 최고의 가치로서 존중되었다. 또한 근대 절대주의 국가에서는 군주 한 사람에 대한 충성이 요구되기도 했다. 그리고 현대 사회가 발전하면서 정치, 경제, 교육, 종교 등 분화된 각종 단체에 소속되면서 충성의 대상도 다양해 졌다.

15세기 프랑스와 영국 간의 백년전쟁 때 프랑스를 구하라는 하늘의 계시를 받고 영국에 대적해 싸운 프랑스의 잔다르크는 프랑스의 모든 인민에 잠재되어 있던 민족과 국가에 대한 충성인 애국심을 불러일으켰다.[3)]

우리나라의 경우에도 위기에 빠진 나라를 구하기 위해 몸과 마음을 바쳐 충성을 다한 충무공 이순신의 삶은 오늘날에도 공직자들에게 계속 울림을 주는 교훈이 되기에 충분하다. 가장 중요한 교훈은 국가에 대한 변함없는 헌신과 충성심의 발로였다. 많은 전공에도 불구하고 무능한 군주의 견제와 방해에도 불구하고 나라를 구해야 한다는 충성심 하나로 어려운 역경을 극복하고 나라를 구하는 충무공의 헌신은 오늘날 우리 공직자에게 많은 교훈을 던져 주고 있다.

현대 민주사회에 있어서 공무원의 국가에 대한 충성은 국가의 이념에 대한 충성을 의미하며, 공직자의 가장 중요한 행동규범이 되고 있다. 이는 과거 절대군주 국가에서의 충성이 군주 개인에 대한 충성이었던 점에 대한 반성으로 국가의 정치체제가 근거하고 있는 정치 이념에의 헌신과 국민전체의 보편적 이익을 위한 헌신을 말한다. 공무원의

3) 박은봉, 한권으로 보는 세계사 100장면, 가람기획, 1992, pp.133-136.

충성 의무는 국가사회의 기본질서를 보호하는데 근본 목적이 있다. 충성의 의무를 지는 공무원은 헌법의 기본 질서와 국가 이념에 반대되는 신념을 갖거나 또는 그러한 신념에 입각하여 헌법의 기본 질서를 파괴하는 행동을 해서는 안된다.

2. 자신의 신념에 대한 충성

인간은 누구나 세상의 어떤 사상(事象)이나 명제, 또는 이념 등을 진리로서 승인하고 수용하는 심적 태도를 가지고 있는데 이것을 신념이라고 한다. 이 신념은 종교적 신앙, 사상적 이데올로기의 형태를 띨 수도 있고, 때로는 고정관념의 형태를 띨 수도 있다. 인간의 여러 가지 대상에 대한 신념은 다소간에 관련을 가지고 전체로서의 하나의 체계를 이루고 있으므로 신념체계라고 불리워지기도 한다.

개인의 신념체계는 그 구조에 있어 개인차가 있어 고도로 조직화되어 안정적인 상태로 작용하고 있는가 하면, 개개의 신념이 그다지 긴밀한 관계를 갖고 있지 못한 경우도 있다. 이렇게 본다면 인간의 사고나 행동에 작용하는 최상위의 신념, 즉 중심적인 신념 아래 결합되어 있는 하위적인 개개 신념들로 구성되어 있다는 것을 알 수 있다.

신념에 대한 충성은 개인의 신념에 대한 신봉을 의미하며, 개인이 가장 정의롭고 올바르다고 생각하는 이념에 대한 충성을 의미한다. 자기신념에 충성한 예는 아테네의 법정에서 사형선고를 받은 소크라테스의 진리에 대한 태도,[4] 그래도 지구는 돌고 있다는 주장을 굽히지 않고 처형당한 갈릴레이 갈릴레오의 태도에서 찾을 수 있다.

> 나는 다른 사람들과 같은 비굴한 태도를 취함으로써 살아남기보다는 나의 방법을 취함으로써 죽는 편이 훨씬 낫다고 생각합니다. 어려운 것은 죽음을 피하는 것이 아니라 진리가 아닌 악을 피하는 것입니다. 악에게 붙잡히지 않는 것이 죽음에 붙잡히지 않는 것보다 훨씬 어려운 일입니다.[5]

이러한 자신의 신념에 대한 충성은 대체로 다른 대상에 대한 충성을 결정하는 데도 상당한 영향을 미친다. 조직이나 특정 개인에 대한 충성은 조직의 정책이나 관리, 관리자의 행태 등이 개인의 신념과 일치하는 정도에 따라 그 강도가 달라질 수 있다.

그런데 인간은 자신의 신념을 강조하는 사람이 있는가 하면, 어떤 사람은 자신의 확

4) 경찰윤리, 경찰대학, 2000, pp.178-179.
5) 플라톤, 소크라테스의 변명, p.78.

고한 신념체계에 대한 의식 없이 살아가기도 한다. 설령 개인의 신념이 확고하다 해도 객관적 사실 및 진실과의 관계에 있어 진리의 위치를 찾지 못하는 경우가 많다. 그것은 때로는 객관적 현실을 과장하거나 왜곡 또는 일탈하기도 한다. 그 좋은 예가 민간에 전래하는 미신적인 신앙 관습인 속신(俗信), 미신, 편견, 고정관념 등이 신념의 중심에 자리 잡고 있을 경우이다.

신념이 진리의 위치를 차지하지 못할 경우에 신념에 대한 충성은 바람직하지 못한 결과를 초래할 수 있다. 진리란 희랍어로 알레테이아(Aleteia)이며, 이는 망각을 의미하는 레테(Lethe)란 말에 부정적 접두사 아(A)가 붙어서 기억 또는 상기의 의미로 사용된다. 또 어떤 철학자는 이를 비은폐성이란 용어로 번역하기도 한다. 진리는 본래 말 그대로 참된 이치 또는 참된 원리란 뜻으로 사용되고 있는 바, 이는 비은폐성과 함께 진리란 무엇을 있는 그대로 드러내는 것이란 의미를 내포하고 있다.

이러한 과학적 관점에서의 진리기준에 합당한 신념체계는 때로 새로운 과학적 진리의 발견이나 새로운 철학적 이념의 창출로 인해 변화를 겪게 된다. 절대적 진리에 대한 신념은 현대에 와서 이미 환상으로 변하였으며, 인간의 신념체계는 선악이나 윤리적 측면에서 그 진리 여부가 평가받게 된다.

사이비 종교의 교리가 사회적으로 비난받고, 과학의 권능에 의해 무엇도 할 수 있다는 신념 아래서 이루어지는 인간복제 같은 행위는 사회의 윤리성이나 선악의 기준에 합당하지 않기 때문에 진리의 위치를 차지하지 못한다. 신념은 전적으로 지적인 근거에 의거하여 생각이나 행동을 결정하는 심적 태도를 의미한다. 따라서 신념은 합리적 경험의 범주에 그치는 사고형식인데 반하여 신앙은 초월적 존재에 대한 무조건적, 경험적, 초경험적 지(知),정(情),의(意)에 기초한 믿음을 의미한다. 그러나 종교적 신앙이 사회생활이나 공직생활에서 개인의 사고나 행동을 좌우한다는 측면에서 인간의 신념을 형성하는 기초가 되고 있으며, 특히 사이비 종교의 신앙체계가 사회적으로 용인되지 못하는 것은 그것의 비윤리성이 크기 때문일 것이다. 따라서 인간의 신념체계가 진리의 위치를 차지하기 위해서는 그 사회의 선악이나 윤리적 기준에 의해 평가받아야 한다. 여기에서 우리는 개인의 신념이 사회윤리 또는 직업윤리적으로 진리의 위치에 설 경우에만 충성의 대상이 될 수 있다는 것을 알 수 있다.

3. 조직에 대한 충성

공직자는 조직인이다. 경찰관은 개인이 근무하는 작은 부서에서부터 경찰청에 이르기까지 모든 소속 조직을 충성의 대상으로 한다. 이러한 소속 조직은 공직자에게 가장 전형적인 충성의 대상이다. 국가와 민족은 충성의 가장 궁극적인 대상이지만, 개인의 행동에 직접적인 영향을 미치며 통제한다고 보기는 어렵다. 조직구성원은 조직의 목적달성을 위해 조직의 행동준칙에 따라 움직이며, 조직의 직분을 다하기 위해 충성하는 것이 바로 국가와 민족을 위한 것이라고 말할 수도 있기 때문이다.

여기에서 조직에 대한 충성은 막연하게 조직이라는 상징적 존재에 대한 충성을 의미하는 것이 아니라 조직이 추구하는 목적이나 정책과 결합된 일 그 자체가 좋아서 경찰이라는 조직에 대해 충성하는 것이다. 이미 앞에서 지적되었듯이, 충성의 반대 개념이 불충이고 이는 불의, 배신, 비굴을 포함한다는 측면에서 조직에 대한 충성은 우리에게 도덕적 · 윤리적으로 던지는 바가 많은 것 같다.

조직이 추구하는 일이 올바르고 정의롭고 도덕적으로 선을 추구하는 것이라면, 조직에 대한 충성은 극히 당연하다. 그러나 결과적으로 도덕적으로 바람직하지 않거나 조직의 위상에 손상을 가하는 사건 · 사고가 발생할 수 있다. 여기에서 배신 · 비굴이라는 충성에 반대되는 행동에 대하여 논의하지 않을 수 없다. 개인이 조직에 대해 충성한다면 조직에 대해 배신하거나 비굴하게 행동하여서는 아니 된다. 그렇다면 개인은 조직의 어떤 부분에 대해서도 위상에 해가 되는 행위를 해서는 안 된다는 결론이 나온다.

조직의 부조리나 비리고발 등 비록 도덕적 · 윤리적으로 바람직한 행동일지라도, 그러한 행동으로 전체 조직이 사회적 비난을 받고 위기에 봉착한다면, 그것은 배신행위이고 비굴한 행위이므로 조직에 대한 충성심이 부족하다는 주장도 가능하다. 그러나 오늘날 조직의 비리나 부조리에 대한 내부고발이 사회적으로 정당화되는 측면에서는 더 윤리적이고 도덕적인 조직을 소망하는 충심이라는 평가를 받을 수 있다.

경찰관이 조직의 평화와 결속을 위해 조직의 모든 측면에 대해 배신하지 않고 비굴하게 행동하지 않는 것은 아름다운 미덕이라고도 볼 수 있다. 그러나 현대 사회는 조직행위에 대한 윤리성과 투명성이 강조되고 있다. 조직이기주의에 의해 조직의 오류나 비윤리적 행위에 대해 감싸고 덮어주는 것이 조직을 위한 충성인지 의심해 보아야 한다. 물론 조직의 비밀을 외부에 누설하거나 특정 개인에 대해 음해하고 비방하는 행위는 비굴한 행위이며, 조직에 대한 배신행위라는 비난을 받을 수도 있다. 조직에 대한 충성은 충성의 본질이면서도 그 윤리성과 도덕성, 그리고 조직의 위상이라는 측면에서 심사숙고의 대상임에 틀림없다.

4. 특정 개인에 대한 충성

개인에 대한 충성은 남자는 자신을 알아주는 주군을 위해 목숨을 바치고, 여인은 자신을 아끼는 남자를 위해 치장한다는 옛말이나 지음(知音)이라는 고사성어에서 확인할 수 있다.[6] 지음은 소리를 안다는 말로 자기를 알아주는 지기지우(知己之友)를 의미한다. 이 말은 백아(佰牙)와 종자기(鍾子期)의 고사에서 생긴 말이다. 백아가 거문고를 타면 종자기는 타는 소리만 듣고도 그 심중을 잘 이해한다. 백아가 높은 산을 오르고 싶은 마음으로 거문고를 타면 종자기는 기가 막히다. 하늘을 찌를 듯한 산이 눈앞에 있구나하고 말하였다. 백아가 흐르는 강물을 생각하면서 거문고를 타면 종자기는 참으로 좋다. 도도히 흐르는 강물이 눈앞을 지나고 있는 것 같다고 말하였다. 종자기가 죽자 백아는 거문고를 부수고 평생 거문고를 타지 않았다. 이 세상에 다시는 자기의 거문고 소리를 알아줄만한 사람이 없었기 때문이다.

이러한 옛말이나 고사성어에서 말하는 개인에 대한 충성의 의미는 주군이나 좋아하는 사람에 대한 무조건적 충성을 의미한다. 다시 말해, 충성의 대상이 비록 비윤리적이거나 비난받을 행동을 했을 경우에도 덮어주고 감싸주는 것까지 충성에 해당된다.

조직의 경우에 개인에 대한 충성은 자신의 상사에 대한 충성을 의미한다. 조직구성원들은 자신을 알아주는 상사에 대해 헌신적인 충성을 바칠 수 있다. 그러므로 그는 상사의 이익을 위해서 자신의 이익을 돌보지 않고 어떠한 어려움도 감내할 수 있다. 여기에서 상사에 대한 부하의 충성은 자신을 알아주는 상사에 대한 충성을 의미한다. 자신의 능력과 인간성을 인정하고 자신의 승진이나 보직을 챙겨주는 상사에 대해 개인들은 충성을 다짐하고 또한 그렇게 행동한다.

그러나 개인에 대한 충성 역시 조직에 대한 충성과 마찬가지로 윤리성과 도덕성을 위배할 수 있다는 점이다. 개인에 대한 충성은 상사의 사랑에 대한 무한 충성을 의미하는 경우가 많아 상사의 비윤리적 행위까지도 부하가 짊어져야 의리 있고 충성스런 사람으로 평가받는 경우가 대부분이다. 그렇게 하지 못하는 부하는 배신자라는 비난을 받기도 한다.

---

6) 장기근 외, 고사사전, 평범사, 1980, pp.505-507.

그러나 충성은 그 자체가 선이나 악이 아닌 가치중립적인 서술어에 지나지 않듯, 어떤 대상, 특히 개인에 대한 충성은 조직의 직분의 범위 내에서 자신의 소임을 충실히 수행할 때 바람직한 것으로 용인되는 것이다. 따라서 상사에 대한 충성은 그 윤리성과 도덕성이 담보되어야 한다. 상사에 대한 충성이 조직의 경쟁 속에서 올바르지 못하고 비합리적인 방법으로 경쟁자를 물리치기 위한 행동이거나 소집단적·파벌적 편애주의에 의한 것이라면, 이러한 현상은 비윤리적이고 비도덕적인 행위라는 점을 명심해야 할 것이다.

제 3 절 의리와 충성의 관계

1. 의리와 충성

'의(義)'는 도마 위에 고기를 놓고 써는 모습을 형상화한 상형문자이다. 이 글자의 윗부분은 양(洋)이고 아래의 아(我)는 병기의 모양이다. 고기를 썬다는 행위에 담긴 의미가 비유적으로 적용되면서 점차 사물을 세세히 자르고 나누는 것이 되고, 이것이 인간행위의 목적과 결부되어 사용되면서 세세히 잘라서 고르고 질서있게 하는 것으로 발전하였다. 이로부터 공정한 원칙에 따라 사회성원의 의무와 권리를 분배하여 질서를 확립한다는 뜻을 갖게 된 것이다.

또 '의'는 입장과 지위에 따라 뜻을 달리해야 하는 것으로서 사람의 용모나 행동거지를 가리키거나 그 용모와 행동거지의 가장 마땅한 것을 뜻하는 행위규범을 의미한다. 이에 행동거지가 당위규범에 맞을 때 의(義)는 선과 같은 뜻으로 쓰이고 불선(不善)을 바로 잡는다는 의미도 갖게 되었다. 한편 리(理)는 옥석에 새겨진 문양에 따라 옥을 깎던 행위에 연원을 둔 옥을 가공한다는 뜻으로서 결국 사물의 조리라는 의미로 사용된다.

과거 동양사상에서 의, 절의, 지조, 절개, 명분 같은 소위 '의'군의 덕목들이 인간관계는 물론이고 조직생활에서도 소중하게 다루어졌다. 특히 의리는 왕조나 임금에 대한 절의와 충절의 의미로 사용됨에 따라 충성과 거의 같은 의미로 사용되기도 하였다. 특히 군신에 대한 의리와 백성에 대한 의리라는 상충되는 덕목에 대한 논의는 충성과 의리의 차이를 무의미하게 한다. 임금이 백성을 도탄에 빠트리고 백성에 대한 의무와 책임을 다하지 못할 경우에 군신에 대한 의리보다는 백성에 대한 의리를 우선하는 역성혁명을 정당화한 것은 군주에 대한 충성을 거두고 백성에 대한 충성을 우선시한다는 의미로 이해할 수 있다.[7)]

그러므로 우리는 의리의 특징을 살펴보고 아울러 의리와 충성의 차이를 검토해볼 필요가 있다.

2. '의'군(義群) 덕목들의 특징

1) 관계윤리로서의 '의'군

'의'군의 덕목은 구체적이고 특수한 관계 안에서만 성립하는 도덕이라는 점이다. 이는 고려왕조에 대한 정몽주의 절의, 친구사이의 신의, 지아비에 대한 아내의 절개 등에서 찾아 볼 수 있듯이, 모두 특수관계에서 나타난 '의'군의 발로이다. 남자는 자신을 알아주는 사람을 위해 죽고, 여인은 자신을 예뻐해 주는 이를 위해 얼굴을 꾸민다는 말은 모두 인간 사이의 특수관계에서 일어나는 현상을 강조하는 것이다.

의리의 덕목들이 출발점으로 삼는 개념은 동양의 자아관과 긴밀하게 연결되어 있다. 서양의 개별주의적 자아관과는 달리 유학에서는 인간을 그가 속한 사회와 결코 분리할 수 없는 유기적 존재로 파악한다. 근대 서양철학, 특히 데카르트 식의 추상적・개별적・고립적인 자아는 유학의 관점에서 보면 이 세상에 실존할 수 없는 유령과 같은 존재에 불과하다. "나는 생각한다 고로 나는 존재한다"의 의미는 자기 자신을 어떤 이유로 생각하게 될 때 그 대상으로 여겨지는 것이 자아라는 것이다. 그러면 생각이 없는 상태에서는 존재하는 자아가 없다는 의미가 된다.

개인은 언제나 누구의 아버지, 누구의 남편, 누구의 친구라는 관계 속에서 파악된다. 공자 또한 임금은 임금다워야 하고, 신하는 신하다워야 하고, 아버지는 아버지다워야 하고, 아들은 아들다워야 한다(君君, 臣臣, 父父, 子子)는 주장을 통해 도덕규범의 근원을 관계 속에서 찾고 있다.

2) 책임윤리로서의 '의'군

의리의 덕목들이 관계중심적이라는 특징은 이러한 덕목들이 역할중심적이라는 사실과 긴밀한 관계에 있다. 군신・부자・장유 등의 사회적 관계는 필수적으로 이에 결합된

---

7) 경찰윤리론, 경찰대학, 1999, pp.177-178.

역할의 수행을 요구하며, 역할의 수행은 권리보다는 책임과 긴밀하게 연관되어 있다. 서구적인 윤리학에서는 개인의 몫이나 권리의 분배가 목표이지만, 유가의 윤리학은 사회적 역할관계에서 각 개인이 맡은 역할의 원활한 수행과 이를 통한 공동선의 실현을 목표로 삼는다. 따라서 개인의 정당한 몫에 대한 주장보다는 역할의무의 수행을 중시하고 권리보다는 책임을 중시한다.

책임의 윤리로서 의군은 백성에 대한 군주의 책임에서 찾아볼 수 있다. 일반적으로 군주는 통치자로서 백성 위에 군림하는 권리만 가진 것으로 인식되었으나 맹자의 역성혁명론이 대두되면서 군주의 책임과 역할이 중요한 덕목으로 부각되기 시작했다. '임금이 임금답기 위해서는 인정(仁政)을 바탕으로 한 민본정치를 구현하여야 한다. 인정에 의한 덕치를 하는 임금은 민심을 얻을 것이요, 민심은 곧 천심이므로 민심을 얻는 것은 천심을 얻는 것이다. 그러나 임금이 민의를 저버리고 큰 과오가 있어 간하고 반복해서 간했는데도 듣지 않으면 왕을 폐위해야 한다. 맹자의 역성혁명론은 조선 개국공신인 정도전의 혁명론의 기반이 되었다.

정도전은 군주보다는 국가가, 국가보다는 민이 우위에 위치한다고 보고, 민은 국가의 근본인 동시에 군주의 하늘이라고 보았다. 따라서 군주는 민을 극진히 보살피고 존중해야 할 책무가 있으며, 통치자의 모든 행동이나 명령, 법제 따위가 하나하나 민을 위하고 민을 존중하기 위한 것이어야 한다고 주장했다. 그러나 군주가 민본·애민의 도덕규범을 위배하고 악정을 펼 경우에 바로 여기에서 혁명론이 제기된다.[8] 정도전의 혁명론에 의하면, 통치권은 천명·천리에 의해 부여되고 합리화되는 것으로서 천명이 떠나면 통치권은 소멸되고 다른 유덕한 자에게 천명이 옮아가서 그가 새로운 통치자로서의 통치권을 부여받게 된다. 이것이 바로 역성혁명이다.

천심은 곧 민심이다. 임금이 그답다는 말은 그의 권리에 의해서가 아니라 그의 역할과 의무에 있다. 역성혁명은 폭군 아래 신음하는 백성의 권리에 근거하기보다는 임금의 역할 의무인 인과 의에 근거하여 폭군의 축출을 정당화한다.

3) 최대도덕으로서 '의'군

의군에서의 개인의 책임은 무한한 책임을 의미한다. 의라는 의무를 다하기 위해서는 단기간에 닥쳐올 불이익은 물론이고, 나아가서는 자신의 생명까지도 담보해야 한다. 의리는 군주에 대한 의리, 남편에 대한 의리, 친구와 동료에 대한 의리, 부하에 대한 의리

8) 한영우, 정도전 사상연구, 서울대학교출판부, 1999, pp.120-130.

등으로 그 의리가 무너지면 자신과 상대방에게 치명적인 손상을 가져 올 수 있다. 고려의 정몽주, 조선시대의 사육신, 그리고 임진란의 논개 등은 절의를 위하여 목숨을 초개같이 내던진 것이 그 좋은 예이다.

의리가 그 내용에 있어서 비록 비도덕적일지라도 자신에게 은혜를 베푼 특정인에게 보은의 뜻이 담겨있을 경우에 동정을 유발하는 이유가 그 결과의 극단성 때문이다. 다시 말해, 의리는 인간의 생과 사를 좌우하는 결과를 초래한다는 것이다. 특정인을 보호하기 위한 것인 경우에도 의군의 책임은 최소도덕이 아니라 최대도덕이다. 최대도덕으로서의 의군은 특정인을 위해서는 자신의 목숨까지 바쳐 희생한다는 것을 의미한다.

4) '의'군 덕목들에 대한 평가

의군에 의한 행위는 특정한 관계 밖의 사람들에게도 도덕적이거나 선을 가져오는가? 고려 왕조는 그 말기에 실정과 부패로 말미암아 몰락위기에 있었다. 포은 정몽주는 이 몰락해 가는 왕실에 의를 지키기 위해 목숨을 버렸지만, 그의 죽음은 민생고에 허덕이는 민중들에게는 아무런 도움이 되지 않았다. 과연 그의 죽음은 민중들에게 선을 가져왔는가? 그의 죽음과는 관계없이 조선의 시대는 개국했고, 새로운 왕권이 들어서게 되었다. 오히려 새로운 왕권은 민중들에게 희망을 품게 만들었다는 점에서 선이었는지도 모른다.

또한 지아비에 대한 절개를 지키기 위해 목숨을 버린 아낙네의 경우는 남편/아내 관계의 밖에 있는 사람들에게 선이었는가? 물론 그 당시에 절개는 가치있는 덕목이었다. 그러나 그녀의 자결은 지아비에 대한 의무를 다했다는 측면에서는 선이라고 할 수 있으나 부모를 잃어버린 자식들에게는 결코 선일 수가 없다. 부모의 자식에 대한 의무 역시 중요하기 때문이다.

5) 의리와 충성에 대한 논의

지금까지의 논의에서 도출되는 결론은 의군의 덕목이 어디까지나 특정한 관계 내에서 발생하는 의무이기 때문에 항상 다른 관계에 수반된 의무와 충돌한다는 것이며, 또한 관계 밖에서 보편적으로 요구되는 일반적인 도덕적 요구와 충돌할 가능성을 가지고 있다는 점이다. 정몽주의 경우에는 임금/신하 관계에서 요구되는 가치가 보편적인 도덕적 요구와 충돌하고 있으며, 절개를 지켜 자결한 여인의 경우에는 아내/지아비 관계에서 요구되는 의무가 부모/자식 간의 관계에서 요구되는 의무와 상충한다.[9]

의군에 속하는 덕목들은 현대에 들어 의리라는 단어로 통용되고 있다. 그렇다고 과거의 의군 덕목들이 오늘날의 의리와 그 내용을 같이 한다고 보기는 어렵다. 의리의 원초적 의미는 현대인들이 이해할 수 없는 매우 감성적인 인간관계를 담고 있다. 중국의 전통을 이어받는 조선 유학자들에 의하면, 의리는 의미있는 타인과의 관계에서 진심을 다해 헌신한다는 것, 대상에 따라 규정된 규칙에 의해 헌신을 달리해야 한다는 것, 따라서 의리는 시의를 찾는 것으로 규정하였다. 즉 시에 따라 가장 마땅한 바를 선택하는 것이 의리라는 것이다.

의리는 본래 타인의 배려에 은혜를 느끼고 이해타산을 고려치 않는 깊은 인간적 정서적 연대를 맺는 것을 의미한다. 의리는 주체와 객체가 만나 구체적 행위가 이루어지는 상황에서 발생한다. 인간 사이의 만남은 시간적인 제한이 따를 수밖에 없고 행위자의 입장에서 본다면 시는 무한하다고 할 만큼 다양하며, 시에 따라 변하는 것이 의리이므로 의리 또한 무궁할 수밖에 없다.

인간사이의 관계에서 마땅한 것에 기반을 둔 것이라면, 의리에 따른 행동은 상대방의 배려에 대한 보답으로 자신을 헌신하는 것조차 불사한다. 이를 허신(許身)이라고 하고 깊은 은혜를 느낄 줄 아는 감성 덕분에 하나 뿐인 생명의 희생도 꺼리지 않는다. 이런 의식의 소유자들에게 배신과 같은 행위는 용납될 수 없었을 것이고, 여기서 흔히 의리는 배신의 반대의미로 통한다. 또한 의리는 인간 사이의 관계에서 논의되지만 상호 간에는 견해와 입장이 다르고 친분이 없더라도 의리있는 행위자의 행위는 타인의 공감을 받는다.

오늘날의 의리는 전통적인 의미에 비해 인간관계에서 지켜져야 하는 소위 인간적인 도리라는 비교적 편협한 덕목의 형태를 취하고 있다.[10] 오늘날의 의리는 인간관계 내에서의 조화로운 관계를 유지하기 위해서 우리가 지켜야 되는 도리이며, 경우에 따라서는 자신의 희생까지 감수하는 최대 도덕이다. 모든 사람이 자신을 중심으로 타인과의 관계를 맺고 그에 따라 의리를 선택하여 행위할 수 있으며, 위계와 소속이 분명한 일원적 통제체제에서도 그것과는 별개의 영역을 차지한다. 다시 말해, 조직의 위계질서속에서 조직에 대한 일원적인 충성이 요구되지만, 그것과는 별도로 인간사이의 관계에 의해서 의리의 영역이 작동한다는 것이다.

의리는 타인과의 인간적 유대감을 바탕으로 최선의 헌신을 다할 때 그를 의롭다고

9) 이승환, 김형철 공저, 의리와 정의, 철학과 현실사, 1996, pp.74-77.
10) 이승환 등, 위의 책, pp.41-42.

여기는 습속이다. 동양인들은 서로 의존하면서 살아가는 것이 존재의 진실이라고 생각한다. 나와 타자(인간, 자연, 환경 등)는 단순히 이해관계를 뛰어넘어 애증의 관계이며, 그 점에서는 나와 타자는 살아 숨쉬는 세계를 만들어 가는 동료이다. 상호연대를 통해 생명활동이 지속되는 만큼 모든 존재는 생명창조의 활동목표를 위해 은혜를 수수하는 존재이다. 이러한 생각이 구체적인 혜택을 수수하는 특정인들 사이에 이입되어 그 느낌이 강력해지면 목숨을 걸고서라도 은혜를 갚아야 한다는 강렬한 행동을 불러일으킨다. 따라서 의리에 따른 행동은 은혜를 베푼 상대방에 대해서는 헌신적인 충성을 바치지만, 상대적으로 자기 집단 밖의 사람에 대해서는 분노와 증오를 가져오는 요인이 되기도 한다.

이러한 맥락에서 본다면 자신에게 은혜를 베푼 개인이나 조직에 대한 헌신적이고도 맹목적인 충성은 의리의 작동과 거의 동일하다고 보여진다. 그러나 의리는 조직의 상하에 관계없이 자신에게 혜택을 베푼 사람에 대한 보은이라는 측면에서 충성과는 차원이 다르기도 하다. 또한 의리는 개인 간의 특수관계에 기초를 둔 것이기 때문에 충성보다는 개인 간의 관계에 더 큰 영향을 미친다고 봐야 할 것 같다. 본래 의리라는 것이 당위성, 도덕성, 윤리성을 바탕에 둔 덕목이지만, 나에게 은혜를 베푼 타인이 비록 비윤리적이고 비도덕적일지라도 그의 허물을 덮어주는 것이 의리라고 생각할 수도 있다는 점이다.

현실에서 의리와 도덕적 요구사항이 충돌하는 경우가 발생할 때 도덕적 요구를 위반하면서까지 타인을 위해 행동하는 것이 의리라고 생각하는 것이 사회의 관행이 되고 있다. 상관의 부당한 명령에 대해 복종하거나 상관이나 동료의 비윤리적 행위에 대해 함구하는 것이 과연 의리를 지키는 것인가에 대한 반론이 있을 수 있지만, 상관에게 인간적인 빚이 있다고 생각하는 부하가 그에 대해 배신하는 것은 일반적으로 의리를 저버리는 것으로 치부되는 것이 우리사회의 관행이다.

그러나 다행히 의리와 도덕적 요구가 항상 충돌하는 것은 아니다. 오히려 실제에 있어서는 의리와 도덕적 요구는 상호 보완적으로 작동하는 경우가 대부분이다. 만약 의리와 도덕의 보편적 요구가 사사건건 충돌한다면, 그 사회는 근본적으로 잘못되었을 뿐 아니라 결코 하나의 사회로서 존속할 수가 없게 된다.

그러나 양자가 불가피하게 충돌하는 경우에는 도덕적 요구가 우선되어야 한다.[11] 의리와 도덕적 요구가 충돌하지 않는다면, 의리를 지키는 것은 하나의 덕목이며 충성과 사실상 별다른 차이가 없다. 도덕성, 당위성, 윤리성에 따른 의리는 개인과 조직에 대한 충성을 강화하는 요인이 된다는 점에서 하나의 아름다운 덕목이다.

11) 위의 책, pp.93-94.

경찰조직과 책임

제 1 절 서언

시민정신은 사회생활을 하는 시민으로서의 개인이 자신의 행동에 대해 책임을 지는 것을 의미한다. 자신의 행동에 대한 책임의 중요성은 개인이 조직 구성원의 위치에 있을 때 더욱 강조된다. 특히 경찰조직은 시민의 생명 · 신체와 재산을 보호하고 공공의 안녕질서를 유지하는 위치에 있기 때문에, 구성원들의 행동결과에 대한 책임은 더욱 무겁다.

책임은 행정윤리를 확립하기 위한 가장 중요한 개념이다.[1] 일반적으로 인간은 권한을 갖기를 좋아하며, 책임지기를 싫어하는 성향을 갖고 있다. 사람들은 말로는 그렇지 않다고 변명하지만, 실제로는 거의 모든 경우에 책임문제를 제일 먼저 생각하게 된다. 특히 각종 사건 · 사고가 우려되는 업무는 회피하려고 하는 것이 일반적인 경향이다.

모셔(Frederick Mosher)는 책임이란 말이 공 · 사를 불문하고 모든 행정에 있어서 가장 중요한 행위기준이라고 주장한다.[2] 특히 책임이란 행위자와 행위결과의 인과관계를 중요시하고, 행위자에게 책임을 부과하는 과정 자체가 어렵고 모호하기 때문에 그 중요성이 더욱 부각되는 것으로 보인다.

1) Terry L. Cooper, The responsible Administrator, National University Publications, Kennikat Press, 1982, p.42.

2) Frederick Mosher, Democracy and the public service, New York: Oxford University Press, 1963, p.35.

상향욕구(mobilization)가 강한 조직 구성원들일수록, 자신의 행동결과에 의해 돌아올 처벌의 개연성에 따라서 업무회피나 무사안일적 행동으로 일관하기 쉽다. 공직자에게 징계와 같은 처벌은 승진 등 개인적 발전과정에 커다란 걸림돌이 되기 때문이다. 동기부여 이론에 심취한 사람들은 조직 구성원들이 성취감이나 인정감 등에 의해 동기 부여되어 자발적으로 업무를 수행하게 된다고 주장하고 있으나, 현실의 조직 속에서 업무를 수행하는 관료들은 자신에게 부과된 업무수행 결과로 돌아올 책임의 정도를 먼저 계산해 본 후, 자신의 신상에 해로운 결과를 초래할 업무는 다른 사람이나 다른 부서에 떠넘기기 위해 규정을 따지거나 다른 명분이나 구실을 찾으려고 한다. 그러므로 업무수행과 책임의 관계는 조직 구성원들의 행동패턴을 결정하는 중요한 요인 중의 하나이다.

공공기관으로서 경찰조직의 구성원들은 고객으로서 국민에게 자신의 행위결과에 대한 책임을 지는 것은 당연하다. 책임행정은 궁극적으로 조직의 질서와 효율성, 그리고 합법성을 보장하기 때문이다. 그러나 어떤 조직이 구성원의 행위 결과에 대해 처벌 위주의 책임을 강조할 경우에, 그들은 소위 면책 위주의 소극적인 자세로 업무에 임하기 쉽다. 때로는 처벌을 위한 처벌을 하는 희생양을 만들거나 대상이나 시기에 따라서 제재의 정도가 달라지는 상벌체계는 구성원들의 책임회피 위주의 행태를 심화시킨다.

책임은 행정행위의 결과에서 비롯된다는 측면에서 행위의 동기보다는 결과를 중심으로 논의된다. 다시 말해, 행정행위나 공직자의 행위결과가 사회윤리나 공직윤리적으로 바람직하지 못할 경우에 결과에 대한 책임문제가 거론된다. 그런데 결과는 어떤 원인에 의해 초래되는 것이므로 결과에 대한 책임을 따지는 것은 결국 그 원인을 찾는 것과 마찬가지이다.

대체로 결과가 좋지 않은 행정행위의 원인은 복합적이다. 하나의 원인에 의해서 결과가 발생하는 것이 아니라 여러 가지 원인에 의해서 발생하는 것이 일반적인 현상이다. 보통 결과의 원인은 행정제도와 행정행위에 관련된 상・하위의 복수의 관료들로 나누어진다. 원인으로서 제도는 그 비합리성이나 제도적 결함에 있고, 관료들에게 돌려지는 원인은 개개 관료의 비도덕성이나 비윤리성에 모아진다. 이렇게 본다면 행정행위의 인과적인 측면에서 책임논의는 단변수적(單變數的)인 접근보다는 다변수적인 접근이 타당하지만, 원인은 대체로 개인의 책임여부를 찾는데 집중된다.[3]

이러한 상벌체계는 조직 구성원들의 사기를 저하시켜 의욕적인 업무수행의 장애가 되기도 한다. 그러므로 우리는 행정책임이란 과연 무엇이며, 책임행정이 나아가야 할 바

3) H.H. Kelley, "The process of Causal Attribution", American Psychologist, vol.28, 1973, pp.107-108.

람직한 방향에 대해서 살펴보기로 한다.

제2절 행정책임에 대한 논의

1. 행정책임의 개념

1) 책무(accountability)

책무란 일반적으로 공직자가 직무수행 과정에서 준수해야 할 법적인 의무, 또는 직무수행결과에 대한 법적인 책임을 의미한다.

새칸스키(Ira Sharkansky)는 책무의 본질을 법률과 규칙에 명시하고 있는 상급자의 지시 및 명령에 대한 행정인의 복종의무라고 규정하였으며,[4] 하몬(Michael M. Harmon) 등에 의하면, 책무란 법규 또는 규칙, 법원명령, 권위적인 칙령 등을 통해 공식화되며, 관료의 행위에 대한 통제가 특정한 조직의 외부로부터 오거나 또는 개인의 외부로부터 올 때 책무를 지게 된다.[5]

한편, 스피로(Herbert J. Spiro)는 책무란 명시적인 것일 수도 있고, 암묵적인 것일 수도 있다고 주장한다.[6] 어떠한 정책결정자가 자신이 행한 행위의 결과에 대하여 그 자신에게 영향을 미치게 될 사항에 대하여 상당한 사전지식을 가지고 있는 경우는 명시적 책무에 해당하며, 그러한 사전 지식이 없이 직무수행의 결과 지게 되는 책임을 암묵적인 책무라 한다.

책무에 대한 학자들의 견해를 종합해 보면, 공직자의 책무란 직무 또는 역할을 수행함에 있어서 법령이나 규칙 등 객관적인 규범과 조직계층의 다른 상위자의 정당한 지시와 명령에 따라야 할 의무를 의미하며, 또한 행위의 결과에 대해 객관적인 규범에 의해 평가를 받게 되거나 법적인 제재를 받아야 할 상태, 즉 법적인 책임을 져야 할 상태에 있는 것을 의미한다.

---

4) Ira Sharkansky, *Public Administration: Agencies Policies and Politics*(San Francisco: W.H. Freeman, 1982), p.92.

5) Michal M, Harmon, *Action theory of Public administration*, New York: Longman, 1981, p.119.

6) Herbert J. Spiro, *Responsibility in Government: Theory and Practice*(New York: Litton Educational Publishing. Inc., 1969), p.15.

2) 책임(responsibility)

하이만(T.H. Haiman)과 스코트(W.G. Scott)는 책임을 어떠한 임무를 수행해야 할 의무이거나 자신에게 부여된 권한에 대한 실행상의 의무라고 규정한다.[7] 커나한(K. Kernaghan)에 의하면, 행정책임의 개념은 행정권력의 개념처럼 정의하고 측정하는 것이 쉽지 않다고 하면서, 오늘날 행정책임의 개념은 공무원이 지시에 복종하지 않을 경우에 제재를 가할지도 모르는 정치적·행정적 상위자들에 대하여 갖게 되는 객관적 책임과 어떠한 사람이 누군가에 대하여 책임을 져야 할 것을 느끼고 책임 있게 행동하는 것에 중점을 두는 주관적 책임의 두 가지로 모아질 수 있다고 한다.[8]

쿠퍼(T.L. Cooper)는 행정책임을 윤리적 측면에서 접근한다. 그에 의하면, 행정책임은 행정인의 역할에 대한 윤리를 발전시키는데 주요한 개념으로서 어떠한 행위와 그 원인과의 관계에서 문제가 되는 것이며, 어떠한 행위와 행위자에 대한 가치판단이 적용되는 문제이다.[9]

(1) 객관적 책임

객관적 책임은 법적인 책임을 의미하는 책무의 의미와 유사하다. 이는 행정관료가 업무수행의 결과에 대하여 법적인 책임을 지는 것을 의미한다. 객관적 책임은 직무수행에 따른 행위결과를 따져보고 그 결과가 비난받을 만하거나 공직자로서의 품위를 크게 손상했을 경우에 행위자에게 부과되는 법적 책임을 의미한다. 여기에서 말하는 법은 헌법에서부터 헌법의 위임에 의해 제정된 각종 법률을 포함한다.

법에 추가하여 조직의 훈령과 규칙, 공식적인 직무기술, 직업윤리와 윤리강령 같은 각종 행동기준이나 표준운영절차 등도 객관적 책임의 척도가 된다. 또한 객관적 책임은 법규에 의해서 인정된 공무원의 자유재량행위가 그 재량의 범위를 일탈하거나 남용되어 위법·부당한 행정행위가 발생했을 경우에도 법적 책임의 문제가 발생한다.

따라서 객관적 책임은 공직자의 위법하거나 부당한 행위에 대해 법적인 책임을 과하는 것을 말한다. 이러한 측면에서 공직자는 직무를 수행하면서 법규를 준수하고 법규에 합당한 재량행사를 하는 것이 객관적 책임에 있어서는 핵심적인 과제이다.

---

7) T.H. Haimann and W.G. Scott, Modern Organization (Boston Massachusetts: Houghton Mifflin, 1974), pp.168-169.

8) Kenneth Kernaghan, "Changing Concepts of Power and Responsibility in the Canadian Public Service," Canadian Public Administration, Vol.21, No.3(Fall 1978). pp.580-581.

9) Terry Cooper, *The responsible administor: An approach in Ethics for the administrative role*(New York:Kennikat Press, Co., 1982), pp.43-45.

(2) 주관적 책임

객관적 책임은 공직자의 직무수행 결과에 대한 법적 책임과 결부되어 발생하는 것이지만, 주관적 책임은 공직자의 직무수행 과정과 결과에 대한 개인의 도덕성과 윤리성, 그리고 양심과 결부되어 논의되는 도덕적 책임을 말한다. 주관적 책임은 공직자의 마음속으로 도덕적·윤리적·양심상의 책임을 인식하는 것이므로 외부요인에 의하여 책임이 부과되는 객관적 책임보다 중요한 의미를 가진다.

쿠퍼(T.L. Cooper)에 의하면, 주관적 책임은 공직자가 책임을 져야 한다는 인식에 근원하는 책임을 의미한다.[10] 주관적 책임이란 공직자가 자기의 맡은바 임무 내지 역할을 도덕적 규범이나 양심에 따라 충실하게 수행해야 한다는 내재적인 지각(知覺)이나 동기를 의미한다. 따라서 주관적 책임은 죄책감이나 후회감 등을 유발할 수 있다.

주관적 책임은 개인의 완전성, 자기존중, 정체성을 위해서 뿐만 아니라 객관적 책임의 완수를 위해서 중요한 의미를 갖는다. 공직자가 업무를 수행하면서 법과 규칙을 준수하고, 그에게 부여된 자유재량을 합당하게 행사하는 것이 도덕성이나 윤리·양심에 의해 크게 영향을 받는다는 측면에서 주관적 책임은 중요하다.

따라서 주관적 책임에 대한 의식적·체계적 형성은 일관성 있고 합법적인 객관적 책임의 완수를 위해 반드시 필요하다. 행정인에 대한 강력하고 일관성있는 내적인 통제는 행정인의 윤리의식과 도덕성, 그리고 양심이 중요한 역할을 한다. 행정인의 윤리의식과 도덕성은 외부의 요구에 대해 법과 규칙을 준수하고 공정하게 업무를 처리하게 하는 행정인의 책임을 보장하는 중요한 요소이다.

그러므로 조직에 있어서 객관적 책임의 확보는 그 구성원에 대한 윤리의식과 도덕적 책임의식을 고양함으로써 향상된다는 측면에서 공직자의 주관적 책임 의식은 중요한 의미를 갖는다.

2. 행정책임의 특성

행정책임의 특성은 의무와 재량과 관련되어 논의될 수 있다. 그러한 논의는 다음과 같은 몇 가지 측면에서 접근할 수 있다.

첫째, 책임은 행정인의 의무와의 관계에서 논의될 필요가 있다. 의무는 행정인의 행위의 중요한 전제조건이 되기 때문이다.

---

10) T.L. Cooper, op. cit., pp.43-55.

둘째, 책임은 행정인의 재량권의 범위와 밀접한 관계가 있다. 주로 책임은 법적으로 허용된 재량권의 일탈에 대해 묻는 것이므로 재량권의 범위에 대해서 논의할 필요가 있다.

셋째, 책임은 행정인의 행위결과를 놓고 따지는 것이므로 그 결과와 원인의 관계에서 책임의 문제를 논의되어야 한다.

넷째, 행정책임은 공익을 위한 것이라는 측면에서 공익과의 관계가 검토의 대상이 되어야 한다.

1) 행정책임과 의무

행정인이 무엇을 행한다는 공직자로서의 당위의식은 의무감이나 책임감에서 시작된다. 그러므로 의무와 책임의 의미를 분명하게 구별하여 파악한다는 것은 용이한 일이 아니다. 그러나 책임은 개인의 주관적 가치판단이나 윤리의식과 결부되어 그 행위결과에 대한 평가를 받는다는 측면에서, 개인의 가치나 윤리의식과는 관계없이 존재하는 모든 공직자의 본분 그 자체를 의미하는 의무와는 개념적으로 구분된다.

그러므로 행정책임은 공직자 스스로가 행한 대안 선택이나 업무수행과 관련된 각종 판단의 결과에 대한 응보적 평가의 의미가 강하고, 또한 행정관료 개인의 사정이나 객관적 환경에 따라서 그 평가가 달라질 수 있다는 특징을 가지고 있다.

한편, 의무는 모든 행정인에게 적용되는 행정인의 본분에 관한 것이며, 공직자가 준수해야 할 행정적 규범과 같은 성격으로 규정된다. 따라서 책임은 개인의 주관적 판단을 고려하지만, 의무는 어디까지나 객관적 판단에 비중을 둔다. 다시 말해, 의무는 행정인의 주관적 가치에 의해 영향을 받는 것이 아니고, 객관적으로 규정되어 있는 것으로 개인적으로 자신의 의무를 결정할 수 있는 것은 아니다. 또한 행정에 있어서 의무는 공직자로 하여금 현재와 미래에 있어서 해야 될 일과 해서는 안 될 일에 대한 방향과 내용을 제시해 준다는 측면에서, 사후적으로 결과에 대한 평가적 의미의 책임에 대한 전제조건으로서의 위치를 차지하고 있다.

다시 말해, 책임은 과거의 잘못이나 오류에 대한 제재나 처벌에 관련된 평가적 개념이고, 의무는 현재와 미래의 행동지침에 해당된다. 그러므로 공직자로서의 의무를 다하지 못할 경우에 책임을 지는 것은 당연한 귀결이다. 이러한 측면에서 볼 때, 의무는 행위 이전의 사전적 · 예견적 책임으로 이해될 수 있다.

행정책임은 공직자가 일정한 역할을 수행해야 할 의무를 전제로 하여 발생하는 것이며, 행정인의 의무는 구체적으로는 당위성과 명령성을 지니는 규범에 근거하여 생기게 된다. 여기에서 말하는 규범은 크게 두 가지 종류로 나누어지는 데, 그 하나는 권고적 규범(consilia)이요, 다른 하나는 명령적 규범(imperia)이다. 권고적 규범에 의하여 생기게 되는 의무의 부담은 내적 의무이고, 명령적 규범에 의한 경우는 외적 의무이다.[11)]

하트(H.L. Hart)는 영어의 'obligation'과 'duty'를 구별하여 obligation은 전형적으로 사람 내부에서 형성되는 의무이며, duty는 법 밑에서 그 직위로부터 생기는 것이라고 하여 전자를 내적·주관적 의무에 해당하는 것으로 파악한다.[12)] 따라서 duty는 외적·객관적 의무로서 법적 의무에 해당한다.

이러한 맥락에서 공직자의 법적 책임은 법적 의무(duty)를 전제로 하여 발생하게 되며, 법적 의무는 명령적 규범인 법규범으로부터 강제되는 의무이다. 그러한 의무의 내용은 공직자로 하여금 어떠한 행위를 요구하거나 금지하는 형태를 취하고 있으며, 위반의 경우에는 일정한 제재가 뒤따르게 된다.

공직자의 윤리적·도덕적 의무(obligation)는 권고적 규범에 의한 내적 의무의 성격을 띠고 있으며, 그러한 의무의 위반을 처벌하고 또 그러한 의무를 이행하게 하기위해서는 체계화된 강제적 제재보다, 여러 가지 도덕적 형태가 이용될 수 있다.[13)] 그러나 법적 의무는 개인의 직책과 관련하여 한정적으로 적용되지만, 도덕적 의무는 직책과 관련된 일은 물론이고 모든 공·사적 행위에 영향을 미친다는 점에서 중요한 의미를 갖는다.

2) 행정책임과 재량

(1) 재량행위의 의미

행정업무의 수행은 법규에 의해 이루어진다. 법규에 의한 행정은 권한과 책임을 분명하게 하고 업무수행의 내용과 범위를 명확하게 규정해 주기 때문에 업무의 정확성을 기할 수 있다. 그러나 법규에 의한 행정은 한계에 직면한다. 법규가 복잡한 행정현상을 모두 포괄할 수는 없기 때문이다. 여기에서 행정에 있어서 공무원의 재량행위가 필요해지게 된다. 법규에 의한 행정은 공무원의 법규 준수 여부가 행정책임의 본질이 되겠지만, 재량에 의한 행정행위의 책임은 논란의 여지가 많다.

행정책임은 행위자가 행위 당시에 자신이 선택하는 대로 행동할 수 있는 재량의 여

11) 심헌섭, 법철학(Ⅰ)(서울: 법문사, 1983), p.108.

12) H.L. Hart, International Encyclopedia of the Social Science, vol.4 (New York: The Macmillan Co. & Free Press, 1974), p.321.

13) H.L. Hart, op. cit., p.323.

지가 있었는지 없었는지에 따라 달라진다. 만일 그가 행위 당시 자신의 선택대로 행동할 수 있는 재량의 여지가 없었다면, 그에게 책임을 묻는 것은 타당성이 없다. 이 경우에 행위자는 선택의 여지가 없었기 때문에 그에게 책임을 물을 수는 없다는 것이다.

그렇다면 재량이란 무엇을 의미하는 것인가? 이에 대하여 프리드리히(Carl J. Friedrich)는 재량이란 첫째, 몇 가지 대안들 가운데 선택이 가능하고, 둘째, 이러한 선택은 임의적이거나 근거 없이 하거나 또는 부주의하게 행하여지는 것이 아니고, 상황의 요구에 따라 행하여진다.

따라서 재량이란 몇 가지 대안들 가운데서 어떤 대안을 선택할 수 있는 자유를 의미하며, 그러한 선택을 할 능력이 있을 뿐만 아니라 기회도 있다는 것을 의미한다. 개인의 행위에 대하여 책임을 묻고 때로는 처벌로서 징계함에 있어 비록 윤리나 법률에 어긋나는 행위라 하더라도, 필연적으로 불가피하게 일어난 행위에 대하여 책임을 추궁하고 처벌하는 것은 불합리하다.14)

그러나 공직자는 현실적으로 어떠한 대안의 선택이나 결정 등 긍정과 부정의 자유가 있는 경우가 대부분이다. 공직자가 과거의 선례에 지나치게 얽매이지 않고 행정환경으로부터의 압력에서 벗어나고 미래의 바람직한 대안을 선택할 수 있는 가능성이 존재한다면, 공직자는 재량의 영역을 갖게 되는 것이다. 특히 오늘날 행정의 기능이 확대되고 공직자들의 권한이 증대되어 이들이 많은 재량권을 갖게 됨으로써 권력남용의 가능성이 커지고 있다는 측면에서 행정책임의 확보문제가 중요시되고 있다.

이에 대해 대부분의 학자들은 법률에 의한 행정의 원칙을 강조하면서 성문화된 규범에 의하여 공직자에게 의무를 부과시켜야 하며, 부과되는 의무는 객관적으로 분명하고 구체적으로 제시되어야 한다고 주장한다. 다시 말해, 행정관료의 재량행위는 행정의 복잡성과 불확실성으로 인해 확대되는 경향이 있으므로, 국민의 권익보호를 위해서 행위기준의 설정과 통제가 요구된다는 것이다.

(2) 재량행위에 대한 책임

그러면 재량행위에 대한 책임을 어떻게 확보할 것인가? 여기에서는 행정법 학자들이 주장하는 내용을 고려하는 것이 도움이 될 것으로 보인다. 행정재량은 기속재량과 자유재량으로 나누어진다. 기속재량행위는 법령이 일의적 · 확정적인 요건을 정하고, 행정부는 그러한 법령의 규정을 단순히 집행하는 것을 말한다.

14) Carl J. Fridrich, Public Policy and the Nature of Administration Responsibility, in Peter Woll(ed.), *Public Administration and Policy*(New York: Harper and Row, 1966), pp.21-246.

기속재량은 무엇이 법인가의 재량으로서 법문상 행정부의 자유재량을 허용하는 것 같지만, 모든 행위 요건과 행위 여부에 대하여 일의적(一義的)으로 확정되어 있다는 점에서 재량행위라고 볼 수는 없다. 따라서 행정부의 재량은 다만 구체적인 경우에 그 취지와 법칙이 무엇인가를 해석하고 판단하여 행위함을 내용으로 하는 것으로서, 기속재량을 그르친 행위는 위법행위로서 법적 책임을 지게 되고 법률문제로서 법원의 심사대상이 된다.

자유재량은 입법자에 의하여 행정에 위임된 행위를 공직자가 선택하는 자유를 의미하며, 행정부의 재량에 맡겨진 행위를 말한다. 이때 행위가 법이 인정하는 재량의 한계 내에 있는 한 사법심사의 대상이 되지 않으나 재량행위가 법률이 정하는 명시적인 재량의 한계 이외에도 일반법 원칙(평등·비례원칙 등)에 의한 구속을 받기 때문에 이들 제한에 위반한 경우에는 재량의 흠이 생겨나 위법한 행위로서 사법심사의 대상이 된다고 하는 것이 통설·판례의 입장이다.

여기서 재량의 한계를 위반하는 경우로는 법이 인정하는 범위, 즉 권한이 없는 재량과 위법한 재량행사로서 재량의 법적 한계를 넘는 재량권의 일탈행위, 그리고 재량의 외적 한계는 지켜지고 있지만 재량권을 부여한 법칙의 내재적 목적에 적합하지 않는 부당한 행정 행위로서 재량권의 남용을 의미한다.

요컨대, 행정에 있어서의 재량은 행정의 성격상 그 필요성이 인정되거나 또는 불가피하게 확대되는 경향이 있으므로 국민의 권익보호의 필요에서 유효하고도 적절한 행위기준의 설정과 통제가 요청된다. 그러나 행정의 재량영역에서 구체적 기준을 설정하는 일과 통제하는 일은 재량의 성격에 비추어 용이한 일이 아니지만, 행정책임의 보장을 위해 구체적인 장치가 마련되어야 할 과제이다. 이러한 맥락에서 행정인의 행정능력과 윤리의식의 제고가 중요한 것이다.

3) 행정책임과 원인

행정책임이란 행정인의 어떤 행위결과에 대한 선악을 평가하는 것이므로 그러한 평가과정에서 행위결과에 대한 원인이 책임 소재를 판정하는 중요한 단서가 된다. 모든 결과는 그 원인이 반드시 존재하며 따라서 결과에 대한 책임을 따질 때 책임과 원인은 동일시된다. 다시 말해, 책임을 탐색하는 것은 결과에 대한 원인을 찾는 것과 같은 말이 된다.

(1) 명시적 인과책임과 암묵적 인과책임

스피로(Herbert J. Spiro)는 인간행위의 책임을 인과책임의 측면에서 파악하여 이를 다시 명시적(explicit) 인과책임과 암묵적(implicit) 인과책임으로 구분하여 설명한다. 명시적 책임은 행위자의 인과 책임이 분명하다는 의미로서 개인의 어떤 행동선택에 있어서 필요한 자원, 지식, 선택, 그리고 목적이라는 네 가지 요소가 모두 충족되었을 경우를 의미하고, 암묵적 인과 책임은 이 네 가지 요소 중의 어느 하나가 결여되어 있을 경우를 말한다.[15)]

여기에서 우리가 생각할 수 있는 것은 이 네 가지 요소가 모두 충족된 명시적 인과책임의 경우에 행위자의 책임이 무겁고, 암묵적인 인과책임, 즉 어느 하나의 요소가 결여되어 있기는 하나 그래도 행위자의 인과책임을 암묵적으로 추정할 수 있다는 의미에서 그 책임은 가벼울 것이라는 점이다.

그러나 암묵적 인과책임에 해당한다 하여도, 그 행위 결과를 초래하는 데 핵심적인 작용을 한 요소를 충족하는 정도에 따라서 명시적인 인과책임과 같은 정도의 책임을 부담해야 하는 경우도 있다. 따라서 결과에 대한 원인으로 크게 작용한 요소의 충족 정도에 따라서 책임의 정도가 결정되고, 또한 원인요소의 충족에 관련있는 사람이 많을 경우 그 모두가 책임을 지게 될 것이다. 이러한 주장은 중요 원인과 결과의 관련 정도에 따라서 인과책임이 추궁되고 아울러 규범적인 평가도 포함된다.

즉 사회윤리적 · 도덕적으로 비난가능성이 높은 행위결과에 대해서는 암묵적인 인과책임에 해당된다 하여도 무거운 책임을 부담하게 될 것이다. 따라서 개인의 책임은 명시적 인과책임, 또는 암묵적 인과책임 여부가 중요한 것이 아니라 그 인과책임의 도덕적 비난가능성의 크기에 좌우된다는 사실을 주목할 필요가 있다.

(2) 결정론과 자유의지론

스피로(H.J. Spiro)는 인과 책임에 대하여 결정론(determinism)과 자유의지론(voluntarism)의 측면에서 설명을 시도한다. 여기에서 중요한 것은 인간의 의지가 행위결과에 개입한 것이냐이다. 결정론자들은 인간의 행동이 개인의 자유의지에 의해 결정되는 것이 아니라 인간 외부에 존재하는 어떤 강력한 힘이나 불가항력적인 요소에 의해 필연적으로 발생하는 것이라고 주장하고, 반면에 자유의지론자들은 행위의 결과는 인간의 자유의지의 산물이라고 주장한다.[16)]

15) H.J. Spiro, op. cit., p.16.
16) H.J. Spiro, op. cit., pp.49-55.

그렇다면 자유의지론자들은 인간 의지가 행위결과의 원인이라는 측면에서 개인의 인과책임을 묻는 것은 당연하다고 보게 된다. 반면에 결정론자들은 어떤 결과에 대한 행위자의 원인 책임은 그 결과를 초래하게 된 많은 인과 연쇄의 한 부분, 즉 인과 연쇄의 마지막 고리에 해당될 뿐이므로 모든 인과 책임을 최종 행위자에게 묻는 것은 타당하지 않다고 주장한다.

그러나 우리 모두는 결정론자이고 자유의지론자이다.[17] 단지 서로 목적이 다를 뿐이다. 우리는 어떤 사건의 경로를 이해하려고 할 때, 결정론자에 해당하고, 그것을 이해하기 위해서 사건을 파악하고 인과관계를 따져보지 않을 수 없다. 한편, 우리가 어떤 사건에 가치를 부여하고, 특정 규범체계에 의해 사실을 판단할 때, 우리는 자유의지론자이다. 다시 말해, 우리는 사실의 영역에서 인과책임을 논할 때 결정론자이고 가치의 영역에서 인과책임을 다룰 때 자유의지론자이다. 결정론은 어떤 행위결과에 대하여 관련된 원인들을 찾아보고, 또한 결과와 원인들에 대하여 자유의지론은 인간고의의 개입여부, 윤리적・도덕적 비난 가능성 등에 따라 원인책임을 따져 보는 것이다. 이러한 관점에서 결정론과 자유의지론은 상호 보완적이다.

제 3 절 행정책임의 기준

행정관료의 책임있는 행정을 확보하기 위해서는 관료의 행위를 평가할 수 있는 기준이 있어야 한다. 이 기준은 행정행위를 하는 행정관료의 행위기준이 되며, 행위통제의 기준이 된다. 행정책임은 그 기준이 명문화되어 있을 경우에는 시행의 어려움이 없겠으나 명문규정이 없을 경우는 책임소재에 대한 타당하고 합리적인 기준이 설정되어야 할 것이다.

1. 명문규정의 책임기준

책임행정의 기준이 다양한 법규나 예규, 윤리강령 등에 명문화되어 있을 경우에, 그것들은 우선적으로 행정관료의 행위기준이 된다. 그러나 비록 법규가 명문화되어 있다

17) Ibid.

해도, 행정관료가 행정행위시 명문화된 법규의 목적이나 취지에 따라서 행동하지 않을 경우에, 행정책임의 문제가 제기된다. 따라서 공무원들은 법규에 따른 행정을 할 경우에 그 법규의 목적이 무엇인가를 먼저 이해하고 그 목적이 의도하는 대로 직무를 수행하여야 한다. 또한 공직자가 직무를 수행하면서 형사법에 의한 범법행위를 한 경우에 일반 시민과 마찬가지로 형사법에 의한 형사책임을 지는 것 역시 법적 책임에 해당한다. 물론 공직자의 직무와 관련 없는 개인적인 범법행위의 경우에도 징계책임을 면할 수 없다는 측면에서 법적 책임을 지는 것에 해당한다.

또한 공직자의 책임은 공직자로서 이행하여야 할 의무를 전제로 한다는 점이 중요하다. 공무원들이 직무를 수행하면서 어떠한 의무를 부담하고 있는 것인지에 대해 살펴보면, 「헌법」에서는 공무원은 국민 전체에 대한 봉사자라고 규정하고 있으며, 이에 따라 공무원의 일반적인 의무에 관하여 규정하고 있는 공무원법에서는 공무원은 국민 전체의 봉사자로서 행정을 민주적이며 능률적으로 수행할 것을 근무의 기본원칙으로 제시하고 있다.

2. 명문규정이 없을 때의 책임기준

법령 등에 행정행위의 기준이 명시되어 있지 않은 경우에 행정책임의 기준으로 무엇을 할 것인가에 대한 견해는 다양하다. 그러나 다양한 행정행위에 대하여 빠짐없이 그 행위 기준을 법령에 명시한다는 것은 불가능하므로, 행정에 대한 명시적인 기준이 법제화되어 있지 않다는 이유로, 행정책임을 묻지 않을 수는 없다. 이러한 경우에 정치·행정의 지배적인 가치와 규범들은 행정책임의 기준이 됨과 동시에 책임평가의 기준이 될 수 있다.

(1) 행정의 가치가 책임평가의 기준으로서 사용될 경우, 합리성과 민주성, 그리고 능률성 등이 평가기준이 될 수 있을 것이다. 최근에 실적에 의한 평가, 또는 성과급제도의 도입이 강조되고 있는 상황 속에서 목표의 달성정도나 적은 비용으로 극대효과를 올리는 합리성이나 능률성은 책임평가 기준이 될 수 있을 것이다.

(2) 사회상규나 미풍양속과 같은 사회규범, 사회정의 등이 하나의 기준이 될 수 있을 것이다. 새칸스키(I. Sharkansky)는 행정책임의 기준으로 명문의 규정이 없는 경우에는 정의, 평등, 자유, 민주주의와 같은 4가지 이념을 제시한다. 정의, 평등, 자유, 그리고 민주주의는 서로 상충되는 가치이기도 하지만, 인간의 가장 소중한 인권보호와 관련하여

서는 책임소재를 가리는 이념적 기준이 될 수 있을 것이다.

(3) 결과/성향 추론모형은 행위자의 책임에 대한 기준을 제시한다. 모든 행위의 근원은 행위자 그 자체에 있다. 그러므로 행위자가 없으면, 어떤 결과도 발생하지 않을 것이다. 결과/성향 추론 모형은 행위자가 어떤 행동을 하여 결과가 나타났을 때, 의도를 가지고 행동한 것인가에서부터 출발한다. 존스와 데이비스(Jones/Davis)는 행위자의 어떤 행동으로 결과가 발생했을 때, 관찰된 결과에서 의도, 의도에서 행위자의 성향을 추론하는 결과/성향 추론 모형을 제시했다.[18] 이 모형은 결과에서 개인의 성향이 추론되고, 추론된 개인의 성향에 따라서 책임 문제가 결정되어야 한다고 본다. 물론 여기에서는 결과 발생에 대한 상황적인 요인을 무시한다는 비판을 면하기는 어렵다. 이 모형은 인간 성향의 추론에는 다음과 같은 조건이 충족되어야 한다고 주장한다.

① 행위자는 자신의 행동이 어떤 결과를 갖고 온다는 것을 알아야(Knowledge)한다.

② 행위자는 자신이 의도한 대로 결과를 발생시킬 수 있는 능력(Ability)이 있어야 한다. 결과-성향 추론모형의 추론과정을 도시하면 다음과 같다.

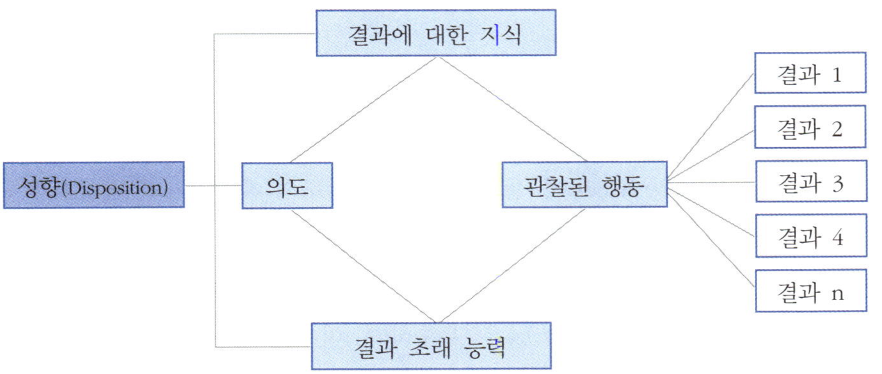

[그림 11-1] 결과-성향 추론모형(Correspondent Inference Model)

위의 그림에 표시된 것과 같은 방법으로 관찰자는 행위자의 행동결과와 성향이 일치하는가를 추론하게 된다. 그런데 결과-성향 추론은 다음과 같은 두 가지 요인에 의해 결정된다.

① 행동으로 일어나는 비공통적인 결과(Noncommon Effects)의 수가 적고,

---

18) Jones E.E and K.E. Davis, "From acts to dispositions: The attributor process in person perception", in Leonard Bercowitcz(ed.), Advances in Experimental Social Psychology, vol.12, 1965, pp.220-222.

② 이러한 결과들의 가정된 사회적 바람직한 정도가 낮은 경우에 행동 결과와 그 행위자의 성향은 일치한다고 추론하게 된다.[19]

제 4 절 경찰조직과 경찰인의 책임에 대한 분석

1. 분석모델

경찰조직은 물론이고 모든 조직의 행위는 조직 구성원들의 협동의 산물이다. 어떤 계획이나 행사에 대한 결정은 상사의 지시에 의해서든, 외부의 요구에 의해서든 실무자의 검토와 기안, 계층에 따른 검토와 결재의 과정을 거쳐 이루어진다. 또한 결정된 사안은 실무자들에 의해 시행된다.

이러한 조직행위 과정 중에 위법한 사항이 있었을 경우, 또는 상사가 구두로 위법한 행위를 지시했을 경우 이를 따른 실무자와 지시한 상사의 책임문제는 어떻게 처리되어야 하는가?

이러한 성격의 문제에 대해 법적 책임이 누구에게 있는지를 밝히기는 대단히 어렵다. 조직의 문제해결과정에는 상하로 많은 사람의 손을 거쳐 이루어지기 때문에 여러 손의 문제(the problem of many hands)가 생긴다. 이것은 누구의 책임인가의 책임소재를 따질 때 어려움이 생긴다는 의미이다.[20] 조직의 문제해결은 최하위 실무자로부터 최고 관리층에 이르기까지 많은 계층의 사람들이 참여하는 복잡한 과정이며, 복잡한 문제일수록 그들 사이의 상호작용의 순환(cycle)은 무수하게 이루어져 이른바 이중적 상호작용(double interaction)의 순환이 이루어진다.[21] 이중적 상호작용의 순환이 무수히 많다는 것은 그들 사이에 많은 의사교환이 이루어지고 그 내용 자체를 외부의 사람들은 잘 모른다는 것을 의미한다.

조직 내의 다른 사람들은 물론이고 특히 시민의 입장에서 조직 내부의 문제해결 과정을 알아내기는 극히 어렵다. 따라서 사회적으로 비난받아 마땅한 경찰활동의 결과에

19) Jones and Davis, Ibid., pp.220-222.

20) 데니스 F, 톰슨, 공직의 윤리, 황경식 등 역, 철학과 현실사, 1999, p.85.

21) Karl E. Weick, The Social Psychology of Organizing, Addison-Wesley Publishing Co., 1979, pp. 9-20.

대해서 개인적인 책임을 찾는다는 것은 거의 불가능하다. 이러한 상황에서 시민들은 대부분 그 결과에 대한 책임은 경찰조직 전체에 돌리는 경향이 있다. 우리는 이러한 측면에서 조직의 문제해결행위와 이에 대한 개별책임의 문제를 이론적으로 검토해 보기로 한다.

1) 위계적 모델

위계적 모델은 관료제의 구조인 계층제 내에 존재하는 사고방식을 그대로 잘 나타내주고 있다. 대부분의 구성원들은 상위계층에 있는 상사의 명령과 지시를 일사불란하게 마치 자신의 신념과 일치하는 것처럼 실행하는 것이 선이라고 생각하고 행동한다. 이처럼 상명하복 관계를 중요시하는 위계적 모델은 하급자가 상급자의 명령과 조직의 절차를 따르는 한 그 결과에 대한 책임을 지지 않는다는 것이다.

이러한 경우에 법적으로 문제가 되지 않고 단지 윤리적·정치적 문제인 경우 대부분이 이러한 위계적 모델에 의해서 하급자의 책임이 면책되는 것이 일반적인 현상이다. 또한 부하를 관리하는 상사의 입장에서도 내가 모든 책임을 지겠다고 하면서 부하에게 책임을 전가하지 않는 용기있는 지도자의 이미지를 강화함으로써 조직원들의 신뢰와 복종을 확보할 수 있다. 이러한 상사와 하급자의 관념과 태도가 조직 내에서 위계적 모델을 강화시키고 있는 것으로 보인다.

그러나 비록 경찰조직이 계층제 구조로 되어 있다 하더라도, 위계적 모델은 만족스럽지 못하고 많은 결점을 가지고 있다. 첫째로 조직 구성원은 단순히 지시에 따라 움직이는 기계와 동일시 된다는 것이다. 비록 상명하복이 강조되는 계층제적 경찰조직 내에서 여러 가지 면에서 제약이 있겠지만, 하급자도 이성적인 판단과 자신의 의견을 지니고 있는 인간임이 무시될 수 있다는 문제를 안고 있다. 둘째로 최고결정권자를 제외한 조직인들의 책임에 대한 불감증을 유발한다는 것이다. 현실적으로 개별 경찰인은 개인적으로 비난받아 마땅함에도 위계적 책임을 강변할 수 있다. 셋째, 인간 능력상 최상부에 있는 사람이 모든 조직을 완전히 통제한다는 것은 불가능에 가깝다는 사실을 무시하고 있다는 점이다. 넷째, 상급자는 모든 사실을 모르는 것으로 하고 실무자가 책임을 지고 처벌을 감수해야 하는 상황이 발생한다는 점이다.

계층의 사다리로 올라갈수록 조직에 돌아오는 피해가 크다는 이유로 당사자만을 책임지는 것으로 사건을 마무리지으려는 경향, 이른바 꼬리 자르기가 존재한다는 사실이다. 이른바 사건사고에 대한 책임문제를 꼬리 자르기로 끝내려고 할 수 있다는 것이다.

계층제 구조에서는 법적·윤리적으로 용납되기 어려운 이러한 일들이 흔히 발생할 개연성이 높다는 문제를 안고 있다. 하급자만의 희생을 강요하는 것은 가장 나쁜 관행인지도 모른다.

요컨대, 위계적 모델은 조직 내에서 그 구성원이 달리 행위할 가능성을 완전히 부인하고 인간 능력의 한계를 무시한다는 점과 책임의식의 형해화(形骸化), 즉 형식만 있고 가치나 의미는 없게 되는 현상을 조장한다는 것이 문제점으로 지적된다.

2) 집단적 모델

집단적 책임모델은 일반 시민들이 경찰에 대해서 가지고 있는 소박한 관점을 대변한다. 일반적으로 시민들의 입장에서는 경찰활동의 결과를 경찰관 개인의 행위로 보기 보다는 경찰조직 전체의 행위로 본다. 이러한 경향은 경찰활동이 조직행위라는 점에서 누가 결정권을 행사하고, 누가 어느 정도 기여하는지를 구분할 수가 없다는 점에서 이러한 현상이 발생하게 된다. 결국 경찰인 개인의 행위는 조직적 구조에 따른 집단적 행위에 지나지 않는다는 관점이다. 따라서 경찰활동의 결과라고 할 경우에 행위자는 없고 오직 경찰이라는 조직만이 남게 된다.

이 모델은 거대한 관료제의 활동결과에 직면한 시민들의 무력감을 잘 표현해 준다. 사회적 파장이 큰 사건·사고의 경우에 그 책임귀속에 있어 어느 한 경찰관의 책임이라기보다는 조직 전체의 책임으로 보이기 마련이다. 조직행동의 어떤 결과는 개인의 의지와는 상관없는 관료제적 구조의 반영이고 개인의 문제라기보다는 구조적 결함의 문제가 되어버린다. 사실 조직의 잘못된 행위는 장기간에 걸친 관행과 조직문화의 결과인 경우가 많기 때문이다. 결과적으로 책임문제를 따지는 쪽에서는 조직의 구성원 개인보다는 조직 전체를 비난할 수밖에 없고, 개인은 조직의 단순한 부품 역할 밖에 지나지 않는다는 말로 책임을 회피한다.

집단적 모델은 책임의 문제를 구체화하지 못한다는데 문제가 있다. 모두가 책임이라는 것은 어느 누구의 책임도 아니라는 것이 되기 때문이다. 이는 어떤 행위의 결과에 대한 책임은 개인이 실제로 기여한 결과에 따라 좌우된다는 원칙을 거부하게 되고 책임은 구체적 행위자가 드러나지 않는 구조 자체가 되게 한다.

한편, 집단적 모델은 책임을 지는 영역이 확대되어 책임을 분산시키게 된다. 예컨대, 수사상이나 시위진압과정에서의 문제가 발생했을 경우, 사건을 수사하거나 시위진압을 한 기능의 책임이 경찰서 전체, 경찰조직 전체에 있는 것으로 분산된다. 물론 구체적인 사건・사고의 경우에 그 결과를 초래한 행위자가 책임을 지지 않는 경우는 거의 드물다. 그러나 누구에게 구체적인 책임을 물을 수 없는 대형 사고일 경우에 조직 전체에 책임이 돌려지는 일이 있을 수 있다. 가령 2022년 10월 29일 발생한 할로윈 행사 사고의 경우처럼 많은 인명피해가 발생했을 때, 그 책임은 관할 경찰서, 구청, 소방청, 서울지방경찰청, 그리고 경찰청과 행정안전부 등으로 분산되는 경우가 발생할 수 있다. 또한 그 속에서 관련 부서나 기능별로 책임이 거론되기 마련이다. 이러한 경우를 제외하고는 책임문제가 거론되는 사건・사고에 대하여 행위자의 책임이 분산되거나 서로 책임을 떠넘기는 일은 발생하지 않는다.

2. 조직행위와 개별책임의 딜레마

조직행위는 관련된 조직구성원들의 협동행위라는 점에서 그 결과가 나쁠 경우에 누가 책임을 져야하는가 라는 문제를 해결하기는 쉽지 않다. 이러한 상황에서 관련 행위자들은 자신이 어떻게 행동하여야 할 것인가에 대하여 딜레마 상태에 빠지게 된다. 경찰조직에 있어서 책임이란 바로 문책을 의미하는 것이므로 직위의 고하를 막론하고 이런 책임을 지기를 좋아하는 사람은 없다. 일반적으로 사람들은 성공한 결과에 대하여는 자신의 업적을 내세우고 실패에 대하여는 다른 사람의 탓으로 돌리는 경향이 강하다. 이것이 바로 성공은 내 탓, 실패는 네 탓 이론이다.

번스타인(W.M. Bernstein) 등은 이를 자아-고양 편파(ego-enhancing bias)라고 부른다.[22] 이는 자아를 옹호하고 자존심을 방어하는 현상을 말하는 것으로 성공한 결과에 대해서는 자신의 능력이나 노력과 같은 내부요인에, 실패에 대해서는 운, 사회구조, 성차별, 다른 사람들의 비협조 등과 같은 외부요인에 원인을 돌린다. 특히 자아관여가 커짐에 따라 자아고양편파는 더 현저하게 나타난다. 즉 행동의 결과가 자신에게 아주 중요하고 그 일에 자신이 많이 관여하였을 경우에 성공은 자신의 능력과 노력에, 실패는 외부의 요인에 돌리는 경향이 강하게 나타난다.

그러나 조직행위의 결과이지만 책임의 소재를 분명히 가려야 하는 것이 책임행정의 논리상 불가피한 것이 현실이다. 우리는 조직 속에서 책임에 관련하여 딜레마 상황을 야기하는 문제를 놓고 검토해 보기로 한다.

22) W.M. Bernstein, W.G. Stephan, & M.H. Davis, Explaining attribution for achievement: A path analytic approach, Journal of Personality and Social Psychology, 37, pp.1810-1821.

1) 불법 · 부당한 명령에 의한 행위

오늘날의 조직에서 상사의 불법적이거나 부당한 명령이나 지시에 의해 조직행위가 이루어지는 경우는 거의 없을 것이다. 그러나 이러한 일이 발생했을 경우에 개별 책임 문제는 하나의 딜레마이다. 불법 · 부당한 명령이지만 부하의 입장에서는 그 명령에 따를 수밖에 없는 것이 조직의 현실인지도 모른다. 상사의 불법 · 부당한 명령은 대체로 강제성을 띨 가능성이 높지만, 그렇지 않을 수도 있다. 어떠한 경우든 행위자가 상사의 명령에 암묵적으로 동의하거나 명시적인 반대의사를 표명하고도 결국 상사의 명령대로 행동했을 경우에 행위자의 책임은 면책되지 않는다. 그의 행위가 비록 상사에 대한 충성심의 발로의 결과이든, 자기의 입신양명 또는 인사 상의 이익을 위해서든, 또는 상사에 대한 두려움 때문이든, 그 명령에 따른 행위 결과에 대한 행위책임은 면책되지 않는다.

거의 모든 행동이 실시간으로 공개되는 디지털 시대의 조직현실에서 부하에 대한 상사의 극단적인 육체적 · 심리적 강압은 거의 없을 것이다. 그럼에도 불구하고 상사의 불법 · 부당한 명령의 수용은 부하의 암묵적인 동의에 의해 이루어질 개연성이 높다. 상사의 불법 · 부당한 명령은 부하의 입장에서 얼마든지 거부될 수 있고 또한 당연히 거부되어야 한다. 그것이 바로 조직행위의 윤리이고 법적인 책무이다.

2) 상급자의 기대에 대한 자발적 동조행위

조직에 있어서 상급자는 명시적으로 아무런 명령이나 지시를 하지 않았으나 부하가 상사의 마음을 읽고 그의 기대에 부응하기 위해 자발적으로 일종의 자유재량행위를 하였을 경우가 있을 수 있다. 이를 명령과 자유재량의 회색지대로 표현되기도 한다. 부하가 상사의 마음을 읽는다는 것은 비록 공식적으로 명령이나 지시를 하지는 않았으나 비공식 석상이나 평소에 개인적으로 자신의 뜻을 표명하는 언급을 했을 가능성이 높다.

따라서 하급자의 상사의 기대를 충족시키기 위한 행위는 상급자가 하급자에 대한 신뢰를 바탕으로 재량을 준 것과 마찬가지이므로 상급자도 책임을 져야 한다. 고위 공직자들이 그들의 조직에서 발생하는 부패현상을 구체적으로 전부 파악하기 어려울 수도 있다. 그러나 그들은 특정한 구조적 조건들이 조직의 부패를 초래한다는 것을 알고 있거나 알아야 한다. 그들이 이러한 조건들에 대해서 알고 그것들을 교정하는 조치를 취할 것이라고 우리는 기대할 수 있다. 만일 그들이 이러한 기대를 충족시키지 못하면 윤리적으로 비난받아야 하며, 어떠한 경우에는 형사적 제재조치를 감수해야 한다.[23] 행위자인 하급자의 책임은 극히 당연하다.

3) 조직의 관행에 따른 행위

모든 조직에는 과거부터 내려오는 다양한 관행이 있다. 관행은 조직활동에 있어서 극히 효율적인 기능을 한다. 일에 대한 처방이 이미 정해져 있으므로 과거대로 하면 되기 때문이다. 그러나 문제는 조직의 관행이 법적·윤리적으로 반드시 정당한 것만이 있는 것이 아니라는 점이다. 그런데도 조직 구성원들은 이런 문제점에 대한 성찰 없이 과거부터 있어온 일이라는 점에 매달려 불법적이거나 비윤리적인 행위를 하게 된다.

이러한 경우에 개인의 책임은 면책되지 않는다. 예컨대, 형사들이 조직폭력배나 마약조직에 대한 첩보를 입수하기 위해, 과거에 폭력배들과 도박이나 유흥행위를 같이 하는 것이 하나의 관행이라고 해서, 그들과 그런 행위를 하는 것이 법적으로 허용되는 것은 아니다. 또는 경리부서의 근무자들이 물품을 반입하면서 일종의 리베이트를 받는 것이 관행이었다 해도 그 결과에 대한 책임이 면책되는 것이 아니다.

지방으로 발령이 난 상사를 위해 식사를 대접하는 것이 조직의 관행이라 해도 이로 인해 근무결략이 있었을 경우에 행위책임은 면할 수가 없으며, 새로 부임한 서장을 영접하기 위해 관내 유지로 하여금 식사자리를 마련하는 것이 관행일지라 해도, 그 유지가 경찰관련 업소 운영자라면 법적·윤리적으로 용인되기는 어려울 것이다.

4) 무지나 착오에 의한 행위책임

좋지 않은 결과가 행위자의 무지나 착오에 의해 발생했을 경우에 행위자는 그 결과에 대한 책임이 면책되는가? 무지나 착오에 의한 행위는 두 가지로 나누어진다. 첫째, 행위자 자신의 착오나 무지이고, 둘째는 타인에 의해서 무지나 착오가 유발된 경우이다.

행위자 자신의 착오나 무지는 업무에 대한 세밀함이나 관심의 결여의 결과인 경우가 많다. 이러한 경우에 공식적 조직 내에서 주의부족에 의한 착오나 무지는 용납되지 않는다. 모든 공무원은 자기가 맡은 업무에 대해서 주의를 집중해야 될 의무가 부과되어 있기 때문이다. 업무에 대한 주의의무는 과학적인 사고, 즉 매사에 의심과 확인의 과정을 일상화하는 자세를 의미한다. 작은 일에도 의심과 확인을 거치는 자세는 바로 공직자의 주의의무를 말한다. 이것은 문제의식적 행동을 의미하기도 한다. 문제의식적 행동은 사물에 대한 주의집중과 분석·판단을 가능하게 하여 오류를 막아준다.

23) 데니스 F. 톰슨, 황경식 등 역, 위의 책, pp.142-143.

타인에 의한 무지는 부하가 상사에게 보고를 하지 않았거나 허위보고에 의해 발생한다. 물론 부하가 상사에게 보고를 하지 않아 상사가 몰랐을 경우에 그의 책임을 묻기는 어려울 것이다. 그러면 부하가 상사에게 허위보고를 함으로써 상사의 무지나 착오를 유발했을 경우에 그 상사의 책임이 면책될 수 있는가? 이 경우에 그 허위보고를 상사가 유발했거나 허위보고임을 알 수 있는 정황이 포착되었을 경우에는 상사의 책임은 면책되기 어렵다. 상사가 현실적으로 불가능한 요구를 하고 그에 따라서 부하가 허위보고를 했을 경우, 그리고 상사가 이미 부하의 보고가 허위라는 사실을 알고도 그에 대한 주의나 경고를 하지 않아 문제가 발생하였을 경우, 상사는 그 결과에 대해서 책임을 져야 한다.

그러나 부하가 의도적으로 상사를 속이는 형식으로 허위보고를 했다면, 그 결과에 대한 책임을 상사에게 묻기는 어려울 것이다. 부하가 상사를 고의적으로 속이기 위해 교묘하게 허위보고를 했다면, 그 결과에 대한 책임은 당연히 행위자에게 있는 것이다. 물론 그 행위의 결과가 심대하여 감독책임까지 거론되는 수준이라면, 감독책임을 지는 것과 행위책임과는 별개로 봐야 할 것이다. 조직행위에 있어서 그 결과가 사회적으로 심대한 영향을 끼친 경우, 거의 모든 경우에 지휘관들은 지휘·감독책임을 지기 때문이다.

제 12 장 POLICE ETHICS

경찰조직과 사생활

제 1 절 서언

공직자에게 공과 사의 구별은 중요하다. 공적인 업무와 관련된 일은 공직자에게 개인적인 친분이나 관계와는 별도로 항상 공정하고 객관적인 행동을 요구하는 등 많은 제약이 뒤따른다. 아울러 업무수행과 관련된 수많은 법규와 표준운영절차, 다양한 공직윤리 등은 공직자의 사생활의 영역에도 영향을 미치기 때문에 공직자의 공·사생활의 구분이 아주 어렵고 사생활의 범위도 아주 좁아진다.

자유민주주의 사회에서 시민 개개인은 사생활의 자유를 가진다. 여기서 사생활이란 그 사람의 동의에 의해서만 알려지고 관찰되고 침범되는 것이 허용되는 그런 활동영역을 의미한다. 즉 개인들이 관찰, 개입, 침범의 위협 등을 받지 않고 특정한 행동을 할 수 있는 자유의 영역이다.

경찰관은 그 수행하는 업무의 성격상 다른 공직자들에 비해 사생활의 범위는 훨씬 좁고 높은 윤리수준을 요구받는다. 경찰관은 다양한 모임이나 대인관계에 있어서 품위를 유지하기를 요구받고. 음주운전이나 교통사고는 벌금이나 행정처분과는 별도로 사회적 비난과 함께 무거운 징계처분을 받게 된다. 또한 경찰관을 비롯한 공직자들은 채무관계, 여자관계, 겸업금지, 소유재산등록 및 공개, 정치활동의 금지, 심지어 소유 차량의 종류에 이르기까지 제도적·윤리적 제약을 받는다.

다음과 같은 미국 경찰의 사생활에 관련된 문제들은 우리에게 시사하는 바가 많다.

과거에 미국 경찰관의 사생활은 아주 엄격하게 제한되었다는 사실을 읽을 수 있다. 미국의 경우 경찰관의 사생활의 문제로 가장 빈번하게 제기된 것은 결혼과 성생활에 관련된 제약이었다. 뉴욕 시경의 경우 과거 한 때는 결혼을 하지 않은 사람들이나 이혼한 사람들은 경찰관이 될 수 없었고, 여자관계가 복잡한 사람, 바람을 피우는 사람, 동성연애자, 성 잡지에 포즈를 취한 사람 등은 경찰관이 될 수 없었거나 경찰관인 경우 제재가 가해졌다. 경찰관들은 근무 시간 이후에도 일정한 사회활동이나 경제활동을 하는 것이 금지되기도 한다. 범죄꾼들과의 친교, 전과자들과의 동업, 관할구역 외 거주, 상업광고에 출연 등이 그 예이다.

나아가 경찰관은 특정 정파의 지지나 후보자의 편을 들 수 없으며, 정치헌금을 권유하거나 정치적 직위에 입후보할 수 없다. 끝으로 경찰관들은 경찰 전체의 입장과 다른, 또는 비판적인 주장을 하면 처벌을 받곤 하였다.

미국 경찰의 사생활에 대한 제약은 개인의 자유와 권리가 강조되고 사회문화의 개방화에 따라 많이 완화되었으나 그럼에도 불구하고 아직도 경찰을 비롯한 공직자의 사생활은 일반 시민들에 비해 많은 제한을 받고 있는 것이 사실이다. 이렇게 많은 제약을 받는 경찰인의 사생활을 살펴보기 전에 공직자의 사생활에 대한 사상적 토대를 먼저 살펴보고 경찰인에게 사생활은 무엇이며, 그것에 대한 제약에 대해 검토해 보기로 한다.

제 2 절 공직자의 사생활에 대한 사상적 논의

1. 고대 철학자들의 견해

고대 철학자들에게 있어서 사생활의 영역은 공적 영역에 비해 중요한 것이 아니었다. 소크라테스, 플라톤, 그리고 아리스토텔레스 등은 통치자의 사생활의 인정여부에 대해서 부정적이었다. 소크라테스는 통치자들이 사생활의 즐거움을 포기해야 한다면 행복하지 못할 것이라는 주장에 대해 그러한 행복은 무의미하고 유치한 것이라고 대답하였다. 소유 등 사생활의 행복은 통치자 이외의 계급의 행복이지 통치자의 행복은 아니라는 것이 그 이유이다. 즉 나라 전체를 염두에 두는 통치자나 수호자의 최대의 행복은 따로 있기 때문이다.[1]

플라톤의 통치자의 사생활 존재에 대한 견해 역시 부정적이다. 그는 이상국가를 지배하는 통치자들에게는 보다 나은 공동체를 위해서 그들의 사생활이 포기될 수밖에 없으며, 국가의 통합성을 위해 통치자는 자신의 가족과 재산에 대한 집착을 버려야 한다고 주장하였다. 그렇게 하는 것이 그에게는 더 명예로운 삶이 된다는 것이다.[2)]

아리스토텔레스 역시 가족과 가사라는 사적인 영역의 이기심이 정당하게 비판되어야만 일반적 이익을 위한 정의의 원칙이 유지될 수 있다는 점에서 공직자의 사생활의 인정에 대해서는 부정적이다.[3)] 이들 사상가에 의하면, 통치자들의 목표는 전체 사회를 좋게 만드는 것에 있는 것이며, 자신의 사적 영역을 충족시키는데 있는 것이 아니다. 이러한 시각에서는 공직자나 통치자의 사생활이 존중되기를 기대하기 어렵다.[4)]

2. 계몽주의 사상

1) 인간의 정신적 해방

르네상스는 신의 속박으로부터 인간의 정신적 해방을 요구한 운동이었고, 철학에 있어서는 아리스토텔레스와 플라톤으로부터 해방하려는 노력이었다. 르네상스는 모든 것을 토론과 논쟁 대신 과학적인 실험을 통해서 이론적으로 증명해 나가는 사상을 전개했다. 그들이 이룩한 과학의 발전은 인간의 빛이 되어 드디어 계몽주의로 발전하였다.

계몽(Aufklarung: Enrightenment)이란 말은 인간이 신의 계시에 의존한다는 신학적 견해와 대비되는 것으로서, 인간 자신의 자연적 본성에 관한 자각과 인간 본성과 이성에 적합한 조화롭고 인간적인 사회 제도 내에서 이루어질 수 있고, 또 반드시 이루어져야 하는 인류의 자기 실현에 대한 자각을 의미한다.

계몽사상은 17~18세기 유럽 전역에 일어난 혁신적 사상으로 교회의 권위에 바탕을 둔 구시대의 정신적 권위, 사상적 특권과 제도에 반대하여 인간적이고 합리적인 사유를 제창하고, 이성과 지식의 중요성을 강조함으로써 인간생활의 진보와 개선을 시도한 사상이다. 한마디로 계몽사상은 개인의 이성과 자유, 개인의 권리와 평등을 중요시 하는 사상이다.

칸트는 1784년 『계몽이란 무엇인가』에서 계몽을 "인간이 스스로 자초하였던 미성숙

1) 플라톤, 국가, pp.259-260.
2) 플라톤, 국가, p.347.
3) 아리스토텔레스, 정치학, 이병길. 최옥수 역, 박영사, 1996, p.105.
4) 데니스 F. 톰슨, 공직의 윤리, 황경식 등 역, pp.247-248.

으로부터의 해방이며, 모든 면에서 자신의 이성을 공개적으로 사용하게 되는 인간의 자유"라고 정의하였다. 즉 어떤 사람이 자신을 계몽주의자라고 부르는 것은 그가 다른 사람의 지도 없이 자신의 지성을 사용할 용기를 가지고 있다는 것을 의미한다.

계몽이란 무지몽매한 시민들을 계발하여 각자가 스스로의 판단 아래 능력을 발휘하도록 이끄는 것을 의미한다. 르네상스의 휴머니즘, 종교 개혁, 근대 합리주의 철학을 계승하고 완성시킴과 동시에 그 한계를 극복함으로써 진정한 근대 사상으로서의 면모를 확립한 것은 계몽주의였다. 중세의 질곡으로부터 인간을 해방시키고 근대 시민 사회의 형성을 지향한 근대 사상 운동 및 문예 운동의 본격적인 전개는 계몽주의에서부터 시작되었다. 봉건적 질서에 신성한 후광을 비췄던 형이상학적, 신학적 세계관은 계몽주의에 의해 파괴되었다.

계몽주의는 본질적으로 저항 사상으로서 종교, 자연관, 사회, 국가 조직 등 기존의 모든 것이 이성에 의해 가차 없이 비판되었으며, 그것들은 이성의 법정에서 존재를 인정받든가 아니면 존재를 포기할 수밖에 없었다. 계몽주의는 인간, 사회, 국가에 관한 이론과 사상에서 비약적인 진보를 이룩했으며, 학문을 종교적 교리의 속박으로부터 해방시켰다.

계몽주의를 통하여 비로소 근대의 인간들이 가지고 있던 다음과 같은 모순들이 일반적으로 인식될 수 있었다. 첫째, 지식과 신앙 사이의 모순이었다. 이 모순은 자연을 지배하고 인간의 실생활을 변화시킨 근대 자연 과학을 출현하게 했다. 둘째, 역사적으로 신성시해 온 기존의 모든 제도들과 자연법 사이의 모순이었다. 이러한 제도들이 폭력에 의하여 붕괴됨으로써 비로소 근대 시민 사회와 자본주의적 질서가 발생할 수 있는 조건이 마련되었다. 마지막으로 개인적 이해를 추구하는 이기주의와 정의로운 사회 질서에 관한 공동체의 이해 사이의 모순이었다. 이 모순은 계몽 사상기의 모든 국가 이론 및 사회 이론의 본질적인 내용을 이루었다.

볼테르(Voltaire), 디드로(Diderot), 콩디약(Condillac) 등 소위 계몽주의자들은 어떤 특정 분야의 전문적 지식 없이 자유롭게 교육, 종교, 경제, 사회문제를 비판하였다. 그들은 신문이나 잡지에 실릴 만한 대중적 지식이면 무엇이든 관심을 갖는 사람들이었다. 이들은 내세보다는 현세에 관심을 두었고 영혼의 깊은 곳을 건드리기 보다는 영혼의 표피적 재능으로 재치있는 대화를 하며, 지식을 사교의 도구로 사용하는 전형적 통속성을 보였다. 모든 문제들을 자유롭게 다루면서 그 비판의 화살은 구제도(舊 制度)전반에 모아졌다. 그 비판의 기본정신은 부르주아지의 이념인 합리주의와 자유에 있었다.

2) 르네상스와 계몽주의

르네상스는 신의 창조물이었던 인간을 과학의 힘에 의해 신으로부터 해방을 가져왔다. 이것은 계몽주의 시대를 가져왔고, 계몽주의 시대는 인간을 세상의 참된 주인으로 올려놓았다. 계몽주의는 개인의 가치, 자유와 평등을 진보적으로 실현하려고 한 점에서 그 당시에는 가히 인간생활에 있어서 혁명적인 변화를 가져 왔다. 계몽주의란 인간이 스스로 묶여 있던 미성년 상태로부터의 해방, 즉 전지전능한 신에 의해서가 아니라 인간의 이성에 의해 인간의 광범위한 문제의 본질적 해결이 가능하고 추구해야 된다는 사상이다. 모든 도덕적・정치적 행위는 무엇보다 자율적・비판적 지식 위에 기초하며, 그러기 위해서 지식을 획득하는 과정에서 어떤 권위나 편견에 영향 받도록 방치해서는 안 되며, 오로지 자기 자신의 비판적 이성을 통해서만 판단해야 한다.

자유가 이 시대에서만큼 구가된 적이 없다. 봉건적 예속과 신분상의 특권, 행정상의 전횡과 비인간적인 사법제도, 검열과 박해, 교회의 불 관용과 미신 등 인간을 억압하는 모든 것으로부터 인간을 해방시키기 위한 투쟁이 정당화되었다. 개인의 자유와 관련하여 거기에는 신의 영향이나 사회의 영향도 보이지 않는다. 특히 볼테르(Voltaire)의 이신론(deism: 理神論),[5] 즉 신의 세상 창조의 인정과 창조된 세상의 신의 주관에 대한 부정은 신으로부터의 해방과 인간 중심의 사상을 분명히 한다. 그러므로 세상의 운행에 대한 신의 섭리, 은총, 기적, 그리고 계시같은 것은 부정된다. 개인에게 중요한 것은 자기보존이며, 자기보존을 위해서는 무엇이든지 할 수 있는 권리가 있다. 개인의 자유와 독립은 이 시대의 시민정신의 표상이다.[6] 구 제도의 비판에서도 언제나 논의는 질서보다는 자유를 증진해야 한다는 시각에서 출발했다. 계몽사상에는 인간이 어떻게 살 것인가라는 물음위에 어떻게 행복해질 것인가라는 현세의 과제가 추가되었다.

3) 계몽주의와 사생활의 이론적 토대

계몽주의는 낙관주의를 특징으로 한다. 기계에 불과한 인간은 후천적 교육 조작에 의해 무한히 개선될 수 있으며, 그래서 인류의 미래는 무한한 가능성을 가지고 있다고 생

---

5) 이신론(deism)은 18세기 계몽주의 시대의 대표적인 그리스도교 사상으로서 성서를 비판적으로 파악하고 계시를 부정하거나 그 역할을 현저히 후퇴시켜서 그리스도교의 신앙내용을 오로지 이성적인 진리에 한정시킨 합리주의 신학의 종교관이다. 신은 세계 창조 후에 직접 간섭하지 않고, 성서는 인간의 책이며, 성서에 기록된 부활과 기적은 부정된다.

6) Lucian Goldman, The Philosophy of the Enlightment, 이춘길 역, 계몽주의 철학, 지양사, 1985, pp. 32-33.

각했다. 모든 문제들은 자연의 순리에 맡겨두면 저절로 잘 풀린다고 본 자유방임주의도 낙관주의를 전제로 하는 것이며, 이성의 능력을 가지면 종교나 인간을 둘러싼 모든 신비를 벗길 수 있다고 보는 합리주의도 이성능력에 대한 낙관적인 신뢰와 자부의 결과이다.[7)]

계몽주의 사상가들은 명시적으로 사생활의 개념에 대해 언급을 하지 않았지만, 그들의 주장은 사생활의 자유를 수용할 수 있는 이론적 토대를 제공해 주고 있다. 왜냐하면, 그들의 이론은 개인의 사적 영역이라 볼 수 있는 천부적 자연권에 대해서 공동체적 개입의 정당성을 요구하는데, 이를 다른 관점에서 보면 사적 영역의 보장을 저변에 깔고 있는 것으로 볼 수 있다.

신으로부터의 해방, 어떤 권위나 편견으로부터의 자율, 모든 도덕적 행위와 정치적 행위에 대한 자율적 · 비판적 지식의 강조는 개인의 자유와 평등을 강조하고, 개인에 대한 외부의 관여는 그 정당성이 인정되어야 한다는 점을 읽을 수 있게 한다. 그 후 이러한 인식이 확산됨에 따라 자유주의적 철학자들은 공동체적 간섭과 개입으로부터 자유로운 개인적인 관계들을 위한 성역을 유지하는 것이 중요하다고 여겼다. 왜냐하면, 국가체제의 정비로 사적인 영역이 점차 제한되어 온다고 느꼈기 때문이다.

3. 밀의 자기관련적 행위론

1) 자기관련적 행위의 의미

밀(J.S. Mill)에 따르면, 사회가 단지 간접적인 이해관계만을 가지는 행위의 영역이 있다는 것이다. 자기관련적 행위(self-regarding)란 한 인간의 삶과 행위 중에서 오로지 자신에게만 영향을 끼치거나 다른 사람들과 관계를 갖는다 하더라도 그것이 상대방의 자유롭고 자발적인 진정한 동의에서 이루어지는 부분으로서, 이는 나 또는 나와 동의한 상대자 밖에 있는 제3자에게는 영향이 없는 영역을 의미한다.

자기 관련적 행위는 개인적 자유의 적절한 영역으로 이 중심에는 양심의 자유, 사고와 감정의 자유, 내심의 의견의 자유 등이 자리잡고 있으며, 또한 제3자의 이익과 감정을 해하지 않는 표현과 전달 등 실천의 영역이 있다. 이 영역에서는 비록 제3자가 나 또는 나와 동의한 상대자의 행위를 어리석고 잘못이라고 생각할지라도, 이 행위가 그에게 해악을 끼치지 않는 한 제3자로부터 간섭을 받지 않는다. 따라서 그들은 자신들의 행위

7) 김기홍, 역사와 신앙, 도서출판 두란노, 1990, pp.42-45.

결과를 감수하면서 하고 싶은 대로 행동하고 인생설계를 하고 기호와 취미를 즐길 자유를 가지고 있는 것이다.[8]

밀은 자기관련적 행위란 인간자유의 적절한 영역이라고 주장한다. 그 영역의 중앙에는 의식의 내적 영역이 자리잡고 있는데, 그것은 아주 포괄적인 의미의 양심의 자유, 사고와 감정의 자유, 모든 주제들에 대한 의견과 감정의 절대적 자유를 누릴 자유 등이다. 그 외부에는 표현과 전달의 영역이 있으며, 가장 바깥쪽에는 다른 사람들의 이익을 해하지 않는 행위들과 관행들이 있는데, 이 역시 자기관련적 행위의 영역에 속한다. 비록 타인들이 우리의 행위를 어리석거나 잘못이라고 생각할지라도, 우리의 행위가 그들에게 해악을 끼치지 않는 한 타인들로부터 방해받지 않고, 그 결과를 감수하면서 우리들이 하고 싶은 대로 행동하고, 우리 성격에 맞게 우리 인생설계를 하고, 기호와 취미를 즐길 자유를 가지고 있다.[9]

2) 자기관련적 행위와 개성의 발전

밀은 「행복의 한 요소로서 개성에 관하여」에서 진보적 존재로서 인간에 대한 생각을 소상하게 밝히고 있다. 자기관련적 행위는 개성의 발전을 가능하게 하며, 이는 개인의 자유와 사적 영역의 존재 이유가 된다. 따라서 사적 영역의 인정으로 개인은 그 영역안에서 독자적으로 행위할 수 있고, 그래서 개인의 진정한 행위를 발견할 수 있는 그런 환경을 형성하게 된다. 개성을 발견하는 인격에 대한 개념은 행위의 시발자로서의 개인의 자율적인 활동을 전제로 한다.[10]

인간이 고귀하고 아름다운 관조의 대상이 되는 것은 인간의 개인적인 것을 획일화하는 것에서가 아니라 타인의 권리와 이익을 위해 부과된 제약의 범위 안에서 오히려 개인적인 것을 배양하고 북돋움에 의해서 이루어진다. 작품에 작가의 성격이 표현되어야 하듯이 인간의 개성이 표출될 때, 인간의 삶은 풍부하고 다양하게 되며 생기를 갖게 되고, 고상한 사상과 높은 품격에 더 풍부한 영양분을 공급하게 된다. 이는 인류를 더욱 인간답게 만든다.

개성이 발전되는 정도에 따라서 개인은 스스로에게 가치있는 존재가 되고, 따라서 다른 사람에게도 가치있는 존재가 될 수 있다.[11] 이것은 한 인간의 삶과 행위 중에서 그

8) 경찰윤리, 경찰대학, 2000, pp.209-210.

9) C.L. Ten, “Mill on self-regarding actions”, in Samuel Gorovitz ed., Utilitarianism and other Writings, New American Library, 1962, p.192.

10) John Kleinig, The ethics of policing, p.191.

자신에게만 영향을 끼치거나 다른 사람들에게 영향을 끼치는 경우에는 그들의 자유롭고 자발적인 동의와 참여 하에서만 그들에게 영향을 끼치는 그런 부분을 의미한다. 그런 자기관련적 행위는 사회에 단지 간접적인 영향관계에 있다함은 비록 한 인간의 행위가 타인에게 영향을 끼칠 수 있을지라도, 다른 사람들에게 상당한 관심의 대상이 되는 결과들은 그 개인의 행위와 단지 우연적인 관계에 있어 그 행위와는 별도로 다루어질 수 있다는 것을 의미한다.

3) 클라이니히의 자기관련적 행위 영역에 대한 견해

클라이니히(Kleinig)는 밀의 진보적 존재에 대한 주장에 대해 현대적 의미로 해석한다.[12)] 개성에 대한 존중이 자유의 존재 근거를 제공하며 개성을 발전시키기 위해 자기관련적 행위 영역을 필요로 한다. 개성의 중요성은 또한 개인의 통제 하에 놓여 있어야 하는 프라이버시의 영역, 즉 사적 정보와 지식의 영역이 왜 필요한지를 설명해 준다. 프라이버시권에 대한 가장 근원적인 정당화는 프라이버시권이 우리들로 하여금 도덕적 행위자로서의 개성과 자율을 어느 정도 가지고 있는 존재들로서의 관념을 가능케 한다는 데서 찾을 수 있다. 달리 표현하면, 프라이버시에 대한 요구는 도덕적 공간의 필요성에 대한 요구, 즉 우리들이 진정으로 그리고 독자적으로 행위할 수 있는 그리고 그런 자신을 발견할 수 있는 그런 환경에 대한 요구에 근거하고 있는 것이다. 인격개념은 자율적인 활동이라는 개념이 중요한 위치를 차지하며, 행위의 개시자들로서의 우리들이란 개념이 핵심이다. 프라이버시권을 통해 확보되는 도덕적 공간은 개성의 발전과 유지를 위해 필수적이다.[13)]

프라이버시권은 또한 우리들이 우리자신들과 관련된 일정한 종류의 정보를 통제할 수 있기 위해서도 필요하다.[14)] 상호 친숙한 관계에 있는 사람이 나에 대한 정보를 왜곡하거나 나쁜 방향으로 사용하지 않는 한, 프라이버시는 그다지 중요하지 않다. 그런 경우 그는 타인을 모함하거나 비난하지 않는다. 그러나 상호 친숙한 관계가 형성되지 않는 곳에서는 도덕적 공간은 프라이버시가 존중될 때에만 확보될 수 있다. 즉 자신과 관련된 정보에 대한 통제를 행사할 수 있을 때에만 도덕적 공간이 확보될 수 있다.

11) John Stuart Mill, On Liberty, in Mary Warnock ed., Utilitarianism and other Writings, New American Library, 1962, p.192.

12) John Klinig, The Ethics of Policing, Cambridge University Press, 1966, pp.190-191.

13) Klinig, p.192.

14) Kleinig, ibid., 김철수, 헌법학개론, 박영사, 1994, p.403.

제3절 경찰인의 사생활 존재여부에 대한 논의

1. 시민과 균등한 사생활권에 대한 논거

1) 헌법상의 권리와 사생활

공직자는 사생활이 존재하는가? 존재한다면, 시민의 사생활권과 같은 정도의 권리가 보장되는가? 공직자에게 사생활이 존재하는가의 질문에 대한 답변은 명약관화하다. 왜냐하면, 공직자도 한 사람의 시민이기 때문에 한 사람의 시민이 사생활권을 가지는 것은 당연하다. 공직자는 자기의 업무영역을 떠나는 순간 한 사람의 시민이 되기 때문이다. 공휴일이나 퇴근 후에 가족과 외출을 한 경찰관은 당연히 다른 사람들과 마찬가지로 한 사람의 시민이 되는 것이다.

개인의 사생활 보장의 근거는 제일 먼저 「헌법」에서 찾아볼 수 있다. 자유민주주의 국가의 헌법은 개인의 사생활을 헌법적 권리로 대부분 보장하고 있다. 개개인의 인격발현권, 사상의 자유, 일반적 행동의 자유, 교제의 자유, 통신의 자유, 거주이전의 자유, 주거의 불가침, 사생활의 자유, 사생활의 비밀, 자기 정보관리 통제권 등이 사생활 자유권의 내용을 이룬다. 이러한 일련의 자유와 권리는 넓은 의미에서의 사생활자유권의 구조적 내용을 이루는 요소들이라 할 수 있으며, 이들 자유와 권리는 인간의 생래적 권리인 자연권으로서 국가안전보장, 질서유지, 공공복리를 위한 불가피한 경우가 아니면 제한되지 않는다.

헌법상에 드러난 일련의 사생활에 관한 자유와 권리의 체계를 보면, 제17조의 사생활의 비밀과 자유의 불가침을 기본조항 내지 목적조항으로 하고, 제16조의 주거의 불가침, 제14조의 거주이전의 자유, 제18조의 통신의 불가침 등을 그 구체적인 실현수단조항으로 하고 있다.15)

사생활자유권의 기본조항인 「헌법」 제17조는 "모든 국민은 사생활의 비밀과 자유를 침해받지 아니 한다"고 규정하여 사생활의 비밀과 자유의 불가침을 보장하고 있다. 사생활의 비밀과 자유의 보장은 인격적 존재로서의 인간이 소극적으로는 사생활의 내용・명예・신용 등을 침해받지 아니하고, 적극적으로는 자신이 원하는 자유로운 사생활과 사적 활동을 영위할 수 있도록 하려는 것이다. 따라서 사생활의 비밀과 자유의 불가

15) 권영성, 헌법학원론, 1994, p.453.

침은 인간의 존엄성 존중의 구체적인 내용이 되는 인격의 자유로운 발현과 법적 안정성을 보호법익으로 한다. 또한 자신에 관한 정보를 관리·통제할 수 있는 권리까지 포함한다.

미국에서도 개인의 사생활 영역을 보호할 의도로 프라이버시권이 판례를 통해서 확립되어 있다. 프라이버시권은 원래 혼자 있을 권리 내지 원하지 않는 공표로부터의 자유라고 인식되었을 정도의 소극적 개념이었으나 정보화 사회의 도래로 자기에 관한 정보를 관리·통제할 수 있는 권리까지 포괄하는 적극적 개념으로 규정되고 있다.

이와 같이 프라이버시권을 소극적으로는 사생활이 함부로 공개되지 아니하고 그 평온과 비밀을 요구할 수 있는 법적 보장으로 이해하고, 적극적으로는 자신에 관한 정보를 관리·통제할 수 있는 법적 능력으로 이해하면, 헌법상의 사생활의 비밀과 자유는 프라이버시권과 같다고 이해할 수 있다. 그러나 프라이버시권을 넓은 의미로 이해하여 사생활의 비밀과 자유뿐만 아니라 주거의 불가침, 통신의 불가침 등도 포괄하는 개념으로 파악하게 되면, 프라이버시권은 제 17조에 규정된 사생활의 비밀과 자유보다 더 넓은 권리를 의미하게 된다.[16)]

2) 사회축소판 주장과 자기관련적 행위론

사회축소판 주장(microcosom argument)은 경찰관도 국민전체의 한 부분이므로 다른 국민들과 윤리적으로 동일하게 대우받아야 하며, 더 높은 윤리수준을 기대하는 것은 평등의 원칙에 맞지 않다는 내용이다. 그들도 업무를 떠났을 때에는 일반국민과 같이 개인적 사생활을 자유롭게 향유할 권리가 있다. 경찰관과 관련된 사건사고가 발생했을 때 다수의 경찰관은 사생활에 있어서 윤리적으로 문제가 별로 없이 경찰관으로서의 역할을 성실히 수행하고 있다. 일반 사회와 마찬가지로 한둘씩은 윤리적으로 문제 있는 그런 사람이 있을 수 있으므로 윤리적으로 별로 문제가 되지 않는다는 것이 바로 사회축소판 주장의 핵심이다.

그러나 선량하고 윤리적으로 탁월한 다수의 경찰관이 있다고 해서 극소수의 비윤리적인 행위를 한 경찰관의 사생활이 경찰조직 전체적으로는 아무런 문제가 되지 않는다고 할 수는 없다. 사회는 경찰관이라면 범죄를 예방하고 제압하는 등 사회의 온갖 악을 제거하는 권한과 책무를 지고 있는 역할의 성격상 모든 경찰관의 윤리적 탁월성을 당연시하기 때문이다. 그러므로 경찰관의 사생활은 일반 시민들과 같은 수준으로 보장해야

16) 권영성, 헌법학원론, 1994, p.455.

한다는 주장은 공직자에 대한 공공의 높은 신뢰에 비추어 볼 때 논리적 타당성이 결여되어 있는 것으로 보인다.

다음으로 밀(J.S Mill)의 자기관련적 행위론이 공직자의 사생활 설명에 적합한 논거가 될 수 있다.17) 개인들의 자기관련적 행위와 관련해서 사적 영역을 설정한다면, 개인들의 행위가 어느 경우에 자기 관련적 행위의 차원을 넘게 되어 제한되는가 하는 것이 문제가 된다. 이 문제는 단지 개념적인 차원에서는 그렇게 어려운 문제는 아니다. 그것에 대한 대답은 나 또는 나와 동의한 상대방의 행위가 제3자의 삶에 영향을 줄 때, 이 행위는 타인과 관련된 행위이므로 자기관련적 행위가 더 이상 성립되지 않는다는 결론에 도달된다.

가기관련적 행위가 되지 않는 경우는 타인의 물건을 훔치는 것, 강도나 살인을 하는 것 등과 같이 직접적인 경우가 있다. 간접적이어서 우연적으로 나타나는 것은 젊은 남녀들이 환각제를 복용하고 상호 동의하에 환각파티를 벌이고, 제3자들이 이를 보고 모방할 수도 있어 그들의 건전한 성도덕에 영향을 줄 수 있는 경우이다. 사회에서 실제적으로 직·간접적으로 자기관련적 행위가 되지 않는 경우는 무수히 많다. 제3자에게 직접적으로 영향을 주는 행위는 공동체의 질서와 관련되는 것이므로 사적 영역이 아닌 것이 분명하다. 보통 공동생활에 있어서 제3자에게 직접적인 영향을 주는 행위는 사회적으로 금지되는 것도 있고, 허용되는 경우도 있다. 가령 경찰관이라 해도 범인이 폭력적으로 저항하지 않는 한 폭력을 사용할 수 없으나, 상대방이 폭력을 사용하거나 정당방위의 상황에서는 그를 제압하기 위한 무기사용도 허용된다.

그런데 간접적인 영향은 그것이 사적 영역인지 공적 영역인지를 구분하기는 쉽지 않다. 그것은 그 사회의 문화나 관습, 심지어 법령에 따라 달라진다. 위에서 언급된 환각파티의 문제는 사적인 영역으로 인정하는 사회도 있을 것이고, 사적인 영역을 넘어서 공동체의 문제로 여기는 사회도 있을 것이다. 간통은 법적으로 사적인 영역의 문제로 보는 사회도 있고, 공적인 영역의 문제로 보는 사회도 있다. 그러므로 사적인 영역은 사회에서 법제적으로 자기관련적 행위를 어떻게 규정하느냐에 의해 달라진다. 그렇지만 이러한 행위가 제 3자에게 영향을 주는 것으로 인정되면 이것은 사적 영역의 문제가 아니라 공적 영역의 문제로 공동체적 규제의 대상이 되는 것이다. 이것은 사회전체의 복지의 향상을 위해 개인의 사생활의 한계를 설정하는 데에 그 의미를 찾아야 할 것이다.

이상의 논의를 종합해보면, 공적 영역의 문제로서 공동체적 규제의 대상이 되지 않는

17) John Kleinig, The Ethics of Policing, p.190.

사생활의 영역이 명백히 존재하며, 그것이 사적인 영역인 한 자유민주사회에서 절대적으로 승인되며 존중받아야 한다는 것을 알 수 있다. 이러한 맥락에서 공직자의 사생활이 다른 사람에게 아무런 침해 없이 이루어질 때, 그것이 보장되어야 한다는 것은 극히 당연한 논리이다. 또한 다른 사람들로부터 공직자의 사생활이 침해받지 않는 것도 공직자에 의한 시민들의 사생활 보호 차원에서 아주 중요하다. 공직자들은 그들 자신의 경험에 따라 시민의 사생활에 대한 태도를 형성할 것이기 때문이다. 이러한 관점에서는 공직자의 사생활은 시민들의 그것보다 더 필요하기 때문에 최소한 시민과 동등하게 그들의 사생활을 보호해야 한다는 주장이 그 정당성을 가진다.

그러나 균등한 사생활의 원칙은 공무의 성격상 현실적으로 지켜지기 어렵다. 물론 균등한 사생활의 원칙이 지켜지는 것이 바람직할 것이다. 그러나 이것은 공무의 현실적 성격을 무시한 측면이 있는 것으로 보인다. 즉 공직자, 특히 경찰공무원은 개별 시민들보다 우월한 권한을 갖고 시민들의 생활에 영향을 미치기 때문에 이러한 원칙이 현실적으로 유지되기 어렵지 않느냐는 것이다. 경찰관이 업무 후에 대상업소에서 술을 마실 경우, 이러한 행위는 자기관련적 행위 영역으로 볼 수는 없다. 술집 주인은 단속경찰관에게 일반 시민과 동일하게 대우할 수 없을 것이기 때문이다. 경찰관이 관내의 노래방에서 도우미와 함께 노래를 부르고 즐거운 시간을 보내는 경우에, 일반 시민은 어느 정도 용인될 수 있으나 도우미를 고용하는 것 자체가 불법이기 때문에 불법영업에 대한 단속권한을 가지고 있는 경찰관은 법적 · 윤리적으로 용인될 수가 없다.

이처럼 공직자의 사적 행위에 대한 공적 권한의 영향은 직무감독의 대상이 되고, 그 결과 그의 사생활이 다소간 제약이 되더라도 이것은 어느 정도 타당성을 갖게 된다. 따라서 공직자의 사생활의 영역은 좁아지게 된다. 실제적으로 경찰관은 개인적인 과다한 채무, 음주운전, 교통사고 등 일반 시민이면 법적인 절차에 의해 채무상환을 하고 벌금이나 보험으로 문제를 해결할 수 있을 경우에도 징계 등의 불이익을 감수해야 한다. 때로는 공직자가 골프장에 출입하는 것도 비난의 대상이 되기도 한다. 이는 사생활 영역으로 인해 공적으로 불이익한 처분을 받게 되는 것이다.

결과적으로 경찰인에게 자기관련적 행위에 의한 일반 시민과 균등한 사생활 보호는 한계에 직면한다. 경찰의 경우에 공무의 관련 영역이 확대되어 공무와 직접적인 연관이 없는 행위도 제한되는 경향이 있다. 경찰인의 행위는 많은 사람들에게 영향을 주는 성격을 지니고 있기 때문에 자기관련적 행위의 범위는 축소되는 것이다.

2. 경찰관 사생활의 제약근거

1) 특별권력관계

우리는 여기에서 공직자의 사생활 제한과 관련하여 행정법이론인 특별권력관계에 관한 논의를 해 볼 필요가 있다. 특별권력관계란 특별한 국가영역 내에서 행정목적 달성을 위하여 특별권력 주체에게는 포괄적 지배권이 부여되고 특별한 신분에 있는 자는 이에 복종해야 하는 관계를 말한다. 공직자는 국가와의 관계에 있어서 특별권력관계에 있다는 이유로 법률의 수권(授權)없이 국가에 의해서 그들에 대한 광범위한 기본권 제한이 이루어져 왔다.[18] 국가와 공직자와의 특별권력관계는 법이 침투할 수 없으며, 법이 지배하지 않는 영역으로 간주되었기 때문이다.

그러나 전통적 특별권력관계 이론은 더 이상 받아들여지지 않으며, 기본권의 제약은 특히 비판의 대상이 되고 있다. 오늘날에는 법치주의의 원칙적 적용을 긍정하는 특별행정법 관계설이 대두되고 있다. 특별행정법 관계하에서는 원칙적으로 법률유보의 원칙이 적용되며, 법률의 근거 없는 포괄적 기본권 제한은 금지되고, 소송요건을 갖추는 한 행정소송의 제기가 가능하며, 특별행정법 관계하에서 제정하는 특별명령 역시 법치주의 범위 내에서 허용된다.

따라서 특별권력관계 때문에 공직자의 사생활권이 제약된다는 논리는 타당성이 없다. 국가는 공직자라는 이유만으로 다른 법적인 근거 없이 공직자의 사생활권을 일방적으로 제약할 수는 없다. 이제 주된 논의의 대상은 공무원의 근무관계와 공무원의 기본권 사이의 조화를 어떻게 이루어나갈 것인가로 이동하고 있다.

2) 사회의 역할모델로서의 경찰

(1) 엘리스톤의 견해

공직자의 사생활 영역이 공무와 관련된다는 이유로 그 영역이 확대되어 공무와 직접적인 연관이 없는 행위도 제한되는 경향이 있다. 이것은 경찰인에게 사회의 일반 시민들보다 더 높은 행위수준이 요구됨을 말한다. 경찰인은 일반시민과는 다른 윤리적 이중기준이 적용된다는 것을 의미한다. 다시 말해, 경찰인과 일반 시민에게는 서로 다른 행위판단기준이 적용된다는 것을, 즉 윤리적 이중기준이 적용된다는 것을 의미한다.[19]

18) 김남진, 행정법, 법문사, 1994, pp.151-160.

19) Frederick A. Elliston, op. cit.

이중기준이 적용되는 경우로는 가장 흔한 것이 성(性)에 따라서 도덕판단을 달리하는 경우이다. 물론 오늘날 이러한 이중기준은 많은 비판과 함께 새로운 접근이 이루어지지만, 아직도 사회 일반적으로 존재한다는 사실을 부인하기는 어려울 것이다. 사내아이들이 성에 관심을 가지는 것은 그래도 이해될 수 있지만, 여자의 경우에는 이해될 수 없는 나쁜 행위라고 하는 것이 그러한 경우이다. 이러한 이중적 기준은 적절하다거나 신에 의해서 이미 정해진 것이라거나 불가피하다는 등으로 근거들이 제시된다.

엘리스톤은 바로 이러한 논리가 경찰관들에게 적용된다고 본다. 일반 시민이라면 아무런 문제가 되지 않는 것도 경찰관의 경우에는 도덕적·윤리적 비난이 거세게 일어난다는 것이다. 성의 차이에 의해서 도덕적 판단을 달리 하는 관행들은 이제 더 이상 도덕적으로 용인되지 않으며, 그런 태도는 성차별주의라는 도덕적 비난을 면치 못한다. 성차별에 의한 도덕적 판단기준은 도전과 비판으로 무력화되었다.

그런데 아직도 경찰관을 포함한 공직자에 대해서는 일반 시민들보다 더 높은 윤리수준을 요청한다. 엘리스톤은 윤리적 이중기준이 적용되는 근거로 경찰은 공중의 신뢰를 받는 사람으로서 항상 공중에게 본을 보여야 한다는 역할모델을 제시한다. 이 주장에 따르면, 경찰은 공중의 신뢰를 받기 위해 항상 공중에게 본을 보여야 하고, 사생활에서도 가장 높은 윤리수준을 따라야 하며, 그리하여 사생활에서도 사회적 덕목을 보여주는 상징의 역할을 수행해야 한다는 것이다.

이중기준의 또 하나의 근거는 경찰이 업무집행에서 많은 재량을 가지고 있기 때문에, 이의 올바른 행사를 담보하기 위해서라는 주장이다. 즉 그들의 재량적 권한으로 인해 사생활이 제약되어야 한다는 것이다. 사생활에서의 일탈허용은 공적인 임무수행시 잘못으로 이어질 수 있고, 이는 경찰업무의 성격상 다른 사람에게 심대한 침해결과를 초래할 수 있다는 문제점을 지적한다.

엘리스톤은 국제경찰장협회(IACP)와 뉴욕 경찰국의 윤리강령에서 사생활의 모범, 일반적으로 다른 사람들에게 기대되는 것보다 더 높은 정도의 고결함의 유지 등의 내용이 바로 경찰의 사회 본보기 역할을 강조한 것이라고 지적한다. 그는 본보기 역할을 자발적으로 추구하는 것 자체에는 문제될 것이 없다고 수긍한다. 그러나 그는 경찰의 본보기 역할을 강조하면서 사생활 제약을 연결시킨다는 것은 타당성이 결여되어 있다는 주장이다. 그가 보기에는 왜 경찰관이 근무시간뿐 아니라 사생활에 있어서도 사회의 본보기로서의 역할을 수행해야 하는지에 대한 설득력 있는 근거가 부족하다는 것이다.

경찰관의 사생활의 제약근거에 대한 엘리스톤(F.A. Elliston)과 클라이니히(Kleinig)의

논쟁은 우리의 관심을 받을만하다. 엘리스톤은 근본적으로 경찰관이 그 사생활에 있어서 사회의 본보기가 되어야 한다는 역할모델에 대해 부정적이다. 그는 경찰의 역할모델이 경찰에 의해서 자발적으로 추구되는 것 자체에는 문제될 것이 없지만, 경찰이 사회의 역할모델이 되어야 한다는 이유에서 사생활을 제약하는 것은 옳지 않다고 본다.

또한 경찰업무의 성격과 경찰의 역할 모델 사이의 관계에 대한 해명이 이루어지지 않은 상태에서 무리하게 경찰이 역할모델이 되어야 한다는 주장이 이루어졌다고 비판한다. 경찰관은 왜 그의 근무시간뿐만 아니라 사생활에서도 사회의 역할 모델이 되어야 하는지에 대한 설득력 있는 근거가 없다. '경찰은 사회의 모델이다'라고 하는 주장은 이 말만으로는 충분한 근거가 될 수 없고, 그것은 단순히 현존의 관행 또는 기대 이외의 별다른 논거를 제시하지 못하기 때문이다.20)

또한 엘리스톤은 경찰의 사생활을 제약하는 또 다른 근거로서 경찰이 실생활에 있어서 모범을 보임으로써 사회의 구성원들에게 사회적 가치들을 가르친다는 주장에 대해, 경찰보다는 성직자나 교사 등이 시민에게 도덕적인 가치를 가르치는 것이 효과적이라고 주장한다. 경찰이 시민에게 도덕교육의 책임을 떠맡는 것보다는 기본적으로 가정, 학교, 기타 다른 지역사회 조직들에 의해서 떠맡는 편이 더 적절하다는 주장이다.

경찰은 법의 집행자, 평화의 유지자로서 다른 사람들로 하여금 법을 준수하고 평화롭게 생활하도록 가르치는 정도로서, 그 이상의 것을 행하도록 요구받아서는 안 된다. 사회에서 각종 일탈행위들을 방지함에 있어서 경찰의 모범행위에 기대하는 것보다는 그런 행위들을 부추기는 대중매체와 영화 등에 대해 제약을 가하는 편이 더 효율적이다. 경찰관의 사생활 제약을 통해 시민의 도덕교육에 어떤 효과가 있었는지를 보여주는 증거가 있는가에 의문을 표시한다.

엘리스톤은 경찰관들이 외근 업무 시에 조직의 감독이나 검토 없는 재량권 행사를 할 수 있다는 측면에서 그들의 사적 행위를 엄격히 통제하는 것이 공무 수행시의 법적·조직적·사회적·도덕적 수준에 도달하게끔 하는 하나의 소박하고도 필요한 기법이라는 주장에 대해 반대의견을 분명히 한다. 경찰관의 사생활에 대한 엄격한 통제만이 공적으로 더 큰 문제를 일으키지 않도록 하는 것, 즉 여기에서도 미끄러지기 쉬운 경사로 논증의 견해에서 접근한다는 점을 지적하고, 다른 중요한 직종의 사람들은 실제적으로 그렇게 보지 않으면서 경찰만 그런 논리로 접근한다는 것은 형평성 논리상 맞지 않

20) Frederick A. Elliston, "Police, Privacy, and the Double-Standard", in Frederick A. Elliston & Michal Feldberg ed., Moral Issues in Police Work, Rowman & Allanheld, 1985, pp.277-281.

는 것이라고 반박한다.

또한 경찰업무는 별로 감독을 받지 않는다는 주장에 대해 엘리스톤은 견해를 달리한다. 첫째, 경찰활동은 항상 조나 팀 체제로 이루어지기 때문에 주위에서 지켜보는 눈이 많다. 둘째, 경찰 주위에는 피해자, 증인, 협조자, 동조하는 사람 등의 여러 형태의 공중이 경찰업무를 지켜보고 있으며, 이들의 의견을 좀 더 자주·정기적으로 효과적으로 귀기울임으로써 권한의 남용을 줄일 수 있다. 셋째, 공적인 잘못을 찾아내는 일을 전담하는 감찰부서가 따로 있다.

결론적으로 엘리스톤은 경찰관과 다른 직종의 사람들을 차별화할 정당한 근거는 없다고 본다. 따라서 경찰의 사생활에서 불법적인 부분이 있다면, 그것은 법의 집행에 의해서 해결되어야 하며, 합법적이지만 도덕적으로 문제가 있다면, 도덕적 비난이나 여론과 같은 사회적 수단들을 통해 해결하고자 하여야 한다. 도덕적 비난이나 여론에 의해서도 교정이 되지 않는다면, 이는 경찰조직과 사회가 참고 지내야 할 대상이지 조직의 공식적인 조치를 통해서 금지하거나 징계를 하여야 할 대상은 아니라고 본다.

(2) 클라이니히의 견해

클라이니히(Kleinig)는 경찰관의 사생활의 제약근거에 대해 다른 논거를 제시한다. 그는 엘리스톤과는 달리 경찰관의 사생활의 제약이 타당하다는 주장을 편다. 그는 두발규정을 위반하였다는 이유로 해임된 경찰관의 사례를 놓고, 두발 스타일은 공중의 신뢰에 영향을 미치지는 않지만, 두발의 길이는 공중의 신뢰에 영향을 미친다고 주장한다. 그는 사람들은 모자 밖으로 삐져나온 경찰관의 머리를 보고 히피 타입의 경찰관이라는 비난을 하게 될 것이라는 견해를 편다. 경찰관의 단정한 외모는 경찰조직의 공중의 신뢰를 증진하는 하나의 요인이 될 수 있다. 경찰의 외관이 공중의 신뢰와 아무런 관계가 없을 수도 있겠지만, 외관과 공중의 신뢰라는 정서가 사회적 편견으로 존재하는 한 그러한 것을 경찰관의 행동에 고려하지 않을 수 없다는 것이다.

물론 그도 엘리스톤과 마찬가지로 경찰관의 사생활에 대한 제약들이 함부로 부과되어서는 안 되고, 그 제약들이 정당화될 수 있어야 한다고 주장한다. 그러나 경찰관에게 높은 윤리적 수준의 사생활이 요구되는 근거에 대하여 의견을 달리한다.[21)]

그는 경찰활동에 있어서 경찰관에게 부과되는 상당한 권한, 또는 시민에 의해서 부여되는 권위의 측면에서 접근한다. 경찰관은 법집행 과정이나 다양한 봉사활동 과정에서

21) John Klinig, op. cit., pp.203-205.

필요한 경우에는 강제력을 발동하도록 사회적으로 용인되어 있다. 이러한 강제력의 발동은 바로 시민에 의해서 경찰에게 주어진 권위의 행사로써 가능한 것이다. 이러한 권위에 대한 신뢰가 높을수록 경찰은 명령만으로 그 직무를 효과적으로 수행할 수 있게 된다.

그런데 사생활이 사회의 지배적인 규범으로부터 일탈적일 때, 경찰의 권위는 손상을 입게 되고, 시민이 경찰관에게 부여한 권위가 상실될 수 있다. 경찰관이 사생활에 있어서 도덕적으로 타락한 생활을 일삼을 경우, 그들의 공적 권위는 힘을 잃을 수밖에 없다. 경찰관은 상당한 재량적 권위를 가지고 있다. 그 권위의 사용에 있어서 그들은 훌륭한 판단과 도덕적 감수성을 발휘하여 복잡한 결정을 내려야 한다. 사생활에 있어서 도덕적 타락은 그들의 공적 권위를 상실할 수 있다. 시민들이 인정하지 않는 권위는 권위로서의 힘을 발휘할 수 없다.

클라이니히는 엘리스톤과 마찬가지로 경찰이 사회의 역할모델이 되는 것은 분명히 경찰의 기능의 일부가 아니라는 주장을 받아들인다. 그러나 경찰관들이 그들의 권위를 유지하기 위해서는 소위 지식층은 물론이고 일반 시민들로부터 그들의 사생활로 인하여 권위에 대한 의문이나 거부현상이 생기지 않도록 주의할 필요가 있다고 지적한다. 경찰관의 자유재량 행사에는 그의 도덕적 자질도 영향을 미치므로 비록 사적인 경우라도 도덕적인 결함은 공적 권위를 해치는데 작용할 가능성이 실제로 존재한다는 것이다.

그는 그의 주장이 미끄러지기 쉬운 경사로 논증, 즉 경찰관의 사적 행위가 공적 행위에 확산된다는 주장과는 다르다고 주장한다. 자신은 경찰관의 사적 행위가 공적인 역할에서 적절한 판단을 내릴 그의 능력에 실제로 영향을 미친다는 것이 아니라 그의 사적인 부적절한 행위는 공적으로 적절한 판단을 내림에 있어서의 무능력을 보여주는 것으로 생각된다는 것이다.

3) 공공의 신뢰에 의한 제약

경찰인의 사생활이 일반 시민은 물론이고 다른 공직자에 비해 크게 제약을 받고 있다는 사실은 경찰의 역할이 공공의 높은 신뢰에 바탕을 두고 있고, 경찰의 권위 또한 공공의 신뢰에 크게 의존하고 있기 때문이다.

경찰인에 대한 공공의 신뢰가 존재한다는 논거는 사회계약설에 바탕을 두고 있다. 사회계약론자인 존 로크(John Locke)에 의하면, 인간은 자연상태에서도 생명·신체·자유·재산을 보호하고 향유할 권리를 가지지만, 그러한 권리의 보호는 모두가 개별적인 능력과 힘에 의존하기 때문에 결국 혼란과 불안정한 상태에 빠지게 된다는 것이다. 인간은 이러한 불안정한 상태를 벗어나기 위해 사회계약을 통해서 일정한 자연적 권리를 포기하고 정부와 같은 제도의 설립에 동의하고, 사회를 통제하는 권력을 부여함으로써 정부로부터 개인의 생명 · 재산 · 자유에 대한 권리를 보호받게 된다.

이때 정부를 구성하는 공무원들은 국민들에 의해서 권한과 권위 그리고 일정한 보상이 주어지는데, 이는 국민들이 공무원들에게 신뢰를 두기 때문이다. 국민들은 공무원들이 그들로부터 권한과 권위 그리고 일정한 보상을 받는 만큼 국민이 기대하는 역할을 수행해야 한다는 신뢰를 보내는 것이다. 사회계약론에 따르면, 국민과 공무원 간의 관계는 신뢰와 신탁의 관계에 있다. 국민들은 공무원을 신뢰하기 때문에 국민들의 생명 · 신체 · 재산 · 자유를 보호할 역할을 공무원들에게 맡기게 된다는 것이다. 그러므로 공무원은 자신의 직무수행과 관련해서 국민의 신뢰를 저버려서는 안 된다.[22]

공중의 신뢰는 델라트르(E.J. Delattre)에 의해 사적인 신뢰에 비교된다. 인간 사이의 긴밀한 유대는 많은 요인들에 의해 결정되지만, 가장 중요한 것이 신뢰이다. 우리는 우리가 신뢰하는 사람을 친구로, 아내로, 남편으로 선택한다. 우리와 다른 사람들의 긴밀한 유대는 성격의 조화, 애정, 공유된 관심, 공통의 이상 등 많은 요인들에 의해 생겨나지만, 항상 빠지지 않는 것은 신뢰이다.[23] 사실 신뢰없는 진정하고 긴밀한 관계는 생각할 수 없다. 우리가 의사, 변호사, 성직자, 그리고 교사에게 중요한 일들을 맡기는 데 그들이 우리를 대신해서 신뢰할만한 전문가로서 봉사할 것이라는 기대 때문이다. 그들이 우리의 신뢰를 배신할 때 그들에 대한 신뢰는 무너지기 시작한다.

사적인 신뢰와 마찬가지로 공중의 신뢰도 국민들이 공무원에게 정부기능을 담당하는 권한과 권위에 대한 신뢰를 표명한다. 공무원들은 국민들을 위한 일을 마치 국민들이 직접 자기 일을 하는 것처럼 대신해 줄 것이라는 신뢰에 의해서 선출되고 업무를 수행하게 된다. 물론 선출직 공직자들은 국민의 다수에 의해 선출되지만 경찰관과 같은 임명직 관리들은 공중의 선택과는 거리가 있다. 그러나 임명직 공무원들도 국민에 의해 신뢰받은 정부의 임명권자로부터 임명을 받는 것이기 때문에 국민들로부터 권한과 권위, 금전적인 보상에 대한 신뢰를 받고 있는 것이다.

국민들이 직접 경찰을 선택한다고 할 경우에 가장 모범적이고 훌륭한 사람을 선택했

---

22) FBI, Ethics in Policing, 3rd., 1995, pp.4-5: Louis A. Radelet & David L. Carter, The Police and the Community, Prentice Hall, 1994, pp.100-101.

23) Edwin J. Delattre, Charater and Cops: Ethics in Policing, 3rd., The AEI Press, 1996, pp.34-36.

을 것이다. 그러므로 경찰공무원이 비록 임명직일지라도 시민들에 의해 선택될 법한 사람과 마찬가지로 처신하여야 한다. 델라트르의 표현을 빌리자면, 모든 공무원들은 공공의 신뢰를 받을만한 방식으로 처신하여야 한다.[24)]

다음으로 생각할 수 있는 것은 경찰인의 바람직하지 못한 사생활이 경찰의 권위를 손상시켜 업무수행에 지장을 초래할 수 있다는 점이다. 비록 경찰은 필요한 경우에 물리적 강제력을 사용하도록 허용되어 있지만, 대부분의 경우 그 보다는 경찰에게 주어진 권위에 의해 수행된다. 만일 경찰인이 사생활의 문란으로 인해 공적 권위를 잃게 되면, 시민들은 경찰인의 지시를 따르지 않을 개연성이 높아지고, 그렇게 되면 물리적 강제력을 동원할 수밖에 없고 결과적으로 경찰목적 달성이 힘들어지게 될 개연성이 높아질 것이다.

3. 결어

공직자의 사생활은 고대 그리스의 대표적인 사상가인 소크라테스를 비롯한 플라톤과 아리스토텔레스의 사상에서는 거의 용인되지 않는다. 일반적으로 말하는 개인의 사생활에서의 행복은 통치자나 법 수호자의 행복과는 다르기 때문에, 통치자를 비롯한 공직자는 일반 시민들의 사생활에서 추구되는 행복을 찾아서는 안 된다는 주장이다.

그러나 고대의 이성 중심의 철학과 중세의 신 중심의 세상에서 벗어나 인간 중심의 자유사상이 세상을 지배하면서 나타난 계몽주의는 공직자에게도 사생활에서 행복을 찾는 자유가 주어져야 된다는 사상적 논거가 제시된다. 특히 사회계약설의 등장으로 국가가 인간사회를 통치하는 중심이 되고, 개개 시민의 생명과 재산의 보존과 보호에 국가권력이 중심이 되면서 공직자에 대한 다양한 제약을 가하는 제도의 도입은 개인의 자유를 강조하는 계몽사상의 주장을 부각하게 만들었다. 또한 Mill의 자기관련적 행위론은 공직자의 사생활의 보장에 대한 훌륭한 논리적 근거를 제시하고 있다.

이러한 사상적 논거와 함께 헌법상의 사생활의 보호, 프라이버시의 보호에 대한 각종 법제정과 판례 등의 근거는 경찰인에게도 상당한 사생활이 보장되어야 한다는 주장을 가능하게 한다. 이러한 법제적 근거는 경찰인의 사생활과 관련하여 활발한 논의를 불러일으키고 있다.

경찰인의 사생활에 대한 대표적인 견해는 엘리스톤과 클라이니히에게서 찾아볼 수

24) Ibid.

있다. 엘리스톤은 경찰관도 일반 시민과 거의 동등한 수준의 사생활이 보장되어야 한다고 주장한다. 그러므로 그는 경찰관의 사회적 본보기 역할을 부정한다. 그러나 과연 경찰이 솔선수범이나 모범적인 역할을 통해 시민들에게 도덕적인 탁월성을 가르치고 전파하는 역할을 수행할 수 없는지는 논쟁의 여지가 남는다.

성직자나 교사 등이 그러한 사회역할모델을 잘 수행할 수 있다면, 경찰이라고 해서 그러한 역할을 효과적으로 수행하지 못할 이유가 없다. 성직자에게는 그 나름대로 사회에서 요구되는 윤리기준이 있고 교사들도 마찬가지다. 따라서 경찰관도 그 수행하는 역할에 의해 시민들로부터 기대되는 윤리기준이 있다. 단지 사회 정서적으로 시민들이 성직자나 교사의 높은 도덕성에 대한 권위를 부여하고 있는 반면에 경찰의 도덕성에 대한 권위에 대해서는 인정하지 않으려는 흐름이 존재한다는 사실과, 경찰도 평범한 시민에 불과한데 너무 과도한 요구가 아니냐는 측면에서 경찰의 그러한 역할수행에 부정적인 견해를 갖는다.

그러나 역설적으로 경찰에 대한 시민의 신뢰나 권위의 확보를 위해서 사생활 영역에서 과거의 잘못에서 비롯된 고정관념을 깨는 시민의 역할 모델 기능을 적극적으로 수행하는 것도 바람직할 것으로 보인다. 또한 경찰관에 대한 사생활 통제에 의해 공적인 업무능력을 정확하게 확보해야 한다는데 대한 그의 반대에도 논리의 타당성이 결여되어 있다. 복잡한 여자관계, 과다한 채무, 도박성이나 음주벽, 편중된 정치성 행동경향이 있는 경찰관은 언젠가는 문제를 야기할 소지를 안고 있기 때문에 사전에 그의 사생활을 통제하고 관리하는 것이 바람직하다고 보는 것이 일반적인 견해이다. 법을 집행하고 사회안녕을 유지해야 할 책무를 지고 있는 경찰관이 그의 사생활의 비윤리성으로 인해 문제가 발생하는 것은 사회 정서적으로 용납되지 않기 때문이다.

그러나 엘리스톤의 주장은 경찰을 하나의 인간의 차원에서 접근함으로써 개인으로서 인간다운 생활을 영위하는 것을 중요시 하고, 가족과 주변의 시민들과의 관계에서도 사인으로서의 자유와 책무를 다할 수 있는 인간주의적이고 평등주의적 견해를 전개했다는 측면에서 미래의 경찰에 대한 새로운 지평이라고도 볼 수 있을 것이다.

클라이니히의 견해는 현재 우리 경찰관의 사생활의 내용을 그대로 묘사하고 그 이유를 논리적으로 제시하였다는 측면에서는 공감을 받는다. 그러나 우리는 일반 시민에게 있어서는 자기관련적 행위에 불과한 사생활이라도 경찰인이 그러한 사생활을 영위하면 일반 시민에게 간접적인 영향을 주는 행위가 되는 경우가 많다는 점을 인정하지 않을 수 없다.

특히 공공의 신뢰는 행정조직의 권위의 확보와 유지를 결정하는 핵심적인 요인이라는 측면에서 공직자의 사생활은 윤리적 · 도덕적으로 제약될 수밖에 없다. 이것은 경찰을 비롯한 모든 공직자에게 사생활에서조차 높은 윤리수준을 요구하는 것을 의미한다. 윤리적, 도덕적 탁월성을 유지하지 못하는 조직은 공공의 신뢰를 얻을 수 없기 때문이다. 물론 높은 윤리수준은 위선적이거나 강제력에 의한 것이어서는 안 된다. 경찰인은 시민들의 기대에 부응하는 것이 가치 있는 일이라고 스스로 판단하여 사생활의 영역에서도 모범적으로 행동하는 것이 바람직하며, 비록 사생활의 전 영역을 포기하지는 않더라도 공직을 맡고 있다는 사명감에 의해 절제된 사생활을 영위할 윤리적 책임을 기꺼이 수용할 자세를 갖추어야 한다.

참고문헌

국내문헌

강성철 외, 새 인사행정론, 대영문화사, 1999.
강재륜, 윤리학의 역사, 대왕사, 1996.
권영성, 헌법학원론, 1994.
금희조 외 11인, 디지털 혐오와 시민성-이론과 사례, 성균관대학교출판부, 2023.
김남진, 행정법, 법문사, 1994.
김대군, 디지털 시대의 인터넷 윤리, 경상대학교출판부, 2021.
김석준, 뉴거버넌스 연구, 대영문화사, 2000.
김영종 등, 관료제와 행정철학, 서울: 법문사, 1987.
김진규 등 역, 조직사회학, 스튜어트 글레그 저, 풀빛, 1987.
김철수, 헌법학개론, 박영사, 1994.
김태길, 윤리학, 박영사, 2002.
김태은・이영철 외, 딜레마 이론과 정책, 대영문화사, 2021.
김한식, 실학의 정치사상, 일지사, 1979.
김항규, 행정철학, 대영문화사, 2001.
김형식, 서양철학사 100장면, 가람, 1994.
남경희 역, 로버트 노직 저, 아나키에서 유토피아로, 문학과 지성사, 1983.
리처드 노만, 안상환 역, 윤리학 강의, 도서출판 문원, 1995.
박찬구, 양심에 대한 연구, 한국외대 인문과학연구소, 인문대학연구3집.
백완기, 한국의 행정문화, 고려대학교 출판부, 1982.
법률저널, 경찰만들기 프로젝트 kds(121), 2022.1.4.
성대경, 다산의 기술관리 육성책, 다산의 정치 경제사상, 창작과 비평사, 1990.
송휘칠・황경식 역, 윤리학의 이론과 역사(수정판), W.S. Sahakian 저, 박영사, 2004.
심헌섭, 법철학(Ⅰ), 서울: 법문사, 1983.
안문석, 정보체계론, 법문사, 1989.

어거스틴 저, 박일미 역, 어거스틴의 자유의지론, 풍만출판사, 1985.
오미희, 디지털 시대의 윤리와 철학, 창지사, 2023.
유종해, 행정의 윤리, 박영사, 1995.
이가원 외 공역, 루소, 대양서적, 1970.
이관우, 조사분석방법론, 형설출판사, 1982.
이광종, 행정책임론, 대영문화사, 1989.
이문영, 자전적 행정학, 실천문학사, 1991.
이승환, 김형철 공저, 의리와 정의, 철학과 현실사, 1996.
이우성, 실학연구 사설, 실학연구입문, 역사연구회 편, 일조각, 1974.
이인탁, 롤즈의 사회정의론. 민음사, 1993.
이종범, 국민과 정부 관료제, 고대출판부, 1986.
이종수 · 윤영진 외, 새행정학 3.0, 대영문화사, 2022.
이지호, 다산문학의 이해, 현암사, 1979.
이태일 역, 루소 지음, 인간 불평등의 기원론, 범우사, 1990.
이한구 역, 칼 포퍼 저, 열린 사회와 그 적들, 민음사, 1985.
장기근 외, 고사사전, 평범사, 1980.
전수일 등, 공무원 관리론, 대영문화사, 2000.
전종섭 저, 윤재풍 등 역, 행정철학, 대영문화사, 2001.
정약용, 목민심서, 노태준 역해, 홍신문화사, 1986.
______, 이지영 해설, 하룻밤에 읽는 목민심서.
______, 흠흠신서, 법제처, 1985.
정진일, 동양의 지혜, 청암미디어, 1997.
정한택, 최신심리학, 법경출판사, 1985.
조철옥, 정부의 규제정책과 해운조직의 생존에 관한 연구, 고대 박사학위논문, 1990.
조현규, 동양윤리사상의 이해, 새문사, 2003.
존 로크 저, 통치론, 임성희 역, 휘문출판사, 1972.
천관우, 한국실학사상사, 고대민족문화연구소, 한국문화사 대계, 1970.
최재희, 최재희 전집Ⅲ, 삼지원, 1985.
프레던 펠드먼, 기초윤리학, 박은진 · 장동익 역, 철학과 현실사, 1999.
피터 드러커 저, 서재현 역, 미래의 조직, 서울경제신문사, 1998.
한스 라이너 저, 이석호 역, 철학적 윤리학, 철학과 윤리사, 1999.
한영우, 정약용의 여유당 전서, 실학연구 입문, 역사학회 편, 일조각, 1974.
홉스, 리바이어던, 이정식 역, 휘문출판사.
황경식 등 역, 사회윤리의 제 문제, 제임스 레이첼스 엮음, 서광사, 1984.
황경식 역, 존 로울스 저, 사회정의론, 서광사, 1985.

동경대학 출판사 편, 미래사 역, 철학사 강의, 서울: 미래사, 1985.
철학사상 별책 제2권 제5호, 서울대 철학사상 연구소, 2003.
경찰윤리론, 경찰대학, 1998.
______, 경찰대학, 2000.
IT용어사전, 한국정보통신기술협회, ITA 한국정보통신기술협회.

외국문헌

Alderson John, *Policing Freedom*, MacDonald and Evans, 1979.
D.M. Levy, Anti-Nazis of Differentiation, Psychiatry, 1948, vol.11, pp.125-167.
Allport G.W., *Personality & Social Encounter*(Boston: Beacon Press, 1960)
Argyris C., "Making the undiscussable and its undiscussability discussable", PAR, vol.40, 1980.
Aristoteles, *Ethica Nicomachea*(니코마코스 윤리학)
Ayer A.J., *Language, truth, and logic*, 2nd ed., London, 1946.
Barker Tom, *police ethics: Crisis in law enforcement*, Charles C Thomas Publisher, 1996.
Bennis W.G. et al., "toward better interpersonal relationship: introductory essay, Interpersonal Dynamics: Essays and Readings on Human Interaction"(Homewood, Ⅲ: Dorsey Press, 1964)
Benedict Ruth, *The Crysanthemum and the sword*(Houghton and Mifflin Co., 1946)
Banard C.I., *The function of executives*, Cambridge: Harvard University Press, 1938.
Bentham, J., *An Introduction to the Principles of Morals and Legislation*, Ch.1, Par, ii .
Benveniste G., *Professionalizing the Organization: Reducing Bureucracy to Enhance Effectiveness*, San Francisco: Jossey-Bass, 1987.
Bernstein, W.M., W.G. Stephan, & M.H. Davis, "Explaining attribution for achievement: A path analytic approach", Journal of Personality and Social Psychology, 37, pp.1810-1821.
Bittner Egon, *The Function of The Police in Modern Society*, Oelgeschlager, Gunn & Hain Publishers, in., 1980.
Broad C.D., *Five types of ethical theory*, New York, 1930.
Brown, M.K., *Working the streets: Police discretion and the dilemmas of reform*, New York: Russell Sage Foundation, 1988.
Butler Joseph, *Fifteen Sermons*, 1726.
Cassirer Ernest, *The rennaissance of man*, Chicago, 1948.
Cartwright D. & Alvin Zander(ed.), *pressure to uniformity in groups: introduction*, Group

Dynamics(New York: Harper & Row, Publisher, 1968)

Cicero, U.T., *De Legibus, trans.*, C.W. Keyes(Cambridge, Mass, 1943)

Cohen H.S. and Michal Feldberg, *Power and Restraint: The Moral Dimension of Police Work*, Paeger, 1991.

Cooper T., *The responsible administor: An approach in Ethics for the administrative role* (New York: Kennikat Press, Co., 1982)

Delattre E.J., *Character and Cops: Ethics in Policing*, 3rd., The AEI Press, 1996.

Dewey John, *Logical conditions of a scientific treatment of morality*, Chicago, 1903.

Drucker Peter, *The oranization of the future*, 미래의 조직, 이재규, 서재현 역, 서울경제신문사, 1998.

Elliston Frederick A., "Police, Privacy, and the Double-Standard", in Frederick A. Elliston & Michal Feldberg ed., Moral Issues in Police Work, Rowman & Allanheld, 1985.

Elliston Frederick A. John Keenan, Paula Lockhart and Jane van Schaick, *Whistleblowing Research: Methodological and Moral Issues*, Praeger, 1985, p.15.

Elliston F.A. and Michael Feldberg eds., *Moral issue in police work*, 1985.

Erickson R.V., *Reproducing order*, Unlversity of Toronto Press, 1982.

Ethics, London, 1912.

FBI, Ethics in Policing, 3rd., 1995, pp.4-5: Louis A. Radelet & David L. Carter, The Police and the Community, Prentice Hall, 1994.

Felderberg Michal, *Gratuities, Corruption, and the democratic ethos of policing: the case of the free cup of coffee*, in Frederic A. Ellison and Michael Felderberg eds., Moral Issues in Police Work, Rowman & Allanheld, 1985.

Frankena, William K., *Ethics*, 2nd ed., Prentice-Hall, 1973.

Fromn E., *Escape from Freedom*, Rinehart, 1941.

Fuss, P., "*Conscience*", *in Ethics*, Vol.LXVIV, Illinois 1964.

Goldstein, J., Police discretion not to invoke the criminal process: Low-visibility decisions in the administration of justice.

Grotius, H., *The law of war and peace*, Trans, W. Kelsey(Indianapolis, 1925), book 1, ch.1, x.1.

Gurr Ted Robert, Why Men Rebel(Princeton: Princeton University Press, 1970.

Hale Chares D., Police Patrol: Operatins & Management, 2nd ed., Prentice Hall, Carrer & Technology, 1994.

Hart, H.L., International Encyclopedia of the Social Science, vol.4(New York: The Macmillan Co. & Free Press, 1974)

Heidenheimer Arnold J., Political Corruption, Holt, Rinehart and Winston, Inc., 1970.

Heidenheimer, et al., political corruption, New Brunswick: Transaction, 1990, p.145.

Hospers John, An introduction to philosophical analysis, revised., 1967.

Huntington Samuel P., "Mordernization and Corruption", *Political Order in Changing Societies*, New Haven, Conn: Yale University Press, 1968.

Janis I.L., Victims of groupthink, Boston: Houghton Mifflin, 1972.

Janowitz M & D. Marvick, Authoritarianism and Political Behavior, Public Opinion Quarterly, Vol.17, no.2(1953-1954)

Jones E.E. and K.E. Davis, "From acts to dispositions: The attributor process in person perception", in Leonard Bercowitcz(ed.), Advances in Experimental Social Psychology, vol.12, 1965, pp.220-222.

Kania Richard E., Should we tell police to say yes to Gratuities? in Criminal Justice Ethics, Summer/Fall, 1988.

Kelley H.H., "The process of Causal Attribution", American Psychologist, vol.28, 1973.

Klinig John, The Ethics of Policing, Cambridge University Press, 1966.

Koestenbaum Peter, The validity of death(Westport, Conn.: Greenwood, 1971)

Kooken, Don L., Ethics in Police Service, Chares C. Thomas Publisher, 1957.

Levinson Daniel J., Authoritarian Personality, International Encyclopedia of Social Science (Crowell, Collier & Macmillan, Inc., 1968)

Linton R., "The Concept of National Charactor", in A.H. Stanton and S.E. Perry(ed.), Personality and Political Crisis, The Free Press, 1951.

Locke, J., An Essay concerning Human Understanding, BK.2, ch.1, §2.

Maslow A.H., The authoritarian character structure, Journal of Social Psychology, vol.18, 1943.

Moore G.E., Principia Ethica, Cambridge University Press, 1956 – Eyhics, Oxford Press, 1955.

Mosher F., Democracy and the public service, New York: Oxford University Press, 1963.

Myer, L.B., Emotion and meaning in music, Chicago: University of Chicago Press, 1956.

Ouchi, William G., Theory Z: How American business can meet the Japanese challange(New York: Avon Books, 1981)

Reiss, A.J., Consequences of compliance and deterrence models of law enforcement for the exercise of police discretion, Law and Contemporary Problem 47(Autumn), Yale Jounal 69.

Ross, W.D., The Right and the Good, Oxford, 1955 – Foundation of Ethics, Oxford, 1939.

Ruess-Ianni Elizabeth, Two Cultures of Policing: Street Cops and Management Cops, Transaction Books, 1984.

Schon D., The Reflective Practitioner: How Professionals think in action, new york: Basic

Books, 1984.

Seligman M.E., Helplessness: on depression, development, and death, San Francisco: Freeman, 1975.

Sharkansky Ira, *Public Administration: Agencies Policies and Politics*(San Francisco: W.H. Freeman, 1982)

Sherman Lawlence W., "Becoming bent: Moral careers of corrupt Policeman" in Frederick A. Elliston and Michael Feldberg eds., Moral Issues in Police Work, Rowman & Allanheld, 1985.

Spiro H.J., *Responsibility in Government: Theory and Practice*(New York: Litton Educational Publishing. Inc., 1969.

Stephens Mike, Policing: The critical issues, Harvester Weatsheaf, 1988.

Stone Alfred R. and Stuart M. DeLuce, Police administration, Prentice Hall, 1994.

Sullivan John, Introduction to police science, McGraw-Hill, 1977.

Waldo D., Public Administration toward Year 2000: The Farming Phenamena, in F.S, Lane (ed.), Current Issues in Public Administration(New York: St, Martine's Press, 1982)

Weick K.E., The Social Psychology of Organizing, Addison-Wesley Publishing Co., 1979.

Wilson O.W., Police administration, 4th ed., Macgraw-Hill Book Co., 1977.

찾아보기

ㄱ

ㅇ

ㅈ

ㅊ

저자 소개

조철옥(曺鐵玉)

■ 학력

- 1972 부산수산대학교 어업학과 졸업
- 1985 고려대학교 대학원 행정학과 석사과정 졸업(석사)
- 1990 고려대학교 대학원 행정학과 박사과정 졸업(박사)

■ 경력

- 1985~1991 경찰대학 경찰학과 교관
- 합천 · 부산남부 · 거제 · 서울은평 · 김포경찰서장
- 경찰청 외사수사과장 · 경찰종합학교 교무과장
- 제주특별자치도 자치경찰채용시험 출제위원(수사1, 경찰학개론)
- 탐라대학교 경찰행정학과 교수, 기획처장 및 총장대행 역임

■ 저 · 역서

- 조직행동론(공역, 대영문화사, 1990), 정책형성과정론(공역, 대영문화사, 1991)
- 경찰윤리학(대영문화사, 2005), 경찰학개론(대영문화사, 2007), 범죄수사학총론(21세기사, 2009)
- 범죄수사학각론(21세기사, 2010), 새 범죄심리학(21세기사, 2011)
- 현대사회와 범죄(21세기사, 2012), 경찰행정법(21세기사, 2014)

■ 논문

- 상벌체계와 원인귀인에 관한 연구(석사)
- 정부의 규제정책과 해운조직의 생존에 관한 연구(박사)
- 포스트모더니즘 범죄이론에 의한 동성애 합법화 연구(공안행정학회, 2007)
- 제주자치경찰 시스템의 실태와 발전모델에 관한 연구(경호경비학회, 2007)
- 범죄자 DNA데이터베이스 구축에 관한 고찰(경찰학연구, 2010)
- 아동성폭력범죄자의 화학적 거세에 관한 고찰(치안정책연구, 2010)
- 미국과 한국의 증오범죄에 관한 비교 고찰(경찰학연구, 2011)
- 강력범죄자의 정신이상 항변에 관한 연구(치안정책연구, 2011)
- 시스템 다이내믹스 모형에 의한 검 · 경 수사권 조정과정 분석(경찰학연구, 2011)

제3판

경찰윤리학

–철학적 윤리–

펴낸날 제1판 제1쇄 2005년 6월 9일
제2판 제1쇄 2012년 2월 25일
제3판 제1쇄 2024년 2월 28일
지은이 조철옥
펴낸이 임춘환
펴낸곳 도서출판 대영문화사
주소 (본사) 사무실: 경기도 고양시 일산서구 주화로 70
우신프라자 307호 (우 10387)
(본사) 물류센터: 경기도 고양시 일산서구 덕산로
107번길 68–50 (우 10205)
등록 1975년 12월 26일 제3–16호
전화 (031) 913–3062, (031) 914–3884~5
팩스 (031) 913–3839
홈페이지 http://www.dymbook.co.kr

ISBN 978-89-7644-938-2
값 29,000원